당시(唐詩)의 작가론적 이해

류성준 著

신아사

머리말

샛털 구름이 저 높이 가늘게 흘러가는 것이 보이긴 해도 오늘의 하늘은 유난히 맑고 푸르다. 올해의 가을은 그 어느 때보다도 나의 마음을 더 깊은 상념의 세계로 스며들게 한다. 지난날을 돌아보는 일종의 회고적 의식세계로 넘나들게 한다. 중국문학을 공부한지가 벌써 45년, 중국시를 공부한지도 40여년, 이 모두가 결코 짧지 않은 세월과 함께 하여온 것이지만, 한 순간에 스쳐간 듯 멍하니 허공만 바라보는 마음이다. 무엇을 하며 어떻게 지내온 시간인지를 곰곰이 생각하면서 나의 정신을 가다듬어 본다. 「無情歲月若流波」라더니 지난 대학시절 선생님께 꾸중을 들으면서 밤샘하며 숙제하던 일, 대학원에서 석사논문을 준비하면서 자료가 부족하여 방황하던 일, 타이완 유학시절에 지도교수께서 나의 실력이 부족해 학업을 따라가지 못한다고 가방 싸서 당장 귀국하라시던 꾸지람, 유학 6년 만에 박사학위논문을 들고 아내를 만나던 날, 이 모든 추억어린 일들이 주마등처럼 나의 뇌리를 스치고 지나간다. 그리고 계명대학교에 처음 부임하여 인생의 황금기를 오직 내실을 다지려고 힘쓰던 시기를 보냈고 한국외국어대학교에 부임할 시기에는 삼십대 후반으로서 다소 겸양과 신중을 곁들인 자세로 오늘까지 이 한 곳에서 긴 시간을 보낸 것이다. 이제는 나이로나 공부한 연륜으로나 그 간의 일들을 정리할 때를 맞이하였다고 할 것이다. 이렇게 외길을 걸어온 나의 인생이 감사하기도 하지만 때로는 단조로웠다는 아쉬운 느낌도 떨칠 수 없는 것이다. 공부하면서 살아간다는 것이 다 그러하다고 하지만 좀 더 가치있고 바람직한 삶을 만들어 볼 수도 있었겠는데 역시 나의 한계가 그 정도인 것을 어찌하겠는가.

학문의 길을 걸으며 글을 좀 썼지만 매번 마음에 만족을 준 것은 없었고 항상 부끄럽고 부족한 생각만 들곤 하였다. 그래서 책이나 논문을 들어 찢어버린 적도 있었고 능력부족을 자책하여 밤새도록 불면증에 시달린 적도 많았다. 지금 생각해 볼 때 나의 보잘 것 없는 글들이

후배들에게 부끄러울 따름이다. 그런데도 선생님과 선후배들은 나의 부족한 책을 출간한 것을 가지고 출판기념회(1994년 4월)를 열어서 축하하기도 하였다. 그리고 때로는 문화부 우수학술도서로, 학술원 우수학술도서로 5회나 선정이 되었었던 것이 나로서는 부끄럽지만 감사한 일들이다. 나의 책들은 대개 일관된 테마를 가지고 다년간 여러 편의 논문을 집필하고 그것을 모아서 책으로 출간하는 형식을 취해 왔기 때문에 소위 논총의 일종이라 할 것인데 이러한 책들을 우수도서로 선정한 것을 보면 중국문학 분야에 대한 지대한 관심과 격려 차원이라 생각한다. 나는 그로 인하여 더욱 열심히 글을 쓰면서 학문에 전념할 수 있었다. 그러하다 보니 내가 관여한 책이 어언 100권째 출판에 이르게 되어 바로 이 책을 그 백 번째 책으로 상량하게 되니 실로 감개무량함을 금할 수 없는 것이다. 교재나 어문관계 등의 책들 까지 합하여 그러한 것이어서 대단하지 않으나, 나로서는 100번째라는 의미에서 여기에 그 뜻을 몇 자 적어보게 된 것이다. 존경하는 스승님과 선후배 학자들, 그리고 사랑하는 제자들의 지도와 질정을 진심으로 감사하고 강호제현의 성원을 마음 깊이 새긴다.

이 책은 나의 기존의 당시연구자료 중에서 비교적 작가중심으로 작품을 분석한 글들을 선별하여 다시 꾸며놓은 것으로서, 모두 15개의 주제를 선정하여 구성하였다. 초당에서 만당까지 골고루 담고자 했으며, 혹은 생소한 작가가 있을 터인즉, 예를 들어서 소영사(蕭穎士)나 대숙륜(戴叔倫) 같은 작가는 연구가 비교적 적지만 그 작가와 작품의 가치는 매우 큰 것으로 향후에도 중시해야 할 대상이기에 평가하여 실어 놓았다. 이 책에 당대의 저명한 작가와 시들이 고르게 포용되지 않은 것은 나의 연구서가 책을 위한 집필이 아니라 논문으로 나온 자료의 편집에 의해서 짜여지는 것이므로 자연스레 편중되거나 균형이 안 된 내용으로 구성되었음을 널리 양해해주기 바란다. 앞으로의 중국은 확실히 부상하는 관심의 대상으로서 중국을 모르고서 한국의 미래를 논할 수 없을 정도로 우리의 옆에 바짝 다가와 있다고 할 것이다. 그래서 중국어를 비롯하여 중국문물에 관한 제반 지식을 얻으려는 조류가 흘러넘치고 있는데 중국문학에 대한 이해를 바라는 독자층도 형성되리라고 보아서 비록 고전시가에 관한 전문서적이지만 그런

점을 의식하여 다소 읽기에 용이하도록 마음을 썼다. 본문에서 인용되는 모든 원문을 전부 주석으로 돌리고 한글 해석문만 본문에 담도록 하였다. 그리고 서술한 문장도 비교적 평이하게 풀어서 다듬어 놓은 바, 독자가 읽고 이해하는데 별다른 어려움이 없으리라 본다.

새 시대의 우렁찬 북소리가 울려나는 21세기의 초두에서 내가 할 수 있는 역할을 이 몸이 허락하는 순간까지 진실하게 그리고 조용히 실행해 나가면서 앞 세대의 어른들이 하신 일을 온고지신(溫故知新)으로 보듬고 뒷 세대가 해줄 일을 예비하고 제시하는 자그마한 본분을 다 하고 싶다. 젊은 중문학도들에게 간절히 권하는 것은 중국고전문학이 중문학연구에서 차지하는 비중을 심각하게 따져보고 당당히 학문의 길을 걸어가기를 바란다. 이 책을 펴내기에 어려운 처지임에도 불구하고 쾌히 출판해 준 신아사 정현걸 사장께 깊이 감사하면서 독자의 바른 가르침을 바라마지 않는다.

2005년 11월
동헌에서 류성준 씀

목 차

최융(崔融)의 교유와 시의 주제의식

중국문학사에 있어서 한위진(漢魏晋) 시대와 당송 시기를 두고 흔히 중국시가의 정화로 지칭한다. 더구나 당대의 시는 그 중에도 으뜸으로 평가한다. 그러나 당시에서의 초당시가 지닌 내용적인 비중에 대해서는 매우 홀시해 온 것이 일반적인 기술태도였던 점 또한 부인할 수 없을 것이다. 그 비근한 예로써, 대륙에서 1977년부터 5년간의 당시연구물이 무려 2000여 편이 발표되었음에도[1] 초당시에 대한 자료는 짱시호우(張錫厚)의 『왕범지시교집(王梵志詩校輯)』 6권과 시앙추(項楚)의 『왕범지시교주(王梵志詩校注)』가 돋보일 뿐으로, 지금까지의 적고 편협한 범주를[2] 탈피하지 못하고 있는 실정을 결코 가벼이 간과할 수 없는 것이다. 이것은 학문연구

1) 천보하이(陳伯海)는 「國內唐詩硏究近況」(『文學評論』 6期, 1982年 11月 15日刊)에서 1977년부터 1982년까지 5년간에 2000여 편의 평론이 나왔는데, 이는 1949년 이후 27년간을 초과하는 것이라고 밝힘. 푸쉔중(傅璇琮) 교수는 1993년 11월에 「十幾年來中國唐代文學硏究的概況」을 한국외대에서 발표하여 연구의 성황을 더욱 강조한 바 있음.

2) 초당시에 대한 전서는 Stephen Owen의 『The Poetry of the Early T'ang』(New Haven and London, Yale University Press, 1977) 외에 대륙이나 대만이나, 일본에서 나온 개설서를 구하기 힘든 상태이며, 작가론이라 해도, 四傑을 위시한 몇 명의 개설분의 한계에서 벗어나지 못하는 연구실태.

에 있어서 하나의 큰 문제이기도 하다.

초당시를 단순히 제량(齊梁)의 유풍으로 분류하여 평가하는 선에서 다루고 그것도 초당말기에 장구령(張九齡)이나 진자앙(陳子昻) 등 소위 시의 풍골(風骨)에 대해 개혁의지를 보인 점이라든가, 심송(沈宋 : 沈佺期와 宋之問)의 근체시율(近體詩律)에 대한 확립정도에서 초당시를 마감하는 경향이 있다. 그리고는 곧이어 시의 황금기라고 할 성당시(盛唐詩)에로 건너가는 연구풍토가 아직 지속되고 있다고 할 수 있다. 그러나 유풍(그것을 궁체시 「宮體詩」라고 하며 그들을 宮廷시인이라 하지만)이 없이는 신사조가 싹트게 할 수 없다는 것을 안다면, 그 유풍의 세계를 면밀히 자세가 더욱 요긴하다고 할 것이다. 지금까지 당시의 연구를 해 오면서 당시는 두 가지 면에서 재평가를 요한다고 사료된다. 그 하나는 문학연구의 초기 단계에서 다루어진 작가의 연구를 과감히 확대하고 그 평가된 작가의 연구 편견도 시정해야 한다는 것과, 또 하나는 아직 미발굴된 작가와 그 작품의 개발과 재평가가 시급하다는 것이다. 필자는 이러한 관점에서 나름대로 이 문제에 대해서 관심을 가져 왔으며[3] 이 글의 의도 또한 그 하나의 목적에서 시작된 것이라 할 수 있다.

초당 시기(618~712)의 시는 호진형(胡震亨)에 의하면 초당시문집이 모두 152인의 것이 있었다고 하지만(『당음계첨(唐音癸籤)』 권30), 근래까지 이름이 거론되고 연구된 자는 대개 10여 명에 불과하다는 사실은[4], 어떤 면에서는 연구대상기준평가의 틀을 근본적으로 재설정해야 한다는 점을 지적해야 할 것 같다. 이런 관점에서 작품수가 19제의 20수에 불과한 자료이지만 당시연구의 중요한 위치에 있는 최융의 시를 살펴본다는 의미

---

3) 필자는 연구가 한소한 작가로서 1980년대에 들어오면서 「初唐李巨山 詩攷」(『中國硏究』 7집, 1983), 「羅昭諫詩之評語輯析」(『中國學硏究』 1집, 1984), 「許渾詩試攷」(『葛雲文璇奎博士華甲紀念論文集』, 1985), 「晚唐 張祜詩 試攷」(『中國硏究』 10집, 1987), 「晚唐 皮日休 詩攷」(『中國學硏究』 4집, 1988) 등을 발표하였음. 「薛能詩 試探」(『中國學硏究』, 6집, 1990) 「韓君平과 그 詩交考」(『中國硏究』, 13집, 1992) 「蘇味道詩의 賞析」(『中國學硏究』 8집, 1993), 錢起, 李嘉祐, 戴叔倫, 盧綸 등의 시 고찰 논문 다수.

4) 리우카이양(劉開揚)은 『唐詩通論』(1980年) p.19에서 「初詩文集共一百五十二, 其中 著名的詩人不過二十人, 成就較大的僅有十二人」이라 하고는 그 대상인물을 王珪, 魏徵, 虞世南, 太宗, 王績, 王梵志, 上官儀, 初唐四傑 그리고 沈佺期, 宋之問, 杜審言, 上官婉兒 등에 국한시켰다. 따라서 여기에는 文章四友의 李嶠(필자는 205수의 시를 『中國硏究』 7집에서 상석한 바 있음, 1983) 蘇頲(100여 수의 近古詩가 있음. 『全唐詩』 권73~74) 등 수다한 대상작품들은 도외시되어 후학의 길을 편협케 하고 가치 있는 작품이 사장되는 결과를 초래해 온 것이다. 劉氏라면 반세기를 당시에만 전념해 왔고 그의 통론서는 당시에 관한 최근통서로 그 가치를 인정한다.

는 초당시의 점진적인 정리를 하는 단계에서 가치 있는 작업이라고 할 수 있다. 본문은 문자 그대로 극소한 자료를 가지고 필자의 주관적인 견해에서 기술한다는 점을 솔직히 밝혀 두며, 따라서 작품 전체에 대한 분석을 위주로 전개해 나가고자 한다.

Ⅰ. 생애와 교유

최융 자체에 관한 자료는 의외로 적으며, 있다고 해도 간략하기만 하여서 그의 시문학에 대한 인식과 비중이 어떠한가를 대변해 준다고 볼 수 있다.[5] 그리고 생애에 관한 부분도 상세하지 않아서 『구당서(舊唐書)』·「열전(列傳)」에 소미도(蘇味道) 등과 나란히 거론되어 있을 뿐[6], 『당재자전(唐才子傳)』 같은 초보적인 자료에도 들어 있지 않다. 더구나, 출생과 졸년에 관한 사항도 확실하지 않는 터이므로 그의 생애를 정리하는 것조차 용이하지 않다는 점을 지적하고자 한다.

한편, 최융의 교유(交遊) 관계는 20회에 걸친 관직생활에서 그의 교유가 빈번했음을 확인할 수 있지만, 시를 통한 교유관계를 찾아보는 것이 최융을 이해하는 지름길이라고 본다. 따라시 여기에서는 최융의 생애를 세 개로 시대 구분하여 기술하고 시를 통한 교유는 직접적인 것과 간접적인 것으로 나누어서 그 관계를 고찰하고자 한다.

1. 생애의 생졸연대 문제

최융의 출생 시기는 그의 사망 년도에서부터 역산하면, 그 산출이 가능

---

5) 최융에 관해서 기술한 자료를 보자면, 수쉐린(蘇雪林)의 『唐詩概』(第八章「戰爭和邊塞的作品」)과 『全唐詩話』 권1, 『升菴詩話』 권9, 정전두어(鄭振鐸0의 『插圖本中國文學史』(p.304), 리우다지에(劉大杰)의 『中國文學發達史』(p.391~392), 『唐詩紀事』 권8, 胡雲翼의 『唐詩研究』(p.49) 등에서 단편적으로 열거되어 있음을 알 수 있다.

6) 예컨대, 『舊唐書』 列傳卷四十四에는 蘇味道, 李嶠, 盧藏用, 徐彦伯과 병렬되어 있다.

할 것이다. 『구당서(舊唐書)』·「열전」 권44(百衲本) 최융의 조문에 이르기를,

> 신룡 2년에 측천실록을 다듬어 완성하고서 청하현자에 봉해지고 하사물 오백단을 받고 옥서가 그를 찬미하였다. 최융은 문장이 전아하여 그 당시에는 짝할 사람이 적어서 조정에서 필요한 도송문이나 측천애책문, 그리고 여러 글들을 모두 그의 손으로 지어냈다. 최융이 애책문을 지음에 있어 노심초사하고 고생하여 마침내 병들어 죽으니 그 때 나이 54세이다.[7)]

라고 한 것을 보면 졸년이 신룡(神龍) 2년인데 이것은 중종조(中宗朝)(706년)에 해당하니 이때가 최융이 54세라 하였으니, 여기서부터 소급해 보면 고종(高宗) 영휘(永徽) 4년(653년)이 곧 출생년도가 될 것이다. 측천무후(則天武后)의 졸년이 신룡 원년(705년)인 만큼 최융의 생졸년도는 653년에서 706년으로 밝혀지게 된다. 이것은 『당등과고(唐登科考)』 권2에서,

> 최융이 의봉 원년에 사탄문율과에 급제한 것으로 열입하다.[8)]

라고 기술한 부분에서 의봉 원년(676년)과도 앞뒤 조리가 맞게 되는 것이다. 그러나 『태평광기(太平廣記)』 권209 왕방경(王方慶)조에서 기록하기를,

> 용삭 2년 4월, 왕방경이 그의 선조 28인의 필적을 바치니, 고종이 봉각사인 최융에게 서문을 짓게 하였다.[9)]

라고 한데서 용삭(龍朔) 2년(662)이란 연대는 최융의 나이로 보아서 잘못 기록된 것으로 보이니 그의 졸년을 구명하는 데에는 참고가 되기에 부족하다고 할 것이다. 다음에 최융이 등과(登科)하고부터 사망하기까지를 3시기로 구분하기로 한다.

---

7) 神龍二年, 以預修則天實錄成, 封淸河縣子, 賜物五百段, 璽書褒美. 融爲文典麗, 當時罕有其比, 朝廷所須洛出賓圖頌, 則天哀册文及諸大手筆, 並手勑付, 融撰哀册文, 用思精苦, 遂發病卒, 時年五十四.

8) 列崔融於儀鳳元年詞殫文律科及第.

9) 龍朔二年四月, 王方慶獻其先祖二十八人書蹟, 高宗令鳳閣舍人崔融作序.

1) 득의(得意)의 시기

(고종「高宗」 의봉「儀鳳」 원년~고종 홍도「弘道」 원년) (676~683)

이 시기는 최융이 24세에 과거에 등과하여 관리의 길에 들어서부터 위주(魏州)로 부임하기까지의 희망과 득의(得意)가 넘치는 출세가도의 시기이다. 최융 자신에 대해서 『구당서』·「열전」과 『당시기사(唐詩紀事)』 권8에 자가 안성(安成)이며, 제주(齊州) 전절인(全節人)이라고 한 기술내용은 착오가 없다.[10] 최융이 등과한 시기는 『구당서』고종본기(本紀)에 '상원 3년 11월 임신년에 개원하여 의봉 원년이라 하다(上元三年十一月壬申改元曰儀鳳元年)'이라 하니 그의 등과도 그 해의 연말에 있었던 일로 볼 수 있다. 그 후 5년간의 행적은 알 수 없으나, 등과 후에 말직에 있다가 영융(永隆) 2년(681)에야 비로소 궁문승(宮門丞)에 보임되니 정팔품하(正八品下)의 직분이다. 이어서 숭문관학사(崇文館學士)[11]를 겸임하면서 최융은 그의 문재를 발휘하게 된다. 최융이 숭문관학사에 있었던 사실을 다음의 글에서 확인할 수 있다.

> 영융 2년에 고종이 동도를 순행하매 원초로 태자를 시종케 하였다. 원초가 최융 등을 숭문관학사로 추천하였다.[12]

그리고 최융 자신이 쓴 「기와의 소나무 글(瓦松賦書)」에도,

> 숭문관의 기와에 난 소나무가 지붕 아래에 나니 나무라 하겠다. 산객을 찾아 물어도 자세하지 않고 풀이라 한다. 신농편을 살펴도 기록되지 않으니 노래하기를 빛나고 빼어나도다….[13]

---

10) 鄭振鐸은「崔融字安成, 齊州全節人」(『插圖本中國文學史』 p.304)이라 하였음.

11) 『通典』 권30 ;「貞觀中, 置崇賢館. 後沛王賢爲皇太子, 避其名, 改爲崇文館」『資治通鑑』卷二百二唐紀十八高宗上元二年 ;「六月, 戊寅, 立雍王賢爲皇太子, 赦天下」라 하니 崇文館으로 改名한 것은 上元 二年 이후이며 그 명칭이 太子賢이 廢位된 때인 永隆年間에도 이어졌음을 알 수 있다. 通鑑同卷高宗永隆元年(680)에「明崇儼以厭勝之術爲天后所信」, 常密稱「太子不堪承繼, 英王貌類太宗」及崇儼死, 賊不得, 天后疑太子所爲. 甲子, 廢太子賢爲庶人. 乙丑, 立左衛大將軍, 雍州牧英王哲爲皇太子, 改元, 赦天下」라 하니 여기서 改元이란 調元에서 永隆으로 바뀜을 말한다.

12) 永隆二年, 高宗幸東都, 留元超侍太子. 「元超表薦崔融等爲崇文館學士」(『舊唐書』 권72「薛元超傳」).

13) 崇文館瓦松者, 產于屋霤之下, 謂之木也. 訪山客而未詳, 謂之草也. 驗神農而罕記, 賦云, 煌煌特秀

이라는 기록을 통해서 숭문관직의 역임을 확인하게 된다. 이처럼 문재(文才)를 인정받으면서 최융은 영순(永淳) 원년(682)에 태자시독(太子侍讀)과[14] 시속문(侍屬文)이라는 중요한 직분을 맡는다. 『구당서』 본전에 기록하기를,

> 중종이 춘궁에 있을 때 최융을 시독으로 삼아서 시속문을 겸직하게 하니 황태자궁전의 표기문과 상소문은 거의 그의 손에서 이루어졌다.[15]

라고 기술한 것은 그의 이런 관직을 뒷받침해 주는 근거가 된다. 이 시기는 최융에게는 등과하고서부터 능력을 인정받으며 관직도 승관(昇官)의 길을 걷는 소망의 시기였던 것이다.

2) 은거의 시기

(예종「睿宗」 사성「嗣聖」 원년~중종「中宗」 만세등봉「萬歲登封」 원년) (684~695)

이 시기는 최융이 위주(魏州)의 사공참군(司功參軍)으로 좌천되어 있던 기간에 해당한다. 무슨 이유로 폄적되었는지 확인할 수 없지만 그 당시의 정치상황으로 볼 때에 여능왕(廬陵王) 이현(李賢)과 무후(武后)와의 알력에서 온 여파가 아닌가 본다.[16] 최융이 12년간의 방랑생활을 위주에서만 하였는지는 불투명하지만 그가 장안(長安)에 입경한 때는 만세(萬歲) 등봉(登封) 원년(695)이 된다. 입경 동기는 『구당서』 본전에 기록된 바,

> 측천이 숭악을 순행 갔다가 최융이 쓴 계모묘비문을 보고 매우 찬미하였다. 봉선을 필하자 곧 최융에게 조근비문을 짓게 하고서 위주사공참조에서 저작랑을 제수하였다.[17]

이라고 한 데서 확인할 수 있다.[18] 이 시기는 최융이 문재를 발휘하여

……. (『唐詩紀事』 권8).

14) 唐正觀中, 許叔牙爲王侍讀. 高宗升春宮, 仍兼侍讀. 職林云, 開成元年十一月, 宰相李石, 奏置太子諸王侍讀(『中文大辭典』 p.1595).

15) 中宗在春宮, 制融爲侍讀, 兼侍屬文, 東朝表疏, 多成其手.

16) 『資治通鑑』 권203 唐紀19 참조

17) 則天幸嵩嶽, 見融所撰啓母廟碑, 深加歎美. 及封禪畢, 乃命融撰朝覲碑文, 自魏州司功參軍, 授著作佐郎.

조정에서 총애와 신임을 받던 왕성한 활동의 시기이다.

3) 문재를 발양하는 시기

(중종 만세통천「萬歲通天」~중종 신룡「神龍」2년) (696~706)

위주에서 무후로부터 문재를 인정받아 입경하면서 조산대부검교저작좌랑(朝散大夫檢校著作佐朗)을 맡고 곧 양왕(梁王) 무삼사(武三思)를 수행하여 거란(契丹)을 원정 간다. 이 시기에 대해 진자앙(陳子昻)이 최융을 송별하는「저작좌랑 최융 등이 양왕을 따라 동정함을 송별하며」의 서문(送著作佐郎崔融等從梁王東征詩幷序)」(『신교진자앙집(新校陳子昻集)』 권2)에서 다음과 같이 확인할 수 있으니,

> 그 해 7월 군대가 관문을 나서니 하늘이 밝고 구름이 없으며 삭풍이 맑은지라, 분북부낭중 당봉일·고공원외랑 이경수·저작좌랑 최융 등이 막부의 참모와 서기의 임무를 맡다.[19]

라고 한 데서 시기는 그 해 7월이고 수행원은 최융 외에 당봉일이경수 등이며 이 때 최융은 서기의 직분을 수행하였음을 알 수 있다.

같은 해 9월 무수의(武攸宜)가 청변도행군대총관(清邊道行軍大總管)으로 가면서 진자앙(陳子昻)이 그 참모로서 계주(薊州)에 가서 최융을 만난다. 진자앙은 이 때 최융의 웅대한 기상에 감동하여 최융이 입경할 때 다음과 같은 뜻을 전하였다.

> 그대가 임금의 은혜에 보답하려고, 한 겨울에 춥고 괴로운데, 북방이 평정되어 병사의 기세가 떨치고 오랑캐의 기색을 가라앉힐 것이니 흰 깃털을 한번 휘두르기만 하면 천하를 휩쓸 수 있으리라.[20]

---

18) 『資治通鑑』 권205 唐紀에 다음과 같은 武后의 순행(巡行)기록이 있다.「臘月, 甲戌, 太后發神都 ; 甲申, 封神嶽 ; 赦天下, 改元萬歲登封, 天下百姓無出今年租稅. 丁亥, 禪于少室, 己丑, 御朝覲壇受賀 ; 癸巳, 還宮 ; 甲午, 謁太廟」.

19) 歲七月, 軍出國門, 天晶無雲, 朔風淸海, 分北部郎中唐奉一, 考功員外郎李逈秀, 著作佐郎崔融, 並參帷幕之賓, 掌書記之任.

20) 子思報主, 仲冬寒苦, 幽朔初平, 蒼茫天兵之氣, 冥滅戎雲之色, 白羽一指, 可掃九都 (「登薊城西北樓送崔著作融入都幷序」『陳子昻集』 권2.

여기서 진자앙은 최융의 임금에 대한 보답의식(報主精神)을 높이 칭찬하고 있다. 신공(神功) 원년(697)에 45세 나이로 저작좌랑(著作佐郎)이 되고 이어서 우사(右史)로 직책을 옮기게 된다.[21]

성력(聖曆) 원년(698), 저작랑(著作郎)과 우사내공봉(右史內供奉)을 겸임하며[22], 그 이듬해엔 봉각사인(鳳閣舍人)이 되지만 장창종(張昌宗)의 뜻에 맞지않아 무주장사(婺州長史)로 나갔다가 동년에 다시 춘관낭중(春官郎中)과 지제고(知制誥)로 들어온다.

장창종은 당시에 광록대부(光祿大夫)로서 최융와 교유(交遊)가 깊었던 사이였다.[23] 최융이 무주장사로 나갔다함은 육심원(陸心源)이 "사업 최융은 구시 원년에 이 고을에 부임하여 거석에다 영천기를 새겼다(崔司業融, 當久視元年, 莅斯邑也, 刻靈泉記於巨石)." (『당문습유(唐文拾遺)』 권26)라고 기술한 내용과 상통하지만 무주(江南東道)가 아닌 위성현(魏成縣·劍南道)이므로 기재의 오류인가 한다.

무주라는 것을 뒷받침할 만한 유일한 자료는 최융 자신의 「동양 심은후 팔영루에 올라 (登東陽沈隱侯八詠樓詩)」를 들 수 있겠다. 장안(長安) 2년(702), 최융은 다시 봉각사인(鳳閣舍人)과 수국사(修國史)를 겸임하여 국사에 깊이 관여하게 된다(『全唐文』 권96). 이때에 최융은 「간세관시(諫稅關市)」라는 글을 상소하여 세금제도의 부당성을 6단계로 제시하여[24] 측천무후(則天武后)가 그 뜻을 받아들인 일이 있었으니, 그의 우국(憂國)과 충성심을 충분히 짐작할 만하다.

장안 4년(704), 사례소경(司禮少卿)을 맡았다가 이듬해에 원주(袁州)자사로 좌천된다. 그 좌천의 이유를 본전에서 보면 다음과 같다.

> 장역지 형제가 자못 문인들을 불러 모으니 최융·납언 이교·봉각시랑 소미도·인대소감 왕소종 등이 모두 글 재능으로 절개를 꺾고 그들을 섬겼다. 역지가 죽게 되자 최융은 원주자사로 좌천되었다.[25]

---

21) 『全唐文』 권242, 李嶠의 「授劉如玉崔融等右史制」가 있음.

22) 著作郎은 從五品으로 『李遐叔文集』 권3의 「著作郎廳壁記」에 보임.

23) 『太平廣記』 권220에 朝野僉載를 인용하여 「武三思爲張易之作傳, 云是王子晋後身. 詞人爲詩詠之, 崔融爲最」라 하였는데, 최융에게 「和梁王衆傳張光祿是王子晋後身」작이 있음. 『舊唐書』·「張易之傳」에도 보임.

24) 『舊唐書』 本傳과 『全唐文』 권219에 수록.

25) 張易之兄弟頗招集文學之士, 融與納言李嶠, 鳳閣侍郎蘇味道, 麟臺少監王紹宗等, 俱以文才降節事之.

여기서 보면, 장역지(張易之)의 사건에 연루되어서 당한 좌천임을 알 수 있다. 두 번의 좌천은 모두 오해(誤解)와 의리 때문에 생긴 일인 것이다. 그러나 동년에 곧 국자사업(國子司業)의 직책을 받아 명예를 회복하고 그 이듬해인 신룡 2년(706)에는 측천실록(則天實錄)을 찬술하고 청하현자(淸河縣子)에 봉함을 받아 그 생애에 최고의 명예를 높힌다.

그러나 그의 충성심이 너무 강하여 측천무후(則天武后)를 위한 애책문(哀冊文)을 쓰느라고 과로와 질병으로 인해 발병한 지 100여 일 만에 54세를 일기로 병졸하였다. 그의 발병에 대하여 『태평광기(太平廣記)』에서는 다음과 같이 기록하고 있다.

> 최융이 발병한지 백 여일에 배에서 벌레가 꿈틀거려 참을 수 없더니, 도마뱀 같은 어떤 물건이 밑에서 빠져 나오는 것 같더니 곧 죽었다.[26]

상기와 같이 상세히 기록하고 있다. 죽은 후 위주자사(衛州刺史)에 추증(追贈)되고 시호(諡號)를 문(文)이라고 하였다(『구당서』·본전에 의거함). 다음에 최융의 역관(歷官)시기와 그 근거자료를 참고로 제시한다.

「최융의 관직역임시기(官職歷任時期) 및 그 근거표(根據表)」

○ 676년(고종의봉 원년)

관직 : 팔과거(八科擧)에 급제.

근거 : 『구당서』·「열전」 권44 : "처음 팔과거에 응시하여 급제하다(初應八科擧擢第)." 동고동본기 : "상원 3년 11월 임신년에 개원하여 의봉 원년이라 하다(上元三年十一月壬申改元曰儀鳳元年)." 『등과고(登科考)』 권2 : "이 해에 여러 과에 4인이 등과하였는데 최융이 사탄문율과에 등제하다(是年諸科四人, 崔融以詞殫文律科登第)."

○ 681년(고종영융 「永隆」 2년)

관직 : 궁문승(宮門丞)에 보임되고[27] 숭문관학사(崇文館學士)를 겸함.

及易之伏誅, 融左授袁州刺史(『舊唐書』 本傳).

26) 融病百餘日, 腹中蟲蝕不能忍, 有物如守宮從下部出, 須臾而卒(권220引 『朝野僉載』).

27) 『舊唐書』 百官志 ; 「東宮官屬, 宮門丞, 正八品下. 此曰累補」.

근거 : 『구당서』·「열전」 권44 : "궁문승에 누보되고 숭문관학사를 겸하다(累補宮門丞, 兼直崇文館學士)." 상동 권72 「설원초전(薛元超傳)」 : "영융 2년에 고종이 동도를 순행하였는데 원초가 태자를 모시었다. 원초가 최융 등을 숭문관학사에 추천하는 글을 올렸다(永隆二年, 高宗幸東都, 留元超侍太子. 元超表薦崔融等爲崇文館學士)." 『통전(通典)』 권30 : "정관 년간에 숭현관을 세웠는데 후에 패왕 현이 황태자가 되어 그 명칭을 회피하여 숭문관이라고 고쳤다(貞觀中, 置崇賢館. 後沛王賢爲皇太子, 避其名, 改爲崇文館)."

○ 682년(고종 영순 「永淳」 원년)

관직 : 태자시독(太子侍讀)이 되고, 시속문(侍屬文)을 겸함.

근거 : 『구당서』 본전 ; "중종이 춘궁에 있으면서 최융을 시독에 제수하고 시속문을 겸하다(中宗在春宮, 制融爲侍讀, 兼侍屬文)."

○ 684년(예종 「睿宗」사성 「嗣聖」 원년)

관직 : 위주사공참군(魏州司功參軍)에 좌천.

근거 : 『구당서』 본전 : "聖曆中, 則天幸嵩嶽, 見融所撰啓母廟碑, 深加歎美. 及封禪畢, 乃命融撰朝覲碑文, 自魏州司功參黨, 授著作佐郎." 그리고 상기문에서 「聖曆中」은 오기로서 측천무후가 숭악(嵩嶽)에 봉선(封禪)한 시기가 천책만세(天册萬歲)(695)이니(「武則天本紀」 및 『通鑑』·唐紀二十一), 최융이 참군(參軍)으로서 부름 받음은 좌천된 지 12년의 일이다.

○ 696년(중종만세통천 「萬歲通天」 원년)

관직 : 검교저작좌랑(檢校著作佐郎)을 제수.

근거 : 陳子昻 「送著作佐郎崔融等從梁王東征」 幷序 : "歲七月軍出國門, 天晶無雲, 朔風清海, 時比部郎中唐奉一, 考功員外郎李迥秀, 著作佐郎崔融並參帷幕之賓, 掌書記之任." 陳子昻 「登薊城西北樓送崔著作融入都」 幷序 : "元戎按甲, 方刈鮮卑之壘, 天子賜書, 且有君相之召, 而崔侯佩劒, 卽謁承明."

○ 697년(중종신공 「神功」 원년)

관직 : 저작좌랑(著作佐郎)에 발탁되고 우사(右史)로 전임(轉任).

근거 : 『舊唐書』 本傳 : "擢授著作佐郎, 尋轉右史" 『全唐文』 권242의 李嶠의 「授劉如玉崔融等右史制」에 "朝散大夫檢校麟臺著作佐郎崔融可行右史, 散官如故."

○ 698년(중종성력 「聖曆」 2년)

관직 : 저작랑을 제수하고 우사내공봉(右史內供奉)을 겸임.

근거 : 『구당서』 본전 : "聖曆二年, 除著作郞, 仍兼右史內供奉." 『全唐文』 권242의 「李嶠文」에 "長才廣度, 贍學多聞"라고 崔融을 稱하고, 『李遐叔文集』 권3의 「著作郞聽壁記」에 "且以崔融與虞世南魏徵相比次."

○ 699년(중종성력 3년)

관직 : 봉각사인(鳳閣舍人)이 됨.

근거 : 『구당서』 본전 : 「聖曆三年, 遷鳳閣舍人」.

○ 700년(중종구시 「久視」 원년)

관직 : 무주장사(婺州長史)로 좌천되었다가 춘관낭중(春官郎中)과 지제고(知制誥).

근거 : 『舊唐書』 本傳 : "久視元年, 坐忤張昌宗意, 左授務州長史, 頃之, 昌宗怒解, 又請召爲春官郎中知制誥事." 「武則天本紀」 : "聖曆三年五月, 武則天以所疾康復, 大赦, 改元曰久視." 陸心源 『唐文拾遺』 권26 : "崔司業融, 當久視元年, 蒞斯邑也, 刻靈泉記於巨石." 崔融의 「登東陽沈隱侯八詠樓」을 보면 婺州에 가서 쓴 것으로 봄.

○ 702년(중종장안 「長安」 2년)

관직 : 다시 봉각사인(鳳閣舍人)과 지제고(知制誥)가 됨.

근거 : 『구당서』 본전 : "長安二年, 再遷鳳閣舍人"

○ 703년(중종장안 3년)

관직 : 수국사(修國史)를 겸임.

근거 : 『舊唐書』 本傳 : "三年, 兼修國史." 『全唐文』 권96 : "武后勅武三思李嶠崔融等同修唐史制. 時崔融與魏知古同以鳳閣舍人參預其事."

○ 704년(중종장안 4년)

관직 : 사례소경(司禮少卿)지제고(知制誥)

근거 : 『구당서』 본전 : "四年, 除司禮少卿, 仍知制誥."

○ 705년(중종신룡 원년)

관직 : 원주자사(袁州刺史)로 나감. 국자사업(國子司業)이 됨.

근거 : 『구당서』 본전 : "時張易之兄弟頗招集文士, 融與納言李嶠, 鳳閣侍郎蘇味道, 麟臺少監王紹宗等, 俱以文才降節事之. 及易之伏誅, 融左授袁州刺史. 尋召拜國子司業, 兼修國史."

○ 706년(중종 신룡 2년)

관직 : 청하현자(淸河縣子)에 봉함. 사후에 위주자사(衛州刺史)에 추증(追贈).

근거 : 『구당서』 본전 : "神龍二年, 以預修則天實錄, 成封淸河縣子." 同云 : "融撰哀册文, 用思精苦, 遂發病卒, 時五十四, 以侍讀之恩, 追增衛州刺史, 謚曰文."

2. 시를 통한 교유관계

최융은 흔히 문장사우(文章四友)의 하나로 부른다. 『당시기사(唐詩紀事)』 권제8 「최융조」에서,

> 최융의 자는 안성이며 제주인으로 과거에 높게 급제하였다. 소미도 · 왕소종과 같이 장역지의 형제에 어울렸다. 두심언은 최융에 의해 추천되었다.[28)]

라고 기술하였듯이, 이교 · 소미도 · 두심언 등과 교유가 빈번하였고 특히 초당대의 문인들과의 시교(詩交)가 있었음을 알 수 있다. 고로 뒤에 상술할 것이로되 여기서의 시를 통한 교류가 최융의 시풍을 간접적으로 이해하는 역할을 할 수 있으리라 본다. 최융의 시 가운데에 교유에 관한 것으로는 「和宋之問寒食題黃梅臨江驛」, 「留別杜審言并呈洛中舊遊」, 「和梁王衆傳張光祿是王子晋後身」 등과 3수의 만사(挽詞)[29)] 그리고 「嵩山石淙侍宴應制」시 등이 직간접적인 교유시라 하겠다.

한편, 최융과 유관한 타인의 시도 있으니, 두심언(杜審言), 송지문(宋之問), 장열(張說), 심전기(沈佺期), 진자앙(陳子昻), 최면(崔沔) 등과 숭산(嵩山)의 석종(石淙)에서 시연(侍宴)에 참여한 자들로 무삼사(武三思), 소미도(蘇味道), 장역지(張易之), 장창종(張昌宗), 설요(薛曜), 양경술(楊敬述), 우계자(于季子) 등이 있다. 이제 상기의 사람들을 중심으로 상호 교유의 관계를 보기로 한다.

1) 소미도(蘇味道)

소미도와는 시풍부터 상통하니 리우다지에(劉大杰)는 「소최 양인의 시

---

28) 融字安成, 齊州人, 擢入科高第. 與李嶠, 蘇味道, 王紹宗, 附易之兄第. 杜審言爲融所奬引.

29) 挽詞란, 「戶部尙書崔公挽歌」, 「韋長史挽詞」, 「哭蔣詹事儼」 등을 말함.

는 모두 평용하여 서술할 것이 없다(蘇崔二人的詩, 亦俱平庸無可述者).」(『中國文學發展史』 p.391)라고 품평한 바가 있다. 양인의 관계는 석종(石淙)에서의 시연(侍宴)을 노래한 양인의 시를 가지고 서로 교유한 실예(實例)로 삼을 수밖에 없지만 간접적인 비교는 될 수 있으리라 본다. 예시컨대, 최융의 「숭산의 석종에서 시연의 응제시(嵩山石淙侍宴應制)」를 보면(『전당시』 권68)

굴 입구의 신선바위 잘라 만든 듯하고,
샘 향기 그윽한 돌은 차거워 낮에도 시원하다.
용무늬 깃발 달 그리듯 하늘 아래 차고,
봉황무늬 피리 구름 잡듯 이곳에 울리네.
나무가 병풍 이뤄 햇빛이 어둡고,
향초는 궁궐 같아 여름에 서늘하다.
오늘 아침 머뭇대며 현포에 나가고,
내일에는 모시고 놀며 적성으로 가리라.30)

여기에 대해 소미도는 같은 응제시에서,

옥가마는 호위 속에 천관을 감싸고,
선동의 신령한 골에서 구선약을 찾는도다.
사랑스런 샘터의 꽃에 가려 가까운 길을 잃었고,
쭈삣한 언덕의 대숲은 우뚝 선 단을 가렸구나.
겹겹의 낭애는 우뚝한데 노을이 무늬져 어울고,
폭포수 엇겨 날려 빗 기운이 차구나.
임금님의 마음에 흥이 나시어,
두루 다니시며 구경하면서 수레방울을 멈추네.31)

라고 하여 제량(齊梁)의 궁체시풍을 보여 준다. 최융과 석종시연(石淙侍宴)에 참가하여 시회에서 같은 시제(奉和聖製夏日遊石淙山)의 시를 남

---

30) 洞口仙巖類削成, 泉香石冷晝含淸. 龍旗畵月中天下, 鳳管披雲此地迎. 樹作帷屛陽景翳, 芝如宮闕夏涼生. 今朝出豫臨懸圃, 明日陪遊向赤城.
31) 瑪輿藻衛擁千官, 仙洞靈谿訪九丹. 隱愛源花迷近路, 參差嶺竹掃危壇. 重崖對聳霞文駮, 瀑水交飛雨氣寒. 天洛宸襟有餘興, 裵回周矚駐歸鑾.

긴 시인들은 동유(同遊)의 낙을 나눈 사이인데, 그들은 바로 무삼사(武三思)[32], 장역지(張易之)[33], 장창종(張昌宗)[34], 설요(薛曜)[35], 양경술(楊敬述)[36], 우계자(于季子)[37] 등으로서 그 당시의 대가들이면서, 정치적으로도 상당한 권세를 누렸기 때문에 최융의 문단활동은 비교적 활발하였다고 할 수 있다(이들의 시들은 순서대로 『전당시』(권68)에 수록되어 있음).

이처럼 최융은 상기의 문인들과의 시연(侍宴)과 시회에서 상호의 교분을 나누며 당시의 시단에서 실력을 인정받았음을 알 수 있다.

2) 두심언(杜審言)

최융은 이들 석종산(石淙山)의 교분을 나누는 시교 외에 특히 두심언과의 교왕이 많은 것으로 보인다. 먼저 최융의 「두심언을 이별하며 낙양에서의 옛 교유를 고함(留別杜審言并呈洛中舊遊)」을 보면,

> 희끗한 귀밑털로 지금 이별하지만,
> 홍안의 젊은 날 어제 우리 함께 놀았지.
> 해마다 봄은 기다리지 않건만,
> 곳곳에 술은 마냥 남아 있구나.
> 말일랑 서녘 다리 위에 매고,
> 수레는 남녘 밭이랑 가에 돌려놓았지.
> 친구여 이제 여기서 헤어지자니,
> 바람과 달 속에 앉아
> 그리는 마음 그지없구나.[38]

여기서 첫 연을 보면 양인의 교분이 오래된 것을 알 수 있고 제2연에

---

32) 武三思 ; 則天兄子. 右衛將軍에 이름. 詩八首.

33) 張易之 ; 定州人. 則天以後 弟 昌宗과 奉宸令에 이름. 宋之問, 閻朝隱, 薛稷 등과 교유. 詩 四首.

34) 張昌宗 ; 易之의 弟. 銀靑光祿大夫에 이름. 武后의 命으로 『三敎珠英』을 撰하고 文學之士 李嶠 등 26人을 모아 文集을 撰함. 詩 三首.

35) 薛曜 ; 元超의 子. 正諫大夫에 이름. 文集 二十卷. 今存詩 5首.

36) 楊敬述 ; 則天時에 右玉鈐衛郎將과 左奉宸內供奉을 지냄. 詩 一首.

37) 于季子 ; 咸亨中에 進士되고 則天時에 司封員外를 지냄. 詩 七首.

38) 班鬢今爲別, 紅顔昨共遊. 年年春不待, 處處酒相留. 駐馬西橋上, 回車南陌頭. 故人從此隔, 風月坐悠悠.

서는 남다른 정감이 표출되고, 후의 2연에서는 석별의 정이 그지없음을 보여 준다. 한편, 두심언은 그 깊은 우정을 가지고 왕사(王師)를 따라 동정(東征)하는 최융에 대한 기대와 장도의 심정을 다음 「최융을 보내며(送崔融)」에서 담고 있다(『全唐詩』 권62).

군왕이 길 떠나 출정하니,
서기가 멀리 수종을 하네.
행장이 하궐에 이어 있고,
군기가 낙성에 떨치네.
깃발이 아침에 찬 기운 일고,
피리 소리 밤마다 변방에 울리네.
앉아서 이 싸움 그칠 일 생각하니,
가을바람이 북평에 부누나.[39]

이 시는 진자앙(陳子昂)의 「최저작의 동정을 송별하며(送別崔著作東征)」와 같은 시기의 작품이 아닌가 한다.[40] 최융이 무수의(武攸宜)의 막하에서 서기로서 북평을 토벌하는 것을 송별한 시인데 당시에 무씨가 봉왕(封王)했기에 이 시에서 '君王'이라고 호칭한 것으로 본다.[41] 이 시는 삭풍에 깃발이 날리고 피리가 변방에 울리는 정군(征軍)의 정경을 특색 있게 묘사하여 기대와 벗을 보내는 수심을 동시에 표출시키고 있다. 그리고 두심언은 「최융에게 주는 20운 시(贈崔融二十韻)」(동상)의 장시를 남기고 있으니, 애틋한 정의와 삶의 고뇌, 그리고 허무한 세월이지만, 양인의 정을 지울 수 없는 굳은 마음을 노래하고 있다. 그 일단을 보면,

십 년을 천박한 신하로서,
만리 타향을 두루 다녔지.
구름 낀 하늘이 서찰을 끊었고,
풍토에 따라 한서가 달랐다네.
……(중략)……

---

39) 君王行出將, 書記遠從征. 祖帳連河闕, 軍麾動洛域. 旌旗朝朔氣, 笳吹夜邊聲. 坐覺煙塵掃, 秋風古北平.
40) 이반룡(李攀龍), 『唐詩選評釋』 권3.
41) 상동.

서로 만나면 옛 일을 위로하고,
서로 대하여 죽고 사는 일을 논했지.
풀 우거져 찌든 거리 무너진데,
교유하면서 갖은 봉욕 겪었다오.
공작은 다투어 날개를 치고,
학은 다투어 자웅을 겨루누나.
생각할수록 기쁨이 넘치니,
벗의 정을 어이 잊을 수 있으리오.
거문고와 술잔이 놓인 곳에 연석을 차리고,
바위 골에 누운 곳에 시흥을 돋군다오.
……(중략)……
몸을 어루며 바른 길 다지고,
손을 잡고서 영광을 그린다오.[42]

3) 진자앙(陳子昂)

최융에겐 증시(贈詩)가 없으나 진자앙에겐[43] 두 편의 최융에게 주는 서(序)가 있는 중요한 작품을 남기고 있다. 즉 「저작좌랑 최융 등이 양왕을 따라 동정함을 송별하며(送著作佐郎崔融等從梁王東征)」와 「계성의 서북루에 올라 최저작랑이 입도함을 송별하며(登薊城西北樓送崔著作融入都)」(『全唐詩』 권83)가 그것이다. 이 중에서 전자의 시를 보겠다.

가을 하늘 때마침 쌀쌀한데,
흰 서릿발에 이제야 원정 가네.
군사가 싸우기 즐기지 않으니,
그대는 삼가 좋은 병사 만드세.
바닷 기운 남부에 스며들고,
변방 바람 북평을 휩쓰네.
노룡새를 팔지를 마오.
돌아와 기린각에 이름 오르리.[44]

---

42) 十年俱薄臣, 萬里各他方. 雲天斷書札, 風土異炎涼. ……(中略)…… 相逢慰疇昔, 相對敘存亡. 草深窮巷毁, 交遊寵辱妨. 雀羅爭去翟, 鶴氅競尋王. 思極歡娛至, 朋情詎可忘. 琴樽橫宴席, 嚴谷臥詞場. ……(中略)…… 撫躬銜道義, 攜手戀輝光.
43) 졸저, 『초당시와 성당시 연구』(『국학자료원』).

진자앙은 이 시의 서(序)에서,

> 그 때 비부낭중 당요일과 고공원외랑 이형수, 저작좌랑 최융이 함께 막하의 빈객으로 참여하여 서기의 임무를 맡았다. …… 이에 항아리에 화살을 쏘아 넣고 바둑으로 병법을 익히며 북 징을 치며 울리고 요금으로 역수의 강개함을 노래하고 관산곡을 연주하면서 배회하였다. 그리고 뙤약볕엔 숲에 들고 흐리면 나와 앉아서 장풍으로 물결치는 것을 생각하였다. 밝은 해가 기울까 두려워서 술을 달게 마시고 칼을 뽑아 일어나 춤을 추면 그 기상이 요갈을 가로지르고 웅지가 오랑캐를 쓸어 버릴만 하였도다.[45]

이와 같이 진자앙은 최융의 동정(東征)에 대해 우국의 정에 의한 거사임을 칭찬하면서 자신의 감개어린 심정과 함께 경의를 표하고 있다. 여기서 최융의 국가의식과 충성심을 엿볼 수 있는 것이다.[46] 그리고 진자앙의 후자의 시도 외지에 있던 최융이 저작랑으로 입도(入都)하는 것을 송별한 것인데, 최융의 굳은 신뢰와 애국정신을 기리고 있다. 그 서에서,

> 군사를 따라 변새에 나가서 오랑캐의 원흉을 누르고 바야흐로 선비의 보루를 베니 천자가 칙서를 내리시어 군상의 조서로 부르매 최후는 칼을 차고 곧 알현하여 받들도다.[47]

라고 하여 최후(崔侯)(崔融)의 적극적인 호국태도를 묘사하고 있는데, 그 시에서는 최융의 호기(豪氣)를 더욱 선양하며 전송하는 정분을 그리고 있음을 본다. 보건대,

> 계루에서 연나라 바라보며,
> 칼 쥐고 기꺼이 여기에 올랐노라.
> 맑고 고운 가락 때마침 울리니,
> 단창을 나 어이하면 좋을까?

---

44) 金天方肅殺 白露始專征. 王師非樂戰 之子愼佳兵. 海氣侵南部, 邊風掃北平. 莫賣盧龍塞, 歸邀麟閣名.

45) 時比部郎中唐奉一, 考功員外郎李逈秀, 著作佐郎崔融並參帷幕之賓, 掌書記之任. …… 爾乃投壺習射, 博奕觀兵, 鏜金鐃戛, 瑤琴歌易水之慷慨, 奏關山以徘徊, 頹陽半林, 微陰出座, 思長風以破浪. 恐白日之蹉跎, 酒中樂酣, 拔劍起舞, 則已氣橫遼碣, 志掃獯戎.

46) 『唐詩選評釋』 권3(p.118)에 강협엄(江俠菴)이 역술(譯述)하여 「望崔著作庶幾以田疇之心爲心, 切勿爲自己徼倖麒麟角上之功名作」.

47) 從王師之出塞, 元戎按甲, 方刈鮮卑之壘, 天子賜書, 且有君相之召, 而崔侯佩劍, 即謁承明, …….

한 겨울엔 변방 바람 세찬데,
구름 낀 하늘에 또 서리가 모질구나.
분개하면 결국 어찌하잔 말인가?
서남에서 벗 잃음을 한탄하도다.[48)]

4) 송지문(宋之問) · 심전기(沈佺期)

양인의 초당 시율에 대한 업적은 두 말할 필요가 없다. 최융의 시에는 「송지문과 한식날 황매를 시제로 하며(和宋之問寒食題黃梅臨江驛)」가 있는데 은근한 우정과 그리움을 짙게 담고 있다.

춘분이 회수 북녘에서 오고,
한식이 강남을 건너 오네.
문득 심양수를 보노라니,
송씨 집 연못인가 의심하네.
명철한 군주의 문지기 찾기 어려우니,
외로운 신하는 쫓아가기 힘들도다.
아득히 고향 땅 생각하노라니,
복사와 오얏 꽃이 때마침 만발하겠지.[49)]

최융의 이 시는 송지문의 「도중에 한식을 맞아 황매가 강역에 임해 있다는 제하로 최유에 부침(途中寒食題黃梅臨江驛寄崔)」(『전당시』 권51)에 화답한 것으로 그리운 심정을 절실하게 묘사하고 있다.

말 위에서 한식 만나니,
근심 속에 늦봄이구나.
쓸쓸히 강가를 바라보니,
낙양 사람 보이지 않네.
북쪽 가에서 명철한 님 그리니,
남쪽 바다에서 쫓긴 신하되었구나.

48) 薊樓望燕國, 負劍喜茲登. 清規子方奏, 單戟我無能. 仲冬邊風急, 雲漢復霜稜. 慷慨竟何道, 西南恨失朋.

49) 春分自淮北, 寒食渡江南. 忽見潯陽水, 疑是宋家潭. 明主閽難叫, 孤臣逐未堪. 遙思故園陌, 桃李正酣酣.

고향은 그리움에 애끊는 곳이려니,
밤낮으로 버들가지 새롭구나.[50]

양인의 역할이 율격을 완성하는데 기여한 바 큰 만큼[51], 상호 우의도 잦아서 둘의 성격과 감정까지 이해하는 관계였던 것 같다.[52]

한편, 심전기는 「소사군과 최사업 두 공을 곡함(哭蘇使君崔司業二公)」(『전당시』 권95)을 남기고 있는데, 양인의 문재와 덕성을 찬미하여 인생의 무상을 절실하게 토로하고 있다. 이 시의 서(序)에서,

> 신룡 3년 가을 8월에, 나는(심전기) 은총을 입어 북으로 돌아가는 도중에 친구를 찾아 머물렀던 중에 소미도·최융을 알게 되었는데, 잠깐 사이에 차례로 떠나가 버렸도다.[53]

라고 하여 사후에 양인이 죽은 것을 알고서 그 비통한 심정을 노래한 것임을 알 수 있다. 그 시의 일단을 보건대,

조칙이 천하에 내리어서,
방황하며 바다 밖에서 맴돌다가,
장사에서 태수를 만나서,
옛 누구 누구 온전한지 물었더니,
국보 같은 두 님을 잃었고,
천재 같은 두 현인을 잃었도다.
큰 이름 약관에 가지런하고,
높은 덕은 중년에 나란히 했도다.
예악은 양숙자 같고,
문장은 왕중선 같도다.
……(중략)……
친한 벗 구름 안개같이 뭉치는데,

---

50) 馬上逢寒食, 愁中屬暮春. 可憐江浦望, 不見洛陽人. 北極懷明主, 南溟作逐臣. 故園腸斷處, 日夜柳條新.

51) 劉大杰은 「在初唐詩壇的百年中, 雖有王績王梵志們的新異的作品, 然其主要的詩潮, 全是傾向於律體完成的工作. 如上官儀四傑以至沈宋及四友諸人, 都是這工作的努力者」(p.392).

52) 『全唐詩』一函十册의 宋之問의 「明河篇」에는 최융이 송지문의 성격을 잘 파악하고 있는 다음과 같은 逸話가 附記되어 있다. 「紀事云, 武后時, 之問求爲北門學士, 不許, 乃作此篇以見意. 后見之, 謂崔融曰, 非不知之問有奇才, 但恨有口過耳, 之問終身恥之」.

53) 神龍三年秋八月, 佺期承恩, 北歸途中, 覯止訪友及故舊, 知蘇使君味道國子崔司業融, 馳施間相次而逝

죽었느니 살았느니 해마다 전해오는 슬픈 소식.
최융은 예전에 문필을 휘날렸고,
소미도는 일찍이 큰 강을 건넜다네.[54)]

라고 하여 양인에 대한 높은 평가를 가하고 있다. 평소에도 친분이 두텁고 존중하는 심회를 표현하여 최융에 대해서는 문재가 뛰어남을 특히 강조하였다. 아울러 장열(張說)의 「최사업 만가(崔司業挽歌)」 2수(『전당시』 권86)도 최융의 문재를 양웅(揚雄)과 사령운(謝靈運)에 짝하여 높이었다. 그 제1수를 보겠다.

해대의 영험한 기운과
교상의 예악의 자질을 갖추고서,
풍류는 천하를 덮었고,
인물은 서울을 떨쳤도다.
재기는 양웅의 부에 기대고,
넋은 사령운 시에서 놀았도다.
이제부터 글 좋아하는 님께서
남은 원한이 남다르리로다.[55)]

장열의 최융에 대한 관점은 문장력이었으며, 최융 자신은 무후(武后)의 애책문(哀冊文)을 쓰느라고 건강을 상실하였던 만큼, 애도의 주관점이 최융의 필력(筆力)에 있었다고 할 것이다. 시작상으로는 이상과 같이 한정된 시문에 지나지 않지만, 최융은 그 당시의 문장가로서 황제로부터 동료에까지 폭넓은 교우가 있었고, 특히 근체시의 형성에 적지 않은 역할이 있었음을 알 수 있다. 최융의 시를 통한 교류는 단순한 교우적 차원에서만이 아니라, 초당시의 발전에 기여하는 의미가 크며, 최융에게 준 시들의 공통점은 인품존경과 문재예찬이라는 것을 알 수 있다.

---

54) 渙汗天中發, 伶傳海外旋. 長沙遇太守, 問舊幾人全. 國寶亡雙傑, 天才喪兩賢. 大名齊弱歲, 高德並中年. 禮樂羊叔子, 文章王仲宣. ……(中略)…… 親朋雲霧擁, 生死歲時傳. 崔昔揮宸翰, 蘇嘗濟巨川.
55) 海岱英靈氣, 膠庠禮樂資. 風流滿天下, 人物擅京師. 才寄揚雄賦, 魂遊謝客詩. 從今好文主, 遺恨不同時.

Ⅱ. 시에 나타난 제량풍(齊梁風)

최융의 시는 모두 19제 20수만이 전해 오는데[56], 그 중에도 「새원행(塞垣行)」은 최식(崔湜)의 작으로도 기재되어 있다(『全唐詩』 권68). 최융의 시 자체에 대한 평가는 그다지 높지 않은데, 그 이유는 적은 수의 작품만을 남기고 있기 때문이다. 그들 평을 들어 보자면, 『전당시화(全唐詩話)』 권1에서 이르기를,

> 최융의 시는 절창이다. 『옛날에 부구백을 만났고 지금은 정영위와 같도다. 중랑의 재모는 옳고, 장사의 성명은 그르도다』의 싯구가 있는데, 후에 재상 소미도와 서로 꾸짖어 말하기를 최융의 시가 재상에 못 미치는 이유는 『은화합』구가 최융에게는 없기 때문이다.[57]

라고 하여 소미도의 시와 비교하였으며, 그리고 정전줘(鄭振鐸)는,

> 그의 시에는 종군을 읊은 것이 많다. 「서방으로 원정 가는 행렬이 바람을 맞다」 같은 것은 자못 이역의 풍취가 있으니, 그 시대에서는 별난 곡조라 할 것이다.[58]

라고 하여 종군시의 특성을 나름대로 호평하였고, 수쉐린(蘇雪林)은 최융의 변새시(6수)에 대해서 특히 강조하기를,

> 초당의 최융은 일찍이 종군하였기에, 그 작품도 다분히 변방 풍경과 군대의 사정을 기

---

56) 최융의 시제를 열거하면 다음과 같다. 1) 「關山月」(五律), 2) 「擬古」(五古), 3) 「西征軍行遇風」(五古), 4) 「塞垣行」(五古), 5) 「登東陽沈隱侯八詠樓」(五古, 第三句第五字缺), 6) 「從軍行」(七古), 7) 「和宋之問寒食題黃梅臨江驛」(五律), 8) 「留別杜審言幷呈洛中舊遊」(五律), 9) 「詠寶劍」(五律), 10) 「吳中好風景」(五律), 11) 「則天皇后挽歌二首」(五律), 12) 「戶部尙書崔公挽歌」(五律), 13) 「韋長史挽詞」(五律), 14) 「和梁王衆傳張光祿是王子晋後身」(五古), 15) 「哭蔣事儼」(五排), 16) 「嵩山石淙侍宴應制」(七律), 17) 「塞上寄內」(五絶) ; (이상의 편호에 의거하여 활용함).

57) 融賦詩爲絶唱. 有 『昔遇浮邱伯, 今同丁令威. 中郎才貌是, 藏史姓名非』 之句, 後與宰相蘇味道相誚云 ; 融詩所以不及相公, 無銀花合」.

58) 他的詩詠從軍者爲多. 像西征軍行遇風, 頗具有異域的風趣, 置在這個時代裏, 總算是別調」(『插圖本中國文學史』 p.304).

술하고 있다. 「새상기내」·「서정우풍」·「새원행」·「종군행」같은 것은 격정적이며 비장하여, 고적과 잠삼의 선성을 열었다.[59)]

라고 하여서 성당의 변새시에 길잡이가 된 가치를 인정하려고 하였다. 그러나 후원이(胡雲翼)는 최융을 두고서 평하기를,

그의 시 「화양왕충전장광록시왕자진후신」같은 것은 전혀 기골이 없으니, 문장사우의 끝에 이름을 붙인다 해도, 실지로 초당의 대표시인이라 하기에 부족하다.[60)]

라고 하여 시의 기골(氣骨)이 부족함을 지적하였고, 리우다지에(劉大杰)는 심지어 서술할 만한 가치조차 없다고 하면서,

소미도와 최융 두 사람의 시는 모두 평범하여 기술할 만한 것이 없다.[61)]

라고 혹평하였다. 이 모든 개괄적인 품평을 수긍하기에는 유전된 작품이 적으며, 또 부인하기에는 나름대로의 개괄적인 보조자료가 부족하다고 하겠다. 이러한 소위 평가상의 갈등은 당시에 대해 평한 원대의 부여려(傅與礪)의 형식보다는 시정위주의 고래적 관념 같은 데에서 더욱 심화된 것으로 본다. 보건대,

당나라 사람들은 시를 가지고 벼슬을 얻었기에 시가 당대만큼 성한 적이 없다. 그러나 시는 덕성에 근원을 두고 재주와 성정에서 드러나는 것이니 마음의 소리가 다른 것은 그 얼굴과 같으니 따라서 시의 법도는 배울 수 있어도 시의 의취는 배워서 되는 것이 아니다.[62)]

라고 하니 시의 의취를 담고 있음이 어떠하냐에 대해서는 최융에게 있

---

59) 初唐崔融便曾從軍, 其作品多記關塞風景與軍中情事, 如塞上寄內, 西征遇風, 塞垣行, 從軍行, 激昂悲壯, 已開高岑先路(『唐詩概論』 第八章「戰爭和邊塞的作品」p.53).

60) 其詩如和梁王衆傳張光綠是王子晋後身, 毫無氣骨, 雖附名四友之末, 實在夠不上說是初唐的代表詩人」(『唐詩研究』 p.49).

61) 蘇崔二人的詩, 亦俱平庸無可述者」(『中國文學發達史』 第十三章「初唐的詩壇」).

62) 唐人以詩取士, 故詩莫盛于唐, 然詩原于德性, 發于才情, 心聲不同有如其面, 故法度可學, 而神意不可學」(『詩法正論』).

어 평가의 갈등은 풀리지 않는다. 그러나 무후(武后) 시절의 시인들은 자의적인 창작태도라기 보다는 응제적(應制的) 자세를 취한 궁정체(Court Poem)를 잘 지어서 하버드대학의 스티븐 오웬(Stephen Owen)은 이 시기의 시를 놓고 아속적인 형식(Subgeneric Styles)이라고까지 서양인의 시각을 기술하고 있음을 간과하지 않는다면,[63] 최융의 시는 변새적인 우국심, 정경혼합(情景混合)의 정회, 그리고 정의(情誼)와 충성심이 담긴 삶의 비장 등이 그 특성으로 대변될 수 있을 것이다. 이런 성격을 논하기에 앞서 최융의 시어상의 몇 가지 사용방법은 또 시의 이해를 위해서 나름의 참고가 될 것이다. 최융에게는 응제시(應制詩)가 한 수만 수록되어 있지만 수다히 산실되었을 것이며, 현재의 한 수만을 가지고 최융의 시를 궁체시의 부류에서 제외시킬 수는 없다. 그러나 오웬(Owen)이 말한 바의 개성적인 형식(Individual Styles)을 지니고 있으며 수쉐린(蘇雪林)이 최융을 두고서 선로(先路)라는 평가에 조심스러운 동의를 하면서 다음에 기술하고자 한다.

1. 시어 사용상의 특성

최융의 시는 시어 사용에 있어서 다음 몇 가지 사항을 지적할 수 있다.

1) 자연계의 현상

천체(天體)의 시어를 사용하며 자연현상을 시어화(詩語化)하여 작자의 ⓐ비애, ⓑ충성심, ⓒ우국심, 또는 ⓓ경물의 정감을 읊고 있다.

月生西海上, 氣逐邊風壯 (「關山月」)－ⓓ
달이 서해에서 뜨고 기세가 이니 변방의 바람이 세다.

月夕大川陰, 雲霞千里色 (「擬古」)－ⓓ
달이 뜬 저녁 대천이 어둡고 구름과 노을이 천리에 빛난다.

63) Stephen Owen, The Poerty of the Early T'ang (p.255) 참조

北風卷塵沙, 左右不相識 (「西征軍行遇風」) − ⓒ
북풍이 모래먼지를 말아 좌우를 모르겠다.

疾風捲溟海, 萬里揚沙礫 (「塞垣行」) − ⓓ
질풍이 바다를 거둬 올리고 만리에 돌모래 인다.

十月邊塞寒, 四山沍陰積
시월의 변방은 차고 사방의 산은 어둠이 쌓인다.

雨雪雁南飛, 風塵景西迫 (「塞垣行」) − ⓒ
눈비에 기러기 남으로 날고 바람먼지에 해가 서쪽으로 진다.

關頭落月橫西嶺, 塞下凝雲斷北荒 (「從軍行」) − ⓒ
관변의 지는 달 서쪽 산에 걸리고 변새에 엉긴 구름이 북녘에 끊겼네.

夕煙楊柳岸, 春水木蘭橈
域邑高樓近, 星辰北斗遙. (「吳中好風景」) − ⓓ
수양버들 언덕에 저녁 안개 자욱한데, 봄강에 목란 노를 젔는다.
성내의 높은 누대 가까이 있고 북두성은 저 멀리.

陰月霾中道, 軒星落太微. (「則天皇后挽歌」) − ⓐ
흐린 달에 거센 비 오는 길에서 큰 별이 태미궁에 지다.

日落桑榆下, 寒生松柏中. (「韋長史挽詞」) − ⓐ
해가 뽕나무 느릅나무 아래로 지니 찬 기운이 송백나무에서 인다.

朝遊雲漢省, 夕宴芙蓉池. (「哭蔣詹事儼」) − ⓑ
아침에 은하성에서 놀고 저녁엔 부용지에서 잔치한다.

2. 명칭의 다양한 활용

지명으로는 관산(關山)(「關山月」), 연산(燕山)(「塞垣行」), 회계(會稽)동양(東陽), (이상 「登東陽沈隱侯八詠樓」), 회북(淮北) · 심양(潯陽)(이상 「和宋之問寒食題黃梅臨江驛」), 곤오(昆吾)(「詠寶劍」), 낙저(洛渚)(「吳中好風景」), 형남(荊州)제남(濟南)(이상 「戶部尙書崔公挽歌」), 경조(京兆)부양(扶陽)(「韋長史挽歌」), 회남(淮南)낙성(洛城)(「和梁王衆傳張光祿是王子晉後身」), 운한

성(雲漢省)부용지(芙蓉池)(「哭蔣詹事儼」), 현포(縣圃)적성(赤城)(「嵩山石淙侍宴應制」) 등이 나온다. 이들 지명은 변방이나 궁궐내의 지명 등으로서 종군의 이별과 사향(思鄕), 그리고 충성심을 암시해 준다. 인명으로는 반초(班超)·장건(張騫)·위청(衛靑)·곽거병(霍去病)(「擬古」)·은후(隱侯)(「登東陽沈隱侯八詠樓」)·부구백(浮丘伯)·정령위(丁令威)(「和梁王衆傳張光祿是王子晋後身」)가 있어서 한결같이 강인하고 고아한 삶을 영위했던 의지력을 지닌 인물을 부각시켰다.

3. 용사(用事)의 예

용사는 전고(典故)의 활용이라 할 수 있으니, 시의 품격과 간설적인 비유의 묘를 살리기 위하여 중요한 요소가 된다. 송대의 섭몽득(葉夢得)은 용사에 대하여,

> 시의 고사 활용은 억지로 해서는 안된다. 반드시 쓰지 않으면 안 될 때에 써야 하는 것이니, 용어를 한 번 쓰되 그 배열된 자취를 보이지 않게 해야 한다.[64]

라고 하여 용사를 독자가 의식하지 않게 자연스레 하는 데에 절창(絶唱)의 묘를 살릴 수 있다고 밝히고 있다. 그러기에 북송의 이기(李頎)는,

> 시를 짓는데 있어 고사 활용은 마치 물 속에 소금을 타면 음식에서 소금 맛을 아는 것과 같으니, 이것이 시인의 비법이다.[65]

라고 하여 용사가 작시에서 어떤 역할을 하는 지를 설명하였고, 소동파는 용사의 궁극적 가치에 대하여,

> 시는 창작하여 짓는 것인데 시의 전고는 옛것으로 새것을 만들고 속된 것으로 우아한 것을 만들어 내야 한다. 기이함을 좋아하고 새것에 힘쓰니, 이가 곧 시의 병폐이다.[66]

---

64) 詩之用事, 不可牽强, 必至于不得不用而後用之, 則事詞爲一, 莫見其安排斗湊之迹」(「石林詩話」).
65) 作詩用事要如水中著鹽, 飮食乃知鹽味, 此說詩家秘藏也」(「古今詩話」).
66) 詩要有爲而作, 用事當以故爲新, 以俗爲雅 ; 好奇務新, 乃詩之病」(「東坡志林」, 「題柳子厚詩」).

라고 하여 용사의 목적은 신선하고 고아한 풍격을 갖추는데 긴요한 작시방법임을 명시하고 있다. 최융에게도 용사가 있으니 「의고(擬古)」시를 보면,

칼을 뽑아 큰 느릅나무 잘라 보고,
활을 휘어 작은 가시 쏘아보네.
반초와 장건은 내 정말 비할 수 없고,
위청과 곽거병의 행적 내 따라 가리라.67)

여기에서 후연의 반장(班張)은 한대의 장군인 반초(班超)와 장건(張騫)으로서 서역을 정벌하였으며 위곽(衛霍)은 무제(武帝) 시에 흉노(匈奴)를 정벌한 위청(衛靑)과 곽거병(霍去病)으로서 이들 한대의 무인을 용사하여 작자 자신의 의분과 호국 정신을 강렬하게 반영시켰다. 또 「새원행(塞垣行)」을 보면,

정녕 황하의 맹세를 하였으니,
모름지기 연산석을 따르리라.
안타깝다. 양치는 신하의 몸으로,
나라 밖에서 오래 나그네 되었구나.68)

여기에서 연산석(燕山石)이란 후한의 두헌(竇憲)이 흉노를 격파하고 연년산(燕然山)(지금 察哈爾省 宣北縣 東)에 올라가서 돌에 공적을 새겼다는 고사를 인용한 것인데, 작자는 이를 통하여 외침을 막고 호국의 뜻을 이루어야 한다는 결심을 비의(比擬)한 것이다. 그리고 「양왕과 함께(和梁王衆傳張光祿是王子晋後身)」의 일단을 보면,

아침마다 구씨의 흰 학이
길게 낙성으로 나는구나.69)

여기에서 「구씨(緱氏)」는 하남성 언사현(偃師縣)의 산명으로서 왕자진

---

67) 拔劍斬長楡, 彎弓射小棘. 班張固非擬, 衛霍行可卽.
68) 豈要黃河誓, 須勒燕山石. 可嗟牧羊臣, 海外久爲客.
69) 朝朝緱氏鶴, 長向洛城飛.

(王子晋)이 백학(白鶴)을 타고 승선했다는 고사를[70] 인용하여 학의 이미지를 신선화시키고 있는 것이다. 최융의 용사는 무리 없이 고아한 품격을 조성하였음을 볼 수 있다.

4. 허자(虛字)의 활용

시를 짓는데 있어서 연구(煉句)와 연자(煉字)는 시의(詩意)의 구상 못지않게 중요하다. 그래서 송대 장표신(張表臣)은 이르기를,

> 시는 의취로 본을 삼을 것이니, 작품 속의 연구, 싯구 중의 연자는 공교함을 얻기만 하면 된다. 시의 기품이 청고하고 심묘한 것이 으뜸이며 시의 격식은 웅건하고 호방한 것이 좋은 것이다.[71]

라고 하였다. 이렇게 정제된 시의 어구라야 시안(詩眼)을 올바르고 밝게 가지고 시의를 표현할 수 있다. 이러한 과정에서 시의 허자의 묘미를 활용하는 것은 활자(活字)와 활구(活句)의 중요한 관건이 되기도 한다. 따라서 청대 곽북린(郭北麟)은 이르기를,

> 시속의 허자가 오묘하게 잘 쓰일 때만이 시 전체의 정신이 힘차게 솟구쳐 나오게 된다.[72]

라고 명시하였다. 최융 시의 허자 용례를 다음에 보기로 한다.

① 河水日東注, 河源乃西極.
思君正如此, 誰爲生羽翼(「擬古」)
강물이 날로 동으로 흐르는데 강샘은 서방 끝이네.
그대 생각 정말 이러하니, 누굴 위해 날개가 돋우나.

---

70) 列仙傳」;「王子晋見桓良日, 告我家七月七日, 待我於緱氏山頭. 果乘白鶴駐山巓, 望之不到, 擧手謝時人而去.

71) 詩以意爲主, 又須篇中煉句, 句中煉字, 及得工耳, 以氣韻淸高深眇者絶, 以格力雅健雄豪者勝(『珊瑚鉤詩話』 권1).

72) 詩中虛字用得妙時, 直使全篇精神踊躍而出(『梅崖詩話』).

② 草木春更此, 天景晝相匿. (「西征軍行遇風」)
초목은 봄에 더 이러하고 하늘빛은 낮에도 숨는다.

③ 山川不可望, 文物盡成非. (「則天皇后挽歌」)
산천은 보이지 않고 문물은 다 그르도다.

④ 市若荊州罷, 池如薛縣平. (「戶部尙書崔公挽歌」)
저자는 형주처럼 파하고 연못은 설현처럼 잔잔하다.

⑤ 將軍空有頌, 刺史獨留碑. (「哭蔣詹事儼」)
장군은 공허히 송가 남고, 자사는 홀로 비석 남았네.

⑥ 遺愛猶如在, 殘編尙可規. (상동)
아낌이 또 이같거늘 남은 글 더욱 본받으리라.

⑦ 卽今流水曲, 何處俗人知. (상동)
이제 흐르는 냇가 한 곳에 있으니 어디 속인 알건가.

⑧ 春風若可寄, 暫爲遶蘭閨. (「塞上寄內」)
춘풍에 부칠만 하다면 잠시 규방을 엿보아주길.

여기서 보면 ①은 강조적 의미, ②는 정도표시, ③은 부조(副調)로서 가능성, ④는 비유, ⑤는 한정, ⑥은 비유, ⑦은 시제, ⑧은 비교를 각각 표현해 주는 용례인 것이다.

5. 첩어(疊語)의 구사

이 용법은 시에 가장 흔한 구사방법인데, 최융에게는 ① 시각적이고 시간적인 개념과 ② 청각적이며 공간적인 감성, 그리고 ③ 심성의 상태를 의식케 하는 감흥을 자아낸다. ①의 경우를 보면,

夜夜聞悲笳, 征人起南望. (「關山月」)
밤마다 슬픈 피리 소리 들리니 길 떠난 이 일어나 남쪽을 바라보네.

昏昏同一色. (「西征軍行遇風」)

어둑어둑 모두 같은 빛이라.

昏昏竟朝色. (「塞垣行」)

어둑 아직 아침이라

昏昏朔氣聚群羊. (「從軍行」)

어두운 삭풍이 뭇 양을 모운다.

年年春不待. (「留別杜審言并呈洛中舊遊」)

해마다 봄은 기다리지 않네.

등을 들 수 있겠고, ②의 경우는,

颯颯吹萬里. (「西征軍行遇風」)

쉭쉭 만리에 분다.

漠漠邊塵飛衆鳥. (「從軍行」)

아득히 변방에 뭇새가 난다.

處處酒相留. (「留別杜審言并呈洛中舊遺」)

곳곳에 술이 남아 있구나.

등을 들겠으며, ③의 경우는,

桃李正酣酣. (「和宋之問寒食題黃梅臨江驛」)

복사꽃와 오얏꽃이 마침 한창이라.

風月坐悠悠. (「留別杜審言并呈洛中舊遊」)

경치 속에 느긋이 앉아 있네.

切切有悲風. (「韋長史挽詞」)

슬픈 바람이 애끊는다.

등을 열거할 수 있다.

Ⅲ. 시의 다양한 주제의식

최융 시의 지금까지의 평가는 수쉐린(蘇雪林)을 제외하고는 호평이라고 볼 수 없다. 그러나 최융 시에는 수량은 적지만 그 나름의 주제에 따라서 다음과 같이 성격을 규정지어 볼 수 있다.

1. 종군 속의 강개(慷慨)와 사향(思鄕)

이 부류에 속하는 작품은 7수가 된다. 「관산의 달(關山月)」을 보면,

> 달이 서해상에 뜨니
> 찬 기운이 삭풍을 따라 세차다.
> 만릿 길 관산을 건너니
> 아득히 한 가지 모양이 아닐세.
> 병사가 나라를 개척하려니
> 오랑캐 말이 수 자리를 엿보네.
> 밤마다 슬픈 피리 소리 들리니
> 나그네 일어나 남쪽을 바라보네.[73)]

이 시는 변방의 정경을 노래하면서 고향을 그리워하는 정경교융(情景交融)의 구성이 훌륭한 시인 것이다. 이것은 명대 사진(謝榛)이 이르기를,

> 시는 곧 성정과 경물의 구상을 잘 묘사한 것으로 서정은 마음 속에서 우러나 깊고 길며 경물은 겉에서 빛나서 멀고 크도다.[74)]

라고 기술하였듯이 내정(內情)과 외경(外景)이 조화되어 몸은 변방에

---

73) 月生西海上, 氣逐邊風壯. 萬里渡關山, 蒼茫非一狀. 漢兵開郡國, 胡馬窺亭障. 夜夜聞悲笳, 征人起南望.

74) 詩乃模寫情景之具, 情融乎內而深且長, 景耀乎外而遠且大(『四溟詩話』).

있지만 마음은 사향의 마음(思鄕之心)에 젖어 있는 "외로워 스스로 추스르지 못한다(孤不自成)"(『四溟詩話』)의 묘(妙)를 보인다. 그리고 「의고(擬古)」를 보면,

말에 물 마시게 탁하에 가니,
탁하가 깊어서 헤아릴 수 없네.
강물은 날마다 동쪽으로 흐르는데,
강의 수원은 바로 서쪽 끝이라네.
님 그리움이 바로 이와 같으니,
뉘를 위해 날개 돋을까?
해 저무니 강에 그늘지고,
구름의 물든 노을 천리 멀리 물들었네.
그리운 님 어디 계신가?
완연히 베틀에서 옷감 짠다네.
이별의 꿈엔 넋이 있건만,
근심 띤 얼굴엔 정말 힘이 없구려.
어린 나이에 기특한 뜻 지녔건만,
이 한 밤에 한숨만 하도 할사.
칼을 뽑아 큰 느릅나무 잘라 보고,
활을 휘어 작은 가시 쏘아보네.
반초와 장건은 내 정말 비할 수 없고,
위청과 곽거병의 행적 내 따라가리라.
규방의 그에게 인사말 부쳐서,
힘써 건강히 먹는 일 더하라고[75]

이 시에서 제5연은 가정에 대한 일을, 제6연은 집 떠난 이별의 정을, 제9연은 한대의 명장을 비의(比擬)하여 자신의 의분(義憤)을 각각 노래하였고, 말연에서 부인에 대한 사랑과 염려를 그리어서 작자의 섬세하면서도 인간적인 감성을 보여 준다. 이 시는 명대 강영과(江盈科)가 말한 바,

75) 飮馬臨濁河, 濁河深不測. 河水日東注, 河源乃西極. 思君正如此, 誰爲生羽翼. 日夕大川陰, 雲霞千里色. 所思在何處, 宛在機中織. 離夢當有魂, 愁容定無力. 夙齡負奇志, 中夜三歎息. 拔劍斬長楡, 彎弓射小棘. 班張固非擬, 衛霍行可卽. 寄謝閨中人, 努力加飱食.

시는 성정을 근본으로 한다. 만약 참된 시라면, 그 시를 한번 읽어서 그 사람의 성정이 눈에 들어와 보이게 된다. ……그 시가 비장하면 그 사람은 반드시 산뜻할 것이며 그 시가 고결하면 그 사람은 반드시 맑고 다듬어져 있다.[76)]

라고 한 내용과 같이 최융의 시에는 호탕하면서도 청결한 두 가지 시상이 깃들어 있는 것이다. 그리고 서방 원정에 바람 맞으며 「서방원정을 가며(西征軍行遇風)」의 시를 보건대,

북풍이 모래 먼지 말아 올려서,
좌우를 알아보지 못하겠네.
쉭쉭 만리에 불어 대고,
캄캄하게 온통 한 빛이라.
말은 지쳐서 나가려 아니하고,
사람은 서두느라 먹을 겨를 없구나.
초목은 봄인데도 쓸쓸하고,
하늘의 햇빛은 낮인데도 가려 있네.
젊어서 충의를 기려서,
마음 곧고 굳게 지켰네.
사서 읽으며 오기를 품고,
시서 읽으며 시련을 탄식하였네.
여기 오랑캐 땅 이르러서
외람되이 서기직에 종사하니,
병사의 기세 북녘 땅에 솟고,
군대의 소리 서녘 땅에 떨치네.
앉아서 위엄 멀리 떨침을 생각하니,
가면서 가슴이 막히는걸 느끼도다.
못난 신하 어찌해야 보답할까.
말에 의지코 미력이나마 펴겠노라.[77)]

---

76) 詩本性情, 若系眞詩, 則一讀其詩而其人性情入眼便見. …… 其詩悲壯者, 其人必磊落, 其詩不羈者, 其人必豪宕, 其詩峻潔者, 其人必淸修(『雪濤詩評』).

77) 北風卷塵沙, 左右不相識. 颯颯吹萬里, 昏昏同一色. 馬莫煩敢進, 人急未遑食. 草木春更悲, 天景晝相匿. 夙齡慕忠義, 雅尙存孤直.
覽史懷浸驕, 讀詩歎孔棘. 及玆戎旅地, 忝從書記職. 兵氣騰北荒, 軍聲振西極. 坐覺威靈遠, 行看氛浸息. 愚臣何以報, 倚馬申微力.

이 시에서는 종군하면서 우국충절(憂國忠節)의 의지가 충만해 있음을 볼 수 있다. 제9연은 젊어서부터 충의를 위해 굳은 마음 길러 왔다고 하였으며, 제11연은 능력이 없음에도 서기직분을 감당하는 자신의 겸손한 자세를 보여 주었고, 말연은 미력을 다하여 충성으로 본분을 지키겠다는 결심을 담고 있다. 이 시에 넘치는 사상은 초당 시인이 지닌 고원한 안광(眼光)을 개국의 회포에서부터 발산하여 비전(非戰)사상보다는 주전(主戰)론적인 적극성을 표출하고 있다. 이런 주전의식은 민족성의 의기가 공명심의 유혹과 결부되어 초당의 부국강병책(富國强兵策)에 맞추어서 출새(出塞)를 통한 입공(立功)의 몽상도 곁들여진 데에 그 원인이 있다고 할 수 있다.[78] 최융에게는 소박한 단면이 더 짙어서 주전의식과는 결부시키기에 부적절하지만, 주전의식의 의지가 다소 개재된 것은 불식할 수가 없는 것이다. 최융의 이같은 시정은 「종군행(從軍行)」의 다음 구에도 섬세하게 나타나 있다.

> 천자의 깃발 실버들을 지나가니,
> 흉노의 운수는 마른 버들에 다하였네.
> 변방의 지는 달 서녘 산에 가로 걸렸고,
> 요새의 엉킨 구름 북녘들을 끊었구나.
> 뿌연 변방의 먼지에 뭇 새 날고,
> 어두운 찬 기운에 양 떼 모이네.[79]

웅위한 승리의 기상으로 북진하는 천자의 행군은 주전이며, 전승의 고무(鼓舞)를 노래하는 초당 전쟁시의 한 패턴이라고 할 수 있다. 특히 최융의 변새시에는 사향의 정이 강하여서 위의 시 외에도 「변새에서 아내에게 부치며(塞上寄內)」는 감상 어린 그리움이 넘치는 애틋한 비감마저 자아내고 있다.

> 나그네의 넋은 변새의 북녘에서 놀라니,
> 돌아가려니 하서에서 끊겼구나.

---

78) 胡雲翼 「唐代的戰爭文學」(商務) pp.13~30 참조

79) 天子旌旗過細柳, 匈奴運數盡枯楊. 關頭落月橫西嶺, 塞下凝雲斷北荒. 漠漠邊塵飛衆鳥, 昏昏朔氣聚群羊.

춘풍에 이 마음 부칠 수 있다면,
잠시나마 그대 난향 넘치는 규방에 감돌가나.[80)]

한편, 전쟁에 쓰이는 칼(劒)에 대한 유일한 영물시(詠物詩)로서 「보검을 읊음(詠寶劍)」은 영물시가 지닌 특성을 골고루 보여 주어 초당의 영물시의 면모를 보여준다. 영물시는 설설(薛雪)이 말한 바, "영물은 사물에 기탁하여 흥취를 부치는 것이 으뜸이다(詠物以托物寄興爲上)."(『一瓢詩話』)라 한 것처럼 기탁의 운용과 유희재(劉熙載)가 말한 바, "고인의 사물 묘사는 은연히 오직 영회적이지만 대개 그 속에 자아가 깃들어 있다(昔人詞物, 隱然只咏懷, 蓋其中有我在也)."(『藝槪』)라 한 바처럼 작자의 영회가 포용된 시흥이 기본적인 요건인데, 최융의 이 시는 전쟁의 기본 무기인 검(劒)을 통하여 애국의 염(念)을 영회한다. 이것은 영물시가 지닌 상징적인 열거나 은유적 표현 같은 묘사법이 충분히 강구되어 있다는 의미가 된다.[81)] 그러면 「보검을 읊음」시를 보도록 한다.

보검은 곤오에서 나오니,
거북과 용머리에 채색 진주 섞여 있네.
오행의 정으로 처음 묘술을 부렸더니,
천호가 다투어 도읍을 무찌르네.
칼갑의 기상은 북두성을 찌를 듯,
산 모양으로 고패를 둘렀도다.
천하에 귀한 줄 알려거든,
이걸 가져다 풍호자에게 물어 보세.[82)]

여기서 섬세하고 화려한 묘사를 하면서 칼의 모습을 힘차게 그리어서 제1연과 제3연은 똑같은 칼의 모양에 대한 묘사이면서도 전후가 정(精)과 웅(雄)을 각각 상징하는 묘법(描法)을 쓰고, 말연에서는 춘추 시대에 초

80) 旅魂驚塞北, 歸望斷河西. 春風若可寄, 暫爲遶蘭閨.
81) Stephen Owen은 상기서에서(p.284) 「In the Early T'ang Yung-Wu topics are amplified in a predictable number of ways. Descriptive techniques were the most important. Forn of the most common of these are」.
82) 寶劍出昆吾, 龜龍夾采珠. 五精初獻術, 千戶競淪都. 匣氣衝牛斗, 山形轉轆轤. 欲知天下貴, 持此問風胡.

(楚)의 명검가(名劍家)인 풍호(風胡)를 풍류적으로 비유하여 칼의 진가를 높혀 주면서 결국(結局)의 극치를 다하려고 하였다.

2. 품성의 전아(典雅)와 충성(忠誠)

최융이 의기 있는 성품을 지닌 것을 앞에서 밝힌 바인데, 그의 시에는 최융의 성품이 다각적으로 표현되어 있다. 「양왕과 함께(和梁王衆傳張光祿是王子晋後身)」에서,

> 한주는 선요에 계시고,
> 회남왕은 도기를 사랑하시니,
> 아침마다 구씨의 흰 학이
> 길게 낙성으로 나는구나.[83)]

라 한 묘사는 상대에 대한 고아하고 탈소적인 인품을 노래한 것이지만, 기실은 최융 자신의 맑고 정의로운 심성을 읽을 수 있으며, 선계(仙界)에의 유토피아를 상상케 하는 현실초월의 의식을 보여준다. 이러한 표현은 평소에 최융이 지니고 있는 명랑하면서 진취적인 성격의 탓이 아닌가 한다. 그의 「오에서의 좋은 풍경(吳中好風景)」에서 그 요소를 파악할 수 있다.

> 낙수 가에서 오 땅의 조수 물으며,
> 오문에서는 낙수의 다리 생각하네.
> 저녁 아지랑이 수양버들 언덕에 자욱하고,
> 봄의 강물은 목란의 노에 감도누나.
> 성읍의 높은 누대 가까이 뵈고,
> 하늘의 북두성은 멀리에 있네.
> 까닭 없이 날개나 돋혀,
> 가벼이 날아서 돌개바람에 기탁해 볼까.[84)]

---

83) 漢主存仙要, 淮南愛道機. 朝朝緱氏鶴, 長向洛城飛(末四句).
84) 洛渚問吳潮, 吳門想洛橋. 夕煙楊柳岸, 春水木蘭橈. 城邑高樓近, 星辰北斗遙. 無因生羽翼, 輕擧託還飇

여기서 구절마다 산수시의 깊은 묘미를 보여준다. 이것은 최융이 마치 살아 있는 느낌이며 의식이다. 이것은 진순(陳洵)이 말한 바,

> 시는 숨쉬는 기식보다 더 어려운 것이 없다. 기식에는 우아와 저속이 있으며, 두터움과 엷음이 있으니 그 사람의 평소 삶을 모두 살펴 알게 된다.85)

라고 한 데에서 최융의 살아 숨쉬는 기식이 시에서 자신의 모습 그대로를 드러내어 준다는 의미로 이해한다면, 위의 시는 곧 최융의 개랑(開朗)하고 초탈한 인생관의 표출이라고 볼 수 있는 것이다.

그리고 성품의 온후함이 그의 대인관계를 주제로 한 시에서 잘 나타나고 있으니, 「송지문과 함께(和宋之問寒食題黃梅臨江驛)」와 「두심언과 이별(留別杜審言幷呈洛中舊遊)」를 보면 전자는 송지문에 대한 은근한 우정을 노래하면서 유연한 성품의 일단을 보여 주는데, "홀연히 심양의 강물을 보니 송가네 연못인가 하도다(忽見潯陽水, 疑是宋家潭)."구는 우인을 생각하는 마음으로 인해 타지의 경물조차 송지문의 못으로 연상시킨 묘사는 최융의 송지문을 향한 진실된 면을 읽을 수 있게 하며, 후자는 두심언(杜審言)을 보내는 마음이 담겨 있어서,

> 친구가 여기서 떠나간 후
> 풍월의 경물 속에 한없이 앉아 있노라.86)

라고 한 데에서 자연과 상합하는 귀거래의 성정을 엿볼 수 있다. 한편, 그러면서도 최융은 지조있는 충성심이 제왕에게 남다른 바가 있다. 그것이 앞에서 이미 거론하였지만 무후(武后)의 애책문(哀冊文)을 찬(撰)하면서 발병하고 결국 죽는 지경에 이르는 원인이 되었던 것과 상관된다. 「측천무후 만가(則天皇后挽歌)」의 제2수를 보면,

> 앞전에서 조회에 임석하고는,
> 장능으로 합장하여 돌아가도다.
> 산천의 평화를 기대할 수 없으며,

---

85) 詩莫難於氣息. 氣息有雅俗, 有厚薄, 全視其人平日所養(解絹說詞).
86) 故人從此隔, 風月坐悠悠.

문물이 다 그릇되게 되었구나.
사월에 흙비가 내리고,
귀한 별이 태미궁에 졌도다.
공허히 천자손만 남았으나,
솔 위에 밝은 구름이 휘날리리라.[87)]

여기서 제3연과 4연에서 각각 무후의 붕어와 신황제의 등극을 묘사하였는데, 이는 혼신의 심정을 토로한 구절이다. 그리고 「숭산의 석종에서 연회(嵩山石淙侍宴應制)」를 보며는(이미 인용) 산수의 경물을 대상으로 하였지만 응제시(應制詩)가 지닌 축송과 찬양의 헌신(頌揚得體)과 충성과 애국의 마음(忠愛切心), 그리고 원망하되 노하지 않으며 풍자는 하되 찌르지 않음(怨而不怒, 諷而不刺)의 풍아의 요소를 모두 담고 있다.[88)] 제2연은 칭송의 구이며, 제3연은 경앙의 마음을, 제4연은 충성의 마음을 각각 대변하는 것이다. 최융의 시에서 그의 성품과 대인관계, 제왕에의 충성심을 직접 파악할 수 있다는 것은 그의 진솔한 성격에서 나온 작품이기에 가능하다고 본다.

3. 인생의 종말과 비애

이에 속하는 작품은 만가류(挽詞類)를 들겠다. 타 시인에게서의 무상이나 탈속은 종교적 색채를 가미하는 경우(仙禪 등)가 흔한 데 비하여, 최융은 단지 애도시(哀悼詩)에서 찾을 수밖에 없다. 그의 이런 시 의식은 사인(死人)에 대한 예의와 칭송, 그리고 애도의 공허감(空虛感)과 무상(無常)을 비교적 정적(靜的)인 묘사법으로 서술하고 있다. 그의 「호부상서 최공 만가(戶部尙書崔公挽歌)」를 보면,

사방의 도서는 널려 있고,
삼대의 장주는 가득 차도다.

87) 前殿臨朝羅, 長陵合葬歸. 山川不可望, 文物盡成非. 陰月霾中道, 軒星落太微. 空餘天子孫, 松上景雲飛.

88) 施補華의 『峴傭說詩』 14~15조 참조(『淸詩話』).

잔들어 늘 권했건만,
신발 끄는 소리 홀연히 끊겼구나.
저자는 형주처럼 파했고,
연못은 설현처럼 잔잔하구나.
공허히 제남검만 남았노니.
천자께서 높은 이름 새기시리라.[89)]

여기서는 말연에서 공적의 칭송을, 제2·3연에서는 비애의 감정적 표출과 떠난 이를 잃은 상심을 노래하였으며, 「위장사 만가(韋長史挽詞)」를 보면,

해는 뽕나무 느릅나무 아래 지니,
찬 기운 송백나무 속에서 나네.
자욱히 짙은 안개 끼었고,
애틋이 슬픈 바람 이는구나.
서울에 새 고랑 트는데,
부양의 큰집은 텅 비어 있구나.
성문 여기서부터는,
가시덤불이 더욱 빽빽하지요.[90)]

여기서는 제1·2연에서 잃은 비애를, 제3연에서는 단순한 심적인 비애에서 현실적으로 그 사람은 떠나고 없다는 실감을 묘사하여 더 짙은 애도의 심정을 토로한다. 그리고 「장첨사 엄을 곡함(哭蔣詹事儼)」의 일단을 보면,

(A) 부모 섬기어 효도 빛내고,
임금 섬기어 충성을 다하였네.
정절은 벌써 굳으셔서,
빼어난 영예는 실로 욕되지 않으리.

---

89) 八座圖書委, 三臺章奏盈. 擧杯常有勸, 曳履忽無聲. 市若荊州罷, 池如薛縣平. 空餘濟南劍, 天子署高名.

90) 日落桑榆下, 寒生松柏中. 冥冥多苦霧, 切切有悲風. 京兆新阡闢, 扶陽甲第空. 郭門從此去, 荊棘漸蒙籠.

아침에는 운한성에 놀고,
저녁에는 부용지에서 놀이 하였다네.
……(중략)……[91]
(B) 산만함이 서가에 스며 있고,
쓸쓸함이 칼자루에 걸려 있네.
……(중략)……[92]
(C) 평상에서의 따뜻한 은정은 더욱 돈독하였고,
문에서 맞이하는 예의는 절로 겸손했도다.
……(중략)……[93]
(D) 남기신 사랑 아직 있는 듯,
남기신 편적 아직도 엿볼 수 있도다.
지금은 흐르는 물 모퉁이에 계시어,
그 어딘지 속인들이 알 리 있으리.[94]

여기서 (A)는 생전의 업적을 칭송하고 (B)는 죽고 부재중인 슬픔을 노래하며, (C)는 죽은 자가 작자에 대한 겸손과 예절을 다해 준 것을 기렸으며, (D)는 벗을 잃은 허무감과 인생의 무상을 풍류적으로 묘사하고 있다. 최융의 만가는 담담한 초연의 자세가 강하게 나타나 있다고 하겠다.

최융의 시는 그 분량이 적게 유전되어서 그 가치를 바르게 부여하기에는 미흡하다.[95] 그래서 지금까지 문장사우(文章四友)의 하나로 초당시의 율격형성에 동참한 정도로 밖에 평가를 인정받지 못하였다. 그러나 위에서 이미 밝힌 바와 같이 적은 편수 속에서도 초당시의 맥락을 개관하고 최융시의 특성도 분석해 볼 만한 점을 확인할 수 있었다. 초당시가 지닌 제량풍(齊梁風)과 궁정체(宮廷體)의[96] 시의 흐름과 격식을 골고루 최융시

91) 養親光孝道, 事主竭忠規. 貞節旣已固, 殊榮良不訾. 朝遊雲漢省, 夕宴芙蓉池. ……(中略)…….
92) 蕪漫藏書壁, 荒涼懸細枝. ……(中略)…….
93) 置榻恩逾重, 迎門禮自卑. ……(中略)…….
94) 遺愛猶如在, 殘編尙可窺. 卽今流水曲, 何處俗人知.
95) 孫望의 『全唐詩補逸』 卷之三(1992년 中華書局印의 『全唐詩補編』에 列入)에는 최융의 시 두 수를 추가시키고 있다. 「太平興龍寺」(『永樂大典』 권6699, 「九江府」와 「寶名」(『新編纂圖增類群書類要事林廣記』 권7).
96) 초당의 궁정체시(형식과 내용을 포함)에 대하여 Owen은 「Court poetry was a formalized art in its structure, in its range of topics and vocabulary, and its exclusion of intense moral, political, and private sentiments. This formalization was largely a product of the circumstance

에서 구명함으로써 최융도 초당시의 사조에 중요한 지위를 차지하고 있었음을 알 수 있다. 그것은 그의 시교(詩交)상의 폭과 깊이를 보아서도 충분히 유추케 된다.

아울러 지적할 것은 최융의 신정시체(新定詩體)에 대한 이론이다. 이것은 필자가 다음 이교(李嶠)의 평시격(評詩格)에서 자세히 기술할 것인 바, 여기서 최융의 부분에 대해서는 미리 거론을 불요하리라 본다.

---

under which court occasional poetry was composed」(The poetry of the Early T'ang p.234).

이교(李嶠)의 시와 시격론(詩格論)

이교(644~713)에 관한 연구논저는 시인 자신의 당시사에 있어서의 낮은 위치에도 그 이유가 있겠지만 이교와 그 시에 대한 연구 자료가 매우 적은 것은[1] 초당의 문장사우(文章四友)이며, 『전당시』(권57~61 중화서국)에 총 205수의 작품을 남긴 것과 시법(詩法)을 논술한 면으로 보아서, 사실은 그에 관한 연구를 소홀히 한 면이 있다고 하겠다.[2]

이러한 문학연구의 편향(偏向)은 초기의 문학논자들과 그 후학들이 가치상으로 보아 객관적이며 사명감에 입각한 것보다는 신현의 유문(遺文)에 매여서, 그 안에서 제한된 정리를 한 경향에 기인한 점이 크다고 본다. 따라서 한 시인을 논할 때에 이미 고증의 여부를 떠나서, 상고(詳考)할만한 가치 있는 시를 남긴 작가를 골라서 지속적으로 분석해야 할 것이다.[3] 이렇게 보면 이교는 초당시에서 거명된다 해도 그 문학에 대한

1) 이교에 관한 논저로는 日本 神田喜一郎의 「李嶠百詠雜考」(東方學會創立 15周年紀念 『東方學論集』 · 1962)과 동인의 『敦煌本李嶠百詠』을 볼 수 있으며, 타이완(臺灣)의 왕멍오우(王夢鷗)가 쓴 『初唐詩學著述考』(商務印書館)에서 「評詩格」을 간략히 소개한 것 뿐이다.

2) 文章四友란 杜審言 · 崔融 · 李嶠 · 蘇味道이며 그의 작품들은 『全唐詩』에 收錄되어 있으며, 퉁양넨(童養年)의 『全唐詩續補遺』 권1(中華書局 · 1992年)에는 李嶠의 「錢」(『古今圖書集成』, 「食貨典」 三五六 「錢鈔部」에서 抽出)을 수록했고 또 진상군의 『全唐詩續拾』 권9에는 『佚存叢書』의 「李嶠雜詠百二十首」 卷下에 수록된 영물시 「池」와 「箏」은 『全唐詩』의 동제와 차이가 크다.

3) 『全唐詩』本을 열람하면서 한 권 이상의 시작을 남긴 문인이 223인으로 위징(魏徵)에서 호증(胡曾)까지이니 이들에 관한 본격적인 연구가 요구된다. 이교의 시수도 『唐才子傳』에는 「單題詩 120首」

타당성 있는 평가가 극소한 일면에 비해서 그의 시 내용은 간과할 수 없기 때문에 이 글을 쓰게 되었다고 할 것이다.

이교의 생평 관계는 뒤에서 별도로 서술하기로 하고, 여기서는 먼저 이교 그 당시의 시학경향을 개관하고자 한다. 일반적으로 초당시학은 제량시(齊梁詩)에서 탈피하지 못한 착종기(錯綜期)인 만큼 내용상으로 소위 "화려함을 고르고 번다함을 다툼(采麗競繁)"을 지니고 있었고, 형식상으로는 심약(沈約)의 팔병설(八病說)이란 성조이론(聲調理論)의 영향으로 상관의(上官儀)·원긍(元兢)·최융(崔融), 그리고 후대의 왕창령(王昌齡)·교연(皎然)까지 시평(詩評)과 시의(詩議)가 논란되고 있었다.[4] 이런 풍토에서 상관의와 최융은 당대의 신체시율의 발생과정에 주요인물로 등장하고 왕창령과 교연은 그 번다한 시율을 수정하여 복고의 기풍까지 보였다고 할 수 있다. 이에 대해서 당대의 은번(殷璠)은 다음과 같이 밝히고 있다.

> 소통 이후로 더욱 수식이 더하여졌으며, 무덕 초에도 그 여파가 있었다. 정관 말년에 격조가 점점 높아져서 경운 년간에는 자못 심원한 율조가 통하게 되고, 개원 15년 이후에야, 성률과 풍골이 비로소 갖추어지게 되었다.[5]

여기서 당시의 시율과 초당의 시학이 서로 불가분의 관계라는 것을 은번은 분명히 밝히고 있음을 알 수 있다. 이러한 상황에서 이교는 상관의와 최융의 맥락과 상통했음과 시체의 독자적인 설정을 도모한 점을 본문에서 또한 살피려 한다. 초당의 시론자로는 『신당서(新唐書)』 예문지사류(藝文志史類)에 기록된 바에 의하면 단지 이사진(李嗣眞)의 『시품(詩品)』 일 권과 원긍(元兢)의 『송약시격(宋約詩格)』 1권 뿐이라고 하였으나, 사실은 『문경비부론(文鏡秘府論)』에 상관의(上官儀)의 『필찰화량(筆札華梁)』, 원긍(元兢)의 『시수뇌(詩髓腦)』, 최융(崔融)의 『신정시체(新定詩體)』 등이 더 부가되어 있으며 이교(李嶠)의 것은 『음창잡록(吟窓雜錄)』에서 찾을

라 하나 전기한 바 훨씬 많은 시수가 전함과 같다.

4) 上官儀(?~644) ; 「字游韶, 陝州陝人. 貞觀進士, 召授弘文館直學士, 遷秘書郎. 太宗每屬文, 遣儀視稿工詩, 其詞綺錯婉媚, 貴顯人多放之, 謂爲上官體」.

「崔融(653~706) ; 字安成, 齊州全節人. 則天時, 爲鳳閣舍人兼修國史」.

5) 蕭氏以還, 尤增矯飾, 武德初, 微波尙在 ; 貞觀末, 標格漸高, 景雲中, 頗通遠調 ; 開元十五年後, 聲律風骨始備矣(『河嶽英靈集』序).

수 있는 바, 당초(唐初)에 이미 시론전개가 활발하여서 그것이 당말과 송대에 가장 성행하는 맥락을 이어 준 것으로 보게 된다.[6] 특히 송대 엄우(嚴羽)는 초당의 시체를 세분하여 당초체(唐初體)·심송체(沈宋體)·왕양노낙체(王楊盧駱體)로 나누었는데(『滄浪詩話』, 「詩體」), 이교는 위의 엄우의 분류상에서 당초체에 넣어서 시체를 규정할 수 있을지는 생각할 문제이다.

초당에 있어서의 시학이 후대로 가면서 그 주요한 내용인 「기언성역설(綺言聲疫說)」이 문인이 시를 읊는 기본지식이며 동몽독물(童蒙讀物)이 되고 보니 새로운 면을 상실하고 개원(開元) 이후에야 성당의 정지(情志)가 규율을 압도하게 되었다. 이로 인해 초당의 시인과 논리는 과소평가되고 단지 제량시체(齊梁詩體)를 분석하는 가치 없는 뒷일로까지 여기게 되었다. 이것은 시를 격율위주(格律爲主)에서 정감화(情感化)로 치중케 한 소위 성당 숭배적인 시론에 그 원인을 두어야 하겠지만, 그러나 초당의 시를 깊이 이해해야만 당대 시학을 바르게 정리할 수 있음을 강조하고자 한다. 사실상 당시의 특성이 원대 이후에는 미약하였다고 하여 그 맥락을 찾으려는 복고적 의식이 청대에 이르러 흥기한 현상이 초당보다는 뿌리 위의 가지에 더 관심을 둔 듯한 성중당(盛中唐)을 보다 더 추종한 것으로 나타났음은 시사적 접근상 하나의 모순이라 하겠다.[7] 이교의 문학이 처한 평가상의 입장을 적은 연구 자료를 가지고 주관이 다분히 개재되겠으나 나름대로 상세하게 분석해 보면서 시의 풍격을 다음 몇 가지 면으로 살피려 한다.

---

6) 이교의 『評詩格』은 진진손(陳振孫)의 『吟窓雜錄』 30권(宋本, 日本內閣文庫藏)에 기재된 것이 정문이며 후간본으로는 臺灣中央圖書館藏(金陵書坊重刊·宋本)이 있다. 후설하겠지만 최융의 설은 이교의 평을 구체화한 것이다. 호응린(胡應麟)의 『詩藪』 권2에 시론저의 맥류를 다음과 같이 기술하고 있다. "唐人詩話入宋可見者, 李嗣眞詩品一卷, 王昌齡詩格一卷, 皎然詩式一卷, 詩評一卷, 王起詩格一卷, 姚合詩例一卷, 賈島詩格一卷, 王叡詩格一卷, 元兢詩格一卷, 倪宥龜鑑一卷, 徐蛻詩格一卷, 騷雅式一卷, 點化秘術一卷, 詩林句範五卷, 杜氏詩格一卷, 徐氏律詩洪範一卷, 徐衍風騷旨格一卷, 歷代吟譜二十卷, 金針詩格三卷, 今惟金針, 皎然, 吟譜傳, 餘曜不睹, 自宋已亡矣. 近人見宋世詩評最盛, 以爲唐無詩話者, 非也."

7) 왕어양(王漁洋)이 신운설(神韻說)을 들고 나와 『唐賢三昧集』(盛唐詩人 이후의 것 수록)을 꾸민 예가 그 하나이며, 중장보(仲是保)는 『聲調譜』 序에서 「唐詩聲調, 迄元來微矣, 明季寢矣. 吾虞馮氏始發其微, 和之者有錢牧齋程孟陽. 若後之婁東吳梅村, 則又聞之於程氏者矣. 顧解人難得, 惟新城王阮亭及見梅村, 心領其說, 執以律人, 人咸自失, 然卒無有得其說者.」라고 하여 근본을 중시하지 않은 자책을 서술하였다.

리우다지에(劉大杰)는 이교 일파를 가볍게 보아 평가하기를 「궁정의 어용문인(宮廷的御用文人)」이라든가 "심송율시 운동상의 중요한 추동자(沈宋律詩運動中的重要推行者)"라든가, 또는 "이교는 율시 160여 수를 지었는데 영물에 편중되어 있어서 천문 지리, 금수, 어물, 화초 및 문구용품까지 읊지 않은 것이 없으니 당대의 제일 가는 영물시인이다. 그러나 그 작품이 모두 정취가 없어 단지 일종의 유희문자일 따름이다(李嶠作律詩一百六十餘首, 偏於詠物, 天文地理禽魚花草以及文具用品, 無不詠到, 成爲唐代第一個詠物詩人. 而其作品全無情趣, 只是一種遊戲文字."(劉大杰의 『中國文學發展史』 p.391)라고 하여 어용적이니, 추동자니, 편향적이며 유희적이라는 혹평을 서슴치 않았는데, 본문에서는 이런 선입관을 떠나서 시 자체만을 따져서 다음과 같이 고찰하려고 한다.

Ⅰ. 생 평(生平)

이교(644~713)에 대한 기사(記事)는 신당서와 구당서 그리고 신문방(辛文房) 『당재자전(唐才子傳)』(권1)에 가장 명백하게 기술되어 있다. 먼저 『신당서(新唐書)』(권123 「열전(列傳)」 48)에서 보면,

> 이교는 자가 거산이며 조주의 찬황인으로서, 일찍이 아버지를 여의고 어머니를 효성으로 섬겼다. 자못 문재가 있어, 15세에 오경을 통달하여 설원초가 칭찬하였고, 20세에 진사 급제하여 안정위가 되고 제책갑과에 급제하여 장안에 드니, 그 당시 명문장가로 낙빈왕·유광업이 있었고, 이교는 가장 나이가 어렸다.[8)]

라고 하여 이교의 자(字)가 거산(巨山)이며 조주(趙州)의 찬황인(贊皇人)으로서[9)] 홀어머니에 효도하며 문사(文辭)가 트이면서 20세에 진사에

---

8) 李嶠, 字巨山, 趙州贊皇人, 早孤, 事母孝. 自是有文辭, 十五通五經, 薛元超稱之. 二十進士第, 始調安定尉, 擧制策甲科, 遷長安, 時畿尉名文章者駱賓王·劉光業, 嶠最少.

9) 趙州贊皇人 ; 趙州는 지금의 趙縣. 後魏 때 趙郡으로 設置(河北省에 있음). 日本 齊藤咼의 『唐詩選上(集英社)에는 이거산의 생졸년을 645~714로 했으나 년대가 맞지 않음.

급제하여 관로(官路)에 들게 됨을 말하고 있다. 그리고 그의 출신과 성품에 대해서 『당재자전』에는 다음과 같이 요약하고 있다.

> 이교의 자는 거산이며 조주인이다. 15세에 오경을 통달하고 20세에 진사에 급제하여 감찰어사가 되고 무후시에는 봉각난대평장과 죄로 인해 여주별가로 폄적 가서 졸하였다. 이교는 재사가 풍부하여 지은 글이 많아 사람들이 문득 전하여 읊었는데 명황이 촉에 순행하여 화악루에 올라서 누대 앞에서 수조가를 잘하는 자로 연주케 하였는데 후에 연주가락에 이르기를 「산천을 온통 보니 눈물이 옷을 적시나니 부귀영화 얼마나 갈 수 있으랴. 지금은 분수 위에 보이지 않고 오직 해마다 가을 기러기만 나는 구나」왕이 비통하게 시를 옮겨 읊으며 시종자를 돌아보아 묻기를 「누가 이것을 지었는가?」하니 대답하여 아뢰기를 「고 재상 이교의 시입니다」라 하니 왕이 말하기를 「참된 재자로다」라 하며 곡이 끝나기를 기다리지 않고 떠났다. 이교는 전반은 왕발, 양형과 가까이 하였고 중년에는 최융, 소미도와 명성을 가지런히 하였으며 만년에는 제가들이 문장대가로 대하여 배우는 자가 그의 시법을 취하였다.[10]

여기서 이교는 재사(才思)가 우이(優異)하고 대인관계가 원만하여 그 당시의 노소문인과 서로 교제하고 후인의 추숭(推崇)을 받음은 물론이거니와, 자수성가하여 재상의 직에 오를 만큼 처세술이 발출하였음을 알 수 있다.

그의 성품에서 의기를 말해 주는 내용으로서 『신당서』 열전에 보면, 이교가 급사중(給事中)으로 있으면서 고종(高宗)이 옹주(邕州)와 암주(巖州)를 치게 되니 반란자가 나타나매 이에 연루되어 이사진(李嗣眞)・배선례(裵宣禮) 등 옥장(獄將)이 죽게 되었다. 이때 칙명(勅命)으로 장덕유(張德裕) 등과 그 내용을 조사케 하매 이교는 "그 사실과 어긋남을 알고 드러내 알리지 않으면 이것은 의를 보고하지 않는 것이다(知其枉不申, 是謂見義不爲者)."라고 한 사실에서 확인케 된다. 더구나 그의 애국과 우국(憂國)의 관념을 대언하는 예화로서 그가 무후시(武后時)에 우어사대(右御史臺)가 되어 주현리(州縣吏)의 선악풍속(善惡風俗)의 득실을 살피고 상소

---

10) 嶠, 字巨山, 趙州人, 十五通五經, 二十擢進士, 累遷爲監察御使, 武后時同鳳閣鸞臺平章因罪貶廬州別駕卒. 嶠富才思, 有所屬綴, 人輒傳諷, 明皇將幸蜀, 登花蕚樓, 使樓前善水調者事, 後奏歌, 歌曰 ; 「山川滿目淚霑衣, 富貴榮華能幾時, 不見只今汾水上, 惟有年年秋雁飛」 帝慘愴移詩, 顧侍者曰 ; 「誰爲此」 對曰 ; 「故宰相李嶠之調也」 帝曰 ; 「眞才子」 不待線曲而去. 嶠前與王勃, 楊炯接, 中與崔融, 蘇味道齊名, 晩諸人爲文章宿老, 學者取法焉.

(上疏)한 다음 글을 들 수 있다.

> 금망상소법이 간결하니 법이 쉽게 행해지고 번잡하지 않으며 간소하여 널리 퍼지고 까다롭지 않습니다. 엎드려 생각건대 받쳐 올릴 때 여러 도순찰사의 법령이 44이고 별도의 칙령이 또 30인데 삼월에 나가서 십일월에 상주하매 매도마다 순찰관리가 많아서 이천이요 적어도 천 여 명입니다. 모름지기 재행을 품평하여서 포폄을 해야 하는데 지금 마침 촉박하여 틈이 나지 않으니 그 능력을 상세하게 파악하기를 바라는 것은 또한 어렵지 않겠습니까? [11]

여기에서 이교가 행정시행의 문제점을 구체적으로 제시하였으니 그의 적극적인 의식을 볼 수 있다. 그리고 그는 국가의 이익을 위해서라면 서슴없이 상소(上疏)하고 멸사(滅私)하여 국익에 앞장섰다. 『신당서』 열전에 보면 절검(節儉)과 봉공(奉公)을 강조한 면을 다음 글에서 찾을 수 있다.

> 원하오니 십도사가 간사하고 교활하여 감추는 것을 살펴서 잡아내는 일을 하도록 허락해 주시고 또 태상의 약방이 이미 많으매 산악을 찾아 북을 가진 자가 이미 2만 명이니 원하건대 양을 줄여 망녕되이 허비하는 것을 막아 주소서.[12]

여기서는 국가의 비용의 낭비를 막고 왕의 곤욕(困辱)을 멸사(滅私)로써 다하여 공사의 분별이 확실한 성품에서 자신의 영광이 된 사실을 기록하고 있다.

이교는 말년에 현종(玄宗)이 즉위하매 중종 재위 시(中宗在位時)에 상왕제자(相王諸子)들과의 밀정관계(密情關係)를 이유로 사형을 면키 어렵게 되자, 장열(張說)이 이교의 강직한 성격을 다음과 같이 말하여 사형을 면하게 된다.[13]

---

11) 禁網上疏法象宜簡, 簡則法易行而不煩雜, 疏則要羅廣而不苛碎, 伏見乘拱時, 諸道巡察使科條四十有四, 至別勅令又三十而使以三月出盡 十一月奏事, 每道所察吏多者二千, 少亦千計, 要在品覈才行而褒貶之, 今期會迫促奔逐不暇, 欲望詳究所能, 不亦艱哉.

12) 願許十道使訪察括擧使姦猾不得而隱, 又太常藥戶已多, 復求訪散樂獨持鼓者已二萬員, 願量留之, 餘勒還籍以杜妄費.

13) 張說 ; 新唐書 권125 列傳전과 『唐才子傳』 권1에 보이는데, 『唐才子傳』에 보면, "說字道濟, 洛陽人, …… 文思淸新, 藝能優洽 …… 說敦氣節, 重然諾, 爲文精長, 長於碑誌朝廷大述作, 多出其手, 詩法特妙. 左丞相燕國公."

이교는 진실로 순리에 역행하는 일을 부끄럽게 여기는데, 그러나 당시에 일을 모르고 잘못한 것이니 임금이 아니시면 그 죄를 추궁할 수 없습니다.[14]

이교는 순리에 역행하는 일은 부끄럽게 여겼다는 말에서 품성이 분명하고 청고(淸高)한 면을 파악하게 된다. 또 현종과의 관계에서 이교의 「분음행(汾陰行)」은 현종의 은총을 입은 중요한 작품의 하나이니, 따라서 이 시는 이교의 생애와 깊은 인연이 되는 것이며(이교가 현종 초년에 죽었고, 이 고사는 천보 말년에 있었기 때문에 현종의 이교에 대한 추억이라 볼 수 있음), 이교의 시문을 높이 평가케 하는 근거도 되는 만큼, 이 시를 여기서 반드시 짚어 봐야 할 것이다.

그대는 모르는가! 옛날 서경의 전성시절에 분음의 후토제를 친히 제사하던 일을.
제궁의 침방에는 주방을 마련하고
종치고 북 울려 깃발을 세웠네.
한가의 후손들은 재주 있고 사나이다워서
수많은 사람을 끌고 오랑캐 땅으로 향하네.
백양에서 시 지어 고각 연회 끝내고
조서를 내려 하동으로 순행 떠났네.
하동 태수가 몸소 소제하여
지존의 왕 받들어 맞아 어가를 인도하니
오영의 군사들이 길을 끼고서 호위하는데
삼하(하동 · 하서 · 하내)를 두루 보니 마을이 비어 있도다.
깃발을 돌려 발길을 멈추고 신령한 제단에 내리시어
분향하며 제물 드리며 온갖 길조 기원하도다.
황금 솥의 빛난 색 마침 휘황하니
신령한 신께서 환하게 광채 드러내네.
묻은 옥과 마련된 제물로 신께 예배 필하고
휘장 들어 말에 올라서 가마 타고 떠나네.
저 분음의 땅 아름다워 놀만 하니
목란으로 노를, 계수로 배를 만들도다.
뱃노래를 읊으니 채색의 익새 모양 뱃머리 뜨고

14) 嶠誠慚逆順, 然爲當時謀吠, 非其主不可追罪.

통소 슬피 우니 흰 구름은 두둥실 가을이라네.
즐거운 연회 여러 제후에 내리시니
집집마다 방 쓸고 술 담그네.
명성이 천지를 움직여 즐거움이 그지없으니
천추 만세 누리사 남산의 장수 다하시라.
천자께서 진관으로 떠나신 후
옥 가마 금수레 다시 돌아오지 않도다.
주렴 드리운 덮개는 오래 적막하니
천자의 수염을 어찌 어루만지실 수 있으리.
천년의 인사는 하루아침에 허사되고
사방이 집이 되어 이 길이 막혔도다.
영웅호걸의 의기 지금 어디 가고
단장의 궁궐은 온통 다북쑥 밭이라.
길에 노인 만나면 장탄식이요
세상일은 돌고 돌아서 예측하기 어려워라.
옛날엔 청루에서 가무와 짝하였는데
지금은 누런 먼지만이 가시덤불에 모였어라.
산천을 보매 온통 눈물이 옷을 적시니
부귀영화를 언제 다시 누리려나.
지금은 분수가 보이지 않고
단지 해마다 가을 기러기만이 날고 있구나.[15)]

이 시와 연관된 고사에 대해 송대 계유공(計有功)은 『당시기사(唐詩紀事)』(권10 이교편)에서 기술하기를[16)],

---

15) 君不見昔日西京全盛時, 汾陰后土親帝祠. 齋宮宿寢設儲供, 撞鐘鳴鼓樹羽旗. 漢家吾葉才且雄, 賓延萬靈朝九戎. 柏梁賦詩高宴罷, 詔書法駕幸河東. 河東太守親掃除, 奉迎至尊導鑾輿. 五營夾道列容衛, 三河縱觀空里閭. 回旌駐蹕降靈場, 焚香奠醑邀百祥. 金鼎發色正焜煌, 靈祇煒惓攄景光. 埋玉陳牲禮神畢, 擧麾上馬乘輿出. 彼汾之曲嘉可遊, 木蘭爲楫桂爲舟. 權歌微吟綵鷁浮, 簫鼓哀鳴白雲秋. 歡娛宴洽賜群后, 家家復除戶牛酒. 聲明動天樂無有, 千秋萬歲南山壽. 自從天子向秦關, 玉輦金車不復還. 珠簾羽蓋長寂寞, 鼎湖龍髥安可攀. 千齡人事一朝空, 四海爲家此路窮. 豪雄意氣今何在, 壇場宮館盡蒿蓬. 路逢古老長歎息, 世事廻環不可測. 昔時青樓對歌舞, 今日黃埃聚荊棘. 山川滿目淚沾衣, 富貴榮華能幾時. 不見只今汾水上, 惟有年年秋雁飛

16) 「汾陰行」의 고사는 「明皇傳信記」(『全唐詩』)에도 기록되어 있어 "上將幸蜀, 登花蕚樓, 使樓前善水調者登而歌. 至山川滿目云云, 上顧侍者曰, 誰爲此. 曰宰相李嶠詞也, 因凄然涕下, 遽起曰 ; 嶠眞才子也. 不待曲終而去."라 함.

천보 말년에, 명황께서 봄에 근정루에 오르시어 이원의 제자들에게 노래를 부르게 하였는데 「부귀영화를 언제 다시 누리려나」 이하의 4구에 이르렀다. 임금께서 연세가 많아 노쇠한데 누구의 시인지를 물으시니 어떤 사람이 「이교」 라고 대답하자, 슬프게 눈물을 흘리시며 문득 일어나서 말씀하시기를, 「이교는 진정 재자로다」라고 하였다. 그 해에 촉 지방에 순행을 가시어 백위령에 오르시고 한참 동안 두루 살펴보시면서 또 이 가사를 노래하시고는 말씀하시기를, 「이교는 진정 재자로다」 하시었다.[17]

라고 하였으니 이교의 우국심이 담긴 이 장편시에서 현종은 현실의 각박(刻迫)과 안사란(安史亂)으로 인한 국운의 혼미, 그리고 인생의 무상을 절실히 통감하게 된 것이다. 이교의 성품상의 덕성에 있어서는 하나의 일화에 불과하지만, 삼려(三戾)가 있다하니 그의 생애를 이해하는데 참고가 된다.[18] 누구에게나 장단점이 있는 법이니, 이런 기질이 그를 더욱 초당의 정치와 문학에 있어 일가를 이루게 한 잠재력이 되었을지도 모른다. 이제 이교의 생평을 연대별로 분류하면 다음과 같다.

1세(태종(太宗) 정관(貞觀) 18년 · 644) ; 9월 저수량(褚遂良)이 황문시랑(黃門侍郎)이 되어 참정하던 때에 조주(趙州) 찬황(贊皇)에서(하북성) 출생. 일찍 부친을 잃고 모친에 대한 효성이 지극.

15세(고종(高宗) 현경(顯慶) 3년 · 658) ; 오경(五經)에 통달하여 문재(文才)가 사방에 떨침.

20세(고종 용삭(龍朔) 3년 · 663) ; 진사에 급제하여 안정위(安定尉)의 직을 받은 후부터 장안에서 낙빈왕(駱賓王), 유광업(劉光業) 등과 교우하였고 이후에 35세가 될 때까지 감찰어사(監察御使), 급사중(給事中) 등의 현직(顯職)을 청년 시에 이미 봉직(奉職)하여 관운을 다짐.

35세(고종 의봉(儀鳳) 3년 · 678) ; 측천무후(則天武后) 시대가 열리면서 윤주사마(潤州司馬), 봉각사인(鳳閣舍人)으로부터 시작해서 연이은 관직순례(官職巡禮)와 같은 다변하는 세태에 휘말린다. 그리하여 705년 무후가 죽기까지 다사다난한 세파의 조류에 따라 수다한 고저관직(高低職分)을 맡았으니, 우어사대(右御史臺)로서 주현리(州縣吏)의 선악풍속을 순찰하여 시정에 관한 의견을 상소하였

17) 天寶末, 明皇乘春登勤政樓, 命梨園弟子歌數闋, 有唱歌至富貴榮華能幾時以下四句. 帝春秋衰邁, 問誰詩, 或對李嶠, 因凄然涕下, 遽起曰 ; 嶠眞才子也. 及其年幸蜀, 登白衛嶺, 覽眺良久, 又歌是詞, 復曰 ; 嶠誠才子也.

18) 『唐詩紀事』 권10 ; "嶠有三戾, 性好榮遷, 憎人陞進, 性好文學, 憎人才華, 性貪濁, 憎人受賂."

고 이어서 지천관시랑사(知天官侍郞事), 인대소감(麟臺少監), 동봉각난대평장사(同鳳閣鸞臺平章事), 난대시랑(鸞臺侍郞)을 지내고, 장석(張錫)을 보필하다가 파직하여 성균제주(成均祭酒)가 되기도 한다. 무후 말년에 이교는 환갑이 넘은 시절에도 무후가 백사마판(白司馬坂)에 대상(大像)을 세우려하자 그 부당성을 간하기도 하였다.[19] 그러나 이 상소는 결국 받아들여지지 않았고 오히려 장역지(張易之)에 연좌(連坐)되어서 무고(誣告)를 당하였다.

60세(중종(中宗) 장안 3년 · 703) ; 평장사(平章事)가 되었다가 장역지에 연좌되어 예주자사(豫州刺史)에 폄적된다. 그 해에 이부시랑(吏部侍郞)에 전보(轉補)되고 재상(宰相)에 이르다.

63세(중종 신룡(神龍) 2년 · 706) ; 위안석(韋安石)을 대리하여 중서령(中書令)이 되다.

64세(중종 신룡 3년 · 707) ; 수문관대학사(修文館大學士)가 되었다가 조국공(趙國公)에 봉(封)하여 영광을 누리다.[20]

67세(예종(睿宗) 경운(景雲) 원년 · 710) ; 회주자사(懷州刺使)로 좌천(左遷)되다.

69세(현종 태극(太極) 원년 · 712) ; 현종이 즉위하여 숙청이 있자 상왕제자와 밀정했다 해서 치죄(治罪)를 면키 어려웠는데, 장열(張說)의 변호로써 사면되고 저주별가(滁州別駕)에 폄적었다가 여주별가(廬州別駕)로 감.

70세(713) ; 졸. 후사는 건주자사(虔州刺使)를 지낸 이창(李暢)이 있음.

Ⅱ. 전가시와 응제시

초당의 문학은 곧 전대인 제량(齊梁)의 풍조에 물들어 있는 상태라고 하지만, 내면적으로는 초당 나름의 문풍(初唐)을 형성하고 있었다고 하겠

---

19) 『新唐書』列傳: "造像雖俾浮屠輸錢, 然非州縣承辯不能濟, 星名雖不稅而實稅之, 臣計天下編戶, 貧弱者衆, 有賣舍帖田供王役王者. 今造像錢積十七萬, 若頒之窮人家給千錢, 則紓十七萬戶寒之苦, 德無窮矣."

20) 唐代에 修文館을 설치하여 學士를 양성하고 修文을 담당케 하였는데, 李攀龍의 『唐詩選評釋』 권4에 修文館의 設置와 風景을 다음과 같이 기술하고 있다. 즉 "中宗景龍 三年 十二月(709), 帝幸驪山溫泉, 歸駕時, 臨同中書門下三品韋嗣立山莊, 因封嗣立爲逍遙公, 令郡臣賦詩. 先是中宗置修文館於闕廷, 選公卿以下善文者充學士, 李嶠實爲其冠. 每禁苑遊幸, 或宗戚讌集, 學士無不畢從, 賦詩屬和, 以上官昭容, 品第甲乙, 優者賜金帛, 於時諸武專權."(p.235)

다. 이런 의식은 초당 문인 자신의 다음 서술에서 스스로 평하고 있으니, 그 예로써 이백약(李百藥)의 『북제서(北齊書)』 「문원전서(文苑傳敍)」에서,

> 양대 말기는 경미함과 기험함을 받들어서 제관들이 유속에 빠졌다. 군더더기를 섞어 소리를 만들었으니, 비애 어린 표현이라도 아정하지 못하였다. 무평 대에 이르러 정치가 혼란하고 시세가 부패하였는데 문사가 미려함만은 정도로 남아 있었다. 유순한 기법으로 문장을 짓고 큰 환란을 입어서도 아정할 수 있었다. 그러나 두 왕조를 거치면서 지나친 음률이 퍼져있어서 제대의 변풍이 음악에 쓰이고 양대의 변아가 작품에 들어가서 속되지 않음이 없었으니, 모두 망국의 작품들이다.[21]

라고 하였으며, 위징(魏徵)은 「양론(梁論)」에서 이르기를,

> 문식이 화려하고 내실이 적으며 화미하여 알차지 않으니 문체는 음미하게 되고 뜻은 잘 통하지 않아서, 슬픈 수심의 소리가 마침내 풍속를 바꾸어 놓았다.[22]

라고 하여 제량을 반대하여 염려(艶麗)하고 경박(輕薄)한 시가에서 감정과 사실(寫實)을 자연스레 토로할 수 있는 혁신의 기운을 이미 모색하고 있었음을 확인할 수 있다. 이 현상을 확인할 수 있는 근거로 왕어양(王漁洋)의 『사우시전록(師友詩傳錄)』의 다음 몇 구절을 제시한다.

> 오언시가 흥기한 것은 한 나라에서 연원하고 위 나라 때에 주력하니 동서 양진 대에는 흥왕하다가, 남북조의 양진대에 혼탁하여져서 그 풍조가 후대에 내려 왔다. 그러다가 당대가 일어나 문학이 크게 떨치니, 우세남·위징 제공이 이미 구습을 버렸고, 왕발·양형의 사걸들이 미려함을 가하였으며, 진자앙의 고풍이 우아하였다. 이거산의 문장은 완숙하고 심전기와 송지문은 신체시를 만들어내고, 소미도와 장열의 문필은 초당의 뛰어난 것들이다.[23]

왕어양(王漁洋)은 초당의 문기(文氣)가 이미 제량(齊梁)의 구습을 떠나

21) 江左梁末, 彌尙輕險. 始自儲官, 刑乎流俗. 雜沾滯以成音, 故雖悲穴而不雅. 爰逮武平, 政乖時蠹. 唯藻思之美, 雅道猶存. 履柔順以成文, 蒙大難而能正. 原夫兩朝叔世, 俱肆淫聲, 而齊代變風, 屬諸絃管. 梁時變雅, 在夫篇什, 莫非易俗所致, 竝爲亡國之音.

22) 文艶用寡, 華而不實, 體窮淫靡, 義罕疏通, 哀思之音, 遂移風俗.

23) 五言之興, 源於漢, 注於魏, 汪洋乎兩晋, 混濁乎梁陳, 風斯下矣. 唐興而文運丕振, 虞魏諸公已離舊習, 王楊四子因加美麗, 陳子昂古風雅正, 李巨山文章宿老, 沈宋之新聲, 蘇張之手筆此初唐之傑也.

서 율격과 풍격에서 미려하고 아정(雅正)한 신성(新聲)이 출현하였음을 밝히고 있다. 이런 여러 설을 모두어 보건대, 초당 문풍은 신구의 혼동(混同)에서 교체를 모색하던 양상을 띠고 있었다고 할 것이다.

이교의 시세계 또한 예외일 수 없으니 이제 리우따지에(劉大杰) 등의 기설의 과소평가 곧 졸평을 생각하지 않고 진정한 초당 대가의 면모를 통하여 당대 초기의 시풍을 파악하는 동기로 삼고자 한다. 따라서 기술한 바, 그의 시에서 초당시인의 장가적(壯歌的) 의취(意趣), 그리고 이른바 대각체(臺閣體)라 할 응제시(應制詩)의 특성[24] 나아가서는 그의 영물시(詠物詩) 120수를 분석하고자 한다.

1. 전가시(戰歌詩)에 나타난 고원한 기개(氣槪)

이교의 전가시는 모두 15수인데[25] 이것이 중만당(中晩唐) 시인의 광망(狂妄)과 낭만, 그리고 퇴폐적인 의식과는 달라서, 초당시인은 비교적 고원(高遠)한 안광을 가지고 개국(開國)의 와중(渦中)에서 전진적인 회포를 폈던 것이다. 이 시기의 의식은 중당의 비전(非戰)사상과 다르게 주전론(主戰論)을 주장하여 적극적이며 강개(慷慨)적으로 표현하고 있음을 알 수 있다.

초당시인의 적극적인 주전의식이 어디서 연유하고 있느냐하는 점에 대해서 후윈이(胡雲翼)는 내적인 원인으로는 민족성 자체에 의한 의기(意氣)의 중시에 있으며, 외적인 원인으로는 공명심(功名心)의 유도, 즉 새 국가의 부국강병(富國强兵)을 위하면서 변방에 출새(出塞)하여 공을 세우려는 몽상적인 기백이 창작의식에 작용한 것으로 보고 있다.[26] 후윈이의 주장이 타당하냐의 여부를 떠나서 그 당시의 사회적 혼란기와 결부하여

---

24) 청대 송락(宋犖)의 『漫堂說詩』에 ; "初唐王楊盧駱, 倡爲排律, 陳杜沈宋繼之, 大約侍從遊宴應制之篇居多, 所稱臺閣體也."

25) 『全唐詩』 수록의 제를 보면, 「秋山望月酬李騎曹」(編號2), 「奉使築朔方六州城率爾而作」(5), 「早發苦竹館」(6), 「安輯嶺表事平罷歸」(7), 「擬古東飛伯勞西飛燕」(11), 「寶劍篇」(12), 「汾陰行」(13), 「和周記室從駕曉發合璧宮」(31), 「和杜學士江南初霽覆懷」(33), 「送李邕」(35), 「奉和行望春宮送朔方總管張仁亶」(180), 「餞薛大夫護邊」(186), 「送駱奉禮從軍」(189), 「倡婦行」(185), 「軍師凱旋自邕州順流舟中」(192).

26) 胡雲翼 『唐代的戰爭文學』(商務) pp.13~30 참조

긍정적인 방향으로 이해할 수 있다.

이교의 종군시는 많지 않은 중에도 강렬한 민족의식에서 나온 ① 충군애국(忠君愛國)의 기상과 ② 승전을 독려(督勵)하는 영웅적 기개(氣概), 그리고 ③ 승리에서 오는 공명심의 발로 등 그 당시의 전형적인 전가시의 성격을 갖추고 있는 것이다.

이상의 성격들을 시를 인용하면서 이해하고자 한다. 먼저 ① 충군애국의 경우에, 「삭방의 육주성을 축조케 하며(奉使築朔方六州城率爾而作)」의 앞의 6구를 보면,

> 조서 받들어 변방에서 복무하며
> 늘 오로지 삭방을 축성하리라.
> 저 개나 양 같은 족속 몰아내어
> 이 오랑캐와 중국의 경계 바로 하리니
> 그 님이 와서 기뻐하고 즐거워한다면
> 나랏일을 어이 태만하리오.[27)]

여기에서 봉조(奉詔)를 받아 삭방에서 축성하는 일에 참여하매, 그것은 궁왕을 위하는 일이요, 국방을 위함이니, 마음이 기쁘다는 의향을 표출하였고, 같은 시의 뒤의 8구에서는,

> 이 일은 모든 군주의 법식으로 하여
> 모두 합심하여 천년 두고 방어하리라.
> 소와 말이 길가를 덮었고
> 칼날과 화살 끝이 전쟁터를 녹이도다.
> 어찌 어진 노고를 생각하지 않으리오.
> 바라는 바는 영원한 평강이로다.
> 나랏일 어찌 될 것인가 하니
> 대대로 칭송의 노래 펴게 되기를.[28)]

---

27) 奉詔受邊服, 總徒築朔方. 驅彼犬羊族, 正此我夏疆. 子來收悅豫, 王事寧怠遑.
28) 制爲百王式, 擧合千載防. 馬牛被路隅, 鋒鏑銷戰場. 豈不懷賢勞, 所圖在永康. 王事何爲者, 稱代陳頌章.

여기서는 우마(牛馬)가 길을 메우면서 진지를 쌓는 의도가 바로 영원한 평강(永康)에 있는 것이니 나라정치(王事)가 대대로 칭송을 아끼지 않을 성군에 충성하는 애국의 희생정신을 강렬하게 그리고 있다.

그리고 「보검편(寶劍篇)」의 끝 4구는 전쟁의 일을 그치기 위해서 문무를 겸비해야 하며 재앙이 군왕에게 미치는 일이 있어서는 안되며 오래도록 태평할 것을 기원하고 있다.

평화를 이어서 오래 두고 전쟁 일이 그쳐시니
요행히도 문무를 넉넉히 갖추고 있음이라.
재앙을 없애고 환란을 피함은 의당 군왕의 공이려니
천수 누리시어 후세에 길이 이어지리라.29)

이교는 「창부행(倡婦行)」을 통해서 불쌍한 아녀자가 변방에서 창부 노릇하면서도 그녀의 생활에 그늘이 없고 오히려 국가의 안정을 위할 수 있는 하나의 본분이라고 여기고 있는 것으로 묘사하고 있다. 그 시를 보건대,

십 년간 창가의 여인네러니
변방에 온지 삼년이나 되었네.
예쁘게 단장하던 청춘을 누각에서 다 보냈고
백발이 언덕 머리에 새롭구나.
밤마다 풍상에 괴로워하고
해마다 원정이 빈번하도다.
산 서녘에 길게 해 떨어지고
변새 북녘엔 오래 동안 봄이 없도다.
둥근 부채처럼 님의 사랑 끊겼으니
돌아오는 글에는 고생만이 담겨있네.
오랑캐군이 자주 침공해 오니
한나라의 사신은 화친을 끊었도다.
소식은 항아리의 우물물 같이 감감하여

29) 承平久息干戈事, 僥倖得充文武備. 除災辟患宜君王, 益壽延齡後天地

마음 떴다 가라앉았다 길가의 티끌 같도다.
공허히 천리 멀리의 달만 남아서
첩의 양미간의 주름 비치누나.[30)]

여기에서 창부가 변방에 들어가 제3연의 "밤마다 풍상에 괴로워하고 해마다 원정이 빈번하도다(夜夜風霜苦, 年年征戍頻)"와 같은 상황을 겪고, 또 제5, 6연의 "둥근 부채처럼 님의 사랑 그쳤으니 돌아온 글엔 고생이 담겨 있도다. 오랑캐군이 자주 침공하니 한나라 시신이 화친을 끊도다(團扇辭恩寵, 回文贈苦辛. 胡兵屢攻戰, 漢使絶和親)"와 같이 고생 중에 패전하면서도 화친을 결코 해서는 안 된다는 중화의식에 찬 애국의 심회(心懷)를 나타내었다.

② 승전을 독려하는 경우를 그의 「안집령에서 평정하고 돌아가며(安輯嶺表事平罷歸)」에서 앞 8구를 보면,

구름 저 끝을 보며 서울 생각하니
서울이 보일 듯도 하구나.
하늘가에서 월대를 바라보니
바닷길이 얼마나 멀고 아득한가.
유월에 붕새 날아가고
삼 년만에 길조의 꿩이 날아오네.
경계 멀리에 구리기둥 드러나 있고
산은 험한데 돌문이 열리도다.[31)]

여기서 제1연은 사군(思君)의 충성심을 그리면서 성취의 기상을 나타내었고, 제3연은 희망의 승전(勝戰)을 비유하였다. 이러한 함의가 인용되지 않았지만 제8연의 "이미 하늘의 덮개를 넓게 펴시고 다시 임금의 은혜를 널리 베푸시도다(既弘天覆廣, 且論皇恩博)"과 연결되어 진다.

---

30) 十年倡家婦, 三秋邊地入. 紅妝樓上歇, 白髮隴頭新. 夜夜風霜苦, 年年征戍頻. 山西長落日, 塞北久無春. 團扇辭恩寵, 回文贈苦辛. 胡兵屢攻戰, 漢使絶和親. 消息如瓶井, 沈浮似路塵. 空餘千里月, 照妾兩眉嚬.

31) 雲端想京縣, 帝鄉如可見. 天涯望越臺, 海路幾悠哉. 六月飛鵬去, 三年瑞雉來. 境遙銅柱出, 山險石門開. ……(이하 생략)…….

그리고 「낙봉례의 종군을 보내며(送駱奉禮從軍)」는 종군하는 우인의 개선(凱旋)을 격려하여 영웅이 되어 돌아오라는 용기를 불어넣은 것이다.

변방에서 봉홧불 올리고
단묘에서는 전략을 펼치네.
격문(羽書)은 싸움을 도와주니
융막엔 영명한 자 끌어들이네.
칼엔 삼군의 기상 넘치고
옷엔 만리의 티끌 날리네.
거문고와 술잔은 이별의 정 남겨 있고
경물은 이별의 아침을 아쉬워하네.
피리 매화엔 저녁의 소리 머금었고
군영의 버들은 저무는 봄빛을 띠고 있네.
그대에 바라나니 돌에 승리를 새기고 돌아와
노래하고 춤추며 성문에 들게 되기를.[32)]

여기서 제2·3연은 사기가 진작(振作)되고 용기가 충만한 구절이며 제5, 6연은 심적인 여유와 성취의 개선을 희원(希願)하는 낭만적이며 회화(繪畫)적인 감흥을 고취(鼓吹)하기까지 한다.

③ 승리의 공명심 발로의 경우는 다음 「설대부의 변방호위를 전송하며(餞薛大夫護邊)」가 그 대표적인 무공의 성취를 격려하는 작품이라 하겠다.

황폐한 곳이 때로는 통하지 못하나
그래도 오랑캐의 경계에 임하리라.
군율 가하니 꼬리별 움직이고
병사 나누니 달무리 비는도다.
소가죽으로 푸른 자루 싸고
상아로 활을 다듬어내네.
결연히 삼하를 이길 용기를 내고

32) 玉塞邊烽擧, 金壇廟略申. 羽書資銑筆, 戎幕引英賓. 劍動三軍氣, 衣飄萬里塵. 琴尊留別賞, 風景惜離晨. 笛梅含晩吹, 營柳帶餘春. 希君勒石返, 歌舞入城闉.

길게 여섯 군의 무리를 몰아내리라.
산에 올라 대북을 살피고
손가락 꼽으며 요동을 칠 계략을 세우도다.
우두커니 연연산 위를 바라보며
결단코 무공을 칭송하길 바라도다.[33]

여기서 말6구는 웅혼(雄渾)하고 장엄한 기풍과 무공의 축송을 노래하여 설대부의 변방 출정을 환송한 동시에 무공까지도 축송하게 되기를 희망하고 있다. 변새시(邊塞詩)가 현실적이며 피속(避俗)하지 않는 경향이 있는데 이교의 것은 활달(豁達)하면서 웅기탈속(雄氣脫俗)적인 면을 비춰주고 있다.[34]

이교의 전가시(戰歌詩)에는 다른 시인에게서 보이는 바와 같이 변새(邊塞) 용어를 활용하면서도 속성(俗性)을 떨친 기상(氣象)을 시중에 함입(含入)시킨 점을 간과해서는 안될 것이다.

그 예로서, 「호종하여 낙양으로 환귀하매 시종관들에게 바침(扈從還洛呈侍從群官)」의 가소(笳簫.피리)·정문(旌門)·참융(參戎), 「모시고 삭방의 육주의 성을 쌓으며(奉使築朔方六州城率爾而作)」의 견양족(犬羊族)·융하강(戎夏疆)·변복(邊服)·사막(沙漠)·북해(北海)·대황(大荒), 「안집령에서 평정을 파하고 돌아가며(安輯嶺表事平罷歸)」의 월대(越臺)·정의(征衣)·이라(夷落)·외구(外區)·백만(百蠻)·가향(笳響)·금성(金聲), 「설대부의 변방호위를 보내며(餞薛大夫護邊)」의 황우(荒隅)·요동(遼東)·연연(燕然), 「낙봉례의 종군을 송별하며(送駱奉禮從軍)」의 옥새(玉塞)·융막(戎幕), 「군사가 개선하매 옹주에서 강따라 배를 타고(軍師凱旋自邕州順流舟中)」의 명비(鳴鞞)·장구(嶂口)·천위(川湄)·고성(鼓聲)·강관(羌管)·초사(楚詞) 등 적지 않은 용어를 사용하여서 활기와 기망(期望)의 의기(義氣)를 잃지 않도록 썼다고 하겠다.

33) 荒隅時未通, 副相下臨戎. 援律星芒動, 分兵月暈空. 犀皮擁青槖, 象齒飾雕弓. 決勝三河勇, 長驅六郡雄. 登山窺代北, 屈指計遼東. 佇見燕然上, 抽毫頌武功.

34) 詩人玉屑 에 「七言難於氣象雄渾, 句中有力, 而紆餘, 不失言外之意」라 하고 「相國新兼五等崇, 非不壯也, 然意亦盡於此矣」(권12)라고 하여 從軍詩의 갖출 장점을 밝혔는데, 이거산의 시는 바로 이에 상응되어 있어서 시품이 장출하다.

2. 응제시(應制詩)에 나타난 충성심

이교의 응제(應制) 및 봉화시(奉和詩)는 43수에 달하는데, 그의 시에서 중요한 위치를 차지하고 있다.[35] 일반적으로 응제시라면 현실적이며 입속(入俗)에서 벗어나기 어렵고, 대신에 충애(忠愛)와 충후(忠厚)를 높인 것인데, 이에 대해 청대 오뇌발(吳雷發)은 『설시간괴(說詩菅蒯)』에서 이르기를,

> 시는 산림의 기세를 으뜸으로 하는데 대각의 기세 같은 것은 청신하며 속기를 벗어나려 힘쓰지만 그렇지 않으니 격조가 낮아서 전인의 조정에서의 응제시들은 그 속기를 벗어난 것이 열에서 한 둘에 지나지 않다. 대개 이런 제목들은 세속에 들기 쉬우니 유능한 자라도 별 재주가 없는 것이다.[36]

라고 하여 입속(入俗)의 여부로 호불호(好不好)를 가리는 듯한 언변을 했는데 여기서의 입속(入俗)이란 응제시가 갖는 특성으로 보아서, 충군(忠君) 의식이 아당(阿當)으로 전락하기 쉬운 면을 지적한 것이라 본다. 그리고 청대 시보화(施補華)는 『현용설시(峴傭說詩)』에서 응제시가 갖는 요체(要諦)를 예시하면서 다음과 같이 밝혔다.

> 「명성의 조정은 무관한 일이니 간언의 글이 드문 것을 절로 느낀다」는 송양의 체재이며 「내일 아침 나라일 있으니 자주 밤을 새는 것 어찌하리오」는 충애가 절실한 것이니 모두 세편의 의미를 얻은 것이다.[37]

> 「성명한 조정은 버리는 것 없고 노쇠하여 병들어 노인이 되도다」는 원망하되 노하지 아니하고 「한 번의 병이 성명한 임금과 인연되어 삼년 홀로 이 마음이러라」는 풍자적이

---

35) 『唐詩紀事』 권10에는 응제시로 「三會寺應制」, 「送沙門玄奘等還荊州詩」, 「幸太平公主南莊詩」, 「送張仁亶赴朔方應制」, 「薦福寺應制」, 「陪逾苑中遇雪」, 「翦綵花應制」, 「人日清輝閣應制」, 「安樂公主山莊」, 「人日大明宮應制」, 「春日遊苑喜雨詩」, 「送金城公主」, 「九日應制」, 「正月中宗上清輝閣遇雪嶠賦詩」, 「七夕應制」 등을 열거하였는데, 기실은 본문의 시수와 같다.

36) 詩以山林氣爲上, 若臺閣氣者, 務使清新拔俗, 不然則格便低. 前人早朝, 應制諸詩, 其拔俗者不過十之一二. 大抵此等題極易入俗, 雖有能者, 無所技也.

37) 「聲朝無闕事, 自覺諫書稀」, 頌揚得體. 「明朝有封事, 數問夜如何」, 忠愛切心, 皆得三篇意(14條).

면서도 찌르는 것이 아니니 모두 시인의 충후를 본다.[38)]

위의 15조에서 「원망하되 노하지 않다(怨而不怒)」하고 「풍자적이면서도 찌르지 않는다(諷而不刺)」하는 기품이 요구되는 것이 바로 응제시가 지향하는 특성임을 말하고 있다. 이교의 응제시는 모두 충후한 숭경(崇敬)으로 채워져 있어서 이런 시의 표현은 화려부섬(華麗富贍)한 것이 그 특징이라 하겠다.[39)] 이제 (A) 「장녕공주 동장에서의 연회에서(侍宴長寧公主東莊應制)」와 (B) 「위사립 산장의 시연에서(奉和幸韋嗣立山莊侍宴應制)」를 가지고 그의 응제시의 면모를 분석하고자 한다.

먼저 (A)시를 보면,

별장은 푸른 교외에 서 있는데
임금의 수레 궁궐에서 내려오시네.
긴 연회에 원추리와 백로 같은 신하들 모였고
선관피리 봉황 같은 공주에 어울려나네.
나무 남산에 가까이 있고
안갠 북쪽 물가에 멀리 있네.
은총을 받아 다 이미 취하여서
감상에 젖어 말 재갈 돌릴 줄 모르네.[40)]

이 시는 『신당서(新唐書)』(木紀)에 장녕공주(長寧公主)의 집에 왕이 임행(臨幸)했다는 기술로 보아서 중종(中宗) 경정(景靜) 4년 5월 정묘(丁卯)(710년)의 것으로 본다. 장녕공주는 위서인(韋庶人)에게서 난 중종의 여식으로서, 양신(楊愼)에게 출가(出嫁)하여 장안(長安)에 집을 짓는데 삼층루(三層樓)를 지어 중종이 임석하고 여러 신하들이 배석(陪席)하여 시연(侍宴)하니, 여기서 이교(李嶠)·최융(崔融)·이적(李適)·서원백(徐元伯) 등이 축시를 지었으며, 이 시는 그 때의 것이다.[41)] 전반 4구의 매구

---

38) 「聖朝無棄物, 衰病已成翁」, 怨而不怒, 「一病緣明主, 三年獨此心」, 諷而不刺, 皆見詩人中忠厚(15條).
39) 『唐詩選評釋』 권3 ; "其詩之華麗富贍, 亦以此時最有可觀焉." 이 말은 「長寧公主東莊侍宴」 시에 대한 고사를 해설하는 중에 나온 구.
40) 別業臨靑甸, 鳳鑾降紫霄. 長筵鵷鷺集, 仙管鳳凰調. 樹接南山近, 煙含北渚遙. 承恩咸已醉, 戀賞未還鑣.
41) 『唐詩紀事』 卷一中宗條에 "長寧公主, 韋庶人所坐, 下嫁楊愼交, 制曰 ; 駙馬都尉楊愼交, 分榮戚里,

는 한 가지 씩의 사실을 묘사하고 후련에서 별업(別業)의 위치를 서술하여 동장(東莊)을 부각시키고 있다. 제7·8구의 시연(侍宴)으로 이 시의 내외결법(內外結法)이 완비되면서 절정에 달하게 되니 그 묘사와 내용의 배치가 주밀(周密)하고 화려하면서 충절이 넘친다. 전반 4구의 수구(首句)는 공주의 별업을, 다음 구는 제후(帝后)의 임행을, 3구는 시연의 신료(臣僚)를, 4구는 석상의 음악을 각각 묘사하여 상호간에 자연스레 연관되면서 허자(虛字)를 차용하지 않았고 기격(氣格)이 웅혼(雄渾)하니 이것은 비범한 묘법(描法)이라고 하겠다. '청전(靑甸)'에서 청(靑)은 동방의 색(色)이며 전(甸)은 교(郊)이니, 즉 '東莊'의 의미를 분명히 하고 있고, '봉란(鳳鑾)'은 천자의 수레이며 자소(紫霄)는 제궐(帝闕)이니 수레가 궁궐로부터 내려온다 함은 천자가 동장에 임행한다는 것이다. 그리고 '장연(長筵)'을 마련하여 군신이 시연하는 좌석을 삼고 '원추리와 백로 즉 원로(鵷鷺)'가 날아드는 데도 서열이 있게 시어를 배려하여 관작(官爵)의 서차(序次)를 밝혔으며 '선관(仙管)'과 '봉황(鳳凰)'은 진공(秦公)의 딸이 퉁소(簫)를 불어 봉황을 끌어 신선되었다는(仙去) 고사를 비유한 것으로 공주 자신에 대해 극진한 배려에서 나온 묘사라고 보며 후연의 '북저(北渚)'는 『楚辭』(九章)의 「왕자가 북녘 물가에 내리네(帝子降兮北渚)」구에서 나온 것이니, 제자(皇女)에 근거하여 공주를 역시 추숭(推崇)하여 응용한 묘사이다. 그 시어 선택의 묘(妙)는 이교의 응제시가 갖는 비흥법(比興法)과 풍이부자(諷而不刺)법의 극치라 하겠다. 이어서 (B)시를 보기로 한다.

남락은 사신과 인연 있고
동암엔 왕을 도울 이가 머물러 있는데
그윽한 정감에 황제의 옷 떨치시고
정드나니 나무하고 고기를 잡네.
임금이 공동산에 내리셔 길 치니
은총은 파수의 가마를 감도는구나.

藉寵公門, 恭肅著於立身, 恪勤效於從政. 鳳凰樓上, 宛符琴瑟之歡. 烏鵲橋前, 載協松蘿之契. 宜分茸茅土, 式廣山河, 造第東郡, 府財庶竭. 又取西京高士廉第, 左金吾衛廢營, 合爲宅, 作三層樓, 築山浚池. 帝及后數臨幸, 置酒賦詩, 群臣屬和, 故李嶠長寧公主東莊侍宴詩, 其末云 ; 承恩咸已醉, 戀賞未還鑣. 崔湜云 ; 席臨天女貴, 杯接近臣歡. 李適云 ; 願奉瑤池駕, 千春侍德音. 徐元伯云 ; 鳳房憐簫曲, 鸞閨念掌珠"

소나무 문에 어가가 멈추니
향초 휘장은 비녀와 옷자락을 당기도다.
돌길은 땅과 나란히 뻗고
안개 낀 누대는 푸른 하늘에 걸려있네.
구름과 안개 신선 길에 가까이 있고
거문고와 술은 속세와 멀도다.
높다란 나무 천년도 넘은 듯
걸려있는 샘 백 길도 넘을 듯
낭떠러지 깊어서 신선이 연단했고
바위굴은 오래되어 옛 책 두었네.
나무에 깃든 넋은 바람차는 큰 새요
연못에 숨은 것은 계곡 누비는 큰 고기로다.
어찌 알았으리오, 귀하신 천자가
또 제갈량의 초가를 기억하고 있을 줄.[42]

위사립(韋嗣立)은 위후(韋后)의 먼 친족으로서 중종의 특별한 경애(敬愛)를 입어[43] 중종 경룡(景龍) 3년 12월(709)에 임금이 여산(驪山) 온천에 휴양차 갈 때에 중서문하(中書門下) 삼품인 위사립의 산장에 들렀는데 사립이 백여(百轝. 많은 수레)와 목기(木器)·등반(藤盤) 등을 헌납하니 별장이 본래 소요원(逍遙原)에 있는 고로 사립을 소요공(逍遙公)이라 하고 이교·심전기(沈佺期)·무평일(武平一)·조언소(趙彦昭)·소정(蘇頲)·송지문(宋之問)·이애(李乂)·최식(崔湜)·서언백(徐彦伯)·유헌(劉憲)·장열(張說) 등 신하에게 시를 짓게 하니[44] 초당대에 이러한 연회와 화시(和詩)가 성행하여 더욱 문풍(文風)이 여조(麗藻)의 수식을 추구하게 하였다. 이 시는 그의 응제시의 대표작으로서 구격(句格)과 용사(用辭)가 장중하고 엄정(壯重嚴正)하다. 위사립의 문체와 별업의 풍광에 대해서 장열(張說)은 그 시회의 서문에 다음과 같이 기록하고 있다(위사립은 『전당시

---

42) 南洛師臣契, 東巖王佐居. 幽情遺紱冕, 宸眷屬樵漁. 制下峒山蹕, 恩回灞水輿. 松門駐旌蓋, 薜幄引簪裾. 石磴平黃陸, 煙樓半紫虛. 雲霞仙路近, 琴酒俗塵疏. 喬木千齡外, 懸泉百丈餘. 崖深經鍊藥, 穴古舊藏書. 樹宿摶風鳥, 池潛縱壑魚. 寧知天子貴, 尙憶武侯廬.

43) 韋嗣立, 字延構, 鄭州人. 韋思謙의 子요, 承慶의 弟이다. 則天武后 長安 4年(704)과 景龍 3年(709)에 재상을 지내고 허주와 陳州刺史를 지내다가 66세에 졸.

44) 『唐詩紀事』 권11 韋嗣立條에 "嗣立莊在驪山鸚鵡谷, 中宗幸之, 嗣立獻食百轝及木器藤盤等物, 上封爲逍遙公, 谷爲逍遙谷, 原爲逍遙原, 中宗留詩, 從臣屬和, 嗣立竝鐫于石, 請張說爲之序, 薛稷書之."

권 91에 실려있는 7수의 시에서 4수가 봉화시[奉和詩]이다).

> 위공의 외모는 곧고 정숙하며 사상은 깊고 넓은데 동산 가에 별업이 있다. 산 기운이 들에 들고 가래나무에 낀 안개는 골에서 나오며 돌못과 대언덕, 솔집과 약초밭이 있고, 그리고 무지개 샘에서 번개 같이 화살 쏘고 구름 낀 나무에서 공허히 시를 읊으니 황홀하여 꿈을 꾸듯하여 그 간에 적을 것을 잊노라. 이 소위 산골의 기룡이요, 의관 벗은 소부, 허유로다.[45)]

여기서 사립이 곧고 정숙(貞靜)하고 마음이 깊고 넓은(幽曠) 인품을 가졌으며 그 생활의 근거인 산장이 별천지인 것을 자세히 기술하였다. 이러한 견지에서 이 시를 살펴보면, 1·2연은 산장에 온 성은(聖恩)이 두터움을 표현하였는데 1구는 사립이 성은을 입은 일, 2구는 산장, 3구는 산장 중의 신권(宸眷), 4구는 성고(聖顧)(임금의 왕림)를 입은 산장 등을 순서 있게 서술하여 출행(出幸)의 서장(序章)으로 도입시켰다.「동암에 왕을 도울 이가 머무른데(東巖王佐居)」란 산장이 여산(驪山) 봉황원(鳳凰原)의 앵무곡(鸚鵡谷)에 있어 장안 동방에 위치한데서 나온 표현이며 왕이 사립을 사신(師臣)으로 대접하고 왕좌(王佐) 사립의 재능을 인정하는데도 산장에 거주하면서 성은을 귀중히 여기면서(3·4구) 자연 속에 기오(寄傲)하니 그 깊은 마음의 고아함은 장열의 말처럼 "산골의 기용이며 의관 걸친 소부와 허유(邱壑夔龍·衣冠巢許)"에 일치한 것이다. 시립의 유정(幽情)한 의식을 이교는 정확하게 묘사하였다고 하겠다.

3·4연은 임행의 직설적인 표현인데, 5·6구의 가마(車駕)가 임행하는 것과 7·8구의 가마를 영접하는 것은 비유적이며 엄숙한 고사대법(故事對法)이라 하겠으니, 황제(黃帝)가 공동산에 올라 광성자(廣成子)에게 지도지정(至道之精. 최고 선의 도리)을 물은 고사를 지금 중종의 임행에 비유하였고 산장 앞을 흐르는 파수도 성은을 입었으며 벽악(薜幄)은 『초사』(離騷)의 "백지 향초를 다듬어 장막을 하다(罔薜荔兮爲幄)"에서 나온 말이니, 왕의 임행에 대한 사실감(寫實感)이 살아 있으면서 숭앙(崇仰)의 의지를 간결하면서도 핍진(逼眞)하게 묘사하여 응제시의 참모습을 보여주고

---

45) 韋公體含貞靜, 思協幽曠. 東山之曲有別業焉. 嵐氣入野, 榛煙出谷, 石潭竹岸, 松齋藥畹. 虹泉電射, 雲木虛吟, 恍惚疑夢, 間關忘述. 玆所謂丘壑之夔龍. 衣冠之巢許也(『唐詩紀事』 권11 및 『唐詩選評釋』 권4).

있다.

5·6연은 산장에서의 어연(御宴)의 상황을 서술하였는데, 5연에선 거가(車駕)의 멈춤, 6연에선 향연의 장면을 그렸다. '황육(黃陸)'의 黃은 황도(黃道)로서, 석등(石磴)이 우뚝 하늘에 솟고, 연루(煙樓)가 푸른 하늘에 높이 서 있어 주연은 고귀하면서 탈속(脫俗)의 경계에서 열린 듯 응제시의 본령을 잘 나타낸 부분이다.

7·8연은 산장의 승경(勝景)을 묘사하였는데, 여기엔 중안동학(重岸洞壑. 겹한 언덕과 깊은 골짜기)과 비류폭포(飛流瀑布. 날아 흐르는 폭포)의 승지가 있고 선인이 단약을 복용한 자취와 '혈고(穴古)' 즉 전고상(典故上) 회계(會稽)에 우혈(禹穴)이 있어 태고서(太古書)가 장서되어 있었다는 고사가 인술되어서 장열이 서술한 바 위의 묘사와 상통한다.

끝으로 9·10연은 산장 중의 풍경으로 비흥(比興)의 차법(借法)을 써서 종결을 맺는데, 나무의 새(樹鳥)와 연못의 물고기(池魚)를 빌어 주인의 신분을 비유하였으니 나무에 머무는 자(宿樹者)는 바로 바람 차는(搏風)의 큰 새(大鳥)이며, 못에 잠긴 것은(潛池者) 곧 골을 세로 지르는(縱壑)의 큰 물고기(巨魚)와 같다. 산장에 칩거하는 자 곧 위사립이야말로 왕좌(王佐)요, 사신(師臣)으로서의 대재상(大宰相)임을 기술하면서 이어서 유비(劉備)가 무후의 집(武侯廬)을 삼고(三顧)한 고사를 써서 왕이 산장에 임행한 영광을 긴절하게 그리어 위사립의 업적을 높인 한편, 크게는 왕에 대한 신하된 최대의 충성과 경의를 표현한 결구가 된다. 이 시는 전체적으로 풍격이 장중하고 주의 깊고 화려한 면이 짙으며, 탈속미(脫俗味)를 느끼게 한다. 그리고 서술법이 비흥(比興)과 의사(擬似)를 사용하여 은근한 시취(詩趣)를 주며 시어상으로는 상서로운 동식물명(松門·薜幄)이나 경칭(師臣·王佐制·恩·旌蓋·輿·天子)의 활용 등은 역시 응제시가 갖는 본령을 모두 이용했다고 본다.

이교의 응제시에서 시어 구사상의 특색이라면 ① 색채미(色彩美)와 보물 명칭의 활용, ② 경어(敬語)의 이용, ③ 사부(辭賦)처럼 동식물의 의인화(擬人化), 선어(仙語)의 이입 등을 들겠는데, 그 용례를 들기로 한다. ①의 경우, 색채는 자연의 황·록·청·백·홍·자(黃·綠·青·白·紅·紫) 등이 다용되고, 보물은 소중한 윗사람에 대한 대칭(代稱)의 명분을 지니고 있다. 예를 들면, ①의 경우에,

明珠對月圓. (「中宗降誕日長寧公主滿月侍宴應制」)
作新金筐裏, 歌奏玉筐前. (上同)
萸房陳寶席. (「奉和九月九日登慈恩寺浮圖應制」)
綴綠奇能似, 裁紅巧逼眞. (「立春日侍宴內殿出剪綵花應制」)
月宇臨丹地, 雲窓網碧紗. (「甘露殿侍宴應制」)
佇看青鳥入, 還陟紫雲梯. (「幸白鹿觀應制」)
和風泛紫若, 柔露濯青薇. (「二月奉教作」)
銀井桐花發, 金堂草色齊. (「三月奉教作」)
綠樹炎氣滿, 朱樓夏景長. (「五月奉教作」)
故臺蒼頡里, 新邑紫泉居. (「奉和幸三會寺應制」)

②의 경우를 예로 들면,

漢帝撫戎臣, 絲言命錦輪. (「奉和送金城公主適西蕃應制」)
幸承天澤豫. (「奉和春日遊苑喜雨應制」)
承恩恣歡賞. (「甘露殿詩聯應制」)
忠臣還捧日, 聖后欲捫天. (「奉和驪山高頂寓目應制」)

③의 경우를 예로 들면,

神龍見像日, 仙鳳養雛年. (「中宗降誕日長寧公主滿月侍宴應制」)
御氣鵬宵近, 升高鳳野開. (「閏九月九日幸總持寺登浮圖應制」)
鶴鳴初警候, 雁上欲凌寒. (「八月奉教作」)
葉徑蘭芳盡, 花潭菊氣濃. (「九月奉教作」)
文如龜負出, 圖似鳳銜來. (「奉和拜洛應制」)
委質承仙翰. (「奉教追赴九成宮途中口號」)
仙蹕九成臺. (「奉和春日遊苑喜雨應制」)
仙杯還泛菊, 寶饌且調蘭. (「九日應制得歡字」)

Ⅲ. 영물시 교묘와 미려

이교의 영물시는 모두 120수이니 순수 영물시로는 가장 많은 양이 된다. 어느 시인이든 영물시는 가지고 있지만, 이교의 시에서는 무엇보다도 영물시 120수를 으뜸으로 삼아야 할 것이며 이것이 이교의 시를 평가하는 기준이 되는 모든 것이라 해도 과언이 아니다.

본래 영물시는 부체(賦體)에서 시의 제재(題材)가 확대되어 진송간(晋宋間)의 산수시를 계승하여 생긴 것이니[46] 『문심조룡(文心雕龍)』, 「물색편(物色篇)」에 이르기를,

> 근대 이래로 문사에 겉모양을 귀히 여겨서 풍경 위에 정감을 담고 초목 위에 모양을 새기어 드러난 바를 읊고 마음이 오직 심원해지며 사물을 체회해 내는 것이 오묘해지고 표현하는 공이 더욱 정밀하고 깊어진다.[47]

라고 하여 「體物爲妙, 功在密附」구가 영물에 중요한 것을 서술한 후에, 영물시의 특성을 여러 사람이 논술해 온 것이다. 그 중에서 명대 위경지(魏慶之)는 이르기를,

> 영물시는 분명하게 표현하지 않고 단지 형용하는 듯이 하면서 묘처를 알아보도록 하는 것이니 마치 황정견의 것과 같으니……[48]

라고 하여 영물시의 묘법(妙法)을 암시하였고, 또 위경지는 송대 매성유(梅聖兪)의 『금침시격(金針詩格)』을 인용하여,

> 시는 안팎의 뜻이 있는데 안 뜻은 그 이치를 다하려 하고 밖의 뜻은 그 모습을 다하려

---

46) 紀庸의 「唐詩之因革」 참조

47) 自近代以來, 文貴形似, 窺情風景之上, 鑽貌草木之中. 吟詠所發, 志唯深遠, 體物爲妙, 功在密附. 故巧言切狀, 如印之印 泥 ; 不加雕削, 而曲寫毫芥.

48) 詠物詩不待分明說盡, 只髣髴形容, 便見妙處, 如魯直……(『詩人王屑』 권6).

하니 안팎의 뜻이 함축되어서 비로소 시의 격식에 들어맞게 되는 것이다.[49)]

라고 해서 탁물(託物)에는 함축적인 의표(意表)가 중요하다는 입장을 내세우고 있다. 이 기탁(寄託)에 대해서 그 후에도 청대 이영(李鍈)은 기탁의 중요성을 강조하기를,

영물시는 진실로 이 사물을 확실하고 적절하게 표현해야 하며, 외양을 버리고 흥취를 얻는 것이 더욱 소중하지만, 반드시 뜻을 기탁할 곳이 있어야 비로소 시인의 의취를 얻을 수 있는 것이다.[50)]

그리고 청대 설설(薛雪)은 기백(氣魄)을 강조하여 보이지 않는 내적인 정신을 중시하였다. 그 글을 보건대,

시는 마음이 온화함을 중히 여기지만 기백이 있어야 한다. 기백이 없으면 결코 참된 온화함이 아니다. 시는 청진함을 중히 여기는데 더욱 기탁이 있어야 한다. 기탁이 없으면 곧 거짓 청진인 것이다. 기탁이 있으면 반드시 기백이 있어야 한다. 기백이 없으면 기탁은 허튼 말이 된다.[51)]

아울러, 이 기탁을 영물시에서 강조한 면은 청대 시보화(施補華)가 다음과 같이 보충설명하고 있는 데에서 확실해진다.

영물시는 필히 기탁이 있어야 하는데 기탁이 없으면서 영물하게 되면 시첩체에 지나지 않는다.[52)]

그리고 청대 이중화(李重華)는 『정일재시설(貞一齋詩說)』에서 영물시의 법칙을 기술하기를,

영물시는 두 법칙이 있으니 하나는 자신을 이면에 놓아 두는 것이며 다른 하나는 자신

---

49) 詩有內外意, 內意欲盡其理, 外意欲盡其象, 內外意含蓄, 方入詩格(『詩人玉屑』 권9).

50) 詠物詩固須確切比物, 尤貴遺貌得神, 然必有命意寄託之處, 方得詩人風旨(『詩法易簡錄』 권13).

51) 詩重蘊藉, 然要有氣魄. 無氣魄, 決非眞蘊藉. 詩有淸眞, 尤要有寄託. 無寄託, 便詩假淸眞. 有寄託者, 必有氣魄. 無氣魄者, 漫言寄託(『一瓢詩話』).

52) 詠物詩必須有寄託, 無寄託而詠物, 試帖體也(『峴傭說詩』).

을 곁에 세워두는 것이다.[53]

라고 하여 작자의 의식을 사물의 내외적인 양면에 투시시키는 작업인 것을 밝히고 있다. 이러한 측면에서 이교의 영물시를 여하히 볼 것인가에 대해서 청대 옹방강(翁方綱)의 『석주시화(石洲詩話)』의 다음 말은 참고할 만하다.

이거산의 영물시 120수는 매우 공교하고 절실하지만 성율시로서 음조가 없어서 아작 제량의 유풍을 지니고 있으니 당인의 시첩으로 예시할 수 없는 것이다.[54]

여기서 이거산의 영물시가 초당의 시격(詩格)을 지니고 있는 것은 시대적으로 변환기이므로 고풍(古風)을 지니면서 공절(工切)함이 있다고 그 특성을 밝혔다.

이러한 일반적인 논평을 참고하면서 이거산이 갖고 있는 120수의 풍격을 다음에서 상세하게 분석하고자 한다. 이들 분석에 앞서 영물시 120수를 작시의 소재에 따라서 시제를 분류하면 다음과 같다. 이들 영물시는 『전당시(全唐詩)』에 수록된 것을 대상으로 삼았지만, 천상쥔(陳尙君)의 『전당시속습(全唐詩續拾)』 권9(中華書局 · 1992년)에는 『일존총서(佚存叢書)』본 『이교잡영백이십수(李嶠雜詠百二十首)』에서 『전당시』의 것과 서로 어긋나는(2구 이상 다른 것) 시들을 소개하였는데 이제 그것을 보게 되면, 「바람(風)」·「안개(霧)」·「배(梨)」·「누각(樓)」·「다리(橋)」·「발(簾)」 등 16수를 들고 있음을 참고할 필요가 있다(전당시 권59 · 60).

① 자연물 · 자연의 현상－「日」·「月」·「星」·「風」·「雲」·「煙」.「露」·「霧」「雨」·「雪」·「山」·「石」·「原」·「野」·「田」·「道」·「海」·「江」·「河」·「洛」
② 인공적인 시설물－「城」·「門」·「市」·「井」·「宅」·「池」·「樓」·「橋」
③ 시서(詩書) · 문방사우(文房四友)－「經」·「史」·「詩」·「賦」·「書」·「檄」·「紙」·「筆」·「硯」·「墨」
④ 전기(戰器)－「劍」·「刀」·「箭」·「彈」·「弩」·「旗」·「旌」·「戈」·「鼓」·「弓」
⑤ 악기(樂器) · 가무(歌舞)－「琴」·「瑟」·「琵琶」·「箏」·「鏡」·「簫」·「笛」·「笙」·

53) 詠物詩有兩法 一是將自身放頓在裏面, 一是將自身站立在旁邊

54) 李巨山詠物百二十雖極工切, 而聲律詩有未調 猶帶齊梁遺習, 未可遽以唐人試帖例視(권1).

「歌」·「舞」·「酒」

⑥ 보옥류(寶玉類)－「珠」·「玉」·「金」·「銀」·「錢」

⑦ 포직(布織)－「錦」·「羅」·「綾」·「素」·「布」

⑧ 교통(交通)－「舟」·「車」

⑨ 수렴(帷簾)－「牀」·「席」·「帷」·「簾」·「屏」·「被」

⑩ 여인장품(女人裝品)－「鑑」·「扇」·「燭」

⑪ 초목－「蘭」·「菊」·「竹」·「藤」·「萱」·「茅」·「荷」·「菱」·「瓜」·「松」「桂」·「槐」·「柳」·「桐」·「桃」·「李」·「梨」·「梅」·「橘」

⑫ 조류(鳥類)－「鳳」·「鶴」·「烏」·「鵲」·「雁」·「鳧」·「鸚」·「雉」·「燕」·「雀」

⑬ 수류(獸類)－龍·麟·象·馬·牛·豹·熊·鹿·羊·兎

이것을 통해 이교가 자연의 만상을 작시화하여 시정(詩情)을 기탁했음을 알 수 있다. 시의 제재 위에 시화(詩化)의 의취(意趣)를 담기 때문에 시에서 시인의 인품을 투시하게 되는데 이 영물시에는 절속(絶俗)과 기탁의 묘오(妙奧)를 드러내고 있어서, 청대 서증(徐增)이 말한 "시는 곧 사람의 행략인 것이다. 사람의 인품이 높으면 시 또한 높고 사람이 저속하면 시 또한 저속하다. 한 자라도 가려서 꾸밀 수 없으니 그 시를 보면 그 사람을 보게 된다."[55]라고 한 바와 상통하고 있다.

이제 그의 이들 시의 풍격을 구체화해 보면 (1) 천진하여 속됨을 끊은(天眞絶俗) 고아(高雅), (2) 시의 섬세하고 기교함(纖巧) 등으로 생각해 볼 수 있다.

1) 천진하여 속된 것에서 벗어남(天眞絶俗)

청대의 오뇌발(吳雷發)은 시의 경지(詩境)에 대해 이르기를,

> 시의 경지는 유현한 것을 귀히 여기고 뜻은 한냉한 것을 귀히 여기고 사조는 깎아서 줄인 것을 귀히 여기니 한냉하면 곧 준영해지고 깎아서 줄이면 곧 고초해진다. 이러한 것은 모두 속된 것과 너무 익어 물러진 것을 잘 피하게 되는 것이다.[56]

---

55) 詩乃人之行略, 人高則詩亦高, 人俗則詩亦俗, 一字不可掩飾, 見其詩如見其人(『而菴詩話』).

56) 詩境貴幽, 意貴閒冷, 辭貴刻削, 閒冷便俊永, 刻削便古峭. 若此者, 皆善於避俗, 善於避熟者也(『說詩菅蒯』).

라고 하여 시경의 궁극적 의도는 속된 것을 피함(避俗)에 있다고 하였으며, 심덕잠(沈德潛)은 영물의 가치를 다음에 말하기를,

영물은 작은 형식이다. 그래서 두보의 「방병조의 호마를 읊음」에 이르기를, 「가는 곳 공활한 것 없어 진정 생사를 기탁하리라」 라 한 것은 덕성의 조화가 다 전해진 것이며 정도관의 「자고새를 읊음」에 이르기를 「비 짙게 내리는 청초의 호수 가를 지나는데 꽃 지는 황릉의 묘당에 새가 운다」 이 또한 신운이 뛰어나다.

라고 하여 영물시는 작은 체이지만 덕성이 있어야 하고 신운이 내재되어야 한다고 한 것으로 보아 영물의 최대의 특점은 고결(高潔)과 탈속(脫俗)이라 하겠다. 이교의 영물시에서 탈속을 표출한 소재는 주로 자연(雨·雪 등)과 초목(蘭·梅·菊·松), 그리고 조수류(鳥獸類)(鳳·鶴·雁·龍·麟·象·羊)에서 택하고 있는데, 그 몇 가지 시를 예로 들어서 살피기로 하자. 「눈(雪)」 시를 보면,

서설이 천리를 놀라게 하며
구름과 함께 하늘을 어둡게 하네.
하얀 땅은 밝은 달밤을 의심케 하고
산은 흰 구름 낀 아침인 듯하네.
춤추는 모습 꽃빛 따라 움직이고
노래에 맞춰 부채 그림자 따라 팔랑거리네.
하늘 궁궐 길 두루 다니다가
오늘 바다 신이 계신 데서 아침 맞으리.[57]

여기에서 제2연은 눈 내린 땅을 밝은 달밤(明月夜)에 비유하고, 산을 흰 구름의 아침(白雲朝)에 견주었으며 제3연에서 춤추는 꽃과 빛, 부채와 그림자의 배합은 실로 고아의 극치가 아닐 수 없다. 의취(意趣)의 절속미(絶俗味)는 독자로 하여금 흥분케 하는 것이다. 청대의 왕사한(汪師韓)이 설시(雪詩)에 고운 어사(姸詞)를 다용했다는 견해가 이설적일 수 있지만[58] 그 자체가 주는 상(像)은 역시 심덕잠(沈德潛)의 "참으로 천진하고

57) 瑞雪驚千里, 同雲暗九霄. 地疑明月夜, 山似白雲朝. 逐舞花光動, 臨歌扇影飄. 大周天闕路, 今日海神朝.

58) 汪師韓은 『詩學纂聞』에서 "自謝惠連作雪賦, 後來詠雪者多騁姸詞"라 함.

탈속적이다(何天眞絶俗)"의 특성을 절실히 묘사하였다는데 주의할 만하다.[59] 영물시로 「눈(雪)」과 함께 「내(煙)」을 예거할 수 있다.

상서로운 기운은 푸른 누각 위에 넘치어
공허하고 뿌옇게 푸른 산 위에 몽실대네.
아득히 쌍궐로에 떠서 맴돌며
멀리 구선의를 걸치고 있구나!
뽕 가지는 찬 빛 맞고 있으며
솔과 대는 저녁 빛에 어두워지누나.
아직 보라빛 하늘 위에 있어서
때때로 날으는 봉황새를 맞고 있구나.[60]

이 시는 아지랑이(煙)를 생명이 있는 생체로 보고 선의(仙衣)를 입고 봉황(鸞)과 더불어 날아가는 초탈의 상징으로 미화한 것은 물론, 아지랑이를 통해서 서기(瑞氣)어린 희망과 이상의 대상으로 묘사하였으니, 이것이 공교(工)와 오묘(妙)의 극치이며, 그리고 기탁에 의한 시인의 살아있는 기백(氣魄)을 담고 있다. 이 맛은 바로 청대 방훈(方薰)이 말한 바 "시는 뜻을 다 드러내지 않음을 귀히 여긴다. 그러나 모름지기 뜻을 표달해야 한다(詩貴有不盡意, 然亦須達意)." (『山靜居詩話』)와 상통된다 하겠다.

초목을 음영한 제재(題材)에서는 「蘭」, 「菊」, 「松」, 「梅」 등을 예거하겠는데, 먼저 「매화(梅)」 시를 보기로 한다.

큰 노적은 찬 빛 거두어 있는데
남녘 가지는 홀로 일찍 향기롭네.
눈은 아침 햇살 머금었는데
바람은 왔다 갔다 향기 돋우네.
얼굴 가꾸려 청경을 돌리니
너울대는 먼지는 채색으로 들보에 일도다.
멀리 물이 말라 버린다면

59) 沈德潛은 『說詩晬語』에서 "古人詠雪多偶然及之. 漢人 『前日風雪中, 故人從此去』, 謝康樂 『明日照積雪』, 王龍標 『空山多雨雪, 獨立君始悟』, 何天眞絶俗也."라 함.
60) 瑞氣凌靑閣, 空濛上翠微. 廻浮雙闕路, 遙拂九仙衣. 桑柘迎寒色, 松篁暗晩暉. 還當紫霄上, 時接彩鸞飛

어느 겨를에 옥노를 띄우겠는가.[61]

이 시가 주는 의미는 화려하면서도 향기 어린 자태를 표현하면서도 독특한 품성과 고고한 취향은 영매시(詠梅詩)가 갖는 「드러난 모습 저 밖에 고고한 기품이 서린 것(象外孤寄)」과 「순수히 손으로 정을 묘사한 것(純手寫情)」을 그대로 그리고 있으니, 이는 매화(梅)가 이성의 벗을 지칭하는 의미와 통하는 정성어린 소묘 때문인가 한다.[62] 그러나 이 의미는 지극히 맑고 깨끗한(至淸至潔) 대자연의 가인(佳人)인 것을 알 수 있고 제3·4연은 바로 매화의 숭고한 자태를 의식적으로 의인화(擬人化)한 백묘(白描)수법이라 하겠다. 따라서 매화는 시신(詩神)의 경지까지 승화되어지는 것이다.[63] 다음으로 「국화(菊)」를 들겠다.

옥율로 기후를 보니 삼추에 저무는데
국화는 구월에 피도다.
꽃은 낙원포처럼 펴고
향기는 거친 잔에 넘치네.
찬 못 가에 한들거려 나부끼고
새벽 언덕 가에 고운 자태 드리우네.
노란 국화꽃 오늘 늦도록 이어지니
다시 흰 옷 입고 오지 말기를.[64]

이 시에서 제1연은 국화(菊)의 귀태(貴態)를, 제2연은 국화의 속기(俗氣) 없는 상(像), 제3연은 청순(淸淳), 제4연은 감히 범치 못할 절개와 탈속(脫俗)을 각각 묘사하고 있으니, 비록 공교적인(工巧的)인 작법이 있으

61) 大庾斂寒光, 南枝獨早芳. 雪含朝暝色, 風引去來香. 妝面回青鏡, 歌塵起畵梁. 若能遙止渴, 何暇泛瓊漿.

62) 沈德潛, 『說詩晬語』; "詠梅詩應以庾子山之 『枝高出手寒』, 蘇東坡之 『竹外一枝斜更好』爲上. 林和靖之 『雪後園林才半樹, 水邊籬落忽橫枝』, 高季迪之 『流水空山見一枝』, 亦能象外孤寄, 餘皆刻畵矣. 杜少陵之 『幸不折來傷歲暮, 若爲看去亂鄉愁』, 此純乎寫情, 以事外賞之可也."(五十條).

63) 張健은 "訪梅, 惜梅, 與梅對語, 與梅相思, 梅花開了便忘歸, 這不都把梅花視作佳人麽? 佳人如梅, 梅是佳人一不止色秀, 抑且神淸."(『中國文學與思想散論』, p.25).

64) 玉律三秋暮, 金精九月開. 榮舒洛媛浦, 香泛野人杯. 靃靡寒潭側, 丰茸曉岸隈. 黃花今日晚, 無復白衣來.

나[65] 국(菊)이 주는 의취(意趣)인 선연(仙緣)과 굴원(屈原) 및 도잠(陶潛)적인 견정(堅貞)에다가 명예를 중시하는 강한 자존심(自尊心)을 기탁하고 있다고 할 것이다.[66] 그리고 동물로는 「학(鶴)」과 「양(羊)」을 절속(絶俗)의 우수작으로 보겠다.

황학이 멀리 훨훨 날아서
봉황새 따라 안개에 내리네.
높이 날아 일만리요
왔다 갔다 몇 천년이라.
푸른 밭가에서 어느 덧 쉬면서
가끔 단금 앞에서 노는구나.
공연히 이슬에 놀라지 말게나.
오히려 소리가 한껏 하늘에 닿기 바라고 있네.[67]

마실 것 끊고 속된 것 씻어
힘써 내달려 뛰어난 재주 꿈에 그리네.
선인은 돌 안고 가고 동자는 수레 타고 오네.
밤의 옥이 별 따라 움직이고
아침 햇빛에 비치는 깃털 빛나네.
그 뻗는 힘일랑 말을 말지니
오래 상림 가에서 기르리라.[68]

「학(鶴)」의 제1·2연은 속계(俗界)의 탈출이요, 제3·4연은 청계(淸界)에의 안주(安住)인 것이며, 「양(羊)」의 제1·2연은 속계를 씻고 선인(仙人)을 좇음이며, 제3·4연은 양의 심성을 별(星)과 눈(雪)에 기탁함이다.

---

65) 『詩人玉屑』; "唐人嘗詠十月菊, 自緣今日人心別, 未必秋香一夜衰. 世以爲工, 蓋不隨物而盡." (권6)이라 함.
66) 주(25)의 pp.34~35 참고
67) 黃鶴遠聯翩, 從鸞下紫煙. 翱翔一萬里, 來去幾千年. 已憩青田側, 時遊丹禁前. 莫言空驚露, 猶冀一聞天(「鶴」).
68) 絶飲懲澆俗, 行驅夢逸材. 仙人擁石去, 童子馭車來. 夜玉含星動, 晨氈映雪開. 莫言鴻漸力, 長牧上林隈(「羊」).

2) 섬세와 기려(纖麗)

영물시에서의 섬교(纖巧)와 화려(華麗)는 그 자체가 가지고 있는 특색이다.[69] 시에서 격이 높고 섬교해야 규격이 맞는다고(즉, 가치 있다) 하겠으며 아울러 문학적 의미가 더해진다고 할 것이다.[70] 이교의 영물시에는 특히 이 점이 강조된다. 그 이유는 기설한 바, 부(賦)에서 온 영물시라는 것과 제량(齊梁)의 부염(浮艷)이 스며있다는 데 있다. 이교에게서 화려미는 다음 「구슬(珠)」과 「침상(牀)」에서 그 묘미(妙味)를 확인할 수 있다.

찬란하게 금수레 옆에 있고
영롱하게 옥궁전 가에 있도다.
곤명지에 명월이 가득차고
합포엔 야광이 감돌도다.
채색은 영사 좇아 구비치고
모양은 춤추는 봉황 따라 오도다.
감천궁에서 일어나서
꽃다운 자태로 망풍대에 섰도다.[71]

듣자니 상아 침상 있어
옛날에 군왕에 드렸다하네.
거북등과 금으로 뼈대 삼고
산호 칠보로 꾸몄도다.
계수 연석은 잣향기 머금고
난초 자리는 짙은 향내 뿜도다.

---

69) 『全唐詩話續編』 卷上 ; "漢武秋風辭, 此結四句脫胎所自也. 用其意而不用其詞, 特爲妙麗"라 하고 또 『石洲詩話』 권1 ; "李巨山詠物百二十首雖極工巧……"라 함.

70) 沈德潛은 『說詩晬語』(五十九條)에서 "詩中高格, 入詞便苦其腐, 詞中麗句, 入詩便苦其纖, 各有規格在也."라 하고 汪師韓은 『詩學纂聞』에서 "魏文帝典論曰 ; 『詩賦欲麗』 陸士衡文賦曰 ; 『詩緣情而綺麗』 劉彦和明詩亦曰 ; 『四言正體, 則雅潤爲本 ; 五言流調, 則淸麗居宗』 以綺麗說詩, 後之君子所斥爲不知理義知歸也"라 하여 詩의 品格을 一面 강조

71) 燦爛金輿側, 玲瓏玉殿隈. 昆池明月滿, 合浦夜光回. 彩逐靈蛇轉, 形隨舞鳳來. 甘泉宮起罷, 花媚望風臺(「珠」).

원하건대 비단 수막 둘러친 밤에
오래도록 가을 달빛 물들어 있기를.[72)]

「珠」에서는 시어의 표현(燦爛·金輿·玲瓏·玉殿·明月·夜光·彩·形 등)과 제3·4연의 율동적이고 미려한 묘사가 묘미를 느끼게 하며, 「牀」에서는 역시 시어(象牀·君王·玳瑁·千金·珊瑚·七寶·桂筵·栢馥·蘭席·沈香·羅帷 등)의 활용과 시 전체의 수식과 묘사가 변체(騈體)의 구조를 닮은 것 또한 이교 시의 탁월한 면이다.

그리고 시의 섬교성은 기교의 섬세와 공교인데 그의 「춤(舞)」과 「발(簾)」을 보고자 한다.

예쁜 기녀는 금곡에 놀고
가인은 석성에 가득하네.
노을 옷은 자리 위에 감돌고
꽃 소매는 눈앞에 환하네.
의젓한 봉황은 청곡 따라 어울리고
맴도는 난새는 우아한 소리에 응하네.
그대 잘 보지 않으면
뉘 흰 허리의 경쾌함을 감상할 수 있으리.[73)]

청풍에 가끔 제비 날아들고
푸른 집은 거의 가을에 묻혀 있네.
아득히 영각을 감싸고서
섬세히 옥 고리에 걸려 있네.
창가에는 비취새가 놀고 있고
집밖엔 달이 떠있구나.
교묘하게 용무늬 어린 품위 지니고서
길게 날으는 제비를 맞아 노닌다네.[74)]

72) 傳聞有象牀, 疇昔獻君王. 玳瑁千金起, 珊瑚七寶妝. 桂筵含栢馥, 蘭席拂沈香. 願奉羅帷夜, 長乘秋月光(「牀」).

73) 妙伎遊金谷, 佳人滿石城. 霞衣席上轉, 花袖雪前明. 儀鳳諧淸曲, 回鸞應雅聲. 非君一顧重, 誰賞素腰輕(「舞」).

74) 淸風時入燕, 紫殿幾含秋. 曖曖籠鈴閣, 纖纖上玉鉤. 窓中翡翠動, 戶外水精浮. 巧作盤龍勢, 長迎飛聯遊

「舞」에서 제2연의 「轉」과 「明」자는 자태와 형태의 동작 및 초점을 오직 한자(一字)로써 부각하여 시적인 교묘(巧妙)를 살렸고 제3연의 「該」와 「應」자는 상호, 평측법(平仄法)에 의해 조화의 기취(奇趣)를 보여서 작시상의 공교(工巧)를 십분 살리고 있으며, 「簾」에서 제1연의 「時」와 「幾」는 시공(時空)의 한계를 시대와 계절에 조화되게 하면서 제2연에서는 첩어(疊語)의 사용과 미어(美語)의 인용으로 실상(實相)을 보는 감각을 불러일으킨다. 그리고 제3연에서 「動」과 「浮」자는 동중정(動中靜)의 이율적(二律的) 묘사법을 강구하고 제4연에서는 「巧」와 「長」자를 통하여 대소(大小)와 세장(細長)의 상대적 개성을 일체화(一體化)시키고 있다.

Ⅳ. 「평시격(評詩格)」의 개관

이교의 「평시격」은 흔히 최융(崔融)의 「신정시체(新定詩體)」와 같이 다루고 있는데, 이는 일본 중택희남(中澤希男)의 『문경비부론(文鏡秘府論)』, 「예기」의 다음 말에서 그 진위(眞僞)를 알 수 있다.

> 최융의 신정시체 한권이 일찍 일실되고 후인도 저자의 성명과 서명을 모르고서 단지 그 남긴 글을 이교의 이름에 기탁하여 그 책의 제목을 평시격이라 한 것이다. 그러하지 않으면 이교와 최융이 같이 주영학사이므로 신정시체 역시 평시격의 십체구대설에서 취하기도 했을 것이다. 고로 신정시체가 망실되고 평시격에서 인용하여 홀로 전해진 것일가? 75)

여기서 「평시격」은 「신정시체」의 내용을 그대로 가진 것이며, 최융(崔融)의 것이 망실되어 「평시격」의 이름으로 전하여졌다는 것을 말하고 있는데, 사실 「평시격」이 북송과 남송까지도 서지(書志) 명목에 없었다가

(「簾」).

75) 崔融新定詩體一書早失, 後人竝昧撰者姓名及書名, 但將其遺文托名李嶠而題其書曰評詩格. 不然, 則因李嶠崔融同爲珠英學士, 新定詩體亦有取於評詩格十體九對之說, 故新定詩體亡佚而引用之評詩格獨流傳乎.

진진손(陳振孫)의 『직재서록해제(直齋書錄解題)』(권22)에 비로소 "평시격 한 권은 당의 이교가 지은 것이다. 이교는 왕창령 보다 앞서 있었으니 왕창령의 시격 팔병을 인용했다는 것은 그러하지 않다(評詩格一卷, 唐李嶠撰. 嶠在昌齡之前, 而引昌齡詩格八病, 亦未然也)."라고 기록되니 위의 일본인의 설을 뒷받침한다. 이제 그 출처에 이설이 있으나, 이교의 이름으로 「평시격」을 내세우는 바, 그 내용을 왕몽오우(王夢鷗) 교수의 『초당시학저술고(初唐詩學著述考)』의 「崔融詩學著述」장을 주된 글로 하여 개략하고자 한다.

「평시격」은 구대(九對)와 십체(十體)로 구성되어 있으니, 구대(九對)란 절대(切對)·절측대(切側對)·삼자대(三字對)·자측대(字側對)·성대(聲對)·쌍성대(雙聲對)·측쌍성대(側雙聲對)·첩운대(疊韻對)·첩운측대(疊韻側對) 등이며 십체(十體)란 형사(形似)·기질(氣質)·정리(情理)·직치(直置)·조조(雕藻)·영대(影帶)·완전(婉轉)·비동(飛動)·정절(情切)·정화(精華) 등이다. 먼저 구대의 내용을 살펴보고자 한다.

「절대(切對)」; (시구의 예가 빠짐) "물상이 절대 바르므로 치우치고 마르지 않음(家物(物象)切正不偏枯)"를 의미한다고 하는데, 「對」에 대한 명명(命名)이 사람에 따라 달라서 상관의(上官儀)는 「정명대(正名對)」라 하고, 원긍(元兢)은 「정대(正對)」라 하여 이교와는 다른 데가 있다.

「절측대(切側對)」; "물고기 노니 새연꽃 출렁이고 새 흩어나니 남은 꽃 지누나(魚戯新荷動, 鳥散餘花落)" (謝脁의 「遊東田」시구) 「절대」와 달리 정의 풀이가 없으며 시구인용도 별다른 의의가 없다. 『문경비부론(文鏡秘府論)』에 "절측대라는 것은 다른 것을 정세하게 묘사하고 같은 것을 성글게 조화시키는 것을 말하니 이것이 시이다(切側對者, 謂精異粗同, 是詩)"라 하니 실물과 차유물(借喩物)의 다름을 말한다.

「자대(字對)」; "산버들 가지에 찬 이슬이 맺히고 연못가에는 찬바람이 울린다(山柳架寒露, 池條韻涼飇)"도 정의(定義)가 역시 빠져 있으며 인시(引詩)에서 산유(山柳)는 산초(山椒)(山頂의 뜻)가 옳다고 왕몽오우 교수는 안견(按見)을 달고 있다.

「자측대(字側對)」; "옥시내는 맑아 오락에 흐르고 서설은 삼진에 비친다(玉溪清五洛, 瑞雪映三秦)" "자의가 모두 다르니 형체가 반이 같다(字義俱別, 形體半同)"를 일컫는다라 하였다.

「성대(聲對)」; 시에 이르기를: "뜸한 매미 소리 높은 버들에서 울고 많은 새는 깊은 솔에 걸려 있다(疎蟬韻高柳, 密鳥掛深松)." "자의가 다르니 성조와 명칭이 대를 이룬다(字義別, 聲名對也)"를 일컫는다고 했다.

「쌍성대(雙聲對)」; 시에 이르기를: "물섬 가에 둥글게 빛이 드리운데 나무와 돌이 서로 어우러져 있다(洲渚近環映, 樹石相因依)." 정의가 빠져 있으니 인용시에서 환영(環映)은 쌍성자(雙聲字)가 아니므로 "둘러 비친다(縈映)"로 하여서 영대(縈映)과 인의(因依)가 양쌍성자대(兩雙聲字對)가 된다.

「쌍성측대(雙聲側對)」; 역시 정의 없이 인용시만 있어 "꽃이 금곡의 나무에 밝은데 수양산의 고사리를 딴다(花明金谷樹, 采映首山薇)"에서 금곡과 수산이 대(對)가 된다.

「첩운대(疊韻對)」; 원문 일실. 시에 이르기를: "새벽에 수놓은 옷 걸치고 곱게 꽃뜰을 걷는다(平明被黼帳, 窈窕步花庭)"에서 평명(平明)과 요조(窈窕)가 쌍운어(雙韻語)이지만 뜻이 정대(正對)가 아니므로 첩운측대(疊韻側對)가 된다.

「첩운절대(疊韻切對)」; 원래의 정의와 시구의 예가 일실한데 문경비부론(文鏡秘府論) 에 "첩운측대란 자의가 달라 성명첩운대라 하니 이것이다(疊韻側對者, 謂字義別, 聲名疊韻對, 是)"라 함.

다음은 십체(十體)의 내용을 살펴보도록 한다.

「형사(形似)」; "그 형상을 본따서 비슷하게 됨을 말한다(謂貌其形而得似也)." 시에 이르기를: "바람 타는 꽃은 정해진 그림자가 없고 이슬진 대나무엔 은근한 정이 서려 있다(風花無定影, 露竹有餘情)."

「질기(質氣)」; "바탕의 골격이 있으므로 해서 그 기운을 실림을 말한다(謂有質骨而依其氣也)." 시에 이르기를: "서리 내린 봉우리는 어두워 빛이 없고 눈이 덮힌 길은 하얗구나(霜峯暗無色, 雪覆登道白)."

「정리(情理)」; "성정을 펴서 이치를 얻음을 말한다(謂敍情以入理致也)." 시에 이르기를: "노닐던 새는 저녁에 돌아올 줄 아는데 길가는 나그네는 홀로 돌아가지 못하네(遊禽暮知返, 行客獨未歸)." 시정의 감흥은 인과(因果) 관계에 따라서 묘사되니 이를 정리체(情理體)라 한다.

「직치(直置)」; "사물을 직설로 기술하여 시구에 담는 것을 말한다(謂直書可置於句也)." 시에 이르기를: "아련히 산은 대지를 나누어 있고 푸른 바다는 하늘에 닿아 있다(隱隱山分地, 蒼蒼海接天)." 『문경비부론(文鏡秘府論)』에서 "직치체란 그 사실을 직설로 기술하여 시구에 매어놓는 것을 말한다(直置體者, 謂直書其事, 置之於句者是)"라 함.

「조조(雕藻)」; "대개 눈앞의 일을 다듬어 꾸미는 것을 말한다(謂以凡目前事而雕研之也)." 시에 이르기를: "언덕이 푸르니 강가의 버들이 싹트고 연못이 붉으니 석류에도 물들었네(岸綠開河柳, 池紅照海榴)." (江總, 「山庭春日」) 『문경비부론(文鏡秘府論)』에 "조조체란 사리를 다듬어 꾸미어서 아름답게 하는 것으로 마치 채색 실이 얽히고 쇠붙이가 단련되는 것과 같음을 말한다(雕藻體者, 謂以凡事理而雕藻之, 成於研麗, 如絲彩之錯綜, 金鐵之砥鍊者是)"라고 하여 자세히 풀이하였다.

「영대(影帶)」; "일의 뜻이 서로 맞아서 쓰임을 말한다(謂以事意相愜而用之也.)." 시에 이르기를: "이슬진 꽃이 갓 씻은 비단 같고 샘의 달은 가라앉은 갈고리 같도다(露花如濯錦, 泉月似沈鉤)." 『문경비부론』에 "영대체란 사의가 서로 맞아서 다시 쓰이는 것을 말한다(影帶體者, 謂以事意相愜, 複而用之者是)"라 하여 밝힘.

「완전(婉轉)」; "시의 어사를 빗둘러서 표현하여 곱게 구를 이룸을 말한다(謂屈曲其詞, 婉轉成句也)." 시에 이르기를: "흐르는 물결 달을 거느리고 가고 호수의 물은 별을 대하며 오도다(流波將月去, 湖水對星來)."

「비동(飛動)」; 정의가 결해 있다. 시에 이르기를: "텅빈 줄사철나무에 이슬 빛이 맺혀 있고 낙엽은 가을 소리에 움직이도다(空薜凝露色, 落葉動秋聲)." 『문경비부론(文鏡秘府論)』에는 "비동체란 어사가 마치 날아 올라 움직이는 것 같음을 말한다(飛動體者, 謂詞若飛騰而動者是)"라 함.

「청절(淸切)」; 정의가 결함. 시에 이르기를: "원숭이 소리 깎아지른 계곡에서 나고 달 그림자는 찬 강에 지도다(猿聲出峽斷, 月影落江寒)." 『문경비부론』에 "청절체란 어사가 맑으며 긴절한 것을 말한다(淸切體者, 謂詞淸而切者是)."

「정화(精華)」; 역시 정의가 결함. 시에 이르기를: "푸른 밭에 떠날 학이 있는데 단혈에서 봉황을 타려하도다(靑田凝駕鶴, 丹穴欲乘鳳)." 『문경비부론』에 "정화체란 그 정수를 얻어서 그 찌꺼길 잊는 것을 말한다(精華體者, 謂得其精而忘其塵者是)"라 함.

이상의 구대 십체는 완정한 것이 아니며 매조마다 이설이 적지 않으니 본문에선 어디까지나 왕몽오우 교수의 의견을 참조하여 첨언한 것이다.

이교의 생애가 상세하지 않고 시론 또한 자료가 미흡하여 내용이 충실하지 못하매 본문은 주관과 억설(臆說)이 적지 않았다고 본다. 말을 끝맺으면서 본문이 다 정리된 것이 아니므로 여기에 풍격상의 시어 분석에 첩어(疊語)·전고(典故)·대구(對句), 그리고 시의 회화성(繪畵性) 등을 보완해야 하리라 보며, 「評詩格」의 인증과 분석을 별도로 발표할 필요가 있다. 그리고 한국한문학에 있어서 영물시를 다작한 문인 중에 고려(高麗)의 이규보(李奎報)의 「군충영(群蟲詠)」 등과 조선의 신위(申緯)의 「상산사십영(象山四十詠)」 등을 이교와 비교하는 것도 요구된다. 이교의 시는 제량(齊梁)풍이긴 하여도 심전기(沈佺期)·송지문(宋之問) 이후의 초당 낭만파(浪漫派)와 교류하면서 부체적(賦體的) 풍격에서 순수한 당시체화(唐詩體化)하는 데 큰 역할을 하였다고 본다.

왕범지(王梵志)와 시의 사실적 묘사

돈황사본(敦煌寫本)에서 발견된 왕범지의 시를 수집하여 정리한 자료들에서 비교적 주석이 상세한 것으로 대개 다음의 세 가지를 들 수 있다.

『王梵志詩集校釋』, 張錫厚, 中華書局 1983
『王梵志詩硏究』(上·下), 朱鳳玉, 臺灣學生書局 1986
『王梵志詩校註』, 項楚, 上海古籍出版社 1992

상기의 자료는 나름대로 작품을 최대한 수집하고 있는데, 시앙추(項楚) 교주본에 390수까지 재록(載錄)하고 있으며 주석도 서로 다른 점이 적지 않지만, 그 또한 출전(出典)을 활용하면서 난해한 어구와 그 당시의 방언을 유추(類推)하고자 한 점을 높이 평가해 볼 수 있다. 예견되는 일이지, 향후에도 사본(寫本)을 통한 작품의 수집이 계속될 것이며 그 수량도 좀 더 추가될 것으로 본다. 외국학도로서 이미 수집된 자료를 접하는 입장에서 수집상의 오류와 중복, 타인작의 이입(移入), 자구의 착오, 고증의 과실 등이 최소화되기를 바란다.

이 글에서 개관하게 되지만, 런반탕(任半塘)이 왕범지의 시를 특징짓기를 "시기가 이르다(早)"·"작품이 많다(多)"·"시의 표현이 세속적이다(俗)"·"내용이 맵다(辣)"의 넉자로 해설한 것은 왕범지 시가 초당대에 수용되고 후대에 유전된 조류를 타고 있었음을 극명하게 대변해주는 적절한 표현이었다고 보기 때문에, 여기에서는 그러한 범위와 추측되는 왕범지 자신의 성분(成分), 그리고 시의 창작여건을 작품을 바탕으로 하여 추측하는 단계까지 개관하고자 한다. 인용된 왕범지 시의 출처는 시앙추의 『왕범지시교주』에 의거하여 「○호 · 권○」로 표시하려고 한다.

Ⅰ. 생존시기와 생활환경

왕범지가 실재했던 인물이며 그 생존시기는 어떠한가를 구명하기가 용이하지 않지만, 그의 활동시기를 초당대에 놓고 그의 시를 이해한다는 관점하에서 이 글을 전개(展開)해 나가야 할 것이다.

왕범지의 생평에 대해서는 추정할만한 사료(史料)는 없고 당대 풍익(馮翊)의 『계원총담(桂苑叢談)』(「王梵志條」)과 범터(范攄)의 『운계우의(雲溪友議)』(「蜀僧喩」), 그리고 송대초 『태평광기(太平廣記)』 (권82)에 간단하게 사유(史遺)처럼 그에 관한 기록이 있을 뿐이다.[1] 다음에 풍씨(馮氏)의 원문에 부주(附注)한 『太平廣記』의 기록을 보기로 한다.

> 왕범지는 위주의 여양 사람이다. 여양성 동쪽 15리 밖에 왕덕조란 사람이 있는데 수나라 문제 때에(풍씨의 본에는 「수나라 때에」라 함), 집에 능금나무가 있는데, 큰 혹이 나서 자루만 하였다. 삼년을 지나서 (그 혹이) (풍씨 본에는 이 두자가 있음), 썩어 문드러지매, 덕조가 보고서 곧 그 껍질을 가르니(풍씨는 「긁어내다」로 함), 마침내 한 아이가 태를 안고 (나오매)(풍씨본은 이 자가 있다) 덕조가 주워다가 키웠다. 칠세가 되어서야 말을 하게 되자 (물어)말하기를, 누가 나를 키웠나요? 또 이름이 무엇인가요? 라고 하기에 (풍씨는 이름을 묻기까지 하였다 함) 덕조가 자세히 사실대로 일러주었다. 이름하여 수풀 림, 나무 목하니 범천(풍씨는 수풀에서 나왔다하여 범천이라고 함)이라 한데, 후에 梵志라고 고쳤다(풍씨에는 범자가 없음). 말하기를 왕씨 집이 나를 키웠으니(풍씨는 우리 집에서 자라나다라고 했는데 틀린 듯함) 성을 왕이라 한다. 梵志는 시를 지어 남에게 보이니 심히 그 뜻이 깊도다(풍씨에는 梵志乃 세자가 없고 시를 풍이라 함).[2]

---

1) 張錫厚, 『王梵志詩校輯』 p.6.

여기서 비록 전설같은 고사이지만 왕범지의 고향이 위주(衛州)의 여양(黎陽)(지금의 하남성 준현濬縣)이라는 것과 수문제(隋文帝)(581~604)시의 생존, 그리고 성명인 왕범지의 의미 등을 파악할 수 있다. 그러니까 이 자료로는 육조말(六朝末)에서 당대초에 생존했음을 확인할 수 있으며 그의 시가 유행한 증거로 흔히 『돈황사본역대법보기(敦煌寫本歷代法寶記)』 장권(長卷) 중에 무주화상(無住和尙)(774년 졸)이 왕범지의 「혜안은 비운 마음에 가깝다(慧眼近空心)」시를 인용하고 있는 점을 열거하여 8세기에는 이미 왕범지의 시들이 유행하였다는 확증하에 왕범지를 초당시인으로 확정시켜 놓고 있다. 왕범지의 생졸(生卒) 연대에 관한 몇 가지 자료를 살펴본다면, 후스(胡適)의 『백화문학사(白話文學史)』(1928년)를 먼저 들 수 있는데, 그는 그 생졸 연대를 AD590~660년 사이로 추정하였고, 또 『현대평론』에서는,

> 역대법보기로 증명한다면 구설에 기록된 범지의 시대는 그리 이른 것 같지 않다. 그가 수대에 나서 당대 고종 때에 죽었기에 8세기의 사천성의 한 스님이 그의 시구를 인용했던 것이다.[3)]

라고 하여 당대 고종(高宗)시를 졸년으로 구체화시키고 있다. 찐치화(金啓華)도 후스(胡適)의 학설을 수용하여 이르기를,

> 무주 스님이 성당 시기에 사천에서 활동하다가 대력 9년에 죽었다. 왕범지의 시가 이 시기에 유행하였으며 대개 7세기 중엽에 사망하였음을 알 수 있다. 따라서 우리는 잠정적으로 왕범지의 생졸년이 590에서 660년경으로 추측하는데 믿을만하다고 본다.[4)]

라고 하였으며 꽝푸(匡扶)는 그 시기를 다소 늦추어서 700년대로 설정

---

2) 王梵志, 衛州黎陽人也. 黎陽城東十五里有王德祖, 當隋文帝時(馮本作當隋之時), 家有林檎樹, 生癭大如斗. 經三年(馮本有此二字)朽爛, 德祖見之, 乃剖(馮作撤)其皮, 遂見一孩兒抱胎而(出)(馮本有此字)德祖收養之. 至七歲, 能語(問)曰, 誰人育我 ? 復何(馮作及問)姓名. 德祖具以實語之. 因名曰林木梵天(馮作因林木生曰梵天), 後改曰梵志(馮無梵字). 曰: 王家育我(馮作我家長育, 似誤)可姓王也. 梵志乃作詩示人, 甚有義旨(馮無梵志乃三字, 示作風).

3) 以歷代法寶記證之, 舊說所記梵志的時代, 似不爲過早, 他生于隋朝, 死于唐高宗時(約 660~670), 故八世紀的一個四川和尙得引用他的詩句(『現代評論』 6권 156기).

4) 而無住活動於盛唐時期的四川, 死於大歷九年(774). 可見王梵志的詩在這時期是很流行的, 他大約死於七世紀中期. 因此, 我們姑且推測王梵志的生卒年爲公元590左右~660左右, 或者是可靠的(『名作欣賞』 1982年 第6期).

하여서,

> 왕범지 활동의 상한 시기는 초당대 무덕 년간이며 가장 늦어도 개원 시기를 넘지 않으므로 대략 500에서 720년 사이에 해당한다.[5]

라고 하여 그 생존시기의 폭을 확대시키고 있다.

한편, 왕범지의 재세시기를 확인할 수 있는 근거들은 역사적인 자료와 그의 시에 묘사되는 상황이나 풍물 등을 통해서 다수 예증할 수 있으리라 본다. 전자의 경우로는 돈황사본(敦煌寫本)「王道祭楊筠文」(p.4,978)을 보면,

> 당대 개원 27년 계축 2월에 동삭방 여양 고통현학사 왕범지의 직손 왕도는 삼가 흰 막걸리를 제수로 올리어서 경건히 방랑객 풍광자 주사양치아 홍농 양균의 영전에 제사드리나이다.[6]

라고 하여 개원(開元) 27년(739)에 이미 왕범지는 재세하지 않았음을 알 수 있다. 그리고 초당의 사회정황을 예로 든다면 『정관정요(貞觀政要)』 속에 기재된 사실 가운데,

> 정관 11년, 마주가 상소하건대, 요역을 나가는데, 길에 서로 연이어서 형이 떠나면 아우가 돌아와 머리와 꼬리가 끊이지 않고 원정간 자의 왕래가 오육십 리나 되어 춘하추동으로 쉴 때가 없나이다.[7]

라고 한 사실을 왕범지 자신의 다음 시에서 반영하고 있는 것을 보면,

> 집마다 호역과 요역이 부과되니
> 우리 부부를 끌어가누나.
> 아내는 걸칠 베옷조차 없고

---

5) 王梵志活動的上限是初唐武德年間, 最遲不晚於開元年間, 約當於公元620至749年之間(「王梵志詩社會內容淺析」·『西北師院學報』·1983年 第4期).

6) 維大唐開元二十七年歲在癸丑二月, 東朔方黎陽故通玄學士王梵志直下孫王道, 謹請酌白醪之尊 ; 敬祭沒逗留風狂子, 朱沙梁癡兒弘農楊筠之靈.

7) 貞觀十一年(637), 馬周上疏, 供官徭役, 道路相繼, 兄去弟還, 首尾不絶, 遠者往來五六千里, 春夏秋冬, 略無休時.

남편은 몸에 잠방이도 없구나.[8]

그의 시명에 대해서는 일본의 평안조시대(平安朝時代)(784~897)에 이미 범지의 시가 있었다는 사실에서 당송대의 상황을 숙지할 수 있다.[9] 이같이 일본에 까지 이름이 알려졌으니, 당대의 그 당시로서는 그 유행이 대단하였음을 유추할 수 있다. 보건대, 왕유(王維)의 송판본(宋板本) 『왕우승시(王右丞詩)』(권3)의 「호거사와 이 시를 붙여 학인에게 보임(與胡居士皆寄此詩兼示學人二首)」아래에 자주(自注)하여 '두 수는 범지체이다(二首梵志體)'라[10] 한 것이라던가, 교연(皎然)이 이미 왕범지의 도정시(道情詩), 곽박(郭璞)의 유선시(游仙詩), 하지장(賀知章)의 방달시(放達詩), 노조린(盧照隣)의 만작시(漫作詩)(이상은 교연이 각 가의 시를 특성화하여 붙인 이름) 등을 질탕격(跌宕格)의 해속품(駭俗品)으로 분류하여 "겉으로는 놀랄 만큼 세속적인 모습을 보여 주지만, 속으로는 달인의 풍도를 지니고 있다(外示驚俗之貌, 內藏達人之度)"라고 한 것들은 모두 당시의 범지시에 대한 관심과 그 영향력을 짐작케 한다.[11] 이러한 여러 상황이 왕범지를 당대 초기에 놓은 것을 분명케 한다는 사실 하나만으로 그에 대한 생졸년대의 구명 못지않게 중요하다고 할 것이며 고증이 불가한 연대에 집착하지 않아도 왕범지의 시풍에 대한 논구의 시점을 확정시켰다고 할 것이다.

왕범지의 시에서 시점을 파악할 수 있는 것으로 「전감을 친히 다스려 화폐를 주조케 하여(奉使親監鑄)」(74호 · 권2)는 화폐명을 통하여 더욱 초당시임을 입증케 한다. 그 시를 보면,

전감을 친히 다스려 화폐를 주조케 하여
옛 돈을 바꾸어 새 돈을 만드네.

---

8) 戶役差科來, 牽挽我夫婦. 妻卽無褐被, 夫體無褌袴. — 「夫婦生五男」의 일부 · 264호 · 권5.

9) 神田喜一郞, 『敦煌學五十年』 중의 「敦煌學近況」 p.75.

10) 청대 조전성(趙殿成)의 전주본에는 梵志體란 기재가 없지만, 「自注」했다는 것은 王維 자신이 범지의 시를 숙지했다는 의미이다. 여기 그 其一을 보겠다. "一興微塵念, 橫有朝露身. 如是覩陰界, 何方置我人. 礙有固爲主, 趣空寧捨賓. 洗心詎縣解, 悟道正迷津. 因愛果生病, 從貪始覺貧. 色聲非彼妄, 浮幻卽吾眞. 四達竟何遣, 萬殊安可塵. 胡生但高枕, 寂寞與誰隣. 戰勝不謀食, 理齊甘負薪. 子若未始異, 詎論疏與親"

11) 교연(皎然)의 『詩式』에서의 품평은 『唐詩紀事』(권73)와 『全唐詩話』(권6) 등에서 확인함.

개통이 만리에 달하고
원보는 청황색을 내도다.
본 왕조에 전해지게 하여
억조의 세월에 끊임없이 이어지리라.
가난한 일 생각에 무심하니
(5자 결)
때때로 보면서 기뻐하며
귀중히 여기는 것 부모보다 더하네.
모름지기 집안이 넉넉해야 하리니
늘상 양홍의 현처 맹광같은 사람을 대하리라.[12)]

제3·4구의 「개통」과 「원보」는 당초 무덕(武德) 4년(621)에 설치된 전감(錢監)에서 주조한 「개원통보(開元通寶)」를 지칭한다. 제2구는 수대(隋代)의 전(錢)을 신전(新錢)으로 바꾼다는 뜻이니 이것은 『구당서』의 다음 기록에서 확인하게 된다.

고조가 즉위하여 여전히 수대의 오수전을 사용하였다. 무덕 4년 7월에 오수전을 폐지하고 개원통보전을 시행하게 되었다.[13)]

고조(高祖)가 수대의 화폐를 폐지하고 개원통보를 발행한 시기가 고조 시이라면 이 시는 그 후에 쓰여진 것이며, 그 후에 건봉(乾封) 원년(高宗·666)에는 다시 신전을 개조하여 「건봉천보(乾封泉寶)」라 하고 구전(舊錢)(개원통보)과 병행케 했다고 한다.[14)] 그러나 구전에 대한 가치를 높이 두고 선왕의 뜻(先旨)을 따라 당대화폐의 모본으로 삼았음을 다음 조서(詔書)에서 알 수 있다.

건봉 2년 정월, 조서가 내리니, 「고조께서 난을 뿌리 뽑고 반정하여 이에 나라의 규범을 세우셨다. 태종께서 천자에 등극하시어 고쳐 만드시지 않았다. 이제 옛 것을 폐지하고 새 것을 만들매 옛 뜻을 어길까 두렵도다. 그 개원통보는 옛 것에 의해 시행하여 만대의

---

12) 奉使親監鑄, 改故造新光. 開通萬里達, 元寶出青黃. 本姓使流傳, 涓涓億兆陽. 無心念貧事, (缺句) 有時見卽喜, 貴重劇耶娘. 唯須家中足, 時時對孟光.

13) 高祖卽位, 仍用隋之五銖錢. 武德四年七月, 廢五銖錢, 行開元通寶錢(권48 食貨 上).

14) 『舊唐書』 권48 食貨上: "至乾封元年封嶽之後, 又改造新錢, 文曰乾封泉寶, 徑一寸, 重二銖六分. 仍與舊錢並行, 新錢一文當舊錢之十. 周年之後, 舊錢並廢."

법도로 삼아야 할 것이라.[15]

왕범지의 상기시는 이같은 사실(史實)을 극명하게 묘사하여 주는 것이며 더구나 시속의 「개통」·「원보」는 속칭 「개통원보」라고 하였다는 『구당서』의 기록에서 더욱 분명해진다.

> 개원전의 글은 급사중 구양순이 글을 짓고 쓴 것이니 그 뛰어남을 칭찬하였다. 그 글씨는 팔분체와 예서체로 썼으며 먼저 위에서 아래로 그리고 왼쪽에서 오른쪽으로 읽게 된다. 왼쪽에서부터 둘러서 읽어도 그 뜻이 통하므로 흔히들 개통원보전이라고 일컫게 되었다.[16]

그러니까 시의 용어는 그 당시의 유속독법(流俗讀法)에 의한 호칭인 것이다. 이것으로 정확한 생졸 년대는 상세하지 않지만 왕범지가 초당대에 시작활동하였음을 단정하게 된다.

왕범지의 가정환경은 단지 그의 시작을 통해서만 엿볼 수 있으니, 소시에는 비교적 유족한 것으로 보인다. 그의 「우리 집엔 밭이 많으나(吾家多有田)」 (권2)의 첫 연에서,

> 우리 집엔 밭이 많으나
> 광평왕 보다는 못하네.
> 돈이 있어도 아까워 쓰지 않으니
> 몸이 죽어 남기면 무엇이 이로울까.[17]

라고 한 것이라든가 「우리 집 옛날에 부유했고(吾家昔富有)」 (권5)에서,

> 우리 집 옛날에 부유했고
> 너의 몸은 빈궁하여 죽을 지경이었지.
> 너는 지금 마침 돈이 있어
> 나의 옛날과 비슷하다네.

---

15) 乾封二年正月, 下詔曰: 「高祖撥亂反正, 爰創軌模 太宗立極承天, 無所改作. 今廢舊造新, 恐乘先旨. 其開元通寶, 宜依舊施行, 爲萬代之法(『舊唐書』 권48 食貨上).

16) 開元錢之文, 給事中歐陽詢制詞及書, 時稱其工. 其字含八分及隸體, 其詞先上後下, 次左後右讀之. 自上及左廻環讀之, 其義亦通, 流俗謂之開通元寶錢(권48 食貨上).

17) 吾家多有田, 不善廣平王. 有錢惜不用, 身死留何益.

나는 지금 마침 빈궁할 때가
옛날의 너와 같았다네.
애석하도다 좋은 신발이
헐어빠진 헌 신짝이 되었구나.[18)]

라 하여 한 때의 풍족한 가세와 작시시기의 불우함을 대비하여 보여준다. 그리고 「우리 집은 어디인가(我家在何處)」(권3)는 범지의 부유했던 생활환경을 분별하는 하나의 예시이다.

우리 집은 어디인가?
산모퉁이에 집을 짓도다.
뜰 옆에 여우와 이리 굴 있고
문 앞엔 까마귀와 까치의 둥지 있네.
꾀꼬리 소리 들으며 씨 뿌리고
기러기 소리 들으며 벼를 거두네.
괴로우면 하인으로 피리 불게 하고
한가하면 여종으로 노래 부르게 하네.
아들로 글을 읊고 짓게 하며
딸로는 베짜기를 배우게 하네.
하늘에 이르노니
날러는 어찌 하면 좋으리?[19)]

더 바랄 것 없는 유족한 가정에서 성장한 것으로 보이는데 수도의 고행을 위해 자신의 복록(福祿)을 포기한 탈속을 추구한 결과에서 객관적이며 냉혹한 비판의식을 갖게 되고, 미련 없는 강직성(剛直性)을 세워나갈 수 있었을 것이다. 촌철살인(寸鐵殺人)같은 필치는 한 치의 관용도 허락치 않는다. 평화롭던 가정을 탈피하고 또 부세(賦稅)와 천재로 인해 삼식조차 잇지 못하는 신세를 자임(自任)한 듯 「내가 옛날 태어나기 전에(我

18) 吾家昔富有, 爾身窮欲死 爾今初有錢 與我昔相似. 吾今作無初, 還同昔日爾. 可惜好靴牙, 翻作破皮底.
19) 我家在何處 結宇對山阿. 院側狐狸窟, 門前烏鵲窠 聞鶯便下種 聽雁卽收禾. 悶遣奴吹笛, 閑令婢唱歌. 兒卽教誦賦 女卽學調梭. 寄語天公道 寧能那我何.

昔未生時)」(권6)에서 독백하고 있다.

내가 옛날 태어나기 전에는
어둡고 아득하여 아무 것도 몰랐네.
하늘이 억지로 나를 낳으시니
나를 낳아서 또 무엇 하리오?
옷이 없으니 나를 춥게 하고
먹을 것이 없으니 나를 주리게 하네.
그대 하늘이여 나를 돌려주소서
나를 태어나기 전으로 돌려주소서.[20]

여기서 후반구들은 자신의 처지를 직시하며 귀천(歸天)의 허무(虛無)까지 표출해준다.

한편, 왕범지가 불가에 귀의하기 전에는 가정적으로 유가(儒家)의 영향을 받았음을 알 수 있는데, 이것은 도가(道家)와 함께 범지의 시가 삼교(三教)의 윤리의식을 공유하는 근거가 되는 것이다. 그의 「세상에 어느 물건이 귀한가(世間何物貴)」(권6)를 보면,

세상에 어느 물건이 귀한가?
시경이며 서경은 값으로 따질 수 없네.
분명히 인의를 말하면
어리석은 지아비들 아무도 모르나니
깊은 방에서는 비첩을 금하면서
객을 두고서는 처자식 자랑하네.
푸른 섬돌 길에서
죽을 때를 미처 모르네.[21]

라고 하여 시서가 인의를 거론하고 있는데 그가 불가에서 득도한 시기는 다음 「그는 늘 배불리 먹는다 하지만(他道恒飽食)」(권3)에서 대략 50세 전후로 파악된다.

---

20) 我昔未生時, 冥冥無所知. 天公强生我, 生我復何爲. 無衣使我寒, 無食使我饑. 還爾天公我, 還我未生時.
21) 世間何物貴, 無價是詩書. 了了說仁義, 愚夫都不知. 深房禁婢妾, 對客誇妻兒. 青石砌行路, 未知身死時.

그는 늘 배불리 먹는다 하지만
나는 메마르고 주려 죽겠네.
오직 한 가지만 배울지니
벼슬일랑 다신 하지 마오.
내 나이 오십 여세 되어
비로소 아무 도리 없음을 알겠네.[22)]

이같이 왕범지의 생평에서 나타나는 기복이 종교적 가치관에 혼합되어 사실과 직언의 시를 창출했다고 본다.

한편, 왕범지의 작품이 필사(筆寫)되어 유전된 내력은 분명치 않으나 기설한 바 29종의 사본[23)] 가운데 8종이 초사(抄寫) 연대가 기록되어 있는 바 다음과 같다.

(1) L.1456 : 大歷六年(771)五月(缺一字)日沙門法忍寫本
(2) S.2710 : 清泰四年(937)丁酉歲十二月舍書吳儒賢寫本
(3) P.2842 : 己酉年(949)高文(缺一字)寫本
(4) P.4094 : 乾祐二年己酉(949)樊文昇寫本
(5) P.2914 : 大漢天福三年庚戌(970)金光明寺僧寫本
(6) P.2718 : 宋開寶三年壬申歲(972)閻海眞寫本
(7) S.5441 : 太平興三年(978)戊寅歲四月十日氾禮目陰奴兒自手寫秀布一卷
(8) P.3833 : 丙申年(936)二月拾九日蓮台寺學仕郎工和通寫本[24)]

이상에서 (3)·(4)·(5)·(6)은 후스(胡適)가 「백화문학사(白話文學史)」에서 이미 소개하였으며(「唐初的白話詩」), (1)·(2)·(7)·(8)은 찌앙시호우(張錫厚)가 추가한 것으로 사본 년대가 명기된 사본에서 (1)인 레닌그라드(L) 1456호본의 원권제기(原卷題記)에 '대력 6년 5월 왕범지 시 110수를 적음. 사문법인이 적어 기록함(大歷六年五月日抄王梵志詩一百一十首

22) 他道恒飽食, 我瘦餓欲死. 惟徇擧一種, 勿復青當史. 行年五十餘, 始覺無道理.
23) 敦煌寫本王梵志詩原卷眞迹 29종은 다음과 같다. S.0778, S.5796, S.5474, S.1399, 「王梵志詩集卷上」· P.3211, P.3826, S.5541, S.5641 「王梵志詩集卷中」· P.3833, P.3558, P.3696, P.3716 「王梵志詩一卷」· P.4094 「王梵志詩集一卷」· P.3266 「王梵志詩一卷」· P.2842, S.2710, S.3393, S.4669, S.5794 「王梵志詩一卷」· P.2607 「王梵志詩一卷殘本」· P.3418, P.3724, S.6032, S.4277 「王梵志詩殘卷」· P.2125 「歷代法寶記引王梵志詩一首」· S.0516 「歷代法寶記引王梵志詩一首」· P.3876 「佛書引王梵志詩一首」.
24) 張錫厚, 「關於敦煌寫本王梵志詩整理的若干問題」(「文史」第十五輯 · 1982)의 내용을 再整理.

沙門法忍寫之記)'라고 기재되어 있어서 왕범지시가 대력 연간에 서부 변방까지 널리 유전되었음을 보여준다. 송 이후에 점차 산실되어 갔고 청대에는 『全唐詩』에 한 수도 실리지 않았음은 매우 불가사의한 일이라 하겠다.[25)]

Ⅱ. 시의 창작배경

시앙추(項楚)의 『왕범지시교주』(칠권본)(上海古籍出版社. 1991)은 장시호후(張錫厚)의 『왕범지시교집』(육권본)(중화서국. 1983)을 보완하여 「멀리 세상 사람을 보니(遙看世間人)」(권1)부터 「함께 하늘은 짐작하시거요(幷是天斟酌)」(권7)까지 모두 390수를 수록하고 있고, 주펑위(朱鳳玉)의 『왕범지시연구』하책(학생서국, 1987)에 수록된 작품수도 시앙추 주본(注本)과 동수이어서 지금까지 가능한 왕범지의 시는 390수로 확정시킨 상태다. 따라서 왕범지를 분석하는 데에 있어 최근본인 시앙추 주본을 저본(底本)으로 삼아 본고를 전개함이 타당할 것이다.

후스(胡適)와 증국번(曾國藩) 그리고 꿔짜이이(郭在貽) 등은 백화시로 보고, 양꿍찌(楊公驥)는 민가로 분류하며[26)] 평석을 가해 왔던 왕범지시는

25) 皎然의 『詩式』에는 王梵志의 「我昔未生時」가 들어있고, 范攄의 『雲谿友議』에는 「天公未生我」·「我肉衆生肉」·「多置莊田廣修宅」·「造作莊田猶未已」·「粗行出家兒」·「不願大大富」·「良田收百頃」·「本是尿屎袋」·「生時不供作榮華」·「衆生頭兀兀」·「世無百年人」·「家有梵志詩」·「勸君莫殺命」·「照面不用鏡」·「大皮裹大樹」·「我身雖孤獨」·「世間何物貴」 등 17首가 收錄되어 있으며, 惠洪의 『林間錄』(卷下)에는 「梵志翻着襪」이, 惠洪의 『冷齋夜話』(卷十)에는 「城外土饅頭」가, 그리고 阮閱의 『詩話總龜』(前集 권41)에는 「城外土饅頭」, 上同書後集(권47)에는 「梵志翻着襪」이 각각 실려 있으며, 曉瑩의 『感山雲臥紀譚』(卷上)에는 「城外土饅頭」가, 費袞의 『梁谿漫志』(권10)에는 「欺誑得錢君莫羨」·「多量莊田廣修宅」·「造作莊田猶未已」·「衆生頭兀兀」·「世無百年人」·「勸君休殺命」·「他人騎大馬」·「家有梵志詩」 등 8首가 각각 수록되었으며, 計有功의 『唐詩紀事』(권73)에는 「我昔未生時」가, 胡仔의 『苕溪漁隱叢話』(前集 권56)에는 「城外土饅頭」가, 陳巖肖의 『庚溪詩話』(卷下)에는 「倖門如鼠穴」·「茅屋松窓小隱家」가, 陶宗儀의 『說郛』에는 「我肉衆生肉」이, 揚愼의 『禪林鉤玄』(권4)에는 「皇天未 生我」와 「梵志翻着襪」가 각각 수록되어 있다.

26) 胡適은 일찍이 「白話詩人 王梵志」에서 「宋人筆記裏屢次提起王梵志的詩, 讀者往往不大注意, 都以爲是宋朝的一個打油詩人 …… 全唐詩裏也不曾收他的詩」(『現代評論』 권6·156기)라 하고 또 「唐初的白話詩」에서는 「唐初的白話詩人之中, 王梵志與寒山, 拾得都是走嘲戲的路出來的, 都是從打油

그 작가의 혼몽성과 작품의 직서적이며 독특한 품격 때문인지 불명하지만, 『전당시』에는 단 한 수도 재록되지 않았던 것이다.[27]

이런 여건의 시에 대한 작시배경을 유추하는 것은 용이하지 않지만, 다음 두 가지 면에서 살펴보고자 한다. 먼저 직접적인 배경으로는 석망명(釋亡名)의 「오성음(五盛陰)」(『廣弘明集』 권30)과 왕범지의 「전에 죽는건 긴 이별이 아니니 (前死未長別)」(시앙추의 주본 권5)의 상사점이다.[28] 석망명은 남조 사족(士族) 출신으로 양(梁)이 멸망한 후에 승려가 되어 「지도론(至道論)」, 「순덕론(淳德論)」 등을 썼으며, 그의 종교시는 후세 승려의 선시(禪詩)에 영향 준 바 크다.[29] 여기서 「오성음」을 먼저 보고 왕범지의 시와 비교하도록 한다.

먼저 가도 긴 이별이 아니고
나중에 와도 오래 친해지지 않네.
새 무덤이 옛집과 같이
가지런하여 고기비늘 같도다.
무릉에서 누가 한나라를 분별하고
여산에서 어찌 진나라를 알아보랴.
천년이 어제와 같으니
다 함께 모두 먼지가 되었도다.
알겠노라, 현세의 땅에서
옛사람을 찾셨노라.
어찌 남의 뼈를 골라내고
다시 내 몸을 묻을 수 있겠는가![30)]

詩出來的」(『白話文學史』)라고 한 것과 高國藩은 「談敦煌五言白話詩」에서 「近來的研究者, …… 都說成是初唐白話詩人王梵志作的 …… 」(『關隴文學論叢 · 敦煌文學專集』 甘肅人民出版社 1983)라 한 것, 敦在貽의 「唐代白話詩釋詞」 (『敦煌研究』 創刊號 · 1983)와 李正宇의 「釋沒忽(上同)」 등에서 확인됨.

27) 『全唐詩』에 王梵志詩를 載錄하지 않은 이유를 潘重規는 "王梵志出生時期的新觀察」에서 「惟一能解答此一問題 便是他們根據桂苑叢談. 太平廣記, 認定王梵志是隋代人. 惟有編纂全隋詩的時候, 才會搜集收錄. 這就是全唐詩編者不收錄王梵志詩集的眞正原因. 儻使敦煌石室王梵志詩集提早三百年發現 他們自然會收錄王梵志的詩, 編在寒山, 拾得的前面."(朱鳳玉 『王梵志詩研究』 上册 p.315 附錄).

28) 「釋亡名與敦煌文學」(1983年 全國敦煌吐魯番學術討論會文集文史遺書編 下册)의 緖頭에 擧論(項楚校注本附錄 p.889).

29) 『續高僧傳』 권7에 周渭濱沙門釋亡名傳이 있어 俗姓이 宗氏이며 南郡人이고, 梁元帝를 섬겼다함.

30) 先去非長別, 後來非久親. 新墳將舊家, 相次似魚鱗. 茂陵誰辨漢, 驪山詎識秦. 千年與昨日, 一種幷成

한편 왕범지의 「전에 죽는건 긴 이별이 아니니(前死未長別)」(권5)를 보면,

전에 죽는 건 긴 이별이 아니고
나중에 왔다고 오래 가는 것이 아니네.
새 무덤이 옛 무덤에 그림자 드리워서
서로 이어져 있는 것이 비늘 같구나.
의릉은 가을에 멀리 보이는데
벌써 몇 번이나 봄을 맞았는가!
오랜 세월 오늘 같이
하나 같이 고운 먼지가 되었도다.
알겠나니 흙 속을 보면서
옛 사람을 찾아보니
오래 된 뼈를 열어 헤치고
갱을 만들어 내 몸을 묻는구나.[31)]

여기에서 뒤의 시가 앞의 시를 모작(模作)하였음을 알게 된다. 시의 의취와 시어의 인용이 추숭자로서 선승의 영향을 받은 것을 알 수 있다. 의취로서는 삶의 허무를 취하였으며 시어로는 선어(禪語)의 활용을 보게 되는데 제1연의 동일함과 '新墳', '微塵'이나 말구의 '埋我身', 그리고 허사로서 '一種'이나 '定知'같은 표현은 다분히 모의에 근접하고 있다. 위에서 두 시를 비교한 것에서 왕범지가 승려이기에 선대의 화상을 본받은 구체적인 예증을 확인하게 된다. 수와 당대의 초기에는 불도가 더욱 추숭되어서 수 문제(文帝) 양견(楊堅)이 반야사(般若寺)에서 출생하였다든지, 조서(詔書)를 내려서 장려하였다는 기록들과[32)] 당대 무측천(武則天)이 불교를 제창하였다는 상황에서[33)] 도교를 국교로 한 풍토하에서도 당초의 불교중시를 보게 된다. 그러면 왕범지의 시에서 불리(佛理)가 담긴 경우를 통하여

塵. 定知今世土, 還是昔時人. 焉能取他骨, 復持埋我身.

31) 前死未長別, 後來亦非久. 新墳影舊塚, 相續似魚鱗. 義陵秋節遠, 曾逢幾箇春. 萬劫同今日, 一種化微塵. 定知見土裏, 還得昔時人. 頻開積代骨, 爲坑埋我身.

32) 隋書 권1 高祖本紀 上과 上同書 高祖本紀 下의 詔書에 "佛法深妙, 道敎虛融 …… 凡在含識, 皆蒙覆護 …… 沙門壞佛像, 道士壞天尊者, 以惡逆論."

33) 舊唐書 권6 則天皇后本紀.

그 상관성을 살펴보려 한다. 인과순환(因果循環)의 12단계인 「십이 인연(十二因緣)」[34]을 묘사한 예를 보면 윤회보응(輪廻報應)의 사상을 토로한 것으로서,

> 전생의 인연으로 복덕을 높이어서
> 오늘 큰 태아를 얻었도다.
> 인과응보는 이전에 심어 놓았고
> 고해를 벗어나는 다리는 전에 놓았네.
> 나에게 오늘의 열락을 미리 빼앗아서
> 사후의 매파에게 주려함인가!
> 머리를 바꾸고 얼굴을 달리하는데
> 누구로 태어나게 될지 알기나 할까[35]

여기서 제1연은 불교의 인과관념과 전세설(轉世說)에 의거한 금생의 낙과(樂果)는 선세의 선인(善因)에서 기인하는 의미이니, 내생의 악과(惡果)를 얻으려면 금생에서 예비해야 하므로 제2연으로 표현되었다. 고락순환(苦樂循環)의 설에 의해 금생의 고뇌는 내생의 낙으로 유도된다 하여 제3연으로 묘사되었다. 말연은 내세보다는 현세의 선행을 지킬 것을 더 강조한 것이다. 왕범지 시가 형성되는 내면에는 역시 불교이론이 주된 흐름으로 자리잡고 있음을 밝히는 것이 중요한데, 그의 제1연의 불교철리시가 반야십유(般若十喩)를 인술(겉으로는 놀랄 만큼 세속적인 모습을 보여 주지만, 속으로는 달인의 풍도를 지니고 있다.)하고 있는 것이 그 예증이 되겠다.[36] 그 십유를 작시화하여

> 「人去像還去」(80호, 권3) — 거울 속의 형상 같음(如鏡中像)
> 「一身元本別」(81호, 권3) — 불꽃 같음(如焰)
> 「以影觀他影」(82호, 권3) — 그림자 같음(如影)

---

34) 朱鳳玉, 『王梵志詩硏究』(上) p.164에 十二因緣의 항목을 과거의 二因(無明, 行), 現在의 五果(識, 名色, 六入, 觸, 受), 現在의 三緣(愛, 取, 有), 그리고 未來의 二果(生, 老死)로 분류표를 작성.

35) 先因崇福德, 今日受肥胎. 果報迎先種, 橋樑預早開. 奪我先時樂, 將充死後媒. 改頭換却面, 知作阿誰來(권3).

36) 鳩摩羅什, 『摩訶般若波羅蜜經』 序品云 ; "解了諸法, 如幻, 如焰, 如水中月, 如虛空, 如響, 如犍婆城, 如夢, 如影, 如鏡中像, 如化."

「觀影元非有」(83호, 권3) — 그림자 같고, 꿈과 같음(如影, 如夢)

「雷發南山上」(84호, 권3) — 허공 같음(如虛空)

「非相非非相」(85호, 권3) — 공즉시색(空卽是色)

「但看滿作蛾」(86호, 권3) — 승화함, 꿈 같음(如化, 如夢)

「黃母化爲鱉」(87호, 권3) — 승화함(如化)

이와 같이 열거할 수 있으니, 이 중에서 「이 한 몸 본래 떨어진 것이니(一身元本別)」를 보면,

이 한 몸 본래 떨어진 것이나
四大가 한 데 모였다네.
곧 바람이 불에 불어온 듯
또 불이 바람을 쫒는 듯 하네.
불이 강하면 바람이 세차고
바람이 세차면 불도 더 타오르네.
불과 바람의 모든 기운이 다하면 [37]
흩어져서 모두 空이 되네.

여기서 「사대」는 「地水火風」으로 인간생성의 구성요소이니 인간은 이 「四大」가 인연가합(因緣假合)하여 나온 산물이므로 허환부실(虛幻不實)하다는 것이다. 이 시는 이들 반야시(般若詩)들의 주제가 되는 것이다.[38] 왕범지시가 불리에 바탕을 두고 있으면서 그 표현과 내용이 백화적이며 해학과 냉소가 담겨진 것은 초당대의 기풍과 상관이 있다. 대개 승려들의 게송(偈頌)은 전교를 의식하여 백화체가 다용되었으며[39], 사회모순을 지적하여 풍세권선(諷世勸善)을 택하는 경향이 강한 데에서 왕범지 시 같은 풍격이 나올 수 있었다. 초당시는 궁정체를 주된 대상으로 삼은 반면, 대

37) 一身元本別, 四大聚會同. 直似風吹火, 還如火逐風. 火强風熾疾, 風疾火愈烘. 火風俱氣盡, 星散惣成空.

38) 項楚 『王梵志詩校注』 前言 p.8 : "一身元本別發揮如焰之喩, 宣稱人身不過是因緣假合的產物, 虛幻不實, 這也是這一組詩的總的主題."

39) 胡適 『白話文學史』, 「唐初的白話詩」: "宗教要傳佈的遠, 說理要說的明白淸楚, 都不不能不告非白話 …… 佛敎來自印度, 本身就有許多韻文的偈頌." 全啓華, 「一位埋沒天載的詩人」 ; "初唐詩壇出現王梵志的詩, 我們究其遠因, 當系從佛敎的偈體而來 …… 據高僧傳, 續高僧傳裏的記載, 如單道開, 耆域, 慧可等都有偈作 ……"(『名作欣賞』, 1982)

중에서 있어서는 혼란한 세태를 직시하는 일단의 왕적(王績), 한산(寒山), 습득(拾得) 같은 시은(詩隱)과 시승(詩僧) 부류도 간과할 수 없으니, 왕범지는 시승의 하나로 활동한 것이다.[40] 왕범지시의 형성은 기설한 바 불교의 사상과 대중을 계도하기 위한 평이한 시, 그리고 삶의 정도를 추구하려는 풍자와 비판의식에서 충분히 가능했다고 볼 수 있다.

Ⅲ. 시의 일반 성격

왕범지시의 일반성격에 대해서 런빤탕(任半塘)은 이미 <早, 多, 俗, 辣>의 네 글자로 집약한 바 있다.[41] <早>란 그의 시가 초당대에 나왔다는 것으로 돈황사본 「왕도제양균문(王道祭楊筠文)」 (p.4,978)의 다음 문구를 인증으로 삼고 있다.

> 維大唐開元 二十七年 歲在癸丑二月, 東朔方黎陽故通玄學士 王梵志直下孫王道 謹淸酌白醪之奠 敬祭沒逗留風狂子, 朱沙染癡兒弘農楊筠之靈 ……(이미 인용하여 한역한 바 여기서는 생략) …….

여기서 이 글을 쓴 개원 27년에는 왕범지가 이미 하세한 뒤인 것을 알 수 있으며, <多>란 돈황시가 중에 일인의 작으로는 최다인 390수에 달한다는 것이다. 쭈펑위와 시앙추의 주본에 수록된 편수이다. 그리고 <俗>이란 구어이사(口語俚詞)가 형식에 구속되지 않고 자재하게 입시되어 「原序」의 '경전을 따르지 않음(不守經典)'과 상통하며, <辣>이란 「原序」의 "시사를 직언하고 헛된 말을 하지 않음(直言時事, 不浪虛談)"이라 한 바와 같이 신랄한 권선징악의 기풍을 보인다는 의미로 요약하고 있다. 따라서 왕범지시에 대한 개괄적 성격을 파악하는 것이 보다 구체적인 시의 상석을 위해 요긴하다

---

40) 全啓華의 上同書: "王績 王梵志在初唐前期的詩壇上, 一個是以寫田園詩著名, 一個則以寫方外生活, 闡發哲理的詩見稱 一個是詩隱, 一個是詩僧."

41) 任半塘은 「王梵志詩校輯序」(『社會科學』 1982年 第3期).

고 본다. 이를 위해서 왕범지 자신이 기술한 것이 아니지만[42], 다음 「原序」 속에서 왕범지의 작시 의도와 소재, 그리고 체례와 시어에 대한 성격을 살펴볼 수 있겠다.

> 오로지 불교의 교리로서 나 자신을 버리고 무아의 무상세계를 추구할 것이다. 전생의 박한 복으로 인하여 후생의 보람이 보잘 것 없음을 아노라. 몸을 수신하여 선한 일을 권면하고 죄를 경계하여 어긋나지 아니할 것이다. 왕범지 시집의 목록이 몇 종류 되지만 담긴 시가 300여수가 된다. 현세의 일들을 직설적으로 표현하여 헛된 말을 멋대로 하지 않았다. 왕범지가 남긴 글은 정란과 곽거 같은 효도의 참뜻을 다지고 있다. 경전의 문구에 얽매이지 아니하고 속된 말을 쓰고 있다. 이 시들을 보면, 지혜로운 선비가 마음을 돌리게 되고 어리석은 지아비도 쉽게 몸가짐을 고칠 것이다. 먼 곳과 가까운 곳 모두 널리 전하여져서 권선징악이 되도록 할 것이다. 탐욕스러운 관리는 백성을 약탈하는 짓을 그만두게 될 것이며, 무위도식하는 관리는 스스로 청렴하고 삼가게 될 것이다. 각 사람이 비록 어리석다 할지라도 이 시를 읽으면 마음이 매우 쓸쓸해질 것이다. 이 시를 한 번 두루 읽어보고 그 내용을 두 번 세 번 깊이 생각하여 잊지 말아야 할 것이다. 비록 높은 스님이 강론을 한다 할 지라도 이 좋은 글을 읽는 이만 못하니라. 부모의 뜻을 어기는 자식이 반성하여 효도하게 될 것이며, 게으른 며느리가 아침저녁으로 시부모를 모시게 될 것이다. 불량배와 탕자가 부끄러워하게 될 것이며 온 나라의 떠돌이 꾼이 고향을 그리워하게 될 것이다. 게으른 지아비가 밤에 잠에서 깨어나고(원문탈자3) 게으른 지어미가 밤새도록 베틀을 대하고 있게 될 것이다. 모두 다 함께 죄와 복(인과응보)을 알게 되니 부지런히 밭 갈고 정성으로 노력하여 먹을 양식을 넉넉히 하게 될 것이다. 마음을 한결 같이 하고 다섯 가지 감정을 쉽게 바꾸지 아니하면 동쪽의 주와 서쪽의 군에서 모두 받들어서 칭찬하게 될 것이다. 오로지 이 시를 읽어서 익히게 되면, 어리석고 미련한 사람들이 모두 어질고 착하게 될 것이다.[43]

이 서문의 전단은 사언체의 간결한 문장으로 근엄한 불교의 교법으로 훈계적인 시 300 여수를 시사에 따라 통속적인 시어를 구사하여 직언한다고 밝혔으며, 후단은 칠언고체의 시로 표현하여 이들 시를 통하여 여러

42) 序文에 「王梵志之遺文」句에서 후인의 작임을 추단됨.

43) 但以佛教道法 無我若空 知先薄之福緣 悉後微之因果 撰修勸善, 誡勗非違 目錄雖則數條 制詩三百餘數 具言時事, 不浪虛談 王梵志之遺文 習丁郭之要義 不守經典, 皆陳俗語 非但智士迴意 實亦愚夫改容 遠近傳聞 勸懲令善 貪婪之史 稍息侵漁 ; 尸祿之官, 自當廉謹 各雖愚昧 情極愴然 一遍略尋, 三思無忘 縱使大德講說 不及讀此善文 逆子定省翻成孝, 嬾婦晨夕事姑嫜 查郎蕩子生慙愧 諸州遊客憶家鄉 慵夫夜起□□□(원문탈자), 嬾婦徹明對絹筐 悉皆咸臻知罪福 懃耕懇苦足糇粮 一志五情不改易, 東州西郡并稱揚 但令讀此篇章熟 頑愚暗憃悉賢良(項楚 『王梵志詩校注』 輯序).

계층의 사람들이 개과천선하는 동기를 찾을 것을 권고하고 있다. 요컨데, 불교 교법으로 "시사를 구체적으로 말함(具言時事)." (시의 내용)하고, "경전을 따르지 않고 모두 속어로 진술함(不守經典, 皆陳俗語)." (시어의 구사)하는데 그 목적은 '권선징악(勸善懲惡)'에 있는 것이다. 서에서 왕범지 시에 대한 일반특성을 다음과 같이 추출하여 정리할 수 있다.

첫째는 초당시인으로서는 다작이라는 것이다. 서에서 "目錄雖則數條, 制詩三百餘首"(이미 인용하여 약함)라 하여 초당시인으로 이만한 시작을 남긴 자가 없으며, 더구나 조실되어 『全唐詩』에 열입되지 않은 상황에서는 놀랄 만한 일이다. 그리고 그것들이 일관되게 교계적(教誡的)이면서 풍인적(諷人的)이어서 『太平廣記』의 "왕범지는 시를 잘 지어서 의취가 자못 깃들어 있다(梵志善作詩, 甚有旨趣)"(권82)라 하였다.

둘째는 시가 유불의 규범에 바탕을 두고 있다는 것이다. 서의 '佛教教法'과 '무아하여 공과 같음(無我若空)' 구는 불리에 근원을 둔 시라는 것을 강조했다고 보며, '三思無忘', '省翻成孝', '事姑嫜' 구(위에 역함)는 불가에 근거를 두고 표현된 관점이다. 범터(范攄)는 "그 어사는 비루하나 그 이치는 참되다(其言雖鄙, 其理歸眞)"(『雲谿友議』, 「蜀僧喩」 下)라고 한 것이나, 풍익(馮翊)이 "시를 써서 세인을 풍자하였으니 바른 뜻이 깊이 들어 있어 보살의 교화라 하겠다(作詩諷人, 甚有義旨. 蓋菩薩示化也)"(『桂苑叢談』)라고 한 말은 모두 종교시적 특성이라 할 것이다. 예컨대, 「형상이 아니라고 해서 형상 아닌 것이 아니고(非相非非相)」 (권3)를 보면,

> 형상이 아니라고 해서 형상 아닌 것이 아니고,
> 지혜가 없다고 해서 지혜가 없는 것이 아니네.
> 속된 것을 쫓느라 망령된 마음 나오니,
> 지혜가 어둠에서 나오네.
> 지혜가 어둠을 뚫고 나오면,
> 망령된 마음 끊어지고 맑아지네.
> 열반의 열락을 알 수 있다면,
> 자연히 속세의 감정일랑 없어지리라.[44)]

---

44) 非相非非相, 無明無無明. 相逐妄中出, 明從暗裏生. 明通暗卽盡, 妄絶相還淸. 能知寂滅樂, 自然無色聲.

이 시는 불교의 공의(空義)를 밝히는 것으로 불리를 시로 극대화시키고 있다. 이것이 곧 보살시화(菩薩示化)적인 계시(戒詩)인 것이다. 그리고 유가정신을 담은 시로,

> 형제를 깊이 생각하여 존중해야 하니,
> 동기간은 연리지처럼 굳게 맺어야 하네.
> 항산의 의좋은 새를 보지 않으면,
> 공자도 이별의 소리 듣는 걸 싫어하시리[45]

여기서는 형제우애를 공자와 안회(顔回)와의 고사를 사용하여 표현하였고, 다음 시는 효행의 본을 강조하고 있다.

> 몸가짐을 바르게 하여 효도를 행하고,
> 일을 조심히 하여 허물없이 할지라.
> 오로지 오래도록 허물이 없으면,
> 살으신 어르신네들 높이 베개 베고 잘 수 있네.[46]

셋째는 시를 통한 사회현실의 묘사인데, 이것은 바로 모순비판과 상통한다. 왕범지가 원서에서 '具言時事, 不浪虛談'(이미 인용)이라 한 것은 주어진 당초의 현실제사를 직설했다는 비연(費袞)의 '표현된 시어가 소박하면서도 내용이 이치에 맞음(詞樸而理)(『梁谿漫志』)(권10)라고 한 것으로 대신할 수 있다. 묘사의 대상도 다양하여 부병제(府兵制)의 모순점을 지적한「부모가 아이를 낳고(父母生兒身)」(권5)를 보면,

> 부모님 아이 몸 낳으시고,
> 의식으로 아이의 덕을 길렀네.
> 잠시 의탁하여 세상에 나왔으니,
> 빌린 것과 같음이로다.
> 아이가 커서 병사가 되어,
> 서쪽으로 토번의 적을 정벌 갔네.

---

45) 孔懷須敬重, 同氣并連枝. 不見恒山鳥, 孔子惡聞離(권4).
46) 立身行孝道, 省事莫爲愆. 但使長無過, 耶孃高枕眠(권4).

간 후에 온 집안이 죽어서,
돌아와도 찾을 수 없다네.
아이는 얼굴을 남쪽으로 향해 있고,
죽은 자는 머리를 북쪽으로 향해 있네.47)

여기서는 병역이 백성에게 주는 고통을 제시해 주고 있다. 다음으로 「삼 년 벼슬에 이년 반(三年作官二年半)」(권3)을 보면,

삼 년 벼슬에 이년 반을,
청사 수리하느라고 보낸 늙은 바보야!
나 범지에게 좀 맡겼다면,
머리에 갓 쓰고 빗속에서 가려내려니.48)

여기서는 관리가 녹을 먹으며 하는 일 없이 지내는 것을 풍자하고 있다. 전련은 관직 삼 년에 이 년 반을 청사를 수리하는데 소비한 관리의 무능함과 무책임에 대한 질책이며, 후련은 자신의 의지와 입장에서 직분에 대한 최선의 책임감을 요구하고 있다. 아울러 관직을 이용한 부정축재를 매도한 「관작으로 재물을 탐내지 말라(官職莫貪財)」(권3)를 보면,

관직으로 재물을 탐내지 말지니,
재물을 탐내면 죽음에 가까이 가리.
있으면 온 집안이 쓰나,
법에 걸리는 것은 오직 그대 한 몸이라.
법률과 형벌이 무거우니,
망령되이 남을 따르지 말지라.
하루아침에 감옥에 갇히고서
비로소 청빈함을 되새기게 되리라.49)

---

47) 父母生兒身, 衣食養兒德. 暫託寄出來, 欲以便相貸. 兒大作兵夫, 西征吐藩賊. 行後渾家死, 回來覓不得. 兒身面向南, 死者頭向北.

48) 三年作官二年半, 修理廳館老癡漢. 但知多少與梵志, 頭戴笠子雨裏判.

49) 官職莫貪財, 貪財向死親. 有即渾家用, 遭羅唯一身. 法律刑名重, 不許浪推人. 一朝囹圄裏, 方始憶淸貧.

여기서는 관직으로 재물을 탐내면 패가망신한다는 경종의 의취를 보여 주고 있다. 끝으로 왕범지의 시가 구어를 다용하고 있다는 것이다. 그 특성의 하나로 유희적이고 풍자적인 수법을 들 수 있는데, 간결하면서 소박한 표현으로 언외의 뜻을 표달해 준다. 이것이 소위 '버선을 뒤집어 신듯 본의는 뒤집어 놓아 보이지 않으나 그 뜻이 은유적으로 드러나는 표현법(翻着襪法)'으로서[50] 예시하면,

성 밖에는 흙 만두(무덤) 있고,
성안에는 소가 풀을 뜯는다.
한 사람이 하나를 먹어 보고서,
맛이 없다고 말하지 마시오.[51]

이 시는 평속하지만 인생의 종말을 언외적으로 희학(戲謔)하고 있다. 그리고 또 하나의 특징은 왕범지시가 직설법을 다용하는 것이다. 원서의 '不拘經典, 具言時事'(이미 인용)에서 '具言'이라 함은 곧 백묘(白描)로서 그 표현과 의미는 범터(范攄)가 말한 바, '其言雖鄙, 其理歸眞'(이미 인용)와 상통한다. 「좋은 일은 서로 양보해야 한다(好事須相讓)」(권4)을 보면,

좋은 일은 서로 양보해야 하고,
나쁜 일은 서로 미루지 마오.
오직 이 뜻을 분별할 수 있으면,
재앙이 떠나가고 행복이 찾아오리라.[52]

이 시는 동시처럼 간결하고 평이하다. 뜻이 평범하고 절실하며 표현이 사실적이다. 당어(唐語)가 직접 구사된 경우를 보면,

절로 태어났다가 절로 죽으니,
죽고 사는 것이 나에게서 말미암지 않으니라.

---

50) 「翻着襪」은 「梵志翻着襪」(권6)에서 출원하니 『山谷題跋』 권6, 「書梵志翻着襪詩」: "梵志翻着襪 人皆道是錯. 乍可刺爾眼, 不可隱我脚. 一切衆生顚倒類如此, 及知梵志大修行人也." 또 陳善은 『捫蝨新話』(권5)에서 "文章雖工, 而觀人文章, 亦自難識. 知梵志翻着襪法, 則可以作文."

51) 城外土饅頭, 餡草在城裏. 一人吃一個, 莫言沒滋味(권6).

52) 好事須相讓, 惡事莫相推. 但能辨此意, 禍去福招來.

줄달아서 태어나오니,
세상에 머물 곳이 없도다.
서둘러 추려 버리지 않으면,
눈으로 보아 천지가 무너지리라.[53]

이 시는 인간의 필연적인 사생을 객관적으로 묘사하였으니, 제2구, 제3구, 제5구에서 '煞活'·'生出來'·'抽却' 같은 그 당시의 구어를 구사하고 있음을 엿볼 수 있다. 그리고 「가난하다고 비웃어서는 안 된다(他貧不得笑).」(권4)에서 보면,

가난하다고 비웃어서는 안 되며,
약하다고 속여서도 안 되네.
오직 사람 자체만을 볼지니,
곧 반가이 맞아야 할지라.[54]

이 시는 인간 자체의 소중함을 강조한 것으로 제2구의 '欺'(上平 支)와 제4구의 '迎'(上聲 庚)을 통운(通韻)한 것은 당대의 음운상 가능한 그 당시의 속운(俗韻)에 맞춘 것이다.[55]

왕범지 자신에 대한 불명한 생평파악과 전설적인 일화, 그리고 작품의 불확정적인 정리 등으로 인해 그에 대한 연구기반이 아직은 단단하다고 볼 수 없다. 본격연구의 핵심이 되는 사회현실에 대한 직설적 비판을 보다 사실적으로 인증하면서 부각시키기 위해서도 생평과 사본의 투명한 고증, 그리고 시대상황의 대조 등이 절실한 단계에 있는 것이다. 예컨대, 「천하에 관직을 미워하니(天下惡官職)」(권2)을 보고자 한다.

천하에 관직을 미워하나니
단지 부병에 지나지 않도다.
사방에서 도적이 난동하면

53) 自生還自死, 煞活非關我. 續續生出來, 世間無處坐. 若不急抽却, 眼看塞天破(권2).

54) 他貧不得笑, 他弱不得欺. 但看人頭數, 卽須受逢迎.

55) 項楚 『王梵志詩校注』 권4(p.519)에서 "楚按: 此首以「欺」, 「迎」爲韻, 唐五代西北方音如此", 朱鳳玉 『王梵志詩研究』 下册(p.308)에서 "按: 「欺, 魚」叶韻, 且文義相貫穩安."

당일로 즉시 출동해야 하네.
연분이 있으면 다시 만나겠지만
업보가 박하면 곧 생을 달리하도다.
도적을 만나면 맞아 죽게 되니
전공 세워 받는 오품 벼슬을 다투려 않도다.[56]

이 시의 내면을 알기 위해서는 "정관 년간에, 서북지방에 주둔하는 부역이 이미 매우 심하였다(貞觀中, 西北屯戌之役已甚繁重)." (尙鉞 『中國歷史綱要』)라든가 "부병은 본래 농사에 병역을 부과하는 일종의 병역제도이다. 평시에는 부병이 대부분 농사에 종사하고, 일부분이 순번대로 서울의 수위나 변방 수자리에 임했던 것이다(府兵本是寓兵於農的一種兵制. 平時, 府兵大部分從事農耕, 小部分按番到京師宿衛或戍邊)." (范文瀾 『中國通史』 第三冊) 등의 기록을 통해 부병의 내용을 파악해야 하는데 기존의 주석본이 갖는 취약점이 여기에 있는 것이다.

Ⅳ. 종교에 대한 비판의식

왕범지는 승려이면서 사회개혁과 종교계의 이질분자라 할 것이다. 이질분자는 비판론자이며, 속승들과는 별개의 선승이며, 독설가로서의 자질을 발휘한 고발자였던 것이다. 왕범지 시의 유불도(儒佛道) 삼교에 대한 비판과 고발을 주제로 삼는 것으로 한정하려 한다. 그의 390수의 시(項楚本에 의거함)는 다양한 소재와 내용을 담고 있지만, 시집서에서 기술한 바, "몸을 수신하여 선한 일을 권면하고 죄를 경계하여 어긋나지 아니할 것이다(撰修勸善, 誡勖非違)"라고 한 표현처럼 시종일관 시가 지닌 교훈적 가치를 잃지 않고 있다. 청대 서증(徐增)이 『이암시화(而菴詩話)』에서,

56) 天下惡官職 不過是府兵. 四面有賊動, 當日卽須行. 有緣重相見, 業薄卽隔生. 逢賊被打煞, 五品無人爭.

시는 곧 그 사람의 내력이 된다. 사람됨이 고아하면 시 또한 고아하고, 사람됨이 저속하면 시 또한 저속하니, 글자 하나라도 가식해서는 안 되는 것이다. 그 시를 보면 곧 그 사람을 보는 것 같다.57)

라고 하였는데, 이 말은 왕범지와 그의 시를 대비해 볼 때 깊이 동의하는 것이다. 본고의 의도는 시에서 그 시인의 위인을 그려 볼 수 있다는 점에서 유추되는 바가 있으리라고 기대하는 것이다.

1. 유가(儒家)의 인륜 타락

왕범지시 집서에서 언급하였듯이 불효에 바탕 둔 시를 썼지만, 「王梵志之貴文, 習丁郭之要義」라든가, "讀此善文, 逆子定省飜成孝, 孀婦晨夕事姑嫜, 査郎蕩子生慚愧, 諸州遊客憶家鄕"(이상은 이미 앞장에서 인용)라고 하는 데에서 효행에 대한 기본규범을 숙지하고 있음을 알 수 있다. 유가의 경전을 통달했기에 "不守經典, 皆陳俗語"(序)(앞장에서 인용)라고 하여 나름대로의 경계를 개척할 수도 있었다. 그러기에 인륜타락에 대해서 거침없이 질책을 토로하였다. 그의 「자네가 좋은 자식이라면(你若是好兒)」(권2)는 효도의 표본을 제시하여 대상이 본받고 따를 것을 권훈하는 알맞은 예시라고 할 수 있다.

자네가 좋은 자식이라면
효심으로 부모를 섬기세.
새벽에 침상 앞에 일어나서
안부를 여쭐지라.
하늘이 자네의 좋은 마음 알지니
재물이 뜻밖에 문으로 들어오리라.
진나라의 왕상이 어머니 은혜 공경하여
겨울에도 죽순을 따서 드렸다네.
효도로는 한백유이며
동영은 외로이 어머니를 모셨다네.

---

57) 詩乃人之行略, 人高則詩亦高, 人俗則詩亦俗, 一字不可掩飾, 見其詩如見其人(二十一條).

자네 효도하고 나 또한 효도하니
효도의 가문이 끊기지 않으리라.[58]

인의예지(仁義禮智)의 유가 기본 사단(四端)의 실종된 실상을 지적하기 위해서는 위와 같은 교훈시가 필요했을 것이다. 그러기에 진대(晉代)의 왕상(王祥)이 계모를 공경한 일과, 초국(楚國)의 맹종(孟宗)이 겨울에 대순을 찾은 고사, 한백유(韓伯瑜)의 고희를 넘어서까지 자모에 대한 효성, 그리고 동영(董永)의 양모(養母) 등을 사표로 삼은 내용이 시속에 두루 포용되어 묘사하고 있다.[59] 그러나 왕범지의 눈에는 이런 효행이 변질되고 패륜적인 작태를 좌시할 수 없었으니, 「어머니가 자식 아끼는 것만 보일 뿐(只見母憐兒)」를 보면,

어머니가 자식 아끼는 것만 보일 뿐
자식이 부모 아끼는 건 보이지 않네.
장성하여 장가를 들면
오히려 부모를 추하다고 꺼려하네.
부모는 아랑곳하지 않고
단지 아내의 말만 들으려하네.
생전에 공경하여 모시지 않다가
사후에 진흙에다 제사를 지낸다오.
이와 같이 부랑당 같은 자식일랑
크게 다구쳐도 옹호할 리 없으리라.[60]

여기서 '倒見賊'은 불효자를 지칭하는 것으로 '倒見'이란 본분이 전도된 망령된 생각을 의미하기 때문이다.[61] 시인은 강렬한 직설을 가미하여 불

---

58) 你若是好兒, 孝心看父母. 五更床前立, 卽問安穩不. 天明汝好心, 錢財橫八尺. 王祥經母恩, 冬竹抽筍與. 孝是韓伯瑜, 董永孤養母. 你孝我亦孝, 不絶孝門戶.

59) 『搜神記』 권10 ; 「祥性至孝. 早喪親, 繼母朱氏不慈, 數譖之, 由是失愛於父…… 父母有疾, 衣不解帶, 湯藥必親書. ……」, 『藝文類聚』 권20 ; "韓伯瑜有過, 其母笞之, 泣, 母曰 ; 他日未嘗泣, 今何泣. 對曰 ; 他日得笞, 嘗痛, 今母之力不能痛, 是以泣也.", 『珠林』 권62 ; "董永者, 少偏孤, 與父居, 乃肆力田畝, 鹿車載父自隨. 父終, 自賣於富公以供喪事."

60) 只見母憐兒, 不見兒憐母. 長大取得妻, 却嫌父母醜. 耶娘不採括, 專心聽婦語. 生時不恭養, 死後祭泥土. 如此倒見賊, 打煞無人護 (권2).

61) 『珠林』 권6 : "但所施之人, 盡是邪行倒見之徒, 佛心受汝恭敬之養."

효에 대한 패륜행위를 매도하고 있다.

왕범지 시대에도 이런 부덕이 있었으니 오늘의 위치에서 고금의 차이가 없음을 보게 된다. 그리고 「부모가 아들 딸 낳고(父母生男女)」(권2)와 「효도는 전신의 인연이라(孝是前身緣)」(권2) 두 작품은 인륜을 어김을 더욱 극단적으로 비판하고 있다.

ⓐ

부모는 아들과 딸을 낳고
귀엽다고 사랑 베푸네.
좋은 음식을 보면
종이에 싸서 가져다준다.
마음으로 항상 새기어 잊지 못하여
집에 들어서자 아들딸을 찾는구나.
장성하여 어른이 되면
눈을 치켜 떠서 더불어 말하기 어렵구나.
불효하여 부모의 뜻 거슬리는 일
예나 지금이나 있으니
내가 죽게 되면
곧이어 너희들 차례되리라.[62]

ⓑ

효도는 전생의 인연인 것이니
본받아 배워서 되는 것이 아니네.
아들은 밖에 나가 어머니 생각 않고
어머니 항상 서나 앉으나 눈물 흘리네.
아들이 원정가면 어머니 또한 따라가니
목의 혹이 죽도록 붙어있는 듯 하네.
적이 나타났단 말 들으면
어머니 근심하여 공연히 뼈에 사무치네.
아들이 돌아와 어머니 얼굴 보니

62) 父母生男女, 沒娑可憐許. 逢着好飮食, 紙裹將來與. 心恒憶不忘, 入家覓男女. 養大長成人, 角睛難共語. 五逆前後事, 我孔卽到汝.

안색에 살이 홀쭉하다네.[63]

(A)시에서 제5연은 '五逆'[64] 곧 불효의 일들이 예부터 현재까지 끊임없이 이어지는 것이 인간의 삶에서 나타나는 현상이니 인간이 존재하는 한, 근절할 수 없는 패륜적 행위임을 강조한다. 따라서 효도를 제창하고 역자(逆子)를 견책하고자 한 주제에 따라서 지어진 것이다.[65]

이것은 돈황본 「불설부모은중경(佛說父母恩重經)」과 깊은 연관성을 지닌 것으로, 그 일단을 보면

> 어머니는 아들보고 기뻐하며, 아들은 어머니를 보고 기뻐하니, 두 사람의 사랑이 자못 깊어서 이 보다 더 한 것 없도다. 나이 들어 노쇠하니 서캐가 들끓어서 주야로 눕지 못하고 길게 탄식하니 무슨 깊은 죄허물 있다고 이런 불효자식 낳았는가! 어쩌다 불러 보면 눈을 치켜 뜨고 화를 낸다. 며느리는 욕을 하며 머리 숙여 비웃도다.[66]

이 글은 역대 대장경엔 실리지 않았으나[67] 30여 개의 돈황사본이 있는 것으로 보아 민간에 널리 유행되었음을 알 수 있으며 (A)시는 이 경문의 주제를 인용한 시가의 하나라고 본다. 그리고 (B)시는 대표적인 효심의 중요성을 강조한 작품으로서, 제1연은 효도는 인간이 지닌 천생의 도리이니 배워서 되는 것이 아니라 필연적인 정도라는 것이다. 이 또한 시앙추(項楚)의 견해에 의하면,[68] 당대에 민간에 유행하던 「父母恩重經講經文」·「敦煌曲校錄十恩德」 등에서 연유하여 이와 같은 간절한 교훈시를 써낼 수 있었다. 시가 시의 기능을 하려면 시의 계시적인 의취가 내포되어야

---

63) 孝是前身緣 不由相放習. 兒行不憶母, 母恒行坐泣. 兒行母亦征, 項腿連腦急. 聞道賊出來, 母愁空有骨. 兒廻見母面, 顏色肥沒忽.

64) 五逆·朱鳳玉, 『王梵志詩研究』 卷中: "佛教稱, 殺父·殺母·殺阿羅漢·由佛身出血·破和合僧等五種極爲逆理的深重罪爲五逆", 項楚 『王梵志詩校注』 권2 p.156: "五逆鬼, 不孝鬼 …… 而民間則往往以五逆專指不孝, 這是詞義的縮小"」, 故圓鑒大師二十四孝押座文: "孝慈必感天宮福, 五逆能招地獄殃".

65) 項楚 『王梵志詩校注』 권2 p.175 참고

66) 母見兒歡 兒見母喜, 二情恩愛慈重, 莫復過此 …… 年老色衰 多饒蟣虱, 夙夜不臥, 長呼歎息, 何罪宿愆, 生此不孝之子. 或時喚呼, 瞋目驚怒. 婦兒罵詈, 低頭含笑.

67) 上揭書, p.176.

68) 項楚 『王梵志詩校注』 권2(p.179)의 楚按에 의하면 "'變文集父母恩重經講經文云: 經道兒行千里, 母行千里. 男女成長已後 各順仕宦經營……' 又云: '敦煌曲校十恩德第九遠行憶念恩: 放兒去, 任征邊阿娘魂魄於先.' 內容皆與梵志比詩有相似之處, 當非偶然"」.

하는데 왕범지시는 모두가 긍정과 부정의 대립, 그리고 적극적 묘사와 소극적인 비유 등이 조화를 이룬 가운데에서 독자의 심금을 울리게 하는 것이다.

가정의 화합과 사회의 안정은 형제와 친우와의 우애일지니, 『論語』의 「學而」에서 "군자는 근본을 힘쓸 것이니 근본이 서면 도가 일어난다. 효도와 우애는 인을 행하는 근본이니라(君子務本, 本立而道生. 孝悌也者, 其爲仁之本歟)"라고 한 바와 같이 왕범지는 이 시에서 형제의 화락을 강조하고 있다. 「형제는 모름지기 화순해야 한다(兄弟須和順).」(권4)을 보면

형제는 화목할지니
숙질 간에 경멸하여 속여서는 안되네.
재물은 상자를 같이 할 것이니
방 속에 사사로이 쌓아서는 안되네.[69)]

이 시는 형제화목과 친척간의 정도, 그리고 재물로 불의하지 말기를 밝히고 있다. 또 「형제가 서로 사랑할지라(兄弟相憐愛)」(권4)에서는,

형제는 서로 사랑할 것이며
동기간에는 따로 지내지 말지라.
혹자는 떨어져 지내고자 하나
이렇다면 몹쓸 놈이로다.[70)]

여기서는 동기간에 동거하여 병노(兵奴)같은[71)] 관계가 되어서는 안 된다고 경고한다. 그리고 「형제는 보물처럼 얻기 어려우니(兄弟寶難得)」(권4)을 보면,

형제는 보물처럼 얻기 어려우니
타인을 가까이 해서는 안 되네.

---

69) 兄弟須和順, 叔姪莫輕欺. 財物同箱櫃, 房中莫畜私.
70) 兄弟相憐愛, 同生莫異居. 若人欲得別, 此則是兵奴.
71) 『釋氏要覽』 卷中: "若佛子應如法次第坐, 先受戒者在前坐, 不以老少貴賤, 莫如兵奴外道之法.", 『全唐詩話』 권2: "皇甫湜云: 詩未有劉長卿一句, 已呼宋玉爲老兵矣, 語未有駱賓王一字, 已罵宋玉爲罪人矣."

장자의 말씀을 알기만이라도 해도
손발처럼 끊기 어려울지라.[72]

이 시는 형제의 관계를 손발과 같은 것으로 비교하면서 긴밀한 화합을 역설하고 있다.『莊子』에는 없으나 돈황자료에 보이는 바, 시인은 그 일화를 시에 활용한 것이다.[73] 특히,「옛날에 전진의 형제가 재물을 나누니(昔日田眞分)」(권4)에서는 한대 성제시(成帝時)의 전진(田眞)의 우애를 고사로 인용하여 간접화법으로 형제애를 제시하였으니,

옛날에 전진의 형제가 재산을 나누려니
뜰의 가시나무 곧 시들었도다.
의논하여 헤어지지 않기로 하니
그 나무가 다시 살아나 무성하였네.[74]

여기서는 전진의[75] 삼 형제가 재산을 삼분하였다가 마당에 심은 나무까지 말라죽게 되자 반성하여 재물을 모아서 효도의 가문이 되었다는 비유법을 강구하였다.

왕범지시에서는 유가풍의 다른 면으로 경신(敬愼)을 소홀히 하는 풍조를 경계함도 간과할 수 없으니, 처세의 자세로 공경을 강조한 예시를 보면,

남을 공경하면 스스로 존경받으며
남을 멸시하면 스스로 경시한다네.
남을 한 두 마디 욕하면
남은 몇 천 마디 욕한다네.
남의 부모 존함 범하면
남은 조상 존함을 범한다네.
성내어 보복 없이 하려면
말을 적게 함이 가장 좋으리라.[76]

---

72) 兄弟寶難得, 他人不可親. 但尋莊子語, 手足斷難論.
73) 敦煌遺書 p.2588,「新集九經文詞抄」:"莊子云: 兄弟如手足, 妻子如衣服. 衣服破而更新, 手足斷而難續."
74) 昔日田眞分, 庭荊當即衰. 平章却不異, 其樹復還滋.
75)『太平御覽』권411:"田眞兄弟三人, 家臣富而殊不睦. 忽共議分財, 金銀珍物, …… 兄弟相感, 競合財產, 遂成純孝之門."

이 시는 항상 겸손하여 자중함을 강조하고 솔선하여 남을 공경하며 처신을 신중히 하라는 것이다. 더우기 언행에 근신을 하며 은혜를 반드시 갚아야함을 묘사한 예시를 보면,

은혜를 알면 보은을 해야 하니
은혜 받아 갚지 않으면 안되네.
물 마른 우물에 빠져 있어도
누가 다시 구하려 올 건가![77]

여기서는 보은의 여부(報恩與否)가 사람을 좌우한다는 의미로서 위대(魏代) 화흠(華歆)의 고사로[78] 은혜를 잊는 자가 다시 재난을 당할 시에 구제될 수 없음을 보은의 당위성과 상관시켰다. 또 「주인이 왕림하면(主人相屈至)」 (권4)에서

주인이 왕림하시면
객은 먼저 문에 들지 말지라.
존귀한 분 계시면
때를 맞추어서 친히 문을 두드리라.[79]

객으로서 존장에 대한 예의를 단편적으로 묘사하였으나, 『禮記』의[80] 객을 영접하는 절차를 현실에 맞게 계훈하고 있다. 유가의 도덕관이 희석되는 사회상을 염려하는 일종의 경고표현이랄 수 있다.

한편, 선비의 영달의식과 축재욕망은 초당의 과도기에 극심하였다. 더구나 무위도식하는 낭인 같은 선비에 대해서는 왕범지의 필설이 추호의 관용 없이 날카로웠다. 게으르고 무료한 선비를 매도한 「세상에 게으른 사람이(世間慵懶人)」 (권3)를 보면,

---

76) 敬他還自敬, 輕他還自輕. 罵他一兩口, 他罵幾千聲. 觸他父母諱, 他觸祖公名. 欲覓無嗔根, 少語最爲精. (권3)

77) 知恩須報恩, 有恩莫不報. 更在枯井中, 誰能重來救. (권4)

78) 『三國志』 魏志華歆傳: "歆少以高行顯名. 比丈夫中道墮井, 皆欲棄之."

79) 主人相屈至, 客莫先入門. 若是尊人處, 臨時自打門.

80) 『禮記』 曲禮上: "凡與客入者, 每門讓於客. 客至於寢門, 則主人請入爲席, 然後出迎客. 客固辭, 主人肅客而入."

세상에 게으른 사람이
오 분의 이는 된다네.
의례히 성근 적삼을 걸치고는
두 어깨 으쓱대며 산자 모양을 하고
말할 때는 주둥이 끝을 빗죽거리며
거짓되이 벼슬아치 노릇이라.
초가에는 원래 침상도 없으며,
담요나 이불도 없구나.
다른 사람은 한 밤 중에 눕는데
해 서쪽에 보이면 다리 펴고 자도다.
남들은 새벽녘에 다니는데,
해가 높이 떴는데 일어나려 않네.
친구들 수십 명이
떠들면서 노름판을 벌리도다.
야채 죽 한 사발 마시고서
길가에 다리 벌리고 서 있도다.
사람 만나서 함께 얘기하는데
세상일들을 헛되이 떠들지 마오.
계집애 불러다가 하녀로 삼고
사내아이 끌어다가 사동을 삼도다.
아내는 벌거벗고 다니면서
늘 상 굶어 죽겠다 하네.
한 무리의 문둥이 같은 놈들
자못 부모 마음 부끄럽게 하네.
해와 달이 자못 넓게 은혜를 베풀지만
살인꾼 같은 불효 자식놈에겐
비추이지 않으리라.[81]

당초에 혼란기가 가시기 전에 과도기의 민심을 대변해주면서 그 당시의 사회상을 보여준다. 유인이 단순한 선비의 자세를 망각하고 태만과 도

81) 世間慵懶人, 五分向有二. 例著一草杉, 兩膊成山字. 出語觜頭高, 詐作達官子. 草舍元無床, 無氈復無被. 他家人定臥, 日西展脚睡. 諸人五更走, 日高未肯起. 朝庭數十人, 平章共博戲. 菜粥喫一椀, 街頭闊立地. 逢人若共語, 荒說天下事. 喚女作家生, 將兒作奴使. 妻即赤體行, 尋常飢欲死. 一群病癩賊, 却搦父母恥. 日月甚寬恩, 不照五逆鬼.

박, 가정파괴까지 자행하면서 교만과 사술을 일삼는 작태를 세심하게 묘사하였으니, 「達官子」란[82] 능통한 자를 지칭하는 것이기에, 나태한 자의 가식적인 경박한 허풍에서 그 당시의 유인의 무도한 행색을 엿보게 한다.

2. 도석(道釋)의 속된 마음

왕범지는 구구절절이 비유와 풍자, 나아가서는 신랄한 비판과 극단적인 매도와 저주의 표현을 서슴치 않았다. 어느 시대가 종교의 타락상을 문제삼지 않음이 없지만 왕범지는 자신이 승려이기에 다는 승려들의 단점을 더욱 직설적으로 고발하였다. 이 점은 도교자에게도 같이 적용되었으니, 「도사의 머리를 비스듬히 하고(道士頭側方)」(권2)를 보면,

> 도사가 머리를 비스듬히 하고
> 온 몸에는 황색 도포를 걸쳤네.
> 예불하고픈 마음은 전혀 없으면서
> 항상 천존 신의 사당을 소중히 하네.
> 삼 교 모두 하나 같이
> 부질없이 잘난체 뽐내네.
> 하나로 성현의 물 먹었으니
> 약하지도 강하지도 않는도다.
> 차별하여 생각하지 말아야 하는데
> 스님네들 스스로 잘났다고 떠들도다.
> 불교과 도교를 함께 받들어서
> 세상사람들 옷가지 마련하여 보내도다.
> 양식이며 약품도 보내오니
> 죽어가면서 탕약을 끓이지 않네.
> 바르게 평생을 한결같이 산다면
> 응당히 보답되어 천당에 오르리라.[83]

82) 『太平廣記』 권176 : "今輕薄十年裂餅緣, 割瓜侵瓤, 以爲達官兒郞, 通人之所不爲也."

83) 道士頭側方, 渾身惣著黃. 無心禮拜佛, 恒貴天尊堂. 二教同一體, 徒自浪褒揚. 一種霑賢聖, 無弱亦無强. 莫爲分別想, 師僧自說長. 同尊佛道教, 凡俗送衣裳. 糧食逢醫藥, 垂死續命湯. 勅取一生活, 應報上天堂.

왕범지는 당초에 국교로 받든 도교의 도사들이 득세하며 수도에 힘쓰지 않음을 승려와 다를 바 없는 통속화된 타락의 상징으로 매도하였다. 이러한 현상은 당초에 도사를 불승보다 우위에 놓아서 받든 풍조 때문에 왕범지로서는 대상의 예외일 수 없었다. 『승사략(僧史略)』(권중)에,

> 당대 정관 11년에 낙양을 순행한데 도사로 먼저 스님과 논하는 자가 있거늘 태종께 알리었더니, 조서를 내리어, 여도사는 여승 위에 둘만 하다하더라.[84]

라고 기록된 데에서 그 당시의 의식을 알 수 있는데 이러한 의식이 건국 초기를 넘기고 사회가 안정되면서 도석일종(道釋一宗)의 관념으로 변화하면서 이들 수도자들의 부조리 현상은 극심해졌다고 하겠다.[85] 이제 『全唐文』에 기록된 일단을 보면 그 상황을 확인할 수 있으니,

> 여기에 천박한 무리 있어서 내 것 네 것 하며 다투매 때론 그로 인해 화를 내어 추악한 말을 하도다. 승려는 이미 도사를 배척하고 도사는 불법을 비방하여 서로 헐뜯어 더욱 심해지니 인심이 나빠짐이 이 지경에 이르렀도다.[86]

도사가 예불에 뜻을 두지 않고 중생 앞에서 잘난 체 하며 약탈과 기만을 일삼는 것이다. 두 종교가 상호 훼방하니 민심이 불안하여 안사(安史)의 난을 위시한 사회혼란이 이미 예기되었다 할 것이다. 제2연의 예불(禮佛)하려는 마음은 없지만 도사의 행세를 위해서는 형식적으로나마 천존(天尊)을 모시는 자세를 취하는 모습이며 제6연에서 민생들이 수도자라고 존중하여 옷가지를 보내오는 순진성, 그리고 제5연에서 도교와 불교의 불화와 승려가 도교를 배척하는 풍조를 엿보게 한다.[87]

그리고 수도자의 신성한 장소가 빈궁한 여인들의 은거지가 되어서 혼탁해진 양상을 질타하는 「도장에 아녀자가 있는데(觀內有婦人)」(권2)에서는 수도자의 생활상을 극명하게 풍자하고 있다.

---

84) 唐貞觀十一年, 駕幸洛陽, 道士先有與僧論者, 聞之於太宗, 乃下詔曰 ; 道士女冠可在僧尼之上.

85) 『全唐文』 권9, 「武則天禁僧道毁謗制」: "佛道二教, 同歸於善, 無爲究竟, 皆爲一宗."

86) 此有淺識之徒, 競生物我, 或人懟怒, 各出醜言. 僧旣排斥老君, 道士乃誹謗佛法, 更相訾毁, 務在加諸, 人而無良, 乃至於此(권9, 「禁僧道毁謗制」).

87) 項楚는 이 시의 해설에서 제5연 "莫爲分別相, 師僧自說長."에 대해 "則其所不平者, 實爲僧徒倨傲自高, 排斥道教之現象"(『王梵志詩校注』 권2, p.96).

도장에 아낙네 있는데
일컬어 여도사라 하네.
저마다 머리 빗고 몸단장하여
모두 다 연꽃 머리관을 둘렀도다.
긴 치마는 금빛으로 빛나고
비스듬히 황색 홑저고리 걸치었네.
아침마다 도덕경 읊는 가락에
외치는 소리는 수다하도다.
가난하여 문전 구걸하여서
양식을 얻으면 서로 같이 먹도다.
부엌에는 마련한 것 없는데
안방에는 솥이 놓여 있도다.
가족들은 나라의 부역 나가서
의식을 멀리에서 구하기 어렵도다.
출가하여 지아비를 만나지 못하니
병으로 고통스러워도 돌볼 이 없도다.
구걸할지언정 고향에서 산다면
즉시 춥고 굶주림을 면하게 되리라.[88)]

여기서 수도자가 본분을 지키지 못하고 구걸과 질병으로 고생하며 신세한탄 하고 있으니, 속인과 다를 바 없으매, 『태평광기(太平廣記)』(권66) 「사자연(謝自然)」에서,

> 수도함에는 산림에서 조용히 지내야 하니 마을 가에 가까이 해선 안 된다. …… 모름지기 집과 친족을 멀리해야 하니, 근심 속에 정이 일면 수도의 행실 지키지 못한다.[89)]

라고 한 것과 상반되는 상황을 직접 질책적으로 묘사하고 있다.

왕범지는 불승의 탈선에 대해 더욱 날카로운 매를 들고 있으니, 가면 쓴 승려들의 속성을 고발한 「스님의 머리 매끈하고(道人頭兀雷)」(권2)를

88) 觀內有婦人, 號名是女官. 各各能梳略, 悉帶芙蓉冠. 長裙並金色, 橫披黃儭單. 朝朝步虛讚, 道聲數千般. 貧無巡門乞, 得穀相共餐. 常住無貯積, 鐺釜當房安. 眷屬王役苦, 衣食遠求難. 出無夫婿見, 病困絶人看. 乞就生緣活, 交卽免饑寒.

89) 修道要山林靜居, 不宜附近村柵. …… 仍須遠家及血屬, 慮有恩情忽起, 卽非修持之行.

보면,

스님의 머리 매끈하고
의례히 살찐 숫소의 배로다.
본래 속세의 인간인데,
출가하여 높은 지위에 섰도다.
음식은 대접에 먹고
의복은 깃대에 걸어두네.
매일 시주 집에 가서
일곱 부처에 불공드리네.
포식하여 돈을 꿰차고는
머리 숙이고 문을 나서네.
손에는 두세 염주 들고 가나
배를 가르면 본래 아무 것도 없으리라.
평생을 끝내 깨닫지 못하고
단지 살만 잔뜩 찌누나.
벌레나 뱀도 은혜를 갚거늘
사람의 자식이 어디에서 나왔는가?[90]

기름기 넘치는 중들의 머리와 살찐 풍모, 돈을 중시하는 행태, 허황된 겉모습의 꼴불견 등 모든 것이 어느 것 하나 불심과는 상관이 없다. 의식은 「禮七」 즉, 칠불(七佛)을 외면서 마음은 불승전(佛僧錢)에 두었으니 그 당시의 타락승의 보편화된 현상임을 알 수 있다. 그리고 「절간의 여러 여승(寺內數箇尼)」 (권2)에서는 비구니의 한심한 작태를 통하여 성직자의 비리를 통박하고 있으니, 그 일단을 보면,

절 안에 여승들 여럿이
서로 옷차림과 몸치장을 일삼도다.
본래 속인의 딸인데
출가하여 승복을 걸쳤네.

---

90) 道人頭兀雷, 例頭肥特肚. 本是俗家人, 出身勝地立. 飮食哺盂中, 衣裳架上出. 每日趁齋家, 卽禮七拜佛. 飽喫更色錢, 低頭著門出. 手把數珠行, 開肚元無物. 生平未必識, 獨養肥沒忽. 虫蛇能報恩, 人子何處出.

……
불전을 알지 못하니
불가의 승복을 못쓰게 하네.
……
단지 재물만을 구하니
나머지 일일랑은 멋대로 하네.
부자들은 너무나도 중시하고
가난한 자엔 왕래가 드물도다.
단지 하루의 쾌락만을 알뿐이니
백년의 기근일랑 잊고 있다네.
가족들 여위는 건 개의치 않고
오직 자기 한 몸 살찌기 바란다네.[91)]

이 너무도 적나라한 실상의 고발에서 왕범지의 수도정신을 확인하게 되고, 불교의 타락상을 엿보게 된다. 구사된 시어가 평범한 일상용어이지만 그 속에 담긴 예리한 관찰력은 이 시의 승화된 진실성을 돋보이게 한다.

한편, 왕범지는 승려가 쾌락만을 추구함을 직시하며 「아이가 출가하여(童子得出家)」(권7)에서,

아이가 출가하여 수도한다면서
평생 두고 쾌락을 누리도다.
음식은 대접에 가득하고
깃대에서는 입을 옷을 골라대네.
새벽에 묽은 죽을 한다면서
손으로는 고깃국을 맛보는도다.
……
미련하여서 몸이 살찌기를 바라니
매일 석약을 복용하네.
산 부처께 예불하지 아니하고
재색에 빠져 헤매는도다.

91) 寺內數箇尼, 各各事威儀. 本是俗人女, 出家掛佛衣. …… 佛殿元不識, 損壞法家衣. …… 只求多財富, 餘事且隨宜. 富者相過重, 貧者往還希. 但知一日樂, 忘却百年飢. 不採生緣瘦, 唯願當身肥.

낮에는 공명을 추구하고
밤에는 쾌락을 찾아 헤매네.
아득히 탈속할 생각은 않고
미적대며 속정에 매여 있도다.
온 길거리에는 뚱보가 가득하니
마치 발 없는 자라새끼 같구나.[92]

불도는 떠나 있고 속계의 물욕에 젖어 있어 위선적 성직의 탈을 쓴 불자의 한심스런 작태를 사실대로 그려 놓았다. 통렬한 자아비판의 표출이기도 하다. 그리고 「염불 소리는 들리지 않고(不見念佛聲)」(권5)의 전단을 보면,

염불 소리는 들리지 않고,
거리마다 우는 소리만 들리네.
살았을 때는 털이불 썼지만,
죽고 나니 시체라 싫어하네.
죽은 시체 오래 남겨둘 수 없어
서둘러서 매장해야하네.[93]

승려가 타락하니 백성들의 초상집에 염불소리가 들릴 리 없다. 시세의 조류가 혼탁하였지만, 왕범지 자신은 타락을 비판할 수 있는 엄숙한 신앙심을 유지하고 있었음을 다음 시에서 확인할 수 있다.

나 왕범지가 죽어서
혼백이 염라대왕을 알현하겠지.
역대 제왕의 속된 전적을 다 읽어본들
채찍 당하는 일 면치 못하리라.
오로지 나무아불을 따라 행하면
모두 불도를 터득하리라.[94]

---

92) 童子得出家, 一生受快樂. 飮食滿盂中, 架上選衣著. 平明欲稀粥, 食手調羹臛. …… 愍癡求身肥, 每日服石藥. 生佛不拜禮, 財色偏染著. 白日趁身名, 兼能夜逐樂. 不肯逍遙行, 故故相纏縛. 滿街肥統統, 恰似鱉無脚.

93) 不見念佛聲, 滿街聞哭聲. 生時同氈被, 死則嫌屍妨. 屍穢不中停, 火急須埋葬.

왕범지의 시에서 위와 같은 종교적 색채가 가장 짙게 표현되어 있다. 상기의 모순점을 지적하는 것 외에, 수다한 초탈적 의식의 발로를 작시화한 것이 적지 않다. 선경(禪境)을 추구하여 육신을 꿈같이 허무한 의식세계로 승화시킨 시세계 또한 매우 중요한 특성이다. 「그림자 보노라면 본래 보이지 않고(觀影元非有)」(권3)에서,

> 그림자 보노라면 본래 있지 않고
> 육신을 보아도 또한 텅 비어 있네.
> 그건 물밑의 달을 따는 것 같고
> 그건 나무 끝의 바람을 잡는 것 같네.
> 따려 하면 보이지 않고
> 잡으려 하면 끝간데가 없구나.
> 중생의 전생의 업보를 따라 돌거늘
> 그건 마치 꿈속에서 잠자는 듯 하네.[95]

라고 한 의취는 단순한 삶의 초탈을 희구하는 허무의식이 아니라 속세의 현실을 보고 종교의 비신앙적 양상을 직시하면서 현실망각의 바램이 담겨져 있다고도 보아진다.

Ⅴ. 사회 부조리에 대한 질책

수도하는 신세의 왕범지이지만 그 시대의 사회상을 직시하고 민감하게 반응하는 안목을 지니고 있었다. 그가 남긴 390여 수의 시에서 높이 평가될 수 있는 부분은 시의 묘사와 격조의 우수성보다는 통속적인 시어로 사실들을 백묘(白描)수법으로 비웃고 화내며 풍자하면서 사회의 폐단과 백성의 질고(疾苦)를 직설적으로 그려낼 수 있었다는 것이다. 초당대의

---

94) 梵志死去來, 魂魄見閻老. 讀盡百王書, 不免被捶拷. 一稱南無佛, 皆已成佛道(권6).
95) 觀影元非有, 觀身亦是空. 如採水底月, 似捉樹頭風. 攬之不可見, 尋之不可窮. 衆生隨業轉, 恰似寐夢中.

사회계급의 분화와 빈부의 불균형 현상이 극심해졌을 때에 비등해진 백성의 애증(愛憎)심리를 다각적으로 대변해준 것이다.[96]

본문의 내용은 당대 사회현상의 불합리성을 지적하는 데에 초점을 두려한다. 거기에는 지주계급의 착취와 신분상의 불공평, 그리고 관리의 전횡(專橫)과 재물욕을 들 수 있으며 나태와 유랑의 민심을 우려하는 테마들을 포함시킬 수 있다. 정관(貞觀) 시기의 사회상을 기술한 『당회요(唐會要)』(권83)의 일단을 보면,

> 이제 백성들이 변란을 당한 후에 수나라 때에 비하여 겨우 십분의 일이다. 관청에 요역을 나가서 길에 연이어 있으며, 형이 나가면 아우가 돌아가면서 앞머리에서 꼬리까지 끊이지 않고 춘하추동을 거의 쉴 틈이 없다.[97]

라고 하여 그 당시의 가정과 사회가 무너진 상태의 단면을 보여준다. 따라서 왕범지의 시들은 청대 서증(徐增)이 말한 바,

> 당시를 배우려면 먼저 필작의 연단을 해야 하나니 사작의 연습이 자유자재로 뜻한 바와 같이 되면 절로 좋은 시가 우러나오게 된다.[98]

와는 거리가 있지만, 시의 사실성과 정직성이란 면에서 볼 때, 왕범지의 사회시는 역시 청대 조집신(趙執信)이 말한 바,

> 시인은 학식을 아는 것을 높이 사는데 도리를 아는 것은 더욱 높이 살 것이다. 소동파가 두보시를 논함에 있어 또 다른 담긴 뜻이 있다고 한 것은 바로 이것이다.[99]

---

96) 朱鳳玉, 『王梵志詩研究』 上 p.190 : "王梵志詩以通俗淺近的語言, 白描寫實的手法 嬉沼怒罵, 冷佩熱嘲地將社會的弊端 , 百姓的苦痛披露出來, 擧風租庸調與差科徭役等之繁重 ; 兵役征防之頻仍, 以及逃亡等社會黑暗痛苦的現象, 均毫不保留加以刻." 匡扶 「王梵之詩社會內容淺析」: "王梵之曾用他較多的詩篇, 眞實地揭露了初唐時期社會中兩極分化, 貧富不均的普遍而嚴重的現象, 而且是描寫具體愛憎分明."(『西北師院學報』 1983年 第4期).

97) 今百姓承喪亂之後, 比於隋時, 才十分之一, 而供官徭役, 道路相繼, 兄去弟還, 首尾不絶, 春秋冬夏略無休時(「貞觀十一年侍御史馬周上疏」).

98) 學唐詩先須鍊筆, 到得伸縮如意, 自有好詩作出來(『而菴詩話』 十二條).

99) 詩人貴知學, 尤貴知道. 東坡論少陵詩外尙有事在, 是也(『談龍錄』 十六條).

라고 한 입론과 상통하겠다. 왕범지의 사회상을 묘사한 작품은 송곳 그 자체가 되어 민심의 핵(核)을 끊임없이 찍어내어 보여주고 고발한다.

1. 신분계급의 차별

어느 사회이든 통치와 종속관계가 성립됨은 필연적인 이치일 것이다. 통치자와 그 부속부류는 피지배계급에 대해 절대 군림하였음은 정사(正史)인 『新唐書』(本紀) 후미에 「贊」이 부언된 것만으로도 가히 유추할 수 있다. 이제 그 일단을 보기로 한다.

> 찬사하노니 당이 천하를 얻은지 20대에 이르렀는데, 칭송할 만한 분 세 임금이니 현종과 헌종은 그 유종의 미를 거두지 못했지만, 위대하도다! 태종의 공적이여!! 수나라의 난을 잡았으니, 그 자취는 탕과 무왕에 비기겠다.[100]

초당의 절대중앙집권체제로 인한 사회계급이 양극화되어 빈부의 불균등 현상이 심화되고 사족문벌제도(士族門閥制度)가 악화되면서 신분이나 직업의 귀천의식이 노골화되었다. 왕범지는 이러한 사회구조를 사실적으로 묘사하고 애증의 도를 분명히 헤아려 놓았다.[101] 그의 「기공은 기술을 배우지 말라(工匠莫學巧)」(권2)는 농공상들의 세습적인 신분차별과 역경을 대변해주는 예라 할 것이다.

> 기공들은 기술을 배우지 말지니
> 기술 있으면 남에게 부림을 받네.
> 신분이 본래 노예이니
> 아내 또한 관리의 여종이네.
> 남편이 잠시 없으면,
> 끌고 가서 모욕을 당한다네.

---

100) 贊曰: 唐有天下, 傳世二十, 其可稱者三君, 玄宗·憲宗皆不克其終, 盛哉 太宗之烈也, 其除隋之亂比迹湯武(권2 本紀第二太宗).

101) 匡扶 「王梵之詩社會內容淺析」(『西北師院學報』 1983年 第4期) ; "王梵之曾用他較多的詩篇, 眞實地揭露了初唐時期社會中兩極分化, 貧富不均的普遍而嚴重的現象, 而且是描寫具體, 愛憎分明."

일하기 전엔 돈을 준다고 말하고서
일하고 나면 눈을 부릅뜬다네.
호인이 술과 음식 내려주면서
은혜로운 말에서 아름다운 정이 솟는다.
무뢰한이 돈은 주지 않고
시커먼 속셈으로 등어리를 친다네.
빈궁하면서 참으로 불쌍하니
굶주리고 추운 모습 드러나네.
부역이 하나 같이 내려오니
나가지 않으면 맞아 죽도다.
차라리 도망가다 잡힐지언정
뉘라서 매맞고 모욕 당하겠는가?
어째서 집을 버리고 도망가는가?
진실로 학대를 중지하지 않기 때문이라네.102)

이 시는 기능공의 구속생활과 그 가족까지 모욕을 감수해야하는 노예신분임을 통렬하게 고발하고 있다. 『당육전(唐六典)』(권7)에 "기공으로 일하는 사람들이 일단 기공으로 들어가면 각자의 능력에 직분을 얻지 못하게 된다. 주물기공으로 주물에 뛰어난 자는 정공에 임명된다(工匠作業之子弟, 一入工匠後, 不得別人諸色. 其和頤鑄匠有名解鑄者, 則補正工)." 여기서 단공(短工) 다음에 정공(正工)에 보임되는데 세습적이어서 마음대로 직업변경이 불가했음을 알 수 있다. 그리고 그 처자식도 관노비(官奴婢)의 신세가 되니 그들의 궁극적인 행로는 도주이며 유랑으로 귀착된 것이다. 그러면 당시 기세등등한 관리들의 자부심을 갖게 해 준 관리선발을 빗대어서 허울좋은 외식적 규범을 비판하는 예시 「첫째는 고상한 품행이 이어야(第一須景行)」(권3)를 보기로 한다.

첫째는 고상한 품행이 있어야 하며
둘째는 유능하고 총명해야 한다.
법령에 물결같이 뛰어나고

102) 工匠莫學巧, 巧卽他人使. 身是自來奴, 妻亦官人婢. 夫婿暫時無, 曳將仍被恥. 未作道與錢, 作了擘眼你. 奴人賜酒食, 恩言出美氣. 無賴不與錢, 蛆心打脊使. 貧窮實可憐, 飢寒肚露地. 戶役一概差, 不辦棒下死. 寧可出頭坐, 誰肯被鞭恥. 何爲抛宅走, 良由不得止.

문필은 화초같이 피어나네.
정신은 빠른 화살같이 곧으며
회포는 깨끗한 모래처럼 맑도다,
살펴 본 바 모두 이와 같으니
어찌 근심하며 불안해 하는가? 103)

이처럼 재기가 발랄한 관리들이 하급계층에 대한 학대와 능욕을 일삼은 이유는 무엇이며 결국은 유랑으로 몰고 갔는지에 대한 해답은 단 한마디 '덕행'을 경시한 선발기준에 있는 것이다. 『신당서(新唐書)』(選擧志下)에 보면,

무릇 사람을 고르는 방법은 네 가지가 있다. 첫째는 몸이니 외모가 넉넉하고 커야한다. 둘째는 언사이니, 언사가 바르어야 한다. 셋째는 글씨이니 서법이 고와야 한다. 넷째는 판별이니, 문리가 뛰어나야 한다.104)

라고 하였듯이 4 조건에서 덕행은 제외되어 인품 결여로 있음을 보게 된다. 이런 제도로 인해 관리의 전횡은 심해지고 계급간의 괴리가 커져서 서민과는 주종(主從)관계가 강화되는 모순현상이 더욱 뚜렷해졌다.105) 이것을 왕범지는 「천자를 대신하여 백성을 다스리다(代天理百姓).」(권3)에서 직설하고 있다.

천자를 대신하여 백성을 다스리며
법령 또한 준수해야 하네.
관리가 기뻐하면 법도 기쁘고
관리가 성내면 법도 성내네.
모두 관리에 의해 법을 시행하니
어찌 법으로 사람을 다스리겠는가?
순식간에 목을 처단하니

---

103) 第一須景行, 第二須强明. 律令波濤涌, 文詞花草生. 心神激箭直, 懷抱徹沙淸. 觀察惣如此, 何愁不太平.

104) 凡擇人之法有四: 一曰新, 體貌豊偉, 二曰言, 言辭辯正, 三曰書, 楷法遒美, 四曰判, 文理優長.

105) 『貞觀政要』 擇官: "貞觀三年, 太宗謂吏部尙書社如晦曰, 比見吏部擇人, 惟取其言詞刀筆 不悉其景行. 數年之後, 惡跡始彰, 雖加刑戮, 而百姓已受其弊."

이유가 있다한들 어떻게 호소할 수 있으리오[106]

관리가 천자를 대신하여 백성을 다스리는 데의 기본대상은 상벌관계로서 이 권한은 관민의 차별의식을 심화시켰고 백성은 관리의 언행에 따라 희비가 엇갈리는 운명에 놓이곤 하였다[107]. 따라서 관리가 곧 법이 되어 희비에 따라 백성에 대한 범법의 한계가 달라지는 괴현상을 제2·3연에서 직언하고 있다. 그러니까 사법(司法)이 문란하여지고 혹리(酷吏)의 횡행이 가능하며 후안무치(厚顔無恥)의 관료의식이 만연될 수 있었다. 이런 면을 왕범지는 주저 없이 매도하고 있으니, 「백성이 모욕을 당하면(百姓被欺屈)」(권3)을 보면,

백성이 모욕을 당하면
상서, 어사대, 대리사 등의 관리가 처리해야 하네.
매일 매일 둘러앉아서
갈수록 억울한 사정이 새로워지네.
느릅나무를 잘라서 버드나무라 하고
귀신을 오히려 사람이라고 판결하네.
천자가 백성의 원한을 껴안고
나쁜 관리는 밭이랑의 먼지를 흩날리네.[108]

무측천(武則天) 시기의 관리의 신분적 학대는 일반화된 현상으로 보인다.[109] 도리와 원칙도 없이 백성을 소유물로 경시하는 풍조를 좌시만 할 수 없는 데에서 왕범지는 어사(御史)의 가식적 위세를 「천하의 나쁜 관직(天下惡官職)」(129호 · 권3)에서 다음과 같이 묘사한 것이다.

천하의 아무리 못된 관직도

106) 代天理百姓, 格式亦須遵. 官喜律卽喜, 官嗔律卽嗔. 惣由官斷法, 何須法斷人. 一時截却項, 有理若爲申.

107) 『新唐書』 刑法志: 「賞罰所以代天行法」, 『舊唐書』 代宗紀: "至于國朝, 實執其政, 當左輔右弼之寄, 總代天理物之名, 典領百寮, 陶鎔景化."

108) 百姓被欺屈, 三官須爲申. 朝朝團坐入, 漸漸曲精新. 斷榆翻作柳, 判鬼却爲人. 天子抱寃屈, 他揚陌上塵.

109) 학대의 예문을 들면 『朝野僉載』 권2. "監察御史李全交素以羅織酷虐爲業, 臺中號爲人頭羅刹, 殿中王永號爲鬼面夜叉."

어사만큼은 못하리라.
눈썹을 힘주어 눈을 부릅뜨니
어찌 사자무가 필요하겠는가.
옆에서 보니 너무도 무서워서
절로 괴로워 죽고 싶구나.
가면 도구를 벗어버리면
남들과 다른 게 없는 것들이.110)

어사대(御史臺)는 당대의 중앙감찰기구(中央監察機構)이니, 정의의 상징이어야 할 어사가 가장 악질의 관리로 부각되었다면 이 시는 비판의 극을 발양한 것으로 본다. 사자무(獅子舞)에 착용하는 가면을 쓴 위인으로서의 어사의 작태는 대표적인 신분계급의 악습을 대언하는 것이 되겠다.

상기한 신분차별로 겪는 모욕을 피하여 유랑하는 서민의 모습에서, 왕범지는 이런 현상을 사회안정에 부정적 요인으로 본 것이다. 그의 「천하에 유랑하는 사람(天下浮逃人)」(권5)을 보면,

천하에 유랑하는 사람들
반 이상은 넘을 것이네.
남북으로 자취를 곳곳에 남기고
남에게는 곧 고향에 돌아간다고 속이네.
유랑하며 스스로 살길을 찾으니
부역에 응할 일 염려 안 해도 되네.
부모님 생각일랑 마음에 없고
못된 패거리와 어울릴 마음뿐이네.
이익이 되는 곳이면 의례 머리 내미니,
주인의 부름에 응할 필요 없네.
괴롭다 하면 깊이 숨고서
늘 상 서로 남 해칠 생각만 하네.
마치 새들이 무리를 이루었다가
놀라면 즉시 흩어져 날아가는 것 같네.
마음이 악독하여 충효란 전혀 없으니

110) 天下惡官職 未過御吏臺. 努眉復張眼 何須弄師子. 傍看甚可畏, 自家困求死 脫却面頭皮, 還共人相似.

떠돌아다니는 부랑아이로세.[111]

이 시는 당대 전기에 나타난 심각한 사회문제를 반영해주는 것으로 바로 농촌의 거대한 이탈인 것이다. 제1연에서 호구의 이탈이 심한 것과 말구의 가정의 기강이 파괴되고 이탈주민에 대한 무관심에서 인륜과 애민의 부재를 알 수 있다. 그래서 「빈궁한 업보에 들면(近逢窮業至)」(권2)는 유랑객의 행색을 실감있게 그려 놓았다.

빈궁한 업보에 처하면
온 몸엔 아무 것도 남아 있지 않네.
새끼줄을 매고 밧줄을 둘러서
길 갈 때 지팡이를 잡아야 하네.
온 세상의 사람들과 교제도 끊기고
가족들은 떠났다가 돌아오는 이 드물다.
동쪽이나 서쪽이나 몸을 의지할 데 없으니,
어느 곳이든 곧 평안히 머물러라.[112]

왕범지는 실상에 대한 묘사가 직감과 직설, 그리고 직유(直喩) 등 삼직(三直)의 정신을 통하여 사실적으로 표출하였다는 데에서 그 장처를 인정할 수 있는데 이 시의 유랑 행태에 대한 묘회(描繪)는 제2연에서 정절에 달하고 있다. 도주와 탈현실의 귀착지는 역시 인간 이하의 참상이 기다렸을 것이며 당대사회의 혼란의 계기가 되어 안사란(安史亂)으로 비화되었다고 본다. 상하계층의 약육강식적 주종관념이 주류가 된 사회풍토의 단면이라 할 것이다.

---

111) 天下浮逃人, 不啻多一半. 南北擲蹤藏, 誑他暫歸貫. 遊遊自覓活, 不愁應戶役. 無心念二親, 有意隨惡伴. 强處出頭來, 不須曹主喚. 聞若卽深藏, 尋常擬相筭. 欲似鳥作群, 驚卽當頭散. 心毒無忠孝, 不過浮遊漢.

112) 近逢窮業至, 緣身一物無. 披繩兼帶索, 行時須杖扶. 四海交遊絶, 眷屬往還疏. 東西無繫著, 到處卽安居.

2. 미풍양속의 저해(沮害)

전통적인 유가사상에 의한 예법과 관습이 변질되는 상황에 대해 시를 통하여 풍유(諷諭)하고 있다. 그의 풍자 대상은 가정의 불효, 연장자에 대한 공경, 태만한 생활태도, 그리고 음주 등 퇴폐적인 습관이 되겠다. 이제 부모에 대한 예의를 읊은 경우를 보면, 「부모 따라 나가면(尊人相逐出)」(권4)에서,

> 부모님을 따라서 나갈 때에
> 자녀는 앞서서 가지 말지라.
> 사리를 아는 것은 만나봐야 하나니
> 예의를 모르는 자는 익히 알게 되네.[113)]

여기서 존인(尊人)은 부모와 같은 연장자를 말하며, 말구의 '乏禮生'은 예의를 모르는 사람이니, 철저한 순종의 자세를 강조하고 있다. 그리고 「어른과 젊은이 함께 공경하면(長幼同欽敬)」(권4)을 보면,

> 어른과 젊은이 함께 공경하면
> 어른을 알아보고 순종하지 않는 자 없네.
> 다만 예악을 행할 수 있다면
> 마을 사람들은 스스로 어질다고 할 것이네.[114)]

라 하여 장유유서(長幼有序)의 예교가 인(仁)의 근본임을 기술하였다.[115)] 또 「친족이 빈객으로 모여(親家會賓客)」(권4)에서는,

> 친족들이 손님으로 모여
> 좌석에 앉음은 높낮이가 있다네.

---

113) 尊人相逐出, 子莫向前行. 識事須相逢, 情知乏禮生.
114) 長幼同欽敬, 知尊莫不遵. 但能行禮樂, 鄕里自稱仁.
115) 『禮記』 樂記: "在族長鄕里之中, 長幼同聽之, 則莫不和順. 在閨門之內, 父子兄弟同聽之, 則莫不和親."

남들이 젓가락을 잡지 않았는데
먼저 젓가락질을 하지 말지라.[116)]

라고 하여 실질적인 가정에서의 생활예의를 구체적으로 제시해 주고 있다. 이러한 왕범지의 엄격한 인륜의식은 미풍양속을 해치는 작태에 대해 실망과 함께 질타와 훈계를 서슴치 않았던 것이다. 그는 태만한 생활태도에 대해 「집안이 점점 가난해져서(家中漸漸貧)」(권2)에서 섬세한 관찰력으로 여인의 온당치 않은 언행을 개조식(個條式)으로 지적하고 있다.

집안이 점점 가난해지니
진실로 게으른 아내 때문이네.
하루 종일 침상에 앉기를 좋아하고
배불리 먹으며 배를 어루만지네.
해마다 아이를 낳으면서
집안 가구는 들이려 않누나.
술을 마시매 다섯 남자와 대할만 하고
적삼과 바지는 꿰매려 않는구나.
의례 옷을 입기 좋아하며
틈만 나면 밖으로 나가네.
남자를 찾아 짝하지 않으나
마음속에는 항상 그리워하네.
동쪽 집과 입씨름 잘하고
서쪽 집과는 싸우기도 잘하네.
두 집이 서로 화합하지 않고
눈을 부릅뜨고 질투만 하도다.
따로이 좋은 짝을 찾게 되면
내쫓고는 오래 머물지 못하게 하네.[117)]

여기서 지적된 여인의 게으른 생활태도를 보자, ① 침상에 있어 포식을

116) 親家會賓客, 在席有尊卑. 諸人未下筯, 不得在前椅.
117) 家中漸漸貧, 良由慵懶婦. 長頭愛床坐, 飽喫沒娑肚. 頻年勲生兒, 不肯收家具. 飮酒五夫敵, 不解縫衫袴. 事當好衣裳, 得便走出去. 不要男爲伴, 心裏恒攀慕. 東家能涅舌, 西家好合鬪. 兩家旣不合, 角眼相蛆妒. 別覔好時對, 趁却莫交住.

추구, ② 아이는 낳되 집물을 들이지 않음, ③ 술 좋아하고 옷 꿰매지 않음, ④ 외출만을 좋아함, ⑤ 외간 남자에 관심 있음, ⑥ 말 옮기며 다툼, ⑦ 남자를 자주 바꿈 등 그 당시에 타락한 하나의 여인상을 묘사해 놓았다. 그리고 「관직도 구하여야 하고(官職亦須求)」(권3)는 선비의 의욕상실과 요행을 직설하였으니.

관직도 구해야 하고
재물도 또한 찾아내야 하네.
하늘에서 비가 내리면 곰보 얼굴의 흉터에는
삼 년에 비 한 방울 떨어지듯 하는 신세.
旺日과 相日의 길일에 득의하면
연회석에 참석한 듯 순조로울 것인데.
멍하니 집안에 앉아만 있으니
배고파 그대 눈이 벌겋게 되었도다.[118)]

부귀에 대한 욕망은 있으면서 기회를 찾으려는 의욕이 없으니 삼 년에 빗방울 한 방울 떨어지는 것과 같으며, 길일을 골라 계획을 추구하지도 않으니, 자신은 물론 가족까지 기아에 들게 한다는 치밀하고 단계적인 묘사를 구사하였다. 제2연의 비유는 『잡아함경(雜阿含經)』의[119)] 예화와 상통하여 왕범지의 일관된 불심을 그 근저에 두고 있음을 알 수 있다. 왕범지는 특히 음주에 대해 부정적인 관념이 짙다. 「존인이 객을 대하고 마시다(尊人對客飮)」(권4)는 음주의 몸가짐을, 「존인이 술을 마시다(尊人與酒喫)」는 권주의 예법을, 「존인과 동석으로 마시다(尊人同席飮)」는 음주시의 언사와 겸양을, 「다니며 술 많이 마시지 말라(巡來莫多飮)」는 교만하지 말고 장유의 예의를 따라 음주할 것을 설파하였는데, 이 중에서 「존인 객을 대하고 마시다(尊人對客飮)」를 예시하기로 한다.

어른된 손님을 대하여 술을 마시면

---

118) 官職亦須求, 錢財亦須覓. 天雨麻點孔, 三年著一滴. 王相逢便宜, 參差著局席. 兀兀舍底坐, 餓你眼赫赤.

119) 『雜阿含經』 권15 : "譬如大地, 悉成大海, 有一盲龜, 壽無量劫, 百年一出其頭. 海中有浮木, 止有一孔, 漂流海浪, 隨風東西. 盲龜百年一出其頭, 當得遇此孔不?"

곧게 서서 있되 서두르지 말지어다.
부름 받으면 명령대로 따라 할 것이며,
몸을 굽히되 단정하지 않으면 안되네.[120)]

따라서 왕범지는 음주로 인해 종교적으로 육식하게 되고 언행의 탈선을 경계하여[121)] 금주의 도리를 지킬 것을 역설하였는데, 「음주는 어리석은 업보(飮酒是癡報)」(권4)를 보면,

음주란 바보 같은 업보러니
사람이 똥통에 빠지는 것과 같도다.
깨끗지 않음을 분명히 알지니
어찌하여 뚝 가에서 헤매고 있는가?[122)]

라 하여 주벽은 전생의 업이라고 통박하면서 부정한 습성임을 질책하였으며, 「술 담그는 죄 심히 무겁다(造酒罪甚重)」(권4)를 보면,

술 담그는 일 그 죄가 매우 무거우며
술과 고기 가까이 함은 모두 죄가 가볍지 않네.
누구든 이 말을 못 믿겠거든
열반경을 가져다 찾아볼지라.[123)]

라고 하여 불법의 이치에 맞지 않는 언행을 금지해야 할 것을 피력하면서 미풍의 유지와 부정한 습성의 유행을 경계하는 직언을 펴놓았다. 왕범지의 안중에 보이는 탈선행위에 대해 시로써 경계함(以詩戒之)의 필단을 멈추지 않았기에 세상을 바로 구하는(救時) 사도라고 칭할만 하다.

---

120) 尊人對客飮, 卓立莫東西. 使喚須依命, 弓身莫不齊.
121) 『珠林』 권112 薩遮尼乾子經偈: "飮酒多放逸, 現世常愚癡, 忘却一切事, 常被智者呵."
122) 飮酒是癡報, 如人落糞坑. 情知有不淨, 豈合岸頭行.
123) 造酒罪甚重, 酒肉俱不輕. 若人不信語, 檢取涅槃經.

Ⅵ. 민생질고(疾苦)에 대한 통분

왕범지의 시는 민심의 대언자와 같은 역할을 하였다. 빈부의 차별에서는 갈등과 각종 부역(賦役)에 시달리는 고통의 고발자로서의 왕범지시는 당시의 중요한 가치를 지닌다고 하겠다. 두보의 시를 시사(詩史)라 한다면 왕범지의 시는 '시민(詩民)'이라고 해야 할 것이다. 그 표현이 정제(整齊)되지 않았을 뿐, 열정과 강개가 있고 기개와 용기가 발양되어 있기에 더욱 값지며, 본고의 의의도 거기에 있는 것이다. 시인은 백성의 당면문제인 부병(府兵)과 요역(徭役), 그리고 각종 조세(租稅)에 생활의 기반과 안정을 상실 당하였으며, 기설한 바 유랑과 도주의 처지를 겪었으며, 신분계급의 차이에서 오는 빈부 차이에서 오는 극단적인 괴리(乖離)는 더욱 사회구조를 악화시켰다고 본다.

1. 부병(府兵)의 고통

영토확장과 전쟁으로 초당에 병역법이 실시되면서 국가경제 악화와 민심 이탈이 가중되었다. 다음 시앙위에(尙鉞)의 『중국역사강요(中國歷史鋼要)』의 당초 부병제에 대한 기술은 참고할 만하다.

> 정관 연간에 서북방의 수자리 부역이 이미 매우 과중하였으니 …… 대군은 만 명, 소군은 천 명으로 봉화 수자리군과 나졸이 만리 길에 이어져 있었다. 고종 때에는 변방 군사비가 더욱 늘어나고 수자리의 연한도 길어지매, 농민들은 병역을 면키 위해 혹은 지체를 자해하기도, 혹은 도망가기도 하였다.[124]

그리고 판원란(范文瀾)은 『중국통사』에서,

---

124) 貞觀中, 西北屯戍之役已甚繁重, …… 大軍萬人, 小軍千人, 烽戍邏卒, 萬里相繼. 高宗時邊防軍額更增, 屯戍年限亦久, 農民避免兵役, 或自殘肢體, 或被迫逃亡.

부병은 본래 농민에게 병역을 부여하는 일종의 병역제이다. 평시에는 부병 대부분이 농사에 종사하고, 일부가 순번에 따라 서울이나 변방을 지키도록 했다.[125]

라고 하여 실질적으로 부병이 생활상 농민의 부담을 가중시켰음을 확인하게 된다. 「천하에 나쁜 관직(天下惡官職)」(권2)을 살펴보고자 한다.

천하에 아무리 나쁜 관직이라도
부병만은 못하리라.
사방에서 도적이 난동하면
당일로 즉시 출동해야 하네.
연분이 있으면 다시 만나겠지만
업보가 박하면 곧 생을 달리하도다.
도적을 만나면 맞아 죽게 되니
전공 세워 받는 오품 벼슬을 다투려 않도다.[126]

절망 중에 부병에 임하는 농민의 심경을 대언하고 있다. 이로 인해 빈고의 상황은 더해 가며 지주의 자제는 물질로 대체하는 부조리가 나타났다. 그러니까 농민의 부병으로 인해 농가에는 여러 현상이 발생하게 되었으니, 장부가 부병을 피하여 도주하게 되매, 아들 대신 노모가, 그리고 남편 대신 부인이 요역(徭役)을 나가는 문제가 제기되었다.[127] 「아들 딸 있는 것도 좋지만(男女有亦好)」(권5)을 보면,

아들 딸이 있는 것도 좋지만
없을 때가 역시 가장 좋도다.
아들 있으면 그의 부역을 걱정하며
또한 징집되어 출정할 것을 두려워한다.
첫째 租稅와 調稅 없고,
둘째 군대 나오라는 일이 없다네.
문을 닫으니 부려먹는 이 없어

125) 府兵本是寓兵於農的一種兵制. 平時, 府兵大部分從事農耕, 小部分按番到京師宿衛或戍邊(第三册).
126) 天下惡官職 不過是府兵. 四面有賊動, 當日卽須行. 有緣重相見, 業薄卽隔生. 逢賊被打煞, 五品無人爭.
127) 남편 대신 賦役의 예시로 「相將歸去來」(旣引)의 "婦人應重役 男子從征行." 句.

귓속은 지극히 맑고 평온하도다.[128]

이것은 병역나간 농민의 부모의 비통한 신음소리이니, 가정의 나약한 가족의 차역(差役)으로 갖은 질병과 재난이 오고 농민장부들이 방술(防戌)에서 사망하면서 농촌은 피폐하는 사태가 생겨났다. 왕범지는 요역의 불가피와 운명을 '天曹(하늘)'에 맡기는 허탈감을 다음 「임무가 부여되면 나가야 한다(差著卽須行)」(권3)에서 독백하고 있다.

임무가 부여되면 나아가야 하니
파견되어 떠나감에 머물길 바라지 말라.
이름은 돌상자 속에 있고
관직은 하늘의 관아에서 정해진다네.
재산은 귀신이 따져보고
옷과 음식은 명백히 부여되도다.
나아가고 물러남은 내 뜻대로가 아니니
어찌 공연히 근심하고 두려워할 필요 있으리오?[129]

당초의 부병과 요역은 가정과 농촌의 피폐를 조장하였고, 이의 부작용은 민심의 동요와 이탈을 가져오고 국가의 기강이 이완되었다. 이제 가정의 참상을 적나라하게 묘사한 「부부가 아들 다섯을 낳고(夫婦生五男)」(권5)를 예시로 들겠다.

부부가 아들 다섯을 낳았고,
아울러 딸 쌍둥이를 두었네.
아들이 장성하니 장가를 들어야 하고
딸이 장성하니 시집을 가야 하네.
집마다 호역과 요역이 부과되니
우리 부부를 끌고 가누나.

128) 男女有亦好, 無時亦最精. 兒在愁他役, 又恐點着征. 一則無租調, 二則絶兵名. 閉門無呼喚, 耳裏極星星.

129) 差著卽須行, 遣去莫求住. 名字石函裏, 官職天曹注. 錢財鬼料量, 衣食明分付. 進退不由我, 何須滿憂懼.

아내는 걸칠 거친 베옷조차 없고
남편은 몸에 입을 잠방이도 없구나.
부모님은 모두 팔십 세 이며
아들의 나이는 쉰다섯이라.
머리 맞대고 처자식을 걱정하면서
부모님 봉양에는 게으르구나.[130]

2. 조용조(租庸調)의 가혹

당대는 균전제(均田制)를 채용하여 납세의 의무를 부과하였는데, 『당육전(唐六典)』에 보면,

무릇 부역제도는 네 가지 있는데, 첫째는 租稅 둘째는 庸役 셋째는 調稅 넷째는 雜徭이다.[131]

라고 명기하고 있는데, 여기서는 착취와 같은 세금과다로 인해 빈부의 격차가 심화되어 사회번영의 방해가 되었던 세금에 관한 왕범지의 질책을 보고자 한다. 먼저, 「빈궁한 시골뜨기(貧窮田舍漢)」(권5)를 보면,

가난한 시골뜨기 초가집이
너무도 외롭고 쓸쓸하도다.
두 사람이 모두 전생의 업으로 인해
현세에 와서 부부가 되었도다.
아내는 품팔아 나락을 찧으며
남편은 품팔아 쟁기로 밭가네.
저녁에 집으로 돌아오면
쌀도 땔감도 모두 없도다.
두 부부가 공연히 굶주린 배를 가누르니
그 형상이 마치 하루 한 끼의 재계 같네.

130) 夫婦生五男, 幷有一雙女. 兒大須取妻, 女大須嫁處. 戶役差科來, 牽挽我夫婦. 妻卽無褐被, 夫體無褌袴. 父母俱八十, 兒年五十五. 當頭憂妻兒, 不勤養父母. ……(下略)…….
131) 凡賦役之制有四 : 一曰租, 二曰調, 三曰役, 四曰雜徭(권3).

이정은 용세와 조세를 재촉하고
촌장은 그와 함께 다구치도다.
머리에 맨 두건이 헤어져 드러났고
홑적삼은 헤어져 뱃가죽이 드러났네.
몸에는 잠방이가 없고
발에는 짚신조차 없도다.
못생긴 아내 화나서 욕을 하고는
시끄럽게 떠들며 머리 두건을 잡아채네.
이정에게 다리를 채이며
촌장에게는 주먹으로 얻어 맞도다.
뛰어가서 현령을 만나 볼려면
등어리를 때리면서 돌려보내네.
세금일랑 낼만한 방도가 없으니
당연히 이정이 배상해야 하겠네.[132)]

이 시에서 과다한 징세로 신음하는 가난한 백성의 현실과 세리의 독촉이 사실적으로 묘사되어 있다. 이정(里正)과 촌두(村頭)가 주동이 되어 혹리역(酷吏役)을 자행하였으니, 『당율(唐律)』의 「이정이 전과의 농상을 주는 조항(里正授田課農桑條)」에 그 수법이 기록되어 있다.

여러 이정들은 법령에 의하여 사람과 밭에 농사와 양잠의 세를 매기는데, …… 이와 같은 일에 있어 법령을 어기는 자는 사건 하나에 태장 사십 대를 부과하였다.[133)]

이러한 수탈의 대상인 농민·서민은 삶에 자포자기하고 희망과 의욕도 상실하였으니 왕범지는 냉소의 풍자시 「남들 나의 가난을 비웃는다(他家笑吾貧).」(권1)에서 울분을 토로하고 있다.

남들 나의 가난을 비웃는데

---

132) 貧窮田舍漢, 菴子極孤恓. 兩共前生種, 今世作夫妻. 婦即客舂擣, 夫即客扶犁. 黃昏到家裏, 無米復無柴. 男女空餓肚, 狀似一食齋. 里正追庸調, 村頭共相催. 幞頭巾子露, 衫破肚皮開. 體上無褌袴, 足下復無鞋. 醜婦來惡罵, 啾唧搦頭灰. 里正被腳蹴, 村頭被拳搓. 駈將見明府, 打脊趁迴來. 租調無處出, 還須里正倍.

133) 諸里正依令授人田課農桑 ……, 如此類事, 違法者, 失一事笞四十.

내가 가난해도 마냥 즐겁기만 하네.
소도 없으며 말도 없으매
도적이 빼앗아 갈까 걱정 안 하네.
그대는 부유하고 호역도 높으니
요역도 이겨낼만 하네.
나는 불러주는 곳도 없으니
배불리 먹으며 항상 다리 편다네.
……(이하 생략) ……[134]

과중한 각종 세제로 인해 농민은 족쇄를 걸치고 통고하고 지주와 관료는 면세특권을 누렸으니 조용조제(租庸調制)의 잔혹성을 비판한 왕범지의 시를 두보가 유신(庾信)을 평한 소위 '청신하고 준일함(淸新俊逸)'[135] 하게까지는 높혀 평가할 수 없겠지만, '시로써 감흥을 기탁함(詩以寄興)'의[136] 경지에는 도달하였음을 인정해야 할 것이다. 왕범지의 사회현실에 대한 냉엄한 지적은 시심을 무용한 소재에[137] 두는 폐단을 극복한 생명력 넘치는 수신가의 정신에서 나온 것이기에 더욱 가능했다고 본다.

왕범지의 시는 촌철살인적인 예리하고 아픈 맛을 주기 때문에 비흥(比興) 보다는 부(賦)의 직설에 가까워서, 그것이 한산(寒山) · 습득(拾得)에 비해 문학적인 가치면에서 볼 때 덜 중시될 수도 있다고 본다. 그러나 가식과 냉담을 배제하고 진솔하고 열정어린 독설적인 양심의 호소를 윤리와 종교적 차원에서 토로해 준 고발의식을 문학 이상의 사회개혁적 입장에서 재조명해야 한다고 본다. 왕범지시가 지닌 간결과 평이가 외적인 관점이라면, 고뇌와 자조(自嘲), 그리고 절규는 만인공감의 내적인 형상사유(形象思惟)에 비유할 수 있을 것이다. 본고의 한계는 그의 시가 지닌 세속으로 부터 승화된 의취(意趣)를 용이하게 파악하지 못한 필자의 천견과 주어진 기존의 참고자료도 참고할 만한 면이 적다는 것, 그리고 그 나마의 자료조차 극소한 점에 있다고 자평하고 싶다.

134) 他家笑吾貧, 吾貧極快樂 無牛亦無馬, 不愁賊抄掠. 你富戶亦高, 差科並用却. 吾無呼喚處, 飽喫常展脚. ……(下略) ……
135) 趙執信, 『談龍錄』 十八條: "淸新俊逸, 杜老所重."
136) 宋大樽, 『茗香詩論』 七條: "詩以寄興也."
137) 李沂, 『秋星閣詩話』: "由邪徑, 費精神於無用之地"

진자앙(陳子昂)의 교유와 개혁적 시풍

진자앙(661~702)은 초당의 문단이 과도기적인 시점에서 활약한 시인이다. 즉 제량(齊梁)과 반제량의 풍격이 밀물처럼 이리 저리 쏠리는 와중에서 의연히 반제량으로 기치를 들고 나온 것이다.

그는 한 문학개혁론자요, 사회신풍조성자로서 시단에서 차지하는 위치와 그 의미가 지대한 만큼, 후세에의 영향 또한 막대하여 이백·두보를 위시하여 백거이·원진(元稹)은 물론, 송명 이후까지 시론의 개혁자로서의 가치를 인정받았다.

따라서 본고는 그의 교유상 밝혀지지 않은 상호교유내용을 세찰하여 보고 판본의 상황을 재록하며, 시론의 복고적 주창자로서의 의미와 시 자체 특히 「감우시(感遇詩)」의 특징과 자연귀거의 풍을 개괄하고자 한다.

아울러 주요판본은 『新校陳子昂集』(臺灣 世界書局)과 『陳伯玉文集』(楊澄校·四部叢刊, 臺灣 商務印書館)으로 하되, 각 시문의 인용처는 전자의 서에 근거하고자 한다.

Ⅰ. 교유와 판본(版本)

1. 교유관계

진자앙의 생년 자체에 관하여는 주지하는 바이므로, 본문에서 심고를 요치 않으나, 재주(梓州) 사홍인(射洪人)으로 고종(高宗) 용삭(龍朔) 원년(661)에 출생하여 주(周·聖神皇帝) 장안(長安) 2년(702)에 사망한 사실은 별다른 이론이 없다.[1] 진자앙의 관직은 그의 나이 24세에 인대정자(麟臺正字)로부터 시작하여 33세에 우습유(右拾遺·從八品上)에 발탁된 것이 최고직이며 그 이후엔 외근의 직을 맴돌았다고 할 것이다. 특히 부친인 원경(元敬)이 죽고 나서(聖歷 2年 己亥·699·7月 7日 사망), 효심이 지극한 진자앙이 사홍현령(射洪縣令) 단간(段簡)의 박해를 이기지 못한 것도 수명을 단축(短促)한 계기가 되었다. 진자앙의 사인을 놓고 볼 때, 다음 심아지(沈亞之)의 「구강에 올라 정사군에 글 주며(上九江鄭使君書中)」(『全唐詩』 권493)의 주(注)는 자앙의 죽음에 대해 요략하고 있다.

> 교지지는 참소로 죽고 진자앙은 기둥에 죽었느니 모두 무삼사가 일시의 감정으로 분노하여 심히 작해한 때문이다. 하나는 기첩을 빼앗기어 원한이 더하였고, 다른 하나는 배척당한 것이 마음에 짐이 되어 모두 비명에 죽었다.[2]

여기서 무삼사(武三思)는 무승사(武承嗣)의 종제(從弟)로서 무후 시절에 대권을 쥐고 갖은 음란을 다 행하매(『新唐書』 권206), 진자앙의 정직

---

1) 羅庸의 『陳子昂年譜』(『國學季刊』, 北京大學)에 의거한 논지로서 『唐書』의 「天命不祐, 吾殆死乎. 果死獄中, 四十三」라고 한 것과 차이가 있음. 그런데, 盧藏用의 "『陳氏別傳』에는 「仰而號曰, 天命不祐, 吾其死矣, 於是遂絶, 年四十二』"라고 하니 나이 42세 생존기가 무리가 없다 할 것이다.

2) 喬死于讒, 陳死于柱, 皆由武三思嫉怒于一時之情, 致力剋害. 一則奪其妓妾以加憾, 一則疑其擯排以爲累, 除令桑梓宰拉辱之, 皆死于非命.

성이 용납할 수 없었으니, 비록 현령의 박해라 해도 내용은 곧 무씨 양인의 소행임을 알 수 있다.[3]

이 같은 비극적인 종말의 뒤에는 진자앙 자신의 인물됨에 있어 강직하고 과단성이 있으며 화합을 좋아하는 의기로 인해 피해를 본 경우로 볼 수 있을 것이다.[4]

진자앙의 생평이 이런 만큼 그의 작품에는 적지 않은 교유시가 남아 있으니, 여기선 시를 통해 나눈 교우를 개관하고자 한다.

먼저 그의 교유시의 목록을 보고자 한다(『新校陳子昂集』에 의거함. 世界書局).

卷一: 「入東陽峽與李明府船前後不相及」(李明府).

卷二: 「西還至散關答喬補闕知之」(喬知之)·「還至張掖古城聞東軍告捷贈韋五虛己」(韋虛己)·「度峽口山贈喬補闕知之王二無競」(王無競·『新唐書』 권107 列傳32 참조)·「題祀山烽樹贈喬十二侍御」(喬知之)·「題居延古城贈喬十二知之」(喬知之)·「薊丘覽古贈盧居士藏用」(盧藏用)·「贈趙六貞固」(趙貞固)·「答韓使同在邊」(韓使)·「東征至淇門答宋參軍之問」(宋之問)·「贈嚴倉曹乞推命錄」(嚴倉曹)·「答洛陽主人」·「酬暉上人秋夜山亭有贈」(暉上人)·「同王員外雨後登開元寺南樓酬暉上人獨坐山亭有贈」(暉上人)·「酬李參軍崇嗣旅館見贈」(李崇嗣)·「酬暉上人夏日林泉」(暉上人)·「酬田逸人見尋不遇題隱居里壁」(田遊巖)·「題李三書齋」(李崇嗣)·「題田洗馬遊巖桔橰」(田遊巖)·「古意題徐令壁」(徐令壁)·「同宋參軍之問夢趙六贈盧陳二子之作」(宋之問)·「和陸明府贈將軍重出塞」(陸明府)·「同旻上人傷壽安傅少府」(旻上人)·「詠主人壁上畵鶴寄喬主簿崔著作」(崔融)·「登薊丘樓送賈兵曹入都」(賈兵曹)·「送魏大從軍」(魏大)·「送殷大入蜀」(殷大)·「落第西還別劉祭酒高明府」(劉祭酒)·「落第西還別魏四懍」(魏四懍)·「宋東萊王學無競」(王無競)·「送梁李二明府」(梁明府)·「送魏兵曹使雋州得登字」(魏兵曹)·「江上暫別蕭四劉三旋欣接遇」(蕭四·劉三)·「送著作左郎崔融等從梁王東征」(崔融)·「春晦餞陶七於江南同用風字」(陶七)·「夏日暉上人房別李參軍

---

3) 투옥사건의 전말에 대해 회의가 많아왔으나 蔡茂雄은 『陳子昂』(林白出版社)에서 (p.24) 「陳子昂及其文集之事跡」문을 인용하여, 사인에 대한 의문을 제기하였는데, 즉 "以武后, 周, 來之淫威, 子昂未之懼, 何獨畏夫縣命段簡, 可疑一. 子昂居朝, 嘗陷獄(案指延載元年「公元六九四年」因爲牽連到逆黨案件入獄, 到證聖元年「公元六九五年」才出獄事), 鐵窓風味, 固飽嘗之, 何竟對一縣令而自餒若此, 可疑二. 子昂雖退居於林下, 猶是省官, 唐人重內職, 固足與縣令對抗, 何以急納賄, 且賄納二十萬, 數不爲小, 何以仍誅求無已, 可疑三." 여기서 제기된 의문점이 무씨가 주모된 배경을 가지고 풀리게 된다.

4) 小川環樹의 『唐代の詩人』(大修館書店, 昭和 51年) 참조

崇嗣」(李崇嗣)·「秋日遇荊州府崔兵曹使讌」(崔兵曹)·「喜遇冀侍御珪崔司議泰之二使」(冀珪·崔泰之)·「贈別冀侍御崔司議」(上同)·「登薊城西北樓送崔著作融入都」(崔融)·「喜馬參軍相遇醉歌」(馬參軍)·「秋園臥疾呈暉上人」(暉上人)·「夏日遊暉上人房」(暉上人)·「群公集畢氏林亭」(史畢構).

이상에서 진자앙는 시우 및 거사와의 교류에만 편재(偏在)되어 있음을 알 수 있으며 특히 최융(崔融)·송지문(宋之問)·왕무경(王無競)·이숭사(李崇嗣)·교지지(喬知之)·전유암(田遊巖)·최태지(崔泰之) 등과의 시교를 통해 진자앙의 시작과 사람됨을 평하는데 도움이 되지 않을 수 없다. 더구나 휘상인(暉上人)에 준 시가 4수요, 서(序)가 2편이나 되는[5] 것은 진자앙의 문풍을 이해하는데 도움이 되리라 본다. 이제 상기자를 대상으로 한 자앙시와 그들의 작풍 일면을 실 예를 통해 살펴보고자 한다.

1) 최 융(崔融)

먼저, 최융(653~706)과의 관계에 있어서 진자앙은 최융에게 준 시 2수를 남기고 있는데, 자앙이 30대 후반에 종군한 경력이 있는 만큼, 최융을 변방에 보내면서 쓴 시 「저작좌랑 최융 등이양왕을 수종하여 동정함을 전송하며(送著作左郎崔融等從梁王東征)」의 서(序)에 보건대,

> 그 해 7월에 군대가 성문을 나서니 하늘은 밝아 구름이 없고 삭풍이 청해에 부는데 마침 낭중 당봉일, 고공원외랑 이경수, 저작랑 최융 등이 모두 주빈으로 참여하고 서기의 직을 맡아서, 연남으로 이별을 슬퍼하며 낙북에서 기쁜 일을 생각하면서 깃발을 내리고 잠시 멈추어 조정에 출정을 아뢰게 되었다. 영창승 방사현이 의관이 출중하거늘 이에 장혜원이 마루에 자리하고 사대를 돌면서 술잔을 거들며 서울의 보름달을 그리고 후정의 경치를 감상하였다. 이에 술항아리 기우리고 화살을 쏘며 장기를 두고 징을 치고 거문고를 타며 역수가를 부르면서 강개에 차고 관산악을 연주하며 배회한다. 석양이 숲에 반쯤 드리우나 엷은 그늘이 자리에 드리운데 바람이 파도 칠가 근심하고 뜨거운 해가 어그칠가 두렵도다. 술 속에 즐거웁고 칼 뽑아 춤추니 기개가 요하의 돌산을 가로지르고 뜻이 오랑캐를 쓸어버렸도다. 손을 높이 들어 무슨 말을 할건가. 시를 지어 바치노라.[6]

---

5) 暉上人에게 쓴 서는 「暉上人上人房餞齊少府使入京府序」와 「夏日暉上人房別李參軍序」가 있다.

6) 歲七月, 軍出國門, 天白無雲, 朔風淸海, 時北部郎中唐奉一·考功員外郎李迥秀·著作郎崔融, 并參帷幕之賓, 掌書記之任, 燕南悵別, 洛北思懽, 頓旌節而少留, 傾朝廷而出餞. 永昌丞房思玄, 衣冠之秀, 乃

라고 하여 격려와 승리를 일깨우면서 "칼을 뽑아 일어나 춤추니 이미 기세가 요하의 돌산을 가로질렀고 뜻은 오랑캐를 쓸어버렸도다(拔劍起舞, 則已氣橫遼碣, 志掃玁戎)"라는 정벌의 성취를 확신케 하는 우의를 피력하였다. 이에 따른 본시를 보면,

가을 날씨 차가우니
흰 서리 온통 깔리고
군사 싸우기 싫어하나
병기 갈고 다듬네.
바다 기운 남부에 들고
변방 바람 북평에 치누나.
노룡새 팔지 마오.
돌아가 인각명에 모시고자……[7)]

여기에서 3·4구는 본래 비전(非戰)의 의사이지만 침노(侵奴)의 방어를 위하고 국운을 지키기 위해 정벌하지 않을 수 없는 입장을 밝히고 있다.

그리고 「계성의 북루에 올라 최융 저작이 서울에 드는 것을 전송하며(登薊城北樓送崔著作融入都)」의 서 일단을 보면, 더욱 위국보주(爲國報主)의 의지가 깃들어 있는 서술하고 있으니,

몸을 나라에 바치니 나는 마땅히 어진 일이라 본다. 도리를 논하여 임금을 바르게 하면 그대 군주에 보답하는 것이라 생각한다네.[8)]

라고 한 것이 바로 충의를 기린 표현이다. 그의 본시에서는,

계루에서 연 나라 땅 보노라니
칼 메고 기뻐 여기 올랐네.
맑은 음악 그대 막 타노라니

張蕙圃, 席蘭堂. 環曲榭, 羅羽觴, 寫中京之望, 縱候亭之賞. 爾乃投壺習射, 博奕觀兵, 鎧金鐃, 戛瑤琴, 歌易水之慷慨, 奏關山以徘徊. 頹陽半林, 微陰出座, 思長風以破浪, 恐白日之蹉跎. 酒中樂酣, 拔劍起舞, 則已氣橫遼碣, 志掃玁戎, 抗手何言, 賦詩以贈(권2).

7) 金天方肅殺, 白露始專征. 王師非樂戰, 之子愼佳兵. 海氣侵南部, 邊風掃北平. 莫賣盧龍塞, 歸邀麟閣名.

8) 以身許國, 我則當仁, 論道匡君, 子思報主.

짧은 창일랑 나는 능치 못한다오.
한 겨울에 변방 바람 세찬데
구름 낀 하늘엔 서리가 깔렸구나.
강개어린 이 마음 어찌 다 말하리오.
서남에서 벗 잃은 것 한하노라.[9]

라고 하여 송별의 만감을 말 2구의 강개와 친구 잃음(失朋)에 맞춰서 토로하였다. 이들의 우정은 외형상으론 종사을 통한 교류로 나타나지만, 초당시인의 주전의식이 국가의 성립과 안정을 위한 긍정적인 여건에서 형성된 것으로 본다면[10], 당시의 상황에서 의기를 중시하는 하나의 민족적 성향과 『史記』에서 말한 바 "연나라와 조나라엔 예부터 강개하여 비가를 부르는 선비가 많았다(燕趙古多慷慨悲歌之士)"라 한 환경적인 요인이 작용한 처지에 있었던 만큼 양인의 교분이 소재상으로 한정된 것만으로 단정할 수는 없다. 그 이유로는 최융 자신의 작품에서 진자앙과 교분이 깊었던 송지문(宋之問)과 두심언(杜審言)에게 준 것이 남아 있고, 그 내용이 유적하며, 그리고 자앙시에 나오는 양왕을 소재로 한 시가 최융에게도 활용되어 있는 것을 알 수 있기 때문이다.[11]

2) 송지문(宋之問)

송지문(?~713)은 심전기(沈佺期)와 함께 율시형성의 선성인 것은 주지하는 바인 고로 여기서는 오직 진자앙과의 관계만을 찾아보고자 한다. 자앙이 복고론자라면 지문은 제량의 보수적인 풍을 지키면서 시의 규격화를 추구한 것인데, 입장이 비록 상통하진 않았어도 개진의 자세를 병립시킨 면에서 우의가 상통한 것이다. 자앙은 두 편의 시, 즉 「동정하여 기문에 이르러 송지문 참군에게 답하며(東征至淇門答宋參軍之問)」(권2)와 「송

9) 薊樓望燕國, 負劍喜茲登. 淸規子方奏, 單戟我無能. 仲冬邊風急, 雲漢復霜稜. 慷慨意何道, 西南恨失朋.
10) 胡雲翼의 『唐代的戰爭文學』 pp.13~21 참조.
11) 최융의 작은 총 19수가 현존하는데, 그 중에서 송지문과의 시는 「和宋之問寒食題黃梅臨江驛」이며, 두심언과의 시는 「留別杜審言并呈洛中舊遊」이다. 여기서 후자의 시를 보면, "斑鬢今爲別, 紅顏昨共遊. 年年春不待, 處處酒相留. 駐馬西橋上, 回車南陌頭. 故人從此隔, 風月坐悠悠."(『全唐詩』 二函二册). 梁王에 관한 것으로 「和梁王衆傳張光祿是王子晉候身」(上同)이 있다.

지문 참군과 함께 조육을 꿈에 보고 노·진 두 사람에게 드림(同宋參軍之問夢趙六贈盧陳二子之作)」(권2) 등을 남겼는데 전자를 보자면,

남녘 별 속의 큰 불로
그대 맑은 기수 건너게 하리.
서쪽 숲엔 초생달 보이고
원정의 깃발은 공허히 홀로 섰네.
푸른 못 멀리 떠난 지금
고운 꽃 꺾어 뉘에게 주리오.
요양의 수자리 묻는다면
아득히 저 하늘 끝에 깃발 날리리.[12)]

역시 기상이 넘치고 격려의 의지가 깃들어 있다. 말 2구의 '若問遼陽戍, 悠悠天際旗'구는 장엄한 노래의 맛이 돋보인다. 송지문도 자앙에 관한 시 1수를 남긴 것으로 보아 양인의 교왕이 범상하지 않은 듯하다. 그러나 지문의 위인이 간특하고 기회적이어서 교제의 진실은 없었을 뿐 오직 시교의 우정으로만 간주함이 가할 줄 안다. 이에 지문의 「천평군마로 가며 진자앙과 신향에서 기약을 한 바 돌아와서 만나지 못하고(使往天平軍馬約與陳子昻新鄕爲期及還而不相遇)」(『全唐詩』 권51)를 보면,

위 땅에 들어 그대를 기다리며
아아! 적지 아니 머물렀네.
그리운 이는 어디 간고
기수의 물만 유유히 흐르노라.
항갈엔 푸른 구름 끊기고
형장엔 흰 이슬이 가을빛이라.
아노라, 그대 마음 나라에 바친 것
봉후를 바라는 일 아니어라.[13)]

---

12) 南星中大火, 將子涉淸淇. 西林改微月, 征旆空自持. 碧潭去已遠, 瑤花折遺誰. 若問遼陽戍, 悠悠天際旗.

13) 入衛期之子, 吁嗟不少留. 情人去何處, 淇水日悠悠. 恒碣青雲斷, 衡漳白露秋. 知君心許國, 不是愛封侯.

여기서 허심하고 진솔한 자앙의 일면을 기술하고 있음을 알 수 있고 지문도 그 점을 청운이니 백로니, 나라에 헌신(許國) 등으로 비유하고 있다.

3) 왕무경(王無競)(652~705)

왕무경은 자가 중열(仲烈), 낭야인(琅邪人)으로, 의기가 호방하여 조주(趙州) 난성현(欒城縣) 위역서성정자(尉歷書省正字)를 지내고 감찰어사(監察御使)를 거쳐서 태자사인(太子舍人)이 되었다가 장역지(張易之)와 친분이 있다하여 죽음을 당하였다(『新唐書』 권107 列傳32를 따름. 『舊唐書』엔 "卒於廣州"라고 함).

무경은 『全唐詩』(권67)에 시 5수가 전해지나 그 중 송지문에 관계한 시 2수가 있으며[14] 이들 풍격은 화섬(華贍)하면서 격정이 넘치고 있어서 자앙과 상통하는 면이 있으며 자앙이 준 시로서 「협구산을 건느며 교지 지보궐과 왕무경에게 주며(度峽口山贈喬補闕知之王二無競)」와 「동래의 왕학사 무경을 보내며(送東萊王學士無競)」(권2)가 있는데, 그 중 후자의 시를 보면,

> 보검을 천금에 사니
> 평생 남에게 줄려함이 아니라.
> 그대와 만리 길 이별을 생각하여
> 우정의 뜻으로 그대에 줄려하는데.
> 외론 솔만 세모에 어울릴 뿐
> 온갖 초목 봄을 그리워하니
> 아서라! 뭘 또 말하리오?
> 떠난 후 흰 머리 늘지나 말기를.[15]

라고 하여 깊은 우정을 엿볼 수 있는데 특히 제2연은 송별하며 결교

---

14) 王無競의 시(『全唐詩』 권67)로는 「和宋之問下山歌」, 「北使長城」, 「鳳臺曲」, 「銅雀臺」, 「巫山」 등이 있다.

15) 寶劍千金買, 平生未許人. 懷君萬里別, 持贈結交親. 孤松宜晚歲, 衆木愛芳春. 已矣將何道, 無令白髮新.

(結交)의 정회를 가눌 길 없는 묘사인 것이다.

4) 교지지(喬知之)(?~697)

지지에 관한 일화는 그의 시 「녹주편(綠珠篇)」(『全唐詩』 권81)에 얽힌 고사로 유명한데, 『본사시(本事詩)』(情感第一部分)의 일단을 보면,

> 당대 무후 때에 좌사낭중 교지지는 여종 요랑이 있었는데 재색이 당시에 제일이거늘 지지는 총애하여 그로 인해 혼인을 하지 아니하니 무연사가 그걸 듣고 한 번 보길 바라매 권세를 이기지 못하고서 보여준 바, 즉시 머물러 다신 돌려보내지 아니하였다. 지지는 분하고 괴로워 병이 들어, 때문에 시를 지어 흰 비단으로 써서 문지기에게 후한 뇌물을 주어 전하게 하였다. 요랑이 시를 얻어 보고 슬퍼하여 치마 허리띠에 묶어 우물에 빠져 주었다. 연사가 시를 보고 가혹한 관리로 하여금 지지를 무고케 하여 그 집안을 파산하였다.[16]

라고 하니, 이로써 그의 정분이 넘치는 의식을 통해 표현된 작들이 거의 또한 애정을 주제로 하고 있음을 그의 시 18수를 남긴 것에서도 알 수 있다.[17] 자앙이 쓴 지지에의 시는 「西還至散關答喬補闕知之」, 「題祀山烽樹贈喬十二侍御」, 「題居延古城贈喬十二知之」가 있고, 표(表)로는 「爲喬補闕慶武成殿表」·「爲喬補闕論突厥表」가 있다. 자앙이 지지에게 준 「연고성에 머물며 교지지에게 줌(題居延古城贈喬十二知之)」는 우인의 염려와 뜻을 날성치 못하고 연로해 가는 심회를 나눈 것으로 깊은 교우의 정도를 알 수 있는데 이제 그 시를 보고자 한다.

그대 동산에 뜻 두고
향초 꽃에 마음 둔단 말 듣네.
창주는 지금 어느 메인가.
백발로 변방을 나들이하다니.
돌아 왔으되 공로는 적고

---

16) 唐武后時, 左司郎中喬知之, 有婢名窈娘, 藝色爲當時第一, 知之寵愛, 爲之不婚. 武延嗣聞之, 求一見, 勢不可抑. 旣見, 卽留無復還理. 知之憤痛成疾, 因爲詩寫以縑素, 厚賂閽守以達, 窈娘得詩悲惋, 結於裙帶, 赴井而死. 延嗣見詩, 遣酷吏誣陷知之, 破其家.

17) 시 중에 「巫山高」, 「棄妾篇」, 「定情篇」, 「綠珠篇」, 「倡女行」, 「銅雀妓」, 「梨園亭子侍宴」, 「折楊柳」 등이 염시이다.

오랑캐 몰아내려니 그 뜻 펴지 못했으니.
아아! 해는 지는데
마주 앉으니 노을 진 구름 이는구나.
계수나무 향기 지려는데
율무의 시샘 뉘 아는가.
한 일 없이 늙기만 하니
탄식 속에 이 생을 등지려네.[18)]

그리고 지지의 작품(현존 18수, 『全唐詩』 권81) 중에도 「의고하여 진자앙에게 주며(擬古贈陳子昂)」는 헤어지는 우정의 절실한 비애를 토로하고 있으니, 보건대,

쓸쓸히 외론 신세
쓸쓸히 홀로 노는 이 마음.
이로써 나라일 다하며
늘 그대와 같이 지냈었지.
멀리 이별하고서
원정의 마음 깊어만 가네.
오랑캐 하늘엔 밤비 서리되고
오랑캐 기러긴 아침에 남으로 날도다.
풍물에 이별의 마음 더욱 짙으니
같이 있노라고 고향을 떠났도다.
남녘으로 돌아갈 날 멀어만 가고
북녘엔 갈대만 흩날리네.
초가을 7월에
들 밖에서 전송했더니
바다바람 찬 나무에 불고
변방의 찬 소리 가지 끝에 울리네.
멀리 떠나 나라일 하면서
어언 50년이나 되니
이 마음 뉘에게 말하리오.

---

18) 聞君東山意, 宿習紫芝榮. 滄州今何在, 華髮旅邊城. 還漢功既薄, 逐胡策未行. 徒嗟白日暮, 坐對黃雲生. 桂枝芳欲晚, 薏苡謗誰明. 無爲空自老, 含嘆負平生.

거문고 잡고 노래하는 술자리에
한 번 타는 중에 세 번이나 탄식하니
모신 님 눈물만 하염없이 지누나.
그대 보내며 이 곡을 마치나니
이후론 현줄을 오래도록 끊으리라.[19]

여기에 말 3연은 바로 지지의 자앙에 대한 끊지 못할 정회의 핍진(逼眞)한 표현이라 할 것이다.

5) 전유암(田遊巖)(670년 전후 재세)

유암은 기산(箕山)에 들어가서 허유동묘(許由東廟)를 짓고 산수를 즐기며 숭산(嵩山)에 있을 때, 고종(高宗)이 유암을 찾으니(679), 그가 산과 밭을 의관으로 삼아서(山衣田冠), 즉 속세를 떠나 순수한 충정의 마음을 가지고 절하매, 이를 연유로 해서 태자선마(太子洗馬)까지 지내다가 수공초(垂拱初)(685)에 배염선(裵炎善)과 연좌되어 좇겨나는 일생을 갖고 있는데[20], 그 의식이 귀자연풍의 은일낭만을 추구한 것을 알 수 있다. 자앙의 「은거하여 만나지 못한 전일인에게 드리며(酬田逸人見尋不遇第隱居里壁)」(권2)을 보면,

노는 이 글 씌우고
저물녘에 영대에 돌아오니
이 벗을 찾아와서
청낭 메고 복점 주러 왔더라네.
꾀꼬리 소리에 그대 찾아 왔는데
봉황을 만나는 듯 오래두고 서성댔네.
돌 뿌리 괜히 꽉 붙잡고서

19) 惸惸孤形影, 悄悄獨遊心. 以此從王事, 常與子同衾. 別離三河間, 征戰二庭深. 胡天夜雨霜, 胡雁晨南翔. 節物感離居, 同衾違故鄉. 南歸日將遠, 北方尚蓬飄. 孟秋七月時, 相送出外郊. 海風吹涼木, 邊城響梢梢. 勤役千萬里, 將臨五十年. 心事爲誰道, 抽琴歌坐筵. 一彈再三歎, 賓御淚潺湲. 送君竟此曲, 從玆長絶弦.
20) 『全唐詩』 권48과 『中國文學家大辭典』(世界書局)에 참조. 그의 작은 "弘農巖曲有盤石可坐宋十一每拂拭待余寄詩贈之" 1수가 있음. 위에 의하면, 자가 애매하고, 京兆三原人으로 나옴.

금경일랑 펴보려고도 않누나.
도포 입은 선비인가
낙양의 재자인가.[21]

여기서 선우(仙友)라든가 청낭 등의 선어(仙語)로 표현하고 탈속에의 희구를 제3·4연에서 묘사하여 전일인에게 향한 청고한 우정을 짙게 우러나게 한 것을 알 수 있다.

6) 최태지(崔泰之)

『전당시』(권 91)에서 그의 약력을 기록하기를,

> 최태지는 언능인으로 개원년 중에 공부상서의 관직을 지내고 시 3수가 있다.[22]

라고 하고, 『당시기사(唐詩紀事)』(권14)에서는,

> 최태지는 당시에 예부로 낙양에 거하며 위사립, 장열, 최일지와 자주 수창하였다. 태지는 지온의 아들이다.[23]

라고 기재하고 있는데, 이로써 태지는 당대의 대가인 위사립(韋嗣立)·장열(張說)·최일지(崔日知) 등과 교류하고 자앙과 일맥상통하는 기회가 있었다고 본다. 자앙은 두 편의 태지에 관한 시를 남기고 있는데, 「기규시어와 최태지 사의 두 자사를 기뻐 만나서(喜遇冀侍御珪崔司議泰之二使)」의 병서(幷序)에는 두 우인에 대한 자신의 담백한 심정을 기술하였는데,

> 명성에 총애 넘치니 백년 중에 기쁨이 어떠한가. 일월이 운행함은 목전의 관상을 위함이 아니고 이별 후의 그리움을 더하게 하는 것이니 귀뚜라미 사람을 비웃는데 그대는 어찌 하여 탄식을 하는가? [24]

---

21) 遊人獻書去, 薄暮返靈臺. 傳道尋仙友, 青囊賣卜來. 聞鶯忽相訪, 題鳳久徘徊. 石髓空盈握, 金經閉不開. 還疑縫掖子, 復似洛陽才.

22) 崔泰之, 鄢陵人, 開元中, 官工部尙書, 詩三首.

23) 泰之時以禮部居洛, 故與嗣立·說·日知, 數有酬唱. 泰之, 知溫之子.

이라고 하여 자연과 벗하는 마음으로 두 벗을 그리는 진솔한 우정을 표시하고 있다. 그에 따른 다음 시는 더욱 청진한 기풍을 주고 있다.

남산 마루에 병들어 쉬노라니
깊이 누운 중에 봄인지도 모르노라.
별이 동녘 우물에 드니
옛 교분이 그리워라.
봄바람에 가야금 뜯는 중에
초생달에 참마음 드는구나.
난간에 기대어 술에 취하고서
멀리 그리운 님에 이 마음 부치노라.[25)]

여기서 자앙의 시적인 의취가 성당의 낭만과 성정위주의 풍격에 준 영향까지 감지할 수 있을 만큼, 시정이 고아하다.

7) 휘상인(暉上人)

자앙은 산수를 즐기며 도관을 가까이 하면서 휘상인·민상인(旻上人) 등의 도인과 상교한 것으로 본다. 더우기 휘상인과는 가장 많은 그에 관한 작을 남긴 것으로도 짐작할 수 있으니, 단지 휘상인에 관한 인적 사항이 없는 것이 문제가 되긴 해도 자앙의 교유에서 제외시킬 수 없는 부분이다. 자앙이 휘상인과의 연관 하에 쓴 작이 시 4수·서(序) 2편 「暉上人房餞齊少府使入京府序」·「夏日暉上人房別李參軍并序」 등이 있는데, 전자의 서에서[26)] 양인이 인자의 교우(仁者之交)를 나누고 불후의 자취(不朽之迹)을 추구한 것을 알 수 있다. 자앙의 「여름날 산천에서 휘상인에게 드리며(酬暉上人夏日林泉)」를 보면 자앙의 학선(學仙)이 휘상인과 교류하는 바탕이 되었음을 확인하게 된다. 그 시를 보건대,

---

24) 名位寵辱, 一百年中, 歡娛如何, 日月其邁, 不爲目前之賞, 以增別後之思, 蟋蟀笑人, 夫子何歎.
25) 謝病南山下, 幽臥不知春. 使星入東井, 云是故交親. 惠風吹寶瑟, 微月懷淸眞. 憑軒一留醉, 江海寄情人.
26) 嗟呼, 朝廷子入, 期富貴于崇朝. 林嶺吾棲, 學神仙而未畢, 靑霞路絶, 朱紱途遙, 言此會之何時. 願相逢而誰代, 永懷千古, 豈知仁者之交. 凡我三人, 蓋崇不朽之迹. 斯文未喪, 題之此山, 同疏六韻云爾(卷之七).

듣자하니 그대 흰 구름에 은거하여
그윽한 절에 있다하네.
바위 샘 만길 높이 흘러내리고
나무와 돌은 천년의 빛 누리도다.
숲에 누워 난간 창을 대하니
산그늘 집 뜰에 가득차네.
세상일 다 떨치고
그대 따라 난초 두약이나 벗하고플 뿐[27]

진자앙의 「형옥편을 보며의 서문(觀荊玉篇序)」에 「나의 집은 대대로 단약을 복식하기 좋아하니, 예부터 항상 그것을 먹었다(予家世好服食, 昔常餌之)」라 하니 집안이 이미 도선(道仙)을 추종한 것을 알 수 있고 휘상인을 가까이 한 것도 이러한 관계와 이어진다. 자앙이 홍도(弘道) 원년(683), 그의 나이 23세에 사홍(射洪)으로 낙향하면서 휘상인을 접하며 쓴 것이 이 시라 하는 만큼[28] 자앙의 초년의 심경을 파악하는 자료가 되기도 한다. 제1연은 휘상인의 거처를 속탈적으로 그리고, 제2연은 산수의 경물을 그렸으며, 제3연은 휘상인의 유한한 심경과 거실의 유정(幽靜)을 묘사하면서 말연에서 상인에 대한 경모심을 표현하여 깊은 우정이 내재된 자아의식을 동시에 부각하였다.

8) 노장용(盧藏用)(664~713)

『구당서(舊唐書)』(「列傳」 제44권)에 보면,

노장용은 자가 자잠이며 탁지상서 승경의 질손이다. 부친 경은 당시에 유명하여 관직이 위주사마에 이르렀고 장용은 어려서 문학으로 칭찬받아 처음에 진사에 천거되었다. 관직이 순조롭지 않아서 방초부를 지어 뜻을 보이고 종남산에 은거하여 곡기를 끊고 기를 연단하는 방술을 배웠다. 장안 년간에 좌습유가 되니 마침 측천이 만안산에서 궁전을 건축하려하매 장용이 상소하여 이르기를: 황제의 열조를 위하여 어찌 만물을 널리 베프시고 중생을 구제하시어서 인자와 관용에 뜻을 모우시지 않으십니까라고 하였다.[29]

---

27) 聞道白雲居, 窈窕青蓮宇. 巖泉萬丈流 樹石千年古. 林臥對軒窓, 山陰滿庭戶. 方釋塵事勞, 從君襲蘭杜.
28) 蔡茂雄의 『陳子昂詩選』, p.82 참조(林白出版社).

라고 하여, 장용이 관로에 늦게 진출하였으며 종남산(終南山) 등에서 연단술(練丹術)을 배우며 선학(仙學)을 배웠고, 관직에 출사하여서는 직언을 서슴지 않고 간언을 하였음을 알 수 있다. 그리고 또 보면,

> 장용은 전서와 예서에 뛰어나고 거문고와 위기를 좋아하여 당시에 능력이 많은 선비로 칭하였다. 어려서 진자앙과 조정고와 벗하였는데 두 사람이 일찍 죽으매 장용은 그 자식을 후하게 돌보아서 그 때에 칭찬 받았다. 그러나 처음 은거시에 곧고 검소한 절조를 가지고 소실과 종남 두 산에 왕래하여 사람들이 가마를 수종하는 은둔자라 칭하였다.[30)]

라고 하여 장용이 진자앙과 조년에 이미 교왕하고 성품이 정검(貞儉)하였음을 밝히고 있다. 진자앙이 장용에게 준 「계구에서 고적을 유람하면서 노장용 거사에게 보냄 7수(薊丘覽古贈盧居士藏用七首)」는 병서(幷序)에서 "종남산의 노거사에게 부친다(寄終南盧居士)"라고 했듯이 은거하고 있는 우인에게 지금의 베이징의 덕승문(北京 德勝門)의 근방인 계구(薊丘)를 유람하면서 군신간의 현의(賢義)를 회상하며 그 뜻을 비의(比擬)하여 읊은 것을 알 수 있다.

노장용의 현존시 8수에는(『全唐詩』 권93) "송주부 명고가 조육을 꿈꾸었는데 내가 말하기 전에 진자앙이 죽었다고 말한 바, 이제 추념하여 이 시를 지어 송주부에 답하며(宋主簿鳴皐夢趙六余未及報而陳子云亡今追爲此詩答宋兼貽平昔遊舊)," 1수가 자앙의 품성을 기술하고 있어 참고가 되며 그 외에 그 유명한 「진씨별전(陳氏別傳)」, 그리고 「진공의 제문(祭陳公文)」·「진백옥집서(陳伯玉文集序)」 등은 자앙을 이해하고 자앙에 대한 장용의 친분을 알게 하는 호재인 것이다. 먼저 장용의 글들에서 자앙과의 친교를 살피면, 「진씨별전(陳氏別傳)」에 보면,

> 더욱 교우의 분수를 중히 여기어 의기가 합치되니 날카로운 칼로도 가를 수가 없었다. 친구 조정고……우사 최태지와 모두 어려운 시기의 교분이 돈독하니 노장용과 가장 오래 교유하였다.[31)]

---

29) 盧藏用, 字子潛, 度支尙書承慶之姪孫也. 父璥有名於時, 官至魏州司馬, 藏用少以辭學著稱, 初擧進士. 選不調, 乃著芳草賦見意, 尋隱居終南山, 學辟穀練氣之術, 長安中徵拜左拾遺, 時則天將營興泰宮於萬安山, 藏用上疏諫曰爲帝皇之烈, 豈不以克念徇物博施濟衆以臻於仁恕哉.

30) 藏用工篆隸, 好琴碁, 當時稱爲多能之士, 少與陳子昻趙貞固友善, 二人幷早卒, 藏用厚撫其子, 爲時所稱, 然初隱之時, 有貞儉之操, 往來于少室終南二山, 時人稱爲隨駕隱士.

라고 하여 자신이 자앙과 가장 오랜 벗이라고 밝혔고, 제문에서는,

그대 살아서는 구슬같이 둥글고 고우며 옥같이 결백하였도다. 그대 죽으니 태산이 기울고 좋은 나무 꺾어졌도다. …… 아아, 술 차려 그대에 제사하는데 그대는 돌아보지 않고 침통한 소리로 그대를 애곡하는데 그대는 돌아오지 않도다. 오직 천도일 뿐 의지할 데 없고 단지 마음을 달래며 이미 시들어간다.[32)]

라고 하여 친우를 잃은 슬픔을 애절하게 묘사하고 있다. 그리고 문집서에서도 이르기를,

예부터 늘상 나와 몸을 돌보지 않는 관계를 가진 바 이 세상에 오직 한 사람 뿐이라. 좋은 벗이 죽으니 하늘이 나를 버렸도다.[33)]

라고 하였으니 그 자신이 자앙을 가장 가까운 친구로는 단 하나뿐이라고 그 절친함을 강조하고 있다. 따라서 자앙의 죽음을 하늘이 자신을 버린 것에 부연하고 있다. 그 관계는 각별하다고 밖에 말할 수 없다. 장용의 다음 시의 중반에서는 자앙의 품성을 섬세하게 묘사하고 있다.

진생은 청렴하면서
말끔하고 글이 뛰어났고
무산의 구름을 그리워하며
민강의 물을 좋아하였네.
당당히 충의를 애타하고
감격하며 벗을 그리워했네.
칼 잡고 계문에 오르고
외로이 연시에 들기도 하였네.
호연히 노래하며 서울을 떠났다가
돌아와 서산 마루 지켰네.

---

31) 尤重交友之分, 意氣一合, 雖白刃不可奪也. 友人趙貞固 …… 右史崔泰之 …… 皆篤歲寒之交, 與藏用遊最久.

32) 子之生也, 珠圓流兮玉分潔. 子之沒也, 太山頹兮良木折. …… 嗚呼, 置酒祭子子不顧, 沈聲哭子子不廻. 唯天道而無託, 但撫心而已摧.

33) 昔常與余有忘形之契, 四海之內, 一人而已. 良友殞矣. 天其喪予.

숨어 지내며 자연의 조화 익히니
그 세운 말 천년에 드러나리.
묻혀 살며 근검한 마음지녔건만
좋은 뜻은 벌써 끝난 것이라.
조용히 그리며 평생을 노니면서
십년 두고 숭산을 품고 산다네.
쓴 시는 낡은 벽에 가득하고
약초 캐느라 깊은 바위 두루 헤매도다.[34]

라고 하니 장용이야말로 자앙을 가장 깊이 알고 있는 벗임을 확인할 수 있다. 자앙의 사람됨을 장용이 후세에 우연히 전해 주었다고도 할 수 있으니 장용은 자앙에 있어 불가분의 상대임이 분명하다. 특히, 양인은 재도설(載道說)을 내세워 문학론에 있어서도 동조의 길을 걸었으니, 자앙이 문장의 지취(志趣)를 강조하고 장용은 공성지문(孔聖之文)을 제창하여 육조의 송나라와 제나라의 문풍(宋齊之文)을 반대한 것에서 그 상통점을 찾을 수 있다.[35]

2. 문집의 판본(版本)

『陳伯玉文集』(10권)은 송각본(宋刻本)엔 안 보이고 최조본이 명대에 와서 홍치(弘治) 4년(1491)의 「양징흑구본(楊澄黑口本)」으로 알려져 있다. 「상숙구씨서목(常熟瞿氏書目)」에서 기술된 바, "명대 신도의 양춘과 사홍

---

34) 陳生富淸理, 卓犖兼文史. 思縟巫山雲, 調逸岷江水. 鏗鏘哀忠義, 感激懷知己. 負劍登薊門, 孤遊入燕市. 浩歌去京國, 歸守西山趾. 幽居探元化, 立言見千祀. 埋沒經濟情, 良圖竟云已. 坐憶平生遊, 十載懷嵩丘. 題書滿古壁, 採藥遍巖幽(「宋主簿鳴皐夢趙六余未及報而陳子云亡今追爲此詩答宋兼貽平昔遊舊」·『全唐詩』 권93).

35) 뤄건주어(羅根澤)는 『隋唐文學批評史』에서 이 점을 이미 거론했으니, 盧藏用이 쓴 자앙의 문집서에 「昔孔宣父以天縱之才, 自衛反魯, 乃删詩書, 述易道, 而修春秋. 數千百年, 文章粲然可觀也. 宋齊之末, 蓋憔悴矣. 逶迤陵頹, 流靡忘返. 至於徐庾, 天之將喪斯文也. 後進之士, 若士官儀者, 繼踵而至, 於是風雅之道, 掃地盡矣. 易曰: 『物不可以終否, 故受之以秦』. 道喪五百歲而得陳君, 崛起江漢, 虎視幽夏, 卓立千古, 橫制頹波, 天下翕然質文一變」)이라 하고 毛傑의 「與盧藏用書」에는 「傑聞君所貴者道也, 所好者才也」라 하였으며, 장용 자신이 「答毛傑書」에서 「猥辱書札, 期我遐意, 詢於道眞」이라 하여 양인이 모두 不道之文을 개혁하고 도덕을 밝히려 했다.

의 양징이 교정함(明新都楊春, 射洪楊澄校定)"이라 한 것은 바로 이 판본을 일컫는 것이다. 이 판본에는 노장용의 서와 뒤에 「백옥별전(伯玉別傳)」 및 「진씨서록(陳氏書錄)」이 붙어 있다. 『사고총목(四庫總目)』의 「진습유집제요(陳拾遺集提要)」에[36] 보면, 사고본도 전사본(傳寫本)에 의거한 것을 알 수 있는데, 권수와 편목으로 보아 「홍치흑구본(弘治黑口本)」이 믿을만한 저본(底本)이라 하겠다. 「홍치본」은 제7권 「아문(牙文)」 등 4편이 모두 수록되어 있으며, 「진소부를 전별하며의 서(餞陳少府序)」는 목록에는 보이지만 원주(原注)에는 궐문(闕文)이라 하고, 「대숭복관기(大崇福觀記)」는 실려 있지 않다. 「홍치본」 머리엔 「장이서(張頤序)」와 「노장용서(盧藏用序)」가 있고 제10권 부록(附錄)에는 「당서열전(唐書列傳)」·「진씨별전(陳氏別傳)」·「정덕비제문(旌德碑祭文)」 등과 「학당을 지나며 문집을 열람한 시(過學堂覽文集詩)」(원주는 결함), 「양징의 후서(楊澄後序)」가 붙어 있다. 참고로 양씨의 후서 일단을 보면,

> 나는 외람되게도 선생과 동향으로 남긴 향내를 마시며 존경심이 일어나고 남긴 자취를 생각하면서 탄식하는도다. 이 불평을 지니고서 힘껏 그를 위해 서간에 변론하지 못하였으니 공의 도리를 천하에 알리나니 공의 변론은 백성의 마음에 둔 것이로다. 홍치 4년, 해는 기해이다.[37]

라고 하여 양씨의 의도가 공도(公道)와 인심(人心)에 두고서 수집 정리한 것을 밝혔다. 이외에 유사한 것으로 양춘(楊春)이 중편(重編)하고 양징(楊澄)이 교정한 중간(重刊)본은(孫星衍의 「平津館鑑藏記」와 「廉石居藏書記」에 의거) 흑구본(黑口本)과 차이가 없으되 장이(張頤)와 양징(楊澄)의 서발(序跋)이 없는 것이 다를 뿐이다. 「증정사고간목표주(增訂四庫簡目標注)」에 흑구본의 규모를 설명하기를 "반쪽이 10행이며 한 행이 21자이고 또 한 쪽이 22행에 한 행이 29자, 또 16행에 한 행이 17자이기도 하다(半頁十行, 行二十一字, 又一本頁二十二行, 行二十九字, 又本十六行, 行十七字)."라고 한데서 명대에 이미 수차 번각(飜刻)이 있었고 또 오류도 있는

---

36) 「第七卷闕兩葉, 搬目錄尋之, 「牙文」·「祭海文」在「文苑英華」九百九十五卷 ; 「弔塞上翁文」在九百九十九卷 ; 「祭孫府君文」在九百七十九卷. 友送崔融等序之後, 據目錄尙有「餞陳少府序」一篇, 此本亦佚. 「英華」七百十九卷有此文」(『唐集敍錄』 p.37에서 再引).

37) 余忝與先生同鄕, 酌餘馨而起敬, 想遺跡而興嗟. 抱此不平, 得不力爲之辯於末簡, 以白公道在天下, 公論在人心耶. 弘治四年, 歲在己亥」(『新校陳子昂集』 부록).

것으로 볼 수 있다. 어떻든 진씨의 문집은 노장용편 및 서의 현존하는 간본으로는 홍치흑구본을 제일저본으로 보지 않을 수 없는 것이다.

이 외에 『선본서실장서지(善本書實藏書志)』에 『진백옥집(陳伯玉集)』(二卷本) 두 종류가 있으니 하나는 명번송본(明翻宋本)이며, 또 하나는 명간본(明刊本)이라 하지만, 「二卷」이란 「十卷」의 「前二卷」일 뿐 그 제삼권 이하는 실리지 않았음을 의미한다.

현존하는 완정본은 1960년 중화서국(中華書局) 배인본(排印本)인 시부총간영인홍치본(四部叢刊影印弘治本)으로서 『전당시(全唐詩)』·『전당문(全唐文)』·『촉주간본(蜀州刊本)』(1837년)과 세계서국의 『진백옥집(陳伯玉集)』·『문원영화(文苑英華)』·『당문습유(唐文拾遺)』 등에서 시 7수와 문 6편을 더 보충해서 모았으니 비교적 구비된 집본이 되었다고 볼 수 있다(萬曼의 『唐集敍錄』 참조).

Ⅱ. 복고개혁(復古改革)의 시론

진자앙의 복고적 시론은 수(隋)까지의 제양풍(齊梁風)을 반대하는 입장을 표방한 것인데, 그 내용은 시론의 개혁이란 점에서 매우 중요한 의미를 지닌다. 자앙이 시의 복고사상을 선언한 것은, 「수죽편(修竹篇)」시의 다음 병서(幷序)에서 동방규(東方虯)에 보내는 문장의 형식(文型)을 빌려 피력한 데에 있다.

> 문장의 도가 없어진지 오백 년인데, 한위의 풍골이 진송에 전해지지 않았으니, 문헌에서도 찾아 볼 수 있다. 나는 일찌기 틈이 있을 때면 제량의 시를 보면서 문채가 화려하고 지나치게 번잡하여 흥기가 모두 끊어져서 매양 탄식하였다. 옛 사람을 생각하면 항상 기력이 쇠퇴함을 두려워하고, 풍아가 써지지 않음을 근심하였다. 어제 공의 고동편을 읽고 세 가지 점을 이해하게 되었으니, 시의 근본이 단아하고 기개가 나는 듯 하며, 음정이 격동하며, 광채가 빼어나고 세련되어 금석의 소리가 나는 듯 하였다. 마침내 마음을 깨끗하게 하고 눈부시게 하여 울적함을 다 씻는 듯 하였다. 정시의 음을 쓴 것은 아니나, 다시 여기서 보는 듯 하니 건안의 작자를 서로 만나 웃는 듯 하였다.[38]

이 글은 자앙의 시가창작에 대한 새로운 태도를 요구하는 선언이며 당대의 시단이 가야할 혁신적인 격문(檄文)이라 할 것이다. 비록 「영고동편(詠孤桐篇)」이 전해지지 않으나, 이를 통해 선언한 자앙의 주장은 형식주의에만 흘러 진송(晉宋)이래 흥기(興寄)가 끊어지고 풍경이 쇠하여 유미한 데로 나간 것과 건안정시(建安正始)로 돌아가지 못하고 골기가 단상(端翔)하지 못한 것을 지탄하면서 한위풍골과 건안작품을 추구하는 복고사상을 강조하였다.

자앙이 이 같은 시가의 복고를 주창하면서 건안정시로 돌아 가고자한 근거는 무엇인지를 이해하는 데는 그의 정치적인 의식을 생각해 볼 필요가 있다.[39] 자앙은 그의 「계성 서북루에 올라 최저작 융이 서울에 감을 전송하며의 서문(登薊城西北樓送崔著作融入都幷序)」에서 이르기를,

> 칼을 잡고 무슨 말 하리오. 길게 노래하며 탄식이 더하도다. 몸을 나라에 바치니 나는 마땅히 어진 일이라 본다. 도리를 논하여 임금을 바르게 하면 그대 군주에 보답하는 것이라 생각한다네.[40]

라고 하여 「以信許國」하고 「論道匡君」하려는 자앙의 출사의욕이 깃들어 있고 또 「기쁘게 마참군과 만나서 취해 술에 취하며의 서(喜馬參軍相遇醉歌幷序)」에도,

> 나는 등용되지 않은지 오래다. 나가도 의로써 나라에 보탬이 못되고 물러나도 도리로써 몸을 숨길 수 없도다.[41]

라고 하여 현실적 처신을 고뇌하였다. 충성의 의념이 넘치고 있는데, 그의 「신종인의 원옥서(申宗人寃獄書)」(卷九書)에는 이런 의식이 더욱 짙게 드러나 있다.

---

38) 文章道弊五百年矣. 漢魏風骨, 晉宋莫傳. 然而文獻有可徵者. 僕嘗暇時觀齊梁間詩, 彩麗競繁, 而興寄都絶. 每以永歎. 思古人常恐逶迤頹靡, 風雅不作, 以耿耿也. 一昨於解三處, 見明公詠孤桐篇, 骨氣端翔, 音情頓挫, 光英朗煉, 有金石聲. 遂用洗心飾視, 發揮幽鬱, 不圖正始之音, 復覩於玆, 可使建安作者相視而笑(卷之一).

39) 예칭빙(葉慶炳)은, "論陳子昻 · 李白詩歌之復古思想"(第3會 東洋學國際學術會議)에서 자앙이 본래 문학에 뜻을 두지 않고 정치에 두었기 때문에 문학에 대한 이상이 결핍되어 있다고 주장함.

40) 撫劍何道, 長謠增歎. 以身許國, 我則當仁, 論道匡君, 子思報主.

41) 吾無用久矣. 進不能以義補國, 退不能以道隱身.

소신이 옛 성현의 말을 듣건대 나라를 위한 충신은 반쯤 죽지만 나라를 위해 바른 말하는 신하는 반드시 죽는다. 그러나 충성이 지극한 신하는 죽음으로써 성명하신 군주에게 간하는 것을 피하지 않으며 직언하여 충성이 폐해짐을 싫어하지 않는다. 신하는 폐하의 지극히 성명함에 충성을 좋아하고 직언을 사랑해 매양 바른 말과 직간이 특히 아름다운 모습으로 드러난다.[42]

여기서 자앙은 신하로서의 더할 수 없는 충직을 토로하고 있어 평소 자앙의 관념을 간파할 수 있는 글이 되는 것이다. 이러한 자앙이 시가의 복고를 주장함으로써 자기 자신의 정치에의 불여의를 해소하고 나아가서 작시에의 구태를 지양하는 획기적인 반작용을 일으킨 것인가? 동기는 어떻든 간에 자앙의 복고선언은 당시의 개화를 터준 밑거름이 된 것이다.

자앙의 복고선언이 그 동기의 여부를 떠나서, 그의 이 선언은 .문학론에 있어서 하나의 큰 혁신적인 중대한 사건이었다. 그의 제창을 요약한다면, 첫째는 시가에 현실을 반영할 때 기탁과 이상이 함축된 '흥기(興寄)'와 둘째는 작품에 사상과 풍격이 내재하는 풍골을 담을 것을 강조하였다. 여기서 흥기의 의미를 새기어 볼 필요가 있으니, 『창랑시화(滄浪詩話)』, 「시변(詩辨)」에서 엄우(嚴羽)가 주장한 흥취설(興趣說)과 입신설(入神說)과 연관시켜서 본다면, 자앙의 흥기는 분명해 질 수 있을 것이다. 자앙의 "한위대의 풍골이 진송대에는 전해지지 못하였다(漢魏風骨, 晉宋莫傳)"라는 의미와 창랑의 "시를 논함은 선을 논함과 같으니 한위진대와 성당의 시가 가장 으뜸가는 것이다(論詩如論禪, 漢魏晉與盛唐之詩, 第一義也)."라 한 의미와는 근원적으로서로 상통하는 것이어서, '흥취'의 의미를 알면 자앙의 흥기에서 연원하고 있다는 사실의 파악도 가능해질 것이다. 창랑은 이르기를,

시라는 것은 성정을 읊어 노래하는 것이다. 성당의 제자의 시가 오직 흥취에 들어 영양이 뿔을 나무에 걸어 자취를 찾을 수 없는 것 같다(초탈하여 자유분방한 시계에 있다). 고로 그 묘처는 맑고 영롱하여 모아 머물게 할 수 없으니 마치 공중의 소리, 얼굴의 색, 물속의 달, 거울 속의 모습 같아 말로는 다 표현했으나, 그 뜻은 무궁한 것이다.[43]

---

42) 臣聞古人言. 爲國忠臣者半死, 而爲國諫臣者必死. 然而至忠之臣, 不避死以諫主至聖之主, 不惡直以廢忠. 臣幸逢陛下至聖大明, 好忠愛直, 每正言直諫, 特見優容.

43) 詩者, 吟詠情性也. 盛唐諸人, 惟在興趣. 羚羊掛角, 無迹可求. 故其妙處, 透徹玲瓏, 不可湊泊. 如空中之音, 相中之色, 水中之月, 鏡中之象, 言有盡而意無窮.

라고 하여 흥취를 "영양이 뿔을 걸다(羚羊掛角)"와 "공중의 소리, 얼굴의 색, 물 속의 달, 거울 속의 모습(空中之音, 相中之色, 水中之月, 鏡中之象)"으로 비유하였는데, 흥취의 의미가 『문심조룡(文心雕龍)』, 「은수(隱秀)」 편의 "무릇 은유의 본체는 뜻이 그 표현된 글 이상의 깊은 데에 있어서 숨은 소리가 옆으로 통하고 은근히 드러난다(夫隱之爲體, 義生文外, 秘響傍通, 伏采潛發)"에서의 은(隱)과 가깝고 또 그 물색(物色)편의 "그래서 흥취에 드는데는 한정을 귀히 여긴다. ……맛이 가벼히 느껴지게 하며 그 정은 시원히 더 새롭게 한다(而入興貴閑 …… 使味飄飄而輕擧, 情曄曄而更新)"의 입흥(入興)과 통하여 함축적이며 심원한 미감을 제시하는 것으로 본다. 이것은 "영양이 뿔을 나무에 거는 것(羚羊掛角)"처럼 초탈하여 자유분방한 시의 세계와 결부되는 풍격이며 나아가서 왕어양(王漁洋)의 신운설(神韻說)을 낳을 근거로 제시된 것이니, 이것이 시의 입신까지 단계적으로 승화시킨 이론과 연결된다. 창랑이 말한 입신은 그 어원이 "정세한 뜻이 입신에 들어 쓰이게 된다(精義入神, 以致用也)"에서 나왔는데, 『문심조룡』의 "문사의 사조는 그 담긴 정신이 원대한 데에 있다(文之思也, 其神遠也)."(「神思」篇)와 뜻이 통한다. 도명준(陶明濬)은 시의 입신을 정의하기를,

> 입신이란 두 자의 의미는 그 도에 통하여 입으로는 표현할 수 없다. 자신만이 지니고 있어서 타인이 이어 가질 수 없다. 소위 남과 도리를 함께 할 수는 있으되 남으로 기교 부리게 할 수는 없다. 기교 부리는 것이 극치에 이르면 입신이 된다.[44]

라고 하여 남과 비교할 수 없는 자신만의 독득한 시경으로 비유하였고, 허학이(許學夷)는 이르기를,

> 이백과 두보는 재능이 대단하여 조예가 매우 높고 의취와 흥취가 매우 원대하다. 고로 그 오칠언 고시는 체제가 많이 변하고 어구가 많이 기위하며 기상과 풍격이 잘 갖추어져서 다분히 입신의 경지에 든다.[45]

---

44) 入神二字之義, 心通其道, 口不能言, 己所專有, 他人不得襲取. 所謂能與人規矩, 不能使人巧. 巧者其極爲入神(『詩說雜記』 권8).

45) 李杜才力甚大而造詣極高, 意興極遠, 故其五七言古, 體多變化, 語多奇偉, 而氣象風格大備, 多入於神矣(권18).

라고 하여 입신이 시심의 초탈성과 상관됨을 밝혔다. 이것은 창랑이 이백・두보를 추숭한 것을 생각할 때[46] 진자앙의 흥기와 연관시키지 않을 수 없다. 왜냐하면, 이・두의 시는 이미 자앙의 영향권에 있다고 보아야 하기 때문이다. 자앙과 이백의 시에 관하여 보면, 루오건저(羅根澤)는 양인을 복고사상적 입장에서 사회시적인 면에서 비교하여 불가분의 관계로 설정하였으니, 개혁적인 의미로도 창랑의 말에 일치시키는 이론이 성립된다.[47] 따라서 진・이의 시적 맥락은 긍정적이라고 볼 것이며 창랑이 말한 흥취는 흥기의 논리를 부연했다고 할 수 있다.

아울러 자앙과 두보와의 관계는 또한 루오건저에 의해서 뚜렷이 서술되어 있으니, 백거이(白居易)의 「원구에게 주는 글(與元九書)」에서 보면,

> 당조 200년 동안에 시인이 이루 헤아릴 수 없이 많았다. 들어보면, 진자앙의 감우시 20수가 있고 포방의 감흥시 15수도 있으며 시의 호탕한 자로는 세칭 이백과 두보를 이른다.[48]

라고 하여 자앙의 감우시에서 두보까지 같은 맥으로 설정한 점을 루오씨는 긍정하면서 백거이의 「당의 거리를 아파하며(傷唐衢)」의 「우리 진자앙과 두보 사이를 보면 아끼고 거듦이 대단하다(致吾陳杜間, 賞愛非常意).」

---

46) 궈샤오위(郭紹虞)는 흥취설의 바탕을 李杜에 둔데 대해 "滄浪興趣之說 正同於王士禎所謂神韻之義 何以滄浪又標擧李杜 而宗不主王孟呢? 此點似有矛盾, 實則也是滄浪論詩宗旨."(『滄浪詩話校釋』 p.37)라 하고 錢鍾書는 "滄浪獨以神韻許李杜 漁洋號爲師法滄浪 乃僅知有王韋, 撰『唐賢三昧集』, 不取李杜 蓋盟失滄浪之意矣."(『談藝錄』 p.49)라 하여 李・杜를 취한 입장을 나름대로 평가하고 있다. 창랑이 李・杜를 가지고 연원한 것은 자앙의 흥기와 무관하게 볼 수 없는 맥이 있음을 의미한다. (필자의 의견) 興寄, 興趣를 입신과 일맥으로 놓고서 장젠(張健)은 "他的興趣說和入神說之間 根本沒有一必然的內在關係 他時而如此設想 時而如此起意 又竝列書之 結果便互見扞格了."(『滄浪詩話硏究』 p.23)라 논술한 것은 유의할 만하다.

47) 羅根澤은 『隋唐文學批評史』에서 "到了陳子昂和李白的時代 已不復是完美無缺的盛世, 使他們逐漸厭棄粉飾太平的詩歌 而思恢復到質直言志的故道."(第三章, 「詩與社會及政治」 p.44)라 하고, 이어서 양인의 주창을 더욱 긴밀히 서술하기를 "陳子昂的提唱風雅 大體怵於時代喪亂 欲『以義補國』; 李白的提唱古風 雖亦由於『古風變太古, 道喪無時還』(「古風」 第三十首), 「頌聲久崩淪」, 「我志在刪述」, 但大半爲矯正當時的句酌仔斟的律詩. 所以陳子昂要使詩有比興的功用, 李白則要使詩不失元古的淸直 ; 陳子昂是爲社會政治而改革詩, 李白則爲詩而改革詩." (상동 p.45)라고 하여 양인의 개혁동인이 다르다고 하나 일맥에서 비교하고 있다. 예칭빙(葉慶炳)은 羅氏의 상문을 인술하여 양인의 복고개혁을 상관시키는 입론하였음은 기술한 바이다(「論陳子昂・李白詩歌之復古思想」).

48) 唐興二百年, 其間詩人 不可勝數. 所可擧者 ; 陳子昂有感遇詩二十首, 鮑防有感興詩十五首. 又詩之豪者, 世稱李杜.

(『全唐詩』 권450)구에서도 더욱 확실한 예증을 보게 된다.[49] 이것은 백씨가 진·두의 시를 본받았다는 의미이므로 같은 맥락에서 봄이 가당하니, 따라서 흥취는 자앙의 흥기에서 나오고 후대의 시론에 본이 되는 만큼 자앙의 입론은 더욱 확고하다고 볼 것이다.

다음으로 「풍골(風骨)」의 의미를 파악함으로써 자앙의 개혁적 시관을 보고자 한다. 『문심조룡』의 「풍골」편에 보면,

> 시경의 체재는 모두 육의인데, 풍이 그 으뜸이 된다. 이것은 곧 교화의 근본이며, 감동의 근원이며 지기를 표현하는 정표이다. 따라서 슬퍼하여 정감을 표현하는 데는 반드시 풍에서 비롯해야 하며 시가를 읊고 사부를 서술하는데 골보다 앞서는 것이 없다. 고로 문사가 골에 의탁함이 몸이 골격에 의지함과 같고, 정감이 풍을 지님이 몸이 기를 지님과 같다. 말 맺음이 단아하고 바르면, 글의 골이 거기서 이루어지고 의가 빼어나고 맑으면 글의 풍이 거기서 맑아진다. …… 고로 골을 잘 다듬으면 수사에 정밀하고 풍을 깊이 터득하면 성정표현이 밝아진다. 자구를 단단히 다듬어서 뜻이 다르지 않게 하고 성조의 연결을 잘 하여 막히지 않게 하면 이것이 風骨의 힘이다. 만약 내용이 비어있고 수식만 가하고 번잡하여 조리를 잃으면, 骨이 없는 징표이며 문사가 두루 고르지 않고 메마르고 기풍이 없으면 風이 없는 징표이다.[50]

라고 하여 『위서(魏書)』의 「조영전(祖瑩傳)」에서 "문장은 절로 베틀에서 실 뽑듯 자연스러이 한 풍골을 이룬다(文章順自出機杼, 成一家風骨)"라고 한 풍골을 『문심조룡』에서는 구체적으로 문학론에 의거하여 풀이하고 있다. 즉 여기서 골은 언정(言精 ; 내용)이며, 풍은 문창(文暢 ; 문식, 형식)이니 내용이 형식이나 기교보다 충실해야 한다. 진자앙의 풍골은 바로 이와 상통하는 것이어서, 그가 말한 '한위의 풍골(漢魏風骨)'은 곧 『시품(詩品)』 서(序)에서의 '건안의 풍력(建安風力)'과 일치하는 것이다.[51]

---

49) 羅根澤은 백거이의 말을 통해 陳·杜의 관계를 밀착시키고 있는데, 예컨대 "又喜歡別人說他的詩似陳杜(白) 知他的作詩也在效法陳杜都是提唱并創作社會詩的, 他們既效法并稱陳杜, 同時稱讚陳杜的又恰是「激烈」,「興寄」,「風雅比興」的社會詩, 當然也要提唱社會詩, 創作社會詩了"라 한 문구에서 알 수 있다.

50) 詩總六義, 風冠其首, 斯乃化感本之本源, 志氣之符契也. 是以怊悵述情, 必始乎風 ; 沈吟鋪辭, 莫先於骨. 故辭之待骨, 如體之樹骸 ; 情之含風, 猶形之包氣. 結言端直, 則文骨成焉 ; 意氣駿爽, 則文風生焉. …… 故練於骨者, 析辭必精 ; 深乎風者, 述情必顯. 捶字堅而難移, 結響凝而不滯, 此風骨之力也. 若瘠義肥辭, 煩雜失統, 則無骨之徵也 ; 四不環周, 索莫乏氣, 則無風之驗也.

51) 『詩品』序에 "永嘉時, 貴黃老, 稍尚虛談 …… 孫綽·許詢·桓·庾諸公詩, 皆平典似道德論, 建安風力盡矣."라 함.

한위, 곧 건안풍골은 『문심조룡』의 「명시(明詩)」편에서 말한 바[52], 자연산수와 어울려 열락을 추구하고 비분강개하며 재기를 중히 여기며 미려한 문장보다는 내실을 찾는 풍기를 지녔던 순수문학의 창도기에 해당하는 것으로 보아서 자앙이 특히 이것을 추숭한 것이다.

자앙이 말한 '풍아의 작(風雅之作)'·'한위풍골(漢魏風骨)'·'건안작품(建安作品)' 등의 복고적 용어는 단순한 고인에 대한 모방이 아니라 당 이전의 시가에 대한 반성이며 전통에의 복귀를 의미하는 것이다. 그러길래 명대 송렴(宋濂)은 이르기를,

> 오로지 진자앙이 그 폐단을 심히 나무라서 한위대를 본받고 곽박과 도잠을 벗하였으니 곧아서 어울리지 않은 선비라 할 수 있으며 복고를 절실하게 취하여 이에 크게 되었다.[53]

라고 한 것이라든가, 옹방강(翁方綱)이 서술한 바,

> 당대 초기에 여러 문인들이 다투어 창작하였지만 육조의 여파를 답습할 뿐인데 오직 진자앙에 이르러 빼어나고 기특하여 풍골이 우뚝 뛰어났으니, 대개 그 힘이 동방좌사글에 다 나타나 있다.[54]

라고 한 것은 모두 자앙의 시사적 개혁이론을 확증해 주는 선대의 증언이라 하겠으며 자앙의 개혁적 시론의 중요성을 강조한 것이라 본다.

---

52) 『文心雕龍』, 「明詩篇」: "竝憐風月, 狎池苑, 述恩榮, 敍酣宴, 慷慨以任氣, 磊落以使才, 造懷指事, 不求纖密之巧, 驅辭逐貌, 唯取昭晰之能."

53) 唯陳伯玉痛懲其弊, 專師漢魏, 而友景純·淵明, 可謂挺然不群之士, 復古之切, 於是爲大(「答章秀才論詩書」).

54) 唐初群雅競奏, 然尚沿六代餘波. 獨至陳伯玉, 兀英奇, 風骨峻上, 蓋其詣力畢見於東方左史一書(『石洲詩話』 권10).

Ⅲ. 감우시의 풍자와 귀자연적 흥취

진자앙은 제량풍을 반대하고 양신(楊愼)이 『승암시화(升菴詩話)』에서 “그의 문사가 간결하고 직설적이어서 한위의 풍격을 지닌다(其辭簡直, 有漢魏之風)”라고 밝혔듯이 복고적 풍격을 지켜나갈 것을 주창하였다. 그의 이런 개혁정신은 한유(韓愈)의

> 당대의 문장이 성행하니 진자앙에서 비로소 높은 경지에 이르렀다.[55]

라고 한 문구와 『구당서』 본전의,

> 당조가 일어나서 문장이 서릉과 유신의 여풍을 잇게 되매 천하가 이것을 받들다가 진자앙에 와서 비로소 고아하고 바르게 바꾸었다.[56]

라고 한 「始」자의 의미에서 더욱 분명히 표현되어 있다. 당초의 시풍으로서는 파격적인 것이며 이색적이었다고 할 것이다. 그러나 그의 시 자체는 「감우시」를 제외하고는 시적 가치상 뛰어나다고만 볼 수 없다.[57] 단지 평이하면서도 진실감이 있으며 자연의 미와 산천의 유정(幽靜)을 묘사한 면은 간과할 수 없다.

따라서 본고에서는 자앙의 「감우시(感遇詩)」를 살펴보고, 한편 현실에의 관심과 애국의 염이 담긴 면, 그리고 자연에의 초탈의식을 실은 면을 살펴보고자 한다.

---

55) 國朝盛文章, 子昻始高蹈(「薦士」).

56) 唐興, 文章承徐庾餘風, 天下祖尙. 子昻始變雅正.

57) 『藝苑巵言』에서 “陳正字陶洗六朝, 鉛華都盡, 托寄大阮, 微如斷裁, 而天韻不及, 律體詩時時入古, 亦格矯柱之過” 권4)라 하고 특히 陸侃如는 『中國詩史』에서 “感遇詩以外的詩, 實未能稱是. 我們細獨他的全集, 實在找不出多少好詩. 固然他對於不詠艷情的信條似乎很能遵守, 全集中的確沒有一言宮體嫌疑的詩. 但是新體詩却已成爲當時很流行的體裁, 且漸進而成爲律絶, 所以他的詩中有許多可以說是五律五絶的詩, 而這些五律五絶却沒有一首是高明的”라고 한 담백한 평어를 주의할 필요가 있다. 그러나 본고는 자앙의 특점만을 긍정적으로 서술하려 한다.

1. 감우시의 특점

자앙의 「감우시」 38수는 그의 대표적이며 영향력이 가장 큰 명작으로 내용도 상당히 복잡하여서 그 안에 정치에의 비판과 항의, 인민생활고에 대한 묘사와 동정, 그리고 은일 생활에 대한 찬미와 희망, 자기 불우에 대한 감개와 불평을 담고 있는 것이다. 이러한 내용상의 특성을 다루기 앞서 먼저 전체의 풍격을 보면, 문필이 질박강건(樸質剛健)하고 음절이 명량(明亮)하며 기상이 웅혼(雄渾)하고, 완적(阮籍)의 「영회시(詠懷詩)」와 좌사(左思)의 「영사시(詠史詩)」, 그리고 왕적(王績)의 「고의육수(古意六首)」 등에서 영향 받았고 특히 「영회시(詠懷詩)」에서 가장 깊은 영향을 입었다고 할 것이다. 그 실예를 양인의 시구에서 추출하여 열거하면,

便便夸毗子(感其十)
如何夸毗子(詠其五十三)
五咄咄安可言(感其十七)
咄咄復可言詠(詠其六十九)

萬世同一時(感其十)
萬世同一時(詠其十)
去去桃李花(感其九)
焚焚桃李花(詠其四十四)

伯陽遁面溟(感其十七)
伯陽隱西戎(詠其四十二)
死生俱赤停(感其八)
死生自然理(詠其四十八)
臨岐泣世道(感其十四)
楊朱泣岐路(詠其二十)

多材固爲累(感其二十三)
多材爲患害(詠其三十三)
可爲洗心言(感其三十)
可用慰我情(詠其三十六)
春秋迭來過(感其三十六)
四時更代謝(詠其七)

등을 들 수 있으며, 그 외에 다른 작가의 것에서 본받은 예를 수사적인 면으로도 비교할 수 있다. 즉,

射兕雲夢林, 竭來高唐觀(感其二十八)
楚襄王與宋玉游於雲夢臺望高唐觀(宋玉 · 「高唐賦序」)

┌蘭若生春夏(感其二) ┌三五明月滿(感其二十四)
└蘭若生春陽(枚乘·「雜詩」) └三五明月滿(「古詩十九首」第十七)

┌朱㚉冒紫茎(感其二) ┌携手在何時(感其三十二)
└朱華冒綠池(曹植·「公讌詩」) └執手將何時(曹植·「贈白馬王彪」)

┌哀哀明月樓(感其三十四) ┌朝發宜都渚(感其二十七)
└明月照高樓(曹植·「七哀」) └朝發鄴都橋(王粲·「從軍詩」)

┌窮岫泄雲生(感其二十九) ┌聞道泰階平(感其二十九)
└窮岫泄雲(左思·「魏都賦」) └令覩斯民泰階之平(左思·「魏都賦」)

┌骨肉且相薄(感其思) ┌微月生西海(感其一)
└骨肉還相薄(左思·「雜詩」) └微月生西方(傅玄·「雜詩」)

┌水木淡孤清(感其十三) ┌瑤臺有青鳥, 遠食玉山禾(感其二十五)
└水木淡清華(謝琨·「西游城雀」) └識不及青鳥, 遠食玉山禾(鮑照「代空池」)

┌寶鼎淪伊穀(感其十四) ┌懷古心悠哉(感其三十五)
└素景淪伊穀(謝眺·「和王著作八公詩」) └懷古信悠哉(謝眺·「觀朝雨詩」)

┌巫山彩雲沒(感其二十七) ┌誰能測淪溟(感其六)
└巫山彩雲合(王融·「古意」) └誰能測幽微(江淹·「雜體」)

이상에서 「감우시」는 다양하게 연원되어 형성되었음을 알 수 있다. 이제 「感遇」의 의미부터 보면, 『당음(唐音)』 주(注)에 이르기를 "마음에 감흥이 있으면 말에 기탁하게 되어 그 뜻을 펴게 된다(有感于心, 而寓於言, 以攄其意也)"라 하고 또 "마음에 느껴지어 눈에 들어온다(感之於心, 遇之於目)"라고 하여 당시의 정치적인 음영(陰影)과 시인 자신의 불우한 심기를 솔직히 표현할 수 없는 처지에서 자연히 은회(隱晦)한 상징 수법을 차용하여 붙인 것을 확인하게 된다. 그러나 명대 종성(鍾惺)이 말한 바, "진자앙의 감우시는 절로 고담하며 오묘한 의취를 지니고 있는데 의취가 다분히 표현된 언사에 담긴 그것보다도 더 깊은 데서 우러나오고 논지는 어디에 매여 있지 아니하매 도저히 구절을 따라 그 담긴 이치를 찾아 이해하기가 쉽지 않다(子昂感遇, 自爲澹古音渺之意, 意多言外, 旨無專屬, 不當逐句求之).”(『唐詩歸』 권2)라고 한 것처럼 시인의 사상과 감정을 외표되지 않은 곳에서 은연중에 그 본의를 투시해 볼 수 있는 장점이 있다는 점을 강조한 것이다. 시의 내용에 있어서는 형맹(邢孟)이 이 시에 담긴 사항을 설명하기를,

> 감우시는 군자가 때를 잃어 뜻을 이루지 못함을 한탄한 것이니 인을 어찌 가까이 할 것인가. 전혀 가까이 할 수 없다. 쇠퇴한 세상에 옛 도리가 어두우니 이익을 탐내면 영화가 오래 가지 못하고 사리를 탐하면 반드시 재화로 빼앗기게 되고 정애는 화를 일으킨다는 것을 경계하고 있다.[58)]

라고 하여 총괄하였으며, 표현수법에 대해서 명대 담원춘(譚元春)은 이르기를,

> 진자앙의 감우시들은 마치 연단서 같고 역경주 같으며 영사 같고 산해경을 읽는 것 같다. 기묘한 변화는 단서를 잡을 수 없으니 또 하나의 천지인 것이다.[59)]

라고 하여 다양한 묘법을 쓴 것을 강조하였다. 따라서 묘사에 있어서 자신의 회포를 서술하는 데는 옛 것을 빌려서 지금 것을 비유함(借古喩今)을 택하고, 현실에 대한 풍자에는 사물을 통하여 성정을 부침(托物寄情)을 택하며 군자의 충정과 실망을 표현하는 데는 향초나 미인으로써 비유하며 속세의 번뇌를 떨치는 묘법은 신선에의 기탁을 택하고 있음을 볼 수 있다.

1) 현실에의 비판

이제 내용상 자앙의 당시 정치에의 비판적 의식을 토로한 면을 보자면,

---

58) 感遇詩, 歎君子失時而無成. 仁何親. 殘不可近. 衰世不明古道. 戒嗜利, 寵不可久居, 寵利必見禍奪. 情愛生禍(楊鍾羲 『歷代五言詩評選』 卷五引).

59) 子昂感遇諸詩, 有似丹書者, 有似易注者, 有似詠史者, 有似讀山海經者. 奇奧變化, 莫可端倪, 眞又是一天地矣(『唐詩歸』 권2).

제15수에서,

귀인은 뜻 이루기 어려우니
은혜와 총애는 잠시뿐이라네.
옥 같은 마음으로
명월주랑 바라지 마오.
옛날 자랑턴 예쁜 미인
지금은 죄지어 갇힌 몸 되었으니
주공의 치효시에 낙양을 슬퍼했고
서시의 고소대엔 사슴이 울고 있다네.
뉘 쪽배로 오호로 가던 범여의 마음 알리오?[60]

이 시는 무측천(武則天)의 혹리등용(酷吏登用)과 형벌남용(刑罰濫用)에 대해 은유적인 방법으로 묘사하였는데 청대 진항(陳沆)이 말한바, "장상과 대신의 유종의 미를 거두지 못함을 애도한다(悼將相大臣之不令終)." (『詩比興箋』 권3)의 비감이 깃들어 있다. 자앙 자신은 당시의 형벌에 대해 "형벌과 옥살이가 성급하고 법망이 너그럽지 못하니 이건 지금 성명한 정치의 요체가 아닌 것이다(刑獄尙急, 法網末寬, 恐非當今聖政之要者)." (「答制問事」 八條)라고 하였듯이 무측천의 신하에 대한 가혹을 이 시에서 간파할 수 있게 하며 제2·4연은 감개하여 일깨워 주는 정감을 느끼게 한다. 그 당시의 정치상의 암흑, 권력의 부패, 사회의 불안 등을 풍자한 점은 제10·16·5·4·12·20·9·32수 등에서 그 시구의 예를 더 찾게 된다.[61] 그리고 제26수를 다시 보겠다.

황당하도다, 주의 목왕이여!
흰 구름과 기약하기 좋아했으니,
궁녀는 원한 속에

60) 貴人難得意, 賞愛在須臾. 莫以心如玉, 探他明月珠. 昔稱夭桃子, 今爲舂市徒. 鴟鴞悲東國, 麋鹿泣姑蘇. 誰見鴟夷子, 扁舟去五湖.

61) 제10수의 "悱然爭朶頤, 讒說相啖食, 利害紛, 便便夸毘子, 榮耀更相持." 제16수의 "勞利迭相干", 제5수의 "市人矜巧智, 於道若童蒙. 傾奪相誇侈, 不知身所終", 제4수의 "骨肉且相薄, 他人安得忠", 제12수의 "怨憎未相復, 親愛生禍罪", 제20수의 "群議曷嗤嗤", 제9수의 "聖人秘玄命, 懼世亂其眞", 제32수의 "陽彩皆陰翳" 등을 들 수 있다.

층층 궁궐에 가득한데
날마다 서왕모의 요지에 빠져 놀면서
어이 도리 만발한 젊은 날을 애타하는지?
푸른 이끼는 시들은데
백발은 장막 속에 늘어만 가네.[62]

이 시는 제27·28수 등과 함께 고인과 고사의 소재를 빌려서 목천자(穆天子)와 초양왕(楚襄王)의 황음(荒淫)을 노래하면서 당시 권문의 타락상을 비유하였다.[63] 구체적으로는 목천자를 무후에 풍자하여 그 황폐한 조정을 묘사한 것이다. 이 시는 즉 "옛 것을 빌려서 지금 것을 비유하고 사물을 비유하여 인사를 징험한다(借古喩今, 比物徵事)."의 묘법을 강구하였다. 무후의 실정과 민정을 보다 강하게 그린 제29수는 대표적인 정치비판의 예가 된다.

정해년이 저무는데
서산에선 군사 훈련하네.
공주의 길에는 양식이 쌓여 있고
병사들은 창 잡고 강성에서 싸우려하네.
엄동에 북풍이 세차고
황량한 산에는 구름이 빗겨나네.
어두어 밤낮이 따로 없는데
격문에 다시 서로 놀라는도다.
몸을 굽혀 만 길을 오르고
위태로이 가파른 계곡을 거치네.
수다한 산봉과 계곡을 지나
처량히 눈 어름길 가는도다.
성인이 우주를 다스린다면
태평성세 당연하리라는데

62) 荒哉穆天子, 好與白雲期. 宮女多怨曠, 層城閉蛾眉. 日耽瑤池樂, 豈傷桃李時. 青苔空萎絶, 白髮生羅帷.
63) 楚襄王을 빌려서 현실을 비유한 시로는 제20수의 "憶昔楚襄王,朝雲無所處, 荊國亦淪亡."과 제28수의 「荊王樂荒淫 …… 雄圖今何在」도 있다.

고기 먹는 분들 하는 일 어찌 손실 뿐인가?
기장풀만 가로 세로 깔려 있으니.[64)]

이 시에서 정해년(丁亥年)은 무측천 수공(垂拱) 3년(687) 자앙의 나이 27세 때의 작으로, 무측천이 외족 강(羌)을 공격하는 불의의 전쟁과 인민과 사병에게 주는 재난을 묘사하면서 함부로 전쟁을 일으켜서 군사를 어렵게 하는 소위 독무궁병(黷武窮兵)에 반대하는 인도주의사상을 강렬히 표현하였다. 자앙의 「아주에 강을 토벌하는 데에 대해서 간하는 글(諫雅州討生羌書)」(권9)에서 이러한 불의의 전쟁으로 민심을 피폐해서는 안 되는 것을 피력하고 있음도 유의할 만하다.[65)] 자앙 자신이 촉인(蜀人)이므로 그 사정을 잘 알고 있어 그 폐해가 크며, 국가 이익을 고려치 않은 거사를 보고 간언한 것이다. 윗 시의 제8연에서는 엄동의 황량한 산을 묘사하고, 제5연에서는 전쟁의 시작명령에 행군의 노고를 그리고, 말 2연은 전쟁을 기도하는 정치와 그 부역에 시달리는 참상을 서술하였다. 일면으로 사회혁신적인 의지가 남긴 시라고도 보여진다.

2) 신세불우에 대한 불평과 은일(隱逸)

예부터 신세의 불우를 노래한 것이 수다하지만, 자앙의 경우에 있어선 그 내심이 더욱 짙게 표출되어 있다. 그의 제2수를 보면,

난초·두약은 봄여름으로 나니
울창하고 또 어찌도 푸르는지.
그윽하고 외로이 고운 자태는
붉은 꽃 푸른 줄기에 맺혀 있구나.
늬엿 늬엿 해는 지는데[66)]

---

64) 丁亥歲云暮, 西山事甲兵. 贏糧匝邛道, 荷戟爭羌城. 嚴冬陰風勁, 窮岫泄雲生. 昏曀無晝夜, 羽檄復相驚. 拳跼競萬仞, 崩危走九冥. 藉藉峰壑裏, 哀哀氷雪行. 聖人御宇宙, 聞道泰陛平. 肉食謀何失, 藜藿緬縱橫.

65) 「諫雅州討生羌書」: 「國家欲開蜀山, 自雅州道入討生羌, 因以襲擊吐番雅之邊羌, 自國初以來, 未嘗一日爲盜. 今一旦無罪受戮, 其怨必甚, 怨甚懼誅, 必蜂駭西山. 西山盜起, 則蜀之邊邑, 不得不連兵備守, 兵久不解, 則蜀之禍搆矣」.

66) 蘭若生春夏, 芊蔚何青青. 幽獨空林色, 朱蕤冒紫莖. 遲遲白日晩, 嫋嫋秋風生. 歲華盡搖落, 芳意竟何成.

가을바람 산들거리누나.
한 해의 꽃 다 지려는데
향기론 뜻 어이하면 이루리?

이 시는 초사의 「이소(離騷)」의 기법을 활용하여 비의적인 묘사를 통해 노년과 뜻을 펴지 못하는(志不成) 점을 개탄하고 있다. 「난야(蘭若)」라는 향초에서 고아한 품성과 군자의 기풍을 표출하고 있다. (전 4구), 후 4구에서 실의와 고민, 그리고 모순의 심정을 나타내었다. 그리고 제7수에서 보면,

한낮 늘 숲에 묻혀 있다가
어느덧 봄빛이 저무는구나.
아득히 나는 뭘 그리워하리?
숲에 누워 끝없는 세월 느끼는 듯
백화 때 따라 시들고
두견은 구슬피 우짖는데
고운 풍물 벌써 다하나
뉘 소부를 알기나 하랴?[67]

라고 하여 세월이 유수 같고 지우가 없음을 한탄하였다. 「陳氏別傳」에 "진자앙은 만년에 황노술을 좋아하여 더욱 심취하여 닮아가고 왕왕 그 이론에 정통하기도 하였다(子昻晩愛黃老言, 尤耽味易象, 往往精詣)"라 하고 또 "성력 초년에 그대는 고향 산에 돌아가 숨어 살며 관직을 초월한 뜻을 가졌다(聖曆初, 君歸隱舊山, 有掛冠之志)"(상동)라고 한 데서 성력초(698년 전후)에 은거한 뒤에 쓰여진 신세의 불우에서 오는 은거의 시라고 볼 수 있다. 제3연에서 자앙의 은거 중에 속세를 떠났으면서도 뜻을 펼 기회가 없는 것을 슬퍼하고 있으며 말구에는 마음의 불평이 나타나 있다. 「감우시」 가운데에서 분개를 토로한 예구로는,

복숭아와 오얏 꽃을 찾아가리니

67) 白日每不歸, 青陽時暮矣. 茫茫吾何思, 林臥觀無始. 衆芳委時晦, 鶗鴂鳴悲耳. 鴻荒古已頹, 誰識巢居子.

말 많아 죽는 이 삼베 같구나.
去走桃李花, 多言死如麻. (제9수)

푸른 계수나무 흔들어대니
숨은 좀벌레가 또한 구멍을 만들었구나.
招搖青桂樹, 幽蠹亦成科. (제12수)

등을 들 수 있다. 자앙은 사회에 대한 불만과 억압 속에서, 자연히 허환(虛幻)한 정신세계를 흠모하고 은일생활을 찬미하는 경향을 보이는 시로서 제11수를 다음에 본다.

나는 귀곡자 좋아하니
맑은 냇물에 티끌 하나 없구나.
주머니엔 경세의 도리 담겨 있고
남긴 육신은 흰 구름에 떠 있다.
일곱 영웅이 용처럼 싸우니
세상은 어지러운데 그 님은 없도다.
뜬 영화 귀하지 않으니
도를 좇고 덕을 기르며 난세에 숨었도다.
펼치면 우주에 차고
말면 한 치도 안 되지만
산나무가 오래 살기 어이 바라리오?
공허히 노루와 짝할 따름이로다.[68]

이 시는 귀곡자(鬼谷子)에 자신을 비유하여 앞 4구는 포부를 품고 있으면서 도를 좇아 언행을 삼가한다는 뜻을 묘사하고 다음의 4구에는 어지러운 시대상을 그렸으며 말 4구 는 선계의 도를 터득하여 천명을 따라 사슴과 고라니 같은 무리와 은거하려는 내심을 토로하였다. 자앙은 그의 「무단첩(無端帖)」(補遺)에서 "도가 이미 행해지지 않고 또 천명을 알아서 즐길 수 없으며 산림에 깊이 숨을 수 없도다. 이에 때로 속세에 나오면

68) 吾愛鬼谷子, 青谿無垢氣. 囊括經世道, 遺身在白雲. 七雄力龍鬪, 天下亂無君. 浮榮不足貴, 遵養晦時文. 舒之彌宇宙, 卷之不盈分. 豈圖山木壽, 空與麋鹿群.

절로 무단한 사람인 것을 느끼도다. 하물며 가까이에 좋은 이름 듣지 못하니 절로 참으로 애석하구나."[69]라고 한 것은 바로 이 시의 내함(內涵)과 상통한다고 할 것이다.

3) 변새(邊塞)생활의 감회

자앙은 전쟁과 변새에 대해 체험과 관찰이 깊이 스며든 시를 쓰고 있다. 변새의 시는 대개 전쟁을 피하고 평화를 갈구하는 면과 전쟁에서 공을 세우는 면으로 분별해 볼 수 있는데, 전자의 경우를 제3수에서 보기로 한다.

푸른 하늘 영대 변새 위에
예부터 길 황량히 뻗어 있고
수루 우뚝 섰는데
드러난 뼈는 온전한 것 없도다.
누런 모래 남쪽에서 몰아치고
밝은 해는 서녘으로 숨는구나.
삼십만 한나라 군사
흉노를 섬긴 일 있었던 곳.
모랫 터에 죽은 자만 보일 뿐
변새의 고독을 뉘 달래리.[70]

이 시는 자앙이 교지지(喬知之)를 따라 종군하던 일을 회상한 것인데 자앙의 「연연군인 화상명 병서(燕然軍人畵像銘幷序)」에 김휘주도독(金徽州都督)에의 혼란으로 인해 좌보궐(左補闕)인 교지지로 호군(護軍)케 하였다는 글로써 알 수 있다.[71] 그는 종군하면서 전후의 참상을 목도한 것이다. 제1연에선 광대한 정영지(丁靈地)의 황량한 광경을 묘사하고, 제3연

69) 道旣不行, 復不能知命樂天. 又不能深隱于山藪. 乃亦時出人間, 自覺是無端之人. 況漸近無聞, 不免自惜如何.

70) 蒼蒼丁靈塞, 今古緬荒途. 亭堠何崔兀, 暴骨無全軀. 黃沙漠南起, 白日隱西隅. 漢甲三十萬, 曾以事匈奴. 但見沙場死, 誰憐塞上孤.

71) 「燕然軍人畵像銘序」에 "金徽州都督僕固始桀驁, 惑亂其人. 天子命在豹韜衛將軍劉敬周發河西騎士, 自居延海入以討之, 特勅左補闕喬知之攝侍御史, 護其軍."(권6).

에서는 사막의 변화무쌍한 경관을 그리었다. 그리고 제2연과 제5연은 사장(沙場)의 정경을, 제4연은 한인(漢人)의 굴욕을 묘사하는 듯이 쓰면서 이 북방 종군을 설욕하려는 의지를 표현하면서 전체시의 흐름이 전쟁의 비애를 담고 있다. 한편 후자의 예로 제37수를 들어 본다.

아침에 운중군에 드니
북녘엔 선우대 보이네.
오랑캐 진땅이 어찌도 가까운지
사막의 찬 기운 세기도 하여라.
어지러이 흘러간 중에 천자 우뚝 서니
미쳐 날뛰며 다시금 몰려오네.
변새엔 명장 일어나고
수루만 공허히 우뚝 섰는데
한숨 지며 내 무얼 탄식하는가?
변방 사람 가던 길에 잡초만 무성쿠나.[72)]

이 시는 자앙이 글안(契丹)을 정벌하는 것을 그렸다. 제3연까지는 운중군(雲中郡)과 선우대(單于臺)의 형세와 풍토를 묘사하고 제4연에는 변새에 명장이 있어 보국(報國)의 의지를 보이면서 말연에선 전장의 비상(悲傷)을 떨치지 못하고 있다. 자앙의 감우시는 교연(皎然)이 "자앙의 감우시는 그 근원이 완적의 영회시에서 나왔다(子昂感遇, 其源出于阮公詠懷)."(『詩式』)이라고 평가하고, 명대 왕세정(王世貞)이 또 이 둘의 같지 않은 면을 평가하기를 "완적은 원근간의 일을 영회하여 어떤 처경에서 드러내고 어떤 감흥에서 나타내는 면에서 잘 하지만 그 내용의 종지와 미려함을 다 논하지 못한 것이 있을 따름이다. 사람들은 이래서 진자앙이 완적보다 났다고 말한다. 하필이면 어찌 진자앙이라고 해서 감흥이 없었겠는가(阮公詠懷遠近之間, 遇境卽際, 興窮卽之. 坐不着論宗佳耳. 人乃謂陳子昂勝之, 何必子昂寧無感興乎哉)"(『藝苑巵言』 권3)라고 하여 자앙시의 특성을 밝히고 있다.

---

72) 朝入雲中郡, 北望單于臺. 胡秦何密邇, 沙朔氣雄哉. 籍籍天驕子, 猖狂已復來. 塞垣興名將, 亭堠空崔嵬. 咄嗟吾何歎, 邊人塗草萊.

2. 자연에의 귀거(歸去)

자앙시에서 사향(思鄕)의 정회와 탈속의 경지를 담은 것을 가지고 이 항목의 주제로 삼는다. 먼저 사향을 읊은 「저녁에 낙향현에 머물며(晩次樂鄕縣)」(권1)를 보겠다.

고향 끝없이 아득한데
저물녘 홀로 길을 가누나.
시내와 들엔 옛 나라 안보이고
길은 변성에 이어 있다네.
들의 수자리엔 거친 연기 끊기었고
깊은 산엔 고목이 나란하네.
이 맺힌 한을 어이 하리오?
밝은 밤에 원숭이 울어대네.73)

이 시는 자앙이 21세에 (681) 고향인 사홍(射洪)에서 장안(長安)으로 가던 길에 낙향현(樂鄕縣)을 지나며 지었다. 제1연은 고향을 떠나고서 고향 생각하는 마음과 외로운 심정을 읊었으며, 제3연의 들의 수자리(野戍)와 깊은 산(深山)은 타향의 이미지를 더욱 강하게 부각시키며 말연은 사령운(謝靈運)의 「석문의 최고 정상에 올라(登石門最高頂)」시를 모의한 구로서 객인의 적막하고 슬픈 감회를 돋구어서 제1연의 시취(詩趣)와 다시 어울리는 맛을 준다. 그리고 「거연해의 나무에서 꾀꼬리 소리 들으면서 지음(居延海樹聞鶯同作)」을 보면,

변방엔 향기론 나무 없는데
꾀꼬리 소리 문득 새로워지네.
꾀꼴 꾀꼴 뜻이 담긴 듯
깊은 근심은 님을 그리는 듯

73) 故鄕杳無際, 日暮且孤征. 川原迷舊國, 道路入邊城. 野戍荒烟斷, 深山古木平. 如何此時恨, 噭噭夜猿鳴.

왕소군이 총애 잃은 슬픔인 듯
채염이 오랑캐 땅에 잡힌 근심인 듯……
앉아서 듣노라니 눈물이 지나니
고향의 봄이 더욱더 그리워라.[74]

여기서 거연해는 지금의 영하(寧夏) 거연시(居延市)에 있는 호수로 수공(垂拱) 원년 1월(685)에 동라(同羅)와 복고(僕固) 등이 반란을 일으키자, 이듬해 3월에 토벌에 참가하여 쓴 시이다. 특히 제3연은 한대 채염(蔡琰)이 흉노(匈奴)에게 잡혀가서, 맺힌 망향의 비감을 빌려서 자신의 정감과 서로 상통하는 느낌을 준다.

다음으로 탈속의 심경에 대해서는 자앙에 있어 도가의 의취로 표현되고 있다. 예컨대, 「병들어 집뜰에 누워서(臥疾家園)」(권2)를 보면,

세상에 이름 없는 사람
세상의 세월 가기만 하네.
나라 위해 계책 다 버리고
조용히 맑은 도리 본으로 삼아
병든 몸 뉘 물으면
한가로이 지내며 경물을 벗한다고
영대의 옛벗 그리웁고
진경에 깃들려고 선소에 숨었다네.
환단을 먹고 해를 좇으며
늙지 않으려 운아차를 마시도다.
어이 알리오 백사 도장의 나그네를.
소평이 동릉에 오이 심던 그 마음 싫지 않도다.[75]

이 시는 장수(長壽) 원년(692)인 자앙 32세 전후의 작이다. 『新唐書』에 "모친의 상을 당하여 관직을 떠났는데 우습유에 발탁되었는데도 자앙은

---

74) 邊地無芳樹, 鶯聲忽聽新. 問關如有意, 愁絶若懷人. 明妃失漢寵, 蔡女沒胡塵. 坐聞應落淚, 況憶故園春.
75) 世上無名子, 人間歲月餘. 縱橫策已棄, 寂寞道爲家. 臥疾誰能問, 閑居空物華. 猶憶靈臺友, 棲眞隱太霞. 還丹奔日御, 却老餌雲芽. 寧知白社客, 不厭靑門瓜.

병이 많아서 직책에 있으면서도 즐겁지 않았다(以母喪去官, 擢右拾遺, 子昻多病, 居職不樂)"이라 한 기록에서도 알 수 있듯이 이 때는 모친상을 당하고 와병하여 소극적으로 은거하며 도선을 배우면서(學仙) 요양하고 있었다. 이 시는 사절(四折)로 나누어서 살필 수 있으니, 전 4구의 제1절은 나이 들고 공업이 없음을 탄식하였고 중 4구의 제2절은 병중의 정황을 묘사하고, 말 4구는 은거의 희원을 서술하고 있다. 이 시에는 '주문왕의 영대의 벗(靈臺友)'·'진경에 머물다(棲眞)'·'태하(太霞)'·'단약을 먹다(還丹)'·'해를 따르다(日御)'·'운아차(雲芽)'·'백사의 객(白杜客)'·'청문의 오이(靑門瓜)' 등 선어가 다용되어 있음도 탈속적 시의와 상관된다. 그리고 「가을 밤 산정에서 휘상인에게 드림(酬暉上人秋夜山亭有贈)」(권2)을 보면,

밝은 달 드리운 숲엔 가을이 깊고
희미한 푸른 산엔 정적이 흐르누나.
참선하는 중에 어느덧 경물이 달라지매
홀로 앉아서 난간 병풍 열어 펴니
소슬한 샘 소리 밤과 한데 어울려 있고
달빛 어린 이슬 한 밤에 더욱 차네.
감사드리네. 이 속세를 떨친 님에게!
나도 티끌 진 이 근심 가눌 길 없으니.76)

이 시에서 전 2구는 아름다운 추야의 경색을 보여 준다. '달 밝은 흰 숲(皎皎白林)'은 찬 숲의 쓸쓸함과 달빛 아래 비치는 한 조각 백색, 여기에 '秋'자가 절기를 일러준다. 이것은 그림 속의 근경이다. 그리고 '희미한 푸른 산(微微翠山)'은 그림 속의 원경이다. 끝의 '靜'자가 있으므로 원산의 신기를 드러내고 밤의 기분을 홍탁(烘托)해내고 있다. 제2연은 속계를 벗어난 선취(禪趣)의 경물을 접하고 있는 묘사이다. 여기서 선취란 청대의 오교(吳喬)가 말한 바, "동파가 이르기를 시는 기이한 흥취를 종지로 삼는다. 상도에 반하면서 도에 맞는 것을 흥취로 삼는다라는 이 말은 가장 뛰어나다. 기취가 없으면 어찌 시라 하겠는가? 상도에 반하면서 도에 맞

76) 皎皎白林秋, 微微翠山靜. 禪居感物變, 獨坐開軒屛. 風泉夜聲雜, 月露宵光冷. 多謝忘機人, 塵憂未能整.

지 않으면 이것은 어지러운 말이라 한다. 상도에 반하지 않으면서 도에 맞으면 곧 문장인 것이다."[77]라는 내용과 일치하는 시정이다. 제3연에 들어서는, 자연과 같은 호흡의 경지에 들고, 말연에서는 속진(俗塵)을 떨치고 세상 고뇌 잊어야(忘機) 할 것이련만, 휘상인에 못 미치는 부끄러움이 깃들어 있다. 그러나 이 시의 운미(韻味)는 호자(胡子)의 말대로 "그의 시를 보면 매미가 세상에서 껍질 벗고 만물 저 밖에서 떠돌아 노니는 것을 알게 된다."[78]에서와 같이 심경의 평온을 다한 신적(神寂)을 감득한 작자의 심상이 아닐런지? 자앙의 이 시는 예술적 처리 또한 높은 기교를 발휘하고 있다. 경물묘사의 정련(精煉), 시구구성의 정제(整齊), 정경의 교융(交融) 등은 성당대에 새로운 시적인 지평을 제시해줬다고 할 수 있다. 초당에서 성당으로 넘어가는 교량적 역할을 한 진자앙의 시는 127수에 지나지 않지만,[79] 담지 않은 소재가 드물 만큼 넓고 깊은 것이 그 특징이며, 풍격 또한 초당시인이면서 한위대의 풍골(漢魏風骨)에서 성당의 낭만까지 지니지 않은 것이 없을 정도이다. 교유는 당대의 대가들인 송지문(宋之問)・심전기(沈佺期)・최융(崔融)・최태지(崔泰之)에서 노장용(盧藏用)과 왕무경(王無競)까지, 그리고 휘상인(暉上人) 등 도인과의 현학적인 교류 또한 그의 문학형성에 많은 상관성을 지녔다.

시론의 개혁은 흥기와 풍골을 담는 내용을 강조하고 시 자체의 특성에 있어서 「감우시」를 현실과 이상이라는 양면에서 그 맛을 찾으려 하였다. 단순한 신세한탄이 아니라 보국관(報國觀)과 평화주의적인 비전(非戰)의식이 이었으므로 , 현실을 은유적으로 풍자하면서 은둔적인 의지를 취하기도 하였다. 그러나 감우시 자체는 현실과 타협하지 않았고 초탈하려는 관념 보다는 현실개선과 적극적인 참여의 자세를 오히려 엿보여준다. 그러므로 감우시는 사실주의적인 현실의식과 함께 현실비판을 공유하고 있다. 그리고 호응린(胡應麟)이 말한 바, "당대 초기에 양수대의 풍격을 이

---

77) 子瞻曰: 「詩以奇趣爲宗, 反常合道爲趣」 此語最善, 無奇趣何以爲詩? 反常而不合道, 是謂亂談, 不反常而合道, 則文章也."(『圍爐詩話』 권1).

78) 觀其詩, 知其蟬蛻塵埃之中, 浮游萬物之表者也.(『苕溪漁隱叢話』 前集).

79) 퉁양녠(童養年)이 편한 『全唐詩續遺』 권1(中華書局・1992年)에는 『文苑英華』 七九○에서 수집한 다음과 같은 「座右銘」 1수가 추가되어 있다. "事父盡孝敬, 事君端忠貞. 兄弟敦和睦, 朋友篤信誠. 從官重公慎, 立身貴廉明. 待士慕謙讓, 莅民尙寬平. 理訟惟正直, 察獄必審情, 謗議不足怨, 寵辱詎須驚. 處滿常懼溢, 居高本慮傾. 詩禮固可學, 鄭衛不足聽. 幸能修實操, 何俟鉤虛聲. 白珪玷可滅, 黃金諾不輕. 秦穆飮盜馬, 楚客報絶纓. 言行旣無擇, 存歿自揚名."

어받았는데 진자앙은 홀로 고아한 풍격의 근원을 개척하였으니 고적·왕창령·잠삼·이기 등은 진자앙의 고아함을 본받아 기골을 더해준 사람들이다."[80]라든가, 진항(陳沆)이 말한 바, "진자앙은 완적의 풍격을 이어서 이백과 두보의 선구자가 되었다."[81]라고 한 평어(評語)는 진자앙의 중국 시사상의 비중을 단적으로 대변해 준다고 할 것이다.

---

80) 唐初承襲梁隋, 陳子昂獨開古雅之源. 高適岑參王昌齡李頎本子昂之古雅而加以氣骨者也(『詩藪』 권7).
81) 射洪嗣阮公, 振李杜之先聲(『詩比興箋』 권3).

한산(寒山)과 선시(禪詩)

한산은 확실한 생평도, 생존한 시대도 불투명할 만큼 전설적인 인물로 다루어졌으니 후스(胡適)와 리우따찌에(劉大杰)가 비교적 신중한 평가를 가하였고 양인선(楊蔭深)이 열전을 할애한 것 외에는 극히 단편적인 서술을 했을 뿐이다.[1] 근대에는 천후이찌엔(陳慧劍) 등의 본격적인 연구가 있으나, 그 또한 시에 대한 전문연구라기 보다는 한산 일반에 대한 개설서로서 역할을 했을 뿐이었다. 이와 같은 점을 고찰할 수 있는 계기를 마련하려는 의도는 이미 1978년에 졸문「王維詩與李朝申緯詩之比較研究」라는 국립대만사범대학 박사논문을 작성하는 과정에서 시작했다 할 것이다. 당시에 상기 논문의 제3장「王維詩之承續與開展」의 제1절「王維與田園山水詩」에서 초당시인이 왕유시에 준 영향관계를 따질 때 거론(≪王維詩比較研究≫ 北京 京華出版社 1999)하면서 한산의 연대에 대한 불명한 점과 문학(詩)적 특성을 정리할 것을 생각했던 것이다. 그 후에 천학의 입장이지만 당시의 맥류를 초당부터 따져보고 또 그에 전심하려는 초지를 실현

1) 후스, 『白話文學史』 p.164 이후, 리우다지에(劉大杰), 『中國文學發展史』 p.380~381. 楊蔭深의 『中國文學家列傳』 p.148 등에 한산을 서술하였고, 정전두어(鄭振鐸)의 文學史 p.287, 기타 치우시에유(邱燮友) 등의 『中國文學史初稿』 등에 부분설명이 있다. 그러나 이른바「不知何許人」인 만큼 당대 어느 년대에 놓아야 할 지는 미결된 입장이었기 때문에 구체적인 가필을 주저할 것으로 본다. 예컨대, 劉大杰은 "寒山子是王梵志詩派的直接承者. 他的時代, 我們無法確定. 據寒山詩集積後序, 說他是貞觀詩人, 據太平廣記寒山子一條, 又說他大歷年間人, 總之因爲他那種超人的地位, 極容易被後人塗上仙人菩薩的神話色彩, 而掩沒其生活歷史的眞實性"라 하였다.

시키고 한문학과 상관시켜 나가면서 한산에 대한 연정을 더욱 강하게 느꼈다.[2] 이제 그 난제를 몇 안 되는 자료와 3백여 수의 무제게시(無題偈詩)를 숙독하면서 이해가 가능한 한도 내에서 추려서 당시론(唐詩論)을 체계화시키는데 보탬이 되도록 하려는 것이다.

한산의 생평은 지금까지의 여러 설을 개술하고, 나아가서 고증이 가능한 내용을 한산의 재세(在世)와 상관된 그 당시의 타시인의 작품과 일문(逸文)을 통해서 나름대로 한산의 생존 연대를 규명해 보고, 그의 사상과 시의 연원에서 일반적으로 왕범지의 계승자라든가, 도연명(陶淵明)에서 배운 것이라는 등의 논술에 대한 예증을 구하려 한다.[3]

한산시를 고찰하는데 있어서, 그의 시를 '선시(禪詩)'와 '도선시(道仙詩)'로 대별하여 청대 왕어양(王漁洋)의 '신운설(神韻說)'을 논할 때에 그 연원을 왕유(王維)는 물론 한산까지 거슬러 올라가야 하므로 시와 선(禪), 시와 선(仙)의 관계를 따지면서 한산시의 요점을 파악하는 데에 그 초점을 맞추려 한다. 그의 기본적인 판본으로는 『三聖二和詩集』(揚州藏經院)의 307수, 『天台山國淸禪寺三隱集』(南宋淳熙十六年釋志南)의 309수, 『全唐詩』(권806, 中華書局)의 303수, 『寒山詩』(汲古閣本)의 311수를 자료로 하고, 최근 출간된 『全唐詩補編』내 『全唐詩續補遺』(권2)에 1수와 『全唐詩續拾』(권14)(이상 中華書局. 1991)에 2수를 참고하되, 편간 연대가 청대인 『全唐詩』본을 주로 하고 무제시인 것은 편의상 수구(首句)를 시제로 해서 매 수에 편호를 붙여 구분하려 한다.

한산시의 파악은 그의 '참선시(參禪詩)'와 '구도시(求道詩)'가 주류를 이루고 현존한다고 보는 작품수가 311수까지 추산되지만[4], 객관성과 시대

---

2) 당시와 한문학을 비교한 졸문으로는 「紫霞詩의 畫學的 考察」(『韓國文學硏究』 1집, 1976), 「眞逸遺稿와 成侃詩風略攷」(『韓國漢文學硏究』 2집, 1977), 「全唐詩所載新羅人詩」(『韓國漢文學硏究』 3·4집, 1979), 「王維詩論에 依據한 申緯詩의 比較硏究」(『東西文化』 10집, 1977), 「王維詩와 申緯詩의 風格比較」(『中國硏究』 4집, 1979), 「蓀谷李達詩의 盛唐風詩攷」 (『韓國學論輯』 7집, 1980), 「惕若齋金九容詩散見」 (『韓國漢文學硏究』 5집, 1981), 「羅唐詩人交遊攷」(『韓國漢文學硏究』 5집, 1981), 「陳澕詩의 盛唐風」(『韓國漢文學硏究』 6집, 1982), 「李達과 王維의 詩比較」(『外大論文集』 18집, 1985), 李光秀시(1999), 李白詩 諺解(2002) 등을 들겠다.

3) 한산이 왕범지의 영향을 받은 대표적인 개괄적 서술로는 鄭振鐸의 문학사와 胡適의 『白話文學史』의 수처에 지적하고 있음. 예컨대, 鄭氏는 "梵志的影響很大, 較他略後的和尙寒山拾得豊干, 都是受他的感化的."라 하고 胡氏는 "但我總覺得寒山拾得的詩是在王梵志之後, 似是有意模倣梵志的. 梵志生存河南, 他的白話詩流傳四方, 南方有繼起, 寒山子便是當時的學梵志的一個南方詩人"라 함.

4) 천후이젠(陳慧劍)은 『寒山詩重組竝註』에서 한산시를 314수까지 수록하였는데(華新出版, 1974), 이

적 연대로 보아 흠정(欽定)과 같은 『전당시』본이 한산의 시를 논구하는 모체가 되는 것이 타당하다고 본다.

본고에서는 한산의 생평과 사상을 집약하여 제설을 정리하는데 불과하겠으나, 시의 본격적인 분석연구가 총괄되지 않은 현시점에서 그의 시의 풍격을 비록 주관적 의식이 많이 가미된다 해도 다루지 않으면 안 될 것이다. 그런데 그의 시가 의외로 단순하며 선으로 시에 드는(以禪入詩) 경향을 보여, 이른바 돈오(頓悟)의 경지를 이루고 있으니[5], 여구윤(閭丘胤)이 말한 바,

> 보아도 알지 못하고 알아도 보지 못한다. 보려 한다면 모습을 얻지 못하고 곧 보게는 된다.[6]

라고 한 것은 이를 두고 한 말이다. 이러한 그의 시의 맥락은 주필대(周必大)가 그의 탑명(塔銘)에서 말한 바, '명리와 작록의 생각이 없음(無名利爵祿之念)'의 생애에서 연유된 것이겠으니, 주필대는 이르기를,

> 당대 이래로 선학이 날로 성행하니 재사들이 왕왕 그 속에 출입하여 부모의 보양을 버리고 처자식의 애정을 갈라놓고는 명리와 작록의 생각이 없이 날마다 산천의 인적이 드문 곳에서 소위 하늘에 사라지는 낙을 추구하고 있으니 이 또한 어려운 일이다. 마땅히 총명하게 도리를 알아야 할 것이며 마음에 맺힘이 없이 하여야 할 것이다.[7]

는 꼭 믿을 수 없다 해도 참고할만 하다. 최근(1992) 나온 추가 자료를 보면, 통양니엔(童養年)의 『全唐詩續補遺』 권2에 「雜詩」; 「無嗔卽是戒, 心淨卽出家. 我性與汝合, 一切法無差」(『五燈會元』 권2에서 수집)와 천상쥔(陳尙君)의 『全唐詩續拾遺』 권14에 二首詩; "梵志死去來,魂識見閻老. 讀盡百王書, 未免受捶拷. 一稱南無佛, 皆以成佛首.", "井底生紅塵, 高峰起波浪. 石女生石兒, 龜毛寸寸長. 若要學菩提, 但看此牓樣." 등이 있음.

5) 頓悟, 妙悟는 창랑이 이미 갈파한 바이나 錢鍾書가 근래에 동서양의 시와 상관시켜 다음과 같이 말한 것은 창랑의 주창을 더욱 증명한 것이다. 즉 (克洛臺(Paul Claude)語吾人天性中, 有妙明之神(Animou), 有智巧之心(Animus ou lésprit),詩者神之事, 非心之事, 有我(Moi) 在而無我(Ze)執, 皮毛落盡, 洞見眞實, 與學道者寂而有感, 感而遂通之境界無以異(Un état mystique), 見(ch, x, xii 按實本Lucrutius 來……) 神秘詩秘(Le mystere Poetique), 其揆一也. 藝術之極致, 必歸極原, 上訴眞宰, 而與造物者遊, 詩聲也而通於宗教矣」(『談藝錄』 p.322).

6) 見之不識, 識之不見, 若欲見之, 不得取相, 乃可見之. (「寒山子集序」).

7) 自唐以來, 禪學日盛, 才智之士, 往往出乎其間, 迹夫捨父母之養, 割妻子之愛, 無名利爵祿之念, 日夜求其所謂長空寂滅之樂於山巓水涯人迹罕至之處, 斯亦難矣. 宜其聰明識道理, 胸中無滯礙 (『文忠集』·「寒山嚴什禪師塔銘」).

라고 하였으니, 가히 그 고행구도(苦行求道)를 알 수 있다. 송대 창랑(滄浪) 엄우(嚴羽)에서부터 현재의 치엔쭝수(錢鍾書)는 학선(學仙)도 학시(學詩)와 같다고 비교하였는데[8], 한산의 시는 이런 두 가지 면을 동시에 겸전하고 있음을 본문에서 추구하려 한다.

한산시가 성당 이후의 자연가영(自然歌詠)과 속탈의식(俗脫意識)을 지향한 맹호연(孟浩然), 왕유시파(王維詩派),[9] 그리고 위응물(韋應物), 유장경(劉長卿), 유종원(柳宗元), 송대의 육유(陸游), 양만리(楊萬里), 범성대(范成大) 등에 영향을 주었다는 것은[10] 당시 뿐 아니라, 중국 시단에서 관심을 두어야 할 사항이다.

Ⅰ. 생존시기 문제

한산의 생존시기는 한 마디로 말해서 불명하다고 할 것이다. 통상적인 열전과 인명사전 등의 자료에는 한결같이 "한산은 어떤 사람인지 모르는데 정관년간에 천태 광흥현의 승려였다(寒山, 不知其何許人. 爲貞觀中天台廣興縣僧)"이라든가[11], "한산자는 누구인지 모르는데 천태 당흥현의 한암에 거하였디(寒山子不知何許人, 居天台唐興縣寒岩)"라고[12] 하여 당대의 어느 시대에 놓아야 할 지 애매한 입장이다. 그러나 한산을 다룬 대표적인 문학사류서들이 초성당 간에 열입시켜 놓은 것을 따라 왔다.[13] 이런

8) 錢鍾書는 "詩家皆重學詩之工夫, 比之參禪可也, 比之學道學仙, 亦無不可也. 山谷贈陳師道云 ; 陳侯學詩如學道, 後山答秦少章云 ; 學詩如學仙, 時至骨自換"(『談藝錄』 p.310)라 하여 "學詩如學仙"이라 밝힘.

9) 許文雨의 『唐詩集解』(中册卷三, 正中書局)에 王維派라 칭하여 "裴迪, 丘爲, 祖詠, 儲光羲, 常建, 孟浩然, 韋應物, 劉長卿, 錢起, 皇甫曾, 張繼, 韓翃, 皇甫冉, 嚴維, 耿湋, 李端, 暢當, 司空曙, 朱灣秋, 武元衡, 羊士諤, 柳宗元, 姚合, 章孝標, 裵夷直, 盧肇, 馬戴, 曹鄴, 周朴, 王駕" 등을 소속시켰음.

10) 졸저, 『王維詩比較硏究』 第五節, 「王維在盛唐詩之地位及其貢獻」(北京京華出版社, 1999) 참조

11) 楊蔭深 『中國文學家列傳』 p.147(中華)참조

12) 譚嘉定 『中國文學家大辭典』 No.1259(世界)참조

13) 鄭振鐸, 劉大杰, 胡適 등은 王梵志의 일파로, 邱燮友 등의 『中國文學史初稿』는 王績과 함께 성당 이후의 자연시파의 종으로 놓은 한편, 陸侃如의 『中國詩史』, 胡雲翼의 『唐詩硏究』, 蘇雪林의 『唐詩概論』 등에선 거명조차 않았다.

점을 결론 내릴 수는 없다 해도 가능한 선까지 객관성 있는 연대의 파악을 강구하려고 한다.

1. 한산 시대에 대한 여러 설

한산의 생존시대에 대해선 여러 설이 있어, 금세기에 들기 전에는 초당시에 대주자사(臺州刺史)인 여구윤(閭丘胤)이 국청사(國淸寺)로 방문한 것이 그의 『寒山詩』 서(序)에 기록되어 있어 이에 근거하는 설과 북송 석도원(釋道原) 『경덕전등록(景德傳燈錄)』 (권37)의 사전(史傳)내용에 의한 설, 그리고 청대 강희(康熙) 61년판의 『대주부지(臺州府志)』에 등재되어 있는 이른바 여구음(閭丘蔭)의 주석에 의한 설이 한산의 연대를 설명해 온 한편, 근년에는 후스(胡適)의 「정관대의 시인이 아니다는 설(非貞觀詩人說)」, 짜오즈판(趙滋蕃)의 「절충설(折衷說)」, 웨이즈윈(魏子雲)의 「종합설(綜合說)」, 그리고 천후이지엔(陳慧劍)의 「한산시서(寒山詩序)」와 3수 시 중의 「어구고증설(語句考證說)」 등 모두 7종류의 제설이 유전되니, 여기서 개괄적인 각기의 주창을 검토하고 나름대로의 타당한 사항으로 시대정립을 시킬까 한다.

1) 여구윤의 한산시서

이 서는 한산의 연대를 연구하는 첫 자료인데, 먼저 서에서 한산의 인품을 쓴 내용을 보겠다.

> 한산자란 사람을 살피건대 누구인지를 알지 못한다. 예부터 보건대 모두 가난한 미치광이라고들 말한다. 천태에 은거하니 당흥현에서 70리인데 한산암이라 부른다. 때로 국청사에 오는데 절에 습득이 있어서 식당을 아니 항상 죽통에 남은 밥과 반찬 부스러기를 저장해 놓았다가 한산이 오면 지고 갔다. 혹은 긴 목으로 천천히 걸으며 쾌활하게 소리 지르고 혼자 말하고 혼자 웃곤 하였다. 때론 스님이 욕하고 쫓으면 곧 멈추어 서서 손바닥을 만지면서 깔깔 웃다가 한참만에 가버리곤 하였다. 행상은 거지같았으며 모습은 초췌한데 말 한 마디가 불게 한 가락이어늘 그 이치가 뜻에 맞고 깊이 생각해 보면 심정을 은연히 담고 있었다. 14)

여기서 서술방법이 "예부터 그를 보고 모두 가난뱅이, 미치광이라고 말하였다(自古老見之, 皆謂貧人風狂之士)." 구와 같이 후인의 가탁인 듯한 표현이 있고, 서에 연호가 없으며 여구윤이 『신구당서』에 등재되지 않은 점과 그가 국청사로 한산을 보러간 때가 정관초(630)라 한 것이 자신의 설파인 만큼 신뢰가 없이 유전해 왔다. 후스(胡適)가 추출한 정관시대의 내용을 보면[15], '정관 7년설(633)'(宋僧 志磐의 『佛祖統紀』), '정관 16년설(642)' (元僧 熙仲의 『釋氏資鑑』), 그리고 '정관 17년설(643)'(宋僧 本覺의 『釋氏通鑑』) 등인데, 이것이 객관성이 결여되어 있다는 것이다. 그리고 후스가 동서에서 '先天中설(712년전후)', '貞元末설(840)', 『태평광기(太平廣記)』의 「선전습유(仙傳拾遺)」에 기록된 '大歷中설(766~779)'까지 인술한 것을 보면 한산이 정관 초에서 정원 말까지 즉 초성 중당대의 인물로 처하게 되니 여구윤의 서에 대한 진위 여부가 우선 가려져야 할 것이다. 서의 내용이 사실이라면 한산은 정관초의 승려일 것이겠다.

2) 『경덕전등록(景德傳燈錄)』의 삼전기(三傳記)

석도원(釋道原)은 동서(권37)에서 천태(天台) 삼성(三聖)이라 하여 풍간(豊干), 한산자(寒山子) 및 습득(拾得)에 대한 사전(史傳)을 상세히 기술하였다. 단지 출신에 대해선 3인 모두 불상하다고 하고 은거처사라 한 공통성을 지적하였다. 보건대,

> 천태의 풍간선사는 누구인지 모른다. 천태산 국청사에 거하면서 머리를 자르고 눈섶을 가지런히 하고 털옷을 걸쳤다. 누가 불교의 이치를 물으면 단지 <수시로>라는 두 글자로만 답하였다(풍간).
>
> 천태의 한산자는 본래 씨족이 없이 시풍현 70리에 차고 어두운 두 바위가 있는데 그 찬 바위 속에 거하매 명칭을 얻은 것이다(한산).
>
> 천태의 습득은 이름을 말하지 않는데 풍간선사가 산속을 가다가 적성 길가에 이르러 우는 소리가 들려서 찾아보니 한 아이가 보이거늘 겨우 두세 살 되니 처음엔 소치는 아이

14) 詳夫寒山子者, 不知何許人也. 自古老見之, 皆謂貧人風狂之士, 隱居天台, 唐興縣七十里, 號爲寒山巖. 時來國淸寺, 寺有拾得, 知食堂, 尋常收貯殘飯菜滓於竹筒內, 寒山若來, 卽負之而去. 或長廊徐行叫喚快活, 獨言獨笑. 時僧捉罵打趁, 乃駐立撫掌, 呵呵大笑, 良久而去. 且狀如貧子, 形貌枯悴, 一言一偈, 理合其意, 沈而思之, 隱況道情. (『寒山詩集』附豊干楚石拾得石樹) p.5 (文峰出版社)

15) 胡適, 『白話文學史』 pp.173~180 참조.

라 하거늘 따져 물으니 여기에 외로이 버려졌다 한다(습득).[16]

여기서 한산 등 3인이 근본이 없는 빈씨(貧氏)라는 점과, 국청사에서 3인이 동락하곤 했다는 점을 알 수 있고, 3인의 전기에서 대주자사라는 여구윤이 방문한 내용이 상세히 기재되어 있으니, 인용해 보면, 「풍간편(豊干篇)」에서는,

> 처음 여구공이(윤은 태조의 휘명이므로 피함) 목단구로 나가서 수레를 가까이 하려는데 갑자기 두통이 나거늘 의사가 고치지 못하자 선사가 급히 나아가 말하기를 빈도는 지금 천태에서 오는데 나으리를 뵙습니다 하거늘. 여구는 정중히 인사하고 곧 가다가 이어서 산사에 이르러 묻기를 이절에 풍간선사 계십니까? 한산과 습득은 누구입니까 하니 그때에 승도견이 대답하기를 풍간은 경장 뒤의 구원에 있는데 지금은 아무도 없습니다. 한산과 습득은 부엌에서 일 합니다라고 하더라. 여구가 선사 방에 드니 오직 호랑이 자취만 보일 뿐이어서 다시 도견에게 묻기를 풍간은 여기에서 무엇을 합니까 하니 도견이 말하기를 단지 춘곡을 스님에게 공양하는 일만 하며 한가로우면 시를 읊습니다라고 하더라. 곧 주방에 들어가 한산과 습득을 찾았다.[17]

라고 하여 여구윤이 풍간을 찾은 후에 주방에서 한산과 습득을 만난 일을 상술하였고 「한산편(寒山篇)」에서는,

> 이미 풍간이 입적한 후에 여구공이 입산하여 그를 찾아서 한산, 습득 두 사람을 만나 화로를 둘러서 담소를 하는데 여구가 인사 드릴 것을 잊자 두 사람이 연이어 소리치며 질타하였다. 절 스님이 놀라서 말하기를 대관께서 어찌 미치광이에게 절하리오 하니 한산이 후에 여구의 손을 잡고 웃으며 말하기를 풍간의 혀놀림이 오랜만에 풀렸도다라고 하였다. 이로부터 한산, 습득 두 사람은 손잡고 솔문을 나가서 다시는 절에 들지 않았다. 여구가 다시 한산암에 이르러 예방하고 의복과 음식을 보내니 두 사람이 고성으로 외치며 말하기를 우리를 도적질 한다하며 곧 축신하여 바위 틈새로 들어가면서 단지 너희들은 각각

16) 天台豊干禪師者, 不知何許人也. 居天台山國淸寺, 剪髮, 齊眉, 布裘, 人或問佛理, 止答隨時二字(豊干) 天台寒山子者, 本無氏族, 始豊縣西七十里, 有寒暗二岩, 以其於寒岩中居止得名也(寒山) 天台拾得者, 不言名氏, 因豊干禪師山中經行, 至赤城道側, 聞啼聲, 遂尋之, 見一子, 可數歲, 初謂牧牛子, 及問之云, 孤棄於 此(拾得).

17) 初閭丘公(胤避太祖諱), 出牧丹丘, 將議巾車, 忽患頭痛, 醫莫能愈, 師造之曰: 『貧道今天台來, 謁使君』 …… 閭丘拜辭乃行, 尋至山寺, 問此寺有豊干禪師否? 寒山拾得復是何人? 時有僧道翹, 對曰; 『豊干舊院在經藏後, 今閒無人矣. 寒拾二人見在僧廚執役』, 閭丘入師房, 唯見虎跡. 復問道翹; 『豊干在此作何行業?』 翹曰; 『唯事舂穀供僧, 閑則諷詠』 乃入廚尋訪寒拾.

노력할지라란 말만 하였다. 그 바위 틈은 홀연히 닫혔다. 여구가 슬프고 사모하여 승도견으로 숲새에서 그 유물을 수습케 하고 잎에 쓴 가사와 집 벽에다 새긴 300여 수를 모아서 세상에 전하도록 하였다.[18)]

라고 하여 한산과 여구윤의 상면을 고사적으로 묘술해서 시서를 보충한 경향이 보이는데 결국은 상동한 설로 간주된다.

3) 『대주부지(臺州府志)』의 여구음의 주(閭丘蔭注)

강희(康熙) 61년에 나온 『대주부지』(권5)에 기재된 역대의 대주자사는 당대 290년간 모두 108명인데, 이 중에 방회(房瓌), 이번(李璠), 배광정(裵光庭), 위탄(韋坦), 이가우(李嘉祐), 이봉(李逢), 두여(竇餘), 이조(李肇), 요곡(姚鵠) 등 『전당시』상의 시인명도 있는데, 이른바 여구윤이란 명칭은 없고 여구음이라 하여 "한산자의 시서가 있고 예문에 뛰어나다(有寒山子詩序, 見藝文)."라고 병기한 것으로 보아 이 사람이 바로 한산을 만난 대주자사로 보는 것이다. 부지(府志)에서 여구음은 자사를 지냈는데, 그 명단의 기록을 보면,

헤어 보면 조규, 원의조, 엄덕, 필조, 위경, 방회, 여구음, 정신거.[19)]

라고 하여 조규(趙逵)는 무덕(武德) 7년(624)까지 지냈고, 이하 7인은 정관 년간(627~649)에 자사를 역임한 것을 알 수 있으니 여구음 이외에 다른 여성(閭姓)이 없고 정관 년간에 지냈으며, 주(注)에 '한산의 시서가 있다(有寒山詩序)'라고 한 자료내용을 통해서 한산시대를 정관 전후에 귀착시켰다. 이 설 또한 이 같은 단편적인 기록만으로 나온 결론이므로 한산의 평생을 서술하는데 문제가 있었다.

18) 既豊干滅後 閭丘公入山訪之, 見寒拾二人圍爐語笑 閭丘不覺致拜, 二人連聲咄叱. 寺僧驚愕曰；『大官何拜風狂漢邪』 寒山後執閭丘手, 笑而言曰；『豊干饒舌』久而放之. 自此寒拾二人相携出松門, 更不復入寺. 閭丘又至寒山巖禮謁, 送衣服藥物, 二士高聲喝之曰；『賊我』便縮身入岩石縫中, 唯曰；『汝諸人各各努力』 其石縫忽然而合. 閭丘哀慕, 令僧道翹尋其遺物於林間, 得葉上所書辭頌及題村墅人家屋壁共三百餘首, 傳布人間.

19) 計有趙逵, 元義修, 嚴德, 畢操, 韋慶, 房瓌, 閭丘蔭, 鄭神舉

4) 비정관시인설(非貞觀詩人說)

후스(胡適)는 한산에 대한 재료 가운데서 비교적 믿을 만한 것은 다음 두 가지 송이전의 것뿐이라고 기록하였다. 그는 쓰기를,

> 첫째는 오대시에 선종선사 풍혈 정소선사가 인용한 한산의 시구이다. 풍혈의 어록(속장경 23투 2책 12쪽)에 한 가지 설이 있는데 마루에 올라 한상의 시를 들고 말하기를 "왕범지가 죽은 후에 혼이 관노를 알아보네. 백왕의 책 다 읽어도 책찍질을 면치 못 하리라. 오직 나무아미를 부르면 모두 불도를 이루리라" 하더라.[20]

라고 하여 첫째 자료를 제시하고 한산과 범지의 관계를 암시한다고 하였고, 또 하나의 내용으로는,

> 둘째는 태평광기 권55의 한산자조이다. 태평광기는 송대 초에 편찬된 것인데 수집은 모두 송 이전의 소설과 잡기에서이다. 이 조의 주에 이르기를 선전에서 주운 것이다 한데 이 글은 다음과 같다. "한산자는 그 성명을 모른다. 대력년 간에 천태 취병산에 은거하였다. 그 산은 매우 깊어서 글을 써서 한암이라 하고 자호를 한산자라 하였다. 시 짓기를 좋아하여 매양 한 편 한구를 지으면 곧 나무 사이나 돌 위에 새기면 호사가들이 따라서 기록하니 무릇 300여 수이다. 대개 산림에 은둔하는 흥취를 묘사하고 혹은 시태를 풍자하여 속세를 경계하였다."[21]

라고 해서 한산이 대력 시기에 천태에 은거한 내용을 주시하여 한산의 시기를 중당기로 보았다. 더구나 서영부(徐靈府)(武德 시인, 840전후)가 "서를 짓고 모으다(序而集之)"라고 한 『寒山集』의 서를 쓴 사람이라는 점을 가지고 후스는 한산이 700~780년간에 재세했음이 옳다고 주장하였다. 그러나 이 설도 단편성을 면치 못하고 후스의 두 자료가 사실이라고 믿

---

20) 第一件是五代時禪宗大師風穴廷沼禪師引的寒山詩句. 風穴語錄(續藏經二三套, 二册, 頁一二0) 有一條說 ; 上堂, 擧寒山詩曰 ; 梵志死去來, 魂識見閻老. 讀盡百王書, 未免受捶拷. 一稱『南無佛』, 皆以成佛道(『白話文學史』 p.176).

21) 第二件是太平廣記卷五十五的寒山子一條. 太平廣記是宋初(978) 編成的, 所收的都是宋以前的小說雜記. 這一條注云, 『出仙傳拾遺』, 其文如下 ; 寒山子者, 不知其名氏. 大歷中(766 ~779), 隱居天台翠屛山. 其山深邃, 當署有雪, 亦名寒岩, 因自號爲寒山子. 好爲詩, 每得一篇一句, 輒題于樹間石上, 有好事者隨而錄之, 凡三百餘首, 多述山林幽隱之興, 或譏諷時態, 能警勵流俗(상동, p.177).

기 어려운 만큼 역시 문제가 되었다.

5) 절충설(折衷說)

짜오즈판(趙滋蕃)이 발표한 「한산자 그 사람과 그 시(寒山子其人其詩)」[22]란 논문에서 한산의 시대를 정관에서 개원천보(開元天寶)까지로 보고 642년에서 742년까지로 잡아서, 구설과 후스의 설을 절충하였는데, 논지가 막연하여 한산 자신이 부랑하는 신세를 면치 못했다.

6) 종합설

웨이즈윈(魏子雲)이 발표한 「한산자 그 사람 그 시에 대한 나의 관점(寒山子其人其詩之我觀)」(臺灣 聯合報 副刊)에서 치엔무(錢穆)의 「한산시를 읽고(讀寒山詩)」와 위지아시(余嘉錫)의 「사고제요변증(四庫提要辨證)」[23]을 인술하여 한산의 생존여부를 논술하고 한산이 실재했다면 천보 이후이든가, 아니면 존재를 부인한다는 것이며, 그의 시는 후인의 집체창작(集體創作)이라고 서술하였다. 이것은 원만한 입장에서 한산을 다룬 것이라고 호평할 수 있을지 몰라도 한산의 문학적 지위로 보아 마치 굴원(屈原)의 「실재부인설(實在否認說)」과 같은 학술적 의미가 없는 설이라 할 것이다.

7) 여구윤서(閭丘胤序)와 한산삼수시(寒山三首詩)의 어구 변증설(辨證說)

천후이찌엔(陳慧劍)은 최근 그의 『寒山子硏究』라는 저서에서 상당히 신빙할만한 논증을 전개하였으니, 이것은 역대의 한산시대 연구 중 가장 합리적인 분석이 아닐 수 없다. 본고는 그의 주장을 약설하고 주관적인 한산 시대에 대한 결말을 지으려 한다.

천후이찌엔(陳慧劍)은 한산시 「절로 양조의 날을 듣는다(自聞梁朝日)」(『全唐詩』상에 붙인 임의적인 편호 165, 이하 동), 「어느 것이 큰가(箇是

---

22) 臺灣中央日報副刊(一九七0年三月末之四月四日).
23) 錢穆의 글은 香港新亞書院學術季刊第一期에 登載

何措大)」(편호 115), 「나는 승요의 성품 기이함을 본다(余見僧繇性希奇)」(편호 185) 등 3수 중에 나오는 시어인 「萬廻師」, 「南院」, 「道子」 등을 분석하여 한산의 연대와 결부시켰다.[24)]

먼저 '萬廻師'에 관해서 보면, 천후이찌엔(陳慧劍)은 만회사(萬廻師)란 인명에 대해 「담빈록(談賓錄)」과 「양경기(兩京記)」에서 인술하였는데, 그 중에,

> 만회사는 문향인이다. 속성은 장씨이며 처음 모친이 관음상에 기도하여 그로 인해 성이 회가 된 바, 회가 나면서 어리석어 8,9세야 겨우 말할 수 있어서 부모 역시 돼지나 개처럼 키웠다. 경룡년 간에 시시로 출입하고 사서인 귀천 누구나 다투어 예배드리니 만회는 솜옷을 걸치고 혹은 웃고 혹은 욕하며 혹은 북을 치고 그런 후에 일에 따라 징험하였다. 태평공주가 자기 집 우편에 집을 지어 주니 경운년 간에 이 집에서 졸하였다.[25)]

라고 기록하였는데, 여기서 경용(景龍)(中宗 年號, 707~709)과 경운(景雲)(睿宗 年號 710~711)을 볼 때, 한산 시대는 712년 이후라는 것이다.

그리고 '南院'에 대해서는, 이 시어가 들어 있는 시가 한 고생(考生)의 불우한 과거낙제의 고사를 읊은 서사시인데 남원이란 예부(禮部)의 방을 내붙이는(放榜) 곳으로 회시주관처(會試主管處)이다. 남원이란 관명이 쓰인 시기가 문제인데, 오대(五代) 왕정보(王定保)는,

> 정관 초에 과거 급제의 명단의 방을 내걸고 공고하기를, 상께서 몰래 단문을 순행하시다가 진사가 방 아래에서 서있는 것을 보시고 나오셔서 기뻐서 시신에게 일러 말씀하시기를, 천하의 영웅은 나의 북 안에 들어 있도다하셨다. 진사의 방 머리에 황지 넉 장을 부치어 털붓과 먹물로 글을 써서 이르기를, 예부공원 넉자라 하였다.[26)]

---

24) 이 들 삼수의 시를 참고로 제시하면 다음과 같다.
「自梁朝日, 四依諸賢士, 寶之萬廻師, 四仙傳大士, 顯揚一代教 作時如來使」.
「箇中何措大 時來省南院 年可三十餘 曾經四五選 囊裏無青蚨 箇中有黃絹 行到食店前, 不敢暫廻面」.
「余見僧繇性希奇, 巧妙間生梁朝時, 道子飄然爲殊特, 二公善繪手毫揮, 逞畵圖眞意氣異, 龍行鬼走魏魏 饒邈虛空寫塵跡, 無因畵得志公師」.

25) 萬廻師, 閔鄕人也, 俗姓張氏 初母祈於觀音像 而因姓廻 廻生而愚, 八九歲乃能語, 父母亦以豚犬畜之 …… 景龍中, 時時出入, 士庶貴賤競來禮拜, 萬廻披錦袍 或笑或罵, 或擊鼓 然後隨事爲驗 太平公主爲造宅於己宅之右, 景雲中, 卒於此宅.

26) 貞觀初, 放榜日, 上私幸端門, 見進士於榜下綴行而出, 喜謂侍臣曰 ; 天下英雄, 入吾鼓中矣. 進士榜頭竪貼黃紙四張 以氈筆淡墨袞轉書曰 ; 禮部貢院四字(『唐摭言』 권25 「雜記」).

라고 하여 정관 년간에는 남원이라는 명칭은 쓰이지 않았음을 알겠고, 이조(李肇)가 개원 22년에 이부(吏部)에 남원을 설치했다[27]라 하고, 『당회요(唐會要)』에는,

> 개원 28년 8월 고공공원지와 공리부남원으로 인문서를 고루게 되니 때로는 이를 선원이라 하였다.[28]

이라고 기록한 것을 통해서 시차가 6년이지만 개원 연간에 남원이 처음 설치된 것을 두 개의 믿을만한 자료에서 얻을 수 있으니, 이로써 한산의 시대는 늦게 잡아서 734년 이후일 가능성을 제시했다.

또한 한산의 칠고시 중의 '道子'라는 시어에서는 도자(道子) 즉, 오도원(吳道元)은 진대(晉代) 장승요(張僧繇)처럼 당대(唐代)의 대화성(大畵聖)으로서 한산이 오도원과 같이 생존했었다는 한 증거가 되니, 도자의 생존이 700년 전후부터 시작해서 792년에 졸하였으므로[29] 한산의 생존도 그 때를 전후했을 것이라는 추정이 나온다. 천후이찌엔(陳慧劍)은 삼수시(三首詩)의 이런 논거를 통해 한산이 700년대의 인물이 확실하다는 것이다.

천씨는 한산의 3수 시의 어구만으로는 부족하였던지, 여구윤의 서 말미의 직함에서 나타난 "조의대부 사지절이 대주제군사로 자사직을 지켜서 행하니 상주국이 비어대를 하사하였음. 여구윤 찬(朝議大夫使持節臺州諸軍事守刺史, 上柱國, 賜緋魚袋. 閭丘胤撰)"이란 행문의 '使持節'과 '緋魚袋'라는 어사를 문제로 제기했다. '使持節'에 대해서는 자사가 사지절(全權印信 같음)을 지닌 연대는 고종(高宗) 영휘(永徽)(650~655) 이후의 일이므로 여구윤의 직관칭호에 문제가 있으며, 이를 인정한다면 사지절이 진대부터 있었지만 당대에는 영휘부터 자사에 가한 것이기 때문에 마땅히 여자사는 정관 이후의 인물이어야 한다는 것이다.[30] 그러나 여구윤(廕)은

---

27) 李肇는 『國史補』에서 "自開元二十二年吏部置南院, 始懸長名, 以定留放"라 함.

28) 開元二十八年八月, 以考功貢院地, 置吏部南院, 以置選人文書, 或謂之選院(권74 「吏曹條例」).

29) 張彥遠 『歷代名畵記』 권9; "吳道玄, 陽翟人, 好酒使氣, 每欲揮毫, 必須酣飮. 學書於張長史旭賀監知章, 學書不成, 因工畵. 曾事逍遙, 公韋嗣立爲小吏, 因寫蜀道山水之體, 自爲一家, 其書迹似薛少保, 亦甚便利. 初任兗州瑕丘縣尉. 初名道子, 玄宗召入禁中, 改名道玄, 因授內敎博士, 非有詔不得畵, 張懷瓘云; 吳生之畵, 下筆有神, 是張僧繇後身也"라 하여 도자의 생평을 쓰고, 명대 楊愼의 『畵品』 권1에 도자가 승요를 얼마나 사모했는지를 다음과 같이 쓰고 있다. "吳道子始見張僧繇畵曰; 浪得名耳. 已而坐臥其下, 三日不能去."

태주자사(台州刺史)로서 정관 이후에는 그런 인명이 없다. 따라서 한산의 정관 시대는 인정하기 어렵다는 것이다. '緋魚袋'에 대해서는 『설문(說文)』에 "절이란 죽약이다(節, 竹約也)"라 하고, 단옥재(段玉裁)의 주(注)에 "약은 묶음이다. 대묶음은 묶어 놓은 모양 같아서 후인은 생사의 소사와 절개 잃는 대사의 부절로 삼은 바, 사자는 이것을 지니고 신표로 제시하였다(約, 纏束也. 竹節如纏束狀, 後人爲生死事小, 失節事大之節. 符節, 使者持以示信也)"라고 기술하였다. 『당회요(唐會要)』(권31 語句)에 이르기를,

> 영휘 2년 4월 29일 개부의 삼사와 경관 문무직 4·5품은 아울러 수신어대를 발급되다. 5년 8월 14일 칙령이 내려 은택이 더해지니 품명에 따라서 어대 패착하는 법은 맡은 일이 중함을 나타내는 것인데 평생 관에 있으면서 장식해 왔거늘 사망하였다고 해서 즉시 거두어 들이는 것을 어찌 할 수 있겠는가. 그 시종을 살펴서 인정상 차마 할 수 없도다. 이후로는 5품 이상은 죽은 자라도 그 수신어대를 거두어서는 안 된다라 하다.[31]

라고 하여 비어대(緋魚袋)를 영휘(永徽) 2년 이후(651)부터 관직을 물러나서도 평생 패대(佩帶)할 수 있었으니, 여자사가 정관시인이라는데 문제가 있고, 따라서 한산의 서는 성립하기 어렵다.[32]

이상 천씨(陳慧劍)의 5종 논고에서 여구윤의 태주자사에 대한 근거가 불명하고 자사의 부절과 어대의 패대 시기가 정관 시에는 없었으며, 한산의 시에서 등장하는 관서와 인명이 모두 700년대 이후의 것인 만큼 한산의 시대는 700년대에서 800년 초에 걸친 시기로 보아 성중당대(盛中唐代)에 생존했음이 가당하다는 것이다. 여기에 대해서, 필자의 견해를 다음에서 펴고자 한다.

---

30) 錢穆은 『國史大綱』에서 歷代職官簡釋의 "無論州之等級如何, 刺史之官銜中始終猶帶持節軍事字樣, 例如蘇州刺史之全銜卽爲使持節蘇州諸軍事蘇州刺史, 直至宋代猶如此. 雖是虛文, 亦因本州皆有州兵之故"을 인용하면 "高宗永徽以後, 都督帶使持節(猶全權印信), 謂節度使"(上册)라 함.

31) 永徽二年四月二十九日, 開府儀同三司, 及京官文武職事四品五品, 竝給隨身魚袋. 五年八月十四日勅 ; 恩榮所加, 本緣品命, 帶魚之法, 事彰要重, 豈可生平在官. 用爲褒飾, 纔至亡沒, 便卽追收, 尋其始終, 情不可忍, 自今已後, 五品已上有薨亡者, 其隨身魚袋, 不須追收.

32) 陳慧劍은 『唐書車服志』의 "高宗給五品以上, 隨身銀魚袋, 以防召命之詐出, 納必合之. 三品以上金飾. 垂拱中都督. 刺史始賜魚"라는 기록을 인용하여 『唐會要』의 내용을 보완하였다.

2. 한산 시대는 역시 성중당(盛中唐)

상기의 제설에서 한산의 '貞觀時人說'은 근거가 미약함이 이미 확인되었으며 후스(胡適)와 천후이찌엔(陳慧劍)의 고증에서 한산이 712년을 전후하여 820년 전후까지 생존했을 것이라는 데까지 접근했다. 이 점을 보다 보충하여 한산의 시기를 정착시키고자 한다. 먼저, 비록 전기류(傳奇類)이지만 남송 석지남(釋志南)의 『천태산국청사삼은집(天台山國淸寺三隱集)』에 지남(志南)이 기록한 공안사칙(公安四則)을 보면, 제1칙은 습득(拾得)에 관한 기록이며, 제2칙은 한산의 사승(寺僧)과의 대화, 제3칙은 한산과 조주(趙州)와의 관계, 제4칙은 한산과 위산(潙山)과의 관계를 기술하였는데 그 중에서 제4칙이 한산의 연대를 잡는데 중요한 역할을 한다고 본다. 이제 제4칙을 보면,

> 위산이 절에 와서 계를 받는데 한산과 습득은 솔문 좁은 길로 가서 호랑이 소리를 세 번 내니 위산은 대답이 없었다. 한산이 말하기를 영산에서 한 번 이별하여 지금에 이르니 다시 생각나는가하매 위산은 역시 대답이 없었다. 습득이 지팡이를 잡고 말하기를 노형은 여기서 뭘 하는가 해도 위산은 또한 답이 없거늘 한산이 말하기를 그만, 그만 둬. 물을 거 없네라 하다.[33]

라고 한데 고승전(高僧傳)의 「위산영우소전(潙山靈祐小傳)」에 보면,

> 영우 화상이 23세에 강서에 유력을 갔는데 그 법도를 이어서 호남위산을 개창하여 법문을 크게 떨쳤다. 강서에 유력하는 해에 천태산에 들어가다가 길에서 한산을 만나고 국청사에 이르러 다시 습득을 만났다.[34]

라 하고, 또 이어서,

---

33) 潙山來寺受戒. 寒與拾往松門夾道, 作虎吼三聲, 潙無對. 寒曰; 『自從靈山一別, 迄至於今, 還相記麽?』 潙亦無對. 拾拈柱杖曰 ; 老兄喚這個作什麽? 潙又無對. 寒曰 ; 休 休. 不用問它.

34) 靈祐和尙, 甘三歲遊江西, 三百丈. 嗣其法. 開創湖南潙山, 大振法門. 遊江西之年, 曾入天台山, 路逢寒山. 至國淸寺, 又遇拾得.

> 회창 법란에 은둔하여 평민이 되었다가 불도가 다시 드러난 후에 문인의 왕래가 끊이지 않아서 배휴, 최군 등이 그에게 귀의하였다. 83세에 입적하니 대원선사라 시호를 내렸다.35)

라고 하여 위산(潙山, 771~853)이 23세에 강서(江西)에 유력하다가 천태산(天台山)에서 한산을 만났다면, 794년의 일로서 제4칙에서의 어귀와 비교할 때 위산이 만난 한산은 이미 일갑자(一甲子) 위인 80여 세시가 된다. 따라서 이 공안이 날조가 아니라면 한산은 800년 초까지 생존했었음을 추측할 수 있다.

이 설을 더욱 뒷받침하기 위해서 요광효(姚廣孝)(1335~1419)36)의 『도허자집(逃虛子集)』(권5)에 기록된 다음 내용을 보면,

> 당 원화 중에 한산자는 자작나무를 머리에 쓰고 관을 걸치고 나무신을 신었는데 남루한 옷을 걸치고 바람 끌고 나타나서 웃고 노래하며 태연자약하였다. 여기에 와서 띠를 엮어서 거하며 천태의 한암에서 노닐면서 습득, 풍간과 벗하다가 마침내 이곳에 은거하였다.37)

라고 하였는데, 원화(元和) (806~820)년간까지 한산이 살았다면, 그의 생애는 위산조(潙山條)와 요씨(姚氏)의 설을 종합할 때, 711년 이전부터 820년 전후까지 추산할 수 있으므로 한산의 활동 시기는 성당과 중당에 걸쳐 있음이 확실한 것이다. 신화와 전설을 가미한 설론이 수다한 입장에서 한산의 생졸 년대를 확실여부로 결론지울 수 없지만 이런 가능한 정착화가 한산의 문학 및 당대시사(唐代詩史)를 정리하는데 일조가 되리라 본다.

---

35) 會昌法難, 隱遁爲民, 道譽復顯之後, 文人來往不絶, 裵休, 崔群等歸依之. 八十三歲寂. 諡大圓禪師.

36) 姚廣孝 ; "初爲僧, 名道衍, 字斯道, 長州人. 生于元惠宗元統三年, 卒於明成祖永樂十七年, 年八十五歲(列朝詩集小傳作 『永樂十六年卒, 年八十四』)著有逃虛子集十一卷, 類藁補遺八卷."(『中國文學家大辭典』 p.984).

37) 唐元和中, 有寒山子者, 冠樺布冠, 著木履, 被藍褸衣, 掣風掣顚, 笑歌自若, 來此縛茆以居, 尋遊天臺寒岩, 與拾得豊干爲友, 終隱於此.

3. 당대(唐代) 여러 시에서의 한산명칭(寒山名稱)

—『全唐詩』를 중심으로 기술한 한산의 생졸을 추정하는데 제가의 시에서 표현된 「寒山」의 의미를 음미하는 것도 참고되리라 본다. 더구나 원화(元和) 이후의 시 중에 발현된 내용은 일조가 된다.

1) 보통명사(普通名詞) 용례(用例)

「寒山」이란 추절(秋節), 동계(冬季)의 산 또는 고원한 산경(山景)을 유심하게 조사하는 물상의 백묘법(白描法)으로 인용되곤 하였다. 예컨대,

한산이 조용하고 이미 저무니 빈소는 더욱 슬프다.
寒山寂已暮, 虞殯有餘哀. (李百藥「文德皇后挽歌」,『全唐詩』 권43)
한산은 방백에 드려있고 추수는 고니 턱에 닿도다.
寒山抵方伯, 秋水面鴻臚. (楊炯,「和酬虢州李司法」, 동권 50)
한산의 밤 달 밝은데 산의 찬 기운은 맑도다.
寒山夜月明, 山冷氣清清. (劉希夷,「孤松篇」, 동권 82)
푸른 솔은 옛길에 임해 있고 흰 달은 한산에 차도다.
青松臨古路, 白月滿寒山. (劉長卿,「宿北山禪師蘭若」, 동권 148)
앞에 겹한 한산에 오르는데 자주 낭애에서 말에 물 먹이네.
前登寒山重, 屢得飮馬崖. (杜甫,「北征」, 동권 230)
나그네 꿈은 여전히 남는데 한산에서 흰 누대를 대하도다.
客夢依依處, 寒山對白樓. (韓翃,「送李侍御赴徐州行營」, 동권 244)
깃발 사방에 한산이 비치고 음악은 온 집에 조용한 밤 들리도다.
旌旗四面寒山映, 絲管千家靜夜聞. (耿湋,「上將」, 동권 268)
길은 멀고 한산인은 홀로 가고 달은 추수에 임한데 기러기 공연히 놀라도다.
路遠寒山人獨去, 月臨秋水雁空驚. (盧綸,「至德中途中書事却寄李僩」, 동권 278)
한산에서 피리 불어 봄이 오라 하는데 길 떠난 나그네 보매 눈물이 옷깃을 적시네.
寒山吹笛喚春歸, 遷客相看淚滿衣. (李益,「春夜聞笛」, 동권 282)
기러기 드문데 가을은 다 가고 지는 해만 한산을 대하도다.

雁稀秋色盡, 落日對寒山. (司空曙, 「深上人見訪憶李端」, 동권 292)

어찌 한산보다 더 오르리오 풍상에 늙은 옛 나그네.

詎比寒山上, 風霜老昔客. (王涯, 「望禁門松雪」, 동권 346)

나무지고 한산이 조용한데 강은 공허하고 가을 달은 밝도다.

木落寒山靜, 江空秋月明. (柳宗元, 「遊南亭夜還敍志」, 동권 351)

추수는 맑고 잔잔한데 한산에 날 저무니 근심이 많도다.

秋水清無力, 寒山暮多思. (劉禹錫, 「罷和州遊建康」, 동권 360)

한산은 흰 구름속에 있고 스님이 홀로 손짓하네.

寒山白雲裏, 法侶自招携. (張籍, 「寄靈一上人初歸雲門寺」, 동권 385)

힌산에 쉭쉭 바람 불고 가을 노래는 비에 찰찰하네.

寒山颯颯風, 秋琴冷冷雨. (白居易, 「秋聲」, 동권 455)

어느 해 서리 내린 달밤에 계자 열매 한산에 지도다.

何年霜夜月, 桂子落寒山. (李德裕, 「月桂」, 동권 475)

객이 되어 오래 귀향 못하니 한산에 홀로 사립문을 덮도다.

爲客久未歸, 寒山獨掩扉. (姚合, 「山中述懷」, 동권 497)

오늘 아침에 한산 아래에 뼈를 묻으니 부모에 보답하려고 문에 기대지 못하리.

今朝埋骨寒山下, 爲報慈親休倚門. (許渾, 「王可封臨終」, 동권 530)

이슬은 한산에 두루 내리고 물결은 초의 빈 달을 흔들도다.

露洗寒山遍, 波搖楚月空. (馬戴, 「夜下湘中」, 동권 555)

한산의 돌에 해가 지고 여러 해 입은 승복이 헤어졌구나.

落日寒山磐, 多年壞衲衣. (賈島, 「崇聖寺斌公房」, 동권 572)

숲의 높은 대나무 길게 해를 가리고 사방 벽의 한산이 더욱 이질도다.

一林高竹長遮日, 四壁寒山更閏同. (司空圖, 「率題」, 동권 633)

외론 성은 먼 강에 임해 있고 천리 멀리 한산이 보이네.

孤城臨遠水, 千里見寒山. (張喬, 「郢州卽事」, 동권 638)

한산은 연못에 대하고 대잎의 그림자는 마루에 스며드네.

寒山對水塘, 竹葉影侵堂. (無可, 「贈詩僧」, 동권 813)

등 많은 작품에 시어로 사용되는데, 이 용례는 하나 같이 단순한 물상의 표현에 지나지 않지만, 그 주는 의미는 자연과 초자연의 상상을 제시한다.

2) 『全唐詩』 중의 한산진적(寒山眞跡)

한산 자신과 유관한 시로는 이산보(李山甫), 서응(徐凝), 관휴(貫休), 제기(齊己) 등을 열거할 수 있다. 먼저 서응(徐凝)의 시를 통해 보면[38], 그의 「천태의 외론 밤(天台獨夜)」(『全唐詩』 권 474)을 보건대,

은빛 땅에 가을 달 색이요,
석량엔 밤 냇물의 소리로다.
뉘 나막신 굽 다할 줄 알았으리.
안개 낀 이끼길 헤치고 가네.[39]

여기에서 서응이 천태를 지나며 읊은 것으로 보는 내용인데, 절강인(浙江人)인 서응이 원화년간(元和年間)에 시명이 높았으며, 백거이(白居易)와 창화(唱和)하였다는 때가 그의 항주자사(杭州刺史) 시기라면 장경(長慶) 2년에서 4년 사이 (822~824)가 될 터이니[40] 서응이 천태를 유려하면서 한산을 만났을 가능성도 있었겠다. 더구나 「한암의 돌아가는 선사를 보내며(送寒巖歸士)」(동권 474)를 보면,

솜도롱이 걸치지 않고,
한암에 돌아가 거하네.
한암의 눈바람치는 밤에,
또 바위 앞 계수를 지나네.[41]

---

38) 徐凝 『唐才子傳』 권6 ; "凝 睦州人. 元和間有詩名. 方干師事之 與施肩吾同里閈, 日新聲調 無進取之意, 交眷悉激勉, 始遊長安, 不忍自衒鬻, 竟不成名, 將歸以詩辭韓吏部云, 一生所遇惟元白, 天下無人重布衣. 欲別朱門淚先盡, 白頭遊子白身歸知者怜之, 遂歸舊隱, 潛心詩酒, 人間榮耀, 徐山人不復貯齒頰中也. 老病且貧, 意泊無腦, 優悠自終, 集一卷, 今傳"

39) 銀地秋月色, 石梁夜溪聲. 誰知屐齒盡, 爲破煙苔行.

40) 『唐詩紀事』 권52 ; "凝 睦州人, 樂天詩中有李郎中訪徐凝山人云 ; 郡守輕詩客, 鄕人薄釣翁, 解鱗徐處士, 惟有李郎中范攄言, 樂天爲杭州刺史, 令訪牧丹, 獨開元寺僧惠澄近於京師得之, 植於庭, 時春景方深, 惠澄設油幕覆其上, 會凝自富春來. 末識白 …… 白尋到寺看花, 乃命徐同醉而歸."

41) 不掛絲纊衣, 歸向寒巖處. 寒巖風雪夜, 又過巖前溪

라고 하여 한암(寒巖)이란 곧 한산을 지칭하는 대명사라고 본다면(香山 백거이나 東坡 소식같이)[42] 서응이 한산과 상교한 면을 부인할 수 없으니, 한산이 800년대까지 생존한 한 증좌도 되겠다. 제1연의 '不掛絲纊衣, 歸向寒巖處'구는 바로 한산자의 "느릅나무 관을 쓰고 헤어진 털옷을 걸치고 헤진 나막신을 신었다(樺冠布裘破, 弊木屐爲履.)"라는 그의 외양과 상통한 묘사인 것이다. 따라서 본시는 한산의 노년의 활동을 입증하는 유일한 예시로 봄직하다. 다음으로, 이산보(李山甫)에서 먼저 「찬 달로 제기에 부치며(賦得寒月寄齊己)」(『全唐詩』 권643)를 보면,

> 솔 아래 청풍 내 옷깃에 불고,
> 상방의 종경은 밤에 침침하네.
> 이미 여악에서 속세 끊은 줄 알건만,
> 한산의 설월이 깊은 일 더욱 생각케 하네.
> 온갖 인연 끊고 본의를 씻었으나,
> 시 읊을 때마다 스승에의 마음이라.
> 어찌 이름 천하에 두루 난 줄 알리오
> 돌 위에 깃든 선죽 그림자 드네.[43]

라고 한데, 제2연에서 「寒山」은 단순한 한랭한 산이 아니라, 한산이 은거하던 한암을 말하니, 이산보(李山甫)(835~905)[44]가 이미 한산의 고사를 작시에 열입시켰다는 것을 알 수 있어 한산의 시명이 중만당대에 유행했었음을 추량케 한다. 또 「산 중에서 양판관에 부치며(山中寄梁判官)」(상동)을 보면,

---

42) 한산시 중에서 「寒巖」을 쓴 시구를 예인하면, "寒巖深更好, 無人行此道", "棲遲寒巖下, 偏訝最幽奇", "獨廻上寒巖 無人話合同", "我自腿寒巖 快活長歌笑" 등이 있으며, 단지 '巖'만으로 한암을 지칭한 예도 있다. "歸來翠巖下, 席草翫淸流", "任爾天地移, 我暢巖中坐", "今日巖前坐, 坐久煙雲收", "巖前獨靜坐, 圓月當天耀", "千年石上古人蹤 萬丈巖前一點空" 등.

43) 松下淸風吹我襟 上方鐘磬夜沈沈. 已知廬嶽塵埃絶 更憶寒山雪月深 高謝萬緣消祖意, 朗吟千首亦師心. 豈知名出徧諸夏 石上棲禪竹影侵.

44) 『唐才子傳』 권8 ; "山甫, 咸通中, 累擧進士, 不第, 落魄有不麗才, 鬚髥如戟 能爲靑白眼 生僧俗子尙豪俠 雖簞食豆羹 自甘不厭 爲詩託諷不得志, 每狂歌痛飮 拔劍斫地, 少攄鬱鬱之氣耳. 山甫詩文激切, 耿耿有奇氣 多感時懷古之作."

돌아와 동림에 누워 벗하려니,
사립문 깊은데 산 경치 대하니 마음이 열리네.
속된 일없어 시심이 이니,
시정이 일어 세상 밖에 드네.
강락공 응당 결사 했을만 하고,
한산자 또한 다재를 탓 했을만 하네.
그대는 곧 도 닦는 벗이니,
육예 잡아끌어 높은 누대에 두리.[45]

여기에서 제3연의 "康樂公應頻結社, 寒山子亦患多才"구는 사령운(謝靈運)과 한산을 고시인으로 추숭하면서 시에 인용한 것이 이산보의 생존시기로 보아 한산이 몰세 후 곧 세인에 유행될 만큼 시명이 높았음을 알게 된다.

그리고 관휴(貫休)의 작에서도[46] 한산시상의 유행을 분명케 하는데, 그의 「스님이 천태사로 돌아감을 전송하며(送僧歸天台寺)」을 (『전당시』 권830)보면,

천태의 사방 끊긴 우뚝한 절에,
돌아 가 스승의 진상 보겠네.
구기 잎 꺾지 말으오,
그 님 습득으로 성내시게 하리라.
하늘엔 성스런 인경 들리고,
폭포는 가늘게 꽃 두건 떨구네.
꼭 구름 속 노인이시라면,
그 님 때때로 덕 이웃하리라.[47]

라고 하여 습득이 후스(胡適)의 주장과는 달리[48] 당시인의 작에 활용

---

45) 歸臥東林計偶諧, 柴門深向翠微開. 更無塵事心頭起, 還有詩情象外來. 康樂公應頻結社, 寒山子亦患多才. 星郎雅是道中侶, 六藝拘牽在隗臺.
46) 『唐才子傳』 권10 ; "休, 字德隱, 婺州蘭溪人, 俗姓姜氏. 風騷之外, 尤精筆禮. 休一條直氣, 海內無雙. 意度高疏, 學文叢脞, 天賦敏速之才, 筆吐猛銳之氣."
47) 天台四絶寺, 歸去見師眞. 莫折枸杞葉, 令他拾得嗔. 天空聞聖磬, 瀑細落花巾. 必若雲中老, 他時德有隣.
48) 胡適, 『白話文學史』 p.177 ; "拾得與豊干皆不見於宋以前的記載."

되어 이 시는 관휴의 시대(832~912)로 보아 늦어도 만당대에 쓰여졌다 하겠다. 따라서 습득과 함께 한산을 당대 초기의 작품으로 간주된다. 관휴와 함께 제기의 시에서도 한산의 여운을 보는데, 「저궁에서 묻지 마오(渚宮莫問)」 15수 중 제3수를 (상동) 보면,

> 가는 발걸음 쉴까 묻지 마오
> 남방에 이미 두루 찾았도다.
> 응당 할 일 꼭 스스로 하리니,
> 마음은 다른 마음이 아니로다.
> 적수의 구슬 어디서 찾으리오
> 한산의 노래 읊지를 마오
> 뉘 같이 이 이치 논하리오
> 입 막으니 아는 이가 적도다.[49]

라고 하여 제3연의 '한산게(寒山偈)'란 말에서 한산의 여향을 표출했다. 그리고 본시의 서에는[50] "내가 신사년에 주인의 은혜 입어 용안사에 거하다(予以辛巳歲, 蒙主人命居龍安寺)."구의 신사년이 있는데, 이때가 후양(後梁) 용덕(龍德) 원년(992)에 해당하니, 한산의 시가 당 이후에도 애송되었음을 알게 되고 따라서 한산의 실재는 의심할 나위 없으며 그의 생존시기도 늦게 잡아서 800년대초 이전임에 틀림없다.

---

49) 莫問休行脚, 南方已徧尋. 了應須自了, 心不是他心. 赤水珠何覓, 寒山偈莫吟. 誰同論此理, 杜口少知音.

50) 齊己의 『渚宮莫問』 序에 ; "予以辛巳, 蒙州人命居龍安寺, 察其疎鄙, 免以趨奉, 爰降手翰, 曰 ; 蓋知心不在常禮也." 齊己에 대해, 『唐才子傳』 권9에 "齊己, 長沙人, 姓胡氏, 早失怙恃, 七歲穎悟爲大潙山寺司牧, 往往抒思, 取材竹枝, 畫牛背爲小詩, 耆宿異之, 遂其推挽入戒, 風度日改, 聲價益隆, 遊江海名山, 登岳陳, 望洞庭, 時秋高水落, 群山如黛, 唯湘川一條而已."

Ⅱ. 참선시(參禪詩)의 초탈성

한산시를 논하는데 도연명과 왕범지[51]를 먼저 생각하지 않으면 안 된다. 먼저 도씨처럼 작풍상 담원한 은사의 정회로 충만되어 있다는 데서 상관시키게 되니 한산의 「부모 독경 많으니(父母讀經多)」(15호)를 보면,

부모님 독경 많으시니,
전원에서 그가 부럽지 않네.
어미 베틀 찰각 흔들거리고,
아이는 와와 입 놀리네.
손뼉치며 꽃 춤 돋구고,
턱고여 새 노래 듣도다.
누구든 감탄경하 하리니,
나뭇꾼이 자꾸 지나가네.[52]

라 하니 전원의 한정(閑靜)을 가창한 것이요, 「띠집에 야인이 거하다(茅棟野人居)」(25호)는 산계(山界)와 전경(田景)을 사실미 있게 표현하여,

띠 집에 야인이 거하매,
문 앞엔 거마가 뜸하네.
숲 깊어 새들 모이고,
계수 넓어 고기 잠기세라.

---

51) 胡適은 王梵志를 590~660년 사이에 놓고 『太平廣記』 권82와 歷代法寶記長卷中의 無任和尙에 관한 어록을 예인하였으며 4개 항목을 들어 왕시의 류행을 기록해서 부언하였다. (『白話文學史』 p.164~165) 『太平廣記』에 "王梵志, 衛州黎陽人也. 黎陽城東十五里有王德祖, 當隋文帝時, 家有林檎樹, 生癭大如斗, 經三年, 朽爛. 德祖見之, 乃剖其皮, 遂見一孩兒抱胎而口(此處疑脫一字). 德祖收養之. 至七歲, 能語, 曰, 『誰人育我? 復何姓名?』 德祖具以實語之, 因名曰 「林木梵天」, 後改曰 『梵志』."라 하여 왕씨의 실재와 출신을 밝혔다.

52) 父母讀經多, 田園不羨他. 婦搖機軋軋, 兒弄口吡吡. 拍手催苑舞, 搘頤聽鳥歌. 誰當來歎賀, 樵客屢經過.

산 과일 일랑 아이 잡고 따며,
언덕 밭엔 어미 함께 호미질 하네.
집에 뭐 있으리.
오직 한 상의 책뿐이로다.[53]

라고 하니 앞 2연은 산광(山光) 속의 은거를, 뒤의 2연은 농촌의 진경을 서슴없이 묘사하였으니, 도연명의 전원 및 탈속과 인연하고 있다. 도연명의 「전원으로 돌아가 거하다(歸田園居)」 제2수를 보면 (『箋註陶淵明集』 卷之二),

들 저밖에 세상일 드무니
궁한 골목에 수레바퀴 소리 적도다.
대낮에 사립문을 덮고
빈방엔 속된 생각 끊었도다.
때로 다시 집 모퉁이에서
풀을 스치며 서로 왔다 갔다 하도다.
서로 보고도 잡된 말 하지 아니하고
단지 뽕나무와 삼베가 자란 말만 한다.
뽕과 베가 날이 갈수록 잘 자라니
나의 땅도 날이 갈수록 넓어지도다.[54]

여기에서 전거(田居)의 낙사(樂事), 상마(桑麻)의 종식(種植), 향인(鄉人)과의 왕래 등이 경중유정(景中有情)의[55] 전원미를 느끼게 하고 담아(淡雅)하고 졸박(拙樸)한 풍격은 송대 장계(張戒)가 "동녘 울타리에서 국화 따고 아련히 남산을 본다라 한 이 경물이 눈앞에 있지만 더 할 수 없는 한가하고 조용한 마음이 아니고서는 이런 경지에 이를 수 없으니 이러한

53) 茅棟野人居, 門前車馬疏. 林幽偏聚鳥, 谿闊本藏魚. 山果携兒摘, 皐田共婦鋤. 家中何所有, 唯有一床書.

54) 野外罕人事, 窮巷寡輪鞅. 白日掩荊扉, 虛室絶塵想. 時復墟曲中, 披草共來往. 相見無雜言, 但道桑麻長. 桑麻日已長, 我土日已廣.

55) 李重華云 ; "詩有情有景, 且以律詩淺言之. 四句兩聯, 必須情景互換. 方不復沓, 更要識景中情, 情中景, 二者循環相生, 卽變化不窮."(『貞一齋詩說』 p.8)施補華云 ; "景中有情, 如柳塘春水漫, 花塢夕陽遲. 情中有景如勳業頻看鏡. 行藏獨倚樓. 情景兼到, 如水流心不競. 雲在意俱遲"(『峴傭詩說』).

맛은 따를 수 없는 것이다(採菊東籬下, 悠然見南山, 此景物雖目前, 而非至閒至靜之中, 則不能到, 此味不可及也)."(『歲寒堂詩話』 권1)라 하고, 청대 시보화(施補華)가 "도공의 시는 일단 진실한 기품에 들어 가슴에서부터 흘러나오면 글자마다 곱고 맑으며 글자마다 심통한 맛을 준다(陶公詩, 一往眞氣, 自胸中流出, 字字雅淡, 字字沈痛)."(『峴傭說詩』)이란 평구와도 합치된다. 한산은 제량풍(齊梁風)이 풍미하던 당시의 문풍에서 왕범지를 따르며 도씨의 진기를 흡수하고 있음은 자연스런 맥류가 아닌가 한다.

왕범지와의 관계는 서에서 이미 개술한 바이지만, 송대 진암초(陳巖肖)가 말한 바, "왕범지시에 이르기를, 요행의 문은 쥐구멍 같은데 모름지기 한 개가 남았도다. 만일 모두 막히면 좋은 곳을 뚫어야지라 한 이것은 조상국의 소위 옥시로 부치는 것에 가까운 것이라 하겠다(王梵志詩曰 ; 『倖門如鼠穴, 也須留一箇. 若還都塞了, 好處隙穿破』 此言近乎曹相國所謂以獄市爲寄也)"라 한 것으로 보아 왕씨의 근원도 도씨와 상통하고 있음을 알 수 있다.

한산시를 특징 지우는 데에 있어, 그의 참선적(參禪的)인 면과 구선적(求仙的)인 면으로 대분하여 고찰함이 타당하리라 본다. 참선시란 방향에서 보면 그의 시를 '선전(禪典)', '선리(禪理)'와 '선취(禪趣)'로 세분하여 생각할 수 있고, 구선이라면 '졸박(拙樸)', '고아(高雅)', 그리고 '탈속(脫俗)'으로 볼 수 있다. 일반적으로 한산의 시사(詩史)를 본사전기(本事前期), 본사후기(本事後期), 한암기(寒巖期)로 보지만, 사상면으로는 유생기(儒生期), 모도기(慕道期), 학불기(學佛期)로 볼 수 있는데, 그의 시의 주류는 모도와 학불에서 찾아야 한다.

시와 선오(禪悟)와의 관계는 엄우(嚴羽)에서 구체화되었지만, 시의 선적 의경은 이미 성당초에 맹호연(孟浩然)과 왕유(王維)에서 작품화하였고 그의 선성이 바로 초당말의 왕범지, 왕적(王績), 그리고 한산 등에서 있었다는 점은 객관적인 논점이다.[56] 사공도(司空圖)는 당시인의 정미(精微)를 말하기를,

> 국초에 왕이 문장을 좋아하여 고아한 풍조가 특히 성행하니 진자앙과 두심언이 그 시범을 보이고 심전기와 송지문이 흥기시킨 후에 강녕에서 걸출한 자들이 나와서 이백과

---

56) 졸저, 『王維詩比較硏究』의 第三節 「王維詩與禪悟之關係」를 참조

두보에게서 사조가 크게 퍼져 극치에 이르렀다. 왕유와 위응물은 흥취가 맑고 원대하여 맑은 물이 뚫고 지나는 듯하다.[57]

라고 하여 초당대에 이미 청류적 시풍이 있었음을 밝혔으며, 엄우는 「선으로 시에 들다(以禪入詩)」를 중시하여,

고로 나는 스스로 생각하지 않고 문득 시의 주제를 정하고 또 선을 빌려 선을 삼아 한위대 이후의 것을 기원으로 하여 단연히 성당대를 법도로 삼고 있으니 세상의 군자들에게 죄가 된다 해도 이 생각은 물리지 않을 것이다.[58]

라고 하고 또 "대개 선도는 묘오에 있으며 시도 또한 묘오에 있는 것이다(大抵禪道有在妙悟, 詩道亦在妙悟)."(상동)라 하여 시와 선의 관계를 중국시론의 핵으로 정립시켰다.

1. 선전(禪典)과 선어(禪語)

한산 시에 불어(佛語)와 불전(佛典)을 활용한 의미는 어느 시인보다도 심도 있게 다루어졌으니, 시의 개성에서 간과해선 안 될 것이다. 명대 위경지(魏慶之)는 시의 이런 용례는 당대에 들어 유행하여 참신하고 좋은 것(新好)를 찾으려는 데 있다고 하면서,

고인들이 시를 짓는데 방언을 다용하고 지금은 시를 짓는데 다시 선어를 사용하니 대개 진속하고 낡은 것을 가장 싫어하고 새롭고 좋은 것을 찾으려 한다.[59]

라고 하였는데, 한산시의 선전과 선어는 입신(入神)의 경계를 추구하는 소재였음을 인지하게 된다.[60] 몇 수를 예거하면, 「몸에 공화의 옷을 입고

---

57) 國初, 上好文章, 雅風特盛. 陳杜濫觴之餘, 沈宋始興之後, 傑出江寧, 宏思於李杜, 極矣. 右丞, 蘇州, 趣味澄夐, 若淸流之貫達. (『司空表聖文集』 권1).

58) 故予不自量度, 輒定詩之宗旨, 且借禪以爲禪, 推原漢魏以來, 而截然謂當以盛唐爲法, 雖獲罪於世之君子, 不辭也. (『滄浪詩話』, 「詩辨」).

59) 古人作詩, 多用方言, 今人作詩, 復用禪語, 蓋最厭塵舊而欲新好也(『詩人玉屑』 권6).

60) 淸, 趙翼은 오히려 이런 현상을 가염하다 하여 "至於模倣佛經, 掉弄禪語以之入詩, 殊覺可厭" (『甌

(身著空花衣)」를 보면,

몸에 공화의 입고,
발엔 거북털 신 신었네.
손에 토끼 뿔 활 쥐고,
잡아 무명귀를 쏘도다.61)

여기에서 공화(空花), 귀모(龜毛), 토각(兎角)은 실물이 아니니 불경은 허무한 뜻으로 비유하고, 무명귀(無明鬼)의 무명은 중생의 생명의 열근(劣根)인 '아유야식(阿維耶識)'(Avidya)으로 치(痴)의 이명(異名)이며, 「가소로운 오음굴에서(可笑五陰窟)」(263호)를 보면,

가소로운 오음굴에서,
사사와 함께 거하도다.
어두워 밝은 촛불 없으니,
삼독이 서로 몰아 달리도다.
육개적과 벗하여,
법재주를 약탈하고,
마귀 무리를 목을 베니,
태평하기 소생하듯 넘치도다.62)

여기에서 오음(五陰)은 오온(五蘊)으로 색(色)·수(受)·상(想)·행(行)·식(識)을 말하며, 사사(四蛇)는 지(地)·수(水)·화(火)·풍(風)을 말하니 『최승경(最勝經)』에서 "지수풍화는 모두 사람의 몸을 이루고 같이 한 곳에 있어 서로 만나니 네 독사가 한 상자에 거하는 것과 같다(地水風火, 共成人身, 同在一處而相逢, 如四毒蛇居於一篋.)"라 하였다. 그리고 삼독(三毒)은 탐(貪)·진(瞋)·치(痴)의 삼대 열근(三大劣根)이며, 육개적(六箇賊)은 육식(六識)으로서 안(眼)·이(耳)·비(鼻)·설(舌)·신(身)·의(意)가 각

北詩話』 권5)라 하였다.

61) 身著空花衣, 足躡龜毛履. 手把兎角弓, 擬射無明鬼.

62) 可笑五陰窟, 四蛇同共居. 黑暗無明燭, 三毒遞相驅. 伴黨六箇賊, 刦掠法財珠. 斬却魔軍輩, 安泰湛如蘇.

각 색(色)·성(聲)·향(香)·미(味)·촉(觸)·법(法)을 이끌어 내어 지신을 해친(害己)다고 하는 것이다. 그리고 「나 전윤왕 보고(我見轉輪王)」(253호)를 보면,

내 전윤왕 보면,
천명의 자식이 늘 둘러 있으니,
십선은 사천이 되어,
장엄하고 칠보 많도다.
칠보 다 몸에 달아,
장엄하고 자못 묘호하도다.
하루아침에 복 다 보답하니,
갈대에 깃든 새 같도다.
또 우령충 만들어 육취의 도를 배워서,
항차 필부에 돌리어도,
늘 길이 지킬 수 없도다.
생사는 도는 불같고,
윤회는 마도 같으니,
일찍 깨닫지 못하면,
허무하게 늙으리라.[63]

여기에서 전윤왕(轉輪王)은 삼십이상(三十二相)이라 칭하여 즉위할 시에 하늘(天)에서 윤보(輪寶)를 감득(感得)하여 그것을 굴려 사방으로 강복했다는 신전(神典)의 예이며 십선(十善)은 "죽이지 않고, 훔치지 않고, 사악하고 음탕하지 않고 망언하지 않고 두 말하지 않으며 악한 말하지 않고 망녕된 말 안 하고 탐내지 않고 성내지 않고 남을 헐뜯어 보지 않는다(不殺, 不偸, 不邪淫, 不妄言, 不兩舌, 不惡口, 不妄語, 不貪, 不瞋, 不邪見.)"라고 말하는 선어(禪語)이며, 사천(四天)은 사천왕(四天王)이 거하는 천(天), 육취(六趣)는 육도(六道)를 뜻한다. 한산의 이 같은 용례는 비교적 그의 시에서 다음과 같은 의미를 표출하고 있다 하겠으니, 첫째는 현실세

63) 我見轉輪王, 千子常圍繞. 十善化四天, 莊嚴多七寶. 七寶鎭隨身, 莊嚴甚妙好. 一朝福報盡, 猶若棲蘆鳥. 還作牛領蟲, 六趣受業道. 況復諸凡夫, 無常豈長保. 生死如旋火, 輪廻似麻稻. 不解早覺悟, 爲人枉虛老.

계에 대한 고뇌를 대변하고, 둘째는 불심(佛心)과 불계(佛界)를 향한 흠모, 그리고 셋째는 생명의 초탈과 자신을 잊음(忘我)를 추구하는 것이라 하겠다.

2. 선 리(禪理)

시의 선리(禪理)에 대해 치엔모춘(錢默存)은 다음과 같이 심도있게 논술하고 있다.

> 『시수』, 「내편」 권5에 이르기를, 도선(仙)이니 참선(禪)이니 하는데 모두 시에 있어서 근본 바탕이 된다. 오직 유생만은 기상이 조금도 시에 드러나지 않는데 유생의 언어가 한 자도 시에 인용되지 않지만 두보는 왕왕 그것을 겸하고 있으면서 격조를 상하지 않고 성정을 더럽히지 않으니 고로 절로 따르기 어렵도다. 두보시는 진실로 요체를 얻고 있도다. 그러니 도선과 참선이 모두 시에서의 바탕인 것이다.[64]

여기에서 시의 정신에 작용하는 요소로서 선리(禪理)를 강조하였는데, 이른 바 선리시(禪理詩)란 불설(佛說)을 즐기고 그 오미(奧味)를 정밀하게 표출하는 것으로 선리를 내용으로 해서 문학 관념에 가미시켜 정감의 고아함을 표출하는 것이다.[65] 이런 시의 선리가 한산에게 특기할 만한 것이니, 「남이 한산의 길을 물으면(人問寒山道)」(9호)을 보면,

남이 한산 길 물으나,
한산의 길은 통하지 않네.
여름에 얼음이 녹지 않고,
해가 나도 안개 자욱하네.
나 같은 이 무슨 연유로,
그대 마음과 같지 않은지.
그대 마음 나 같다면,

---

64) 詩藪內編卷五云；曰仙曰禪, 皆詩中本色, 惟儒生氣象, 一毫不得著詩,儒者語言, 一字不可入詩, 而杜往往兼之, 不傷格, 不累情, 故自難及. 說杜詩固得間中肯矣. 而謂仙與禪皆詩中本色(『談藝錄』 p.273).

65) 沈德潛, 『說詩晬語』에 "杜詩, 江山如有待, 花柳自無私, 水深魚極樂, 林茂鳥知歸. 水流心不競, 雲在意俱遲. 俱入理趣. 邵子則云；一陽初動處, 萬物末生時, 以理語成詩矣. 王右丞詩, 不用禪語, 時得禪理." (卷下).

또 그 중에 선을 얻으리다.[66)]

여기에서 이 시는 반격(半格)으로 오언율시도 아니고 고체시도 아니며 시의(詩意)는 전 2연이 고박(古樸)하고, 후 2연은 표일(飄逸)하여 표현법이 은유적인 백묘법(白描法)을 써서 심목(心目)의 불성(佛性)을 표출하고 있다. 이 시는 천담(淺淡)한 중에 고심(高深)한 철리를 표현하여 격한 정감과 개성을 보이면서 문자는 쉽게 이해되나 그 속에 비의(秘義)가 숨어 있다. 또한「한산의 길(寒山道)」(295호)을 보면,

한산의 길 가는 이 없으니,
갈 수 있다면 십호라 부르리.
매미 소리 있어도,
까마귀 짖음 없고,
누런 잎 지고 흰 구름 쓴다.
돌은 우툴두툴 산은 오뚝오뚝,
나 홀로 거하니 선도를 이름이라.
그대 잘 보오. 얼마나 좋은지를.[67)]

여기에서 이 삼언 고시(三言古詩)는 한산에게서 찾을 수 있는 독특한 형식으로 이는 한산의 전통에 대한 체재적 반항이라고도 볼 수 있어 풍격이 고졸(古拙)하고 기돌(奇突)하며 오기(傲氣) 어린 기세로 나타나고 있다.[68)] 여기서 한산도란 불도로서 매미의 울음소리(蟬鳴)는 있으되 까마귀의 소란한 소리(烏鴉噪)는 없으며 누런 잎(黃葉)이 지면 흰 구름(白雲)이 와서 깨끗이 쓸어 가고(來掃), 괴석(怪石)과 기봉(奇峰)이 있는 중에 사상(事相)의 심층(深層)에 불리(佛理)가 흐르고 있다.

그리고 (A)「권하니 왕래 끊지 않고(勸你休去來)」(274호)와 (B)「왕범지가 죽어서(梵志死去來)」(202호)를 각 각 보면, 먼저 (A)에서

66) 人間寒山道, 寒山路不通. 夏日永未釋, 日出霧朦朧. 似我何由屆, 與君心不同. 君心若似我, 還得到其中.

67) 寒山道, 無人道. 若能行, 稱十號. 有蟬鳴, 無鴉噪. 黃葉落, 白雲掃. 石磊磊, 山隩隩. 我獨居, 名善導. 子細看, 何相好.

68) 陳慧劍의『寒山硏究』p.24 참조.

권하니 왕래 끊지 말고,
염라왕 근심 마오.
실각하여 삼도에 드니,
분골하여 온갖 매 당하도다.
길이 지옥인 되어 금생의 도 격해 있네.
내 말 믿어 의중보를 얻기 바라네.[69]

그리고 (B)에서,

왕범지는 죽었어도,
혼은 염라를 알아보도다.
백왕의 책 다 읽으나,
채찍 받음을 면치 못하리다.
나무아미불 칭하여 모두 성불하리다.[70]

이상의 A. B 시는 신선하고 활기 있는 형상을 보이고 시어는 구어(舊語)와 방언을 쓰고 있으니, 예컨대 A의 '去來'는 '去了'의 뜻으로 '來'는 절강(浙江), 강소(江蘇)지역의 '了'의 어미조사이니 이것은 천태(天台)의 방언이라 하겠다. 그리고 A의 삼도(三途)는 축생(畜生),지옥(地獄),아귀(餓鬼)의 삼악도(三惡道)를 지칭하며 의중보(衣中寶)는 불성(佛性)을, B의 백왕서(百王書)는 성현서(聖賢書), 그리고 나무불(南無佛)의 나무(南無)는 귀의를 각각 의미하고, 범지는 왕범지이니 비록 이런 불어를 열입시켰으나, 의경이 천속한 중에 구어방언을 쓴 생동감과 부처에 대한 신앙을 권하는 숭고함이 흘러넘친다. 또 「나는 기만하는 무리를 보며(我見瞞人漢)」(201호)를 보면,

내 기만의 무리 보니,
마치 쪽 풀이 물에 차 떠가듯 하고,
한 기운에 집에 돌아가려니,
광주리에 무엇이 있으리.

69) 勸你休去來, 莫惱他閻老. 失脚入三途, 粉骨遭千擣. 長爲地獄人, 永隔今生道. 勉你信余言, 識取衣中寶.

70) 梵志死去來, 魂識見閻老. 譯盡百王書, 未免受捶拷. 一稱南無佛, 皆以成佛道.

내 기만당한 이를 보니,
마치 뜰의 부추 같아,
매일 칼에 상하니,
천생에 절로 있도다.[71)]

이 시에서 대비수법을 써서 서로 상반된 성격의 인물을 묘사하였는데, 만인자(瞞人者)는 허무를, 피만자(被瞞者)는 만족을 계시한 것으로 인과율(因果律)에 기인한 것이며, 주제가 세상에 권면(勸世)이지만 향화(香火)의 기미는 표출되지 않고 있다.

그리고 '如藍盛水'구는 불경의 비유어(喩言)로 간교자에겐 경계를 충직한 자(忠愚者)에겐 안위를 주는 불가적 섭리를 깊게 심고 있다.

3. 선 취(禪趣)

시의 선취라면 이른바 선적 흥취가 되겠는데, 시의 참선미를 통해 사물에 기탁하여 감흥을 일으켜서(託物起興) 유한(有限)에서 무한(無限)을 보고 황홀(恍惚)의 선기(禪機)를 느끼게 하는 시의 오묘한 경지를 표출하는 상태를 말한다. 청대 오교(吳喬)는 시의 고묘(高妙)란 선 자체에 있다기보다는 이에 의한 흥취에 있다고 하면서 그 의취(意趣)를 다음과 같이 밝혔다.

소동파는 이르기를, 시는 기취로 본을 삼고 상도에 반하였다가 도에 합당하게 되는 것을 의취로 삼는다. 이 말은 가장 좋으니 어찌 기취로 시를 짓지 않을 수 있으리오. 상도에 반하면서 도에 합당하지 않는다면 이것은 어지러운 말이다.[72)]

여기에서 동파는 시는 기취를 종으로 해야 함을 강조하였는데, 이런 흥취가 시의 달경(達境)인 선경(禪境)을 낳아 무대(無待), 망아(忘我), 지정(至靜) 그리고 초연물외(超然物外 · 현실 사물의 세계를 초월함)의 삼매에

71) 我見瞞人漢, 如藍盛水走. 一氣將歸家, 藍裏何曾有. 我見被人瞞, 一似園中韮. 日日被刀傷, 天生還自有.
72) 子瞻曰 ; 詩以奇趣爲宗, 反常合道爲趣. 此語最善, 無奇趣何以爲詩? 反常而不合道, 是謂亂談(『圍爐詩話』 권1).

몰입하는 오경(悟境)을 보인다. 시의 선경적 표현은 시선일치(詩禪一致)의 의미이며,[73] 탈속・망아 그리고 입선(入禪)(禪定)의 경계를 특색으로 삼는다.

한산시의 자연경물의 미세한 관찰에서 성정의 의식을 토로한 면을 흥취어린 사의(詞意)에서 찾을 수 있으니, 먼저 흥취(興趣)란 면에서 「한산 길에 올라(登陟寒山道)」(26호)를 보면,

> 한산 길 오르니,
> 한산 길 끝이 없어,
> 계곡 길고 돌 우툴두툴
> 시내 넓고 풀 소슬 대네.
> 이끼 미끄러우니 비만도 아니요,
> 소나무 우니 바람을 빌린 게 아니로네.
> 뉘 속세를 초월할소냐.
> 함께 흰 구름 속에 앉으려네.[74]

이 시에서 산수의 소탈한 자태와 속계를 초월하여 백운에 앉은 한산 자신의 시적인 묘취(妙趣)는 마치 심덕잠(沈德潛)이 왕유(王維)의 「종남산(終南山)」(『王右丞集箋註』 권6)을 평하여 "이제 그 어의를 음미하니 산이 멀리 보이는데 인적은 드물어서 범상한 경물 묘사로는 비할 수가 없다(今玩其語意, 見山遠而人寡, 非尋常景可比)."(『唐詩別裁』 권9)라고 한 의미와 상통하면서, 오히려 탈속의 청결미를 주고 있다. 이런 취흥을 절실하게 표현하기 위해서인지 한산의 시에는 '白雲'의 시어가 모두 21 개소에 쓰이고 있는 것을 보면 이해할 만하다.[75] 그리고 「아득한 한산 길(杳杳寒山道)」(29호)을 예거하여 보건대,

---

73) 王士禎은 시선일치를 설명하기를 "捨筏登岸, 禪家以爲悟境. 詩家以爲化境. 詩禪一致, 等無差別」(『王漁洋蠶尾續文』)이라 하였고, 翁方綱은 왕유시의 선경을 「右丞五言, 禪悟象外, 不必言矣. 至此『故人不可見, 寂寞平陵東』, 未嘗不取樂府以見意也."(『石州詩話』 권1)라고 하였다.

74) 登陟寒山道, 寒山路不窮. 谿長石磊磊, 澗闊草蒙蒙. 苔滑非關雨, 松鳴不假風. 誰能超世界, 共坐白雲中.

75) 한산시의 '白雲'처를 예시하면, 「白話高嵯峨」(28), 「白雲抱幽石」(2), 「共坐白雲中」(26), 「白雲高岫閑」(267), 「且枕白雲眠」(286), 「自在白雲閑」(214), 「談玄有白雲」(220), 「白雲朝影靜」(272), 「長伴白雲閑」(233), 「白雲常自閑」(158), 「寒山唯白雲」(281), 「白雲常靉靆」(157), 「可來白雲裏」(19), 「白雲中」(296), 「苟欲乘白雲」(61), 「不學白雲巖下客」(190), 「侵晨舞白雲」(23), 「白雲四茫茫」(56), 「白雲同鶴飛」(160).

아득한 한산 길이,
흐르는 찬 시냇가에 있고,
짹짹하며 항상 새 있는데,
조용히 인적이 없어라.
쉬쉬 바람 얼굴에 불며,
어지러이 눈 몸에 쌓이네.
아침마다 해 안 보고,
해마다 봄을 모르네.[76)]

이 시의 매구 2자가 첩자를 쓰고 있는 독특한 묘사인데, 그 미(美)가 선경(仙境)같고, 정(情)이 무한함(永恒)같으며, 그윽함(幽)이 옛 묘당(古廟) 같고 황량함(荒)이 사막 같아 작자의 영혼, 은거지 및 자신의 일체를 표출하고 있다. 첩자의 구성도 제1연은 형용사, 제2연은 부사, 제3연은 다시 형용사, 제4연은 부사의 기법을 써서 정태미(情態美)가 넘치는 작자의 의취(意趣)를 확인하게 된다.

이런 탈속적인 운기(韻氣)는 그의 시어를 구사하는 선재(選材)에서도 볼 수 있으니, '고요함(靜)', '맑음(淸)', '공허함(空)', '적막함(寂)' 등의 담원적(淡遠的)인 문자를 다용한 것을 알 수 있다. 다음에 그 시구를 예거하겠다.

<淸>의 예로는,

맑은 강에 선 모습 귀엽도다(可憐淸江裏). (「相喚採芙蓉」 47호)
풀 자리에서 맑은 물을 구경한다(席草翫淸流). (「少年學書劍」 111호)
아련히 절로 맑고 한가하다(悠悠自淸閑). (「隱士遁人間」 259호)
솔바람이 쉭쉭 맑다(松風淸颯颯). (「可重是寒山」 158호)
맑은 바람이 많다(足淸風). (「重巖中」 298호)
푸른 못이 맑고 깨끗하다(碧潭淸皎潔). (「吾心似秋月」 48호)
푸른 시내의 샘물이 맑다(碧澗泉水淸). (「碧澗泉水淸」 77호)
물이 맑아 옥구슬처럼 빛나다(水淸澄澄瑩). (「水淸澄澄瑩」 203호)
물이 맑으니 여러 짐승이 나오다(水淸衆獸現). (「水淸澄澄瑩」 203호)

---

76) 杳杳寒山道, 落落冷澗濱. 啾啾常有鳥, 寂寂更無人. 磧磧風吹面, 紛紛雪積身. 朝朝不見日, 歲歲不知春.

무릇 얼마나 맑은가(凡經幾度清). (「我見黃河水」 244 호)
맑고 정결한 마음 몰라라(不知清淨心). (「自古多少聖」 209 호)
때로 맑게 준마 녹이가 되다(時清爲騄駬). (「變化計無窮」 107 호)
흐르는 물에 마음이 맑고 정결하다(中流心清淨). (「上人心猛利」 234 호)
명월과 청풍이 나의 집이다(明月清風是我家). (「世間何事最堪磋」 190 호)

<靜> 의 예로는,

고요하기가 가을 강의 물과 같다(靜若秋江水). (「千雲萬水間」 273 호)
마음이 고요하기가 흰 연꽃 같다(心靜如白蓮). (「隱士遁人間」 259 호)
고요히 구경하며 오직 기리도다(靜翫偏嘉麗). (「盤陀石上坐」 258 호)
시내가 고요하고 맑다(谿間靜澄澄). (「可貴一名山」 255 호)
바위 앞에 홀로 고요히 앉아있다(巖前獨靜坐). (「巖前獨靜坐」 268 호)
고요히 앉아서 근심과 번뇌를 끊노라(靜坐絶憂惱). (「心高如山嶽」 222 호)

<空> 의 예로는,

구름길이 허공에 있다(雲路在虛空). (「時人尋雲路」 248 호)
연단과 단약으로 신선을 바란다(鍊藥空求仙). (「出生三十年」 291 호)
빈 경지를 보니 더욱 적막하다(觀空境逾寂). (「碧潤泉水清」 77 호)
밝은 허공에 사방을 본다(四顧晴空裏). (「閑遊華靜上」 160 호)
몸에 공화의를 입다(身著空花衣). (「身著空花衣」 288 호)
공연히 투덜댄다(空空離譏誚). (「寒山無漏巖」 292 호)
만 길의 바위 앞이 한 점의 허공이라(萬丈巖前一點空). (「千年石上古人蹤」 193 호)
먼 허공을 보며 먼지 흔적을 적노라(饒邈虛空寫塵跡). (「余見僧繇性希奇」 185 호)

<寂> 의 예로는,

적막하여 먼지조차 없다(寂然無塵累). (「千雲萬水間」 273 호)
적막하여 아무도 없다(寂寂更無人). (「杳杳寒山道」 29 호)
고요히 속세를 끊노라(寂寂絶埃塵). (「寒山唯白雲」 281 호)
사립문 닫지 않은데 항상 적막하다(蓬扉不掩常幽寂). (「久住寒山凡幾秋」 186 호)
조용히 평안히 거하다(寂寂好安居). (「寒山無漏巖」 292 호)

이상과 같은 예구를 통해서 시어의 활용이 소재 상으로는 자연의 경물과 심성의 발로를 위주로 하였고, 묘사 면에서는 시의 결어로라든가, 허무적인 의식을 많이 표출하였으며, 선적인 의미에서 탈속에의 심태진행과

불리(佛理)의 실천으로 묘사하고 있다.

이런 선취(禪趣)가 극치에 달하면 선에 들어 망아의 경지에 들어가는(入禪忘我) 선경(禪境)을 말하게 되는데, 한산의 시에는 이 점을 누구보다 높이 보아야 할 것이다. 선경의 요지는 이미 서술하였으므로, 작품으로 예시한다면, 먼저 「내 마음 가을 달 같다(吾心似秋月)」를 예로 들면,

내 마음 가을 달 같으니,
푸른 못 맑고 밝고 깨끗하네.
감히 비교할 사물 없으니,
나에게 무엇을 말해 주리오.[77]

이 시는 상이 없는 중의 상(無相의 相), 사물이 없는 중의 사물(無物의 物), 도가 아닌 중의 도(非道의 道)라는 역설의 긍정과 실상을 그려서, 가을 달(秋月)같은 청결(淸潔)은 바로 성불(成佛)을 향한 깊은 현경(玄境)이니, 선에 들고 선에서 나오는(禪入禪出) 탈속미를 주고 있다.

그리고, 「생사의 비유를 알려면(欲識生死譬)」(96호)을 보면,

생사의 비유를 알려면,
얼음과 물을 비교할지라.
물이 맺히면 즉 얼음이 되고,
얼음이 녹아서 물로 돌아온다.
이미 죽어도 필히 살아나리니,
태어났다가 다시 죽도다.
얼음과 물이 서로 상하지 않듯이,
죽고 사는 것 모두 아름다운지라.[78]

이 시의 사상배경은 능엄경(楞嚴經)의 빙수(氷水)를 비유하고 있다. 한산은 빙수로써 생사윤회를 비유하여 생사관을 넘어선 망아의 심태를 표현한다. 이것은 명대 호응린(胡應麟)이 말한 바, "선은 반드시 깊이 이루

77) 吾心似秋月, 碧潭淸皎潔. 無物堪比倫, 敎我如何說.
78) 欲識生死譬, 且將氷水比. 水結卽成氷, 氷消返成水. 已死必應生, 出生還復死. 氷水不相傷, 生死還雙美.

어지고서 말로 나타낼 수 있으니 시를 쓰는 경지를 깨달았다 해도 모름지기 깊이 참선의 세계에 들어야 한다(禪必深造而後能語, 詩雖悟後, 仍須深造)." (『詩藪』 內編卷三)라는 의미에서 볼 때, 시에서 선을 빼면 시의 생명을 무시해도 좋다는 극언도 가능하다는 말이 된다.

이런 선적 경지의 최정점인[79] 입선(入禪)의 심정을 표현한 작으로는 「항상 석가불 듣다(常聞釋迦佛)」(232호)를 들겠으니 보건대,

> 항상 석가불 듣는데,
> 먼저 연등의 분부 받도다.
> 연등과 석가는 전후의 지혜를 논할 뿐이로다.
> 전후의 지체 다른 게 아니니,
> 다른 중에 다름이 없는 것이로다.
> 일불은 일체의 불이니,
> 마음은 바로 여래의 터로다.[80]

이 시는 완전히 여래에 든 마음의 득도를 서술하였다. 매구가 불어이며 불리이고, 선경의 화신이 된 상태를 그리고 있다. 한산의 선시는 그의 대명사이며 시 세계의 핵이라 할 것이니, 그의 시에서 156수가 그 부류라 하겠다.

---

79) 淸代 徐增은 "夫詩一字不可亂下, 禪家一擬議不得, 詩亦著一擬議不得, 禪須作家, 詩亦須作家, 學人能以一棒打盡從來佛祖, 方是個詩家大作者, 可見作詩除去參禪, 更無別法也." (『而菴詩話』).

80) 常聞釋迦佛, 先受然燈記. 然燈與釋迦, 只論前後智. 前後體非殊, 異中無有異. 一佛一切佛, 心是如來地.

Ⅲ. 구선시(求仙詩)의 승화미

한산의 도가적 시는 많지 않으니 순수한 것은 13수를 들 수 있다.[81] 한산의 구도시기는 30세 이후의 중년으로 모도기(慕道期)는 입불(入佛) 이전으로 보겠다. 그의 도시(道詩)는 선어(仙語)를 다용하고 선술(仙術)을 익히 알며 허무와 입선하는 고아의 미를 특징으로 한다. 그의「어제 하운관에 이르러서(昨到雲霞觀)」(239호)를 예로 들면,

어제 하운관에 이르러,
홀연히 선존사 만났네.
별과 달이 가로 질러 뜬데,
다 산수 자연에 거한다 하네
내 신선술 물으니,
도는 비할만 하다 하오
영은 무상하다 하니,
묘약은 필히 신비롭다.
죽을려 하매 학 오기 기다리니,
모두 물고기 타고 간다 하네.
내 곧 돌아 가 끝날 것이니,
찾아도 이치 말 마오.
화살 빈 것 보니,
문득 또 땅에 떨어지네.
너 선인 되려 하면,
마치 죽은 자의 귀신 지키듯 하리라.
마음의 달 절로 정명하니,
만상을 무엇에 비하랴.
선단술 알려 하면,

81) 寒山의 道詩로는「我聞天台山」(210),「手筆大縱橫」(19),「益者益其精」(75),「家住綠巖下」(16),「欲得安身處」(302),「竟日常如醉」(45),「山客心悄悄」(65),「人生在塵蒙」(227),「徒勞說三史」(76),「有人外白首」(151),「出生三十年」(291),「常聞漢武帝」(264),「昨到雲霞觀」(239) 등.

몸 안에 본신이 바로 그것이라.
적송자 배우지 말고,
우직함을 잡고 스스로 지켜 나가리.[82)]

여기서 '仙'자가 4처에 나오고, '道'자가 3처, '仙術'이 3처, 그리고 '盡云居山水', '心月自精明', '握愚自守擬' 등 구는 순담(淳淡)하며 소박한 고아미를 준다. 고아란 청대 반언보(潘彦輔)가 "소위 고아라는 것은 어사의 우아와 순치뿐만이 아니니, 이런 시를 짓는 근거는 반드시 세리를 버린 후에야 고아라 할 것이다(夫所謂雅者, 非第詞之雅馴而已. 其作此詩之由, 必脫棄勢利, 而後謂之雅也.)"(『養一齋詩話』)라 말했듯이 속된 마음을 버린 상황에서만이 가능하다는 것이다. 그리고 「안식처 얻으려니(欲得安身處)」(302호)를 보면,

안식처 얻으려니,
한산을 길이 지킬 만하다.
미풍이 그윽한 솔에 불어,
가까이 들리는 소리 더욱 좋도다.
그 아래 반백 노인이 있어,
낭랑하게 도경을 읽도다.
십 년을 돌아가지 않아,
망각 속에 득도하도다.[83)]

여기서 도가를 추모하여 선경황노(仙經黃老)의 생활에 심취한 경지까지 묘사하였고 한산이 도가를 통한 정신적인 탈속과 은거의 의식에서 현실에 대한 염오와 은일을 강조하였다. 이같이 한산의 구선시는 직설적인 시어활용과 가식 없는 담박함에서 한산의 특성을 더욱 높였다고 할 것이다. 한산의 시는 한 마디로 말해서 외표(外表)와 내실(內實)이 겸전한 순결한

82) 昨到雲霞觀, 忽見仙尊士. 星冠月帔橫, 盡云居山水. 余問神仙術, 云道若爲比. 謂言靈無上, 妙藥必神秘. 守死待鶴來, 皆道乘魚去. 余乃返窮之, 推尋勿道理. 但看箭射空, 須臾還墜地. 饒你得仙人, 恰似守屍鬼. 心月自精明, 萬象何能比. 欲知仙丹術, 身內元神是. 莫學黃巾公, 握愚自守擬.
83) 欲得安身處, 寒山可長保. 微風吹幽松, 近聽聲逾好. 下有班白人, 喃喃讀黃老. 十年歸不得, 忘却來時道.

작풍을 보이고 있다.

한산의 생평은 아직 완전한 생존시기가 밝혀지지 않은 상황에서 제가의 주창을 개술하여 소개하였는데, 근래까지 정리되어진 상태로는 천후이지엔(陳慧劍)의 설(700~820)을 객관성 있게 보게 되며, 한산시가 후세에 준 영향으로 보아 중당 이전의 생존이라는 설에 대해서 의심을 두지 않음이 가당하겠다.

그의 시는 총괄해서 구어의 활용으로 오히려 유미한 자연경물, 그리고 고심한 인생철리를 표출하였다. 이는 그의 생활과 정조가 일치하고, 작품의 내용과 형식이 상합하며, 기괴한 생활이 시의 미를 추구케 하며, 왕범지의 경계에서 생성된 풍격을 지닌 것으로 본다.

이런 그의 시의 형식과 내용 면에서 집약해 보면, 우선 형식면에서 무제시(無題詩)라는 것이다. 같은 당대의 도사 여암(呂巖)의 시에는(『전당시』 권856) 5언 48수, 7언 113수가 무제시로 되어 있으나, 한산은 전부가 무제시라는 특성을 지니고 있다. 시의 유형은 「三言, 五言, 七言」 등 다양하고 평측(平仄)이 조화되지 않고 율격이 맞지 않는 임의적인 체재 운용을 하였다. 제재는 광대하게 선택하여 백화(白話) 구사의 입장에서 생활의 모든 대상을 시제로 하여 크게는 인생, 작게는 충의에까지 생사문제, 중생형상, 생의 애수 등을 다루었다. 아울러 토어(土語)를 시정(詩情)에 담아서 생명력이 넘치는 시를 썼으니, '去來'·'鞅掌'·'土牛'·'甕牖'·'驢鍬'·'闇老'·'喠'·'破堆' 등의 속어가 바로 그 예이다. 한산 시에 있어 반격체(半格體)와 구언입시(口語入詩)의 격식은 매우 독창적이라 할 것이다.

내용 면으로는, 시상이 철리적인 한편 야성적이어서 생명력이 넘치고 개성이 뚜렷하며 고원하고도 심묘한 의취를 토로하고 있다. 동시에 시의 선적 특성이 난해하지 않으면서 미학적인 불리(佛理)적인 의경(意境)을 지니고 있다. 한산의 시는 게(偈)라 할 만큼 자연적이고 표일(飄逸)하다. 한산의 시가 불분명한 생애와 함께 시대에 구속되지 않고 서민에 애송되고 근년에는 문학적 가치를 높이 평가하면서 성당 이후의 은일낭만파(隱逸浪漫派)의 선구자로 추숭되는 것은 다행한 학자적 안목이라 할 것이다.[84)]

---

84) 졸저, 『王維詩比較硏究』 제3장에서 「初唐詩人與王維」 부분 참조

이백(李白)과 두보(杜甫)의 시어로 본 특성

당대 시인을 말한다면 누구보다도 이백(701~762)과 두보(712~770)라는 두 시인을 지칭하는데 아무도 이의가 없을 것이다. 송대 엄우(嚴羽)가 지적한 바, “이백과 두보의 문집으로 가까이 살펴보기를 오늘날 경서를 연구하듯 하고 난 후에야 성당의 유명한 문인을 널리 배우고 마음에 새기어 오래도록 하면 자연히 오묘한 경지에 들게 된다(卽以李杜二集枕藉觀之, 如今人之治經, 然後博取盛唐名家, 醞釀胸中, 久之自然悟入).” (『滄浪詩話』, 「詩辨」)라고 한 것처럼 두 시인은 시학의 대표적인 사표로 삼아도 이설이 없을 것이다. 따라서 여기서는 양인의 시어 상의 활용 묘점을 몇 가지 추출하여 체회(體會)한 면을 수상형식으로 서술해 나가고자 한다.

이 글에서 다루고자 하는 점을 열거하자면, 두 시인 모두 시어 상의 자구활용(煉字)의 특성을 살펴봄에 있어서, 이백에서는 의상(意象)·과장(誇張) 등 양면에 관하여 개관하고, 두보에 있어서는 시어가 지닌 구사상의 신축성 즉 탄성(彈性)의 묘미, 시의 결구(結構) 기법 등을 파악하고자 하는 것이다. 이 글은 어디까지나 이백과 두보 두 시인의 시에 심취하면서 얻어진 풍격상의 체감적 인상을 담박하게 기술하는 선에서 개괄한다는 점을 밝혀둔다.

Ⅰ. 이백 시어의 구사법

1. 시어의 의상미

시의 표현에 있어서 시만이 지닌 의식의 함축미를 극대화시킬 수 있는 능력은 그 시인의 품격을 제고시키는 요소가 된다. 이것을 시어 상의 묘법으로 의상(意象)이라는 말로 대신하고자 한다. 중국시에서의 이런 묘법(描法)은 다각적인 관념의 테두리 안에서(이론적으로 체계화되지 않고 흔히 풍격과 혼융되어 다루어졌음) 작시 상에 강구되어 왔다. 일찍이 『문심조룡(文心雕龍)』, 「神思」편에 이르기를,

> 옛 사람이 말하길, 몸은 강과 바다 위에 있고, 마음은 위나라의 궁궐에 있으니, 이를 신사라 한다. 글에 담긴 생각과 그 정신은 원대하다. 따라서 조용히 깊이 생각하여 그 생각이 천년의 세계를 이어 깊이 들어가면, 문득 터득되면서 만리의 경지에 통달하게 된다. 읊어 노래하는 중에 주옥같은 소리를 토해내고 눈 깜짝할 사이에 풍운의 색을 말았다하며 지극한 사념의 이치를 깨닫게 된다.[1)]

라고 하여 상상의 작용에 있어 암시(暗示)와 상징(象徵)의 연상(聯想) 효과를 밝혔는데, 이는 현외지음(絃外之音)과 상통하면서 의상과 일맥하고 있음을 알 수 있다. 그리고 청대 방동수(方東樹)도 기술하기를,

> 시에 있어 뜻이 높고 오묘하며 겉모습도 그러하며 표현되는 시어도 그러해야 하는데 옛 사람의 세계를 깊이 이해 못하면 터득할 수 없다.[2)]

---

1) 古人云 ; 形在江海之上, 心存魏闕之下, 神思之謂也. 文之思也, 其神遠矣. 故寂然凝慮, 思接千載, 悄焉動容, 神通萬里. 吟詠之間, 吐納珠玉之聲, 眉睫之前, 卷舒風雲之色, 其思理之致乎.
2) 用意高妙, 用象高妙, 文法高妙, 而非深解古人則不得(『古詩選』 卷首, 「通論五古」).

라 하니 정사(情思)의 의상화는 상상의 선용에 있음을 알 수 있다. 이것은 의상 자체의 의미가 의식 중의 기억, 즉 시인의 의식과 외계의 물상이 서로 통하여 관찰・심미(審美)의 과정을 거쳐서 의경(意境)의 경상(景象)을 형성해 주는 상태인 것과 통한다. 따라서 중국전통시론을 대개 '생각을 표현하매 도를 담음(言志載道)'과 '시 창작 이론을 탐토함(探討詩創作理論)'이란 측면에서 본다면 왕국유(王國維)의 다음 말은 더욱 인간의 진정으로써 정경교융(情景交融)의 효과를 표달할 수 있는 경계가 곧 사경(寫景)의 참된 의상이라는 상관성을 설정할 수도 있다. 즉 보건대,

> 자연 속의 사물은 서로 관계를 가지며 또 서로 구속되어 있다. 그러나 그것이 문학과 미술에서 묘사되면은 그런 것들은 모두 탈피해야 한다. 현실주의자라도 이상주의자도 된다. 어떤 허구의 경계를 추구하더라도 그 재료는 반드시 자연에서 구해야 한다. 그리고 그 구조도 반드시 자연의 법칙을 따라야 한다. 자연의 경물뿐 아니라 희노애락까지도 사람 마음속의 한 세계인 것이다. 따라서 참된 자연 경물과 참된 정감을 묘사할 수 있는 사람은 경계를 지녔다 하겠고 아닌 사람은 경계가 없다고 할 것이다.[3]

이상에서 시가 속의 의상의 처리는 정미하거나 농축된 언어를 통해 상징과 암시라는 연상작용으로 정의를 표현하는데 두어야 함을 알 수 있다.

이백의 시에서 의상의 면을 본다면, 거침없는 풍격과 경악케 하는 표현법에서 먼저 상관시켜 볼 수 있다. 즉 이백이 비유한 사물, 경물 자체를 놓고 볼 때,

> ① 활을 당겨 고기를 쏘니,
> 긴 고래가 마침 우뚝 솟도다.
> 이마와 코는 오악을 닮았는데,
> 파도 일으켜서 구름 번개를 뿜도다.
> 수염이 하늘을 덮었으니,
> 어찌 봉래산을 보리오![4]

---

3) 自然中之物, 互相關係, 互相限制. 然其寫之於文學及美術中也, 必遺其關係限制之處. 故雖寫實家, 亦理想家也. 又雖如何處構之境, 其材料必求之於自然, 而其構造亦必從自然之法則. 故雖理想家亦寫實家也. 境非獨謂景物也, 喜怒哀樂亦人心中之一界. 故能描寫眞景物眞情感者, 謂之有境界, 否則謂之無境界(『人間詞話』).

4) 連弩射海魚, 長鯨正崔嵬. 額鼻象五岳, 揚波噴雲雷. 鬐鬣蔽青天, 何由睹蓬萊(「古風」其三).

② 큰고래의 흰 이는 설산 같구나.[5)]

③ 푸른 산 하늘에 찌르듯 솟아 푸르러
우뚝 고래의 이마 같도다.[6)]

여기에서 이백은 경어(鯨魚)라는 신화에 나오는 동물을 차입하여 경이적인 묘사를 하고 있는데 ①의 경우에 장경(長鯨)의 자태와 그 웅대한 기풍을 그리면서 자신의 의식상의 흐름을 환상과 결부시키고 있는 것은 초탈적인 의식과 도가풍적인 선미(仙味)라고만 의미를 부여할 것인가? 시의 맥이란 감지할 수 없는 작자만이 갖는 미감을 지녔으려니 독자와 연구자의 분석력으로 어이 다 간파할 수 있으랴마는 이백의 시적 의상만이 갖는 묘법이라고 본다. ②, ③의 경우도 ①과 같은 용례라 할 것이다. 범인의 의계(意界)에서 느낄 수 없는 현실 세계에 대한 관조는 엘리오트가 말한 바, 시인의 심중에서는 범인의 혼란한 의식도 완정한 형체의 신경지로 창출시킬 수 있다는 표현과 상통된다 하겠다(『Selected Essays』 p.287). 이처럼 시의 의상은 다양하게 경우에 따라서 역설적으로 형상화되어 독자에게 보여 지는 것이니 이백의 시에서 실로 대표적인 맛을 느낄 수 있다. 다음에서 더 보기로 한다.

① 파도 일어 영정에 드니,
심양강 위에 바람이 이누나.
돛 올려 거울 같은 호수에 들어,
곧장 팽호 동쪽으로 나가누나.[7)]

② 향로에 보랏빛 연기 가물거리고,
폭포엔 더없이 맑은 물 떨어지네.[8)]

③ 태산 아차산에 여름 짙은 구름 드리워져,
흰 물결이 동해를 넘쳤나 의심드네.[9)]

5) 有長鯨白齒若雪山(「公無渡河」).
6) 藍岑聳天碧, 突兀如鯨額(「經溪南藍山下有落星潭可以卜築余泊舟石上何判官昌浩」).
7) 浪動灌嬰井, 尋陽江上風. 開帆入天鏡, 直向彭湖東(「下尋陽城汎彭蠡寄黃判官」).
8) 香爐紫烟滅, 瀑布落太淸(「留別金陵諸公」).

④ 푸른 하늘은 어찌도 뚜렷한가
밝은 별이 희디 흰 돌 같구나.10)

⑤ 노나라에 찬 기운 일어나니,
첫서리에 물가의 부들풀 베누나.
낫 드니 둥근 달 같고,
물 치니 이어 놓은 구슬 같구나.11)

⑥ 보배로운 거울 가을 물에 걸려 있고
비단 옷 춘풍에 가벼이 나누나.12)

①에서 '開帆入天鏡'구는 배를 타고 호수에 떠가는 광경을 그린 것이지만 천경(天鏡) 속에서 호수의 명징(明澄)한 맛을 밝혀 놓았으며, ②에서 폭포와 태청(太淸)이 하나로 연결되어 맑고 웅장한 화면을 보여 주고 있으며, ③에는 태산의 운경을 흰 파도가 동해에 출렁이는 것으로 비유하면서 호연한 기풍을 자아내었다. 그리고 ④에서는 명성을 백석과 비의하여 뜻밖의 희열을 자아내어서 영국의 예츠가 쓴 「Adam's Curse」시의 「A Moon, worn as if it had been a shell」이라는 구와 같은 표현으로 이어질 수 있다는 것은 고금과 동서를 초월한 시심의 상통으로 볼 수 있다. 둘 다 탈속의 의상을 닮고 있는 묘사이기 때문에 독자의 경이로운 느낌과 시인의 초인적인 감각이 동시에 맞닿는 점에서 시의 진의와 가치를 맛볼 수 있으며 이 또한 이백류의 시인에게만 찾을 수 있는 경계가 아닐 수 없다. ⑤에서도 '揮鎌若轉月'구는 낫의 모양을 낭만 어린 둥근 달에 비교하였고, '拂水生連珠'구가 물을 구슬에 비견한 것은 또한 의상의 자연화이며, 자연의 의상화란 양면적인 감각이 작용된 구성인 것이다. 끝으로, ⑥에서는 보경의 밝고 수정 같은 그리고 차고 고요한 인상을 가지고 추수의 인상을 더욱 짙게 상징하였다. 경인(驚人)케 하는 시의 의상은 흔히 시인의 독특한 신경과 예민한 관찰과 밀접한 관계를 지니고 있는 법이어서 이백의 비유적인 방법에 의한 외적 경험과 경물의 내감(內感)에의 흡

9) 太山嵯峨夏雲在, 疑是白浪漲東海(「早秋單父南樓酬竇公衡」).
10) 靑天何歷歷, 明星如白石(「疑古十二」 其一).
11) 魯國寒事早, 初霜刈渚蒲. 揮鎌若轉月, 拂水生連珠(「魯東門觀刈蒲」).
12) 寶鏡掛秋水, 羅衣輕春風(「寄遠十二」 其二).

입작용은 참신한 연상을 불러일으키곤 한다.

시의 의상은 독특한 신운(神韻)으로 범인의 의식을 초월하기도 하고 시의가 붓보다 앞서 있음. 즉 표현된 시구에 담겨진 것 이상의 깊은 시심(意在筆先)의 피안에 어느덧 가 있는 세계를 추구하기도 하는지 이백에겐 그것이 더욱 심하게 표출되어 있다. 즉,

해는 동쪽 모퉁이에 뜨는데,
땅 밑에서 돋는 듯 하네.13)

해는 바닷가에서 내뿜고,
물은 하늘 끝으로 흐르누나.14)

구름 낀 산은 바다 위에 솟았고,
인물은 거울 속에 오누나.15)

문 여니 구강이 맴돌고,
베개 밑엔 오호가 이어 있네.16)

원숭이 하늘 가까이서 울고,
사람은 달무리 따라 노젓누나.17)

윗 시구에서 묘사된 경물과 그의 느낌들 즉 해 돋음(日出)·물 흐름(水流)·구름 솟음(雲出)·원숭이 울음(猿啼) 등의 신운적 흥취는 별다른 맛을 느끼게 한다. 시인은 하늘 위에서 원숭이 소리를 들으며 해가 땅 밑에서 올랐다가 바다 옆으로 가라앉는 듯이 보고, 강물이 하늘가에서 흘러내리듯이 사람이 달 가에서 노젓고 놀듯이 관조하고 있다. 그런 가운데 사람(人)은 거울 속에서 드러난다. 이것은 앞의 예구를 꿰어서 모두어 놓은 말이지만, 범인의 시계를 벗어난 세계를 티없는 동심과 정결한 심사를 통

13) 日出東方隈, 似從地底來(「日出入行」).
14) 日從海旁没, 水向天邊流(「贈崔郎中宗之」).
15) 雲山海上出, 人物鏡中來(「贈王判官時余歸隱居廬山屛風疊」).
16) 門開九江轉, 枕下五湖連(「經亂離後天恩流夜郎憶舊遊書懷贈江夏韋太守良宰」).
17) 猿近天上啼, 人移月邊棹(「經亂後將避地剡中留贈崔宣城」).

해, 외물의 한 작은 일점까지도 홀시하지 않는 천재성은 이미 단순한 의상의 범주 이상의 무엇(a thing)이 작용한 것으로 본다. 이백에 있어선 특히 그 안목이 발군하게 보이니 다른 예를 본다면,

> 누에 같이 촘촘한 길 보노니,
> 험난하여 가기가 어려워라.
> 산은 얼굴 따라 일어나고,
> 구름은 말머리 곁에 뭉게 지누나.18)

여기에서 산과 인면(人面), 구름과 마두(馬頭)가 모듬이 되어(結合) 촉지에 드는(入蜀) 경험을 입체적으로 신선하게 묘사하고 있으니, 이것은 단순한 시각적인 의상의 유가 아닌 기발한 충격적 현상표현이 아닐는지 하고 경탄을 금할 수 없다. 더욱이 다음의 시를 보면,

> 나 동정에 노는데 그대 보이지 않고,
> 모래 위엔 백로가 떼를 지어 나누나.
> 백로 한가로이 흩어져 날아가고,
> 또 눈처럼 청산에 점점이 구름이 이네.19)

이 시의 운(雲)은 백운(白雲)이 아니라 홍색의 저녁노을이 진 만운(晩雲)이다. 홍운(紅雲)과 백설(白雪), 청산(靑山)이 병렬되어 색감의 내비를 강구한 의상은 독자로 하여금 신비감을 자아내게 하는 것이다. 이백시의 의상은 투명하고 직설적인 맛이 강렬하게 느껴지는데 그 특징이 있다고 해도 가할 것이다.

---

18) 見說蠶叢路, 岐嶇不易行. 山從人面起, 雲傍馬頭生(「送友人入蜀」).
19) 我東亭不見君, 沙上行將白鷺群. 白鷺閑時散飛去, 又如雪點靑山雲(「歸向陵陽釣魚晩」).

2. 시어의 과장법

이백 시에 있어서 또 하나 가벼이 넘길 수 없는 특징으로서는 시에의 과장법(誇張法)을 들지 않을 수 없다. 이백은 천성이 낭만적이어서 그에서 토로되는 거침없는 의상은 신화와 선풍(仙風)에 영향받아서 더욱 시공(時空)을 초월하는 경지에 이르고 있다. 이러한 작품세계를 조장해 주는 어구적 방법으로 그는 과장 수법을 이용한 것이다. 그는 때로는 수량으로 묘사하였으니,

· 구강의 강물이 흘러서
만 줄기 눈물이나 되었으면.[20]

· 흰 머리칼이 삼천 길인데
수심이 어리어 더욱 긴 듯 하구나.[21]

· 살기가 천리에 가로 뻗쳤고,
군사의 소리 아홉 구역을 휘젓는다.[22]

위의 시구들에서 숫자의 활용이 시취를 강렬하게 느끼게 하니, 수량과장은 사실과는 다른 개념을 부여하면서 보다 호탕한 기풍을 웅대하게 묘출하고 있다는데서 이백의 장처를 강하게 드러내고 있다. 그러길래, 청대의 마위(馬位)는 일찌기 말하기를,

> 태백의 『백발이 삼천 길』이 다음에 이어져 『수심이 어리어 더욱 긴 듯하다』라 한 것은 결코 참된 표현이 아니다. 엄유익은 이르기를 ; 『그 싯귀가 호방스러우나 그 도리에 맞지 않다. 시는 진정 이처럼 지어서는 안 된다』.[23]

---

20) 願結九江流 添成萬行淚(「流夜郎永華寺寄潯陽群官」).
21) 白髮三千丈 緣愁似箇長(「秋浦歌」其十五).
22) 殺氣横千里, 軍聲動九區(「中丞宋公以吳兵三千赴河南軍次潯陽脫余之囚參謀幕府因贈之」).
23) 太白『白髮三千丈』, 下卽接云『緣愁似箇長』, 幷非實詠, 嚴有翼云 ; 『其句可謂豪矣, 奈無此理, 詩正不得如此講也』(『秋窓隨筆』).

라고 하여 현상의 과장이 오히려 명확한 인식을 하게 하는 비법을 썼음을 평가하였으나, 시의 진실이(事實性) 요구되는 점을 아쉬워하였고 심덕잠(沈德潛)은 또 이르기를,

> 태백은 천상 기외적인 착상을 하고 변화무쌍한 형국을 다룬다. 큰 강에 바람이 없는데 파도가 절로 용솟음치고, 흰 구름이 뭉게져서 바람 따라 명멸한다. 이것은 아마 하늘이 내린 것이지 사람의 힘으론 안된다.[24)]

라고 하여 이백시가 인력에 의한 창출이 아니라 천부의 것으로서 상외(想外)적인 기법이 과장으로 표현되고 초월적 의식으로의 유인을 가능케 하였다. 구체적인 예를 보면,

> 북쪽 바다에 큰 물고기 있는데,
> 몸 길이 수천 리로다.
> 고개 들어 삼산의 눈을 뿜고,
> 계곡의 온갖 냇물 가로지른다.[25)]

여기에서 사물의 형상을 확대하여 묘사하면서 비현실의 세계를 그리었고,

> 한 바람 사흘 불어 산을 기울고,
> 흰 파도 솟아 기와 집 관청보다 더 높구나.[26)]

위에서도 사실 보다 지나친 묘사에서 웅혼한 시의를 표현하고 있다. 때로는 과장과 낭만적인 신화가 결합하여 더욱 탈속을 조장하기도 한다.

> 손들어 맑고 옅음을 희롱타가,
> 잘못하여 베 짜는 여인의 베틀에 올랐네.[27)]

---

24) 太白想落天外, 局自變生 ; 大江無風, 濤浪自湧 ; 白雲卷舒, 從風變滅. 此殆天授, 非人力也(『說詩晬語』 卷上).
25) 北溟有巨魚, 身長數千里. 仰噴三山雪, 橫谷百川水(「古風」 其三十三).
26) 一風三日吹倒山, 白浪高於瓦官閣(「橫江詞」 其一).
27) 擧手弄淸淺, 誤攀織女機(「遊太山」 其六).

· 푸른 하늘에 긴 밧줄을 걸지 아니하고,
여기 서쪽에 나는 밝은 해 매도다.28)

여기서 이백의 과장수법이 독자로 하여금 광활무변의 세계로 들게 함을 알 수 있다. 이것은 이백이 과장법을 상용할 뿐 아니라 특히 다용하였으며 기설한 바 수자의 변법은 그 극치를 이루고 있는 것이다. 즉,

· 바람이 구천 길이나 날아간다.29)

· 금술잔의 맑은 술은 한없이 많고,
옥쟁반의 좋은 안주는 만금 마냥 귀하다.30)

· 성군 백년 누리소서,
해마다 언제나 어찌도 즐거운지.31)
· 천자여 만수무강하소서,
오래도록 만세의 술잔을 기울이세!32)

위의 시구들은 모두 경인(驚人)의 수과장(數誇張)의 묘법을 맘껏 발휘하였다. 이백의 과장은 단순한 과장이 아니라 과장을 통한 삶 자체의 고원한 이상을 추구하려 한 것이라고 보아야 한다.

3. 시어의 공력(功力)

이백 시에 있어서 고공(苦功)의 흔적이 적은 듯이 보는 면이 두보와 대조하여 흔히 다루어지곤 한다. 그러나 다음 싯귀 몇 줄을 눈여겨보기로 하자.

· 파도 빛 바다의 달 흔들고,

---

28) 不得掛長繩于青天 繫此西飛之白日(「惜餘春賦」).
29) 風飛九千仞(「古風」 其四).
30) 金樽淸酒斗十千, 玉盤珍羞直萬錢(「行路難」 其一).
31) 聖君三萬六千日, 歲歲年年奈樂何(「陽春歌」).
32) 天子九九八十一萬歲 長傾萬歲杯(「上雲樂」).

별 그림자 성루에 스며드네.33)

· 탑 모습 바다에 뜬 해에 드러내고,
누각은 강 안개 속에 우뚝하구나.
봄 향기 천지에 가득한데,
종소리 온 골짜기에 이어지누나.34)

· 해지니 빈 정자에 날이 저물고,
성이 황폐하나 옛 자취는 남았어라.
지평선 바다에 닿아있고,35)
하늘은 강속에 그림자가 드리웠네.

이들 시구에 있어 작자를 밝히지 않는다면 아마도 이백의 작으로 보지 않을지 모른다. 연구(鍊句)와 연자(鍊字)의 공력(功力)이 깊이 담겨 있기 때문이다. 그의 연자의 기법은 문자의 조탁, 시안(詩眼)의 탁마(琢磨), 이 모든 것이 두보와 달리(耐性에 있어서) 천연적인 미각을 준다는데 다른 점이 있다. 그러나 이백의 연자는 단순한 천연이 아니라 직각에 의한 형식적인 굴레를 승화시킨 단계의 기법을 구사하고 있다고 할 수 있다. 이것은 타고난 천품 위에 오래 동안 창작력을 배양해 온 결과이기도 하다. 시어의 세밀한 연찬이 두보를 못 따른다 해도 출중한 창작상의 성정이 자구마다 응축되어 하나의 시편이 웅혼하면서 장활한 양상을 보여 주는 면에 있어서는 그 누구도 따를 수 없으리라. 그의 「선주 사조루에서 별교서 숙우를 전별하며(宣州謝朓樓餞別校書叔雲)」시를 보건대,

날 버리는 자 어제의 날에 머물 수 없고,
내 마음 어지럽히는 자 오늘의 날에 근심 많도다.
긴 바람 만리에 가을 기러기 전송하니
이를 대하여 고루에서 술에 취하네.
봉래의 문장은 건안의 풍골인데,
그 사이의 소사는 또한 청일하구나.
모두들 준일하고 장중한 기상을 품고서 날아

33) 波光搖海月, 星影入城樓(「宿白鷺洲寄楊江寧」).
34) 塔形標海日, 樓勢出江烟. 香氣三天下, 鍾聲萬壑連(「春日歸山寄孟浩然」).
35) 日下空亭暮, 城荒古跡餘. 地形連海盡, 天影落江虛(「秋日與張少府楚城韋公藏書高齋作」).

청천에 올라 명월을 구경하고 싶다.
칼 뽑아 물 끊어 치니 물 더욱 흘러가고,
잔 들어 수심 씻으니 수심 더욱 깊구나.
인생 속세간에 뜻대로 안되니,
맑은 물살에 머리 흩으며 쪽배나 희롱하세.36)

이 시는 치엔중수(錢鍾書)가 말한 바, "글과 그 맛이 감성을 충분히 표현하고 있다(文調風格足以徵見性情)." (『談藝錄』 p.191)라고 한 것은 동감할 만 하다. 글자마다 의표가 초연히 묘사되어 있어서, 이것이야말로 평자의 성정을 뛰어넘는 이백의 연자묘법의 경지라고 할 것이다. 이 시의 의상과 절주가 작자의 고원한 면을 직설하는 대목으로서, '長風萬里', '懷逸興', '壯思飛', '上青天', '覽明月', '抽刀斷水', '散髮弄扁舟' 등은 탈속의 흉금을 토로한 빼어난 연어(煉語)의 공력이 넘친다. 특히 제1연에서 '昨日之日', '今日之日'의 표현은 백화적 표기를 통해 시간적 절박을 대장(對仗)적으로 표현하고 있으며, 제5연에서 "抽刀斷水水更流, 擧杯銷愁愁更愁"는 동자의 반복사용을 가지고 감성의 상태를 절실하게 그려 놓았다. 어떻든 이백에 있어서 자구의 구사력이 격식에 구속되지 않으면서도 격식에서 벗어날 수 없는 문학세계의 규범을 늘상 의식했던 것만은 분명하다. 그 자신이 심약(沈約)의 율격을 원망했을지도 모르나, 그 원칙을 지키는 한계를 인정했던 것이다. 그러나 이백의 시는 엄연히 시의 내적 형상의 구사에 장점이 있기 때문에 그의 연자(練字)능력은 오히려 불가시적인 내함(內涵)에서 찾아야 함이 타당할 것이다.

---

36) 棄我去者昨日之日不可留, 亂我心者今日之日多煩憂. 長風萬里送秋雁, 對此可以酣高樓. 蓬萊文章建安骨, 中間小謝又清發. 俱懷逸興壯思飛, 欲上青天覽明月. 抽刀斷水水更流, 擧杯銷愁愁更愁. 人生在世不稱意, 明朝散髮弄扁舟.

4. 시어의 악부 구법

이백 시에서 악부가 차지하는 비중이 또한 적지 않다. 고제(古題)를 썼다 해도 시어의 구사와 사상과 감정의 독특한 이입에서 남다른 세계를 구축하였다. 한위육조(漢魏六朝) 악부의 현실주의 기풍이 이백에 이르러서 반전사상을 주제로 하는 성향을 보이면서 「병기가 흉기인 것을 알지니 성인은 부득이 하여 이를 썼다(乃知兵者凶器, 聖人不得已而用之).」(「妾薄命」)라고 한 예는 얼마든지 찾아 볼 수 있다. 이백의 악부는 형식상 민가체의 삼삼칠(三三七)구법을 활용하고 있는데,

· 멋진 노래 부르며,
흰 이를 드러내는,
북방의 미인은 동녘마을 사람이네.[37)]

· 긴 칼 만지며,
눈썹 치켜 뜨니,
맑은 물 흰 돌 참으로 요란쿠나.[38)]

위의 시구들은 그 예가 되니 이러한 일정하지 않는 구법은 이백에게 오히려 자유분방한 시정을 표출하려는 의욕을 일깨워 주고 나아가서는 그의 시적 가치를 제고하는 창작력을 발휘케 하는 것이었는지도 모른다. 그러길래, 왕리(王力)는 이백의 시를 두고 비용운(非用韻)이며 산문과 같다고 한 것이다(『漢語詩律學』 p.314~315). 그리고 이백의 「일출에 떠나며(日出入行)」에서,

노양공은 무슨 덕으로,
해를 멈추고 창을 휘두른다.
도를 거스르고 하늘을 어기어,
잘못됨이 참으로 많으이.
내 대지를 주머니에 담아,

---

37) 揚淸歌 發皓齒, 北方佳人東隣子(「白紵辭」).
38) 撫長劍 一揚眉, 淸水白石何離離(「扶風豪士歌」).

느긋이 큰 바다와 함께 어울리리.[39]

라고 한 것을 보면 구법이 제일(齊一)하지 않음을 밝히 알 수 있으며 아울러 구어를 상용하였음도 알 수 있고, 「강을 건느며(橫江詞)」(其五)를 보면,

강가에 놓인 누관 앞에 나루지기 맞이하니,
나에게 동녘을 가리키니 바다 구름 일도다.
그대 지금 건너는데 무슨 일이런가,
이처럼 풍파이니 건너기 어렵다네.[40]

이 시는 한 편의 희극처럼 생동감이 있는 대화체의 형식을 지닌다. 그리고 그의 「선성의 두견화(宣城杜鵑花)」를 보면,

촉 나라에서 전에 자규새 소리 듣더니,
선성에서 다시 두견화를 보노라.
한 번 울 때마다 애를 끊으니
봄 석 달 내내 삼파를 그리도다.[41]

이 시도 구어를 꺼리지 않고 반복하여 자연스레 사용하여 산가(山歌)에 접근하고 있으며 감정이 순박하여 민가에서 영향된 것으로 보인다. 일체의 조탁이 없고 깊이도 넓지 않아, 감동력이 더욱 크다 할 것이다. 그리고 그의 악부에서 상징성을 운영하는데도 민가풍을 지녀 순진한 맛을 지니고 있으나 그의 연박한 지식을 유감없이 발휘하고 있다는 데에서 그 탁월성을 인정하게 된다. 「고낭월행(古朗月行)」을 보면,

잠시 달을 생각하지 못하다가,
어느덧 백옥 같은 쟁반이 되었구나.
또 요대의 거울이 저 푸른 구름의

---

39) 魯陽何德, 駐景揮戈. 逆道違天, 矯誣實多. 吾將囊括大塊, 浩然與溟涬同科.
40) 橫江館前津吏迎, 向余東指海雲生. 郎今欲渡緣何事, 如此風波不可行.
41) 蜀國曾聞子規鳥, 宣城還見杜鵑花. 一叫一回腸一斷, 三春三月憶三巴.

끝에 날고 있지 아닌지.42)

여기서 달을 옥 접시와 거울에 비유하여 달의 자태와 의식을 인계(人界)의 일물(一物)로 동화시키려한 기법이 보이며, 「독록편(獨漉篇)」에서,

> 낙엽이 나무를 떠나,
> 가벼이 바람 따라 떨어지니,
> 나그네 기댈 곳 없으니,
> 그 슬픔 이와 같으리니.43)

그리고 「쌍제비 떠나서(雙燕離)」에서,

> 제비 쌍쌍이 또 쌍쌍이,
> 쌍쌍이 날으니, 부럽구나.44)

위의 시구들은 낙엽과 바람, 제비를 기탁하여 삶의 애환을 의상화하고 있다는데서 다른 시인이 지닌 평상성(平常性)을 또한 즐겨 사용했음을 엿볼 수 있다.

5. 시어의 기탁법

이백은 영물시(詠物詩)를 쓰면서 나름대로의 시어 구사를 하는 양상이 독특한 면이 있는 것을 알 수 있다. 영물시라면 사물의 기탁(託物)을 통해 자신의 의지를 표현해야 하는데, 중국은 전통적으로 영물에 대한 의식이 강렬하여 단순한 영물 이상의 서정성을 내포한다. 청대 이중화(李重華)는 이르기를,

> 영물시는 두 가지의 시법이 있으니, 하나는 자신을 사물 속에 파묻혀 버리는 것과 또

---

42) 小時不識月, 呼作白玉盤. 又疑瑤臺鏡, 飛在青雲端.
43) 落葉別樹, 飄零隨風. 客無所託, 悲與此同.
44) 雙燕復雙燕, 雙飛令人羨.

하나는 자신을 사물 곁에 세워두는 것이다.[45]

라고 하여 영물시의 주체를 작자에 두고서 내심과 외물과의 조화를 강조한 것을 볼 수 있다. 이와 같이 탁물과 영물시와의 불가분성을 인정한다면, 이백의 영물시는 남다른 데가 있다. 즉 이백은 주관적인 의지와 객관적인 사물을 조화시키는 데에 외물은 단지 상징일 뿐, 직접적으로 독자의 감관을 격동시키는 중심체가 아니다. 이백의 우의(寓意)는 마음이지, 탁물(託物)된 물체가 아니다. 이제 「무궁화(詠槿)」 제1수를 보기로 한다.

뜰의 꽃처럼 좋은 때에 웃고,
연못의 풀은 봄빛에 아름다워라.
그래도 무궁화만 못하나니,
옥 계단 옆에 서서 더욱 곱도다.
향기롭고 고운 자태 어찌도 짧고 빠른지,
어느덧 시들어지는구나.
어찌하면 옥 나무 가지처럼,
오래두고 붉은 빛 보듬어 지닐 수 있을까.[46]

우아하고 세밀한 착상을 가지고 근화(槿花)의 실상을 그리면서 삶의 노정과 상관시켜 조영하고 있다. 시의 비유법이 자연스레 활용되어 무리한 맛이 전혀 없다. 그리고 「남헌의 솔(南軒松)」을 보면,

남헌에 우뚝 선 소나무,
가지의 잎 솜 장막처럼 무성하구나.
맑은 바람 쉴 틈 없으니,
살랑대며 해가 저무누나.
그늘엔 묵은 이끼 푸르나니,
가을 안개 마저 푸르게 물들었구나.
아무렴 구름 낀 하늘 뚫고,
곧게 몇 천 척이든 위로 솟으렴.[47]

---

45) 詠物詩有兩法 一是將自身放頓在裏面, 一是將自身站立在旁邊(『貞一齋詩說』).
46) 園花笑芳年, 池草艷春色. 猶不如槿花, 嬋娟玉階側. 芬榮何夭促, 零落在瞬息. 豈若瓊樹枝, 終歲長翕赩.

여기에서 솔(松)의 형태와 빛깔이 읽는 이로 하여금 절박하게 다가오는 감회를 불러일으킨다. 고고한 자태와 굳은 기상을 명료하게 묘사하면서 말구에 이르러서 사실적인 층면을 우언(寓言)과 상징의 경계에까지 승화시켜 모르는 새에 입묘(入妙)케 하는 기법은 작시의 묘를 다한 것이라 하겠다. 이러한 시의 맛은 이백에게 있어서 시어의 묘리(妙理)에 특성이 주어진 상태에서만이 가능하다.

Ⅱ. 두보 시어의 구사법

1. 시어의 탄성(彈性)

두보는 시성(詩聖)이니 만큼 군더더기 같은 말은 생략하고 그의 시에서 언어의 신축성 즉 탄성과 그의 연자법(煉字法), 그리고 음률과 절주상의 특성, 시의 결구 문제 등을 번호를 바꾸어 가며 살펴보고자 한다. 먼저 그의 시어의 탄성(彈性)을 살펴 보건대, 이것은 시어구사의 자재(自在)하는 여량을 보여 주는 경우라 할 것이다.

이 구사는 시적 의상을 아(雅)와 속(俗)의 경지로 거침없이 왕래하는 능력을 보여 준다. 그리고 소재에 따라 시취(詩趣)가 다르게 표현도 된다. 「온갖 근심(百憂集行)」의 일단을 보면,

> 열다섯 나이라면 아직도 아이 마음,
> 튼튼하여 누런 송아지처럼 왔다 갔다 하네.
> 뜰 앞에 팔월의 배 · 대추 익어가니,
> 하루에도 나무 타기 천 번은 족히 되리.[48]

---

47) 南軒有孤松, 柯葉自綿幕. 淸風無閑時, 蕭灑終日夕. 陰生古苔綠, 色染秋烟碧, 何當凌雲霄, 直上數千尺.

48) 憶年十五心尙孩, 健如黃犢走復來. 庭前八月梨棗熟, 一日上樹能千回.

이 시는 소년기를 회상하였고, 진지한 우정을 표달할 수 있는 예로는 「공소보를 보내고 이백에게(送孔巢父謝病歸遊江東兼呈李白)」의 구를 보면,

남쪽으로 우혈을 찾았다가 이백을 만나니,
문안 드리오니 지금 어떠하신지?[49]

라고 하여 이백에 대한 두보의 존경과 깊은 우의를 표달하고 있다. 그의 이러한 능력은 시의 체재와 격율에 따라 크게 체회하는 시를 쓰고 있으니, 「단가행으로 왕즉 사직에게(短歌行贈王郎司直)」를 보면,

왕랑이 술에 취해 칼 뽑아 땅을 가르니 노래를 길게 불지 말지라.
내 능히 그대 눌린 뛰어난 재주 쑥 빼내리라.
예장 나무 바람에 뒤지니 밝은 해 뜨고,
고래 파도 밟으니 넓은 바다 열리네.
칼자루 털고 느긋이 떠돌아나 볼까나.[50]

여기에서 이 시는 호방미를 느끼게 하는 내용인데, 이를 위해 '拔劍斫地'구라든가, '鯨魚跋浪滄溟開'구 등의 표현이 그 예구라고 볼 수 있다. 두보의 시를 단편적으로 단언할 수 없지만 시어와 표현하고자 하는 의상은 항상 상통해야 함을 계시해 주는 것이다.

두보의 시예(詩藝)를 말하자면, 먼저 그의 연자(練字)에 대해 살펴야 한다. 시인의 연자는 문자 사용을 고도화하는데 그 목적이 있다. 문자와 의경은 일치해야 한다. 문자의 세련이 안 되고서는 만족한 시의를 나타내기가 쉽지 않기 때문이다.

① 달빛 가느다란 초생달 어이 위에 올라왔나
그림자 비스듬히 진 달무리가 편안치 않다.[51]

② 우물가의 아침 꽁꽁 얼었는데

49) 南尋禹穴見李白, 道甫問信今何如.

50) 王郎酒酣拔劍斫地歌莫長, 我能拔爾抑塞磊落之奇才. 豫樟翻風白日動, 鯨魚跋浪滄溟開, 且脫劍佩休徘徊.

51) 光細弦豈上, 影斜輪未安(「初月」).

옷 없이 누운 침상이 밤에 춥도다.[52]

③ 물빛이 출렁이는 물결 다 머금듯 물들었는데
아침빛이 허공에 저며온다.[53]

이들 예구에서 시인과 일상생활의 경험을 읽게 해준다. 시인은 다듬어진 시어들, 즉 가느다람(細)·비스듬함(斜)·우물가의 아침(井晨)·머금음(含)·밤의 침상(牀夜)·절실함(切) 등의 쓰임에서 가장 조화된 구성들, 즉 ①의 1구, ②의 1구, ③의 1구 등을 통해서 만상(萬象)의 관계를 드러내고 있는 것이니, 이 모든 것이 단순한 즉흥적인 표현이 아니라 오랜 연단의 소산이라 하겠다. 따라서 두보의 연자는 자각에 의한 신우(神遇)의 경지를 추구하기 위한 엄숙한 작업인 것이다. 시에서 구체를 귀히 여기고 추상을 기피하고 따라서 허자보다도 실자를 다용하게 되니 형용사나 부사를 기피하는 것은 어쩔 수 없는 현상이겠다. 두보시의 강점은 바로 이 원칙을 철저히 준수하고 있다는 것이다. 그러면서도 형용사, 부사류를 유효히 활용하기를 주저하지 않으면서 시의 묘취를 다 발휘하는 것이다.

맑은 가을 그지없이 바라보니,
아득히 층층이 그늘 이누나.
먼 강물 하늘에 어려 맑기만 하고,
외론 성엔 드리운 안개 깊기만 하다.
잎 드문데 바람에 더욱 지고,
산은 멀리 해 마침 가라앉는다.
외론 학 돌아감이 참 늦기도 한데,
검은 까마귀 벌써 숲에 가득하이.[54]

강한에서 고향 그리는 나그네.
세상의 한 썩은 선비.
조각 구름 하늘과 멀리 떠나고,
긴 밤은 달과 고독을 같이 하네.

---

52) 不爨井晨凍, 無衣牀夜寒(「空囊」).

53) 水色含群動, 朝光切太虛(「瀼西寒望」).

54) 清秋望不極, 迢遞超層陰. 遠水兼天淨, 孤城隱霧深. 葉稀風更落, 山逈日初沈. 獨鶴歸何晚, 昏鴉已滿林(「野望」).

지는 해에 마음은 되려 힘차니,
가을바람은 세차게 멀어져 가네.
예부터 늙은 말로는,
먼길 가지 말아야 하리.[55]

이상의 두 시에서 보면 '맑다(淸)·멀다(遠)·깨끗하다(淨)·외롭다(孤)·깊다(深)·드물다(稀)·아득하다(迥)·가라앉다(沈)·외롭다(獨)·길다(永)·힘차다(壯)·멀다(疏)' 등의 형용사는 평범한 단어이지만 일단 두보에게서는 유기적인 조합을 거쳐 경물에서 오는 시인의 신운(神韻)을 홍탁(烘托)해 내는 것이며,

· 처마 그림자는 희미하게 지고
나루터의 물은 연이어 흐르다.[56]

· 물가의 안개 가벼이 움직이고
대나무의 햇살은 맑고 빛나다.[57]

· 비가 씻어내니 곱고 고요하며
바람이 부니 섬세하며 향기롭다.[58]

여기에서 보면, '흐리게(微微)·연이어(脈脈)·부드러이(冉冉)·빛나게(暉暉)·곱게(娟娟)·가늘게(細細)' 등의 부사를 써서 대장(對仗)의 방법에 사용하면서 사물의 상태를 묘사하는 효과를 내고 있다. 두보시의 연자는 단순한 의미 이상의 신선한 흥취를 풍겨주는 데에서 시적 절경을 인식하게 된다.

55) 江漢思歸客, 乾坤一腐儒. 片雲天共遠, 永夜月同孤. 落日心猶壯, 秋風疾欲疏. 古來存老馬, 不必取長途(「江漢」).

56) 簷影微微落, 津流脈脈斜(「遺意」 其二).

57) 汀烟輕冉冉, 竹日淨暉暉(「寒食」).

58) 雨洗娟娟靜, 風吹細細香(「嚴鄭公宅同詠竹」).

2. 시어의 대장법(對杖法)

모든 시는 자체의 세계를 형성하고 있어야 한다. 독립된 의식세계를 지녀야 한편의 완정한 시로서의 구비요소를 인정할 수 있다. 시의 세계는 한 인간의 표현된 총화적 의식을 말해 주는 것이다. 따라서 시의 용자나 구성은 작시에 있어서 어느 물체의 골격과 같이 그 의미가 크다 할 것이다. 두보의 경우에는 그 가치가 한결 중시되어 진다. 두보의 다음 시구들을 보도록 하자.

> 들 아득히 하늘 드리운데 전쟁의 소리 없다(野曠天低無戰聲)(「悲陳陶」).
>
> 황혼에 오랑캐 말의 먼지 성내에 가득하다(黃昏胡騎塵滿城)(「哀江頭」).
>
> 청산의 만리 고요하고 흩어져 있는 곳이라(靑山萬里靜散地)(「寄柏學士林居」).

여기서 한결같이 구마다 하나의 경관을 이루고 있는 내용임을 알 수 있다. 첫 귀는 찌푸린 하늘에 펼쳐진 전장의 모습을, 다음 귀는 북변의 달리는 전마의 대열을, 다음은 평정한 세태를 각각 묘사하고 있다.

그런가 하면 두보 시에서 용연(用聯)의 관계를 경시할 수 없어서, 특히 대장법은 어세를 전향적인 데로 밀고 나가서 「관군이 하서와 하북을 수복함을 듣고(聞官軍收河西河北)」의 제2연에 해당하는 함연(頷聯)인 "오히려 처자를 보니 수심 어디에 있는가, 느긋이 시서를 들추며 기뻐 노래하노라(却看妻子愁何在, 漫卷詩書喜歌狂)." 구는 이에 속하는 것이다. 그리고 다음의 시구를 보면,

> · 슬피 천년의 일을 돌아보며 눈물을 흘리니
> 쓸쓸히 시대를 달리하고 때가 같지 않지만 마음은 하나로다.[59]
>
> · 마침 지난 날 엄복사와
> 함께 중사를 맞아 망향대를 보던 일 생각난다.[60]

---

59) 悵望千秋一灑淚 蕭條異代不同時(「詠懷古跡」 其二).

60) 正憶往時嚴僕射, 共迎中使望鄕臺(「諸將」 其五).

이들 시구는 대우(對偶)가 비록 엄정하지 않지만, 그리고 다소 무리한 면도 보이지만, 왕리(王力)가 말한 바, "매우 넓으면서 매우 억지적인 대우(極寬極勉强的對偶)"(『漢語詩律學』 p.148)란 평과 상통하는 것이다. 여기서 오히려 강렬한 어세(語勢)의 감각을 불식할 수 없다. 그리고 두보는 대장(對仗)에 있어서 시공(時空)의 활용을 가지고 구간의 장력(張力)을 보태는 묘사법을 쓰고 있는데 그 예를 들면,

· 남쪽의 국화에서 다시 만나니 그는 병들어 누워 있고
북녘의 편지 오지 않으니 기러기 무정하도다.[61]
· 무리 진 국화 두 곳에 피련만 눈물만 나고
외론 쪽배는 오직 고향 그리는 마음을 매고 있다.[62]

여기서 앞의 연은 공간을, 뒤의 연은 시간에서 각각 장력을 끌어내고 있으니 이러한 기법은 두보의 칠률에서 갖는 특징으로서 이런 형식은 전인에게선 찾아 볼 수 없다고 한 말을 긍정적으로 주시할 수도 있다(David Hawkes, 『A little Primer of Tufu』, Oxford, 1967, p.119).

아울러 두보 시 전체에 있어서의 결구 문제는 시의 진의를 강약 있게 유로하는데 절대적인 관계에 있다는 점을 지적하지 않을 수 없다. 두보의 많은 작품에서 그러한 예를 찾을 수 있겠으나 시의 결구상 가장 복잡하면서도 정밀한 「가을의 정취(秋興八首)」를 가지고 살펴보고자 한다.

제1수는 초저녁(暮夕)을 묘사한 것인데, 외물을 통해 개인의 애수와 국가의 쇠퇴를 반영하였다. 여기서 작가는 공간, 즉 무산(巫山)·무협(巫峽)·강간(江間)·새상(塞上) 등에서 부터 시간 즉 타일(他日), 그리고 상상, 즉 고원심(故園心) 등으로 전입하여서 현실세계(白帝城)로 다시 되돌아오는 작법을 강구하였다. 제2수는 야경을 묘사하였는데, 작자의 상상이 기주(夔州)에서 장안(長安)(서울을 바라봄·望京華)으로까지 폭을 넓혀 놓았으며, 제4수의 신화와 전고를 빌려서 엄무(嚴武)가 서울로 돌아오는(還京) 희망을 가지고 자신에 비의(比擬)하면서 부질없는 현실에의 회귀의식을 또 다시 '功名薄'니 '心事違'라는 어구로써 합리화하였다. 그러길래 그

61) 南菊再逢人臥病, 北書不至雁無情(「夜」).
62) 叢菊兩開他日淚, 孤舟一繫故園心(「秋興」 其一).

현실을 “바라노니 돌 위의 등나무와 겨우살이 사이의 달을 보게나, 이미 섬 가의 갈대꽃에 비치도다(請看石上藤蘿月, 已映洲前蘆荻花)”라고 토로하지 않았는가? 제3수의 새벽 아침을 노래한 부분은 시간적으로는 제2수와 이어진다. 제4수에 이르러서 작자는 개인에서 국가로 기주(夔州)에서 경화(京華)로 회상의 폭을 넓히면서 직접 보고 확인하지 않은 상태에서(虛筆 즉 「聞道」) 안사난(安史亂) 이후의 사변과 인물의 대사(代謝)를 비애롭게 묘사하고 다시 구체적인 의상으로 변방의 우환을 “북궐산에 임하니 쇠북이 떨치고 서군으로 나가니 거마의 격문이 내달린다(直北關山金鼓震, 征西軍車馬羽書馳)”라고 급박하게 그리었다. 이 시의 말구에서 극히 돈좌(頓挫)의 자세로 돌아가서 “어룡이 적막하고 가을 강이 추우니, 고향에서 평안히 지내며 그리운 이 있도다(魚龍寂寞秋江冷, 故國平居有所思)”라고 묘사한 것이다.

이하 4수는 두보가 장안에서 겪었던 경물을 노래한 것으로 제5수는 봉래궁(蓬萊宮)(大明宮)을 묘사함에 있어 문자의 채색이 뛰어나니, “雲移雉尾開宮扇, 日繞龍鱗識聖顔”라 하여 풍만한 찬란미가 넘치다가, 다시 시의 기세가 급강하하여 “一臥滄江驚歲晚, 幾回靑瑣點朝班” 구는 바로 평담하고 청량한 기미를 유출하고 있는 것이다. 그리고 제6수는 곡강(曲江)을 노래하여 몸은 구당(瞿唐)에 있으나, 생각은 곡강에 닿아서 지리와 시간을 초월하여 상상 속에서 두 지점이 만나게 된다. 역사의 현실과 자신과의 관계를 교묘히 조화시킨 것이다. 객지의 자신을 가져다 반영하여 사회현실의 비애를 대비시켜서 “回首可憐歌舞地, 秦中自古帝王州”라고 서술할 수 있었다. 제7수에서 곤명지(昆明池)의 화려함을 가지고 독자에게 시청각과 촉각적 묘미를 제시하면서 “波漂菰米沈雲黑, 露冷蓮房墮粉紅”라고 할 수 있었고 이 시의 후반에서 남가일몽 같은 공허를 고독 속에 그리면서 다시 기주의 현실로 돌아온다. 제8수는 미파(渼陂)에서의 유람을 가지고 산천의 아름다운 경물과 과거에의 사념을 독백하고 있는 것이다. 480자의 이들 시는 시공(時空)의 역사를 자유분방하게 교차시키면서 울적한 우국 · 사향(思鄕)의 정감을 유도하는데 있어서 경물과 정감의 강약 · 승강의 포물선이 하나의 무지개 마냥 색채감까지 삽입되어 그리어져 있는 시의 결구기법은 아마도 타 시인의 추종을 불허할 것이다. 시에 소리와 그림이 항상 연상되는 두보 특유의 시세계를 대표하는 작품의 구성이 되겠다.

3. 시어의 희극 수법

두보 시에서 재미있는 다른 묘사법이라면 작시상의 희극수법을 잠시 거론해야 할 것이다. 두보의 길 옆을 지나는 사람과 행인과의 대화로 꾸며진 「병거행(兵車行)」은 한 막의 희극이며, 「무가별(無家別)」에서의 전쟁에 대한 소박한 한 폭의 그림인 것이다. 보건대,

> 천보 난리 뒤에 깃든 적막,
> 집뜰엔 단지 다북쑥과 명아주 뿐.
> 내 마을 백여 가호,
> 난리에 동서로 뿔뿔히 헤어져,
> 산 자 소식 없고,
> 죽은 자 먼지 진흙 되었도다.
> 이 천한 몸 몹쓸 꼴 되어,
> 돌아와 옛 오솔길 찾았더니,
> 오래 다녀도 보이는 건 빈 골목,
> 날로 메말라 마음 처참하도다.
> 단지 여우와 이리만 대할 뿐,
> 털 세우고 나에게 노하며 짖어대네.
> 사방 남은 건 무엇인가,
> 한 두 늙은 과부뿐이로다.[63]

이 시는 시대와 사회상을 반영하면서 주관성이 전혀 개재되어 있지 않은 서사시이다. 두보에게는 「신혼별(新婚別)」·「수노별(垂老別)」·「동관리(潼關吏)」·「석호리(石豪吏)」 등에서도 유사한 희극수법을 가지고 당대의 사회상태를 암시하였다.

그리고 동물세계를 묘사하는 데에도 같은 기법을 구사하였다. 「의로운 송골매(義鶻)」는 그 좋은 희극성이 짙은 생동하는 예시라 하겠다. 보건대,

---

63) 寂寞天寶後, 園廬但蒿藜. 我里百餘家, 世亂各東西. 存者無消息, 死者爲塵泥. 賤子因敗陳, 歸來尋舊蹊. 久行見空巷, 日瘦氣慘悽. 但對狐與狸, 竪毛怒我啼. 西隣何所有, 一二老寡妻.

그늘진 낭애엔 매가 깃들어,
검은 측백 가지에 새끼를 치니,
흰 뱀이 그 둥지에 올라,
씹어 삼켜서 아침식사 푸짐하다.
숫컷은 멀리 날아 먹을 것 찾으며,
암컷은 우는 것이 저리도 슬픈가.
힘써도 막을 수 없고,
새끼의 노란 입엔 남은 건 없도다.
그 아비 서쪽에서 돌아와,
몸을 뒤져 긴 안개 속에 들어가네.
순식간에 튼튼한 송골매 되어,
더할 수 없는 울분을 토해 내어,
북두에서 외론 그림자 비틀며,
포효하며 온 하늘을 내젓노라.
가지런한 비늘 먼 가지를 벗어나고,
큰 이마 늙은 주먹에 잘리었네.
하늘 높이 헛디디고,
짧은 풀에 꿈틀거리네.
꼬리 잘라 힘껏 내치고,
창자 파먹어 모두 갈라졌네.
살아 뭇 새 죽였어도,
죽어서도 천년을 누리리라.[64]

이 얼마나 실감나는 시인가! 읽노라면 초조와 긴장, 애처로움과 분개, 그리고 통쾌와 다행, 마음의 평정 등이 간단없이 전개되어 독자의 심금을 감동케 한다. 적막에서 긴장으로, 다시 평정으로의 변화하는 기복은 작시상의 종합적인 구사력에 남다른 능력이 표현된 예증이라 하겠다.

지금까지 필자는 이백과 두보의 시 형식에 유관한 몇 가지 형식상의 소감을 기술하는 방법을 택하여 왔다. 체계 없이 작품을 통해 양인의 특성을 추리하고 감상하는 가운데에서 이·두시의 시어와 구성을 다소나마 더 이해하는 마음으로 꾸며 놓은 수필이라 해도 가하다.

---

64) 陰崖有蒼鷹, 養子黑柏顚. 白蛇登其巢, 呑噬恣朝餐. 雄飛遠求食, 雌者鳴辛酸. 力强不可制, 黃口無半存. 其父從西歸, 翻身入長烟. 斯須領健鶻, 痛憤記所宣. 斗上捩孤影, 噭哮來九天. 修鱗脫遠枝, 巨顙折老拳. 高空得蹭蹬, 短草辭蜿蜒. 折尾能一掉, 飽腸皆已穿. 生雖滅衆雛, 死亦垂千年.

왕유(王維)의 시에 나타난 교유관계

왕유(701~761)는 자가 마힐(摩詰)이며 태원(太原) 기인(祈人)(지금 山西 祈縣)이다. 부친 처렴(處廉)이 분주사마(汾州司馬)로 있을 때에, 포(蒲) 지방(지금 山西 永濟縣)으로 이사하여 하동인(河東人)이 되었다. 모친 최씨(崔氏)의 교육영향으로 불가에 귀의하였고 개원 18년(730)에 부인을 잃은 후부터는 대덕도광선사(大德道光禪師)를[1] 따르며 좌선(坐禪)과 염불(念佛)에 심취하였는데, 『구당서(舊唐書)』, 「왕유본전(王維本傳)」에 보면 "형제가 모두 부처를 받들어 항상 소찬을 들면서 마늘, 파 등과 고기류를 먹지 않고 만년에는 재실에 오래 머물며 채색 옷을 입지 않았다."[2]라 하고, 또 "서울에서 날마다 십여 명의 명승과 식사하며 현담으로 낙을 삼았고 재실에 아무 것도 없이 오직 차와 약 도구만 두고 탁자와 침상만 두었다. 퇴관 이후로는 분향하며 홀로 서서 선시를 암송하는 것을 일 삼았다."[3]라고 한 것으로 보아 만년의 심법을 알 수 있다. 숙종(肅宗) 건원(乾元) 원년(758)부터 장안 교외에 있는 망수(輞水)의 남전별수(藍田別墅)에서 안일하게 만년을 마쳤다. 그의 관직을 보면, 현종(玄宗) 개원 9년(721)

1) 『王摩詰全集箋注』 권25의 「大薦福寺大德道光禪師塔名」에 "禪師, 韓進光, 本姓李, 緜州巴西人"이라 하고 "春秋五十二夏, 以大唐開元二十七年五月二十三日入般涅槃"이라 함.

2) 兄弟俱奉佛, 居常蔬食, 不茹葷血, 晩年長齋, 不衣文彩.

3) 在京師日飯十數名僧, 以玄談爲樂, 齋中無所有, 唯茶鐺藥臼, 經案繩床而已. 退朝以後, 焚香獨立, 以禪誦爲事.

에 장원급제하고 동년에 태악승(太樂丞)에서부터 시작하여, 개원 22년(734)에는 장구령(張九齡)에 의해, 우습유(右拾遺)로 발탁되고, 개원 25년(737)에는 감찰어사(監察御史)로서 최희일(崔希逸)의 막중(幕中)에서[4] 복무하고, 개원 28년(740)에는 전중시어사(殿中侍御史)를 지내고, 현종 천보(天寶) 원년(742)부터 천보 3년(744)사이에 좌보궐(左補闕), 고부원외랑(庫部員外郎), 고부낭중(庫部郎中) 등을 역임하고, 천보 11년 (752)에는 문부낭중(文部郎中)을, 건원 원년에는 태자중윤(太子中允), 태자중서인(太子中庶人), 중서사인(中書舍人), 급사중(給事中)을 거쳐서, 이듬해인 건원 2년(759)에는 상서우승(尙書右丞)(正四品下)를 역임하였다. 왕유의 생졸년에 대해서는 양종의 설이 있는데, 『구당서』, 「왕유전」엔 건원 2년 7월 졸이라 하고 『신당서』, 「동전」엔 상원초(上元初)(760)졸이라 하였으나, 청대 조전성(趙殿成)은(『王摩詰全集箋注』 권18) 그의 전주본에서 숙종(肅宗)에게 올린 「동생 왕진이 새로이 좌산기상시를 제수 받은 것에 감사하는 글(謝弟縉新授左散騎常侍狀)」 말미에 "상원 2년 5월 4일 통의대부상서우승 신왕유 올림"[5]이라 하였은 즉, 이로써 무후 대족(大足) 원년(長安 元年 : 701)에 출생하여 숙종 상원 2년(761)에 사망한 연대가 정확하다고 하겠다.

왕유의 생평과 시에 대한 연구는 적지 않다고 하겠으나, 왕유 생평상의 우인과의 교유에 관한 자료의 고증과 연대의 불합, 그리고 방계자료의 부족으로 큰 난관을 아직 극복하지 못하고 있다. 그나마 중요저작으로는 일인으로는 小林太市郎의 「王維の生平と藝術」(1944), 入谷仙介의 京都大 『中國學報』에 실린 「王維の前半生」(1959), 「中年期の王維」(1961), 「晩年の王維」(1963) 등은 왕유 생평 자체만을 기술하였을 뿐이고, 중국에 천이신(陳貽焮)의 「王維生平事的初探」(1963, 『文學遺産』증간 제6기)과 루후아이쉬엔(盧懷萱)의 「王維之隱居與出仕」(上同), 타이완(臺灣)의 리우웨이충(劉維崇)의 『王維評傳』(正中書局 1971) 등도 왕유의 시·화를 통한 왕유 자신의 생평의 범주를 탈피하지 못하고 있는 것이다. 더구나 왕유의 시우와의 교유에 관한 연구는 왕유의 생평과 그의 시학에 깊은 연관을 지니고 있는데도 연구가 희소한 것은 인식의 소홀에서 오는 원인도 크다 하겠다.

---

4) 『舊唐書』, 「玄宗記」 載開元二十六年三月癸, 吐蕃寇河西, 左散騎常侍崔逸擊破之. 『王摩詰全集箋注』 권17에 「爲崔常侍謝賜物表」와 同二十七卷에 「爲崔常侍祭牙門姜將軍文」二篇有.

5) 上元二年五月四日通議大夫守尙書右丞臣王維狀進

따라서 본고에서는 왕유시 자체를 매체로 왕유와 교유했던 왕유시파를 중심으로 한 시우와의 관계를 다루려 한다.[6] 왕유의 작품을 보면, 고시 150수, 근체시 282수, 외편 47수, 부표(賦表)·장문서기(狀文書記)·서비지명(序碑誌銘)·애사제문(哀辭祭文) 72편 등 총 551편수 속에 (趙殿成의 전주집에 의거)등장하는 시우는 맹호연(孟浩然), 이기(李頎), 기무잠(綦毋潛), 구위(邱爲), 저광희(儲光羲), 왕창령(王昌齡), 조영(祖詠), 노상(盧象), 최호(崔顥), 은요(殷遙), 배적(裴廸), 설거(薛據), 원함(苑咸), 전기(錢起) 등 14인인데, 그 중 관계자료가 불명인 저광희(儲光羲)와 설거(薛據), 그리고 시우 중에 문학가치상 깊은 연관을 맺기 어려운 최호(崔顥), 원함, 전기 등을 제외하고, 상기의 9인을 본론에 열입시키기로 한다. 교유연대의 분류는 왕유가 그 시우와 첫 결교한 시기를 기본으로 하여 왕유 생평에서 무후 대족 원년(701)서부터 현종 개원 13년(725)까지를 조년의 교유기로 하고 개원 14년(726)부터 숙종 상원 2년(761)까지를 중·만년의 교유기로 하여 서술한다.

Ⅰ. 조년(早年)의 시우(詩友)와의 교유

1. 노 상(盧象)[7]

왕유와 노상의 첫 상면은 현종 개원 11년(723)이 된다. 유우석(劉禹錫)의[8] 「노상시집서(盧象詩集序)」에 보면 "승상 곡강공 장구령이 문물을 관

---

6) 왕유시에 관한 연구자료로는 필자의 『王維詩與李朝申緯詩之比較硏究』(亞細亞出版社, 1980), 『王維詩硏究』(臺灣黎明出版公司, 1987), 『唐詩論考』(北京中國文學出版社, 1994), 『王維詩比較硏究』(北京京華出版社, 1999) 등을 통하여 이미 정리되어 있음.

7) 淸 辛文房 『唐才子傳』 권2 ; "象字緯卿, 汶水人, 鴻之姪也. 攜家來居江東最久, 仕爲校書郎左拾遺膳部員外郎, 受安祿山僞官, 貶永州司戶參軍, 後爲主客員外郎, 有詩名, 譽充秘閣, 雅而不素, 有大體, 得國士之風."

8) 陸侃如, 馮沅君合著 『中國詩史』 p.514 : "劉禹錫(772 ~842)字夢得, 彭城 今江蘇銅山附近)人. 貞元九年(793), 擢進士第, 登博學宏詞科. 後從事淮南幕府, 又入爲監察御史."

장하여 후진을 연수하는데 공을 보고 깊이 그 그릇이 큰 것을 알고서 좌보궐에 발탁하였다(丞相曲江公執文衡, 揣摩後進, 見公深器之, 擢爲左補闕)"라고 한데, 곡강공 장구령(張九齡)이 개원 22년(734)에 집정하고[9] 왕유를 우습유(右拾遺), 노상(盧象)을 좌보궐(左補闕)로 임명한 사실을 말한다. 이제 왕·노의 교유년대를 살펴보기로 한다. 왕유의 「노상과 주씨 집에 모여서(與盧象集朱家)」(『王摩詰全集箋注』 권7)시를 보면,

나를 잘 아껴주던 주인은
하루 종일 환영하여 맞이해 주었네.
천하의 좋은 술 신풍주를 외상으로 가져오고
다시 진땅의 미녀가 타는 쟁 소리를 듣노라.
버들가지는 객사에 성글고
홰나무 잎은 가을 성 밑으로 떨어지네.
담소하며 또 즐기면서
나는 장차 이런 삶을 누리리라.[10]

이 시를 자세히 읽어보면, 그 당시 왕유의 삶에 대한 달관과 세상을 보는 인생관을 표현하고 있는 점으로 보아, 안록산(安祿山)의 난 이전의(天寶 14年, 755) 작품으로 본다. 그러므로 이 시가 왕유 조년의 작품이라면 개원 11년 전후 즉 왕유 24·5세의 시기를 의미하며 또한 이 시기가 교유시작의 연대가 되는 것이다. 왕·노간의 시교의 특점이라면(노상의 시는 『全唐詩』 권122에 수록), 첫째는 나이가 서로 비슷하고, 둘째는 상호흠모의 교유관계를 지닌 바, 왕유 조년의 교유가 순수한 학예에 연유하고 있음을 알 수 있다.

왕유의 「노습유와 위급사와 함께 동산별업에서의 20운(同盧拾遺韋給事東山別業二十韻)」(상동 권2)시를 보면, 성당대의 위사립(韋嗣立)(654~719)이 여산(驪山)의 앵무곡(鸚鵡谷)에 지은 동산별업에서 왕유·노상·위부(韋孚)가 같이 교유하는 내용인데 위사립의 장자 위부가 급사중(給事中)으로 개원 29년(741), 농우도(隴右道)에 부임하였는데, 이 시의 "시랑은 문창궁에 있고 급사중은 동액원에 있도다."구를[11] 보아서 작시 연대를 위

9) "曲江人, 字子壽, 景龍初擢進士, 開元中徵拜同平章事中書令, 有曲江集"(『中國人名大辭典』, 商務印書館).
10) 主人能愛吾, 終日有逢迎. 貰得新豐酒, 復聞秦女箏. 柳條疎客舍, 槐葉下秋城. 語笑且爲樂, 吾將達此生.

부가 농서(隴西)에 가기 전인 개원 29년 이전으로 단정해야 하므로 이로써 왕·노의 상교기간은 18년이 된 것임을 추정할 수 있다.

한편, 왕·노 양인이 불교를 독실하게 믿는 마음을 통해서 교유를 나눈 것을 다음 왕유의 「노원외의 집을 지나다가 반승을 만나며(過盧員外宅看飯僧共題)」(상동 권11)에서 그 불심을 잘 표현하고 있다.

> 삼현이 귀하다지만 칠성과는 차이가 있나니
> 그대의 푸른 눈은 청련거사를 사모한다오.
> 스님 공양하고서 향적사로 따라가고
> 옷을 꿰매 입을 때는 수전의를 걸치네.
> 뛰어난 고승이 지팡이를 날리는 양 오니
> 시주는 금전을 베푸네.
> 결가부좌하고 처마 앞에 앉았던 날
> 분향하자 대나무에 연기 오르네.
> 차가운 공기 서린 높은 법운의 땅인데
> 가을 빛이 청정한 하늘의 거처라오.
> 이 내 몸은 인연의 법을 따라가고
> 마음은 다음으로 참선에 들고자 하네.
> 모름지기 해 저무는 것을 근심하지 말지니
> 절로 하나의 등불이 타오르고 있도다.[12]

안사의 난 후의 왕유 만년은 장안 교외의 남전(藍田)과 망천(輞川) 별장에서 보냈는데, 별장에는 맹성요(孟城坳), 화자강(華子岡), 문행관(文杏館), 죽령(竹嶺), 녹채(鹿柴), 목란채(木蘭柴), 수유반(茱萸沜), 궁괴백(宮槐柏), 임호정(臨湖亭), 남탁(南垞), 의호(欹湖), 유랑(柳浪), 난가뢰(欒家瀨), 금설천(金屑泉), 백석뢰(白石瀨), 북탁(北垞), 죽리관(竹里館), 신이오(辛夷塢), 칠원(漆園), 초원(椒園) 등 20경(景)이 있어, 왕유는 이들을 주제로 해서 작시와 음영을 하며 화폭에 옮기어 그 미경을[13] 묘사하였다. 이 때

---

11) 侍郎文昌宮, 給事東掖垣.

12) 三賢異七聖, 青眼慕青蓮. 乞飯從香積, 裁衣學水田. 上人飛錫杖, 檀越施金錢. 趺坐簷前日, 楚香竹下烟. 寒空法雲地, 秋色淨居天. 身逐因緣法, 心過次第禪. 不須愁日暮, 自有一燈然.

13) 근인 리우웨이충(劉維崇)의 『輞川圖考』에 "摩詰有韻之言, 遂爲李唐一代冠冕. 要以胸次鹿然勝耳. 其丹青遊戲, 則又廻出世匠之表, 所傳石水輞川圖, 直可懸之酒肆."(p.223)

노상도 왕유의 좌상객이 되어 망천으로 방문하여[14] 동유하였는데, 노상의 「죽리관」[15]시가 망천의 풍광을 다룬 것으로써 왕·노 교유의 예증이 된다. 이렇다면 왕유와 노상은 가장 오랜 교유관계를 가졌다는 결론이 된다.

2. 조 영(祖詠)[16]

조영은 낙양인(洛陽人)이며 개원 12년(724)에 진사 급제했다. 장열(張說)이[17] 승상 시에 가부원외랑(駕部員外郎)을 지내고, 『전당시』(권131)에 그 시를 수록하고 있다. 조영의 시문은 왕유에 미치지 못했으나, 시명이[18] 매우 높았다. 사료로써 정확한 고증은 불가하나, 조영도 노상과 함께 왕유 조년의 우인으로 판단된다. 즉 왕유는 개원 9년에 과거에 급제하고[19] 동년에 태악승(太樂丞)에 있다가, 개원 11년경 제주(濟州)로 폄적가게 되니, 이 시기가 왕유의 나이 23세 경이다.[20] 왕유의 제주 임기와 조영과의 교유를 오직 시작만 가지고 개관할 수 밖에 없다. 왕유의 「조삼이 와서 머무는 것을 기뻐하며(喜祖三至留宿)」(상동 권7)시의 「문앞의 낙양객 말에서 내려 나그네 옷을 턴다」구와 조영의 「왕유의 유숙에 답하여(答王維留宿)」시의 "사년간 만나보지 못했는데 만나보니 또 어떠한가"구를[21] 보면, 조영이 낙양객이 되어 제주를 거쳐 여주(汝州)의 왕한(王澣)의 부하로 부임하던 길인 듯 하다. 『신당서』 권189(「文苑傳」上) 왕한전(王澣傳)에 왕한은 장열(張說)의 부하였는데, 장열이 파직된 후 왕한도 피폄되

---

14) 淸代 趙殿成의 「王維年譜」에 乾元 元年(758)의 일로 봄.

15) 『全唐詩』 권131에 수록. "江南氷不閉, 山澤氣潛通. 臘月聞山鳥, 寒崖見蟄態. 柳林春半合, 荻笋亂無叢. 回首金陵岸, 依依向北風."

16) 聞一多의 『唐詩大系』와 陸·馮의 『中國詩史』에 모두 武后 聖曆 二年(699)生하고 玄宗 天寶 五年(746)頃卒이라 함.

17) 『唐才子傳』 권1, 「張說傳」; "說, 字道濟, 洛陽人, 兵部侍郎平章事, 開元十八年, 終爲左丞相燕國公."

18) 『新唐書』 권203, 「文藝傳序」에 "今但取以文自名者爲, 文藝篇, 若韋應物, 沈亞之, 閻際, 祖詠, 薛能, 鄭谷等" 여기서 「以文自名」의 문사임을 알 수 있음.

19) 『唐才子傳』 권2 「王維傳」에는 개원 29년 장원급제라 함은 착오이다.

20) 明 顧元緯의 『王維年譜』엔 武后 聖曆 二年(699)生이라 하고 淸代 趙殿成의 「王維年譜」엔 武后 大足 元年(701)이라 하니, 顧說엔 25歲, 趙說엔 23歲인 고로 여기서는 조씨의설을 따름.

21) 四年不相見, 相見復何爲.

어 여주자사와 선주별가(仙州別駕)를 지냈다 한다. 장열이 개원 14년에 파직된 만큼, 조영이 왕한에 기탁한 때는 개원 15년경이 되겠다. 조영이 여주로 가는데, 제주를 꼭 경과할 필요가 없었지만, 그 이유는 바로 4년간 상면 못한 왕유를 만나 보고자 한 것이다. 또 왕유의 「조삼영에 줌(贈祖三詠)」(상동 권2)을 보면,

> 비록 근간에 안부 소식 있었으나
> 천리에 강산이 가로막혀 있네.
> 그 사이 다시 여영 지방에 떨어져 있다가는
> 작년에야 고향 산천에 돌아왔네.
> 그대와 교유한지 20년이 되었건만
> 하루도 술좌석 베풀지 못했네.[22]

여기에서 제5구의 '結交二十載'는 왕·조 양인의 조년에 맺은 관계를 말한 것이며, 조영의 「종남산에서잔설을 보며(終南望餘雪)」시도 연대에 관한 내용은 없다. 그러면 조영은 언제 낙양에서 장안(終南山은 長安近方에 있음)으로 돌아 왔는지, 역시 고구할 수 없고 단지 개원 16년 왕유가 숭산(崇山)에서 귀환한 후 배적(裴迪)과 함께 종남산에서 은거한 사실이 조영의 장안으로의 귀환과 상통한다면, 조영의 이 시는 종남산장에서 지은 것이 된다. 따라서 조영의 장안 귀환은 개원 16년 이후가 된다.

왕유와 조영의 마지막 교유에 있어서 왕유의 「제주에서 조삼을 보내며(濟州送祖三)」(상동 권4)시를 보면,

> 그대 남포 떠나는 것을 전송하니 눈물 실타레 같이 흐르매
> 동주로 가시는 그대 나를 슬프게 하는구나.
> 알리나니 옛 친구 몸이 다 쇠하였노라고,
> 지금은 낙양 시절만 못하구나.[23]

여기서 제주의 지금 지명상, 조전성(趙殿成)은 『왕마힐전집전주(王摩詰

22) 雖有近音信, 千里阻河關. 中復隔汝穎. 去年歸舊山. 結交二十載. 不得一日展.
23) 送君南浦淚如絲. 君向東州使我悲. 爲報故人顦顇盡. 如今不似洛陽時.

全集箋注)』(권4)에서 '지금의 산동 제남(今山東濟南)'이라 하고, 『구당서(舊唐書)』(地理志)에서는 '지금의 산동 역성현(今山東歷城縣)'이라고 표기되어 있는데, 지리상, 장안이나 낙양에서 제주로 가면 마침 동행이 되니 시속의 '君向東州'와 묘사가 상합된다. 따라서 왕유가 제주에 있을 때인 개원 14년(726)으로 볼 수 있겠지만, 그러나 장안을 떠난지 4년 밖에 안 된 왕유가 '초췌(顦顇)'하단 말은 안 했을 것이며 또 조영이 천보 원년(742)에 여주(汝州)(汝墳)로 은퇴한 사실을 추정한다면, 이 시는 왕유 중년 이후의 작품이 될 것이다. 즉 왕창령(王昌齡)이 개원 26년(738)에 영남으로 유배가고, 맹호연(孟浩然)은 개원 28년에 병으로 서거하며, 기무잠(綦毋潛)은 천보 원년(742)에 관직을 버리고(棄官) 환향하며 조영도 이 때 여분(汝墳)으로 부임하는 등 주위의 허무한 변화가 '故人憔悴盡'구와 같은 감개로 표현했음이 가당하다. 왕유는 여기서 조영과 별리하는데, 첫구 '送君南浦淚如絲'는 실로 시인의 과장이 아니요, 진실한 마음의 토로였을 것이다.

3. 이 기(李頎)[24]

이기는 동천인(東川人)이며[25] 개원 13년(725)에 진사 급제하고 관직은 신향위(新鄉尉)에 이르렀다(이기 자체에 관해서 필자의 『초당시와 성당시 연구』 2001 국학자료원 참조) 왕유시 가운데 이기와의 교유에 관한 시는 다음 「이기에게 줌(贈李頎)」(상동 권2) 1수 뿐이다.

> 듣건대 그대가 신비의 단약을 들었다 하니
> 참으로 안색이 좋아졌겠군.
> 모르겠네, 오늘 이후
> 언제 신선의 날개가 돋아날 건지.
> 서왕모의 화려한 덮개를 드리우고
> 그대가 오는 것을 곤륜산 곁에서 바라보리.

24) 聞一多의 『唐詩大系』에 武后 天授 元年(699)生하고, 玄宗 天寶 十年(751)에 卒이라 함. 陸·馮合著 『中國詩史』 p.444도 위와 같음.
25) 지금 雲南東川附近(『中國古今地名大辭典』, 商務).

휘황찬란한 용을 타고 붉은 표범을 거느리고
만리를 바야흐로 일순간에 가겠지.
슬프도다 세상 사람들은
비린내나는 음식을 달게 먹는구나.[26)]

이 시에 보이는 이기는 일생을 통해 공명을 바라지 않고 항상 도가에 심취되어 연단의 법술을 익혔다. 본래 단식(丹食)은 그 목적이 나이를 먹어 수명을 더 하자는데(延年益壽) 있는 것으로 위진(魏晉) 이래로 이 풍조가 성행하여 당대에 이르러 최고조에[27)] 달한다.

이런 사조가 왕족과 문인 간에 풍미한 것이다. 왕유와 이기의 교유는 이 도가사상과 관계되어 맺어진 것이다. 이기의 「초연사에 부침(寄焦煉師)」(『전당시』 권132)시를 보면,

득도한지 백년인데
단약 태우며 오직 한몸이라.
아득히 외로운 봉우리에서
날마다 봄꽃을 보노라.
흰 학은 푸른 기운에 있고
황국은 깊은 물가에 있다.
이제야 세상의 객이
산중의 사람을 따르지 못함을 아나니
선경은 꿈에 있는 듯
아침구름이 더욱 가까워라.
어이 안색을 보리오
손을 저으며 속세를 하직한다.[28)]

라고 한데, 당조에는 도가자를 법사(法師), 위의사(威儀師), 화율(和律) 등으로 호칭하였고 이외에 덕이 높고 생각이 깊은(德高思精) 자를 특히

26) 聞君餌丹砂, 甚有好顏色. 不知從今去, 幾時生羽翼. 王母翳華芝, 望爾崑崙側. 文螭從赤豹, 萬里方一息. 悲哉世上人, 甘此羶腥食.

27) 졸문, 「王維詩考」 참고(『空士論文集』 三).

28) 得道凡百歲, 燒丹惟一身. 悠悠孤峰頂, 日見三花春. 白鶴翠微裏, 黃精幽澗濱. 始知世上客, 不及山中人. 仙境若在夢, 朝雲如可親. 何由覩顏色, 揮手謝風塵」

연사(鍊師)[29]라 하였다. 왕유의 「동악 초연사에 드림(贈東嶽焦煉師)」과 「초도사에 드림(贈焦道士)」(이상은 상동 권11)의 2수가 수록된 것으로 보아, 왕유와 이기는 모두 초연사(焦煉師)의 우인임을 알 수 있고, 그들의 교유는 초련사에 의해 더욱 가까워졌다고 볼 것이다.

4. 기무잠(綦毋潛)[30]

왕유의 시작 중에 기무잠과의 교유에 관한 자료는[31] 적은 편이다. 특히, 왕유가 기무잠에게 지어준 시 3수가 모두 송별을 주제로 한다. 먼저 「기무잠이 낙방하고 귀향함을 전송하며(送綦毋潛落第還鄕)」[32]시를 보면, 기무잠이 개원 14년(726)에 과거 급제했는데, 이 시제는 낙제하여 환향하는 송시이므로 개원 14년 이전작임이 확실하다. 또 왕유가 개원 12년 장안에서 제주로 피폄 됐으므로, 이 시가 제주로 가기 전인 장안에 있을 시의 작임이 분명하다. 따라서 왕유와 기무잠과의 시교는 장안에 거주할 시기인 개원 12년전에 맺어졌다 할 수 있다.

또 「기무교서가 관직을 버리고 강동으로 귀향함을 보내며(送綦毋校書棄官還江東)」[33]시의 「棄官」한 일을 놓고, 『신당서(新唐書)』(권43 「직관지(職官志)」)에 보면 교서랑(校書郞)이란 직분이 비서성(秘書省)과 저작국(著作局)에 있었고, 관급은 정9품상(正九品上)이라고 기술하고 있다. 이 시에서의 「校書」란 직분은 미관인 만큼 기무잠의 기관(棄官)은 혹 직관불만에 기인한 것이 아닌가 한다. 기무잠이 후에 다시 회경(回京)하여 우습유(右

---

29) 『王摩詰全集箋注』 권11, p.162.

30) 『唐才子傳』 권2 「綦毋潛傳」; "潛, 字季通, 荊南人. 開元 14年, 嚴廸榜進士及第, 授宜壽尉, 遷右拾遺, 入集賢院待制, 復授校書, 終著作郞." 生卒年은 『唐詩大系』에 武后 如意 元年(692)에서 玄宗 天寶 8年(749)頃까지로 봄.

31) 趙殿成, 『王摩詰全集箋注』 권3의 「送綦毋校書棄官還江東」 同 권4의 「別綦毋潛」, 唐 殷璠 『河嶽英靈集』 卷上의 「送綦毋潛第還鄕」等 뿐이다.

32) 本詩; "聖代無隱者, 英靈盡來歸. 遂令東山客, 不得顧採薇. 既至君門遠, 孰玄吾道非. 江淮度寒食, 京洛縫春衣. 置酒臨長道, 同心與我違. 行當浮桂棹, 未幾拂荊扉. 遠樹帶行客, 孤城當落暉. 吾謀適不用, 勿謂知音稀."

33) 本詩; "明詩久不遠, 棄置與君同, 天命無怨色, 人生有素風. 念君拂衣去, 四海將安窮. 秋天萬里淨, 日暮澄江空. 淸夜何悠悠, 扣舷明月中. 和光魚鳥際, 澹爾蒹葭叢. 無庸客昭世, 衰髮日如蓬. 頑疎暗人事, 僻陋遠天聰. 微物縱可採, 其誰爲至公. 餘亦從此去, 歸耕爲老農."

拾遺)(從八品上)와 저작랑(著作郎)(從五品上) 등을 맡았고, 직관이 높아짐에 따라 환향하지 않았다는 사실을 왕유와 저광희(儲光義)가 그를 위해 쓴 화시제(和詩題)[34] 내용에서 그들의 교왕을 설명하고 있고, 동시에 기무잠 평생에 새 자료가 될 것 같기 때문이다. 즉 저광희의[35] (주 22)의 시제에서의 야계(耶溪)는 지금의 절강(浙江) 소흥현(紹興縣) 남방 20리의 약야산(若耶山)이다. 이곳은 춘추시대 미인 서시(西施)가 빨래(浣紗)하던 고지(故址)인데, 당대 문인의 심목에는 야계를 개인의 지위와 형식를 버리고 자유를 찾는 상징으로[36] 보았던 것이다. 기무잠은 야계에서 놀면서 하급의 교서랑 생활에 권태를 느끼기에 충분하며 저광희의 윗 시의 개두의 「선액에서 글을 교정하지만 매양 마음은 창해에 있다오(校文在仙掖, 每有滄海心).」구의 뒷구는 기무잠의 사관 환향하려는 의도를 계시해 주는 것으로서, 왕유가 저광희 만큼 기무잠을 이해하지 못했다는 점은 '형남교서랑(荊南校書郎)'이란 직관간의 소원 때문이라고 봐야 할 것이다.

『전당시』(권140) 왕창령의 「동경부현의 제공이 기무잠과 이기와 서로 송별하여 백마사에 이르러(東京府縣諸公與綦毋潛李頎相送至白馬寺)」 시에서 백마사는 낙양동성(洛陽東城)의 망춘문(望春門) 밖에 있는 절이며, 『신당서』「현종기」에 의하면, 동부 낙양을 천보 원년(742)에 동경이라 개칭했다 했으니, 이로써 이 시의 연대는 천보 원년 이후라 보겠고, 이기와 기무잠이 왕창령을 백마사에서 동송했다 함은 이·왕·기 삼인의 우정이 깊었음을 알 수 있다. 더구나 기무잠이 낙양을 동경이라 부른 때에 있었다는 의미로써 그의 벼슬을 그만둔 시기는 천보 원년 이후의 일이 확실하다. 따라서 개원 14년에서 천보 원년까지의 17년간에서 전반은 장안에서, 그 후반은 낙양에서 임직한 셈이 된다. 따라서 왕유와 기무잠과의 교유는 천보 원년(742)에 기무잠이 기관(棄官)하여 강동행 하기까지 20년 이상 지속되었고, 왕유나 『기무잠시집』에 이 이후의 시가 없는 것으로 보

---

34) 儲光義의 「酬綦毋校書夢耶溪見贈之作」(『全唐書』 권136), 王維의 「送綦毋校書棄官還江東」.

35) 『唐才子傳』 권1, 「儲光義傳」; "光義 兗州人, 開元十四年 嚴廸榜進士, 有詔中書試文章, 嘗爲監察御史, 値安祿山陷長安, 輒受僞署, 賊平後, 自歸貶死嶺南. 工詩, 格高調逸, 趣遠情深, 削盡常言, 挾風雅之道, 養浩然之氣, 覽者猶聽韶護音, 先洗桑濮耳, 庶幾手賞音也."

36) 唐人이 若耶溪에서 노니는 풍기는 武后時代에 시작된 듯 하다. 예컨대, 武后時代의 宋之問의 「遊禹穴回生若耶溪」(『全唐詩』 권53). 玄宗時 孟浩然의 「耶溪範疇」(『全唐詩』 권135), 綦毋潛의 「春泛若耶溪詩」(『全唐詩』 권136), 崔顥의 「入若耶溪」(『全唐詩』 권130), 邱爲의 「泛若耶溪」(『全唐詩』 권129), 劉長卿의 「上已日越中興鮑侍郎泛舟耶溪」를 들 수 있다.

아 왕·기의 교유는 여기서 중단되었다고 볼 것이다.

5. 구 위(邱爲)[37]

『신당서』, 「예문지」에 구위가 왕유의 시우란 말 외엔 왕·구 양인의 교유에 관한 수록이 전무하다. 따라서 여기서는 고정(考訂)하는 입장에서 서술하겠다.

『왕마힐전집전주(王摩詰全集箋注)』 권8의 「구위가 공부 그만두고 강동행 하는 것을 보내며(送邱爲落筆歸江東)」[38]시와 『전당시』 권131 조영(祖詠)의 「구위의 낙향을 보내며(送邱爲下第)」[39]시를 놓고 보자.

조영은 개원 12년, 왕유는 개원 9년에 급제했음은 이미 기술한 바인데, 상기의 두 시에서 왕·조 양인은 급제하고, 구위만이 불우하게 된 것을 제시하고 있는데 이는 개원 12년이 조영과 구위의 각각 당락의 갈림길이 된 해인 것을 뜻하겠다. 즉 왕·조·구 삼인이 당시에 장안에 있었고 여기서 왕유가 구위를 처음 알게 된 것으로 봐야겠다.

상기의 왕유의 「구위가 공부 그만두고 강동행 하는 것을 보내며(送邱爲落第歸江東)」 시의 "知禰不能薦, 羞爲獻納臣"구의 '獻納臣'은 주의를 요하는 점인데, 즉 헌납(獻納)이란 왕유의 습유(拾遺), 보궐(補闕), 급사중(給事中)의 직책을 모두 칭한 말로서, 『구당서』 권190 하 「왕유전」에 "維歷右拾遺, 監察御史, 左補闕, 天寶末爲給事中."이라 하고 또 『신당서』, 「왕유전」에 "張九齡執政, 擢右拾遺監察御史"라 한 인용에서, 장구령(張九齡)이 개원 21년 12월에[40] 승상(丞相)이 된 때문에 왕유가 우습유(右拾遺)로 된 시기도 개원 21년 12월 이후라야 한다. 이 시를 통해 왕유는 구위를 위로하면서 자신의 구차한 관직을 부끄럽게 여기는 심정을 보여 왕·구

---

37) 『唐才子傳』 권2, 「邱爲傳」; "爲, 嘉興人, 初累不第, 歸山讀書. 數年天寶初, 劉單榜進士, 王維甚稱許之, 嘗與唱和." 聞一多 『唐詩大系』 및 陸·馮合著 『中國詩史』에 生卒年을 武后 延載 元年(694) ~ 德宗 貞元 元年(789)이라 함.

38) 本詩; "燐君不得意, 況復柳條春. 爲客黃金盡, 還家白髮新. 五湖毋宅, 萬里一歸人. 知禰不能薦, 羞爲獻納臣."

39) 本詩; "滄江一身客, 獻賦空十年, 明主豈能好, 今人誰擧賢. 國門稅征駕, 旅食謀歸旋. 皦日媚春水, 綠蘋香客船. 無媒旣不達, 予亦思歸田."

40) 淸代 趙殿成 『王摩詰全集箋注』, 「王維年譜」 참조

양인의 10년간의 우의를 표시하고 있다.

다음 『왕마힐전집전주』 권13의 「좌액의 배꽃(左掖梨花)」[41]시와 『전당시』 권129와 권205에 수록된 구위와 황보염(皇甫冉)의 화시(和詩)에서[42], 소위 좌액(左掖)이란 장안의 일화문(日華門) 안의 문라성(門下省)의 북성(北省)을 가리키는 만큼, 이들 왕·구·황 삼인이 이 때 관직을[43] 갖고 있었다는 의미가 된다. 왕유와 구위가 이화(梨花)에서 같이 읊은 사실(史實)로 미루어서, 구위의 과거급제와 관직을 받은 시기가 황보염과 같은 천보 15년 전후로 추정된다. 따라서 왕유와 구위와의 교유는 30년간 유지해 온 것이다. 한편, 『왕마힐전집전주』 권8의 「구위를 당주로 보내며(送邱爲往唐州)」를 보면,

> 완읍과 낙양 일대엔 바람 먼지 드셀 터인데
> 그대 이제 떠나가니 가시는 길 고생스럽겠네.
> 사수시에 어린 모든 근심 한수에 이어 있고
> 온 가족 수주 사람에게 맡겨 있도다.
> 회나무 짙은 그늘 맑은 대낮에 드리워 있고
> 버들개비는 늦봄에 드날리누나.
> 조정의 대신들 나와서 전송하니
> 천자의 총애받는 신하로다.[44]

이 시를 보면, 『신당서』 권39 「지리지(地理志)」에 당주는 당대에 산남동도(山南東道)에 속했다 하니, 지금의 하남성(河南省) 필양현(泌陽縣)이다. 이 시에서 왕유는 경락(京洛)의 풍진을 제기하고, 아울러 장형(張衡)의[45] 「사수시제(四愁詩題)」를 인용하여 구위의 득지(得志)하지 못한 것을 암시하고 있는데, 더우기 시제의 '당주로 간다(往唐州)'는 구위가 당주로 피폄되어[46] 송별한 시의를 분명히 해 주고 있는 것이다.

---

41) 本詩 ; "間灑堦邊草, 輕隨箔外風. 黃鶯弄不足, 嗛入未央宮."

42) 『唐才子傳』 권3, 「皇甫冉傳」 ; "冉, 字茂政, 安定人. 天寶十五年, 盧庚傍進士, 後入爲左金吾衛兵曹參軍, 仕終拾遺左補闕」 邱爲의 私詩 ; 「冷艷全欺雪, 餘香乍入衣. 春風且莫定, 吹向玉階飛」 皇甫冉의 和詩 ; 「巧解迎入笑, 偏能亂蝶飛. 春風時入戶, 幾片落朝衣."

43) 邱爲의 及第年月은 고증할 수 없고, 皇甫冉은 『唐才子傳』에 天寶 十五年(755)中擧라 함.

44) 宛洛有風塵, 君行苦行辛, 四愁連漢水, 百口寄隨人. 槐色陰淸晝, 楊花惹暮春. 朝端肯相送, 天子繡衣臣.

45) 『文選』 권29, 「四愁詩」·「幷序」에 "衡爲河間相時, 天下漸弊, 鬱鬱不得志, 爲四愁詩."

왕유와 구위와의 교유는 숙종(肅宗) 상원(上元) 2년(761) 7월에 왕유가 사망하기까지 계속되었던 것 같으니, 『왕마힐전집전주』 권3의 「구위를 이별하며(留別邱爲)」시를 보면[47],

말을 흰 구름 넘나드는 곳으로 돌리니
구비 돌아서 앞산이 나타나네.
오늘도 내일도
마음 한가하지 못함을 스스로 아노라.
친히 수고롭게도 그대가 직접 전송까지 하여 주시니
꾀꼬리가 울고 꽃이 만발하는 봄에 돌아오고 싶네.
한 걸음 내딛을 때마다 한 번 돌아보고
더디게 근방의 관문을 향하네.[48]

여기서 보면, 이 시의 내용은 멀리 이별한 자에 대한 사모의 묘사로서, 구위가 당주로 간 후 길이 잊지 못하는(永不忘) 정을 토로하고 있다.

Ⅱ. 중·만년의 시우(詩友)와의 교유

1. 왕창령(王昌齡)[49]

창령의 자는 소휴(少休)이며, 무후(武后) 성력(聖曆) 원년(698)에 태어났다. 그의 본관에 대해서는 태원(太原), 강녕(江寧) 및 경조(京兆) 등[50] 3설이 있는데, 『전당시』 권143 왕창령시 「포구에서 이별하고 서울로 간다

46) 邱爲의 唐州之事에 대한 사료가 없어, 이 시의 繫年 또한 불명함.

47) 『全唐詩』 129권엔 「邱爲留別王維」라고 詩題했는데 이는 『王維詩集』과는 다른 것으로 王維生平에 唐州行旅한 적이 없으므로 착오임. 졸문 『王維詩考』 참조.

48) 歸鞍白雲外, 繚繞出前山. 今日又明日, 自知心不閑. 親勞簪組送, 欲趁鶯花還. 一步一回首, 遲遲向近關.

49) 『唐詩大系』에 唐武后 聖曆 元年(698)生하고 졸년은 불상. 『中國詩史』 p.442도 上同. 譚優學의 「王昌齡行年考」에 생년은 같고, 졸년을 肅宗 至德 二年 丁酉(757)라 한데, 믿을만한 고증임.

50) 殷璠의 『河嶽英靈集』과 『唐才子傳』엔 太原說을, 『新唐書』, 「王昌齡傳」과 宋計有功의 『唐詩紀事』는 江寧說을, 『新唐書』, 「王昌齡傳」은 京兆說을 각각 주장.

(別離浦之京)」를 가지고 근인 탄유쉬에(譚優學)은 동시의 '옛뜰은 지금 파릉 서쪽에 있네(故園今在灞陵西)'구에 의거하여 경조설을 주장하는데[51] 여기서는 이 설을 따르기로 한다.

창령은 개원 15년(727)에 진사급제하고 기수위(記水尉)의 직책을 거쳐, 4년후(731) 「공손굉이 동각을 열다라는 부(公孫宏開東閣賦)」로서 굉사과(宏詞科)에 급제하여 교서랑(校書郞)이 되어 개원 21년에서 24년까지(733~736), 장안에 거하였다. 천보년에 강녕승(江寧丞)으로 출사했다가 천보 7년(748)에 용표위(龍標尉)로 피폄되므로 귀향생활 중에, 지덕(至德) 1·2년간(757경)에 자사 여구효(閭邱曉)에게 피살되었다.

왕유와 왕창령의 교유관계를 보건대, 『왕마힐전집전주』 권11의 「청룡사담벽상인형원집(靑龍寺曇壁上人兄院集)」[52] 「병서(幷序)」에 "때마침 강녕의 대형이 편석을 가지고 나에게 서문을 써달라고 하였다(時江寧大兄持片石, 命維序之)."란 문구와 또 잠삼(岑參)의 『잠가주집(岑嘉州集)』 권1의 「왕창령이 강녕으로 부임함을 전송하며(送王大昌齡赴江寧)」의 시제로 보아 왕창령을 강녕대형이라는 항렬의 칭호로 부른 것은 상기의 왕유시가 왕창령과의 시교에 밀접한 관계를 갖고 있음을 명시하는 것이다.

사실상, 왕창령이 과거에 오르던 개원 15년엔 왕유가 제주(濟州)에 피폄된 시기이어서 시간상, 지리상 두 왕씨는 청룡사의 집회 이전에는 상면할 기회가 없었던 것이다. 장안의 주작문(朱雀門)의 신창방(新昌坊)에 있는 청룡사에 왕유·왕창령·왕진(王縉)·배적(裴迪) 등 적어도 4인 이상이 참집한 시회에서[53] 왕진은 왕창령을 깊이 알게 되고 동유하는 계기가 된 것이다. 그렇다면, 그 시기는 최소한 왕유가 제주에서 장안으로 돌아온 후인 개원 16년(730) 이후가 되므로, 청용사에서의 동유, 시작 년대, 그리고 시교 년대는 분명히 개원 16년에서 개원 24년 사이로 규정해야 한다.

왕유와 왕창령과의 교유에 관한 특징은 불·도 양가에 두 사람이 동시에 전심 몰두한 종교적 사상을 배경으로[54] 하고 있다는 점이다. 예컨대,

---

51) 譚學優의 「王昌齡行年考」 1963 『文學遺產』 增刊 12집 참고

52) 本詩 ; "高處敞招提 虛空詎有倪 坐看南陌騎, 下聽秦城鷄 渺渺孤烟起 芊芊遠樹齊. 靑山萬井外, 落日五陵西. 眼界今無染 心空安可迷"

53) 『王摩詰全集箋注』 권12에 王維의 시에 王昌齡·王縉·裴廸의 私詩가 수록되어 있음.

54) 莊申의 「王維的道家生活與思想」 참고

왕창령 시중의 「도사에게 주역을 묻고 계를 같이하며(就道士問周易參同契)」(『전당시』 권141), 「초연사를 뵈오며(謁焦鍊師)」(『전당시』 권142), 「무릉 용흥관의 황방도사가 주역을 물으니(武陵龍興觀黃道士房問易題)」(『전당시』 권143), 「주연사의 산방(題朱鍊師山房)」(상동), 「황연사의 선원(黃鍊師院)」(상동) 등의 시제만을 보아도, 왕창령이 도가의 연사와 왕래가 잦았을 뿐 아니라, 주역·도가철학사상에 대해 조예가 깊었던 것을 알 수 있고 또 왕유와의 화시(和詩) 「청용사담벽상인형원집」(『왕마힐전집전주』 권11)을 보면,

> 본래에 맑고 깨끗한 곳은
> 대나무로 그윽한 그늘 드리운지고
> 처마 밖에 산의 푸른 기운 머금어 있어
> 속세의 마음 떨치운 곳.
> 둥글게 통하여 형상이 따로 없거늘
> 성스런 지경 범할 수 없구나.
> 진정 나의 형의 불법을
> 어찌 이 아우가 깊이 따를 수 있으리.
> 하늘의 향기 저절로 어울리고
> 영묘하게 종소리 들려온다.[55]

여기에서 청대 조전성(趙殿成)은 '성경'은 『능엄경(楞嚴經)』, 「천향」은 『열반경(涅槃經)』에서 출처한다고 주석하고 있다. 왕유와 왕창령의 교유는 도·불의 두 사상의 공동추구속에 정신상의 고민으로 부터 해탈할 수 있는 상호위안의 관계를 지니고 있었던 것이다.

2. 맹호연(孟浩然)[56]

『구당서』 권190하 「문원전(文苑傳)」의 「맹호연전」에 이르기를,

---

55) 本來淸淨所, 竹樹引幽陰. 簷外含山翠, 人間出世心. 圓通無有象, 聖境不能侵. 眞是吾兄法, 何妨友弟深. 天香自然會, 靈異識鐘音.

56) 『唐才子傳』 권2, 「孟浩然傳」; "浩然, 襄陽人. 少好節義. 詩工五言, 隱鹿門山, 卽漢龐公棲隱處也. 四十遊京師諸名士間." 陸·馮合著의 『中國詩史』 p.429 ; 武后永昌 元年(689)生, 玄宗 開元 28年(740)卒.

> 일찌기 태학에서 시회를 열었는데 [맹호연이 시를 읊자] 모두 탄복할 뿐 감히 대항하지 못했다. 장구령과 왕유는 평소 그를 칭찬하던 터였는데 한번은 왕유가 사적으로 그를 집무실로 초청하였다. 그런데 잠시 후 현종이 당도하자 맹호연은 상 밑에 숨었다. 왕유가 사실대로 대답하자 황제는 즐거워하면서 『짐은 그대에 대해 들어서 알고 있었으나 아직 만나지 못했을 뿐이구료. 어찌 두려워 숨으시오?』 하고는 맹호연을 불러 나오게 했다. 황제는 맹호연에게 그의 시에 대해 묻자 맹호연은 두 번 절을 올리면서 자신의 시를 읊었는데, 『재능없다고 현명한 군주에게서 버림받았네』라는 시구에 이르러 황제가 『경이 벼슬을 구하지 않았던 것이지 짐이 일찌기 버리지 않았거늘 어째서 나를 무고하느냐?』고 하면서 쫓아서 돌려보냈다.[57)]

라고 하였는데, 이 글에서 다음 두 가지 왕유와 맹호연과의 관련된 문제를 생각할 수 있으니, 그 하나는 왕유가 장안으로 복귀한 연대와 다른 하나는 왕유와 맹호연의 시교 년대인 것이다.

왕유는 개원 9년(721)에 과거급제하여 동년에 태악승(太樂丞)을 제수하고 개원 십년 전후(723년)에 제주로 피폄된다. 이어서 개원 15년(727)에 관직에 나가고 숭산(崇山)에 은거하다가 개원 22년(734) 5월 이전에 장구령(張九齡)이 중서령(中書令)이 되어 왕유를 우습유(右拾遺)에 발탁한 사실은 이미 대강 기술한 바이다.

왕유가 장안으로 귀환한 연대는 장구령이 우습유로 기용한 개원 16년에서 개원 22년간이라고 추정해야 하는데, 왕·맹의 시교년대는 맹호연이 경사(京師)로 나오던 개원 16년(728)으로 보는 것이다.

왕유와 맹호연이 시교한 후의 장안에서의 교유사정은 추정하기 어렵다. 그 이유는 왕·맹 양인의 시문집에서 유관자료가 없기 때문인데, 단지 맹호연이 현종 앞에서 「不才明主棄」라 한 죄로 즉시 경사를 떠나 양양(襄陽)으로 환향할 때[58)] 왕유가 「맹육의 양양으로 돌아감을 전송하며(送孟六歸襄陽)」(『왕마힐전집전주』 권15)를 지어 귀전원(歸田園)을 위로해 준 일만 확인할 수 있을 뿐이다.

---

57) 嘗於太學賦詩, 一座嗟伏, 無敢抗. 張九齡·王維雅稱道之. 維私邀入內署, 俄而玄宗至, 浩然匿牀下, 維以實對. 帝喜曰; 『朕聞其人而未見也, 何懼而匿』詔浩然出. 帝問其詩, 浩然再拜, 自誦所爲. 至『不才明主棄』之句, 帝曰: 『卿不求仕, 而朕未嘗棄卿卿, 奈何誣我』因放還.

58) 楊蔭深 『王維與孟浩然』(商務印書舘)에 歸鄕할 때 洛陽만 경유했다 하는데, 陳貽焮 「孟浩然事蹟考」(『文史』 四期, 中華書局)에 「長安→洛陽→唐城→蔡陽→襄陽」의 노정이라 함.

문을 닫고 밖에 나서지 않고
오랜동안 세상과 소원하게 지내는군.
이를 뛰어난 방책으로 삼을지니
그대에게 권하건대 옛 집으로 돌아가기를.
전원의 집에서 술 취해 노래하고
웃으며 고인의 책이나 읽게나.
마침 일생에 할만한 일이려니
수고로이 사마상여처럼 「자허부」를 바치진 말기를.[59)]

그러면 맹호연이 왜 양양을 떠나 경사로 나왔던가, 또 그는 정말 공명에 대한 희망과 기원이[60)] 없었던가 하는 의문에의 해답을 현종과의 불화로 인한 관로의 꿈의 좌절로 부득이 귀향할 수밖에 없는 상황에서 찾아야 할 것이다. 즉 왕유의 「送孟六歸襄陽」에는 맹호연이 귀향하는데 대해 전혀 석별이나 정감이 표현되지 않고 있으며, 오히려 명예에의 허황한 마음을 애초에 생각조차 않는 것이 타당했다는 의미가 내포되고 있어 단지 송별속에 권고와 안위만을 제시하고 있다. 이것은 왕유가 맹호연의 오언시에 능한 것을 투기한 때문이라는 설도[61)] 있으나, 여하튼 왕·맹 양인의 교정은 두텁지 않았던 것 같다.

맹호연이 양양으로 돌아간 후 12년간 왕유를 상면하지 못하고 병고하였는데, 개원 28년 즉 맹호연이 병서하던 그 해에 왕유가 전중시어사(殿中侍御史)로 양주(襄州) 일대의 선거사무를 주관차 양양에 가서 망우(亡友)를 애도하며, 「맹호연을 애곡하며(哭孟浩然)」 시(『왕마힐전집전주』 권20)를 지으니,

옛 친구를 만나 볼 수 없는데
한수는 날로 동으로 흐르누나.
양양의 노인을 물으니
채주의 그대 놀던 강산은 공허하기만 하구나.[62)]

---

59) 杜門不欲出, 久與世情疎. 以此爲長策, 勸君歸舊廬. 醉歌田舍酒, 笑讀古人書. 好是一生事, 無勞獻子虛.

60) 王瑤, 「論希企隱逸之風」文 참조(香港中文出版, 1957).

61) 宋, 葛立方, 『韻語陽秋』 권14에 "按孟君當開元天寶之際, 詩名藉甚, 一遊長安, 右丞傾蓋延譽, 或云右丞見其勝己, 不能薦於天子, 因坎軻而終. 故襄陽別右丞詩云 ; 當路寧相假, 知音世所稀, 乃其事也."

이 시에서 본래 깊지 않았던 우정인 데다가, 이미 식어진 왕유에의 정감이 드러나 있어서, 전혀 애도시로서의 감동을 주지 않고 있다.

3. 은 요(殷遙)[63]

『당재자전』 권3 「은요전(殷遙傳)」에 보면,

> 은요는 단양 사람이다. 천보 년간(742～756)에 일찌기 충왕부창조참군이란 벼슬을 지냈다. 왕유와 교유하면서 함께 참선을 흠모한 탓에 고상하고 소원한 취향을 지녔으며, 구름이 떠오르는 높은 산에 있는 굴에 기거하려는 생각을 많이 하였다. 그러나 애닯게도 집안이 빈한하여 그가 사망했어도 장사조차 지낼 수 없었다. 하나있는 딸은 불과 10세였는데 매일 애통하게 아버지를 그리워하자 이웃 사람들이 가엽게 여겨 재물을 보태주어 석루산에 그의 유골을 매장해 주었다.[64]

라고 하여 왕유와의 결교는 선적(禪寂)과 고소(高疎)를 같이 하는 상호 동질적인 요소를 지니고 있는 것으로 표현하고 있다. 왕유와 은요와의 교유관계를 자료의[65] 부족으로 상세하게 고구할 수는 없으나, 상기의 『당재자전』, 「은요전」에서 '天寶時代'라는 연대 외에는 더 구체적인 설명이 없는 것으로 보아 아마도 개원 16년(728)에 왕유가 숭산(崇山)에서 장안으로 돌아 온 후에 맺어진 교유라고 간주된다. 왕유와 은요의 교유내용을 고찰해 보건대, 『왕마힐전집전주』 권14의 「은요를 애곡하며(哭殷遙)」시를 인용하여 살펴보면,

> 그대를 석루산으로 이장하여 보내고
> 송백 울창한 곳 빈객들 말머리를 돌리누나.
> 그대의 유골을 매장한 이 곳은 흰 구름 떠있을 뿐
> 부질없이 흐르는 시냇물 세상을 향하여 흐르도다.[66]

---

62) 故人不可見, 漢水日東流. 借問襄陽老, 江山空蔡州.

63) 聞一多의 『唐詩大系』에 中宗 景龍 三年(709)生, 玄宗 天寶 七年(748)頃卒.

64) 遙, 丹陽人, 天寶間嘗仕爲忠王府倉曹參君. 與王維結交, 同慕禪寂, 志趣高疎, 多雲岫之想. 而苦家貧, 死不能葬. 一女纔十歲, 日哀於親愛, 憐之輿賵贈, 埋骨石樓山中.

65) 『全唐詩』 권114에 殷遙詩 五首가 收錄되어 있는데 王維와의 交遊에 有關資料는 없음.

그리고 또 동서권5의 고시 「은요를 애도하며(哭殷遙)」를 더하여 같이 인용하여서 분석하고자 한다.

인생이 얼마나 되겠는가
결국은 무형의 세계로 돌아가게 되는 것이라.
그대가 죽은 것을 생각하니
만사가 마음을 상하게 하네.
인자했던 어미의 장례도 미쳐 못 지냈건만
하나 남은 딸자식은 이제 겨우 열 살.
드넓고 추운 교외에서
쓸쓸히 통곡소리 들려오네.
뜬 구름은 아득한데
나는 새가 울지를 못하누나.
행인들 어찌나 적막한지
대낮인데도 처량하기만 하네.
생각컨대 예전에 그대가 살아있었을 때
내게 물어서 불생불멸의 이치를 깨쳤었지.
그대에게 고생스러워도 요절하지 않기를 바랐는데
이제 그대 이룬 것이 없구나.
옛 친구들이 각기 애도의 말 하지만
이 또한 그대의 생애에는 미치지 못하네.
그대를 등지는 것이 같은 길이 아니어서
통곡하며 세상의 사립문으로 돌아가는군.[67)]

이상의 두 시에서 은요의 생평을 서술한 내용은 없으나, 제7연의 "憶昔君在時, 問我學無生"구는 은요가 평생을 두고 불가(佛家)에 관심을 갖고 왕유와 상면할 때마다 불리(佛理)를 물어 깨쳤던 것으로 나타나고 있다. 석가(釋家)의 윤회설(輪廻說)에 의하면, 인간의 과거, 현재, 미래 삼세를 설정한 위에 "신은 항상 멸하지 않는 것을 알면 거칠고 누추한 것을 도

---

66) 送君返葬石樓山, 松柏蒼蒼賓馭還. 埋骨白雲長已矣, 空餘流水向人間.
67) 人生能幾何, 畢究歸無似. 念君等爲死, 萬事傷人情. 慈母未及葬, 一女歲十齡. 決溝塞郊外, 蕭條聞哭聲. 浮雲爲蒼茫, 飛鳥不能鳴. 行人何寂寞, 白日自凄淸. 憶昔君在時, 問我學無生. 勸君苦不早, 今君無所成. 故人各有贈, 又不及生平. 負爾非一途, 痛哭返柴荊.

야하고 신명을 닦아서 곧 생이 없는 불멸의 경지에 이르고 불리를 터득하게 된다."[68]라고 한 바 같이 '無生'이란 "마음을 맑게 하여 생각을 바르게 정함(淨心定思)"과 "악을 버리고 선으로 나감(棄惡就善)"이라는 좌선(坐禪)의 하나로서, 불가의 형이상학적인 훈련인 것이다. 왕유가 불가에 귀의한[69]개원 16년(728) 이후, 만년의 임종까지 '無生'을 극력추구하고 있다.

예컨대, 동생인 왕진(王縉)이 병부시랑(兵部侍郎)으로 있으면서 왕유 사후에 집성한 『王右丞集』을 숙종(肅宗)에게 헌납할 때에 드린 「왕우승집을 올리며 드리는 글(進王右丞集表)」을 보면[70], 표중에 "만년에 이르러 더욱 불도에 정진하여 빈 방에 단정히 앉아서 이 무생을 생각하였습니다."[71]라고 하여 형인 왕유의 만년생활은 역시 「無生」의 경지로 일관한 것을 설명하고 있으며, 왕유시 자체 속에서도 그런 면이 자주 보인다. 『왕마힐전집전주』 권3의 「예상인을 뵈오며(謁璿上人)」시의 일단을 보면,

> 일심을 법문의 요체를 듣는 것에 두고
> 불생불멸의 이치를 중생들에게 장려하기를 원하노라.[72]

그리고 상동서 권8의 「변각사에 올라서(登辨覺寺)」시에서는,

> 연초를 깔아놓고 결가부좌하고 앉으니
> 무성히 자란 소나무 숲에 범패 소리 울리네.
> 고요하고 드높은 인간세상 바깥인 이곳에서
> 세상을 관조하면서 불생불멸의 이치를 터득하리.[73]

또 동서 권9의 「소·노 두 원외와 방장사에 유람하기로 기약한데 소가 오지 않아서 이로 시를 지으며(與蘇盧二員外期遊方丈寺而蘇不至, 因有是作詩)」 시에서는,

---

68) 識神常不滅, 陶冶粗鄙, 澡鍊神明, 乃致無生而得佛理(劉維崇, 『王維評傳』).
69) 졸문, 「王維詩考」 참조(『空士論文集』 三).
70) 『王摩詰全集箋注』 卷首에 수록됨.
71) 至於晩年, 彌加進道, 端坐虛室, 念玆無生.
72) 一心在法要, 願以無生奬.
73) 軟草承趺坐, 長松響梵聲. 空居法雲外, 觀世得無生.

듣기로는 동숙하는 벗을 초빙하여
화성에서 묵기로 약속했다 하더이다.
그런데 어찌 알았으리오, 내왕치 못함이
도리어 불생불멸의 이치를 터득하게 해줄 줄이야.74)

라고 하여 위의 예구에서 왕유의 사상적 비중 속에 '無生'의 진리를 터득함을 알 수 있다. 은요가 연장자로서의 왕유를 따르며 교유를 두터이 한 것은 불리를 매개체로 이루어졌다는 점을 지적해 둔다. 다음 저광희(儲光羲)의 시 「왕유와 함께 은요를 애곡하며(同王十三維哭殷遙)」(『전당시』 권138)는 왕유와 은요의 관계를 이해하는 적절한 예시가 된다.

삶의 이치 끝이 있나니
그대 생각하니 중년에 들었구려.
교유의 길 깊지는 않으나
세상에 더 어질 수가 없도다.
첫 벼슬길에 빈천으로 고생하고
나그네 되어 전원에 적게 머문도다.
풍요한 것 바랄 수 없으니
곧 허땅 서녘 외진 곳에 지내게 되는군.
사방엔 뽕나무와 이웃하고
지척간에 담장이 열려 있도다.
속 타는 일로 근심 없겠고
그림자는 자연스레 옮겨가겠지.
띠풀이 덮개에 내려지고
관은 기둥 새에 놓이리라.
가끔 홀로 된 딸의 호곡소리 들으며
멀리 밭이랑을 나들이하리라.
어진 까마귀 어지러이 날며 울고
맹수는 또 절름거리네.
나의 벗 왕유는
조용히 삶의 초탈을 생각하네.

74) 聞道邀同舍, 相期宿化城. 安知不來往, 翻以得無生.

애락은 벌써 끊어졌으니
부음을 들으니 눈물이 줄줄 흐르누나.
태양이 허공을 덮어서
눈비가 푸른 산에 떠 있도다.
아득히 고인의 널 관을 가까이 하고
나를 돌아보며 슬피 현을 끊노라.
장자처럼 곳과 때에 따라 순응하고 편히 살리니
여기에서 공연한 말하누나.[75)]

이 시에서는 은요의 죽음으로 인하여 "故人王夫子, 靜念無生篇" 구가 뜻하는 바와 같이 왕유는 새삼 무생관(無生觀)을 재확립하고, 그 내심의 '死'에 대한 공포로 부터 초탈하려 하고 있으니, 왕유와 은요와의 교유는 불가의 종교적 관계라고 단정하게 된다.

4. 배 적(裴廸)[76)]

왕유의 시우중에 배적은 가장 친근한 교유를 맺은 것이다. 『당시품휘(唐詩品彙)』, 「배적전」에 보면, 관중인(關中人)으로 생년은 현종 개원 4년(716)이며 졸년은 상세하지 아니하다.[77)] 왕유와는 15세 연하이며 천보난전(755)에 왕유・최흥종(崔興宗)을 따라 종남산(終南山)에[78)] 같이 머물렀다.

그러니까, 왕・배의 친밀한 우정은 종남산에 은거할 때 닦아진 것이다. 이 시교 시기는 장안에서의 개원 28년이라고[79)] 본다. 왕유의 시문속에 배

---

75) 生理無不盡 念君在中年. 遊道雖未深 擧世莫能賢. 筮仕苦貧賤 爲客少田園. 膏腴不可求, 乃在許西偏. 四鄰盡桑柘, 咫尺開牆垣. 內艱未及虞 形影隨化遷 茅茨俯苫蓋 雙殯兩楹間. 時聞孤女號 迥出陌與阡. 慈烏亂飛鳴, 猛獸亦以跧. 故人王夫子, 靜念無生篇. 哀樂久已絶 聞之將泫然. 太陽蔽空虛, 雨雪浮蒼山. 迢遞親靈櫬 顧予悲絶弦. 處順與安時, 及此乃空言.

76) 『全唐詩』 권129 ; "裴廸 關中人. 初與王維, 崔興宗隱居終南山, 日以詩倡和, 天寶後 出士, 任蜀州刺史, 與杜甫李頎等友善, 嘗爲尙書省郎, 詩二十九首."

77) 『資治通鑑』 記天佑 二年(905)에 「裴廸汝州刺史遷刑部尙書」라 한데, 天佑는 天寶와 百年間이니, 여기의 裴廸은 他人이지 王維의 友人은 아니다.

78) 『唐才子傳』 권2, 「王維傳」 ; "有別墅在藍田縣南輞川, 亭館相望. 嘗自寫其景物奇勝, 田與文士丘圓. 裴廸 崔興宗, 遊覽賦詩, 琴樽自樂"

적에게 보낸 시가[80] 9수, 서신이 하나 있는데, 이것은 왕유의 우인 중에 가장 많은 수이다.

그런데, 여기서 유의할 점은 왕·배의 교왕이 단순한 음영과 사작만의 교제에 머물러 있지 않고, 이기(李頎)나 왕창령과의 시교처럼, 사상을 배경으로 한 시화의 예술창작상의 흥취도[81] 서로 나눈 데 있다는 것이다. 즉 왕유의 「배적에 드리며(贈裴十迪)」 시에 보면,

> 전원 풍경 해 저물 녘 유달리 아름다운데
> 그대에게 새로운 시 한 수 지어 보내노라.[82]

이 시는 왕·배 양인이 「시로써 벗을 삼는 것(以詩爲友)」인 점을 말해 주고, 「산에서 배적 수재에 보내는 글(山中與裴透才迪書)」에 보면,

> 이 때에 홀로 앉으니 노소 하인이 조용하고 지난 일을 많이 생각하여 손을 잡고 시를 지으며 가파른 길 걸어 맑은 물가로 나간다.[83]

위에서는 시세계에서 의기상합된 감흥 상태를 말해 주고 있다. 그리고 왕·배 양인은 항상 교왕하기 가까운 거리를 두고 종남(終南)에 은거하고 있었던 것 같다. 그리고 「여근 습유와 배적이 가을밤에 비를 대하고(黎拾遺昕裴迪見過秋夜對雨之作)」 시를 보면,

> 귀뚜라미 울음소리 재촉하니
> 가벼운 옷차림으로 나섰으나 겹옷으로 바꿔야겠네.[84]

---

79) 明, 顧元緯의 『王維年譜』 및 莊申의 『王維硏究』 참조.

80) 首詩는 『王摩詰全集箋注』 권2의 「贈裴迪」, 同 권2의 「贈裴十迪」, 同 권7의 「輞川間居贈裴秀才迪」, 同卷七의 「黎拾遺昕裴迪見過秋夜對雨之作」. 同卷九의 「登裴迪秀才小臺作」, 同卷十의 「酌酒與裴迪」, 同卷十의 「春日與裴迪過新昌里訪呂逸人不遇」, 同卷十三의 「登裴秀才迪吟詩因戲贈」, 同卷十三의 「菩持寺禁聞逆賊凝碧池上作樂」 등이며, 同卷十八의 「山中與裴秀才迪書」 一文의 서가 있다.

81) 王維의 「春與裴迪過新昌里訪呂逸人」시의 新昌里에 崇眞觀이 있고 『全唐詩』 129권 王縉의 「王昌齡·裴迪遊青龍寺曇壁上人兄院集和兄維」 시의 青龍寺도 新昌里에 있으므로 王·裴二人이 道佛에 같이 출입했음을 보여준다.

82) 風景日夕佳, 與君賦新詩.

83) 此時獨坐, 僮僕靜默. 多思曩者, 携手賦詩, 步仄徑, 臨淸流也.

84) 促織鳴已急, 輕衣行向重.

그리고 「배적 수재의 소대에 올라서(登裴廸秀才小臺作)」 시에서는,

멀리서도 알 수 있나니, 저 원림가에서
이 처마 근처가 보이지 않는다.
반가운 손님들 달구경하러 많이들 오리니
문지기 아이야 문을 걸지 말거라.[85)]

위의 시들은 가벼운 옷(輕衣)으로 나들이한다든가, '應門莫上關'이라는 말은 그 양인 관계가 상근함을 말한 것이고, 또 「산중에서 배적 수재에게 보내는 글(山中與裴秀才廸書)」의,

연말이 가까우면서 날씨가 화창하매 고로 산을 넘을 만하여 …… 문득 산중에 돌아가 감배사에서 쉬었다.[86)]

위의 구절에서는 달빛 아래(月下)에서 배적을 방문하는데, 섣달 달밤에 산길을 건너가도 추위를 염려하지 않을 정도로 근거리임을 밝혀 주고 있다.

한편, 안록산난 중의 왕·배의 교유는 특이한데 그 고사를 통해 교유관계를 고찰하고자 한다. 안록산이 현종을 따라 피신을 못한 신하를 모아 논 가운데, 전승의 연회를 궁내에서 열렸을 때, 악공들이 현종시대의 태평성세와 자유를 그리며 실성통곡을 한 일이[87)] 있다. 이 때, 왕유는 보리사(菩提寺)에 감금된 신세로, 배적의 방문을 받고 이 소식을 전해들은 후에 칠언절구 1수를 지어 그 소회를 다음과 같이 토로하였다.

온 백성 상심한데 들에는 연기 나는데
백관들은 언제나 다시 천자를 뵈올 수 있으려나.
가을녘 홰나무 잎은 빈 궁전 안에 떨어지는데
응벽지 가에서는 풍악을 울리고 있구나.[88)]

---

85) 遙知遠林際, 不見此簷間. 好客多乘月, 應門莫上關.
86) 近臘月下, 景氣和暢. 故山殊可過. …… 輒便往山中, 憩感配寺.
87) 劉維崇, 『王維評傳』, 「生平篇」 참조.
88) 萬戶傷心生野煙, 百官何日再朝天. 秋槐葉落空宮裏, 凝碧池頭奏管絃.

이 시의 사증(史證)은 『신당서』, 「왕유전」과 이 시의 제목인 "보리사에 구금되어 있을 때였다. 배적이 찾아와 상면하던 중 역적들이 응벽지 가에서 풍악을 울리고 시중하는 이들은 노래를 부르고 있다는 말을 하면서 일시에 눈물을 흘렸다. 이에 몰래 구호를 지어 배적에게 읊어 주며(菩提寺禁. 裴廸來相看說, 逆賊等凝碧池上作音樂, 供奉人等擧聲時便一時淚下. 私成口號, 誦示裴廸)."라는 긴 시제에서 잘 표명되어 있다. 여기서 배적이 일신의 안위를 돌보지 아니하고 평상과 같이 보리사로 왕유를 탐방한 사실은, 양자의 불변의 우정을 입증하는 것이다. 그후, 숙종이 지덕(至德) 2년(757) 9월에 장안을 수복하고 치죄할 때 왕유도 연계되어 중죄로 다스려지게 되며, 동생인 형부시랑(刑部侍郎) 왕진(王縉)이 주서(奏書)를 올려 바로 '萬戶傷心生野煙'시를 제시하며 무죄를 상소한 결과로, 구명되고 오히려 애국충정을 기리어 우승(右丞)으로 승관한 왕유생평상의 기사 속에서, 더욱 배적과의 교분이 중후함을 명백히 했다.

또한, 왕·배 양인의 교유 자료 중에 상호 화창한 시가 비교적 풍부한데, 왕유의 『망천집(輞川集)』과 배적의 화시(和詩) 20수 절구가[89] 그 대표적인 예가 된다. 「망천집서(輞川集序)」에 보면,

> 나의 별장은 망천산곡에 있는데 그 노니는 곳이 맹성요, 화자강 …… 등이 있는 바 배적과 한가하게 각자 절구를 짓노라.[90]

여기서 남전(藍田)에서 양자가 작시하는 심태는 '한가(閑暇)'하다. 망천생활을 시작할 때는 숙종 건원(乾元) 원년(758)인 왕유가 58세시이다. 사십세의 배적과 조용히 한거하며 음영과 장소(長嘯)를 낙으로 삼는 가운데 깊어진 왕·배의 교유는 왕유의 최후, 최고, 최심의 생을 다한 우의의 표현이었다. 왕유의 「초원(椒園)」시를 보건대,

> 계피향기 술잔으로 천자를 맞이하고
> 두약을 꺾어 아름다운 님에게 드리네.
> 초란장을 옥으로 빛나는 제단에 바치어

---

89) 『王摩詰全集箋注』 권13와 『全唐詩』 권129, 「裴廸詩」 卷에 수록, 시제는 盧象篇에 기술.
90) 余別業在輞川山谷, 其遊止有孟城坳, 華子罔 …… 等, 與裴廸閑暇, 各賦絶句云爾.

운중군이 하강하시기를 바라네.[91]

여기에서 화창한 경물과 자신의 순수한 심정을 묘사하고, 배적의 같은 시제의 시를 보게 되면,

붉은 자수 의상을 덮고 있고
띠향기 지나가는 나그네에게 남아 있네.
기꺼이 제단에 사용하리니
원컨대 그대 꺾어서 내려 주소서.[92]

여기에서 말연은 확실히 영물이 아니고 자기 비유(自喩)인 것이다. 왕·배의 정분이 평범한 관계를 초탈한 좌망(坐忘)의 세계까지 승화된 감흥을 주는 것이다. 은자로서 생을 다해 가는 왕유를 잊지 못해하며 배적이 촉주자사(蜀州刺史)로 임명되어[93]갈 때, 배적은 그의 「망천 입구에서 비를 만나 종남산을 생각하며 왕유에게 바친다(輞口遇兩憶終南山因獻王維).」 시 (『전당시』 권129)에서 다음과 같이 토로하였다.

장마 비에 온 하늘 어두컴컴하고
펼쳐진 사막에는 하늘의 광채 사라졌네.
망천수는 유유히 흐르는데
남산은 또 어디에 있느뇨[94]

이 시는 배적이 망천의 추억을 그리워한 것인데, 망수는 유유히 흐르는데, 남산은 또 어디 있느냐라 하며, 속세를 완전히 작별하는 노후의 왕유를 생각하는 심회를 표현하고 있다. 이 해에(761) 왕유가 서거하므로, 왕유와 배적과의 교유는 종결을 고하게 된 것이다.

왕유의 시우와의 교유에 나타난 공통적인 특징은 (1) 관직과 상관된 교유 (2) 도·불가의 종교적·사상적 배경을 지닌 교유, (3) 시·화의 문학

91) 桂尊迎帝子, 杜若贈佳人. 椒槳尊瑤席, 欲下雲中君.
92) 丹判冒人衣, 茅香留過客. 幸勘調鼎用, 願君垂採摘.
93) 蜀州刺史 被任時는 上元 二年(71)王維卒年에 상당.
94) 積雨晦空曲, 平沙滅浮彩. 輞水去悠悠, 南山復何在.

예술을 대화로 한 교유로 볼 수 있다.

노상과는 유년부터 맺어진 상호흠모의 교유인 동시에, 불가를 통한 종교적인 우의를 지녔고, 조영과는 불우한 역경 속에서 굳힌 교유이기 때문에, 왕유의 “그대를 남포로 보내니 눈물이 실같이 끊이지 않도다(送君南浦淚如絲).”(「제주에서 조삼을 보내며(濟州送祖三)」)구의 감개가 더욱 직핍하다. 이기와는 왕유시 「이기에 주며(贈李頎)」 1수 뿐인 내용을 통해 알 수 있듯이 도가의 연단술(錬丹術)을 동락(同樂)하며 공명을 초탈한 교유이며, 기무잠과는 관직의 고저를 잊고, 소탈한 심경으로 산수를 음영하는 순수한 교유라면, 구위와는 과거급제에의 실패를 위로하고 또 위로받는 상호의 인간적인 미의 조화에 의해 맺어진 왕유가 사거하기까지의 긴 교유였다. 이상의 왕유 조년의 교유를 통해 중·만년에 이르면서 교유 또한 도·불가에 의한 은일적·낭만적인 색채를 띠고 있음은, 시풍과 상통한다 하겠다. 왕창령과는 도불의 심오한 사상으로 이루어진 정신상의 고민에서 해탈하려는 관계의 교유이며, 은요와는 ‘無生’의 불리에 의한 신적(神寂)과 고소(高疎)를 같이 한 불심에서 우러나는 고통을 서로 나누는 교유관계였다. 끝으로 배적과는 왕유 말년에 안록산난의 고난을 같이 했고 망천 별서에서 창화를 같이 하던 왕유 만년의 시를 매개로 한 한거의 교유인 것이다. 교유에 관한 연대고증과 관계되는 시의 인용이 왕유연구에 보다 중점적인 연구대상이 됨을 깊이 인식한다.

소영사(蕭穎士)의 교유와 4언시

중당대의 고문운동을 선도하고 당대에 살면서 시경시대의 시풍을 추구하며 특이한 작시활동을 했던 천재시인 소영사(717~760)는 리위에강(李曰剛)이 이미 기술한 바,

> 소영사와 이화는 모두 고문가로서 시문의 작품은 경서를 바탕으로 하고 도리를 담고 있으면서 간이함을 높여야 한다고 생각했기에, 한유와 유종원의 고문운동의 선봉이 되었다. 문집 10권과 전당시에 시 한권이 있다. 4언체가 대다수 차지하고 체제가 시경의 풍아를 본받고 있으며 5언시 또한 고풍을 지니고 있다.[1)]

라고 한 바와 같이 성당대의 이백·두보·왕유 등의 유파와는 전혀 별개의 시작을 남겨 놓고 있다. 그가 남긴 시는 15제 41수(『전당시』 권254)에 지나지 않지만 그 특성으로 보아 거의 경이로운 시경의 속편을 보여주는 듯하다. 이러한 그의 시를 당시의 사조와 상이하다고 하여 제외시키고 단지 산문가 또는 고문운동가로만 한정시키는 것은 그의 문학 자체를 이해하는데 공평치 못하다고 생각되어, 본문에서는 그의 시만을 놓고 시고하려는 것이다. 따라서 특이한 시작을 남길 수 있었던 배경을 살펴야

---

1) 穎士與李華均爲古文家, 以爲詩文之作應宗經載道而尚簡易, 爲韓柳復古運動之先鋒. 有集十卷, 全唐詩存詩一卷. 四言居多, 體效風雅, 五言亦有古意.

할 것이며, 그 생평과의 유관점도 추출해야 할 것이다.

Ⅰ. 생평과 교유

『전당시』의 소전에서,

> 소영사는 자가무정이다. 개원 주에 대책제일이 되어 비서정자에 보하고 봉시로 조위간에 남긴 서간을 총괄하는데 오래 보고하지 않으매 유사에 탄핵되어 면직하고 복양의 교수로 머무니 그 당시 소부자라 칭하였다. 집현교리로 나가게 되자 재상 이림보가 극히 노하여 광릉참군사를 맡게 되고 사관 위술이 영사를 추천하여 자기를 대신케 하매 사관대제 만나자, 임보가 더욱 질시하니 마침내 관직을 면하게 되었다.[2)]

라고 기록하고 있듯이 소영사의 자는 무정(茂挺)이며 개원년간에 「대책제일(對策第一)」 등의 관직을 거쳐 높아야 「집현교리(集賢校理)」라는 미관에 머물렀음을 알 수 있다. 그리고 여남(汝南)에서 객사했다는 정도로 기록되어 있다.

따라서 소영사의 생애를 다각적으로 보완하기 위하여 그의 생평사적을 양분하여 살펴보고자 한다.

1. 생평사적

소영사의 생년시기를 보면 이화(李華)의 『소영사문집(蕭穎士文集)』서(序)에서 "십구 세에 진사에 급제하다(十九進士擢第)"라 한 것과 또 『당척언(唐摭言)』에서 "소령사 개원 23년에 급제하다(蕭穎士開元二十三年及第)."라 한 것으로 미루어 보아 소영사(蕭穎士)는 현종 개원 5년(717)에

---

2) 蕭穎士, 字茂挺. 開元中, 對策第一, 補秘書正字, 奉使括遺書趙衛間, 淹久不報, 爲有司劾免, 留客濮陽教授, 時號蕭夫子. 召爲集賢校理, 宰相李林甫怒其不下己, 調廣陵參軍事, 史官韋述薦穎士自代, 召詣史館待制, 林甫愈見疾, 遂免官(권154).

출생한 것으로 본다. 소영사가 진사에 급제한 기록으로는『구당서』권190 손적전(孫逖傳)에,

개원 21년 들어가서 고공원외랑, 집현수찬이 되고 손적이 선공 12년간 준재를 많이 얻었다. 초년에 두홍점이 재상에 보하고 안진경이 상서가 되었다. 후년에 이화, 소영사, 조화를 뽑아서 등제케 했다.[3)]

라고 한 데에서 소영사가 등제한 시기를 알 수 있다. 소영사가 등제 후에 첫 관직을 금단위(金壇尉)와 계주참군(桂州參軍)으로 시작하였으니 이화의 집서에 보면,

19세에 진사급제하고 금단위, 계주참군을 역임하고서 사임한 후 강좌 지역에서 은거하였다. 영왕 린이 책을 다듬는데 그를 청하니 그가 은둔하여 상면하지 않았다. 회남절도사가 그를 양주공조참군에 천거하고 상국제도조용 제오기가 글 청하여 보좌로 삼으려 하니 그는 선세를 빈소하는 일이라 하여 옮겨 합장하는 일을 마치고 여남에 가서 졸하였다.[4)]

이라고 하여 초관의 역임과정을 기술하고 있다. 상기한 두 관직을 거쳐서 비서정자(秘書正字)가 되기까지는 소영사가 금단(潤州)에 있음과 계주에 나가 있었음을 알 수 있으니, 그 때가 개원 26년 전후(738)의 동 29년(741) 사이에 해당한다.

소영사는 그 후 천보 8년(749)에 집현교리(集賢校理)를 지낸다. 그 짧은 시기에 인간관계의 불화로 인해 광릉참군사(廣陵參軍事)로 옮긴다. 그 대상이 당대의 권세가인 이임보(李林甫)이다. 그의「앵두나무 베기 서문(伐櫻桃樹賦序)」를 보면,

천보 8년 내가 이전의 교리를 파면되어 광릉대부군사의 참모로 강등되다.[5)]

라고 하고『신당서』열전에도

---

3) (開元)二十一年, 入爲考功員外郎・集賢修撰. 逖選貢士二年, 多得俊才. 初年則杜鴻漸至宰輔, 顔眞卿爲尙書. 後年, 拔李華・蕭穎士・趙驊登上第.

4) 十九進士擢第, 歷金壇尉・桂州參軍辭官避地江左. 永王璘修書請君, 君遁逃不與相見. 淮南節度使表君爲揚州功曹參軍, 相國諸道租庸使第五琦請君爲介, 君以先世寄殯嵩條, 因之遷祔終事, 至汝南而歿.

5) 天寶八載, 予以前校理罷免降資參廣陵大府軍事.

집현교리가 되니 재상 이임보가 그를 보려하자 영사가 마침 부친상을 당해서 찾지 않았다. 임보는 일찍이 친구 집에 들러 영사를 부르자 영사는 앞으로 나가서 문에서 울며 기다리거늘 임보는 어쩌지 못하고 앞에서 조문하고 갔다. 광릉참군사의 직을 내리다.[6)]

라고 하여 소영사의 인생에 있어 어려운 고비를 겪었음을 보여준다. 이어서 천보 10년(751) 소영사는 사관 위술(韋述)의 추천으로 대제사관(待制史館)이 되는데, 그의 「흰 꿩의 노래 서(白鷴賦序)」에 보면,

천보 신묘년 내가 강가에 정박하니 물이 넘칠 때러라. 추 8월 산음에서 도양에 머무니 마침 왕명이 있어서 서울로 갔다. [7)]

이라고 하였고 또 「뜰의 사초 노래 서(庭莎賦序))」에는,

천보 10년 나는 사신으로 선택되어 궐하에서 조서를 기다리다.[8)]

라고 했으니 이임보로 인해 선발되지 못하다가 이임보가 죽은 후에야 관운이 트이기 시작했음을 알 수 있다. 이와 같은 설명은 『신당서』 열전에 상세하게 기록되어 있다.

사관 위술이 영사를 추천하여 사관대제로 되니 영사가 전갈에 따라 서울에 이르렀는데 임보가 마침 위세를 휘잡으매 영사는 마침내 굴하지 아니 하자, 더욱 미움 받아 놀연 관식을 면하고 저두간에 왕래하다가 임보가 죽자 다시 하남참군사가 되었다.[9)]

이와 같이 이임보의 사망은 소영사로 하여금 활동의 폭을 넓혀준 것이다. 소영사는 4년간 비교적 평탄한 생활 속에서 교유를 넓히며 문물을 작품화하는 중요한 시기로 삼는다.[10)]

---

6) 召爲集賢校理, 宰相李林甫欲見之, 穎士方父喪, 不詣. 林甫嘗至故人舍邀穎士, 穎士前往, 哭門內以待, 林甫不得已, 前弔乃去. 調廣陵參軍事.

7) 天寶辛卯歲, 予飄泊江介, 流岩踰時. 秋八月, 自山陰前次東陽, 會有命自天, 召赴京闕.

8) 天寶十載, 予以史臣推擇, 待詔闕下.

9) 史官韋述薦穎士自代, 召詣史館待制, 穎士乘傳詣京師. 而林甫方威福自擅, 穎士遂不屈, 愈見疾俄免官, 往來鄠杜間. 林甫死, 更調河南參軍事.

10) 이림보의 사후에 장안(長安)에서 하서참군사(河南參軍事)로 나갈 때 유태진(劉太眞)이 소영사를

그러나 천보 14년(755) 안록산(安祿山)이 범양(范陽)에서 반란을 일으키니 소영사는 장안을 떠나 양양(襄陽)으로 피난하였다. 그 피난하던 정황을 다음과 같이 기술하고 있다.

> 변란이 시작되니 나는 기원에 머물다가 처음 솜옷 들고 남으로 가니 파할대는 무너졌고 병이문에 다다르니 대신의 집에는 수레가 없고 울퉁불퉁한 땅에는 지도와 호적을 버렸도다. 저자는 쓸쓸하고 길에는 사람이 드물도다. 도적이 몰아대며 길에 가득하며 달아나는 마부는 없는데 울부짖는 아이들이 있도다. 냇물은 겹겹이 얼어서 매양 건너고 길에는 눈이 쌓여 뒤뚱대며 걷도다. 밤낮으로 내달릴 길밖에 없으니 오직 자나 먹으나 어찌 두려움을 잊었으리오.[11]

따라서 지덕(至德) 원년(756)에 소영사는 양양에서 남산절도부사(南山節度副使), 소장절도서기(召掌節度書記) 등을 지낸다. 그러나 그의 심기는 편하지 않았으니 그의 「최중서 원에게 보내는 글(與崔中書圓書)」에 보면,

> 나그네 되어 궁한 시기에 다행히 녹을 받다가 필묵을 같이하며 의견을 나누기도 어려워 공연히 생각을 품고 진술할 수 없었다. 막부의 빈객이 되어서 긴 밤을 탄식하며 나도 모르게 눈물을 머금었다.[12]

라고 하여 신용을 잃고 심적인 고통을 겪는 상황을 엿볼 수 있게 한다. 그리하여 소영사는 질병에 걸리고 이화의 「소영사의 제문(祭蕭穎士文)」(『全唐文』 권321)에서,

> 건원 3년 2월 10일 고자 조군 이화는 맑은 술잔을 제전에 올려 망우 고 양주공조 소난릉공의 영전에 제사 드리나이다.[13]

송별하는 「送蕭穎士赴東府」序에 「吾徒喟然, 瞻望不及, 賦詩仰餞者, 自相理造・賈邕以下, 凡十二人, 皆及門之選也」라 하니 그 12인은 곧 相理造・賈邕・劉舟・長孫鑄・房白・元晟・劉沖・劉太眞・姚發・鄭愕・殷少野・鄔載 등이다(『唐詩紀事』 권27).

11) 變之始也, 予旅寓於淇園, 初提絜而南奔, 崩波滑臺, 逼迸夷門, 亡車徒於鼎城, 擯圖籍於轘轅. 市蕭條以罕人, 盜充斥以盈路. 微奔走之僕御, 有啼呼之幼孺. 川層氷而每涉, 塗積雪而猶步. 晝兮夜兮, 曾莫解於馳騖. 惟寢與食, 曷嘗忘於恐懼(文集 「登宜城故城賦」).

12) 羈窘之辰, 幸忝俸祿, 然任翰墨, 罕參籌議, 徒懷所見, 莫獲申述. 忝職幕賓, 言不見錄, 長宵歎息, 不覺飮淚.

13) 維乾元三年二月十日, 孤子趙郡李華以淸酌之奠, 祭於亡友故揚州功曹蘭陵蕭公之靈.

라고 한 바와 같이 소영사는 여남(汝南)에서 건원(乾元) 원년(760)에 사망하였음을 확인할 수 있는 것이다.

한편 소영사의 성품은 재능만을 믿어 오기가 있고 조급한 면이 있어 처신상 불화가 있었으니 상기한 바 이림보 등 상관에 대한 결례 등이 되겠다. 그러나 결백하고 유속에 물들지 않는 염사(廉士)적 기질이 있기도 하였기에 그 시문의 간결미와 묘사의 청일함이 두드러진다고 할 것이다. 정처해(鄭處誨)의 『명황잡록(明皇雜錄)』(상)에서,

> 소영사는 개원 23년에 급제하여 재주를 믿고 오만하여 자못 비길 데가 없었다. 항상 스스로 술항아리를 쥐고 교외로 나가서 객사에 쉬면서 홀로 마시며 읽고 읊었다.[14)]

라고 한 것이라든가 당대 범터(范攄)의 『운계우의(雲谿友議)(卷中 李右座條)에서

> 재상(이임보)이 말하기를 한 소영사란 자 있는데 이미 과거 급제를 욕하며 시세를 경시하여 멋대로 술을 마사면서 명교를 따르지 않는다.[15)]

라고 한 것에서 그의 품성을 규지할 수 있다. 그리고 그의 「위사업에게 드리는 글(贈韋司業書)」에는 자신의 품성에 대해서 자평하고 있어서 더욱 기묘한 일면을 확인하게 한다. 곧

> 저는 학식을 닦은 이래로 기호가 적어서 경술 이외에는 대개 마음을 두지 아니 하였다. 어려서 배울 때에 논어, 상서를 전수 받아서 정미하게 이해할 수 없다 해도 여전히 말이 지금에 어긋지 아니 하면 이에 마음을 열고 뜻을 편히 하여 날마다 천여 말을 외웠다.[16)]

여기서 소영사는 어려서 경학을 배우고 잡기를 멀리하며 고고한 처신을 하였음을 밝히고 있다. 그의 시문에서 이러한 흥취가 우러나고 있음을 보게 될 것이다.

---

14) 蕭穎士開元二十三年及第, 恃才傲物, 曼無與比. 常自攜一壺. 逐勝郊野, 偶憩於逆旅, 獨酌讀吟.

15) 右座(李林甫)曰, 有一蕭穎士, 旣叨科第, 輕時縱酒, 不遵名教.

16) 僕有識以來, 寡於嗜好. 經術之外, 略不嬰心. 幼年方小學時, 受論語・尙書, 雖未能究解精微 ; 而依說與今不異. 由是心開意適, 日誦千有餘言.

2. 교 유

소영사는 뛰어난 재주로 인해 양명하게 되고 뜻을 같이 하는 우인의 교왕도 나름대로 적지 않았다. 그의 교우관계를 우인과 후배 등으로 양분하여 살펴보고자 한다. 이화는 「삼현론(三賢論)」(『전당문』 권317)에서,

> 공부시랑 위술, 예부시랑 양준, 여남 소진위경, 영천 진진정경, 천수 윤징지 성명은 모두 소영사에 후덕한 사람들이다. 상서 안공은 명절을 중히 여기고 고우를 돈독히 하여 무정과 어려서 친하였다. 안공은 육거, 유방과 가장 친하고 무정은 조화, 소진과 가장 친하여서 천하가 일컬어 안소지교라 하였다.[17]

라고 하여 소영사와 교분이 있는 인물들을 열거하고 있다. 이제 교분우인들과의 교유관계를 약술하고자 한다.

1) 이 화(李華)

이화의 자는 하숙(遐叔)이며 조주 찬황인(趙州贊皇人)이다. 개원 23년(735)에 소영사와 같이 진사에 오른다. 소영사와의 교분은 『당척언(唐摭言)』 권1에서 “이화 원외의 조칠 시어에게 부치는 시에 예전에 소소우로 네사람이 어른 아이로다(李華員外寄趙七侍御詩, 略曰 ; 昔日蕭邵友, 四人纔成童).”라고 하였으며, 이화도 소영사의 제문에서 그에게 애도를 표하면서, “아아. 우정은 평생의 지기로서 마음과 몸이 하나 같으니 세월의 이별은 언 듯 고금을 이루었나니 하늘이 나를 버린 것이로다. 이 아픔 어이다 지난 날을 다듬을 수 있으리오(嗚呼茂挺, 平生相知, 情體如一. 歲月之別, 俄成古今. 天乎喪予, 此痛何極華疇昔之歲).”라고 하여 소영사에 대한 절실한 연민을 토로하고 있다.

---

17) 工部侍郎韋述·禮部侍郎楊浚·汝南邵軫緯卿·穎川陳晋正卿·天水尹徵之誠明, 是皆厚於蕭穎士者也. 尙書顔公重名節, 敦故舊, 與茂挺少相知. 顔與陸據, 柳芳最善. 茂挺與趙驊·邵軫最善, 天下謂之顔蕭之交.

2) 조 화(趙驊)

자가 운경(雲卿), 정주(鄧州) 양인(穰人)이다. 개원 23년에 진사에 급제하여 좌보궐(左補闕)·감찰어사(監察御史)·전중시어사(殿中侍御史)·상서비부원외랑(尙書比部員外郞) 등을 역임하였다. 소영사와의 관계는 이화의 「조칠시어에게 부침(寄趙七侍御)」의 일단에서 확인할 수 있다.

> 옛날 소영사와 소진이 교유하는데
> 네 사람이 곧 아이가 되었다네.
> 문장은 공자의 문하를 부러워하고
> 벼슬에 들어서는 상공되기 바랬다네.
> 소위경은 죄에 빠지지 않고
> 우리들 창끝을 꺾었다네.
> 올곧게 홀로 먼저 선도하고
> 몸을 일으켜 서울의 다리를 건넜도다.
> 이 사람 밝은 세대를 떠나서
> 백대토록 관직을 떨쳤도다.
> 세상 변고가 일어나 가로질러 흐르니
> 그대와 함께 길이 막혀 모욕당함을 슬퍼하노라.[18]

이 시는 이별한지 10년 후에 그리운 우정을 토로하고 있기 때문에 대개 대종(代宗) 대력9大曆) 6년(771) 전후의 작으로 본다.

3) 소 진(邵軫)

자가 위경(緯卿)이며 여남인(汝南人)이다. 이들의 관계는 『당척언(唐摭言)』 권1에서,

> 영휘 이후에 문인으로 이름을 드러낸 자는 두 든든한 사람 아니고는 드물다. 대개 친우

18) 昔日蕭邵遊, 四人纔成童. 屬辭慕孔門, 入侍希上公. 緯卿陷非罪, 折我昆吾鋒. 茂挺獨先覺, 拔身渡京虹. 斯人謝明代, 百代墜鵷鴻. 世故墜洪流, 與君哀路窮.

의 장단점, 문예의 우세로써 갈고 닦아서 조석을 가리지 아니 하고 삶의 기복과 언행의 모든 것을 더불어 함께 하였다.[19]

라고 하여 양인이 수학(修學)은 물론 서로의 발전을 위해 상호 격려와 노력을 경주하였음을 알 수 있다.

4) 안진경(顔眞卿)(709~785)

자는 청신(淸臣)이며 장안인(長安人)이다. 헌부상서(憲部尙書)·어사대부(御史大夫)를 거쳐서 상서우승(尙書右丞)·노군공(魯郡公)을 지냈다. 양인의 관계는 조년에 있었으니 「삼현론」에 "상서 안공은 명분과 절개를 중히 여기고 교우를 돈독히 여겨서 무정과 어려서 서로 가까이 지내니 천하가 안소지교라 하였다(尙書顔公重名節, 敦故舊, 與茂挺少相知. 天下謂之顔蕭之交)"라고 한데서 엿볼 수 있다.

5) 원덕수(元德秀)(696~754)

자가 자지(紫芝)이며 하남(河南)의 하남인(河南人)이다. 개원 26년(733)에 재행제일진사(才行第一進士)로 급제하여 형주남화위(邢州南和尉)와 좌용무군록사(左龍武軍錄事)를 지냈다. 원덕수는 효성이 지극하였는데, 소영사보다 21세 연장으로 소영사와 이화는 그를 형으로 섬겼다.[20] 이화는 「삼현론」에서,

> 원의 지행은 도로써 천하의 기틀을 삼는다. 원은 우둔과 지혜를 고루 지녀서 원의 도는 부자의 문하에 달해 있은 즉, 통달한 것이 그 유파인 것이다. 원은 본래 부모에 효도하여 상을 당해 애곡하며 고아를 인자로 어루며 친구의 위급에 희생하며 직분에 임하여 상벌을 분명히 하여 종신토록 빈천하며 천명을 알고 즐겼도다.[21]

---

19) 永徽之後, 以文儒亨達, 不由兩塈者稀矣. 蓋以朋友之臧否, 文藝之優勢, 切磋啄磨, 匪朝伊夕, 抑揚去就, 與衆共之.

20) 『新唐書』 권202 蕭穎士傳과 『全唐文』 권317의 李華 「三賢論」 참조

21) 元之志行, 當以道紀天下. 元齊愚智. 元之道及於夫子之門, 則達者其流也. 元奉親孝, 居喪哀, 撫孤仁, 徇朋友之急, 涖職明於賞罰. 終身貧而樂天知命焉.

라 하여 원덕수의 인품을 극찬하고 있으니 평소 그에 대한 존경심을 알 수 있다.

6) 가 지(賈至)

자가 유린(幼隣)이며 하남(河南) 낙양인(洛陽人)이다. 개원 23년(735)에 소영사·이화 등과 진사에 급제하여[22] 상서우승(尙書右丞)과 예부시랑(禮部侍郎)·병부시랑(兵部侍郎)을 지냈다. 당대 임보(林寶)의 『원화성찬(元和姓纂)』 권7에 「중서사인·예부병부 두 시랑·경조윤·우상시에 이르다(至中書舍人·禮·兵二侍郎·京兆尹·右常侍).」라고 하여 가지의 관로를 밝히고 있다.

7) 위 술(韋述)

경조(京兆) 두릉인(杜陵人)으로[23] 중종(中宗) 경룡(景龍) 2년(708)에 진사에 오르고[24] 개원 27년(739)에 국자사업(國子司業)을 거쳐 천보 초에 은청광록대부(銀靑光祿大夫)가 되었다. 소영사와의 교분은 소영사가 진사에 급제한 이후일 것이다. 소영사는 「위사업에게 드림(贈韋司業書)」에서 "갑자기 왕년에 뵐 때를 기억하니 귀하가 말하기를 손대는 으뜸의 진사라 하였는데 그대야말로 그런 사람이도다."[25]라 하니 손대(孫大)란 손적(孫逖)으로서 개원 23년(735) 고공원외랑지공거(考功員外郎知貢擧)에 소영사(蕭穎士)·이화(李華)·조화(趙驊) 등을 선발한 일을 말하는 것이다. 천보 10년(751) 사관(使官) 위술(韋述)이 영사를 사관대제(史館待制)로 추천하였으나 선발되지 못하였다.

그러나 양인의 우의는 깊었으니 위술은 「소십에게 답하는 글(答蕭十書)」(『全唐文』 권302)에서 소영사의 학문적 자세를 칭찬하여, "귀하는 여러 언사를 꿰뚫어 널리 알지 못하는 것이 없으며 하나를 들으면 열을 알고 몰라 묻는 것이 절실하여 항상 깊이 생각하였다."라고[26] 하면서 소영사의

22) 『登科記考』 권8.
23) 『元和姓纂』 권2.
24) 『登科記考』 권4.
25) 忽記往年奉詣時, 足下云 ; 孫大所言第一進士, 子則其人.

문재를 '사어가 고아하고 이치가 넓다(詞高理博)'라 하고 '알지 못하는 것이 없다(靡不該覽)'라고 하여 소영사의 탁월한 능력을 강조하였다. 한편 소영사도 위술에게 보내는 「위사업에게 드리는 글(贈韋司業書)」을 보면,

> 저는 귀하를 만난 것은 어찌 단지 백개와 왕찬의 가회나 자산과 연능의 회합만으로 여기겠습니까? 비록 수백 년이 지나도 멀리 서로 바라보며 또한 성글게 헤어져 있지 않으리다.[27]

라고 하였으니 두 사람이 망년지교(忘年之交)가 깊었음을 알 수 있다.

한편 후배들과의 교분을 보면 소영사는 선배보다는 후배에게 후의를 베푼 것을 볼 수 있다. 『당시기사(唐詩紀事)』에서는 "소영사는 남의 선을 듣기 좋아하여 후진을 천거함을 임무로 삼았다. 이양빙, 이유경, 황보염, 육위 등은 이로 하여 명사가 된 것이다."[28]라고 하여 소영사가 후진 중에 유능한 자를 적극적으로 격려하였음을 밝히고 있으며, 후진의 기량에 따라 본받을만한 점은 솔직히 인정해 주는 포용력을 지니고 있었다. 그러므로 적지 않은 청년 선비들이 소영사를 추종한 것이다.

8) 유태진(劉太眞)(725~793)

자가 중적(仲適)이며 금릉인(金陵人)이다. 정원(貞元) 3년(787) 예부시랑(禮部侍郎)까지 지냈다. 태진이 소영사를 받든 사실은 다음의 「양상공에게 올리는 글(上楊相公啓)」(『全唐文』 권395)에서 볼 수 있다.

> 엎드려 생각하건대 조년에 장강 가에 궁거하면서 널리 경전을 보아도 근원을 다 알지 못하였는데 천보 중에 일찍이 고 양주고공조 난릉 소군을 만나서 언어와 문학을 사승받았다. 그러나 가정이 빈한하고 세상이 어지러워 끝내 그것을 이기지 못하였다.[29]

---

26) 足下貫穿群言, 靡不該覽, 聞一以知十, 切問而近思.
27) 僕遇於足下, 豈徒伯喈・王粲之嘉會, 子產・延陵之胳合耶. 雖數百年外, 邈邇相望, 亦不爲遼闊也.
28) 蕭穎士樂聞人善, 以推引後進爲己任. 如李陽冰・李幼卿・皇甫冉・陸渭輩, 由奬自爲名士(권27・李幼卿條).
29) 伏念早年僻居江介, 泛窺經典, 莫究宗源. 天寶中, 嘗遇故揚州功曹蘭陵蕭君, 語及文學, 許相師授; 而家貧世亂, 不克終之.

여기서 세란(世亂)은 안록산(安祿山)의 난이며, 태진이 올린 계(啓)의 대상은 양관(楊綰)이다. 한편 소영사 역시 태진의 재능을 높이 평가하였다.

9) 육엄(陸淹)과 정악(鄭愕)

정악은 천보 12년(753)에 진사에 급제하였는데, 『당시기사』에 소영사를 전송하는 시 한 수가 수록되어 있다.[30] 소영사는 그의 "강에 단풍이 있어(江有楓)」 서에서 「강가의 단풍나무는 육엄과 정악 두 벗이 오지에서 옛 교유하며 참소를 미워하던 일을 그리워한 것이다. 두 방 사이엔 척수라는 단풍나무가 있었는데 강남의 단풍과 모양이 비슷하거늘 그 아래에서 쉬면서 이 시를 지어 그대들에게 주노라(江有楓, 思陸鄭二友昗會舊遊, 且疾讒也. 二室之間有槭樹焉, 與江南楓形胥類, 憩於其下, 而作是詩, 以貽夫二三子焉)."라고 하여 강가의 단풍나무를 보고 육엄과 정악을 그리며 옛날 놀던 때를 노래한다고 하였다. 그리고 그 시의 제6장에서는 "내 친구가 있는데 저 사람은 육의 아들로 솔 같고 구기자 같아서 정숙한 문답이 그지없도다(我朋友在矣, 彼陸之子, 如松如杞, 淑問不已)."라 하여 육엄의 곧고 맑은 성품을 노래하였고, 또 제7장에서는 "내 벗 우정은 정악의 아들이다. 구슬 같고 꽃 같으며 덕음이 공명과 같다(我友于征, 彼鄭之子(自註 ; 愕也). 如琇如英, 德音孔明)."라 하여 정악의 인품을 옥 같고 꽃답다고 하였으며, 제8장에서는 "내가 진택을 생각하면, 마름풀과 가시나무간 덮여 있고, 내가 섬계를 생각하면, 삼목나무가지 무성하여 자나 깨나 선명하다(我思震澤, 菱芡幕幕, 我思剡溪, 杉篠萋萋, 寤寐無迷)."라고 하여 소영사가 육엄의 고향인 「震澤」을 써서 육엄을 노래하고 있다.

30) 『唐詩紀事』 권27에 「送蕭穎士詩」 一首 수록.

Ⅱ. 시문계년(詩文繫年)

소영사의 문집은 『숭문총목(崇文總目)』에 『蕭穎士文集』(十卷)의 목록이 있는데, 『신당서』예문지와 『송지(宋志)』에도 이와 같다. 그리고 『당지(唐志)』에는 『梁新集』(三卷)이 있다. 조공무(晁公武)의 『군재독서지(郡齋讀書志)』와 진진손(陳振孫)의 『직재서록해제(直齋書錄解題)』에 모두 10권이라 한 것을 보아 양송간에도 소영사집이 완전히 산실된 것은 아니다. 이화의 집서에서는 "문집 열 권이 세상에 유행하니 그 편목이 있지만 장구가 일실되어 옛날 소위 뜻은 있으되 그 사어가 없다의 경우인 것이다."라[31] 하여 그 산실이 적지 아니함을 애석히 여겼다. 따라서 원명 이래로 저록이 보이지 않았는데, 청대의 육씨벽송루(陸氏皕宋樓)와 정씨선본서실((丁氏善本書室)에 구초본(舊抄本)이 있다함은 그 근거가 명확하지 않다.[32] 『사고전서(四庫全書)』는 이 판본을 근거로 기록하기를,

> 단지 부 9편, 표 5편, 첩 1편, 서 5편, 서 5편일뿐 ,이른 바 그 <최원에 주는 글>은 지금 문집에 등재되지 않았다. 서록해제의 이른 바 <유병서>도 지금 일실되었다. 그리고 후인이 문원영화, 당문수 등 여러 책에서 골라서 문집을 만들었으나 10권의 옛문집대로 복원하지는 못하였다. [33]

라고 하여 초본의 본래 문집이 아니고 제서에서 초사한 과정을 거쳐 나왔음을 기술하고 있다. 또한 팔천권루서목(八千卷樓書目)에는 성씨간본(盛氏刊本)이 있다고 하는데[34], 성씨간본 말미의 「청대 광서 병신 10월 하한 성선회발문(淸光緖丙申十月下澣盛宣懷跋文)」에는 소영사 작품이 산재되어 있는 상태가 나쁘고 그 수집 또한 용이치 않음을 밝히고 있다. 이제 다음에 판뤼치창(潘呂棋昌)의 『蕭穎士硏究』(臺灣 文史哲出版社)에 의

---

31) 有文十卷行於世, 其篇目雖存, 章句遺逸, 古所謂有義而無其辭者也.

32) 완만(萬曼)의 『唐集叙錄』, 74면.

33) 僅賦九篇・表五篇・牒一篇・序五篇・書五篇,史稱其與崔圓書,今集中不載.書錄解題所云柳拚序, 今亦佚之. 又後人抄撮文苑英華・唐文粹諸書而成, 非復十卷之舊矣.

34) 주8과 동일.

거하여 그의 시문학 시기를 개관하고자 한다.

(1) 「몽산시(蒙山詩) ; 시에 "동몽의 진해소는 합답에서 백여 리이네(東蒙鎭海所, 合沓餘百里.)", 그리고 말연의 "마침 계림의 영예 좇느라 도원의 미를 볼 겨를이 없도다(方馳桂林譽, 未暇桃源美.)"로 보아 진사에 등제한 시기인 개원 23년(735)의 작으로 본다.

(2) 「중양 날에 원노산 덕수를 모시고 북성에 올라 갓 개인 날을 보며 작별하여 드림(重陽日陪元魯山德秀登北城矚對新霽因以贈別)」; 시제의 자주(自注)에 "이 시기에 원형이 자주 벼슬의 뜻이 있음(時元兄屢有掛冠之意)"라 했는데, 이는 통감(通鑑) 권214의 "개원 23년 춘 정월에 노산영 원덕수가 오직 악공 몇 명으로 위 땅에서 소매 여미며 노래하다(開元二十三年春正月, 魯山令元德秀惟樂工數人, 運袂歌于蔿.)"와 상통한다.

(3) 「양주의 이장사가 황태자 책립의 축하를 위한 표문(爲揚州李長史賀立皇太子表)」; 현종이 태자를 책봉한 일은 두 번이 있는데, 하나는 개원 3년이니 소영사가 출생 전이며, 또 하나는 개원 26년 칠월 기사(己巳)(738)에 충왕(忠王) 여(璵)를 책봉한 일이다.

(4) 「진정경이 상서를 잇도록 하기 위한 표문(爲陳正卿進續尙書表)」; 글 속에 "개원성문신무황제(開元聖文新武皇帝)"라고 하였는데, 이러한 호는 개원 27년에서 29년에만 쓰인 것이며, 소영사 자신은 개원 29년에 사부전선(吏部銓選)에 부임하였다. 그러므로 개원 29년(741) 작으로 본다.

(5) 「위사업에 드리는 글(贈韋司業書)」; 위술이 개원 27년에 국자사업이 되는데[35], 글 속에 "일찍이 비서성의 한 관직을 얻기 원한 바, 봉래. 열전적과 교리 등 이런 직에 올랐는데 이제 절망하였다(嘗願得秘書省一官, 登蓬萊・閱典籍, 校理是司, 於今絶望).”라고 하니 소영사가 비서정자(秘書正字)가 된 것은 천보 원년이므로 이 글은 임명되기 직전, 즉 개원 29년(741)에 쓰여진 것이다.

(6) 「추상선에 답함(答鄒象先)」; 『唐詩紀事』 권22 (추상선조)에 "상선이 임환위가 되니 소영사는 서울에서동으로 귀환하지 않았으니, 상선과 동년생이다. 시를 지어 보내니 이듬해 소영사가 비서정자가 되매 상선이 시를 부치어 지난 일을 다시 썼다(象先尉臨渙, 蕭穎士自京邑無成東歸. 吏象先同年生也, 作詩贈之, 來年蕭補正字, 象先寄詩, 重述前事.)"라 했고 천보 원년에 비서정자에 임명되니 이 시기의 작이다.

---

35) 『舊唐書』 권102 韋述傳

(7) 「임하성에 올라서(登臨河城賦)」; 서에 이르기를 "천보 원년 추 탈월 절도사를 받들어 세상에 남겨진 책을 구하려고 임하의 구읍에 머물면서 열람하며 더 슬퍼지니 흐느끼며 부를 짓다(天寶元年秋八月, 奉使求遺書於人間, 屆於臨河之舊邑, 覽物增懷, 泫然有賦)."

(8) 「이청하에게 다시 답하는 글(重答李淸河書)」; 이청하는 이등(李登)으로 천보 초에 청하태수를 지냈다(『舊唐書』 권187 · 『新唐書』 권191) 본문 중에 "모는 아뢰노라. 임청부마 마원이 창락에 이르러 주급을 받들다(某白; 臨淸傳馬遠至昌樂, 奉問及)."라 하니 여기서 임청(臨淸)은 청하(淸河)의 남방이며 청하와 같이 패주(貝州)에 속한다. 창락(昌樂)은 임청의 남방에 있으며 위주(魏州)에 속한다. 천보 원년 추팔월 소영사가 복양(濮陽)에 머물렀는데 이곳은 창악의 남쪽에 있으므로 이 시기로 본다.

(9) 「국화 꽃 5장(菊榮五章)」; 서에 "국화 꽃은 이별의 정을 드려서 뜻을 편 것이다. 오래 큰 읍에 머물며 어진 재상 송후가 자혜로이 베풀어 주시니 우는 매미를 노래하여 작별하노라(菊榮, 酬贈離, 且申志也. 久寓大邑, 賢宰宋侯, 惠而好予, 賦鳴蟬以貺別.)"이라 하니 송후(宋侯)는 복양재(濮陽宰) 송화(宋華)를 가리킨다. 『전당시』 권257의 송화의 「매미 울음 5장(蟬鳴五章)」서에 "매미가 우니 가을의 흥취가 나서 귀향함을 송별하노라. 편벽한 외방의 읍을 지키면서 …… 시를 지어 뜻을 보이고 드리노라(蟬鳴, 感秋興, 送將歸也. 守僻外邑, …… 賦詩見志, 以申贈焉)."이라 한 것으로써 앞의 작품과 동시기로 본다.

(10) 「앵두나무(代櫻桃樹賦)」; 서에 "천보 8년 나는 이전에 교리직에서 파면되어 광릉대부군사의 자참으로 강등되고 자극궁의 도학관에 기거했는데 조정 우편에 큰 앵두나무가 있었다(天寶八載, 予以前校理罷免降資參廣陵大府軍事. 寓居於紫極宮之道學館. 朝庭之右, 有大櫻桃樹)."에서 보듯이 이 작품은 천보 8년(749)에 지었다.

(11) 「백한부(白鷴賦)」; 서에 "天寶辛卯歲, 予飄泊江介, 流岩踰時. 秋八月, 自山陰前次東陽(이미 인용되어 한역했음)"라고 한 데서 신묘(辛卯)는 천보 10년(751)에 해당한다.

(12) 「정사부(庭莎賦)」; 서에서 "天寶十載, 予以史臣推擇, 待詔闕下"(이미 인용)라고 기록한 것에서 소영사는 천보 10년에 참군사를 원하여 동 12년에 河南府로 나가고 이듬해에 사직한다. 따라서 이 글은 사직한 이듬해인 천보 12년(753)의 작이다.

(13) 「江有歸舟三章」; 序에 "여름 5월 경락으로 돌아갔다가 강가로 돌아오다(夏五月, 廻棹京洛, 告歸江表)"라 하니 유태진(劉太眞)과 윤징(尹徵)이 함께

진사에 급제한 것이 천보 13년(754)이므로[36] 그 해 5월의 작이다.

(14) 「蓬池禊飮序」; 서에 "천보 을미세 모춘 3월 봉지에서 술 마시다(天寶乙未歲暮春三月, 帳飮於蓬池)"라 하니 을미세는 천보 14년(755)이다.

(15) 「登宜城故城賦」; 제주(題注)에 "병신년에 양양으로 내려갔다가 장절도서기로 막부 원공을 모시고 강릉으로 가서 짓다(丙申歲避地襄陽, 見召掌節度書記, 陪幕府源公赴江陵作)"라 하였는데 병신세는 숙종(肅宗) 지덕(至德) 원년(756)이다. 원공(源公)은 원유(源洧)로 그 당시 산남절도부사(山南節度副史)와 강릉장사(江陵長史)를 역임하였다.

Ⅲ. 문학사상

소영사는 박학다식하여 이화는 「삼현론」에서 "학식이 넓고 치우치지 않으며 그 관통함이 더욱 정밀하다(學廣而不偏精, 其貫穿甚於精者)"라 하였고, 소영사도 「贈韋司業書」에서 "나이 30세에 수천 권을 독서하다(行己三十年, 讀書數千卷.)"·"除經史老莊之翫, 所未忘者有評析古賢, 儒釋典已"(이미 인용)라고 했으며, 「伐櫻桃樹賦序」에서는 "지궁의 도학관에 우거하여 이로 인해 그 교직을 다스리다(寓居於紫宮之道學館, 因領其敎職焉)"라 하니 소영사가 유석도(儒釋道) 삼교에 정연하였음을 알 수 있다.

따라서 그를 "삼교에 해박하다(該博三敎)"[37]라 칭하였으나, 소영사 자신도 유술이 자기 학문의 근본임을 자처하였다(「贈韋司業書」 참고). 따라서 그의 문학도 기술한 바와 같이 선진의 시종을 접하는 그 당시로서는 별개의 시작유형을 추구하였다고 본다. 지금까지 그의 시는 제외하고 그의 산문에서 그의 문학 장점을 찾는 이유도 여기에 있는 것이다. 사상으로는 진자앙의 풍아를 좋아했고 아래로는 독고급(獨孤及)이나 양숙(梁肅)·한유(韓愈)의 재도설(載道說)을 유도하였다.

먼저 연원 관계를 보면 소영사의 문학사상은 멀리는 유협(劉勰)과 소작(蘇綽)·왕통(王通)[38] 그리고 초당 이백약(李百藥)·위징(魏徵)·이연수

36) 『登科記考』 권9.
37) 『朝野僉載』 권6.

(李延壽)의 영향을 받았지만 가까이는 왕발(王勃)의 경국론(經國論)과 문장에 관한 이론에 계시를 받았고 직접적으로는 진자앙(陳子昂)·노장용(盧藏用)·부가모(富嘉謨) 등의 영향이 크다고 할 것이다. 진자앙 등의 영향은 『新唐書』(蕭穎士傳)에서 "당세를 칭할만한 자로 진자앙, 노장용, 부가모의 문장인 것이다(所許可當世者, 陳子昂·盧藏用·富嘉謨之文辭)"(권202)라고 한 것이라든가, 이화의 소영사 문집서에서 "근일에 진습유 자앙은 문체가 가장 엄정하다(近日陳拾遺子昂, 文體最正)"(『全唐文』 권315)라고 한 평가에서 소영사의 존숭의식과 사승관계를 확인하게 된다.

따라서 소영사의 문학사상은 내용상 경서를 숭앙하고 도덕관을 중시한 점에 주안해야 할 것이다. 이것은 그의 시작 분석에서도 같은 맥락에서 보게 되는 근거로 삼을 것이다. 먼저 전자의 경우는 소영사 자신이 말한 바 "저는 학식을 배운 이래로 기호에 밝지 못해서 경술 이외에는 대개 마음을 두지 않고 있습니다(僕有識以來, 寡於嗜好, 經術之外, 略不嬰心)"(「贈韋司業書」)에서 경학에 대한 강한 집념을 읽을 수 있으며, 또 이화의 「삼현론」에서 "나의 뜻은 마땅히 고대로 금세를 바꾸는 것이니 문은 아상의 지당함을 회복하고 시는 백대를 거쳐 갖춘 것을 근본으로 할 것이라."라고[39] 한데서도 상고적 심지를 확인할 수 있다.

한편 후자의 경우는 소영사가 유가적 의식의 윤리관을 추구하였다는 것이다. 부재(符載)의 「소존묘지명(蕭存墓誌銘)」을 보면 "영사는 자가 무정인데 특히 총명하여 시서예악과 황제 패왕의 술수가 정통하였다(穎士字茂挺, 特達聰明, 以詩書禮樂, 皇帝霸王之術爲己任)"(『全唐文』 691)라고 하여 시서에 능통하였음을 알 수 있다.

38) 劉勰의 『文心雕龍』 권1과 蘇綽에 대해서는 『周書』 권213 蘇綽傳
39) 蕭之志行, 當以中古易今世. 文方復雅商之至當, 以律度百代爲己任.

Ⅳ. 시의 형식과 내용 특성

기설한 바와 같이 소영사의 현존시는 15제 41수이다. 그 시체를 구분해 보면 다음과 같다(『全唐詩』 권154).

형 식	詩經體의 四言	三·四言雜體	五言古體	五言律詩
작품의 수	21	4	12	4

그리고 소영사의 시를 주제별로 분류하면 다음과 같다.

주 제	懷 友	別 情	宴 樂	諷 刺	贈 酬	敍 景	隱 居
시 수	14	8	7	3	6	2	1

이상과 같은 분류를 통해 소영사 시의 특성을 살펴보고자 한다.

1. 시체(詩體)의 복고풍(復古風)

소영사의 시는 마치 시경의 국풍을 읽는 것 같다. 이것은 기설한 바 소영사의 사상에 근거한다. 이화는 소영사의 문집서에서 철저한 숭경복고(崇經復古)의 의식을 다음과 같이 설명하고 있다.

> 소영사는 생각하기를 육경 이후에 굴원과 송옥이 있어서 문이 자못 웅대하나 경서답지는 않았으며 그 후로는 가의가 있어 문사가 가장 바르고 설리체에 가깝다. 매승, 사마상여 또한 아름다운 재사이지만 풍아에 가깝지 아니 하다. 양웅은 용의가 자못 깊고 반표는 이치가 있고 장형은 웅대하고 넓으며 조식은 풍섬하고 왕찬은 초일하며 혜강은 표거하다.[40]

40) 君以爲六經之後, 有屈原·宋玉, 文甚雄而不能經, 厥後有賈誼, 文詞最正, 近於理體. 枚乘·司馬相如亦瓌麗才士; 然而不近風雅. 揚雄用意頗深, 班彪識理, 張衡宏曠, 曹植豊贍, 王粲超逸, 嵆康標擧(『全唐文』 315).

이밖에 소영사 자신도 "평생 글 짓는데 그 격조가 속되지 않다. 무릇 본받음이 반드시 고인을 바랄진대 위진 이래로 이에 마음을 두지 않았도다(平生屬文, 格不近俗. 凡所擬議, 必希古人, 魏晋以來, 未嘗留意)"(「贈韋司業書」)라고 하여 그의 상고(尙古) 의식을 나타내고 있다. 그러므로 그의 시가 4언체를 쓰고 있는 것이 신기할 정도이다. 이러한 작품을 예로 들자면[41] 다음과 같다.

강가에 단풍나무, 그 잎이 무성하다.
「江有楓 其葉蒙蒙」句(「江有楓」)
저 낙엽나무 생각하니, 단풍을 닮았네.
「想彼楓 亦類其楓」句(「江有楓」)
국화를 따는데 그 꽃이 향기롭다.
「采采者菊, 芬其榮斯」句(「菊榮」)
여름날 뜨거운 빛 대단하다.
「夏之日, 炎景斯鬱」句(「有竹」)

소영사가 이러한 시체를 구사한 근거는 그 자신이 「강에 돌아가는 배가 있네(江有歸舟)」서에서 피력한 것으로 더욱 명백히 알 수 있는데,

전법을 본받는데 힘쓰면 덕의를 기름지게 할 따름이다. 문이라는 것은 형사를 받들어서 대구를 맞추어 기이하고 화미한 데에 빠지는 것을 말하는 것이 아니니 그 말에 있어서 반드시 옅으면서 경박하게 된다.[42]

라고 한 것은 소영사가 작시의 방향을 상고적인데 둔 이유이다. 이제 「강에 단풍이 있네(江有楓)」의 제4장을 보겠다.

동쪽에서 놀고 언덕으로 가네
산이며 물이며 사당이며 절에 가네.
정자에서 동네에서 군자는 논다네
연회에 기뻐하니 그 즐거움이 대단하도다.[43]

---

41) 四言의 시경체를 가진 시로는 「江有楓一篇十章」·「菊榮一篇五章」·「凉雨」·「有竹一篇七章」·「江有歸舟三章」 등이 있음.

42) 所務乎憲章典法 膏腴德義而已. 文也者, 非云尙形似, 以局夫儷偶, 放於奇靡. 其於言也, 必淺而乘矣.

이 시의 3~7구에서 「于」는 허사로서 발어사의 역할을 하는 시경의 기법인데, 이러한 묘사는 소영사의 작품에서 흔히 보인다.

> 나의 벗 동쪽에서 따라와 같이 노네.
> 「我友自東, 于以遊從」(「江有楓」)
> 나의 벗 북쪽에 가서 거기서 휴식하네.
> 「我友徂北, 于以休息」(「江有楓」)
> 국화를 따는데 읍내의 성에서 하네.
> 「采采者菊, 于邑之城」(「菊榮」)
> 국화를 따는데 집에서 하네.
> 「采采者菊, 于邦之府」(「菊榮」)
> 국화를 따는데 빈관에서 하네.
> 「采采者菊, 于賓之館」(「菊榮」)

이외에도 첩어용례 또한 적지 않은데, 시경 「谷風」의 「習習」구를 쓰는 경우를 위시하여 4언시에서의 첩어에 뛰어난 묘사법을 강구하고 있다. 예를 들면,

> 그 잎이 무성하네.
> 其葉蒙蒙(「江有楓」一)
> 그 잎이 한이 없다.
> 其葉漠漠(「江有楓」二)
> 그 즐거움이 대단하다.
> 其樂亹亹(「江有楓」四)
> 마름과 가시나무 덮혀 있네.
> 菱芡幕幕(「江有楓」七)
> 삼목나무 무성하네.
> 杉篠萋萋(「江有楓」七)
> 국화를 따도다.
> 采采者菊(「菊榮」一章)

---

43) 東可遊矣, 會之丘矣. 于山于水, 于廟于寺. 于亭于里, 君子遊焉. 于以宴喜, 其樂亹亹.

2. 비흥(比興)의 묘사

시경의 부비흥법(賦比興法)을 소영사의 시에서 활용하는 것은 당연한 일이다. 시경의 비흥에 대해 여기서 다시 거론할 필요는 없을 것이다. 소영사의 「강에 단풍이 있네(江有楓)」과 「국화 꽃(菊榮)」을 보기로 한다.

먼저 「江有楓」은 강가에 서 있는 단풍나무를 보고 정악(鄭愕)과 육엄(陸淹)이 생각나서 읊은 것이다. 그 1·2장을 보면 다음과 같다.

강에는 단풍나무
그 잎이 무성하도다
나의 벗 동쪽에서
따라와 같이 노네.44)

산에는 낙엽나무
그 잎이 한이 없도다.
나의 벗 북쪽에 가서
거기서 휴식한다네.45)

이것은 비(比)에 해당한다. 그러나 같은 시의 3장인,

저 낙엽나무 생각하니
또한 그 단풍나무 닮았도다.
하물며 그 사람 그리워하
동쪽 길을 잊었도다.46)

이 시는 벗을 그리는 마음이 직설적으로 묘사된 부(賦)가 된다. 이러한 시인의 마음은 그의 시서(詩序)에 잘 표현되어 있다. 다시 말하면 현인의 언행을 돌아보며 두 우인을 상기하는데, 비유의 매개체로 단풍나무를 이

---

44) 江有楓, 其葉蒙蒙. 我友自東, 于以遊從(一章).
45) 山有槭, 其葉漠漠. 我友徂北, 于以休息(二章).
46) 想彼槭矣, 亦類其楓. 矧伊懷人, 而忘其東.

용한 것이다. 다음은 「국화 꽃(菊榮)」이다.

> 국화를 따는데 그 꽃이 향기롭도다.
> 보라 빛 꽃에 노란 꽃받침이
> 붉은 지대 뜰에 밝게 빛나도다.
> 진실한 군자는 몸에 걸친 의패가 어울리도다.
> 임금은 나라의 기강이요 대군은 보좌로다.
> 그대 자손에게 백록이 무성하리라.[47)]

소영사는 이 시의 서에서 "국화 꽃은 이별의 증수로 마음을 편 것이다. 오래 대읍에 거하며 현재 송후는 나에게 은혜 베풀고 좋아하였으니 우는 매미소리로 작별을 표한다(菊榮, 酬贈離, 且申志也. 久寓大邑, 賢宰宋侯惠而好予, 賦鳴蟬以𥈭別)."라 하여 송후(宋侯)의 은혜에 감사 답신의 형식을 취하였다. 1장에서는 국화꽃을 비유한 비흥법을 쓰고 있는데, 자손이 잘 되기를 기원하며 백록(百祿)을 축원하고 있다. 또한 동시의 2장을 보면,

> 국화를 따는데 읍내의 성에서 하네
> 옛 뿌리와 새줄기에
> 잎이 나고 꽃이 드리웠네.
> 저 아름답고 정숙한 여인은
> 시집에 어울리는 기둥이라네.
> 악기의 현이 이미 울리니
> 우리의 정치는 곧 태평이라네.
> 그대 높으신 동량재들이여
> 반드시 그 경사 얻으리라.[48)]

라고 하여 여기서의 국화는 그 뿌리와 줄기가 조화되어 잎이 펴지고 꽃이 드리워지듯 가정의 길조가 드러나 우리가 바르고 평화롭게 되어 경사가 있을 것이라는 기축을 하고 있다. 이는 소영사가 한 송이의 국화꽃

---

47) 采采者菊, 芬其榮斯. 紫英黃萼, 照灼丹墀. 愷悌君子, 佩服攸宜. 王國是維, 大君是毗. 貽爾子孫, 百祿萃之(一章).

48) 采采者菊, 于邑之城. 舊根新莖, 布葉垂英. 彼美淑人, 應家之楨. 有弦旣鳴, 我政則平. 宜爾棟崇, 必復其慶.

을 통하여 절개와 근면·집념의 신조를 표출한 것이다.

3. 간직(簡直)한 도덕성

소영사는 성당대의 안일과 나태한 도덕의식을 경계하면서 유속에 빠지지 않으려고 노력하였다. 그리하여 그 기개를 지키기 위해서 타인에게 오만하고 고고한 모습을 보였을 것이다.

그러나 그것은 당시 정치와 사회현실에 나타난 불의와 부회(附會)에 대한 불만의 표시였다. 소영사 자신이 쓴 「위사업에 드림(贈韋司業書)」에 보면 관리의 부도덕성을 신랄하게 비판하고 있다. 다음은 소영사의 「강에 돌아가는 배 있네(江有歸舟)」를 보고자 한다.

강에는 돌아가는 배가 있고
그 강물이 어지러이 흘러가네.
그 사람 돌아가는데
아름다운 이름 크고 선하도다.
왕정에 이름 드날려
그 덕성 더욱 빛내리라.49)

이 작품에서는 혼란한 역경 속에서도 난류에 휘말리는 배처럼 방황하지 말고 명예를 지키고 발양할 것을 강조하고 있다. 이 시의 서에서는 "도를 존중하고 덕을 이루나니 엄한 스승 참 어렵도다(尊道成德, 嚴師其難哉)"라고 하여 도덕의 중요성을 밝히고 있는데, 이를 통해 이 시의 작시 의도를 알 수 있다. 계속해서 2장과 3장을 보도록 한다.

배는 이미 돌아갔고
사람 또한 영화롭도다.
형제들이여 효도를 행하여라.
초목 우거진 산에서도 민둥산에서도
기쁜 잔치 하며 술잔을 높이 드네.50)

---

49) 江有歸舟, 亦亂其流. 之子言旋. 嘉名孔修. 揚于王庭. 允焯其休(一章).

저 돛대 올려 배를 띄우니
바람이 더욱 이는구나.
저 빛나는 어르신네
학문이 더욱 빛나리라.
내 그 뜻 마음에 새겨서
힘써서 잊지 않으리라.[51]

여기서 2장은 난류를 뚫고 목적지에 도착한 배를 통하여 부도덕의 흐름을 극복하고 절개와 정의를 지키는 영광 속에 효도 있는 가정의 경사를 노래한다. 3장은 돛배가 가는데 바람이 일듯이 도덕의 규범을 지키고 배우는 노력과 그 사표를 생각하고 잊을 수 없는 고귀한 지조를 중시하여 강조한다. 이러한 개선의 자세는 그의 서에서 "아아. 그는 나를 편벽되다 하고 너는 나를 바르다하여 같은 소리로 서로 바라는도다. 이후론 내가 먼저 어이 묻지 아니 하리오. 물어서 가르치고 가르쳐서 순응하고 순응하여 통달하도다(於戲. 彼以我爲僻, 爾以我爲正, 同聲相求, 爾後我先, 安得而不問哉. 問而教, 教而從, 從而達)."라고 하여 상호개선과 노력을 요구하였으니, 이것이 곧 동성상구(同聲相求)가 되는 것이다.

소영사가 복고적 도덕의식에서 고문운동을 열어주고 선진(先秦)의 시를 구사하며 관로의 부패와 타락을 유도적 입장에서 경계하였지만, 성당의 문풍은 도선의 풍류에 심취되어 있었기 때문에 편벽된 삶을 영위할 수밖에 없었다. 그러므로 그는 환멸과 은둔이라는 길을 택하게 되고 관로가 막히게 되어서 도덕관의 괴리에서 오는 귀전적인 의향을 낳게 된다. 그것이 그의 시에서 표출되고 있으니 「산장의 달밤(山莊月夜作)」을 보면,

임금에 문서 드리는 일 집어 치우고
지치고 옹졸하여 전원으로 돌아왔네.
그 일이 이치에 맞는다고 여기니
장차 공야장의 새소리 내는 뜻에 맞추리라.
뽕나무·느릅나무가 저녁 풍경에 맑게 어울리고
닭과 개소리가 먼 마을에서 응답하네.

50) 舟旣歸止, 人亦榮止. 兄矣弟矣. 孝斯踐矣. 稱觴燕喜, 于岵于屺(二章).
51) 彼遊惟帆, 匪風不揚. 有彬伊父, 匪學不彰. 予其懷而, 勉爾無忘(三章).

누에치는 일 끝내니 마을이 평온하고
보리 거두니 들판이 시끄럽네.
냇물소리는 베개와 대자리에 이어져 있고
산에서 오는 비는 섬돌과 난간에 떨어지네.
동산의 기녀가 연주하기도 전에
먼저 북해의 술잔을 기울이네.
언덕의 오이 향기롭게 익어가고
뜰 안의 과일은 익어서 풍성하네.
야인의 마음 더욱 기쁘니
농사하는 얘기 속에 날이 저물도다.[52)]

처음부터 끝까지 야인으로서의 자세를 견지하여 혼탁한 현실에서 초월하여 은둔하고자하는 심정이 보인다. 내심의 웅지와 호방을 잃지 않으려 하지만(6·7연) 현실과 괴리된 심신의 현시점에서는 농촌의 소담(笑談)으로 하루를 점철시킬 수밖에 없었을 것이다.

소영사는 천재적인 문장력을 지니고 있고 결백한 성품을 지녔으며 복고풍의 창작을 했지만 평가의 핵에서 벗어난 이유는 시류를 긍정하면서 영역을 확보하는 문학세계를 형성하지 못한 때문이다. 이백이나 두보와 동시대를 살면서 교유의 폭을 그들과 맺지 못한 것도 살펴야 할 소영사가 지닌 문제점이 될 것이다.

V. 후인에의 영향

소영사의 문학사상이 후인에게 준 영향 관계를 부언하며 본고를 맺으려 한다. 소영사는 중당에 개화하는 고문운동을 유도하여 그 모범을 보여주었다. 즉, 이것은 상기한 그 시의 독특성에서 보여주고 있는데 그 의식

52) 獻書嗟棄置, 疲拙歸田園. 且事計然策, 將符公冶言. 桑榆淸暮景, 鷄犬應遙村. 蠶罷里閭晏, 麥秋田野喧. 澗聲連枕簟, 峰勢入階軒. 未奏東山妓, 先傾北海尊. 隴瓜香早熟, 庭果落初繁. 更愜野人意, 農談朝竟昏.

이 철저함을 통해 그것을 확인할 수 있다. 그리하여 유도(儒道)를 부흥시켜 국교인 도교적 문풍에 경종을 울렸으며, 따라서 문장의 복고에 대한 절실성을 강조하였다. 양숙(梁肅)의 「이한전집서(李翰前集序)」에는 그 변풍(變風)의 조류를 다음과 같이 말하고 있다.

> 당은 천하에 근 200년 있으면서 문장은 세 번 변화가 있었다. 처음은 진자앙이 풍아로써 부허하고 사치함을 개혁하고 다음은 장열이 굉대와 무성함으로써 파란을 넓혔다. 천보 이후에는 이원외, 소공조, 가상시, 독고상주가 견주어 나오니 고로 그 도가 더욱 성하였다.[53]

여기서 소영사에 이르러 명실상부하게 문장의 본면을 회복할 수 있는 기틀을 마련하였음을 알 수 있다.

소영사가 영향을 준 자로는 이화(李華)·가지(賈至)·안진경(顔眞卿)·한회(韓會)·진진(陳晋)·이주(李舟)·배도(裴度) 등을 들 수 있다. 이제 그들과의 영향 관계를 개괄하고자 한다.

(1) 이화(李華) ; 이화는 스스로 소영사에게 사승했다고[54] 하였듯이 양인은 중당 고문운동에 길잡이 역할을 담당하였다. 독고급(獨孤及)은 「李華中集序」에서 "천보 중에 공은 난능 소무정, 장낙 가유기와 우뚝 일어나서 중고의 풍격을 떨치니 문덕이 크게 되었다(天寶中, 公與蘭陵蕭茂挺, 長樂賈幼幾, 勃焉伏起, 振中古之風, 以宏文德)."(『唐文粹』 권92)이라 하여 성당대의 고문가로서의 위치를 말해준다.

(2) 가지(賈至) ; 소영사와 이화의 단짝으로 개원 23년 진사에 같이 급제하였다.[55] 가지의 「양관의 주공거를 의론하는 상소문(議楊綰條奏貢擧疏)」에 보면,

> 지금 응시자들은 첩자로 정통을 삼아서 담긴 뜻을 익히지 않으니 어찌 노함을 바꾸고 과오를 고치는 도리를 알 수 있겠는가? 글을 보는 자들은 성병으로 시비를 삼아 단지 부

---

53) 唐有天下幾二百載, 而文章三變 ; 初則廣漢子昻以風雅革浮侈, 次則燕國公張說以宏茂廣波瀾. 天寶以還, 則李員外·蕭功曹·賈常侍·獨孤常州比肩而出, 故其道益熾.

54) 『唐摭言』 卷五總論.

55) 『唐文粹』 권92, 獨孤及의 「李華中集序」.

염함만을 택하니 어찌 풍속을 개혁하여 천하를 교화시킬 줄 알겠는가? 이로써 위로는 그 근원을 잃었고 아래로는 그 유속을 답습하여 물결을 타고 출렁대어 그칠 바를 알지 못하니 선왕의 도리는 행해질 수가 없다. 선왕의 도가 사라지면 소인의 도가 자라고 소인의 도가 자라면 난신과 도둑이 여기서 생긴다. 신하가 왕을 시해하고 아들이 부친을 죽이[56]는 일이 일조일석에 일어나는 것이 아니고 그 요인이 점차 나오는 것이다.

라고 하여 유도(儒道)의 발흥을 강조하였으니 소영사의 정신을 닮고 있는 것이다.

(3) 안진경(顏眞卿) ; 이화의 「三賢論」에 "상서 안공은 명분과 절개를 중히 여기고 고우를 돈독히 하여 무정과 어려서 가까이 지내니 천하가 안소의 교분이라고 일컬었다(尙書顏公重名節, 敦故舊, 與茂挻少相知. 天下謂之顏蕭之交)."라 하니 양인은 교분이 깊고 의식도 상통하였음을 알 수 있다. 이화의 사상은 글로 심지(心志)를 표달하고 문질(文質)이 서로 조화되어야 나라의 기강도 잡힌다는 문이재도(文以載道)의 관념을 이미 펼치고 있었던 것이다. 그의 「문집서」(소적<孫逖>이 씀)에,

옛날 글 짓는 자는 심지를 표달하고 성정을 드러내는 데에 있어 가영에 바탕을 두어 아송으로 매듭을 지었다. 왕이 잘못하면 신하는 안색이 변하고 왕의 은택이 마르면 풍성한 교화가 행해지지 않았다. 정치의 흥쇠는 진실로 교화에 달려 있다. 그러나 문식이 실질에 앞서면 그 띠와 수건에 무늬를 놓아 실속 없이 낭패를 보게 되는 격의 내용이 부족한 상태가 되고 실질이 문식에 앞서면 예악에 거칠게 되어 순박하여 말이 적고 꾸미지 않은 격의 다듬어지지 않은 모양이 되니 역대로 서로 상관되어 있어서 조화롭게 잘 맞출 수 없는 것이다.[57]

이라고 하여 그 뜻이 적절하게 표현되어 있다.

---

56) 今試學者以帖字爲精通而不窮旨義 豈能知遷怒移過之道乎? 考文者以聲病爲是非, 而惟擇浮艷 豈能知移風易俗, 化天下之事乎? 是以上失其源 而下襲其流 乘流波蕩, 不知所止, 先王之道莫能行也. 夫先王之道消, 則小人之道長 ; 小人之道長, 則亂臣賊子由是生焉 臣弑其君, 子弑其父 非一朝一夕之故 其所由來者漸矣」(『全唐文』 368).

57) 古之爲文者, 所以導達心志, 發揮性靈 本乎歌詠, 終乎雅頌 帝庸作而君臣動色, 王澤竭而豊化不行. 政之興衰 實繫於此 然而文勝質則繡其鞶革帨而血流漂杵 ; 質勝文則野於禮樂而木訥不華, 歷代相因, 莫能適中.

(4) 소존(蕭存) ; 소영사의 아들로 부친의 풍도을 받아 명성을 얻었다. 그에 대해 『신당서』에서 "양직은 부친의 풍도를 지녀서 문사에 능하니 한회, 심기제, 양숙, 서대 등과 친하였다(亮直有父風. 能文辭, 與韓會·沈旣濟·梁肅·徐岱等善)." (권202 蕭穎士傳)라 하고 있듯이 그는 당시의 문인들과 교우하였으며, 그의 사상에 대해서는 부재(符載)가 「소존 묘지명(蕭存墓誌銘)」에서 "행실은 교화 받을 만하고 재주는 시대를 떨칠만하니 대개 유가에 근원하여 명리를 숭상하고 남의 선을 말하기 좋아하고 남의 나쁜 것을 없애려 하였다(行可以輔敎, 才可以拯時. 大抵根儒術, 尙名理, 喜言人之善, 鋤人之惡)."이라 한 것을 통하여 그가 부친의 기풍을 계승하고 있음을 볼 수 있다.

(5) 한유(韓愈) ; 그의 백형인 한회(韓會)가 소영사의 문하생이어서 한유는 소존전(蕭存尊)의 상찬을 받았으니, 조린(趙璘)의 『인화록(因話錄)』에 보면 "양부의 공조 영사의 아들 존은 자가 백성이며 금부원외랑을 지냈는데 진실하고 곧아서 공조의 풍모를 지녔다. 한문공이 소시에 항상 소금부의 칭잔을 받았다(揚府功曹諱穎士一子存, 字伯誠, 爲金部員外郞, 諒直有功曹之風. 韓文公少時, 常受蕭金部知賞)." (권3)이라 하여 한유가 사제간에 소영사와 간접적인 영향관계에 있었음을 알 수 있다.

(6) 이주(李舟) ; 자가 수공(受公)이며, 수부낭중(水部郎中)과 미주자사(眉州刺史)를 지낸 이잠(李岑)의 아들이다. 이잠이 소영사와 교우하였으니 소영사를 항상 받들어 이주에게 강조하였다. 이러한 예문을 이주의 『비릉집(毘陵集)』에서 볼 수 있는데, "나의 벗 난릉 소무정, 조군 이하숙, 장락 가유기는 모두 육예를 본받아서 고인의 지은 글의 뜻을 능히 탐구하였다(吾友蘭陵蕭茂挺, 趙郡李遐叔, 長樂賈幼幾, 皆憲章六藝, 能探古人述作之旨)."라고 한 것과 같이 소영사의 문단 위치는 높았고 고문의 발양에 선구적 역할을 하였다. 그에 맞추어 그의 시 41수도 시종 그 당시로서는 특수한 영역을 제시해 주었고 엄격한 복고적인 시교(詩敎)를 담은 시경의 재현이라는 의미에서 매우 중요한 시론적 가치를 부여할 수 있는 것이다.

융욱(戎昱) 시의 사실성과 우국심

명대 고병(高棅)의 당시에 대한 시대 구분으로 보아서 초당을 제외하고는 시학적 가치가 있다고 보는 대상은 상당수가 소개되고 있다. 그러나 그 대상이 아직도 편중되는 경향이 있으니, 자연히 간과하고 넘기는 작가가 적지 않게 되었다. 본문은 그 간과된 작가를 하나씩 소개해 온 필자의 계획의 하나로 시도된 것이다.[1]

융욱의 시는 대륙의 리우카이양(劉開揚)이 쓴 『당시통론(唐詩通論)』이나 타이완(臺灣)의 리위에깡(李曰剛)이 쓴 『중국시가유변사(中國詩歌流變史)』(文津출판사)[2]에서 한 페이지 정도 기술하고 있을 뿐 거명조차 아니된 관계자료가 대부분일 만큼, 관심의 대상이 되지 못하고 있다.[3] 사실상, 주의하지 않은 이유도 없는 건 아니겠지만, 그만한 가치상의 비중도 무시될 수 없다고도 사료된다. 그러나 최소한 학술적 의미로 보아서도 『全唐詩』에서 시의 분량으로 보아 간략한 소개라도 해야 할 부분은 필히 다루어져야 하리라 본다.

융욱은 탄이우쉬에(譚優學)이 밝힌 대로[4], 중당대의 풍격에 맞으며 그

---

1) 필자는 「李益과 그 詩 小考」(『中國文學』 4집. 1977) 이후부터 연구가 한소한 당시인작을 다루어 왔는데 융욱의 시는 그 일환의 하나다.

2) 리위에깡(李曰剛)은 그의 상기서의 p.354에 기술.

3) 국내의 문학사류의 관계서적에는 거명조차 하지 않았음.

4) 탄이우쉬에(譚優學)는 그의 「戎昱行年考」의 말미에 "盛唐之音不可能聽見了. 自然我們不能要求戎昱

가치를 인정받아야 할 시인인 줄은 분명하지 않지만 본고에서는 융욱의 생평상의 문제점과 결부하여 시의 특성을 조명하여 이익(李益) 보다도 시대적으로 늦게 배열하고 또 그 시를 이익의 아류(亞流)(특히 변새시의 경우)로 분류한 것에 대해 이의(異議)를 제기하려 한다.[5] 본고의 저본(底本)은 『全唐詩』(권 270)로 하고 행년(行年)관계로는 푸쉬엔중(傅璇琮)의 「戎昱考」(『唐代詩人叢考』·中華書局)과 탄이우쉬에의 「戎昱行年考」(『唐詩人行年考續編』·巴蜀書店)이란 두 종의 자료를 참고하였음을 부기하는 것이다.

Ⅰ. 생애와 시를 통한 교유

융욱의 생졸(生卒)문제가 우선 규명되어야 그의 활동시기 및 시풍격의 특성을 정확하게 관조할 수 있다. 그리고 교유를 살펴서 융욱의 작시성향을 보다 객관적으로 비교해 볼 수 있는 계기도 될 것이다.

1. 생졸년의 추정

융욱의 생졸년대는 불분명하다. 특히 졸년은 생년에 비하여 거의 추측하기 어렵다. 그러나 이미 거론된 년대보다는 10년 이상 연장되고 있음은 확실하다. 졸년의 문제가 어느 정도 객관성을 지닌다면 융욱의 시작활동시기에 새로운 구분이 필요하고 그 평가도 상향되어야 한다. 먼저 신문방(辛文房)의 융욱의 평전을 보기로 한다. 『당재자전(唐才子傳)』(권3)의 전기는 『당시기사(唐詩紀事)』(권28)와 『전당시소전(全唐詩小傳)』 등에서 일견할 수 있을 뿐, 신구당서에도 기록이 없으니, 아마도 전기로는 신씨의

還高唱盛唐之音. 這樣的一位詩人, 過去是被忽略的. 其實應該給他一定的歷史地位."

5) 리위에깡(李曰剛)의 『中國詩歌流變史』(문진출판사, 1976), p.354 참조. "中唐之外寇內藩.寫征戍戎旅之情而富尙武精神者, 以李益最爲傑出. 其次戎昱, 姚亦極雄健."

것이 가장 상세하리라 본다.

융욱은 형남 사람이다. 아름다운 풍모를 지니고 재담을 잘하였다. 젊어서 진사에 올랐으나 벼슬에 나가지 않고 이름 있는 고을을 두루 다녔다. 가난한 선비이지만 의기가 높아서 조금도 막힌 바가 없었고 호남 상수의 산수를 좋아하여 나그네가 되곤 하였는데 어느 때 이창기가 계림지방을 순찰하다가 관사에 머물렀는데 달밤에 이웃에서 맑고 고운 노랫가락이 들리거늘, 날이 밝기 전에 찾아가 보니 융욱이더라. 데려다가 부막의 손님으로 모시고 극진히 대접하였다. 최중승(崔瓘)이 호남지방에 재임하던 중에 융욱을 아꼈거늘 그 딸을 가지고 사위를 삼으려 하였는데 「융」씨 성이 마음에 꺼리어서 성씨를 바꿀 수 있으면 하였다. 융욱이 이 말을 듣고 시를 지어 사절하였다. 「천금을 준다 해도 성씨를 바꿀 수는 없으니 응낙을 한다면 이 몸은 죽는 것이라네」라고 하였다. 스스로 말하기를 이대부(이창기)의 은혜가 너무 깊어 감격할 따름이라. 처음엔 평원 안진경을 모시어 정남지방의 막부에서 보좌한 적이 있었는데 이어서 또다시 천거되었다. 위백옥이 형남을 평정하매 그 종사로서 일하였고 건주 자사를 지내다가 지덕년간에는 진주자사로 좌천되었다. 검남 지방에 떠돌아 다니었고 농서 지방에도 몇 년을 기탁한 바 있다. …… 융욱의 시는 성당에 속한다 하나 그 품격이 좀 보잘 것이 없으며 다소 만당의 풍격이 엿보인다. 그러나 그 맛이 아름답고 교훈적인 품이 차있어서 그 당시의 문단에 소문이 대단하였다 함은 실로 헛된 말이 아니다.[6]

그의 시 「8월 15일(八月十五日)」을 보면,

옛날 천추절을 생각하니
온 세상이 기쁨을 같이 하였지.
이제 육친과 멀리 있으니
이날 줄곧 슬픈 바람만 일뿐이네.
어려서 호란을 만나서
평화를 꿈속에서나 맞을런지.
이원의 자재들 몇이나 남았는지
눈물만 하염없이 흘릴 뿐이네.[7]

---

6) 昱, 荊南人. 美風度, 能談. 少擧進士, 不上, 乃放遊名都. 雖貧士, 而軒昻, 氣不稍沮. 愛湖湘山水, 來客. 時李夔廉察桂林, 寓官舍, 月夜, 聞隣居行吟之淸麗, 遲明訪之, 乃昱也. 卽延爲幕賓, 待之甚厚. 崔中丞亦在湖南, 愛之, 有女國色, 欲以妻昱, 而不喜其姓戎, 能改則訂議. 昱聞之, 以詩謝云: 『千金未必能移姓, 一諾從來許殺身』 自謂李大夫恩私至深, 無任感激. 初事顔平原, 嘗佐其征南幕, 亦累薦之. 衛伯玉鎭荊南, 辟爲從事, 歷虔州刺史. 至德中, 以罪謫爲辰州刺史. 後客劍南, 寄家隴西數載. …… 昱詩在盛唐, 格氣稍劣, 中間有絶似晩作, 然風流綺麗, 不虧政化, 當時賞音喧傳翰苑, 固不誣. (권3)

여기에서 '호란(胡亂)'이란 곧 현종(玄宗) 천보(天寶) 14년(755)의 안사난(安史之亂)을 가리킨다. '연소(年少)'란 20세 미만이며 당대 은번(殷璠)의 『하악영령집(河嶽英靈集)』에 천보 12년 이전의 시가 있으며 『재조집(才調集)』(권 8)에 4수의 시가 근거 없이 실려 있으나, 융욱으로서는 약관에 이미 작시활동을 하고 있었다는 사실은 부인할 수 없다. 그러나 문제는 졸년에 있는 것이다. 원이두어(聞一多)의 787(?)년설은 전혀 근거가 빈약하며, 관심은 푸쉬엔중(傅璇琮)의 798년 후의 설과 탄이우수에의 801년 이후의 설에 있는데(상게서), 이들 두 설의 초점은 융욱의 「영릉기생을 보내며(送零陵妓)」시에 두고 있으며 탄씨는 거기에다 「윤달 봄에 화계 엄시어의 별장에서(閏春宴花溪嚴侍御莊)」시를 거론하여 「윤춘(閏春)」의 시점을 통하여 졸년을 고증해가고 있다. 푸씨의 설은 융욱이 영주자사(永州刺史)로 있을 때 기생를 보내면서 지은 시가 위의 작품인데 그 시를 보면,

> 보배로운 비녀에 고운 자태 비취치마 걸치고
> 단정하여 흐느끼며 사뿐히 가는구려.
> 정성껏 양왕의 맘에 들게 하여
> 양대를 향해 이 몸일랑 꿈도 마소[8]

이 시의 「양왕(襄王)」은 당시의 우적(于頔)(襄州刺史 · 山南東道節度使)으로서[9] 우적이 영주의 영릉을 관할한 시기가 정원(貞元) 14년(798) 9월의 일인만큼 이 시의 작시 년대에 맞추어서 이 시기까지 융욱의 생존을 규정하고 있다. 『당시기사(唐詩紀事)』에도,

> 융욱이 영릉에 있으며 양양에 노래 잘하는 기생이 있단 말 듣고 그녀를 취하였다. 융욱은 시로 전송하였다…….[10]

라고 한 기록이 사실(史實)과 서로 화합한다. 다음으로 탄이우쉬에의

7) 憶昔千秋節, 懽娛萬國同. 今來六親遠, 此日一悲風. 年少逢胡亂, 時平似夢中. 梨園幾人在, 應是涕無窮.
8) 寶鈿香蛾翡翠裙, 裝成掩泣欲行雲. 殷勤好取襄王意, 莫向陽臺夢使君.
9) 우적의 시가 『全唐詩』 권259에 수록.
10) 昱在零陵, 于襄陽聞有妓善歌, 取之. 昱以詩遣行曰 ……

801년설인데, 이 설은 상당한 근거를 제시하여 필자도 이에 동의한다. 융욱의 시 「윤달 봄에 화계 엄시어의 별장에서(閏春宴花溪嚴侍御莊)」를 보면,

한 무리 푸른 산 기운 넘치는 곳
거기가 자릉의 집이라 하네.
산에는 갓 개인 빗줄기 있고
냇가엔 윤달의 꽃이 떠 있네.[11]

여기서 시제의 「윤춘(閏春)」이 언제인지가 이 시의 작시 년대가 되며 그 시기가 융욱의 생존 시기와도 상관되므로 중요한 관건이 된다. 이 시에 대해 탄씨는 짱웨이시(臧維熙)의 건중(建中) 3년(782) 설을 부인하고 있다. (『戎昱詩選』) 짱씨는 화계(花溪)를 지금의 저장성(浙江省) 우싱현(吳興縣)에 있는 지명으로 간주하여 시인이 계주(桂州)에 재임시의 작이며 시기적으로는 건중 3년에 윤정월(閏正月)이 있으므로 윤춘(閏春)의 의미와 상합(相合)한다는 것이다. 그러나 탄씨는 화계(花溪)를 일반적인 명칭으로 간주하고 시기는 시인의 생애에 정원(貞元) 8월(792) 윤정월(閏正月)과 정원(貞元) 17년(801) 윤3월이 있으며, 지명상 호주(湖州)의 화계(花溪)인 만큼, 시인이 건중 년간에 이 장소에 있지 않았다는 것이다.[12] 거기에다 엄시어(嚴侍御)를 상대로 한 시 3수 가운데 「엄씨의 죽정을 제목으로(題嚴氏竹亭)」에서,

자릉이 머물러 지낸 곳
야인의 마음이 맺혀 있구나.[13]

위의 자릉(子陵)은 앞의 시의 내용과 상통하며 「양양에서(于襄陽)」와의 일화가 그 연전에 있었던 관계를 추정할 때 이 시는 정원 17년 윤정월(閏三月)의 작으로 판정함이 가당하다고 한다. 이 사실은 융욱의 시작활

---

11) 一團青翠色, 云是子陵家. 山帶新晴雨, 溪留閏月花.
12) 탄이우쉬에의 「융욱行年考」 참조.
13) 子陵棲遁處, 堪繫野人心.

동시기(詩作活動時期)와 융욱 시의 재평가상 중요한 의미를 지닌다. 융욱은 성당 중기에서 중당 중기에 걸쳐서 그 당시의 시의 낭만성과 사실성, 그리고 전쟁상 등을 골고루 그의 시에 담고 있음을 볼 때 생졸 연대의 이와 같은 추정은 극히 합리적이라 본다. 더구나 시기적으로 초기에는 성당풍, 중년기에는 사회 현상의 토로, 그리고 말년에는 비전의식(非戰意識)을 표출한 성향을 보이고 있는 것도 아울러 연관시켜 볼 수 있다.

한편, 융욱의 출신지 문제인데, 신문방(辛文房)은 '형남(荊南)'출신이라 하였는데, 이는 단지 당대 방진(方鎭)명칭이지 정식 지명은 아닌 만큼 이의 수정이 필요하다. 그의 「장안의 추석(長安秋夕)」에서,

> 어젯밤 서창에서 꿈꾸는데
> 꿈속에 형남의 길에 들었다네.
> 멀리 간 나그네 돌아만 온다면
> 집일랑 가난해도 좋기만 하리.14)

여기에서 '형남도(荊南道)'에 대해서 『당시기사(唐詩紀事)』에서는 "먼저 형남의 길에 들다(先入荊門道)"라고 기재하고 있으며, 「꿈에 고성의 가을을 그리며(雲夢故城秋望)」에서는(5~8句),

> 꿈속에 물가의 기러기 저녁에 우는데
> 형문의 나뭇빛은 가을이 완연쿠나.
> 조각구름 엉켜 흩어지지 않고
> 멀리 망향의 수심을 달고 있구나.15)

라고 하여 '형문(荊門)'은 고향을 지칭하고 있다. '형문'은 호북성의 현 문현이니 형남(荊南)이라 하지 않고 '荊門人'이라 해야 할 것이다.

---

14) 昨宵西窓夢, 夢入荊南道. 遠客歸去來, 在家貧亦好.
15) 夢渚鴻聲晩, 荊門樹色秋. 片雲凝不散, 遙掛望鄕愁.

2. 시를 통한 교유

융욱의 생평에서 생략할 수 없는 사항은 그의 급제와 교유관계로서, 먼저 급제(及第)의 여부에 대해서 볼 때, 신문방(辛文房)이 『당재자전』에서 '不上'(위에서 이미 인용)이라 한 부분을 놓고 혹시 급제하지 못하고 유랑한 것이 아닌가 한데, 푸쉬엔중(傅璇琮)은 다소의 회의적인 태도를 보인 반면[16], 탄이우쉬에은 대종(代宗) 영태(永泰) 원년(765)에 급제했다고 확정시켰다. 필자로서는 「不上」의 의미가 급제하여 출사(出仕)하지 못하고 그후 10년 가까이 각지를 유력하였다는 것으로 풀이하고자 한다. 탄씨의 고증에 의하면(行年考 참고), 영태 원년에 급제하고 경주(涇州)를 거쳐 촉지(蜀地)·강릉(江陵)(768)·담주(潭州)(769)를 다니다가 계주(桂州)에서 계주자사인 이창기의 막부(幕府)에 종사하기 까지(774) 10년간 관직이 없었다. 이것은 안진경(顏眞卿)의 막부 이래로 15년만의 일이다. 급제하였기에 후에 전중시어사(殿中侍御史)(782)·신주(辰州)와 건주자사(虔州刺史)(791)·영주자사(永州刺史)(799) 등을 역임할 수 있었던 것이다. (상기 연대는 탄씨의 설을 따름) 이런 관직생활에서 추숭하는 선현도 있었고 종군하면서 모신 상관도 만났으며 문단의 선배들도 상견할 수 있었다. 그가 추종했던 선현으론 순(舜)·소부(巢父)·허유(許由)·송옥(宋玉)·소무(蘇武)·위청(衛青)·도잠(陶潛)·포조(鮑照) 등으로서 절개와 강직(剛直)의 사표들이었다.[17] 한편, 교유 대상자 중에서 융욱의 시에 깊은 영향을 주었다면 안진경(顏眞卿)·두보(杜甫)·잠삼(岑參)을 들 수 있으며 변방생활에 깊은 관계가 있던 자로는 이창기·장잠(張潛)·염채(閻寀)·최관(崔瓘) 등을 들 수 있을 것이다. 이창기는 계림관찰사(桂林觀察使)로서 융욱을 극진히 대접하여 교유하며 그의 막부에 있게 하였으며[18], 융욱 또한

---

16) 傅璇琮의 「戎昱考」(『唐代詩人叢考』, 中華書局) 참조

17) 戎昱은 이들 선현을 시작에 기술하고 있다. 예컨대, 「虞帝南遊不復還」(湘南曲)·「今日巢由舊冠帶」(贈韋況徵君)·「宋玉亭前悲暮秋」(題宋玉亭)·「能持蘇武節」(聞顏尙書陷賊中)·「何事陶彭澤」(送王明府入道)·「衛青師自老」(涇州觀元戎出師).

18) 송대 晁公武의 『郡齋讀書志』 권18 : 「李夔廉察桂林, 月夜聞隣居吟詠之音清暢, 遲明訪之, 乃昱也卽延爲幕賓.……」 이것은 『唐才子傳』과 동일. 융욱이 이창기를 두고 쓴 시로는 「上桂州李大夫」·「桂州臘夜」·「再赴桂州先寄李大夫」 등이 있다.

그의 막부에서 적지 않은 은혜를 입었음을 이미 거론한 바인데, 「계주의 이대부에게(上桂州李大夫)」에 보면,

> 오늘 관문을 떠나시니
> 애틋한 정 유별나게 더하시리.
> 느끼는 바 깊어 되려 눈물지니
> 어지신 중에 우직하소서.[19]

라고 하여 이창기에 대한 지우(知遇)의 정을 묘사하였으며, 장잠은 숙종(肅宗)의 장황후(張皇后)의 제(弟)로서 융욱이 강릉(江陵)에 있을 때(768), 그 지역 사마(司馬)로 폄적되어 있는 장잠을 만나 지기(知己)가 된다.[20] 융욱은 그의 「장부마를 이별하며 바침(贈別張駙馬)」을 보면,

> 천자께서 부마를 아끼셔서
> 홀로이 당당하게 권세를 누리시다가
> ……(중략)……
> 일조에 견책되어 궁궐을 떠나셔서
> 5년이나 상수 가에서 대죄하셨네.
> ……(중략)……
> 당신의 의젓한 자태 아직도 다하지 않았으니
> 근심하여 눈물을 짓지 마소서.[21]

라고 하여 장황후가 실총(失寵)하자 장잠의 불우(不遇)한 신세를 위로하며 격려하곤 하였다. 그리고 융욱이 건주자사로 있을 때(791), 고주자사(吉州刺史)인 염채와 서로 교분의 정이 깊어서 염세(厭世)적 초탈(超脫)이라는 별다른 의취를 나눈 것으로 보며 융욱에게 은거(隱居)의 기질을 부추겨준 우정을 볼 수 있으니 그의 「고주 염사군을 보내며(送吉州閻使君入道)」에서 보면,

---

19) 今日辭門館, 情將衆別殊. 感深翻有淚, 仁過曲憐愚.
20) 張潛에 대해서 『舊唐書』, 「后妃傳」의 「肅宗張皇后條」 참고
21) 天子愛婿皇后弟, 獨步明時負權勢. ……(中略)……一朝負譴辭丹闕, 五年待罪湘江源. ……(中略)……看君風骨殊未歇, 不用愁來雙淚垂.

듣건대 도원으로 간다 하는데
이 내 먼지 낀 마음 문득 슬퍼지누나.
내가 벼슬 가는 날에
그대는 벼슬 버리는 때기에.[22)]

라고 한 것은 바로 탈속(脫俗)의 표시를 흠모함이다. 한편 최관은 담주자사(潭州刺史)로서 호남지방을 관할하는 중에(796)[23)], 그의 막중에서 개성(改姓)사건의 관계를 맺게 되는데, 이미 거론한 바지만, 융욱에게는 강한 기개(氣槪)를 갖게 하는 계기가 되며 변새파의 시인으로서의 국수의식(國粹意識)을 굳히게 한다.

융욱에게 있어 시 자체에 깊은 영향을 주었다면, 안진경(顔眞卿)과 두보, 그리고 잠삼을 꼽아야 할 것이다. 안진경은 양국충(楊國忠)에 의해 평원태수(平原太守)로 좌천되었고, 절서절도사(浙西節度使)로 있을 때 융욱이 속리(屬吏)를 지낸 바 있어(759), 서로의 관계를 맺는다. 당대의 서예가이며 문인, 정치인인 안진경에게서 약관의 융욱은 심대한 영향을 받으며 총애도 받는다.[24)] 안진경은 절개가 강하여 안록산(安祿山)에 항거하다가 죽으니 융욱은 다음 「안상서가 적에 잡혔단 말 듣고(聞顔尙書陷賊中)」를 남기고 있다.

듣건대 절도사가 죽었다 하니
옛 어른의 소문을 어이 감당하리오.
소무의 절개를 지니시고
마초의 공훈을 마다하셨네.
나라 망하여 가신조차 없으니
가을 하늘에 기러기 떼 떠있구나.
영화는 같이 하고 굴욕은 홀로 받으니
오늘 장군을 기리노라.[25)]

---

22) 聞道桃源去, 塵心忽自悲. 余當從宦日, 君是棄官時. (其一首四句).
23) 최관에 관해서는 『舊唐書』, 「代宗紀」에 "大歷四年七月己巳, 以澧州刺史崔瓘爲潭州刺史, 湖南都團練觀察使" 융욱에게 「上湖南崔中丞」 시가 있음.
24) 『舊唐書』, 「顔眞卿傳」 참조.
25) 聞說征南沒, 那堪故吏聞. 能持蘇武節, 不受馬超勳. 國破無家信, 天秋有雁群. 同榮不同辱, 今日負將軍.

융욱이 첫 관직을 급제 전에 맡게 배려하고 앞길을 천거도 해주었으며, 문풍(文風)도 영향을 준 상관의 말로가 위대한 것을 소무(蘇武)의 절개에 비유하고 있다.[26] 이 시의 「정남(征南)」은 『당재자전』의 말과 같은 것으로 이는 절서절도사(浙西節度使)를 지칭하는 것이다.

다음으로 두보와의 관계인데, 융욱이 두보를 만난 일에 대해, 탄씨는 그의 나이 29세(768)에 강릉(江陵)에서 라고 고증하고 있는데 타당하다고 본다.[27] 어떻게 만났는지는 불명하지만 『융욱집(戎昱集)』서(序)를 거론하고 있으며 두보를 곡(哭)한 시가 장구령(張九齡)의 작으로 보는 설을 따르고 있어서 앞뒤가 서로 다르다.[28] 그러나 두보를 만난 사실은 분명한 것 같다. 두보의 생평에서 대력(大歷) 3년(768), 기주(夔州)를 떠나 강릉에 가을까지 기거하였으며, 이 시기에 융욱이 두보를 배알(拜謁)했을 것이다.[29]

그리고 잠삼과의 관계는, 시인이 소시부터 선배로서 받들어 작시의 사표(師表)로 삼아온 듯하다. 그의 「잠낭중께 드리며(贈岑郎中)」를 보면,

> 어려서 독서가 잘 안될 때에
> 잠삼의 시 몇 수를 읊곤 하였네.
> 사해의 전쟁으로 멀리 떨어져서
> 십 년 두고 넋이라도 꿈에서나 만나 뵈었다네.
> ……(중략)……
> 세상에 그의 시구 보는 이 없으니
> 시백을 찾지 않고 또 누굴 찾는 건지.[30]

---

26) 顏眞卿은 고관이면서 탈속풍의 시를 추구하였다. 그의 유작 10수(『全唐詩』 권152) 중에 7수가 그러하다. 그 중에 「贈僧皎然」의 11~14구를 보면 "境新耳目換, 物遠風塵異. 倚石忘世情, 援雲得眞意."라든가, 「詠陶淵明」의 말 4구를 보면 "自謂羲皇人, 手持山海經. 頭戴漉酒巾, 興逐孤雲外, 心隨還鳥泯." 등은 참고 할만 하다.

27) 譚優學의 行年考 p.86 참조.

28) 『直齋書錄解題』에 "戎昱集五卷, 其侄孫爲序, 言强冠謁杜甫于渚宮, 一見禮遇. 集中有哭甫詩"라 하고 臧維熙의 선본에 「耒陽溪夜上」(原注: 爲傷杜甫作)을 張九齡 작이라 함. 이 시는 객수를 노래할 뿐이다.

29) 두보를 배알한 사실을 傅璇琮도 譚氏와 같이 강조하였고 馬茂元 『唐詩選』과 劉大杰 『中國文學發展史』에 모두 「得杜甫之賞識」이라고 언급함.

30) 童年未解讀書時, 誦得郞中數首詩. 四海煙塵猶隔闊, 十年魂夢每相隨. ……(中略)……天下無人鑒詩句, 不尋詩伯重尋誰.

여기서 보는 바와 같이 그의 종군시(從軍詩)의 배경을 잠삼의 의취에서 찾을 만큼 잠삼을 추숭(推崇)하고 있다.31) 이상과 같은 교분을 통하여 융욱은 시의 경지를 넓히고 시풍의 영역을 확연히 다지게 된 것이다.

Ⅱ. 시에서의 현실 고발

앞에서 밝힌 바와 같이 융욱의 시에 대한 여하한 독자적인 평술이 하나도 없는 정황을 놓고 시도적인 의욕으로 이 글을 개괄하고자 한다. 현존하는 시수(詩數)는 114제 127수(『全唐詩』 권 270)인데 그 중에 7수는 타인의 작으로 부기가 되든지, 추증(推證)되고 있으므로 확실한 수는 107제 120수로 보는 것이 온당하다.32) 이것을 시체(詩體)별로 분류하면 다음과 같다.

「5언절구(五絶) : 1수. 7언절구(七絶) : 32수. 5언율시(五律) : 49수. 고시(古詩) : 13수(5언고시 10수, 5,7잡언시(五七雜) : 2수, 7언고시(七古) : 1수, 5언배율(五排) : 9수」

그리고 주제별(主題別)로 세분하면 다음과 같다.

「영물(詠物) : 9수. 변새(邊塞) : 23수. 영회(詠懷) : 23수. (우국, 충심, 민생의 질고) 서정(抒情) : 21수. (낭만, 애상[哀傷]) 송별(送別) : 19수. 증답(贈答) : 21수. 영사(詠史) : 4수. (현실의 풍자)」

---

31) 傳璇琮·譚優學·劉開揚 제인의 자료에서 (기설) 잠삼의 직접적인 영향을 기술하고 있다.

32) 『全唐詩』상에 원주를 통해 보면 다음 5수가 혹타인작이며 傳璇琮의 추증이 2수가 있다. 「開笛」(一作李益詩)·「途中寄李」(一作李益詩)·「寄許鍊師」(一作李益詩)·「題雲公山房」(一作權德輿·楊巨源詩)·「別離作」(一作戴叔倫) (이상은 全唐詩의 기재)·「同辛兗州巢父盧副端岳相思獻酬之作因紓歸懷兼呈辛魏二院長楊長寧」(戴叔倫)·「撫州處士湖泛舟送北廻兩指此南昌縣查溪蘭若別」(戴叔倫) (이상은 傅氏說) 童養年의 『全唐詩續補遺』 권4(中華書局. 1992)에는 「無題詩」; 「寒食涔陽諸小兒齊歌齊舞帶花枝. 郡從兵亂年荒後, 人似開元天寶時」와 二聯句 「行春更欲遊何處, 東郭門前竹馬期. 不須桂嶺居天末, 但見涔陽在眼前」 (以上은 『輿地紀勝』 권103에서 抽出.) 등이 실려 있고, 陳尙君의 『全唐詩續拾』 권19 (中華書局. 1992)에는 『全唐詩』 소재의 「開元觀陪杜大夫中元日觀樂」에서 제8구가 결해 있는 것을 『古今歲時雜詠』 권28에 찾아서 보충하니, 곧 「好風油幕動高煙」구이다.

아울러 융욱시 자체에 대한 품평은 적어서 시에 대한 객관적인 성격규정은 어렵지만 다음 몇 구절의 평어(評語)에서 그 특성(特性)을 추려 보고자 한다.

먼저 명대 양신(楊愼)의 『승암시화(升菴詩話)』(권 2)에 이르기를,

> 융욱의 「눈이 개이고(霽雪)」시는 손강의 고사를 은근히 활용한 것인데 실로 오묘하다.[33]

라고 하였고 청대 옹방강(翁方綱)의 『석주시화(石洲詩話)』(권2)에서는,

> 융욱의 시는 역시 낮고 미약하다. 『창랑시화』에서 융욱이 성당에서는 최하로서 만당의 남상이라 했는데, 이는 옳다. 그러나 융욱이 위백옥의 종사로 일한 것이 대력 초년이요, 자사를 지낸 것은 건중 시기이니 중당에 넣어야지 성당에 넣어서는 안 된다.[34]

라고 하여 융욱의 시를 높이 평가하지 않고 있다. 만당풍의 개척자라느니 비약(卑弱)하다는 평은 부정적 의미가 개재(介在)되어 있다고 볼 때에 가능한 것이지 정당한 비평적 가치는 적다고 본다. 융욱은 성당 중엽에서 중당 중엽에 걸쳐 성당과 중당의 시풍을 겸비했다고 할 수는 있어도 만당풍으로 차치해서는 안 될 것이다. 한편, 하경관(夏敬觀)만은 『속당시설(續唐詩說)』에서 시의 장점을 강조하기를,

> 융욱의 시는 자못 풍골을 중히 여겨서 「고재행」 5수는 보응 년간에 왕계우와 같이 지은 것으로 「고신행」과 더불어 대력 시풍이 물들지 않았으며 율체도 청신한 맛이 있다.[35]

라고 하여서 성당의 기풍을 온전히 지닌 시로 간주하였다. 이것은 소위 『창랑시화』(詩辨)에서의 제1의(第一義)의 시격(詩格)에 맞는 수준이라는 평가라면 이 또한 중당까지 연관시키지 않으려는 의미인 만큼, 융욱 자체를 볼 때 또한 객관성이 결여된다. 이같이 두 가지 비평 모두 합리성이

---

33) 戎昱霽雪詩, 暗用孫康事, 妙.

34) 戎昱詩亦卑弱. 滄浪詩話謂昱在盛唐最下, 已濫觴晚唐, 是也. 然戎昱赴衛伯玉之辟, 當是大歷初年. 其爲刺史, 乃在建中時, 應入中唐, 不應入盛唐.

35) 昱詩頗重風骨, 其苦哉行五篇, 寶應中同季友作, 及苦辛行, 均不染大曆詩習, 律體亦淸新有味

부족하다는 인식 하에, 융욱의 시에 대한 이해를 펴고자 한다.

융욱은 중당의 원백(元白.元稹과 白居易)의 사실시파(寫實詩派)를 선도하였다고 본다. 이것은 신문방(辛文房)이 말한 「바르게 교화함이 더하다(不虧政化)」와 상통한다. 그러나 그 묘사는 섬세하고 화미(華美)하다. 기려(綺麗)하면서 냉정한 사실적 직관이 스며 있다. 그에게는 이 부분에 있어서 사회 풍토와 정치적 부조화, 그리고 민생의 질고를 주된 소재로 다루고 있음을 본다. 먼저 「고재행(苦哉行)」(제3수)을 보면,

누대에 올라 서울을 바라보니
멀리 볼수록 속눈썹에 눈물이 맺히네.
억지로 웃으니 웃는 얼굴이 아니거늘
시든 꽃 같은 보조개를 다듬노라.
지난 해 노복을 사니
노복인들 부서진 나뭇잎 같으니
어쩐 마음으로 죽지는 않고
스스로 흉노의 첩이 되었구나.
한 평생 지금까지 살아오면서
만사가 괴로운 일이로다.
변방의 담장을 날아 나오고자 하나
저기 나비만도 못하구나.[36]

이 시는 제하(題下)의 자주(自注)에서 "보응 년간에 활주와 낙양을 지난 후에 왕계우와 함께 짓노라(寶應中, 過滑州 · 洛陽後, 同王季友作)"라 하니 안사란(安史亂)이 한창인 보응(762)년에 지은 것이다.[37] 한 귀족여인이 난을 평정키 위해 끌어들인 회흘족(回紇族)에게 피납되어 겪는 고통을 노래하고 있다. 즉 시의 중심사상이 숙종(肅宗)의 외병차용(外兵借用)의 실책(失策)을 풍유한다. 그 당하는 여인의 절규를 그 제5수에서 더욱 극명(克明)하고 처절(凄切)하게 묘사하고 있다.

---

36) 登樓望天衢, 目極淚盈睫. 彊笑無笑容, 須妝舊花靨. 昔年買奴僕, 奴僕來碎葉. 豈意未死間, 自爲匈奴妾. 一生忽至此, 萬事痛苦業. 得出塞垣飛, 不如彼蜂蝶.
37) 王季友는 雍王 李适로 그의 시가 『全唐詩』 권259에 실려 있음.

오랑캐의 왕이 조칙을 받들어서
이 달에 연산으로 돌아가네.
홀연히 칼로 찔린 듯
이 내 속을 흩으러 놓네.
문을 나서 북녘 땅 바라보니
아득히 옥문관이 보이네.
산 사람은 죽어서 이별하고
떠나가면 돌아올 때가 없어라.
내 나라의 달이 이 내 마음 가르고
북풍은 이 내 얼굴 시들게 하네.
떠나가서 넋마저 끊어지나니
하늘을 불러도 들은 체도 않는구려.[38)]

한편, 영사시(詠史詩)는 정치에 대한 풍자를 하고 있으니, 위의 시 제4수를 보면,

한나라 역사에서
졸열한 계책이 바로 화친이라.
사직을 명철한 군주에 맡겼다면
나라의 안위는 부인에 달렸다네.
어찌 고운 용모로 오랑캐 먼지
가라앉힐 수 있으리.
죽어 지하에 묻힌들
뉘 보필할 신하가 되리오.[39)]

조정의 굴욕적인 화친정책을 국치(國恥)로 간주하여 한대(漢代)로 소급한 시점에 놓고 「옛 것으로 오늘의 법도를 풍자(以古諷今法)」하는 기법을 쓰고 있다. 아울러 「고신행(苦辛行)」은 민생의 질고를 묘사한 것으로,

---

38) 可汗奉親詔, 今月歸燕山. 忽如亂刀劍, 攪妾心腸間. 出戶望北荒, 迢迢玉門關. 生人爲死別, 有去無時還. 漢月割妾心, 胡風凋妾顔. 去去斷絶魂, 叫天天不聞.

39) 漢家靑史上, 計拙是和親. 社稷依明主, 安危託婦人. 豈能將玉貌, 便擬靜胡塵. 地下千年骨, 誰爲輔佐臣.

어려서 시문을 배우지 못했으니
글로써 즐길 일을 어이 생각이나 하리.
사방에 뜻을 아는 자 드무니
평생토록 가는 길 슬프구려.
얼굴 들어 하늘에 호소해도 듣지 않으시고,
고개 숙여 땅에 고해도 말이 없으시니.
천지께서 나를 낳으셨건만 이러 하시니
들판의 남들이야 일러서 무엇하리.
……(중략)……
그대여 술을 권하노니
술로써 맺힌 시름 흩어나 보세.
누군들 술판에 한번 취하면
세상 만사 저 강물 따라 흘러 보내리.[40)]

평생에 맺힌 삶의 행로는 호소할 데 없는 역경(逆境)이요, 자포자기적인 실의(失意)의 길로 점철되어 있음을 민생의 대변자로서 직설적으로 표현하고 있다.

Ⅲ. 시의 우국적인 비전관(非戰觀)

융욱을 흔히 변새파(邊塞派)의 시인으로 평가한다.[41)] 그의 변새류의 시가 질량면(質量面)에서 다양하다. 그의 변새시는 충군(忠君)과 우국(憂國)을 토대로 한 전쟁의 고취(鼓吹)보다는 비전사상을 보이며 그로 인한 원정(遠征)의 객수(客愁)와 망향심(望鄕心)을 짙게 토로한다. 「새하곡(塞下曲)」을 보면,

40) 少年無事學詩賦 豈意文章復相悞. 東西南北少知音, 終年竟歲悲行路. 仰面訴天天不聞, 低頭告地地不言. 天地生我尙如此, 陌上他人何足論. ……(中略)…… 勸君且飮酒, 酒能散羈愁. 誰家有酒判一醉, 萬事從他江水流

41) 李曰剛은 『中國詩歌流變史』(p.354)에서 「中唐邊塞派以李益最爲傑出, 其次戎昱, 姚合, 王涯」라 함.

쓸쓸히 찬 해가 지고
북풍은 다북쑥을 휘감아 돈다.
장군이 지친 병사 거느리고
도리어 옛 변방의 문에 든다.
고개 돌려 북녘 산을 보니
살기가 누런 구름을 이루었네.[42)]

이는 전장의 치열한 분위기를 읊은 것이며, 상동시의 제3수를 보면,

북방 변경엔 초목이 없고
가마귀·솔개는 시체에 깃드네.
넓은 사막은 텅빈데
종일토록 삭풍이 부네.
전쟁의 병사 고생이 많으니
그 고생 사시절 가릴 것 없구나.[43)]

라고 하여 전장의 참상과 고통을 사실적으로 묘사하고 있다. 그러나 융욱에게도 주전(主戰)의식과 승전의 격려가 없는 것은 아니다. 그의 「종군행(從軍行)」을 보며는,

지난 날 이도위를 따랐더니
쌍칼집이 말발굽에 드리네.
흑산 북녘에서 생포하고
황혼 서녘에 적을 죽이네.
……(중략)……
한단시로 돌아오니
청루의 구름다리 백척이나 되고
감격하여 거듭 좋다고 하니
평생의 담력이 대단하도다.
연회에서 저녁 노래 부르니
어여쁘고 곱게 다듬어 땋은 머리 다소곳하네.

42) 慘慘寒日沒, 北風卷蓬根. 將軍領疲兵, 却入古塞門. 回頭指陰山, 殺氣成黃雲(其一).
43) 塞北無草木, 烏鳶巢僵屍. 泱漭沙漠空, 終日胡風吹. 戰卒多苦辛, 苦辛無四時(其三).

거나하게 취하니 추풍이 일고
기마는 문 앞에서 우는도다.
먼 수자리에서 봉화를 올리니
외딴 성에선 전승의 북소리 세차도다.
채찍 들어 먼지 날리며 떠나가니
젊은 아낙이여 울지를 말아 주오.44)

이 시의 전반은 전쟁에서 승리하고 개선하며 열린 잔치 요란한데, 후반에서는 전쟁의 신호가 다시 올려져 진군하는 군사를 박력있게 묘사한다. 말구의 「아낙네야, 울지 말라」는 부분은 승리하고 돌아올 테니 믿으라는 묘사상의 표현을 하지만, 내면에는 전쟁으로 인한 이별과 고통을 은유하고 있음을 엿볼 수 있다. 그러나 전쟁의 후과(後果)는 파괴와 사망의 비애만이 남긴다. 「검문에 들어서(入劍門)」에서 보면,

검문에서 전쟁을 치른 후에
만사에 슬픈 마음 이기기 어려워라
새와 쥐는 깃들 굴이 없고
아이는 이별을 말하네.
산천은 예와 같은데
지금은 가시밭길이라.
원정 언제나 평정될거나
집집마다 채색 깃발이라.45)

여기서 1·2연은 전쟁후의 참상을 그리면서 말연에서 화전의 평화를 희구한다. 융욱 시에 흐르는 변새풍에는 성중당의 비전사상(非戰思想)이 깃들어 있으며 이것은 망향(望鄕)의 객수(客愁)를 노래하며 특히 <눈물(淚)>로 표현되는 작풍의 성향을 볼 수 있으니46), 다음의 「원정자의 귀향

44) 昔從李都尉, 雙鞬照馬蹄. 擒生黑山北, 殺敵黃雲西. ……(中略)…… 歸來邯鄲市, 百尺青樓梯. 感激然諾重, 平生膽力齊. 芳筵暮歌發, 艷粉輕鬟低. 半酣秋風起, 鐵騎門前嘶. 遠戍報烽火, 孤城嚴鼓鼙. 揮鞭望塵去, 少婦莫含啼.

45) 劍門兵革後, 萬事盡堪悲. 鳥鼠無巢穴, 兒童話別離. 山川同昔日, 荊棘是今時. 征戰何年定, 家家有畵旗.

46) 융욱 시에서 실제로 <淚>를 시어로 시가 14수에 달한다.

(征人歸鄕)」이 바로 그러하다.

삼월의 강성엔 버들 솜이 날리는데
다섯 해 떠돌던 객이 그대 귀향을 전송하누나.
전에는 이별과 망향의 눈물을 한데 흘렸거늘
오늘은 난간에서 그대 저고리를 적시누나.[47)]

전쟁은 이별과 망향의 상징인 것을 융욱의 비전론(非戰論)과 함께 상관시킬 수 있는 것이다.

융욱의 시에는 위의 성격 외에도 은일적(隱逸的)인 도선(道禪)의 의취가 무시될 수 없는데 이러한 바탕은 아마도 생존시기와 상관되기도 하지만 비전적인 우국(憂國), 그리고 사회혼란에서 오는 도피적 탈속감 등이 작용하여 표현된 현상이라고 볼 수 있다. 예컨대, 「상강에 머물며(宿湘江)」을 보면,

구월의 상강은 물이 출렁이는데
모랫 가엔 가을의 달무리만 보이누나.
가을바람은 물가의 누런 잎에 불어서
밤새도록 어지러이 객선을 채우누나.[48)]

이 시는 정경교융(情景交融)의 맛을 느끼게 하여 시중유화(詩中有畵)의 화의(畵意)가 시에 담겨 있으니 성당의 조류를 타고 있음을 확인할 수 있다. 더구나 「적상인의 선방(寂上人禪房)」에서는 초탈(超脫)에의 의지가 짙어서 변새 시인이라고 하기에는 격에 맞지 않을 듯도 하다. 융욱의 시가 성당과 중당을 아우르고 있는 것을 분명히 할 수 있겠다. 이제 그 시를 보면,

속세의 뜬 먼지찌꺼기가 참선의 문을 막았으니
백세 늙은 이 심신이 언제나 한가함을 얻을 건가!

---

47) 三月江城柳絮飛 五年遊客送人歸. 故將別淚和鄕淚 今日闌干濕汝衣.
48) 九月湘江水漫流 沙邊唯覽月華秋. 金風浦上吹黃葉 一夜紛紛滿客舟.

어찌하면 이 인생 자연초목에 묻히어
번민 없이 사시절을 누릴 건가![49]

융욱도 속계(俗界)의 허무(虛無)와 고통을 덜고자 하는 애절한 심경, 나아가서는 초연하고자 하는 의지가 담겨져 있는 것이다.

융욱의 생평과 시는 상호 연관의 각도에서 조명하여 분석하면서, 융욱에 대한 문학적 위상을 재고해야 할 만큼 다양한 풍격을, 특히 사실시와 변새시의 특성은 높이 재평가되어 당시사상에서 다루어질 필요가 있다고 본다. 출생 년대부터 이익(李益)보다 한 세대나 빠르고 변새시의 수준도 오히려 잠삼에 접근하는 점으로 보아 이익에 못지않은 선상(線上)에서 보고 싶은 것이다.

49) 俗塵浮垢閉禪關, 百歲身心幾日閒. 安得此生同草木, 無營長在四時間.

전기(錢起) 시의 현실의식과 회화기법

당대 대종(代宗) 대력(大歷)년간(766~779)은 정치적으로 안사란(安史亂) 등 내란이 평정되고 기강이 재정립되는 단계에 있었고, 문학적으로는 성당에서 중당으로 이전되는 과도기에 해당한다. 그 중에 문인의 문학활동은 활발하여 소위 대력십재자(大歷十才子) 등 문인집단이 형성되었으니, 이들 십재자는 자료에 따라 출입이 있지만[1] 이들은 대개 유장경(劉長卿)·전기(錢起)·이익(李益)·한굉(韓翃)·경위(耿湋)·사공서(司空曙)·노륜(盧綸)·이가우(李嘉祐)·대숙륜(戴叔倫)·낭사원(郎士元) 등을 들 수 있다. 이들은 성당의 은일낭만풍을 지향한 부류와 사회 현실면을 작시에 반영한 부류, 그리고 상기의 양면을 겸용한 부류로 구분할 수 있다. 본고에서 거론하는 전기(720~780전후)는 왕유파로 분류하는 경향도 있지만, 대개 양면을 동시에 작시에 도입한 시인이라고 본다.

그의 시 분량도 최다에 속하여 현존 532수는 당시연구에 중요한 축을 형성하고 있는 것이다. 그럼에도 불구하고 전기의 시는 중국시학 내는 물론 당시에서도 크게 주목대상에 넣지 않고 부분적인 고찰만[2] 하면서 간

---

1) 大歷十才子에 대해서 문헌마다 그 분류가 다르니, 姚合 《極玄集》(卷上)에는 「李端與盧綸·吉中孚·韓翃·錢起·司空曙·苗發·崔洞·耿湋·夏侯審唱和, 號十才子」라 하고 《滄浪詩話》는 冷朝陽을 넣었고, 王世禎의 《分甘餘話》 (권3)에서는 皇甫曾을 넣고, 청대 管世銘은 《讀雪山房唐詩鈔》(권18)에서 劉長卿과 皇甫冉을 거론하였음.

2) 旣存 錢起에 대한 연구자료로 傅璇琮《唐代詩人叢考》, 譚優學《唐詩人行年考》, 蔣寅《大歷詩

과해온 것도 사실이다. 이것은 당시의 온당한 정리를 위해서 부적절한 연구풍토로서 향후 중당의 대력시 고찰에서 전기의 위상은 절대 우위에 설정하여 이미 연구 진행해 온 유장경과 동등한 가치를 부여해야 한다. 따라서 필자는 최근 수년간 대력십재자를 중심한 중당시를 정리하는 과정에서 일차적인 정리완료의 의미를 이 전기시의 분석에 두고 연구해 온 내용을 본고에 서술하고자 한다. 우선 전기에 대한 기존 자료가 극소하여 논점의 객관화가 용이치 않으며, 전래되는 역대 시평들이 하나같이 왕유의 후계자이며 그 속류로 기술하고 있어서 본고에 시의 리얼리즘적인 성격을 설정하여 구명하는 것이 여의치 않다고 본다. 예를 들어서 당대 고중무(高仲武)가 『중흥간기집(中興間起集)』(권상)에 전기시를 평하기를,

> 원외 전기의 시는 체재와 풍격이 청신하고 기특하여 이치가 맑고 화려하다. 과거 급제 후부터 문단을 주도하여 그 당시의 문호 왕유는 그를 고아한 품격이라고 칭찬하였고 왕유 이후에 전기가 으뜸이었다.[3]

라고 한 것은 후세시평의 근거가 되었고 그 테두리를 벗어나지 않아 왔다는 사실이다. 그러나 지아오원빈(焦文彬)과 지앙쉬에숭(張學松) 등의 시선본(詩選本)[4]에서의 평석이 그나마 인증에 참고가 되었고 시에하이핑(謝海平)의 전기사적 자료 또한 간접적인 근거가 되었다. 아울러 푸시엔중(傅璇琮)과 탄이우쉬에(譚優學)의 자료도 전기시의 분석에 중요한 길잡이가 됨을 밝히고자 한다. 본문에서는 생평 부분은 기존 자료로 대신하여 생략하고, 그의 시와 유관한 부분만을 부각시켜 다루고자 한다. 그리하여 그의 연령별로 시에하이핑이 정리한 시작 계년(繫年)을 보충하여 다루고, 다소 길지만 그의 시 전체를 형식과 주제 분류하여 전기시 연구의 기본 자료로 삼고자 한다. 그리고 본문은 현실 묘사를 처음으로 시도하여 분량상 많은 비중을 부여하였고 시의 청신 풍격과 왕유와 비교되는 시의 회화적인 성격을 고찰하기로 한 것이다.

人研究≫(上), 謝海平「錢起事蹟及其詩作繫年述考」등이 있음.

3) 員外詩, 體格新奇, 理致淸贍. 越從登第, 抵冠詞林. 文宗右丞, 許以高格. 右丞以後, 員外爲雄.

4) 焦文彬 등 ≪大歷十才子詩選≫(陝西人民出版社 1998), 張學松 등 ≪大歷十才子詩傳≫(吉林人民出版社 2000).

Ⅰ. 생평과 시작 계년

전기의 생평은 기존 자료들 즉 원이두어(聞一多)의 『당시대계(唐詩大系)』, 푸시엔중(傅璇琮)의 『당대시인총고(唐代詩人叢考)』(중화서국 1980), 탄이우쉬에(譚優學)의 『당시인행년고(唐詩人行年考)』(巴蜀書社 1987), 왕딩장(王定璋)의 『전기시집교주(錢起詩集校注)』(浙江人民出版社 1992), 지아오원빈(焦文彬) 등의 『대력십재자시선(大歷十才子詩選)』(陝西人民出版社 1998), 지앙쉬에숭(張學松) 등의 『대력십재자시전(大歷十才子詩傳)』(吉林人民出版社 2000), 시에하이핑(謝海平)의 「저기사적급기시계년술고(錢起事蹟及其詩繫年述考)」(『中華學苑』 제34기 臺灣政治大學 中國語文硏究所 1986) 등에서 생평 문제를 위시하여 다양하게 거론한 바, 본고에서는 생평 내용 자체는 생략하고 단지 생졸년 관계는 푸시엔중설을 따르기로 하며 신문방(辛文房)의 『당재자전(唐才子傳)』 (권4)의 전기조 일단을 인용하기로 한다.

> 전기의 자는 중문이고 오흥인이다. …… 사절로 촉에 들어갔고 고공낭중을 제수 받았으며, 대력년 간에 태청궁사와 한림학사를 지냈다. 전기의 시 체제는 참신하고 기특하며 이치가 청담하고 풍부하여 송과 제의 부허함을 없애고 양과 진의 유미함을 털어 내어서 멀리 홀로 우뚝 섰다. 왕유는 그 고아한 품격을 인정하고 낭사원과 명성을 나란히 하였다.[5]

위의 글을 토대로 부연하면 전기의 자는 중문(仲文), 절강(浙江) 오흥인(吳興人)이다. 개원(開元) 8년(720) 전후에 출생하여[6] 건중(建中) 원년(780) 전후에 졸하였다. 천보(天寶) 15년(751)에 진사 급제하고 대종(代宗) 광덕(廣德) 2년(764) 이후에 사훈원외랑(司勳員外郎)·사봉낭중(司封郎中)·

---

5) 起, 字仲文, 吳興人. …… 奉使入蜀, 除考功郎中, 大歷中爲太淸宮使翰林學士. 起詩體製新奇, 理致淸瞻, 芟宋齊之浮游, 削梁陳之嫚靡, 迥然獨立也. 王右丞許以高格, 與郎士元齊名.

6) 출생년에 대해서 聞一多의 ≪唐詩大系≫는 722년, 傅璇琮의 ≪唐代詩人叢考≫ p.427 「錢起考」에서는 712년 보다 늦게 기술.

고공낭중(考功郎中) 등을 역임하였고 『전고공집(錢考功集)』이 있다. 그의 시에 대한 개괄적인 성격을 보면, 위에서 신문방(辛文房)이 기술한 바, 체재상 신기(新奇)하여 소위 가행체의 시를 발전시키고[7] 이치가 청담하고 풍섬하여 육조의 부허하고 화미한 풍격에서 탈피하여 왕유와 동격의 경지를 개척했음을 알 수 있다. 그리고 옹방강(翁方綱)의 ≪석주시화(石洲詩話)≫에서도,

> 성당 이후와 중당 초기에 일시동안에 웅대하고 준일한 문인으로 전기와 유장경을 능가하는 자가 없다……칠언가행에 있어서는 만고에 홀로 뛰어나다.[8]

라고 하여 전기시의 장점을 거론하였다. 다음에 열거하는 전기시의 계년은 전적으로 시에하이핑의 「錢起事蹟及其詩繫年述考」(『中華學苑』제34기)를 근간으로 하여 이미 소개한 자료들에 의거하여 비록 분류되는 양은 적어도 149수를 연령별로 세분하여 나열하고자 한다.

o 개원開元 29년(741) 24세

<贈闕下裴舍人><秋館言懷>

o 천보天寶 원년(742) 25세

<藍上茅茨期王維補闕>

o 천보 5년(746) 29세

<奉和聖製登會昌山應制><奉和聖製登朝元閣><溫泉宮禮見><和李員外扈駕幸溫泉宮><新豐主人>

o 천보 9년(750) 33세

<長安落第作><長安落第><下第題長安客舍><落第劉拾遺相送東歸><南中春意><海畔秋思><江上臥病寄王臨><隴右送韋三還京><同鄔戴闕中旅寓><送鄔三落第還鄉>

---

7) 蔣寅의≪大歷詩人研究≫p.199「七言歌行與七律的成就」(中華書局, 1995)에서 이 부분을 거론.

8) 盛唐之後, 中唐之初, 一時雄俊, 無過錢劉. ……至于七言歌行, 則獨立萬古.

o 천보 10년 (751) 34세

<省試湘靈鼓瑟><夜雨寄寇校書><山中寄時校書><山齋讀書寄時校書><歲初歸舊山>

o 천보 12년 (753) 36세

<李四勸爲尉氏尉李七勉爲開封尉>

o 천보 13년 (754) 37세

<初黃綬赴藍田縣作><淸泥驛迎獻王侍御>

o 천보 15년 (756) 39세

<酬王維春夜竹亭贈別><晩歸藍田酬王維給事贈別><七盤嶺阻寇聞李端公先到南楚><別張起居><寇中送張司馬歸洛>

o 지덕至德 2년 (757) 40세

<觀法駕自鳳翔迴><秋霖曲>

o 건원乾元 원년 (758) 41세

<長安客舍贈李行父明府><送李明府去官><藍上採石芥寄前李明府><離居夜雨奉寄李京兆><郭司徒廳夜宴><初至京口示諸弟>

o 건원 2년 (759) 42세

<奉和張荊州巡農晩望><中書王舍人輞川舊居><過王舍人宅><樂遊園晴望上中書李侍郞>

o 상원上元 원년 (760) 43세

<送裴頔侍御使蜀><宴曹王宅>

o 상원 2년 (761) 44세

<送元中丞江淮轉運><送畢侍御謫居>

o 보응寶應 원년 (762) 45세

<故王維右丞堂前芍藥花開悽然感懷>

o 보응 2년 (763) 46세

<題郎士元半日吳村別業兼呈李長官><奉送劉相公江淮催轉運><山園秋晚寄杜黃裳少府><山下別杜少府><廣德初鑾駕出關後登高愁望二首><東城初陷與薛員外王補闕暝投南山佛寺><鑾駕避狄歲寄別韓雲卿><登高愁望><寄韓雲卿>

<縣內水亭晨興聽訟><偶成><縣城秋夕><縣中池竹言懷><觀村人牧山田><東皐早春寄郎四校書><贈東鄰鄭少府><題玉山村叟屋壁><登玉山諸峯偶至悟眞寺>

o 광덕廣德 2년 (764) 47세

<赴章陵酬李卿贈別><訪李卿不遇><登劉賓客高齋><罷章陵令山居過中峯道者二首><題張藍田訟堂><晚過藍灞寄張藍田><詠門上畫松上元王杜三相公><送王使君移鎭淮南><送王季友赴洪州幕下><送褚大落第東歸><酬考功楊員外見贈佳句><山中酬楊補闕見過><送邊補闕東歸省覲><紫參歌><送李季友>

o 영태永泰 원년 (765) 48세

<故相國苗公挽歌><酬苗發員外宿龍池寺見寄><送馬使君赴鄭州><贈郭駙馬>

o 대력大歷 원년 (766) 49세

<賦得青城山歌送楊杜二郎中赴蜀軍>

o 대력 2년 (767) 50세

<陪郭常侍令公東亭宴集><奉陪郭常侍宴滻川山池>

o 대력 3년 (768) 51세

<送陸珽侍御使新羅><重送陸侍御使日本><送王相公赴范陽><送王使君赴太原行營><送李大夫赴廣州>

o 대력 4년 (769) 52세

<送冷朝陽擢第後歸金陵覲省><奉使採箭簳竹谷中晨興赴嶺><夕發箭場巖下作>

<秋夜作><和蜀縣段明府秋城望歸期><裴僕射東亭><奉和杜相公移長興宅奉呈元相公><題樊川杜相公別業><喜李侍御拜郎官入省><過李侍御宅><津梁寺尋李侍御><見上林春雁翔青雲><喜李侍御拜郎官入省><臥病李員外題扉而去><送集賢崔八叔承恩括圖書><酬考功楊員外見贈佳句>

ㅇ대력 5년 (770) 53세

<送褚大落第東歸><晩春永寧墅小園獨坐寄上王相公><晩歸藍田舊居><過山人所居因寄諸遺補><罷官後酬元校書見贈><藍田溪與漁者宿><酬劉員外雨中見寄><過桐柏山><淮上別范大><奉和宣城張太守南亭秋夕懷友><九日宴浙江西亭><送楊暐擢第遊江南>

ㅇ대력 6년 (771) 54세

<舟中寄李起居><將赴閿鄉灞上留別錢起員外><送郎四補闕東歸>

ㅇ대력 7년 (772) 55세

<寄袁州李嘉祐員外><送蔣尙書居守東都><漢武出獵><校獵曲>

ㅇ대력 8년 (773) 56세

<送陸贄擢第還蘇州><奉和中書常舍人晩秋集賢院卽事寄徐薛二侍御>

ㅇ대력 11년 (776) 59세

<送鮑中丞赴太原軍營>

ㅇ대력 12년 (777) 60세

<尋司勳李郎中不遇><送外甥懷素上人歸鄉侍奉><送外甥范勉赴常州長史兼覲省><送嚴維尉河南>

ㅇ대력 13년 (778) 61세

<貞懿皇后挽詞>

ㅇ대력 14년 (779) 62세

<褚主簿宅會畢庶子錢員外郎使君><禁闈玩雪寄薛左丞>

o 건중建中 원년 (780) 63세

<送夏侯審校書東歸><秋夜寄袁中丞王員外><省中對雪寄元判官拾遺昆季>

o 건중 2년 (781) 64세

<寄郢州郎士元使君><送張員外出牧岳州>

o 건중 3년 (782) 65세

<同王錥起居程浩郎中韓翃舍人題安國寺用上人院>

Ⅱ. 시의 리얼리즘적 의식

전기는 중당 시인 중에 비교적 많은 시를 남긴 작가로서 시체는 고시·가행·율시·절구 등 고루게 분포되어 있고 시의 주제 또한 다양하지는 않지만 집중적인 형식과 내용을 보여주고 있는 것이 특징이다. ≪전당시≫의 권236에서 권239까지 4권에 532수의 작품이 담겨져 있어서 일목요연하게 확인하게 되며, 그 중에는 <강행무제(江行無題)>[9]100수 (권239)와 <남전계잡영(藍田溪雜詠)>22수(상동) 등 하나의 주제로 다량의 집영시를 짓기도 하였다. 주제에 의한 작품의 수를 정리하면 다음 표와 같다.

주제	영물	송별	영회	애도	증수	유람	우정	은거	봉제	산수전원	계
시수	28	127	43	6	66	27	53	30	9	143	532

여기서 전기시가 은일낭만적인 성당 시풍을 더구나 왕유와 비교된다고

9) 이 시에 대해서는 ≪全唐詩≫ (권239에 小字로 「一作錢珝」)와 傅璇琮의 ≪唐代詩人叢考≫ (p.446-448)에 그 손자인 錢珝의 작으로 분류하는 경향이 있지만, 여기서는 ≪全唐詩≫ (권239)와 ≪錢考功集≫에 의거하여 錢起詩로 넣음.

보면 주제상 산수와 전원과 송별의 시가 주류를 이룬다고 하겠다. 반면에 관장과 유관한 봉제와 영물관계는 상대적으로 비중이 적다고 보아 전기 시가 지향한 성격을 파악할 수 있다.

전기의 시를 흔히 왕유의 후계자로 지칭하기를 선호해 왔는데[10] 이것은 전기의 시 풍격으로 볼 때, 광덕년간(763)을 기점으로 해서 그 전후기를 구분하는데 왕유와의 관계는 주로 후반기의 시에서 수용되는 이론이 되겠다. 그러니까 전기에 해당되는 전기의 청장년기의 시를 중심으로 해서 총괄하면, 역시 중당대의 원진(元稹)·백거이(白居易)·왕건(王建)·장적(張籍) 등의 사실파의 선도적인 역할자로서의 사회현실을 직시하는 리얼리즘적인 사회시라고 할 작품성향을 보여 준다. 이것은 전기의 시를 단순한 성당의 은일낭만적인 왕유파의 일원으로 평가하여 중당의 성당시인으로 분류하는 논조에서 탈피하여야함을 의미한다. 이 점에 있어서는 두보시의 시조를 방불케 한다고 보아서, 전기의 전반기의 시는 대체로 우울하고 비감이 어린 성정을 토로한다고 논평하는 경향을[11] 수용할 필요가 있으며, 필자는 이에 동의하면서 이 전기시의 현실성 부분을 설정하는 것이다. 전기의 시 500여 편에서 현실을 풍유한 분량은 전체의 4분의1 정도이지만, 그 시적인 가치는 전기의 시에 대한 새로운 평가를 위해서 더욱 중요한 평가대상이 되리라 본다. 그러면 전기의 조기작품이 왜 짙은 감상의 의식이 배어 있는가를 상고해 보면, 이미 거론한 바 수차에 걸친 과거의 낙제 경험과 청년기의 천보년 간 안사란의 실상을 직접 체험한 역경이 주된 요인으로 추정한다. 그리고 조년의 병약한 체질에서 오는 정신적인 나약성도 추가요인이 될 수 있다. 시구의 예를 구체적으로 들어서 제시한다면, 먼저 <궐하 배사인에게(贈闕下裴舍人)> (권239)의 말4구를 보면,

따뜻한 기운 흩어지지 않은데 어려운 길 한스럽고,
하늘은 오래 두고 해를 받들 날 새롭기를 그리네(임금 보필의 기회 오길 바램).
시 지어 바치길 10년(과거시험 참여)에 아직 이루지 못하니,
백발로 고운 비녀를 대함이 부끄럽네.[12]

---

10) 沈德潛≪唐詩別裁集≫, 施補華≪峴傭說詩≫, 蔣寅≪大歷詩人研究≫ 등에서 거론.
11) 蔣寅≪大歷詩人研究≫ p.177과 焦文彬 등의 ≪大歷十才子詩選≫ p.57 참고

여기서 말2구는 전기의 본심이니 과장된 표현이 아니며, 그리고 <장안에서 낙제하고(長安落第作)> (권238)의 말4구에서도,

깃털을 씻으며 높은 나무 그리고,
오르는 용이 물결 떠남을 한하네.
쓸모 없는 재능 세상에 쓰이지 않고,
감도는 소리 구름 낀 여라 덩굴에 사라지네.13)

라고 하여 실의한 심정의 일단을 토로하고 있다. 한편, 낙제의 원인으로 과거제도의 부조리를 은근히 묘사한 것으로 <장안낙제(長安落第)> (권239)를 보면,

화려한 꽃과 그늘진 버들이 구중대문에 깊으니,
대문을 대하고 술 마시며 슬픈 노래 부르니 눈물이 옷소매에 가득하다.
며칠 두고 꾀꼬리 울고 꽃피는 좋은 봄 날개 지듯 다 가니,
돌아가는 봄 한번에 상심도 한번이라.14)

이 시에서 주의할 점은 천보 성세의 부조화에 대한 침울한 정조를 표현한 것을 알 수 있다. 더구나 다음 그의 <성시상영고슬(省試湘靈鼓瑟)> (권238)은 그가 과거에 응하면서 심리적으로 운명적인 상황이 아니면 급제하기 어렵다는 의미를 제시하는 드문 성시시(省試詩)이다.

운화가야금을 잘 타니,
늘 상군의 넋을 듣노라.
풍이신은 공허히 절로 춤만 추고,
초의 나그네 차마 듣지 못하네.
괴로운 가락은 악기에서 처량하게 울리니,
맑은 소리는 먼 곳에 스며드네.
창오에는 원한의 그리움이 일고,

---

12) 陽和不散窮途恨, 霄漢長懷捧日新. 獻賦十年猶未遇, 羞將白髮對華簪.
13) 刷羽思喬木, 登龍恨失波. 散才非世用, 回音謝雲蘿.
14) 花繁柳暗九門深, 對飮悲歌淚滿襟. 數日鶯花皆落羽, 一回春至一傷心.

백지 향초에는 짙은 향기 우러나네.
흐르는 물 따라 소수의 물가에 전하고,
슬픈 바람이 동정호를 스쳐가네.
곡조가 끝나니 사람은 보이지 않고,
강가에 몇 봉우리 산이 푸르다.15)

이 시는 미려하면서 기교가 넘치는 시어를 구사하고 있지만 그 이면에는 유원(幽怨)하면서도 애모(哀慕)어린 한이 맺혀 있어서 읍소하는 듯한 음조와 맑으면서도 처연한 시흥이 다양한 상상력을 불러 일으켜서 이와 관련된 신기한 고사를 낳게 한 것이다.16) 이러한 시는 전기가 평소에 심신이 나약하여 소극적이며 은둔적인 의식이 잠재되어 있음을 간설하는 것이라고 하겠다. 이처럼 그의 시가 지닌 독특한 성격을 통해서 다음 세 가지 면에서 여하히 묘사하고 있는지를 살펴보고자 한다.

1. 정치 부조리 고발

성당의 번창한 사회상은 생활여건이 향상되었지만, 한편으론 빈부의 격차와 정치부패가 성행하여 전기의 심정은 과거급제도 희원하였지만 정치현실에 대한 불만과 거부감이 동시에 격동한 양면적 의식을 제시하는 작품을 볼 수 있다. 먼저 <사직한 이명부을 보내며(送李明府去官)> (권239)를 보면,

비방하는 말 자주 들린 후에,
직언의 말한들 무엇하리.
오늘 남전의 냇물에는,
밤 낚시질 누군가 꼭 한다네.17)

---

15) 善鼓雲和瑟, 常聞帝子靈. 馮夷空自舞, 楚客不堪聽. 苦調淒金石, 淸音入杳冥. 蒼梧來怨慕, 白芷動芳馨. 流水傳瀟浦, 悲風過洞庭. 曲終人不見, 江上數峰靑.

16) ≪舊唐書≫ 錢徽傳: 「父起, 天寶十年登進士第. 起能五言詩, 初從鄕薦, 寄家江湖, 嘗于客舍月夜獨吟, 遽聞人吟于庭曰 ; 曲終人不見, 江上數峰靑. 起愕然, 攝衣視之, 無所見矣. 以爲鬼怪而志其十字. 就省試之年, 李暐所試湘靈鼓瑟詩題中有靑字, 起卽以鬼謠十字爲落句, 稱爲絶唱. 是歲登第, 釋褐秘書省校書郎」.

시제의 「이명부」는 그 당시의 남전현령(藍田縣令) 이행보(李行父)이며 명부(明府)는 관명이다. 전기가 이명부에게 준 시 <장안의 객사에서 이명부에게(長安客舍贈李行父明府)> (권236)의 제3~5연을 보면,

누가 전쟁 때에, 거문고 타서 울린다고 말하는가?
번민을 다스리는데 대범하고 명료하였고,
거센 자를 다스리는데 관용을 겸하였네.
밤낮으로 백성을 염려하느라,
자다가 깨어나고 연회도 편치 않았네.[18]

라고 하여 이명부의 청렴하고 애민하는 치정을 칭찬하면서 이러한 관리가 관직을 떠나야 하는 현실에 대해서 원망과 분개를 금치 못하고 있다.[19] 그러니까 이명부가 거관하고 귀향함을 전송하면서 제1연에서 직설적으로 비판하게 된 것이다. 「三至」는 공자의 제자 증삼(曾參)의 모친이 아들과 동명이인이 살인했다는 사실을 여러 사람이 반복해서 잘못 고하므로 해서 그 일로 진실인줄 알고 베틀을 놓고 담 넘어 피한 고사에서[20] 나온 시어이다. 간신이 준동하므로 직언이 수용되지 않고 소위 「親小人遠賢臣」(諸葛亮<出師表>)의 부패정치가 횡행하여 제4구에서 백성이 약탈당하는 현실을 직설하여 폭로한 것이다. 전기시에 이같이 정치현실을 직설적으로 폭로한 예는 이 시가 유일하다고 본다.[21] 그리고 이제(吏制)의 부조리를 통렬하게 비판한 <손십위를 보내며(送孫十尉溫縣)> (권239)는 이도(吏道)가 타락한 현실을 가장 직핍하게 묘사한 것이다.

날리는 꽃과 떨어지는 버들 솜이 강다리에 가득한데,
천리 길 멀리 아픈 마음으로 객을 보내노라.
운향의 향기가 하급관리의 노란 인끈에 물드는 것 아쉽지 않으나

17) 謗言三至後, 直道歎何如. 今日藍溪水, 無人不夜漁.
18) 誰謂兵戈際, 鳴琴方一彈. 理煩善用簡, 濟猛能兼寬. 夙夜念黎庶, 寢興非宴安.
19) 張學松 등 《大歷十才子詩傳》 p.149(吉林人民出版社 2000.1), 焦文彬 등 《大歷十才子詩選》 p.73(陝西人民出版社 1988).
20) 《戰國策》秦策 《後漢書》班超傳 : 「身非曾參而存三至之讒, 恐已疑于當時矣」.
21) 張學松 등 上揭書 p.149

다만 큰 새의 날개(포부 있는 선비)가 푸른 하늘에 떨어지는 것 안타깝다.
구름 낀 네거리엔(관직 현달) 뜻 없는 자 머리를 들고 있고
벼슬길에 끌어주는 자 없으면 허리가 꺾이네(굴욕 당하다.)
빠르고 번화한 음악은 취하기를 재촉하니
석양에 머물지 않고 말 재갈을 당겨서 떠나네.[22]

이 시에서 제3구의 「芸香」은 향초이지만 정조가 고상한 선비를 비유하니 제4구는 큰 웅지를 품은 선비가 포부를 펼 수 없는 상황을 애석하게 여긴 부분이며 제6구에서 「折腰」는 굴욕당하는 청백리의 수난상을 풍자하고 있다.[23] 더구나 전기는 빈부간의 대립과 정치부패를 심각하게 제시하면서 현실의 개변과 인민행복의 회포를 강렬하게 토로한 다음 <가을 장마(秋霖曲)> (권236)는 주목할 만한 것이다.

그대는 보지 않는가, 성명하신 임금이 식사를 거르며 백성 근심하는 것을,
추풍 장마 비에 사방 천리가 어둡구나.
봉황지에는 샘물이 들끓고,
창용궐 아래엔 구름 기운이 인다
달이 필성을 만나서 오래 머물러 큰 비 내려서
지친 새 돌아가려 해도 머물 나무 모르네.
우수에 찬 검은 구름 쌀쌀한데 때마침 큰 번개 치니
생령이 물에 푹 빠져 찬 재 같도다.
공경대부의 붉은 곡식은 단계로 밥을 짓고,
평민 백성의 백골엔 푸른 이끼가 덮었네.
담비털옷 입고 좋은 음식 먹는 부귀한 사람들
고기 굽는 연기 하늘을 덮고 대문에는 창을 세우네.
또 노래하고 웃어대며 날마다 황금을 휘감고서,
응당 우왕과 탕왕이 나라고난을 자기 탓으로 돌린 것을 비웃노라.
학이 우니 개구리가 뛰는 (속물이 득실거림) 마침 어지러운 때에,
표범이 숨고 난초가 시드니(현인이 버림받음) 또한 슬프다.
어찌하면 태아보검으로 비구름(병예 : 구름신)을 갈라서,

---

22) 飛花落絮滿河橋, 千里傷心送客遙. 不惜芸香染黃綬, 惟憐鴻羽下青霄. 雲衢有志終驤首, 吏道無媒且折腰. 急管繁弦催一醉, 頹陽不駐引征鑣.
23) 焦文彬 등 상게서 p.110

다시 온 백성으로 아침해를 보게 할 수 있으리?[24)]

이 시를 세석하면, 제1연은 군주의 노심초사와 정치의 암운 같은 현상을 암시하고, 제2연은 궁궐 안의 연못에 물이 솟고 창용궐의 구름이 자욱한 광경을 통하여 정치가 맑고 밝지 않은 점을 은유하며, 제3·4연은 달이 필성(畢星)에 가까이한다는 것은 대우(大雨)를 예고하며 지친 새가 머물 나무를 찾지 못하니, 이 모든 현상을 통해 민심이 우울하고 방황하는 점을 비유한 것이다. 제5·6연에 이르러서 백성이 식은 재처럼 버림받았는데 공경대부는 호의호식하며 화려한 생활을 누리는 광경을 대조적으로 묘사하였다. 마지막 부분에서 부패의 극치에 달한 정치풍토는 우탕(禹湯)의 겸허한 치민 의식을 비웃고 「蛙躍」 즉 속물들이 득세하여 「豹隱蘭凋」의 현상이 일어나서 난세에 현인이 모두 은둔하니, 언제나 나라에 구름이 걷히고 아침 햇살을 비치게 하는 개혁이 가능한지를 통탄하고 있다. 전기의 시를 흔히 청신한아(淸新閑雅)한 풍격을 지닌 것만으로 분류해 온 기존의 평가에서[25)] 탈피해야 하는 이유가 곧 이 같은 작품이라는 점을 강조하게 된다.

2. 전쟁과 사회 혼란상 묘사

전기는 천보개원 년간을 살면서 안록산(安祿山)과 사사명(史思明)의 난을 겪고 그 전후로 사회가 혼란하고 민생의 고통을 직접 보고 체험하였으니 그의 시에서 이 부분을 간과할 수 없는 것이다. 그의 시에서 내란상과 애국사상을 찾아보고 난리로 인한 방랑의 비애와 실의 그리고 이들을 극복하고 승리를 고취하고 축하하는 소망의 심경을 담고 있는 것들을 차례로 살피려 한다.

---

24) 君不見聖主旰食憂元元, 秋風苦雨暗九門. 鳳凰池裏沸泉騰, 蒼龍闕下生雲根. 陰精)離畢太淹度, 倦鳥將歸不知樹. 愁陰慘淡時殷雷, 生靈墊溺若寒灰. 公卿紅粒爨丹桂, 黔首白骨封青苔. 貂裘玉食張公子, 炰炙熏天戟門裏. 且如歌笑日揮金, 應笑禹湯能罪己. 鶴鳴蛙躍正及時, 豹隱蘭凋亦可悲. 焉得太阿決屏翳, 還令率土見朝曦.

25) 清代 宋育仁≪三唐詩品≫: 「其源出于謝朓, 清新揚采, 寥然遠音」 ≪唐詩韻滙≫: 「錢仲文清新閑雅風趣一變」

먼저 사회적으로 안사란 등 내란 시에 국가 운용의 일면을 묘사한 시로 <유상공을 보내며(奉送劉相公江淮轉運)> (권238)를 보면,

나라의 비용으로 전쟁을 치르느라,
신하는 고생하며 임금 위해 근심하네.
토지공물을 징수하고
더욱 제천의 배를 띄우네.
수레 타고 밤새 가느라 별도 사라져 날이 밝았고,
연못을 지나가니 봉황이 머물지 않네.
오직 높은 충절 지키느라고 찬물 마시고,
집을 떠난 근심 조금 덜어지네.
낙엽이 회수 가의 빗속에 지고,
외론 산은 바다 위에 우뚝 가을이구나.
아득히 진대의 사안(謝安)의 흥취를 알지니(여기서는 유상공 비유),
강루에는 희미한 초생달이 떠 있다.[26)]

이 시의 유상공은 유안(劉晏)(715~780)으로서 그 당시에 이재가로 군국의 비용을 계획하고 집행하는 판탁지(判度支)의 지위에 있었기 때문에 전기는 제1연에서 전란의 비용을 염려하는 구절이 나온다. 제3연의 황급한 부임과 제5연의 고통 장면은 모두 국가를 위해 전쟁의 비용을 마련해야함을 주장하는 구절들이다. 따라서 이 시는 변방의 환란과 내란의 급박한 상황 하에서도 긍정적이며 적극적인 의지를 토로하고 있다. 그리하여 이러한 긍정적인 전란극복의 의지를 가지고 애국사상을 고취하는 진전된 시를 남기고 있으니, <태원행영에 부임하는 왕사군을 보내며(送王使君赴太原行營)> (권238)가 그것이다.

태백성이 밝아 모습이 없고,
황제의 위세는 전쟁 평정 안되네.
제후는 권세의 부절과 무기를 지니고,
천리 길 산하를 치도다.
한나라의 영접하는 역에는 쌍 깃발 날리고,
오랑캐 땅에는 수많은 군사 지나가네.

---

26) 國用資戎事, 臣勞爲主憂. 將徵任土貢, 更發濟川舟. 擁傳星還去, 過池鳳不留. 唯高飮水節, 稍淺別家愁. 落葉淮邊雨, 孤山海上秋. 遙知謝公興, 微月上江樓

놀란 다북쑥에 기러기는 날고,
말을 몰아 구름처럼 들어오네.
노용새의 변새를 팔지 않아도,
능히 넓은 바다(고비사막)의 물결 잠재우리라.
모름지기 출사표의 노래 전해야지,
식미가는 부르지 마오.[27)]

이 시는 제1연을 보아서, 안사란이 평정되기 전에 쓰여진 것으로 추정한다. 전쟁에서 승리하기 위해서 승리에 필요한 행동과 심기가 제2연부터 제5연까지 다양하게 표출되어 있으니 「節鉞」과 「雙旌」, 「七騎」와 「牧馬」 등의 시어가 그 구체적인 예증이 된다. 그래서 말연에 출사의 송가를 불러야지 피세적이며 은둔적인 식미가(式微歌)는[28)] 염두에 두어서는 안 된다는 것이다. 그러면서도 국가의 안위를 염려하여 역사의 사실을 기록했다고 보는 시사적 의미가 있는 다음 <광덕초 국경을 나서 등고하여 수심에 차서(廣德初鑾駕出關後登高愁望)> (권236) 2수중 제1수를 보기로 한다. 광덕 원년(763) 10월 토번(吐蕃)군이 장안을 점령하매 대종은 섬주(陝州)로 피난 가고 그 해 12월에 곽자의(郭子儀)가 장안을 수복하고 회경하는 사태가 있었기에 전기의 이 시는 그 당시의 형세를 사실수법으로 묘사하여 사료적인 자료로도 가치가 있다.[29)]

장안을 볼 수 없으니,
먼 곳 변방에서 수심이 일도다.
임금의 수레 바퀴 통이 오랑캐에 더럽혀져,
산하는 안팎이 텅 빈다.
누런 구름은 성궐을 짓누르고,
기우는 햇살은 봉화 누대로 옮기네.
임금의 깃발은 멀리 노을이 들고,
오랑캐 말 달려옴이 개미 같도다.
옛날 黃帝가 탁륵에서 싸워,
곧 우치(토번)를 죽인 것 모르는구나.

---

27) 太白明無象, 皇威未戢戈. 諸侯持節鉞, 千里控山河. 漢驛雙旌度, 胡沙七騎過. 驚蓬連雁起, 牧馬入雲多. 不賣盧龍塞, 能消瀚海波. 須傳出師頌, 莫奏式微歌.

28) ≪詩經≫ 邶風 式微篇을 지칭.

29) 張學松 등 ≪大歷十才子詩傳≫ p.146

목마르게 날마다 강이 맑기를 기다리니(평화),
짙은 근심에 늙기만을 재촉하누나.[30]

위의 시에서 제2구의 「邊愁」는 토번이 변관을 침입한 사실을 지칭하고 제3구의 「戎夷」는 토번군을 의미하며 제4연의 「漢幟」구는 대종의 몽진, 「胡馬」는 토번의 병마를 의미하는 것이다. 그리고 말연의 「 河淸」은 백년하청이니 나라의 안정과 평화가 언제나 가능하겠는가 라는 깊은 국가안위의 우심을 토로한 것이다.

그런 중에 전란의 고초와 방랑, 부역과 귀향불가의 비애를 극복하기 쉽지 않았다. 그래서 전기는 민심의 이런 면을 직설적으로 묘사하고 있다. 먼저 <한운경을 이별하며(鑾駕避狄歲寄別韓雲卿)> (권237)를 보면,

백발 드니 웅장한 마음가시고,
수심에 차서 나라 운명 보노라.
관산은 비참하여 빛이 없고,
친애하는 사람 문득 놀라서 떠나가네.
그림자 끊어지고 용검이 외짝이니(차마 헤어지기 어려움),
소리 슬픈 새가 가지를 그리워하네.
아득히 구름 낀 바다 밖에서,
서로 그리워하며 만나지 못하네.[31]

위의 시는 전란이 국가의 운명에 영향이 클 뿐 아니라 백성에게 주는 난리의 고통이 지대함을 토로한다. 제1연의 「國步」란 국가운명의 의미이며 제3연의 제7구는 가족의 이산과 국가의 혼란을 비유한다. 그리하여 분산되어 상봉할 수 없는 혈육과 기약 없는 귀향 등이 전기의 눈에도 실상으로 다가오고 전기 자신도 그 신세인 만큼, 그에 따른 심신의 비애와 실의 또한 심각한 것이었다. 다음 <장기거를 이별하며(別張起居)> (권237)와 <옛 낙양을 지나며(過故洛城)> (권239)는 각각 이산가족의 번민과 사향의 비감을 노래한다. 먼저 앞의 시를 보면,

30) 長安不可望, 遠處邊愁起. 輦轂混戎夷, 山河空表裏. 黃雲壓城闕, 斜照移烽壘. 漢幟遠成霞, 胡馬來如蟻. 不知　鹿戰, 早晩蚩尤死. 渴日候河淸, 沈憂催暮齒.

31) 白髮壯心死, 愁看國步移. 關山慘無色, 親愛忽驚離. 影絶龍分劍, 聲哀鳥戀枝. 茫茫雲海外, 相憶不相知.

이별할 때 한이 남느니,
더욱이 지금은 혼이 나갔도다.
바람 부는 파도 막 바다를 진동하고
원추리와 백로 각각 숲을 떠나네. (백관이 흩어짐)
나라의 곡관과 하천은 끊어지고,
초가을에 풀 이슬이 깊도다.
육기가 세상그물(세상일)에 얽매어서,
고향의 마음 등졌다네.[32]

이 시는 비유적인 시로서 제1연은 이별의 한과 상심을, 제2연은 전란이 발생하매 조관이 떠나는 것을 각각 비유한다. 제4연에서 진대 육기(陸機)를 시인 자신에 비유하여 비관적인 말로를 예상하면서 고향에 대한 향수를 표출하고 있다. 그리고 뒤의 시를 보면,

옛 성 문 밖에 봄날이 기우는데,
옛 성 문 안에는 인가가 없구나.
시장을 알고 파도 어딘지 모르고,
아득히 들밭에 공허히 풀꽃만 있구나.[33]

이 시의 시어를 비유대상과 대조하여 정리하면, 「銷魂－비애, 風濤－전란, 鵷鷺－조관, 辭林－이별, 世網－사회제도의 속박」 등으로 분류해 볼 수 있다. 위의 시는 칠절이지만, 안록산이 낙양(洛陽)을 함락하고 성내는 허망한 광경뿐, 그 실의는 사실 그대로인 것이다.[34] 그런 와중에도 지덕(至德) 2년(757)) 10월 난이 평정되고 숙종(肅宗)이 회경하니 전기는 승리를 노래한 축시 <관법가자봉상회(觀法駕自鳳翔廻)> (권238)를 보면,

혜성이 일시에 사라지고,
구중 궁궐문이 활짝 열리네.
바다가 잔잔하여(천하태평) 고래 같은 큰 고기 사라지고,
천지가 바뀌어 일월이 뜬다.

---

32) 有別時留恨, 銷魂況在今. 風濤初振海, 鵷鷺各辭林. 舊國關河絶, 新秋草露深. 陸機嬰世網, 應負故山心.
33) 故城門外春日斜, 故城門裏無人家. 市朝欲認不知處, 漠漠野田空草花.
34) 焦文彬 등 상게서 p.103(천보 14년, 755년)

성명하신 임금은 문물을 소생시키니,
임금의 수레(임금의 정치)가 구름·우뢰 헤치네.
새벽의 물시계 신선한 조정의 의장에 전해져서,
아침해가 제대에 솟는다. (「아침 조정에 제대곡을 높이 울리네」의 뜻)
주 무왕의 은을 멸한 후 말이 돌아오는 공로가 부끄럽고,
우왕의 깊은 강을 소통시킨 치수업적이 양보할 일이로다.
(인록산난 평정을 극찬)
국경방위의 관리의 소원을 알아주려니,
남산에서 술잔을 들기로 하세.[35]

위에서 제3연은 황제가 국가회복과 치적을 묘사하고 제4연은 황제의 회경 광경과 군신의 성황을 묘사하였다.[36] 그리고 제5연은 천하태평의 회복은 주무왕(周武王)의 은(殷) 멸망과 우(禹)의 치수 성공에 못지 않은 큰 업적이라고 칭송하는 과장적인 봉제시의 맛을 풍기고 있다. 이 과장적 표현은 국가의 장래 번영을 희망하는 상향적인 비유법이라고 평가해도 가할 것이다.

3. 민생의 질고 대변

이 부분은 어느 시인에게서나 찾아볼 수 있는 소재이다. 남과 더불어 살아가기 때문에 그 시인도 현실 속의 제상을 직간접적으로 목도하는 것이다. 전기도 예외가 아니어서 간헐적으로 그의 시를 통해서 그의 민생을 보는 시각이 다각적으로 표출되어 있다. 광덕 원년(763) 안사란이 평정되고 시국이 다소 안정되었지만, 민심은 현실생활의 처절과 빈곤으로 정치지도자들과의 이반 현상이 일어나매, 전기가 인민의 생활상을 묘사한 다음 시 <정주로 부임하는 마사군을 보내며(送馬使君赴鄭州)> (권237)는 그 좋은 예가 된다.

동녘 땅은 문득 별일 없이 평화로우니,

35) 欃槍一掃滅 閶闔九重開. 海晏鯨鯢盡 天旋日月來. 聖情蘇品物, 龍御闢雲雷. 曉漏移仙仗, 朝陽出帝臺. 周慚散馬出, 禹讓濬川廻. 欲識封人願, 南山擧酒杯
36) 張學松 등 상게서 p.160~161.

태수의 성을 다시 어진 이가 맡았네.
관리의 예식을 기뻐하며 보니,
다시 전쟁 없는 시절이로다.
단비는 영수에 내리고,
돌아온 사람들 밭을 갈도다.
멀리 태수가 오던 날 알고 있나니,
온 마을에 새 연기 일도다.[37)]

이 시는 마수(馬燧)가 정주자사(鄭州刺史)로 부임하는 것을 전송한 것인데 먼저 「任賢」이라 하여 마수의 임직을 칭송하고 백성이 마사군으로 인해 생활 안정되고 귀농하여 국가안위의 평강이 있을 것을 희망하고 있다. 제1구의 「無事」는 안사란이 평정되고 제4구에서 「偃兵」이라 하여 전쟁이 끝났음을 말해 준다. 그리하여 제3・4연에서는 귀향과 평화를 희원하면서 아직은 혼란한 사회상을 암시해 준다.

그리고 전기는 실질적으로 지배층과 피지배층간의 경제적인 빈부격차의 심각성을 다음 <긴 가을 밤에(效古秋夜長)> (권236)시에서 제시해주면서 격분을 토로하고 있다.

가을 하늘에 옥 서리 날리고,
북풍은 연꽃 향기 쓸어가네.
정 머금고 베 짜며 외론 등 가물대는데,
눈물 닦으며 그리운 마음속에 찬 물시계는 길기도 하다.
처마 앞 푸른 구름 고요하기 물 같고,
달 아래 깃든 까마귀 소리에 새들이 깨어나네.
뉘 집 젊은 부인이 베틀 일삼다가,
은 장막 구름 병풍 치고 깊이 사립문을 닫는가.
백옥 같은 창가에 낙엽소리 들리지만,
가난한 여인 홀로 입을 옷 없음이 가련하다.[38)]

위의 시에서 제2연은 밤새도록 베틀에 앉아서 눈물짓는 한녀(寒女)의

---

37) 東土忽無事, 專城復任賢. 喜觀班瑞禮, 還在偃兵年. 膏雨帶滎水, 歸人耕圃田. 遙知下車日, 萬井起新煙.

38) 秋漢飛玉霜, 北風掃荷香. 含情紡織孤燈盡, 拭淚相思寒漏長. 簷前碧雲靜如水, 月弔棲烏啼鳥起. 誰家少婦事鴛機, 錦幕雲屏深掩扉. 白玉窗中聞落葉, 應憐寒女獨無衣.

자태를 직설하고 제4연에서는 은병풍에 고이 잠든 소부의 호화로운 생활을 묘사하여 대비법을 구사하였다. 말연에서는 백옥창가에서 낙엽소리 듣는 한가하고 여유 있는 부유층이 입을 홑옷조차 없는 빈한한 백성을 돌보아야 할 것임을 권고하고 있어서 빈부의 부조리 현상을 대조적으로 비유한다. 이러한 부조화의 현상을 고발하면서 실지로 백성의 질고를 다음 <남문에서 가을 밤에 달릉 대하고(裴廸南門秋夜對月)> (권237)에서 묘사하고 있다.

> 밤에 시 짓고 술 흥취나니,
> 달이 사공(謝靈運)의 누각에 가득하다.
> 그림자 걷힌 겹문이 조용하고,
> 찬 기운 나는데 홀로 가을 심노라.
> 까치 놀라 잎 따라 흩어지고,
> 반딧불 멀리 날아 안개 속에 흘러든다.
> 오늘 저녁 저 먼 하늘가에,
> 맑은 달빛 드리운 어디에서 수심에 잠길건가.[39]

이 시는 시우인 배적(裴廸)과 달을 감상하는 형식을 택한 일종의 민생고발시로서, 제2연은 적막하고 한산한 광경 속에서 고통의 냉기를 계시하고 제3연은 정경교융의 합자연적인 정회를 표출시키면서 성(聲)과 색(色)의 신재(選材)기법[40]인 회학적 요소를 삽입시켰지만, 그 이면에는 삭막하고 우수에 찬 생활상을 대변해 준다. 말연에서는 항상 민생질고에 관심과 우수의 염으로 가득한 시인의 내심을 읽을 수 있다. 그래서 심덕잠(沈德潛)은 『당시별재집(唐詩別裁集)』에서,

> 달밤에 반딧불은 절로 빛을 잃지만, 멀리 안개 무리 속에 스며드니 곧 여전히 그 흐름을 보게 된다. 이것은 사물을 체험해서 가장 잘 기교 있게 표현한 것이다.[41]

라고 하였다. 그리고 여기서 <마을 사람 산의 밭갈이를 보며(觀村人牧

---

39) 夜來詩酒興, 月滿謝公樓. 影閉重門靜, 寒生獨樹秋. 鵲驚隨葉散, 螢遠入煙流. 今夕遙天末, 淸光幾處愁.

40) 拙著≪王維詩比較硏究≫ 제4장 참고(北京 京華出版社 1999).

41) 月夜螢光自失, 然遠入煙叢, 則仍見其流矣. 此最工于體物.

山田)> (권236)시를 보면,

국고가 아직 차지 않으니,
논과 밭 그리고 산에서 힘써 농사짓네.
빈민은 정전세가 모자라서,
척박한 땅도 모두 개간하네.
벼와 수수는 찬 구름에 묻혀
아득히 산촌 가운데 있도다.
가을에 장마 비 내리지만,
서리가 내리면 곧 낫질하여 거두네.
삼 년에 일년 쉬는 중전 밭에 백성이 모여 있어서
석양이 되 비치는 마을은 텅 비었네.
돌아보아 밭 갈지 않는 자에게 부끄러우니
미천한 몸으로 나라의 녹을 받는 무용지물이로다.
바라나니 주임의 말을 따를 지니
감히 사조의 빈민 긍휼의 말을 지겠노라.[42]

전기는 불만과 원망의 현실상을 목도하면서, 미미한 관직의 녹을 먹고 있다고 교만하여 실질적인 삶의 현장인 농사를 홀대하고 무기력한 의식에서 벗어나지 못한 것을 부끄러워한다. 그래서 말연에서 주임(周任)[43] 처럼 위기에는 잡아주고 엎어지면 부추기는(持危扶顚) 마음으로 백성을 돌보고 사조(謝朓)[44] 처럼 백성과 동고동락하는 위민의식을 토로한다.

---

42) 六府且未盈 三農爭務作 貧民乏井稅 墝土皆墾鑿 禾黍入寒雲 茫茫半山郭 秋來積霖雨 霜降方銍穫 中田聚黎甿 反景空村落 顧慚不耕者 微祿同衛鶴 庶追周任言 敢負謝生諾

43) ≪論語≫ 季氏 「周任有言, 陳力就列, 不能者止 ; 危而不持, 顚而不扶 則將焉用彼相矣」.

44) 謝朓 <賦貧民田> 제2 ~4 연 : 「中歲歷三臺, 旬月典邦政 曾是共治情, 敢忘衄貧病 孰有知方性 敦本抑工商」(≪全漢三國晉南北朝詩≫中 全齊詩 권3 p.814 臺灣 世界書局 1978).

Ⅲ. 시의 청신미(淸新味)와 회화적 기법

1. 청신 풍격

전기의 시를 청신하다고 단적인 평을 하는 경향이 있는데 이것은 그의 시를 두고, 고중무가 「이치가 맑고 풍부하다(理致淸贍)」(『中興間氣集』 卷上)라 하고 심덕잠은 「전기의 오언고시는왕유를 다람아서 매우 청수하다(仲文五言古彷彿右丞, 而淸秀彌甚)」 (『唐詩別裁』)라 하며, 청대 주극생(朱克生)은 「유려하고 청준함을 전기와 유장경에서 본받을 만하다(流利淸雋, 錢劉可式也)」(『唐詩品匯刪』)라 하고, 청대 오서영(吳瑞榮)은 「이치가 청담하다(理致淸淡)」라 하여 이들 여러 시평에서 '청(淸)'의 개념을 거론하고 있기 때문이다. 실지로 전기의 시 전체에서 「淸」자가 91회 출현하며 시 한 수에 「淸陰」·「淸香」(<酬長孫繹藍溪寄杏>), 그리고 「淸流」·「淸文」·「淸香」(<美楊侍御淸文見示>) 등 연용되는 경우를 발견하게 되는데. 이는 전기의 시풍과 밀접한 연관성이 있는 것으로 그 시구의 예를 다음 몇 개 들기로 한다.

(가) 흰 이슬에 누에는 이미 실을 틀고, 텅빈 숲에 해가 쓸쓸하다.[45)]
(나) 탁발을 씻으니 샘이 이제 따뜻하고, 향피우니 새벽이 더욱 맑다.[46)]
(다) 득의함이 이제 이 같으니, 맑은 빛을 올라가 따르지 못하네. [47)]
(라) 명승지 만나기 어려우니, 문에 드니 정신이 문득 맑아지네.[48)]
(마) 고운 경치에 글모임 아쉬우니, 맑은 그늘에서 느긋이 술잔을 드네.[49)]

여기서 (가)는 기분의 청, (나)는 경계의 청, (다)는 기도(氣度)의 청,

---

45) 白露蠶已絲 空林日凄淸(<臥疾答劉道士>).
46) 洗鉢泉初暖 焚香曉更淸(<送原公南游>).
47) 得意今如此 淸光不可攀(<送陳公奉恩勅放歸覲省>).
48) 勝景不易遇 入門神頓淸(<題精舍寺>).
49) 美景惜文會, 淸陰遲羽觴(<太子李舍人城東別業與二三友逃暑>).

(라)는 심경의 청, (마)는 시풍의 청을 각각 묘사한 것으로[50] 청의 이미지가 풍격 형성에 중요한 요소가 되고 있다는 사실을 확인하게 된다. 그런 고로 전기의 시는 왕유(王維)의 시와 비교된다.[51] 이제 전기의 시에서 이러한 풍격을 표현하고 있는 예들을 보기로 한다. 먼저 산사(山寺)를 소재로 한 <늦가을 남산 서봉에서 준상인의 절을 제목으로(杪秋南山西峰題准上人蘭若)> (권236)를 보면,

산을 보니 날이 활짝 개었거늘,
걸으며 그윽한 마음 넓어진다.
되 비치는 햇빛에 흐르는 물 밝게 어른거리며,
저 하늘에 수많은 산봉우리 맑기만 하다.
돌문에는 마냥 그윽한 멋 넘치는데,
노을 옅게 드린 속에 달빛이 비추려하네.
위로 진대의 승혜원의 집(준상인을 지칭)을 찾아가니,
외론 산봉우리에 한 가닥 오솔길이 걸려있네.
구름 속에 창문의 등불이 묻혀 있는데,
솔 아래에서 산의 인경소리 듣노라.
나그네는 원숭이 마음 같은 속정과 참선의 선정
두 갈래에서 할 말을 잊노라.[52]

이 시는 늦가을의 불사를 담은 적막하고 무념한 심성이 토로되어 있다. 전10구는 사원과 그 주변 환경의 유미청정함을 묘사하여 심령의 정화와 잡념의 청세(淸洗)를 극대화시킨다. 말2구는 이러한 환경에 동화된 준상인(准上人)의 고매한 도행을 찬미한다. 제3연과 제5연의 경물묘사는 동(動)과 정(靜)이 상생하고 명(明)과 암(暗)이 상영(相映)하여 공적(空寂) 속에 영성(靈性)의 감이 있고 뜻이 깊은 속에 낙실(落實)의 처소가 드러나서 한 폭의 회화를 삽입시킨 것이다. 그래서 명대 주경(周敬)은 『당시선맥회통평림(唐詩選脈會通評林)』에서 평하기를,

---

50) 蔣寅≪大歷詩人硏究≫上 p.195 참고

51) 拙著≪王維詩比較硏究≫(北京 京華出版社 1999)·≪唐詩論考≫(北京 中國文學出版社 1994)·≪初唐詩와 盛唐詩 硏究≫(國學資料院 2001) 등을 참고

52) 向山看霽色, 步步豁幽性. 返照亂流明, 寒空千嶂淨. 石門有餘好, 霞殘月欲映. 上詣遠公廬, 孤峰懸一逕. 雲裏隔窗火, 松下聞山磬. 客到兩忘言, 猿心與禪定.

> 봉우리와 사찰 두 개의 묘사에 경물의 흥취가 섬세하여 결국은 이미 상인과 함께 깨달은 바 있게 되니, 마침 그윽한 품성은 환히 깨달은 바 오득의 요처이다. 청화하고 온아하여 저광희와 왕유 일파에 뒤지지 않는다.[53)]

라 하였고, 청대 육형(陸鎣)은 『문화루시화(問花樓詩話)』에서 시중유화(詩中有畵)의 실체로 평가하기를,

> 옛 사람(소공파)이 이르기를 시속에 그림 있고 그림 속에 시 있다고 하였지만, 역시 화가의 손으로 미치지 못하는 것이었다. 일찍이 이르기를 전중문의 <초추남산시>의 「되 비치는 햇빛에 흐르는 물 밝게 어른거리며, 저 하늘에 수많은 산봉우리 맑기만 하다」구에서 이것은 어찌 화가의 손으로 미칠 수 있는 것이겠는가? [54)]

라고 하여 이 시의 청일하고 수경한 경지를 극찬하고 있다. 그리고 영물로 성정을 기탁한 시로 <배꽃(梨花)> (권239)을 보면,

> 곱고 고요하기가 새장 안의 달 같아서,
> 산뜻한 향기는 바람 안고 머무네.
> 복사꽃은 공연히 마주 대하고서,
> 끝내 곱고 붉은 미소짓고 있구나.[55)]

여기서 단순한 영물시가 아니라 한 사물의 이치를 정신적으로 승화시키고 있는 것이다. 그래서 주보영(朱寶榮)은 『시식(詩式)』에서 이 시를 매 구별로 다음과 같이 분석한 것으로 이 시의 탈속적인 청신미를 이해하게 한다.

> 첫 구는 배꽃을 읊으며 달을 연상시키니, 달빛이 밝다는 것으로 정면으로 환기시켜서 첫 두 자를 부각시켜 배꽃을 절로 드러내었다. 다음 구는 단지 꽃이 떨어지지 않은 것을 말하면서 기탁함이 심원하다. 제3구 또한 복사꽃을 연상하면서 배꽃을 기탁시키고, 제4구에서 곱고 붉다라는 말로 복사꽃 빛으로 배꽃의 빛을 연상시켰으니 이어서 서로 대비하

---

53) 兩峰與蘭若景趣入細, 結言已與上人俱有所得, 正幽性豁然悟處. 淸和溫雅, 不失儲王一派

54) 昔人謂詩中有畵, 畵中有詩, 然亦有畵手所不能到者, 先廣文嘗言 ; 錢仲文杪秋南山詩 ; 返照亂流明, 寒空千嶂淨……此豈畵手所能到耶?

55) 艶靜如籠月, 香寒未逐風. 桃花徒照地, 終被笑妖紅.

면서 매듭지었다. 전체 시에서 어느 한 자도 사실과 어긋남이 없으니, 이것을 읽으면 진실로 비유하여 뜻을 알 수 있으니, 붓 놀림이 절로 공활하고 신령스럽다.[56)]

전기에게서 심적인 청일한 의식을 선경으로[57)] 몰입시켜 좌망(坐忘)의 무아지경을 추구하는 시를 찾아 볼 수 있으니, 그 예로서 <산재에서 홀로 앉아서 현상인의 저녁에 옴을 기뻐하며(山齋獨坐喜玄上人夕至)> (권 237)를 보기로 한다.

절 아래 호계의 오솔길이
안개 노을에 감추었다가 열리네.
사립문이 대와 어울려 고요하고
산달이 스님과 함께 오도다.
마음 밝은데 붉은 연꽃이 물에 뜨고
할 말 잊은 속에 녹차 잔을 기우네.
앞 봉우리 날 밝아 더 좋은데
기우는 하늘은 서방으로 돌아가려 하네.[58)]

이 시는 속계와 상관없는 합자연의 경계이다. 제2연은 죽(竹)과 산월(山月)이 승(僧)과 하나로 어울린다. 그래서 『당시경(唐詩鏡)』에서는 「三四淸新」(제3·4구가 맑고 신선함)이라 하였고 다음의 『대력시략(大歷詩略)』에서는 보다 자세하게 분석하여 그 묘경을 절감케 한다.

첫 연에 글자마다 의취가 있어서, 제2연의 오묘한 경지를 낳게 한다. 제5구는 僧자의 마음을 품고서 제6구에서 喜자의 우아한 심정을 펴놓았다. 말연에서는 별다른 것이 없이 단지 夕자의 이미지로 거두어 놓았다. 이것은 시인이 색감 있는 글자를 잘 활용한 것이니, 거의 어느 하나 담아하고 자연스럽지 않은 것이 없다.[59)]

56) 首句詠梨花而想到月, 以月色皎白正面村起, 冠以艷靜二字, 自切梨花. 次句但言花之未落, 而寄託遙遠. 三句又想到桃花, 以襯梨花. 四句曰妖紅, 以桃花之色襯梨花之色, 係從對面襯結. 通體無一字犯實, 讀此, 苟能隅反, 用筆自爾空靈.

57) 拙著≪王維詩比較硏究≫ 제5장 참고

58) 舍下虎溪徑, 煙霞入暝開. 柴門兼竹靜, 山月與僧來. 心瑩紅蓮水, 言忘綠茗杯. 前峰曙更好, 斜漢欲西回.

59) 起便字字用意, 遂生出頷聯妙境. 第五抱僧字, 第六申寫喜字. 結意無他, 只收夕字. 此公慣用顔色字, 殆無一不淡雅自然.

2. 〈남전계잡영(藍田溪雜詠)〉과 〈망천절구(輞川絶句)〉의 회화적 기법 비교

전기와 왕유의 교유관계는 다음 전기의 시와 왕유의 시 목차에서 확인하게 된다.

* 전기의 시 : <酬王維春夜竹亭贈別> (권236), <清泥驛迎獻王侍御>(상동), <東城初陷與薛員外王補闕暝投南山佛寺>(상동), <晚歸藍田酬王維給事贈別> (권237), <藍田茅茨寄王維補闕>(상동), <中書王舍人輞川舊居> (권238), <遊輞川至南山寄谷口王十六> (권236), <故王維右丞堂前芍藥花開悽然感懷> (권239)

* 왕유의 시 : <春夜竹亭贈錢少府歸藍田>(『王摩詰全集箋注』 권2), <留別錢起>(상동 권8)

이런 관계성은 시 특히 본문의 두 산수전원류의 집영시(集詠詩)를 상호 회화적인 각도에서 살펴보면 더욱 분명해질 것이다. 풍격상의 근접점도 중요하지만, 특성화시킨다는 의미에서 역시 여기서 그 상관성을 강구하고자 한다. 그 관계성은 기설했지만 다음 여러 평구에서 다시 확인할 수 있다.

- o 전중문 시는 백지 향초에 봄빛이 물든 것 같아서, 정밀하고 고와서 속진을 떨치고 있으니, 왕우승 이후에는 오직 전중문 한 사람 뿐이다.[60)]
- o 대력시대의 전기와 유장경의 고시는 역시 왕마힐(왕유)에 가깝다.[61)]
- o 청신하고 유현하며 온후하고 소박하여 왕마힐에 기대어 있다.[62)]
- o 전기의 웅혼하고 고매한 것이 직접적으로 왕우승을 계승하는 이유인 것이다.[63)]
- o 질박하고 자연스런 풍격은 성당대 왕마힐을 이어서 살아 있다.[64)]

---

60) 仲文詩如芷珠春色, 精麗絶塵, 右丞以後, 一人而已(喬億『大歷詩略』).

61) 大歷錢劉古詩亦近摩詰(施補華『峴傭說詩』).

62) 清幽渾朴, 依稀摩詰(邢昉『唐風定』).

63) 員外之雄邁, 所以直繼右丞也(吳瑞榮『唐詩箋要』).

64) 直朴自然, 不減盛唐王摩詰(方東樹『昭昧詹言』).

이상의 평구는 모두 양인의 시풍이 상근되어 있음을 제시해 준다. 특히 본문에서 다룰 <남전계잡영> 22수(≪전당시≫ 권239)는 왕유의 <망천절구> 20수(『왕마힐전집전주』 권13)와 회화적인 기법을 도입하여 시의 화적인 구도를 시도했다는 점에서 주시할 만하다. 전기의 시가 회화성을 지닌 점에 대해서 유영제(劉永濟)는 『당인절구정화(唐人絶句精華)』에서 이미 서술한 바,

> 전기의 단시는 자못 회화적인 의취를 갖추고 있다. 그런데 <희학>시는 백색을 묘사하고, <원산종>은 종소리를 묘사하였으니, 화필이 닿지 않는 곳이다.[65]

라고 하여 그 밀접성을 강조하고 있다. 전기시의 화적 분석은 전적으로 왕유시의 시중유화론에[66] 의거하여 비교 고찰된다. 그러면 먼저 왕유의 <망천절구> 20수를 회화적인 기법의 하나인 구도면으로 살피기로 한다. 왕유화법은 북종화파(北宗畵派)의 이사훈(李思訓)이 청록(靑綠)산수를 묘사함에 있어 필격이 견경하고 세밀하며 육조의 조탁을 습용한 데에 비해서, 오히려 남종화(南宗畵)를 창출하여 선담(渲淡)을 종지(宗旨)로 해서 자연의 생명을 시화에 부각하여 문인화(文人畵)의[67] 전통을 확립한 것이다. 여기에 선(禪)의 문학화를 가미하여 시의 외적인 면에서 평면적 상(像)을 입체화시키고, 내적으로는 시의 상을 심화시킨 것이다.[68] 왕유의 화법은 「화학비결(畵學秘訣)」에[69] 상세히 기술되어 있는데 그의 「무릇 산수를 그리는데 의취가 붓보다 앞에 있다(凡畵山水, 意在筆先.)」란 구에서 그 화의(畵意)를 감지할 수 있다. 화적 공교를 도입한 왕유의 <맹성요(孟城坳)>(『왕마힐전집전주』 권13)를 보면,

> 맹성 입구에 새집을 지었더니,
> 오랜 버드나무가 늘어져 있네.

---

65) 錢起小詩, 頗具畵意. 戲鶴寫白色, 遠山鐘寫鐘聲, 有畵筆所不到處.

66) ≪東坡志林≫卷五 「書摩詰藍田烟雨圖」: 「味摩詰之詩, 詩中有畵, 觀摩詰之畵, 畵中有詩」.

67) ≪王摩詰全集箋注≫卷末 畵錄에 「文人之畵, 自王右丞始」(≪容臺集≫).

68) ≪王摩詰全集箋注≫卷末 畵錄 : 「南宗則王摩詰, 始用渲淡. 一變拗硏之法」又 「要之摩詰所謂雲峰石迹, 廻出天氣, 筆意縱橫, 參乎造化者」(≪容臺集≫).

69) ≪王摩詰全集箋注≫ 권28 論畵의 「畵學秘訣」에 「凡畵山水, 意在筆先. 丈山尺樹, 寸馬分人. 遠今無目, 遠樹無枝. 遠山無石. 隱隱如眉, 遠水無波. 高與雲齊. 此是訣也」.

올 사람 또 누구일까?
공연히 옛사람의 일이 슬퍼지누나.[70]

위에서 불과 20자 중에 시대의 명확성, 즉 과거·현재·미래의 변천을 묘사하고 인사의 무상함을 함축시킨 공교의 극치를 보여 준다. 전2구는 배적(裴迪)의 다음 같은 시를 보면,

옛 성 아래에 초가 짓고,
가끔 옛 성 위에 오르노라.
옛 성은 옛 사람의 것이 아니고,
지금 사람들이 왔다 갔다 하노라.[71]

여기서 전2구의 화의를 가하지 않은 평면적 기교와 대조된다. 회화의 구도 설정은 화가의 기본공이다. 화가는 다수의 형상을 조합하여 한 완전한 정체를 구성한다. 왕유시는 이 화적 특색을 흡취하였다. 예컨대, <위천전가(渭川田家)>(『왕마힐전집전주』 권3)를 보면,

석양이 아련히 비추니
저 골목으로 소와 양이 돌아오는 시골.
노인은 목동이 걱정되어
지팡이 짚고 사립문 앞에 기다린다.
꿩 우는 속에 보리는 이삭 피어나고
누에 허물 벗을 때 뽕잎이야 드물지.
농부들은 호미 메고 서서
이야기 나누며 떠드는 소리.
아! 이 한가로운 그들이 너무 부러워
쓸쓸히 식미가를 읊노라.[72]

위의 시는 위천 일대의 농가 풍경을 그려서 자신의 전원으로 낙향하고

---

70) 新家孟城口, 古木餘衰柳. 來者復爲誰, 空悲昔人有.
71) 結廬古城下, 時登古城上. 古城非疇者, 今人自來往. (<孟城坳>의 和詩).
72) 斜光照墟落, 窮巷牛羊歸. 野老念牧童, 倚仗候荊扉. 雉雊麥苗秀, 蠶眠桑葉稀. 田夫荷鋤立, 相見語依依. 卽此羨閑逸, 悵然歌式微.

싶은 심정을 노래하고 있다. 위천은 위수(渭水)로서 감숙성(甘肅省) 위원(渭源)현에서 출원하여 섬서(陝西)의 장안 등을 거쳐 동관(潼關)으로 흘러간다. 이 시는 백묘 수법을 써서 전반에는 농가의 저녁 풍경을 담담하게 묘사하고 말2구는 본시의 주제가 되는 것으로 작자가 여기서 농촌의 한일을 묘회하여 관장의 분주한 생활의 염오을 표시하고 있다. 전9구중에 「墟落」, 「牛羊」, 「牧童」, 「荊扉」, 「麥苗」, 「蠶眠桑葉」, 「田夫」, 「荷鋤」 등 여러 농촌생활의 하나하나 경물을 나열하고 제9구에서만 「閑逸」 2자 1점을 사용하여 모든 적상을 꿰어 놓아 한 폭의 화해하고 구체적이며 생동적인 완정한 화면을 조성하였다. 이것은 「위치는 짜임새가 있고 필묵은 성글다(位置緊而筆墨鬆)」[73]라 한 평어와 적합하다.

왕유의 망천시는 당 송지문(宋之問)의 별장이었던 망천별수(輞川別墅)에서 은거하며 시우 배적(裴迪)과 화창한 작품이다.[74] 왕유는 31세(731년)에 부인을 잃고 재혼하지 않은 채 평생을 살았는데, 그가 이부낭중(吏部郎中)의 벼슬을 그만두고 망천의 별장에 은거한 것은 모친 최씨의 병환이 위중하였던 시기인 그의 나이 50세(750년)로 추정된다. 이듬해(751년)에 모친상을 당했으므로 그 후 3년 상을 마칠 때까지 최소 3년 이상은 망천장에 칩거하였을 것으로 보여진다. 이때 친구인 배적과 화창하며 지은 시를 엮은 것이 바로 『망천집(輞川集)』이다. 천보 년간의 안사지란으로 왕유는 소극적인 반관반은을 지향하면서, 망천집의 결구에 회화적인 산수경색에 대한 묘회를 통해 자신의 은거생활의 사상감정을 반영하였는데 이제 그 20수를 성격별로 다음과 같이 3분할 수 있다.

현실의 불만에 기초한 변환의 관장생활에의 염오를 표현한 (가)류로 <유랑柳浪>·<칠원漆園> 등과, 우미한 경색과 건강한 생활기식을 묘사한 (나)류로 <문행관文杏館>·<근죽령斤竹嶺>·<목란채木蘭柴>·<수유편茱萸沜>·<임호정臨湖亭>·<남탁南垞>·<의호欹湖>·<난가뢰欒家瀨>·<백석탄白石灘>·<북탁北垞>, 그리고 현실도피의 고독한 심정, 청냉한 경색, 신선의 성향, 인생허환의 감상 등 소극적 색채가 농후한 (다)류로는 <맹성요孟城坳>·<화자강華子岡>·<녹채鹿柴>·<궁괴맥宮槐陌>·<금설천金屑泉>·<죽리관竹里館>·<신이오辛夷塢>·<초원椒園> 등

73) 盛大士의 ≪谿山臥遊錄≫ 권1 : 「古人位置緊而筆墨鬆 今人位置懈而筆墨結, 則聒邪賴不去而自去矣」.
74) 졸저 ≪初唐詩와 盛唐詩 연구≫ 제2장 부분에서 裴迪을 참조(國學資料院 2001).

으로 분류된다. 이상의 삼분류시는 서로 밀절한 내재연계(內在聯繫)를 지니고 있는데 결구상으로는 (가)를 선색(線索)으로 삼아 (나)·(다)의 시를 관통하여 완정한 조시(組詩)를 형성하고 있다. 즉 매수시가 각각 한 화면을 구성해서 그것을 집결시켜 한 폭의 화해한 전경을 이룬 것이다. 위 각류의 시를 예를 들어 본다.

(가)류:
<유랑>
줄지어 서있는 아름다운 나무들
맑은 잔물결 속에 거꾸로 비추누나.
배우지 말지니, 궁궐 도랑에서
봄바람에 이별의 상심을.[75)]

장안 동쪽 패교(灞橋)에서 이별할 때는 버들가지 꺾어주며 아쉬운 송별의 마음을 나누었다고 전해지는데, 이 시에서는 속세의 부귀공명을 떨치고 자연과 벗하며 한가로운 심경을 추구하려는 작자의 마음을 표현한 것으로 보아야 한다.

(나)류:
<목난채>
가을 산 노을을 거두는네
나는 새는 앞 짝을 쫓는구나.
고운 산 기운 뚜렷한데
저녁 산바람에 머물 곳이 없구나.[76)]

가을의 석양도 저물고 새들도 둥지로 돌아가는데, 목련의 고운 자태엔 아지랑이가 감돌고 있다. 「令人心目眞遠」(시인의 마음과 눈을 진실로 아련하게 하는구나.)(『唐詩萬首絶句詩評≫)라는 느낌은 오늘날 우리의 마음과 다를 바가 없다.

---

75) 分行接綺樹, 倒影入清漪. 不學御溝上, 春風傷別離.
76) 秋山斂餘照, 飛鳥逐前侶. 彩翠時分明, 夕嵐無處所.

<임호정>
가벼운 쪽배에 객을 태우고
한가로이 호수 위를 건너와서
난간에 기대어 술잔 대하노라니
사방에 연꽃이 피어 있구나.[77]

쪽배와 술, 그리고 연꽃의 조화 어린 구성은 미술의 선재와 구도를 시에 도입한 기법으로서, 호수를 바탕 삼아 한 폭의 그림을 그린 것이다.

<난가뢰>
소록소록 가을비에
졸졸 바위 새로 여울이 흐르네.
돌에 부딪친 물결 튀어 오르니
백로가 놀라 오르다 다시 앉도다.[78]

맑은 여울물 소리는 천상의 음악인 양하여, 시인의 심금과 어우러질 뿐 범인들에게는 들리지도 않는다. 제1·2구의 의성어는 첩어로 쓰여져, 여울물이 우렁차게 흘러가고 있음을 생생하게 표현하고 있다. 이 시에 대해 청대 황배방(黃培芳)은 다음과 같이 평하고 있다.

> 한가로운 정경을 속세의 먼지와 소음에 찌들어 있는 자들이 어떻게 깨달을 수 있겠는가? 오직 평정한 마음에서만이 경물 묘사가 절로 이루어지는 것이다.[79]

(다)류:
<녹채>
텅 빈 산에 인적도 없이
어디서 말하는 소리만 들릴 뿐.
노을이 수풀 깊이 스며들더니,
어느새 푸른 이끼에 드리운다.[80]

---

77) 輕舸迎上客, 悠悠湖上來. 當軒對樽酒, 四面芙蓉開.
78) 颯颯秋雨中, 淺淺石溜瀉. 跳波自相濺, 白鷺驚復下.
79) 閑景閑情, 豈塵囂者所能領會, 只平平寫景自見(『唐賢三昧集箋注』 권1).
80) 空山不見人, 但聞人語響. 返景入深林, 復照青苔上.

적막만이 감돌고 있는 자연 그대로의 모습 속에 동화된 시인의 마음 상태를 한 폭의 그림처럼 그려놓았다. 숲이 깊어 햇빛이 덜 들면 이끼가 자라기 쉽다. 한편 저녁에 되 비치는 빛이 스며들고 빈 산은 고요하니 진실로 노루터 삼기에 알맞은 곳이다. 시가 매우 섬세하다.

<죽리관>
홀로 깊은 대 숲 속에 앉아
거문고 타고 길게 휘파람 부는데,
깊은 숲 아무도 모르거늘
밝은 달이 찾아와 비추노라.[81)]

죽리관은 망천장 부근 대숲에 있는 집인데, 시인은 이 시에서 그 곳에 홀로 앉아 있는 정경과 내면의 고독감을 묘사하였다. 망천시의 화적 결구법상의 조시 특색을 전기의 <藍田溪雜詠>에 적용하여 살펴보기로 한다. 전기의 시도 왕유시와 같이 구도를 (가)·(나)·(다) 등 3 분류하여 같은 내용으로 구분할 수 있다는 점에서 이미 여러 학자들은 양인을 상호 대등적 위치에서 그 관계를 거론하고 있다. 그러나 본고에서는 아무도 거론하지 않은 구도적 방법으로 상호 상통점을 찾으려는데 그 특이성이 있음을 강조한다. 전기의 시 22수를 분류하면 (가) 관장생활에의 혐오 ; <석상태石上苔>·<동선요洞仙謠>·<판교板橋>, (나) 우미한 경색과 생활기식 ; <등대登臺>·<죽서竹嶼>·<송하설松下雪>·<전학田鶴>·<석연화石蓮花>·<지상정池上亭>·<희학戲鶴>·<약원藥圃>·<고등古藤>, (다) 현실기피의 고독과 탈속의식 ; <창리산窗裏山>·<죽간로竹間路>·<채하천砌下泉>·<원산종遠山鐘>·<동파東陂>·<함어취조含魚翠鳥>·<제남파題南陂>·<잔원성潺湲聲>·<석정石井>·<만귀로晚歸鷺>

위의 시들이 구도상으로 하나의 선색을 중심으로 시의 순서와 내용이 조화를 이루면서 남전계의 경물 묘사가 한 폭의 그림 속에 배치되어 마치 실물을 관망하는 경지에 도달하게 한다. 그러면 각 류의 예시를 통해 그 조화미를 가려 보고자 한다.

---

81) 獨坐幽篁裏, 彈琴復長嘯. 深林人不知, 明月來相照.

(가)류의 예:

<석상태>

맑기가 냇물 빛과 이어져 있고
그윽히 솔 비 방울이 어울려지누나.
누가 알리오 오랜 돌 위에서
세상 사람의 자취 물들지 않음을.82)

<판교>

조용히 나무하며 숨어 지내며
멀리 거마와 떨어져 사네.
가끔 약초 하러 다녀와서
즐거이 산에 드는 객을 만나지.83)

위의 두 시에서 앞의 시는 세속성을 입지 않고 뒤의 시는 관직일랑 관심과 인연도 없음을 직설적으로 토로한다.

(나)류의 예:

<고등>

이어진 덩굴 구름 낀 나무에 솟고
드리운 줄기는 둥지 튼 학을 덮치네.
숨은 이 술을 대하고 있을 때
이끼 위에 한가로이 꽃이 지누나.84)

<죽서>

맑은 여울에 조용히 새가 와서
흥을 돋구니 볼수록 더 고와라.
새 대숲의 싹이 물밑에 눌린 것이
어제 밤 원앙이 머물었나 봐.85)

---

82) 淨與溪色連, 幽宜松雨滴. 誰知古石上, 不染世人跡.
83) 靜宜樵隱度, 遠與車馬隔. 有時行藥來, 喜遇歸山客.
84) 引蔓出雲樹, 垂綸覆巢鶴. 幽人對酒時, 苔上閒花落.
85) 幽鳥淸漣上, 興來看不足. 新篁壓水低, 昨夜鴛鴦宿.

<전학>
밭가의 학이 푸른 하늘 바라보며
바람 없어도 절로 떠가누나.
홀로 나는데 잔설이 남아 있어
머지 않아 앞선 짝을 따르리라.[86]

위의 (나)류의 시에서 극히 평범한 소재에 평이한 시어를 구사하여 경물에 대한 섬세하면서도 산뜻한 먼지 하나 묻지 않은 정결성을 제시해 준다. 시인의 결백한 심성이 표현되어 있다. (가)류에 비해 초월적인 의지가 돋보이기 시작한다. 엷은 색이 (나)류에 와서 짙어지며 시인의 의도가 뚜렷해 진다. 너무 치밀하여 여성적이다. 그래서 ≪대력시략≫에서 전기의 시를 이르기를,

시가 맑고 고운 것 이 점은 왕유의 계파인데, 단지 시의 기상이 넓고 트이지 못할 따름이다.[87]

라고 비교적 정확하게 지적하고 있다. 그림으로 비하면 세필의 묘를 다한 것이라 할 수 있다.

(다)류의 예:
<석정>
조각 난 노을 선녀 우물에 드리우고
샘 밑엔 복사꽃이 붉구나.
어찌 알리오 그윽한 돌 아래 머물며
무릉도원과 통하지 아니함을.[88]

<창리산>
먼 곳 볼수록 가까이 있는 듯
천리가 창 속에 다 들었구나.
앉아 있노라니 돌 위의 구름이

86) 田鶴望碧霄, 無風亦自擧. 單飛後片雪, 早晩及前侶.
87) 淸麗是右丞一派. 但氣象未能渾闊耳.
88) 片霞照仙井, 泉底桃花紅. 那知幽石下, 不與武陵通.

어느 새 항아리 속에서 솟아나누나.[89]

<원산종>
바람 스치니 산 종소리 나고
구름 탄 노을이 물 낮게 지나가네.
소리가 닿는 곳 알고 싶지만
새가 사라지고 허공이 멀리 보이누나.[90]

위의 시들은 초탈적이다. 선녀를 등장시키고 온 세상이 창 안에 다 보이고 만뢰(萬籟)가 고요한 탈속의 경지가 전개된다. 그래서 명대 종성(鍾惺)은 『당시귀(唐詩歸)』에서 「恬秀中有遠神, 有全力」(맑고 빼어난 중에 원대한 신묘함이 있고 온 힘이 들어 있다)라고 한 것이다. 모든 시의 시정이 화의화한 연계를 유지하여서 선색인 (가)의 구조상에 (나)와 (다)의 직감과 비유, 회고의 색과 상을 첨가하여 (가)·(나)·(다)가 연결된 화적 결구의 조시를 이루고 있는 것이다.

전기의 시는 대력시대에 질과 양에 있어서 폄하할 수 없는 가치가 큰 문학성을 지니고 있음을 확인할 수 있었다. 그 성격을 정리한다면, 첫째는 시수가 532수의 다량이며 송별과 산수전원, 그리고 영회와 영물 등을 주제로 하는 작품성향을 지니고 있다. 둘째는 시의 리얼리즘적인 묘사에 있어서 전쟁과 정치에 대한 부정적인 시각을 표출하고, 민생문제는 직설적인 고발의식을 드러내었다. 셋째는 시의 청신하고 고아함과 왕유시와 회화적인 기법을 그의 <남전계잡영>을 통해서 비교한 것은 이 또한 새로운 상호접근방법의 시도이다. 부연하고자 하는 점은 전기시에 신라와 상호교류의 근거를 확인할 수 있다는 것이다. 전기의 시에는 <스님이 동으로 돌아감을 전송하며(送僧歸東)> (권237), <육정 시어가 신라 사절로 감을 전송하며(送陸珽侍御使新羅)> (권237) 등 관련작이 있어서 그의 교유의 폭이 다양한 점을 알 수 있다. 그 중에 <육정 시어가 신라 사절로 감을 전송하며(送陸珽侍御使新羅)>를 보면,

의관은 주의 주사답고

89) 遠岫見如近 千里一窗裏. 坐來石上雲, 乍謂壺中起
90) 風送出山鐘, 雲霞度水淺. 欲知聲盡處, 鳥滅寥天遠.

재능과 학식은 나의 고향 사람이라.
왕명을 받아 임금께 하직하니
온 성내가 사군을 전송하네.
가는 여정에 넓은 바다의 달을 보고,
돌아오며 상림궁의 봄을 그리워하겠지.
이제 유학의 기풍이 멀리 불어갈 생각하니
저 나라에도 예악이 새로워지리라.[91)]

이 시는 대력 년간에 나당의 정치교류가 빈번하고 문물의 교역이 성대하였음을 보여준다.[92)] 제4구는 육사군(陸使君)이 신라에 사신으로 가는데 「경성(傾城)」이라 할 만큼 대대적으로 전송하였고 그 위상이 높은 것을 알 수 있으며, 제4연은 양국의 학술과 문예가 서로 대등한 품격으로 신라에 대한 존중을 암시하고 있다. 그리고 <스님이 동으로 돌아감을 전송하며(送僧歸東)>를 더 보면,

중국에 인연으로 머물었는데
오는 길이 꿈을 꾸는 듯 하였네.
뜬 하늘 넓은 바다 멀리에
세상을 떠나서 불법 위해 배를 가벼이 탔다네.
물과 달 같은 청준한 인품은 참선의 오묘한 경지에 달하여,
물고기와 용이 그 불경암송 소리 경청한다네.
오직 등불 같은 밝은 지혜
만리 멀리까지 눈 안에 밝히 보인다.[93)]

이 시는 귀국하는 스님의 불도와 인격, 그리고 시인의 존경심이 조화롭게 구성되어 묘사되어 있는 것을 알 수 있다. 전기의 시를 고찰하는 과정에 한국한문학의 위상정립은 중국문학과 동등한 상호비평과 보완하에서 비교 고찰되고 대등적 차원에서 우리문학의 장점을 객관적으로 평가할 수 있어야 한다.

---

91) 衣冠周柱史, 才學我鄕人. 受命辭雲陛, 傾城送使君. 去程滄海月, 歸思上林春. 始覺儒風遠, 殊方禮樂新.
92) 羅唐의 교류 관계는 졸저 ≪한국한시와 당시의 비교≫ 「신라한시와 당시」 부분을 참고(푸른사상 2002).
93) 上國隨緣住, 來途若夢行. 浮天滄海遠, 去世法舟輕. 水月通禪觀, 魚龍聽梵聲. 惟憐一燈影, 萬里眼中明.

대숙륜(戴叔倫)과 오언율시의 양면적 성격

당대의 대력시대는 초·성당을 거치면서 유불도의 삼교가 성행하여 문학에 있어서도 다양한 사조가 유행하였다. 소위 대력시대란 지덕(至德) 원년(756)에서 정원(貞元) 8년(792)의 36년 간을 지칭하는데 그간에 시단의 성향은 창작방법에 있어 박실한 현실주의를 지향하여 사실적인 백묘수법(白描手法)을 주중하게 되었으며, 주제 취향에 있어서는 윤상정감(倫常情感)과 신변잡사(身邊雜事)에 경도되어 있으며 감정영회(感情詠懷)보다는 수증송별(酬贈送別)의 작품이 격증되고 있음을 보게 된다.[1] 그리고 대력시대의 시인을 크게 두 부류로 구분하는데 하나는 장안(長安)과 낙양(洛陽)을 중심으로 활동한 작가군으로 전기(錢起)·노륜(盧綸)·한굉(韓翃) 등의 대력십재자 시인들이 있었고 또 하나는 강동오월(江東吳越)을 중심으로 한 유장경(劉長卿)·이가우(李嘉祐) 등이 있어 산수풍월을 묘사하는 경향을 보였다.[2] 대숙륜(戴叔倫 732-789)의 활동무대는 앞의 후자에 속하였으니, 지방관 시인의 대표로 지칭되고 있다.[3] 따라서 당대의 이조(李肇)는「지위가 낮으나 이름을 드러낸 사람은 이북해. 두보. 위소주. 대

1) 蔣寅≪大歷詩人硏究≫導論 참고
2) 傅璇琮≪唐代詩人叢考≫李嘉祐 p.232 참고
3) 蔣寅≪大歷詩人硏究≫ p.51 ;「戴叔倫是地方官詩人中一位直接繼承杜甫精神并最典型地体現了群體特徵的詩人」.

숙륜이다(位卑而著名者,　　李北海 · 杜甫 · 韋蘇州 · 戴叔倫.)」(≪國史補≫권하) 라고 분류하였고 대숙륜 자신은 지방관리로서 치적과 의기가 남달라서[4] 덕종(德宗)이 정원(貞元) 5년(789) 「중화절시(中和節詩)」를 하사하여 치하할 만큼[5] 문달의식(聞達意識)을 떨치고, 관리이며 시인으로서 자족했음을 보인다. 현존하는 대숙륜 시는 ≪전당시≫ (권273~274)에 283제 299수가 실려 있고 지앙인(蔣寅)은 ≪대숙륜시집교주(戴叔倫詩集校注)≫에 279제 296수를 담았는데 지앙인은 상세한 근거를 제시하며 그 중에서 고증을 요하는 58수와 후인의 위작으로 단정되는 55수를 제외시키면 180여 수밖에 안 된다는 것이다.[6] 이 중에서 오언율시는 위작여부를 분류하지 않은 ≪전당시≫에서 109수이며 지앙인주본(蔣寅注本)에서는 위작부분을 제외하면 82수가 된다. 본문에서는 상당수가 위작으로 분별된다고 보아 (蔣寅과 傅璇琮의 자료에 근거) 잠정적으로 66수를 대상자료로 삼으려 하며 간단한 생평고변과 시작변위를 먼저 서술하고 난 후에 오율의 특성을 간단히 살펴보는데 주안점을 두고자 한다. 그리고 본문에서 인용되는 대숙륜의 시는 ≪전당시≫ 권273과 권274에 의거한다.

Ⅰ. 생애에 대한 양인의 고변(考辨) 비교

「양인(兩人)」이란 생평에 대한 고증을 객관성 있게 추구한 푸쉬엔중(傅璇琮) (≪唐代詩人叢考≫의 대숙륜 부분)과 지앙인(蔣寅) (≪戴叔倫詩集校注≫)을 지칭하는데 여기서는 이 양인의 고변에서 재론할 여지가 있는 사항에 대해서 제삼자적 입장에서 재고변하려는 것이다.

먼저 푸씨의 자료(1980년)에서 선세가 불명하고 고향의 위치와 자의 상

4) ≪重修戴氏宗譜≫ 권3 ; 「卿當國家之多亂 任社稷之至憂 實能忠勤 以濟勛績 方均逸豫 適此外虞 煩我元公 良非得已 亦惟體國 義不辭勞」.

5) 李肇 ≪國史補≫ 卷下 「貞元五年, 初置中和節, 御製詩, 朝臣奉和, 詔寫本賜戴叔倫於容州, 天下榮之」.

6) 蔣寅의 校注本 前言(p.2)와 同人의 ≪大歷詩人硏究≫ p.51을 참고. 傅璇琮은 일찍이 ≪唐代詩人叢考≫ 「戴叔倫的事蹟繫年及作品的眞僞考辨」에 僞作 18首를 제시했고, 岑仲勉(≪讀全唐詩札記≫)와 富壽蓀(≪讀唐詩隨筆≫)도 거론했음.

이에 대해서 이견을 제시하였으며, 지앙씨의 자료가 15년 후의 것인데도 푸씨는 생평에서 대종(代宗) 광덕(廣德) 원년(763)과 대종(代宗) 대력(大歷) 4년 그리고 특히 덕종(德宗) 건중(建中) 2년(781)의 기록에 대해서 지앙씨의 설을 능가하거나 지앙씨가 오히려 전혀 거론하고 있지 않음은 학자의 도리상 지앙씨가 재고할 필요가 있다고 본다(덕종 건중 2년 부분) 이에 양인의 고변에서 연보정리에 의미 있는 사항들을 거론하여 대숙륜의 생평을 파악하는데 일조로 삼고자 한다. 아울러 생평 전체에 대한 기술은 양인의 「사적계년(事蹟繫年)」과 「연보간편(年譜簡編)」에서 상술하였기에 재론을 생략하기로 한다. 참고로 생평에 근거가 되는 자료를 들자면 ① ≪신당서(新唐書)≫권143 본전, ② ≪당재자전(唐才子傳)≫대숙륜 권5, ③ ≪전당문(全唐文)≫권502 「당고조산대부사지절도독용주제군사수용주자사겸시어사충본관경략초토처치등사초현개국남사자금어대대공묘지명병서(唐故朝散大夫使持節都督容州諸軍事守容州刺史兼侍御史充本管經略招討處置等使譙縣開國男賜紫金魚袋戴公墓誌銘幷序)」, ④ ≪도광동양현지(道光東陽縣志)≫권6 「당동양령대공거사송(唐東陽令戴公去思頌)」, ⑤ ≪중수대씨종보(重修戴氏宗譜)≫권3 「당고조산대부도독용주제주사용주자사본관경략초토처치사겸어사승봉초현자금어대대공신도비(唐故朝散大夫都督容州諸州事容州刺史本管經略招討處置使兼御史中丞封譙縣開國男賜紫金魚袋戴公神道碑)」 등을 들 수 있는데 그 특징으로는 ①은 사사(師事)관계와 역관(歷官)과 치적, ②는 성격과 의기 그리고 교우관계, ③은 가세·재예 ·성품, ④는 결자가 많으나[7] 성격과 치적에 대한 구체적인 내용, ⑤는 의기와 사승관계 그리고 가세와 명(名)을 융(融), 자(字)를 숙륜(叔倫)이라고 별칭함 등이 되겠다.

(1) 숙종(肅宗) 지덕(至德) 원년(756·25세) : 지앙씨는 스승인 소영사(蕭穎士)[8]가 금릉(金陵)으로 가면서 대숙륜이 환향을 하고 연말에 영왕린(永王璘)의 난을 피하여 친족과 함께 경구(京口)에서 상선을 타고 파양(鄱陽)으로 피난 가는 것으로 추정. 근거로는 ≪자치통감(資治通鑑)≫ 지덕 원년 12월 갑신(甲辰)의 영왕린의 병란기사와 대숙륜의 시 「외조카 송해가 요주로 돌아감을 송별하며(撫州對事後送外生宋垓歸饒州覲侍呈上姊

7) 蔣寅의 注本 附錄에 의하면 缺字가 무려 125字나 됨(p.321~324).
8) 蕭穎士에 대해서는 拙文 「蕭穎士詩考」(≪外大論文集≫ 27집 p.137 참고)

夫)」에서 「회수와 변수에서 처음 난리가 나니, 장산에서 봉화가 일도다. 그대와 친족을 따라서 서둘러 고향을 떠났네. 경구에서 상객이 되니 해문에는 때마침 광풍이 나네(淮汴初喪亂, 蔣山烽火起. 與君隨親族, 奔迸辭故里. 京口附商客, 海門正狂風」 라고 한 것을 지앙씨는 인증하였다. 이의 보조자료로는 ≪당재자전≫과 ≪동치요주부지(同治饒州府志)≫ (권24)를 예거할 수 있다.

(2) 광덕 원년(763 · 32세) : 지앙씨는 푸씨와 같이 「사이보가 여요현으로 부임을 전송하며(送謝夷甫宰餘姚縣)」(≪전당시≫ 권273)을 통해 비서성정자(秘書省正字)에 이어 부중의 종사가 된 것으로 보았는데, 푸씨의 경우에는 원조(袁晁)의 기의(起義)를 시속의 「해자경병사(廨宇經兵史)」와 결부시켜서 대숙륜이 금단(金壇)에 있고 관직이 없는 것으로 추정했다.

(3) 대력 4년 (769 · 38세) : 이 시기에 대해서 지앙씨가 묘지명을 통해서 촉장(蜀將) 양자림(楊子琳)이 반란을 일으키자 의기로 양자림을 설득시켜 당조에 귀순케 하였다고 기술한 것은 푸씨와 동일하지만 푸씨의 고찰에는 미치지 못한다. 푸씨는 권덕여(權德輿)의 묘지명과 대숙륜시 「부주로 가며 먼저 왕원외에게 부치며(漸至涪州先寄王員外使君縱)」(≪전당시≫권273)에 의거하여 기주(夔州)로의 순행을 확인하면서≪당재자전≫의 기록이 불합리한 점을 지적하였는데 이 점은 매우 적절한 고증이라고 본다. 여기서 푸씨의 다음 서술을 보기로 한다.

> ≪당재자전≫ 권5에서 대숙륜을 두고 "정원 16년에 진권이 진사에 급제하다"라고 하였고 청대 서송의 ≪등과기고≫ 권14에서는 이것에 의거하여 정원 16년 진사과 장원에 진권이 되고 그 아래로 대숙륜과 백거이 등이 같이 급제하였다. 단지 권덕여가 쓴 묘지에 의하면 대숙륜이 일찍이 정원 원년에 이미 세상을 떠나니 나이 58세이며 또 위의 고찰에 의하면 대력 3 · 4년 간에 운전부에 임명되었으니 ≪당재자전≫의 기재가 틀린 것으로 서송을 당사 연구자로 칭하는데 또한 관련 역사책을 검토하지 않고 글에 집어넣은 것이 된다.[9]

(4) 덕종 건중 2년(781 · 50세) : 이 시기에 대해서 지앙인은 단지 「동

9) ≪唐才子傳≫ 卷五謂戴叔倫乃 "貞元十六年陳權榜進士." 淸徐松 ≪登科記考≫ 卷十四卽據此列貞元十六年進士科壯元爲陳權, 其下有戴叔倫, 與白居易等同科及第. 但據權德輿所作墓誌, 戴叔倫早于貞元五年卽已去世, 年五十八歲, 又據上所考, 大歷三 · 四年間卽已在轉運府任職. ≪唐才子傳≫ 所載本已甚謬, 而徐松又號爲治唐史者, 乃也不經查核有關史籍, 而遂採入書中(≪唐代詩人叢考≫ p. 364).

양현령에 임명되다(在東陽縣令任上)」라고 만 고증하였을 뿐 푸씨의 고증 부분을 거론하지 않았는데 이에 대해 필자의 의견을 개진하려 한다. 부씨는 대숙륜이 동양령에 임명된 시기를 봄으로 보았는데, 지앙씨는 계절을 밝히지 않아서 여기에서 푸씨의 설을 따랐어야 옳은 것이다. 묘지명의 「其阜人成化也, 則東陽一同之人沐旬歲之治」에서 동양령이 된지 1년인데 치적이 상당하다는 것과 대숙륜의 시 「장섭 평사와 진계 거사가 군을 방문하고(張評事涉秦居士系見訪郡齊卽同賦中字)」(≪전당시≫권274)에서,

작은 수레가 문득 바퀴 멈추니,
군부에 절로 바람이 일도다.
아전을 보내매 산새는 남아 있고,
술항아리 여니 들녘의 객이 같이 하네.
옛 담장에서 겨울 대순을 따고,
높은 나무엔 봄 기러기 날도다.
…… 10)

라고 하니 봄에 대숙륜이 동양(東陽)으로 가면서 거리상 회계(會稽)에 은거하던 진계를 방문한 것으로 보여진다. 그러니까 푸씨는 동양령으로 가던 시기는 건중 원년(780)봄 (지앙씨는 5월로 기재) 이며 재직기간은 일년 남짓으로 추정하였는데 이고(李皐)의 막하로 옮긴 시기를 이고가 부임한 시기(건중 원년 · 780)와11) 결부시켜서 추정한 것으로 본다. 이것은 ≪신당서≫본전의 「嗣曹王皐領湖南 · 江西, 表在幕府」라든가 묘지명의 「曳裾于賢王也, 則爲湖南 · 江西上介……」에서 대숙륜이 이고의 부임과 동시에 동양을 떠난 것으로 본 것이다. 그리고 그 떠난 계절을 그의 시 「호남에서 동양과 헤어지며(將赴湖南留別東陽舊僚兼示吏人)」(≪전당시≫권274)를 보면,

새벽길에 거마를 채비하고
정자를 떠나면서 의관을 챙기네.
어름 단단한데 작은 냇물이 울고,

10) 軺車息枉轍. 郡府自生風. 遣吏山禽在, 開罇野客同. 古墻描臘筍, 喬木颺春鴻……
11) ≪舊唐書≫ 권131 「李皐傳」, 「建中元年, 遷湖南觀察使」

들불이 다 타니 높낮은 산봉우리가 차도다.[12)]

여기에서 어름이 아직 녹지 않은 건중 2년 초봄으로 단정하였다. 지앙씨는 동양을 떠난 시기를 건중 4년(783)초로 본 점에서 차이가 2년이 났는데 이는 아직 비고의 대상이 된다.

Ⅱ. 시의 진위 여부 문제

대숙륜의 시가 299수(≪전당시≫)인데 객관성이 부족하지만 그 중에 지앙인에 의하면 비고부분을 58수, 위작 부분을 55수로 분류하고 있어서 당시인중에 가장 큰 비율의 위작시가 내포된 것으로 본다. 양인의 분류 가운데 중복된 것을 조절하여 다음에 72수로 분류하여 도시하면서 대숙륜 시에 대한 재고증이 절실함을 제시하려 한다. ((1)에서 (38)까지를 보면 ≪전당시≫ 권273, (39)에서 (72)까지는 동권 274에 수록)

(1) 「曾遊」; 송대 후인, 장공(長公) 동파(東坡) 등장하니 시대에 불합.
(2) 「邊城曲」; 작자불명, 지리 불합(푸씨만 분류).
(3) 「屯田詞」; 작자불명, 지리 불합(푸씨만 분류).
(4) 「送別錢起」; 후인의 작, 당시에는 양관삼첩(陽關三疊)의 명칭이 없음.
(5) 「暉上人獨坐亭」; 작자불명, 휘상인(暉上人)은 진자앙(陳子昂)에 출현.
(6) 「送崔融」; 작자불명, 시대에 불합 (푸씨도 분류).
(7) 「遊少林寺」; 작자불명, 심전기(沈佺期)에 동제시 있음(비고를 요함).
(8) 「崇德道中」; 장이녕(張以寧) 작. ≪취병집(翠屛集)≫ 권2에 있음.
(9) 「雨」; 장이녕 작. ≪취병집≫ 권2에 있음.

---

12) 曉路整車馬, 離亭會衣冠. 冰堅細流咽, 燒盡亂峰寒.

(10)「同日有懷賀長吉」; 작자불명, 시대에 불합(푸씨도 분류).

(11)「送郎士元」; 작자불명, 낭사원(郎士元)은 금능(金陵)과 무관.

(12)「重遊長眞寺」; 유숭(劉崧) 작, ≪유사옹선생직방시집(劉槎翁先生職方詩集)≫ 권5에 있음.

(13)「晩望」; 유숭작, 상동서에 있음.

(14)「寄贈翠巖奉上人」; 유숭 작, 상동서에 있음. 찬공(贊公)은 두보시기의 찬상인(贊上人)으로 갈홍(葛洪)을 고사로 활용하고 당대의 고사를 피함(비고를 요함).

(15)「過龍灣五王閣訪友人不遇」; 유숭 작. 상동서에 있음(비고를 요함)

(16)「與友人過山寺」; 작가불명. 영철(靈澈)은 대숙륜과 동시대인으로 도공(陶公)과 용전상 대조가 불가(비고를 요함).

(17)「寄禪寺華上人次韻三首」; 명대인 작. 제공(濟公)은 송말 승려, 명대 전여성(田汝成)의 ≪서호유람현지여(西湖遊覽志餘)≫ 권1에 보임.

(20)「獨坐」; 장이녕 작, ≪취병집(翠屛集)≫ 권2에 있음.

(21)「舟中見雨」; 장이녕 작, ≪취병집≫ 권2에 있음.

(22)「送僧南歸」; 장이녕 작, ≪취병집≫ 권2에 있음.

(23)「江干」; 장이녕 작, ≪취병집≫ 권2에 있음.

(24)「宿天竺寺曉發羅源」; 송대 이후인 작.「나원(羅源)」지명이 ≪송사지리지(宋史地理志)≫에 처음 나옴.

(25)「留宿羅源西峰寺示輝上人」; 작자불명. 근거는 상동.

(26)「江上別劉駕」; 작자불명. 유가(劉駕)는 만당인(푸씨도 분류).

(27)「送車參江陵」; 청강(淸江) 작. 환경(幻境)·선심(禪心) 등, 불가어는 대숙륜에 불합(비고를 요함).

(28)「登樓望月寄鳳翔李少尹」; 청강 작. 원래≪문원영화(文苑英華)≫ 권152에 대숙륜시로 수록되나 ≪전당시≫권812 청강시에 있음(비고를 요함).

(29)「贈司空拾遺」; 태역(太易) 작. ≪전당시≫권810 태역시에 있음(비고를 요함).

(30)「寄萬德躬故居」; 유숭 작. 유씨집 (권6)에 보임. 여선동(呂仙洞)

은 오대(五代) 이후의 고사.

(31) 「寄司空曙」; 유숭 작, 유씨집 (권6)에 있음(비고를 요함).

(32) 「弔暢當」; 작자불명. 생평 불합. 창당(暢當)은 하동인(河東人)(≪신당서≫권200, 유학전) (푸씨도 분류)

(33) 「寄劉禹錫」; 유숭 작. 유씨집 (권6)에 「寄曠伯逵」로 실림. 백규(伯逵)는 유숭의 우인(비고를 요함) 푸씨는 우석(禹錫)과 시대 불합이라 함.

(34) 「寄孟郊」; 유숭 작. 푸씨는 불명. 유씨집 (권5)에 있음. 푸씨는 시대 부합되지만 행사 불합이라 함.

(35) 「贈徐山人」; 유숭 작. 유씨집에 (권7) 있음(비고를 요함).

(36) 「二靈寺守歲」; 명대 정학년(丁鶴年) 작.≪은현통지(鄞縣通志)≫(政教志)에 송초 소국사(韶國師)가 세움.

(37) 「暮春感懷」; 정학년 작. ≪정학년집≫ 권2에 있음.

(38) 「聽霜鐘」; 작자미상. ≪문원영화≫ 권184 「省試」에 실림(비고를 요함).

(39) 「赴撫州對酬崔法曹夜雨滴空階五首」; 작자미상. 대숙륜의 사적에 없음. 푸씨만이 지적.

(44) 「又酬曉燈室五首」; 작자미상. 대숙륜의 사적과 무관. 푸씨만이 지적.

(45) 「送王司直」; 황보염(皇甫冉) 작. ≪전당시≫ 권249 황보염 시에 있음. 홍매(洪邁) ≪만수당인절구(萬首唐人絶句)≫ 오언권, 왕안석(王安石) ≪당백가시선(唐百家詩選)≫ 권9에 모두 황보염의 시로 기재.

(50) 「宿無可上人房」; 작자미상. 무가(無可)는 만당인으로 시대불합.

(51) 「口號」; 후세인 작. 본조(本朝)의 용사(用事)를 아님(비고를 요함).

(52) 「贈張揮使」; 송대 이후인 작. 휘사(揮使)는 당대 직관에 없음.

(53) 「畵蟬」; 정학년 작, 정씨집 (권2)과 고사립(顧嗣立)의 ≪원시선(元詩選)≫에 있음.

(54) 「題天柱山圖」; 정학년 작, 정씨집 (권2)과 ≪원시선≫에 있음.

(55) 「草堂一上人」; 왕안석 작. ≪왕문공문집(王文公文集)≫ 권63에 「草

堂一上主」로 실림(비고를 요함).

(56)「題黃司直園」; 왕안석 작. 왕씨집 (권67)에 있음(「題黃司理園」).

(57)「北山游亭」; 왕안석 작. 왕씨집 (권67)에 「斿亭」으로 있음. 유정(游亭)은 천정(斿亭)의 오류.

(58)「歲除日追赴撫州辨對留別崔法曹」; 작자미상. 사적이 불일치. 푸씨만 지적.

(59)「旅次寄湖南張郞中」; 주단신(周端臣) 작. ≪강호후집(江湖後集)≫ 주단신 ≪규창집(葵窓集)≫에 「朱門」있음(비고를 요함).

(60)「題友人山居」; 유숭 작, 유씨집 (권11)에 「漫題」로 있음.

(61)「別鄭谷」; 유숭 작, 유씨집 (권7)에 있음. 「再別同夫三首」로 실림. 푸씨는 ≪당시기사(唐詩紀事)≫ (권70)에 정곡(鄭谷)이 도관낭중(都官郎中)을 지낸 시기가 건녕(乾寧)(894~898)이므로 시대불합으로 지적.

(62)「贈鶴林上人」; 유숭 작. 유씨집(보유권4)에 있음(비고를 요함).

(63)「題稚川山水」; 유숭 작. 유씨집(보유권4)에 있음. 치천(稚川)은 명대 화가 나치천(羅稚川).

(64)「過柳浮道院」; 유숭 작. 유씨집 (권11)에 있음(비고를 요함).

(65)「荔枝」; 백거이(白居易) 작. ≪전당시≫ 권441에 「種荔枝」로 있음. ≪백씨장경집(白氏長慶集)≫ (권18)에 수록. 이 문집은 백씨 자신이 75권으로 수정한 것임.

(66)「憶原上人」; 명대 유적(劉績) 작. ≪명시기사(明詩紀事)≫ 을첨(乙籤) 권14에 있음. 사적이 ≪명시종(明詩綜)≫·≪열조시집(列朝詩集)≫에 나옴(비고를 요함).

(67)「蘭溪棹歌」; 명대 왕광양(汪廣洋) 작. ≪왕충근공봉지음고(汪忠勤公鳳池吟稿)≫ 권10에 있음. 전겸익(錢謙益)의 ≪열조시집≫에 수록(비고를 요함).

(68)「蘇溪亭」; 왕광양 작. 앞의 왕씨집 (권10)에 있음. ≪명백가시(明百家詩)≫·≪명시종(明詩綜)≫에 수록.

(69~71)「撫州被推昭雪答陸太祝三首」; 작자미상. 사적에 기록이 없음. 푸씨의 지적.

(72)「撫州對事後送外生宋垓歸歸饒州覲侍呈上姊夫」; 작가미상. 푸씨

가 사적과 무관함을 지적(비고를 요함).

이상의 진위변별 자료를 볼 때 지앙인은 명대 유승의 작으로 14수, 장이녕의 작으로는 6수, 정학년의 작으로는 4수, 그리고 왕안석의 작으로 3수를 분류하였고, 당대인의 작으로는 청강 3수, 백거이 1수, 황보염 1수, 태역 1수 등으로 분류하고 있다. 문집이나 사료에 의거한 비교적 명확한 근거 제시를 하고 있으며 푸씨는 변증이 치밀하지만 작자 규명을 하지 못하고 있어서 지앙인의 공이 다대함을 간과할 수 없다.

Ⅲ. 오언율시의 주제별 분류

대숙륜의 오언율시를 주제별로 분류해 보면 모두 82수 중에서 각각 송별은 36수, 영회(詠懷)는 6수, 증수(贈酬)는 13수, 산수는 9수, 교유는 10수, 유력은 8수가 되는데 여기서 각 주제에 따라 소속 작품의 시제와 내용을 정리하려 한다.

1. 송별시(36수)

(1) 「送張南史」; 망빈(忘貧)의 우인에게 보내는 초연함.
(2) 「九日送洛陽李丞之任」; 포의지교(布衣之交)인 이승(李丞)의 승진을 경하.
(3) 「送郭太祝中孚歸江東」; 동향인 곽중부의 태축직에 임명.
(4) 「江上別張勸」; 호남관찰사 막서기(幕書記) 장권에 웅지를 권면.
(5) 「送友人東歸」; 경사(京師)의 남전관(藍田關)에서 송별.
(6) 「送謝夷甫宰鄮」; 원조(袁晁) 농민의거에 친구의 임무.
(7) 「灞岸別友」; 봄에 호남으로 떠남.
(8) 「潘處士宅會別」; 호남을 떠나 경구(京口)에서 친구 상봉.
(9) 「南賓送蔡侍御遊蜀」; 남빈(南賓)에서 친구 만나며 비애 묘사.

(10) 「長沙送梁副端歸京」 ; 장사에서 장안 가는 친구를 보내는 낭만적 인 심경.

(11) 「京口送皇甫司馬副端曾舒州辭滿歸去東都」 ; 노년의 거관과 귀향.

(12) 「送崔拾遺峒江淮訪圖書」 ; 경구에서 황보증(皇甫曾)을 10년 좌천 생활에 낙양으로 보내는 우정.

(13) 「送少微山人入蜀」 ; 탈속과 귀자연.

(14) 「留別道州李使君圻」 ; 산천경물의 회화적인 묘사.

(15) 「送李審之桂州謁中丞叔」 ; 지음과 은거의식.

(16) 「送柳道時余北還」 ; 호반의 정경과 이별의 우수.

(17) 「送李長史縱之常州」 ; 사령운이 있던 곳에서 같은 심정.

(18) 「奉同汴州李相公勉送郭布殿中出巡」 ; 입춘 전날 벗의 공을 기림.

(19) 「送東陽顧明府罷歸」 ; 가을에 송별의 수심.

(20) 「永康孫明府頲秩滿將歸枉路訪別」 ; 산수애호와 도연명 사모.

(21) 「將游東都留別包諫議」 ; 포길(包佶)과 이별하며 몽매에 그리는 마음.

(22) 「婺州路別錄事」 ; 신년부터 고우를 보내는 이별의 한.

(23) 「酬別劉九郎評事傳經同泉字」 ; 연못과 백로, 그리고 사립문에도 이별의 애수.

(24) 「臨川從事還別崔法曹」 ; 노병으로 은둔하는 심회.

(25) 「送王翁信及第後歸江東舊隱」 ; 탈속과 의분.

(26) 「送嵩律師頭陀寺」 ; 율사의 행적과 참선.

(27) 「送道虔上人遊方」 ; 초탈과 선심.

(28) 「淸明日送鄧芮二子還鄕」 ; 노년에 고향을 사모.

(29) 「送李明府之任」 ; 합자연과 계절의식.

(30) 「送萬戶曹之任揚州便歸舊隱」 ; 사관과 애자연.

(31) 「海上別薛舟」 ; 해안의 정경을 시심에 비유.

(32) 「廣陵送趙主簿自蜀歸絳州寧覲」 ; 가을 저녁의 정경과 애수.

(33) 「留別宋處士」 ; 향리의 정분.

(34) 「送汶水王明府」 ; 전쟁과 가족이산.

(35) 「賦得古井送王明府」 ; 선원(仙源)과 청심(淸心).

(36) 「送耿十三湋復往遼海」 ; 전장의 종군.

2. 영회시(6수)

(1)「過申州」; 변방의 전상.
(2)「湘中懷古」; 참소의 폐해와 원한
(3)「長門怨」; 궁궐의 애환.
(4)「京口懷古」; 삼국시대의 역사회고.
(5)「客中有懷」; 노후의 귀전.
(6)「過賈誼宅」; 가의에 대한 추념.

3. 증수시(12제 13수)

(1)「早行寄朱山人放」; 인생의 무상.
(2)「長安早春贈萬評事」; 한대의 귀족에대한 회상과 고결한 심경.
(3)「客舍秋懷呈駱正字士則」; 부명을 떨침.
(4)「潭州使院書情寄江夏賀蘭副端」; 여행 속의 무욕.
(5)「暮春遊長沙東湖贈辛兗州巢父二首」; 경물과 삶의 번뇌.
(6)「寄中書李舍人紓」; 계절에의 무감각.
(7)「李大夫見贈因之有呈」; 질병과 허심.
(8)「郊園卽事寄蕭侍郎」; 사향과 청심.
(9)「贈韋評事儹」; 초탈의식과 무욕.
(10)「暮春沐髮晦日書懷寄韋功曹洄李錄事從訓王少府純」; 합자연과 사우.
(11)「贈行脚僧」; 수도의 심성.
(12)「贈月溪羽士」; 허심의 선.

4. 산수시(9수)

(1)「泊雁」; 강가의 저녁풍경.
(2)「題橫山寺」; 절간의 정경과 차.
(3)「宿靈巖寺」; 비 온 후의 가을 절간.
(4)「南軒」; 은둔자의 하루 생활.

(5)「春江獨釣」; 창랑객 같은 은거.
(6)「臥病」; 질병 속의 시심.
(7)「山行」; 승려의 자연현상 관찰.
(8)「山居卽事」; 산거의 악과 허심.
(9)「賦得長亭柳」; 동물에 대한 세심한 묘사와 애착.

5. 교유시(10수)

(1)「吳明府自遠而來留宿」; 세속에 대한 염증과 교우의 희구.
(2)「和尉遲侍御夏杪聞蟬」; 늦여름의 풍경묘사.
(3)「逢友生言懷」; 친구에 대한 도덕성.
(4)「和李相公勉晦日蓬池游宴」; 봄의 생기와 섬세한 관찰.
(5)「彭婆館逢韋判官使還」; 늦봄에 벗을 맞는 기쁨.
(6)「奉陪李大夫九日宴龍沙」;관직 욕망의 수치.
(7)「春日早朝應制」; 선의식과 초목 묘사.
(8)「過友人隱居」; 산수의 생동감.
(9)「春日訪山人」; 노년의 애자연.
(10)「宿城南盛本道懷皇甫冉」; 애절한 사우심정.

6. 유력시(8수)

(1)「次下牢鎭」; 만리타향의 수심.
(2)「經巴東嶺」; 고산의 웅장과 관찰.
(3)「將巡郴永途中作」; 사향과 심허.
(4)「巡諸州漸次空靈戍」; 상수(湘水)의 정경.
(5)「過郴州」; 지형과 심경의 조화.
(6)「建中癸亥歲奉天除夜宿武功山北茅平村」;여행중의 관찰과 상심.
(7)「除夜宿石頭驛」; 타향의 비애와 세월무상.
(8)「泛舟」; 가을 달밤의 고독.

(이상 출처는 ≪전당시≫ 권273~274에 의거함.)

Ⅳ. 오언율시의 사실적 묘사

중당시는 낭만과 사실이 혼재하여 성행하면서 성당시의 풍격에서 벗어나는 과정을 지니고 있었기에 대숙륜 시의 사회 현실에 대한 묘사는 당연히 거론되어야 하는 부분이다. 그는 표류적인 낭인생활에서 출사와 은거를 반복하면서 자신의 불우와 민생질고·사회 모순성 등을 체험했으니 다음 삼면으로 그 백묘 내용을 살펴볼 수가 있다.

먼저 자기 자신의 행역고를 노래한 예시로써 「강상에서 장권을 보내며(江上別張勸)」를 보면,

> 해마다 오호에 오르는데,
> 오호의 봄은 보기 싫구나.
> 오래 취함이 술 때문은 아니고,
> 근심 많은 것이 가난 때문은 아니네.
> 산천은 갈 길을 잃게 하고,
> 이수와 낙수에선 세상 풍파에 고생이라.
> 오늘 쪽배로 이별하니,
> 모두 넓은 바다에 뜬 사람되있네.[13]

이 시는 시인 조년의 벼슬하기 전에 쓴 것으로 소영사(蕭穎士)에게서 하남(河南)에서 수학하던 시기의 작품인 듯하다.[14] 웅지에 대한 불투명과 처경에 대한 염증을 가지고 있어서 「편주(扁舟)」라 하여 정처 없는 표류의식으로 미래의 방향을 정하지 못한 신세를 비유하였으며, 「창해인(滄海人)」[15]이라 하여 대지를 품고서도 영달치 못한 사람임을 비유하였다. 편주에 몸을 실은 미약한 존재이지만 창해를 포용하는 대의를 추구하겠다

13) 年年五湖上, 厭見五湖春. 長醉非關酒, 多愁不爲貧. 山川迷道路, 伊洛因風塵. 今日扁舟別, 俱爲滄海人.

14) 蔣寅 ≪戴叔倫詩集校註≫ p.6 註1 참고

15) ≪抱朴子≫「窮達」;「小年不知大年, 井蛙之不曉滄海, 自有來矣」

는 의지가 표출되어 있음을 알 수 있다. 그리고 「진주를 지나며(過陳州)」를 보면,

> 어지러이 행역이 피곤한데,
> 진주·채주 사이에 있구나.
> 어찌하여 백년 두고,
> 한가한 사람 하나도 안 보이는가?
> 술을 대하니 경물이 사랑스럽고,
> 갈 길을 물으니 수많은 높낮은 산이 답답하구나.
> 추풍에 갈 만리 길에,
> 또 목릉관을 나섰구나.[16)]

시인이 진주(지금 하남 淮陽縣)를 지나면서 지은 것인데 그 표현 속에 담긴 심기가 매우 비흥적이라 하겠다. 제1연은 고생스러운 자신의 신세를, 제2연은 한 평생에 한가한 사람을 하나도 만나지 못하겠다는 백화적인 묘법을 구사하였는데 이에 대해서 ≪문원시격(文苑詩格)≫ 「옛 마음을 펴며(敍舊意)」에서는,

> 백거이가 말하기를 「매양 시 지은 것을 보면 본사 속에 해 묵은 뜻을 토로하는 것이 많다. 모름지기 해묵은 뜻을 참신한 뜻으로 바꾸어 표현해야 한다. ……고시의 『어찌 백년 두고 한가한 사람 하나도 안 보이나』구는 해묵은 뜻을 신선한 경물로 표현한 것이니 아름답다」[17)]

라고 하여 고아한 시구는 아니지만, 참신한 시의가 드러나 있다고 하였으며 모춘영(冒春榮)은 객관성 있게 서술하기를,

> 구법은 직솔함을 가장 꺼릴 것이니 직솔은 옅으면서 깊고 고운 운치가 부족하기 때문으로서 대숙륜의 「어찌하여 백년 두고, 한가한 사람 하나도 안 보이는가?」구가 그러하다.[18)]

---

16) 擾擾倦行役, 相逢陳蔡間. 如何百年內, 不見一人閒. 對酒惜餘景, 問程愁亂山. 秋風萬里道, 又出穆陵關.

17) 白居易曰 : 「每見爲詩者多於本事中更說舊意. 須舊意更說新意.……古詩 『如何百年內, 不見一人閒』 此舊意說新景, 爲佳矣」.

18) 句法最忌直率, 直率卽淺簿而少深婉之致. 戴叔倫 「如何百年內, 不見二人閒」 (≪葚園詩說≫ 권1).

라고 평가하여 직솔한 속어로 묘사되어 신선하고 평이한 표현은 좋으나 깊은 맛이 부족하다고 하였다. 제3연에서 갈 길을 물으니 멀고 험하여 첩첩한 산을 보니 수심에 찬다는 이 표현은 인생고락의 진상을 은유한 것이다. 그래서 양구도(梁九圖)는 ≪십이석산재시화(十二石山齋詩話)≫(권2)에서,

> 인생에 있어 부귀빈천을 막론하고 모두 괴롭게 육신에 매여 사는 것이다.…곧 당인의 「어찌하여 백년 두고, 한가한 사람 하나도 안 보이는가?」구가 그 표현인 것이다.[19]

라고 알맞은 평을 가하고 있다. 다음으로 전란으로 성지(城池)가 황폐되고 농촌이 쇠락한 광경을 묘사하고 있는데 전화에 대한 것으로 「신주를 지나며(過申州)」를 보면,

> 수많은 사람 벌써 전사하였고,
> 몇 곳에 쉬는 군사가 보이네.
> 정읍이 이제야 평안한데,
> 아이들이 아직 어리도다.
> 서늘한 바람이 고목을 스치고,
> 들불은 부서진 진영에 비추누나.
> 천여 리 길 쓸쓸히 가는데,
> 산은 텅 비고 물이 또한 맑구나.[20]

이 시는 시인이 신주(지금 河南 信陽市)를 지나면서 전쟁의 참상을 그려 놓은 보응(寶應)(760년 이후) 년간의 작품으로 본다. 제1연의 내용으로 보아 보응 원년(762)에 왕중승(王仲昇)이 신주에서 참패한 사실을 기록한 것이며[21] 시기적으로 평화가 아직 오지 않았음을 제3연에서 보게 된다. 그리고 농촌의 피폐현상을 묘사한 것을 다음 「사이보가 무현 부임을 전송하며(送謝夷甫宰鄮縣)」에서 보게 된다.

---

19) 人生無論富貴貧賤, 皆苦爲形役……卽唐人「如何百年內, 不見一人閒」之意.

20) 萬人曾戰死, 幾處見休兵. 井邑初安堵, 兒童未長成. 凉風吹古木, 野火入殘營. 牢落千餘里, 山空水復淸.

21) ≪資治通鑑≫ 代宗寶應元年二月戊辰 「淮西節度使王仲昇與史朝義將謝欽讓於申州城下, 爲賊所虜, 淮西震駭」.

그대 떠나 현령이 되건만,
전쟁은 아직 끝나지 않구나.
마을에는 노인과 아이들만 남아 있고,
난리가 지난 후에 관리가 적도다.
관청은 전쟁을 겪었고,
공전은 바닷물에 잠겼도다.
때가 되면 응당 풍속을 바꾸어서
새로운 명예가 여요군에 가득하리라.[22)]

사이보는 생평이 미상이지만 ≪자치통감(資治通鑑)≫ 숙종(肅宗) 건원(乾元) 2년(759) 4월조에 「천흥위 사이보가 포살하다(天興尉謝夷甫捕殺之)」라 한데서 무장으로 보며 무현은 지금 절강 영파(寧波) 일대로서 천보(天寶) 원년에 여요군(餘姚郡)으로 개명되었다. (≪구당서≫지리지) 제2구의 내용으로 보아 이 시는 대종(代宗) 보응(寶應) 2년(763) 원조농민기의 (袁晁農民起義)의 난을 지칭하는 것으로 본다.[23)] 고중무(高仲武)는 제3연의 구를 인용하면서 다음과 같이 평하고 있다.

이 시의 형식이 격식에 맞지 않지만 「관청은 전쟁을 겪었고, 공전은 바닷물에 잠겼도다」 구는 또한 사실을 통한 묘사 구사에 기교를 다하고 있다.[24)]

제3연의 묘사는 사실에 의거하여 묘사기교를 다하였다고 높이 평가하고 있다. 전쟁으로 공전이 황폐화되었거늘 사이보가 군현을 다스리는 이때에 후한대의 순리(循吏)처럼[25)] 풍속을 개변하여 새로운 칭송이 군에 넘치기를 기대한다는 희원이 제4연에 담겨 있다. 한편 참언을 개탄하면서 굴원의 신세를 비유하며 현실에서의 같은 풍토를 고발해주는 「상수에서 회고하며(湘中懷古)」를 보기로 한다.

---

22) 君去方爲宰, 兵戈尙未銷. 邑中殘老小, 亂後少官僚. 廨宇經兵火, 公田沒海潮. 到時應變俗, 新譽滿餘姚.

23) ≪舊唐書≫代宗紀:「寶應元年八月, 袁晁陷台州. 二年三月, 袁參破袁晁之衆於浙東. 四月, 李光弼奏生擒袁晁, 浙東州縣盡平」.

24) 其詩體格雖不越中格, 然「廨宇經山火, 公田沒海潮」, 亦指事造形之工者. (≪中興間氣集≫ 卷上).

25) ≪後漢書≫ 循吏傳:「衛颯·任延·王渙等人每任地方官則修庠序, 變風俗, 開水利, 興農耕, 抑豪右, 捕盜賊, 減刑省役, 境內豊給. 百姓稱頌, 令名顯聞」.

옛 사람이 일찍 강에 몸을 던져 떠났으니,
한 나그네가 가을 바람에 위로 드리네.
천년을 격하고서 무슨 생각인지,
이 마음을 말하자면 그때와 같은 것을.
초 땅의 정자는 어지러운데,
한대의 율례가 뛰어나도다.
문득 뽕밭으로 변하듯 세상이 바뀌어
참소가 헛되게 되리라.[26)]

제2연은 천년 후의 자신의 굴원의 신세에 대한 심회가 가의(賈誼)와 같으니 그 원인이 참소 때문이라는 것이다. 그 참소에 의해 초국이 진에게 참패당하고 회왕이 객사하게 되었는데 가의 또한 좌천된 가운데 의율(義律)을 제정하여 주소(奏疏)하여 한율(漢律)이 확정된 것을 묘사하였다. 제4연에서 시인 자신도 정원 4년 용주자사로 지방관 생활을 떠나서 상수를 지나는 길에 있지만 가의처럼 간언함으로써 정치사회가 개화되고 참소가 틈타지 않는 시기가 곧 올 것을 갈망하고 있다. 대숙륜시에서 현실고발은 직설이 아니라 간설로서 차라리 비흥법을 구사하고 있다고 하겠다. 따라서 백거이나 원진처럼 전고가 없이 평이하지만 낭만·은일적인 기풍을 떨치지 못하고 있다. 그의 스승 소영사의 직솔과 원백(元白)의 직설의 중간 단계에 있는 백묘수법을 활용한 면을 보여 준다고 필자의 임의적인 평을 해도 가할 것이다.

Ⅴ. 오언율시의 서사적 피세감(避世感)

대숙륜시에서 초탈성은 중당대의 시의 사조와는 이질감을 주지만 어느 시인이든 이 같은 요소는 내재되어 있다고 볼 때 대숙륜에 있어서 생평상 불우한 시기에 나타나는 하나의 의식으로 보는 것이 가할 것이다. 따

26) 昔人從逝水, 有客弔秋風. 何意千年隔, 論心一日同. 楚亭方作亂, 漢律正酬功. 倏忽桑田變, 讒言亦已空.

라서 이런 류는 흔히 송별시나 기증시·유여시 그리고 도선시(道禪詩) 등에서 표출되어, 다양한 소재에 의해 각기 특성 있는 의취를 제시하여 준다. 대숙륜시의 피세의식을 서사적이라고 설정한 이유는 표현 시구가 평이하며 현실적인데, 그 담긴 의상이 탈속적이라는 특징을 지니고 있기 때문이다. 이와 같은 묘법이 용이한 것이 아니라는 데에 대숙륜의 장점으로 삼을 수가 있다. 옹방강(翁方綱)이 ≪석주시화(石洲詩話)≫ (권2)에서 대숙륜시를 평하기를,

> 대숙륜은 일찍이 「푸른 밭은 날로 따뜻하고, 좋은 옥엔 안개가 이네」라는 말을 부쳐서 시를 논하는데 그의 자작시는 평이하고 옅으니 실로 이해할 수 없도다.[27]

라고 한 것은 매우 예리한 품평이다. 표현이 평범하지만 그 담긴 뜻이 심오하고 비범하다고 풀이하는 것이 온당한지는 분명치는 않지만 양면성을 지닌 것으로 해석해야 할 것이다. 따라서 송대 범희문(范希文)은 ≪대상야어(對牀夜語)≫ (권5)에서 대숙륜에 대해서,

> 뜻이 조금 드러나 있지만 그 담긴 기상은 더욱 밝히 드러나니, 이전에 비해 전혀 손색이 없다.[28]

라고 하여 「토로하다(露)」의 평용성(平庸性)을 「조금(稍)」이라는 겸허한 어휘로 대신하고 「더욱(益)」이라는 적극적인 단어로 조화시켜 「의취(意)」와 「기세(氣)」의 내외적인 양상, 즉 '意'는 내함(內涵)된 시인의 의취이며 '氣'는 외표(外表)된 기품이라는 양면성을 동시에 부각시켜서 평가하고 있다. 대력재자의 시가 갖는 다재다능한 일면을 확인 할 수 있는 것이다. 먼저 종교적인 색감을 통한 초탈성의 예로써 「도민상인을 보내며(送道虔上人遊方)」[29]를 들어보면,

> 계율 의례는 다른 학문에 통하지만,

---

27) 戴容州嘗拈「藍田日暖 良玉生烟」之語以論詩, 而其所自作殊平易淺薄, 實不可解

28) 意稍露而氣益暢, 無媿於前也.

29) 李嘉祐「道虔上人竹房詩」;「詩思禪心共竹閒, 任地留水向人間. 手持如意高窗裏, 斜日沿江千萬山」(≪全唐詩≫ 권206)

시의 의상은 선문에 드는도다.
자연의 경치를 마음에 따라 가보니,
풍모는 불도와 함께 한가롭네.
게송을 읊으며 정실에 머물고,
법술을 외우며 공산을 넘나드네.
뉘 뜬구름의 뜻을 알리오?
유유히 천지간에 떠 갈 뿐이라.[30)]

여기서 도건상인의 학문이 불학과 그 외의 것 모두 관통하고 작시는 창랑(滄浪)의 「선으로 시에들다(以禪入詩)」(≪滄浪詩話≫ 詩辨)의 경지에 있음을 말하며 제2연은 자연과 상인의 조화를, 제3연은 문학과 신심, 그리고 산사의 삼위일체를, 제4연은 자연과 동화된 심태를 각각 묘사하고 있다. 여기서 선어로 "율의(律儀)·외학(外學)·선관(禪關)·수연(隨緣)·관화(貫花)·주수(呪水)" 등이 쓰이지만 그 용어가 고사나 불어의 심의(深意)를 담고 있는 것이 아니라, 평용한 어휘의 한계를 지키려고 했다는 점에서 작자의 의도적인 백화시적인 표현법이 나타나고 있다. 그리고 은거하며 전원생활을 묘사한 「교외에서 소시랑께 드리며(郊園卽事寄蕭侍郞)」를 보면,

희끗한 귀밑 털의 이 몸이 임기가 차서 떠나니,
가을 바람이 옛 뜰에 스며드네.
띠 풀을 엮어 따뜻한 방 꾸미고,
우물을 고쳐서 맑은 샘물을 퍼내네.
이웃마을의 뽕나무 배나무 가까이 있고,
아이들은 웃으면서 떠드네.
종일토록 힘든 일 없으니,
애오라지 멀리 있는 이에게 말을 부치노라.[31)]

이 시는 정원(貞元) 3년 가을 금단(金壇)에서 대숙륜이 죽기 2년 전인

30) 律儀通外學, 詩思入禪關. 煙景隨緣到, 風姿與道閒. 貫花留靜室, 呪水度空山. 誰識浮雲意, 悠悠天地間.
31) 衰鬢辭餘秩, 秋風入故園. 結茅成暖室, 修井波淸源. 鄰里桑麻接, 兒童笑語喧. 終朝非役役, 聊寄遠人言.

만년에 쓴 것이다. 이때 소복(蕭復)은 시랑이 아니었지만 구정에 따라서 피차간의 입장(소시랑이 이 때는 요주饒州에 좌천되어 있었음)을 위로하는 전원적인 낭만기풍으로 백묘하고 있다. 초가집(茅屋)과 맑은 샘(淸源), 뽕과 베(桑麻)와 아동이 있는 교원(郊園)은 세속의 고난(役役)이 없는 낙원인 것이다. 장자가 「평생 고생하면서 그 성공을 보지 못한다(終身役役, 而不見其成功)」(「齊物論」)라고 하였고 또 「허수아비는 고생하고 성인은 우둔하다(象人役役, 聖人遇鈍)」(상동)이라 한 것에서 완전히 해방된 심계를 토로하였다. 이와 같은 심태를 세상의 갖은 굴레에서 초탈한 경지에로 승화시킨 다음 「늦봄 장사 동호에 노닐며 신소보에 드림(暮春遊長沙東湖贈辛兗州巢父)」(제1수)은[32] 세상의 명예와 달관의 무의미함을 절실히 깨우친 상태를 그려주고 있다. 이 시의 신소보는 연주자사(兗州刺史)에서 장사로 좌천된 상황이었기 때문에 작자는 기증의 도리를 시속에 더욱 깊이 있게 담고자 했을 것이다.

> 상수가 구비 진 물가에서,
> 옛 성을 감돌아 동쪽으로 흐르네.
> 언덕에는 많은 집이 어울려 있고,
> 숲에는 거울 같은 하늘이 열리네.
> 인생에 일 적을 리 없으니,
> 마음의 느낌이 얼마나 같은가?
> 또 다시 세상의 속박을 잊고서,
> 지는 햇빛 속에 유유히 노닐도다.[33]

제3연에서 인생은 잡사가 많은데, 제4연에서 모든 구속을 잊어버리고 낙조에 몸을 기대고 합일하는 노경의 처지를 묘사하고 있다. 다음으로 송별시에서 보이는 피세관은 다분히 현학적인 의취와 연계되어 표현되는데, 「이심이 중승을 뵈러 계주로 감을 전송하며(送李審之桂州謁中丞叔)」를 보면,

---

32) 東湖 ; 《讀史方輿紀要》 권8 ; 「東湖在湘陰縣南十里, 其上流爲撥水江, …… 縣東六十餘里有白鶴·玉池·密巖諸山, 其水皆會流於同含口, 經縣城東南, 謂之秀水」 辛巢父 ; 岑仲勉校本 《元和姓纂》 권3 ; 「左領將軍辛嗣本姪巢父, 官果州刺史」.

33) 湘流分曲浦, 繚繞古城東. 岸轉千家合, 林開一鏡空. 人生無事少, 心賞幾回同. 且復忘羈束, 悠悠落照中.

친한 벗 만날 수 없으니,
그 재자를 하늘 저 끝 멀리 보내네.
먼데 물 산 아래로 급히 내리는데,
외로운 쪽배 길 떠남이 더디도다.
흩어진 구름이 저녁 비를 거두고,
막 자란 나무는 성근 꽃을 시들게 하네.
때가 되면 응당 글 모임을 가지리니
그 풍류는 완적의 가문을 능가하리라.[34)]

이 시는 대력 11년 (776)에 장사(長沙)에서 계주자사(桂州刺史)이며 어사중승(御史中丞)인 이창기(李昌夔)를 만나러 가는 종질(從姪)인 이심(李審)을 전송하며 쓴 것이다. 대숙륜은 이심을 완함(阮咸)의 조카인 완적(阮籍)에 비유하여 시인 자신의 강렬한 은거의식을 토로하고 있다. 이것은 시천이(時天彛)가 「시의 사조가 준일하여 기려한 외에 사념이 담겨 있다(詩思逸發, 於綺麗外仍有思致.)」(≪唐百家詩選評≫ 吳禮部詩話引)라는 평어와 상통한다고 볼 것이다. 고중부(高仲武)가 ≪중흥간기집(中興間氣集)≫(권상)에서 「그 시의 체제와 품격이 중간 수준을 넘지 않는다(其詩體格雖不越中格)」·「그 풍골이 조금 연약하다(其骨稍軟)」이라 하여 중품에 놓은[35)] 이후에 대숙륜 시에 대한 품평이 객관적으로 호평의 대상이 되지 못한 점을 인정한다. 그러나 그 풍골이 연약한 점이 역설적으로 볼 때 호응린(胡應麟)이 말한 바 「엄우는 융욱이 만당의 남상이 되었다고 하였는데 정확치 않으며 대숙륜은 더욱 그렇다(滄浪謂戎昱濫觴晚唐, 亦未確, 戴叔倫尤甚)」. (≪詩藪≫ 內編卷四) 라고 한 것과 같이 오히려 만당의 기려풍을 조장한 요소를 지니고 있다고 볼 수 있을 것이다.[36)]

한편 대숙륜시 오율의 형식상 특성에서 짚고 넘어갈 것이 있다면 「대장(對仗)」운용의 다양성이 될 것이다. 그것은 대장이 제2·3연에 한정되지 않고 「유수대(流水對)」형식을 활용하고 있다. 첫연에 대장되는 예를 보면,

---

34) 知音不可遇, 才子向天涯. 遠水下山急, 孤舟上路賒. 亂雲收暮雨, 雜樹落疏花. 到日應文會, 風流勝阮家.

35) 戴詩에 대한 폄하된 품평을 더 例擧하면 紀昀 ≪瀛奎律髓刊誤≫ 권24 ; 「容州七律大抵風華流美而雄渾不足, 五律尙不甚覺」 喬億 ≪大歷詩略≫ 권6 ; 「戎昱戴叔倫詩, 品旣不高, 體又不健」.

36) 蔣寅 ≪大歷詩人硏究≫ p.77 참고

분수로 가려는데 멀리 금성에서 온다.
將歸汾水上, 遠自錦城來(「廣陵送趙主簿自蜀歸絳州覲」)

상소하여 궐로 돌아가는데 전송하고 상수 동쪽을 나선다.
奏書歸闕下, 祖帳出湘東(「長沙送梁副端歸京」)

헤어져 먼 길 가니 관부에서 그대 보기 어려워라.
受辭分路遠, 會府見君稀(「彭婆館逢書判官吏還」)

옛 사람 물을 따라 가시니 객은 추풍에 조문하노라.
昔人從逝水, 有客弔秋風(「湘中懷古」)

등을 들 수 있는데 연수(聯數)에 구애 없이 오율의 음운미를 표출시키는데 사성(詞性)·음운(音韻)·구식(句式)에 상대성을 부여하며 상하구의 뜻이 물 흐르듯이 이어지게 하는 대장법이 유수대(十字格)인데[37] 대숙륜시의 구법구사에서 공교한 묘법을 쓰고 있는 것도 작시의 부허화(浮虛化)(유미화)에 일조가 되었다고 할 것이다. 대숙륜시 오율의 천솔직로(淺率直露)한 단점이 중당과 만당의 신면목을 조성시켜준 간접요인이 되었다고 평가된다면 대숙륜을 홀시해선 안 될 대상으로 자리매김 시켜도 가할 것이다.

---

37) 葛立方 《韻語陽秋》 권1 ;「五言律詩可對聯中十字作一意……詩家謂之十字格」.

한굉(韓翃) 시와 시를 통한 교유관계

중당시의 비중을 놓고 볼 때 몇 명의 작가(예 : 韓愈・柳宗元・白居易・元稹・高適・岑參 등)들에 대한 중평을 제외하고는 시기적 평가대상으로는 호평을 덜 하는 경향이 있다. 특히 이 시기에서 대력십재자에 대한 가치를 높이 보지 않았다고 할 수 있다.[1] 따라서 이에 대한 연구가 더 필요하다고 보아 필자는 그간에 대력시를 정리하는 과정에서 한굉(韓翃 736~790 전후)에 대한 관심을 갖게 된 것이다.[2] 한굉에 대해 단편적인 글을 발표한 바도 있었고[3] 그 간에 다음과 같은 자료를 참고하였다. 즉 ≪한굉시집교주(韓翃詩集校注)≫ (陳王和, 高雄師範學院, 1974), ≪신당서(新唐書)≫ (권203)와 시화류서, 그리고 푸쉬엔중(傅璇琮)의 「關于柳氏傳與本事詩所載韓翃事迹考實」 (≪唐代詩人叢考≫, 中華書局, 1978) 등이다. 아울러 한굉을 이해하는 참고자료로 전기소설인 당대 허요좌(許堯佐)의 「장대유전(章臺柳傳)」(≪龍威秘書≫ 四集)과 남궁박(南宮搏)의 ≪중국

1) 이러한 評價意識을 嚴羽에게 보면, ≪滄浪詩話≫ 「詩辨」에서 「論詩如論禪, 漢魏晉與盛唐之詩, 則第一義也. 大曆以還之詩, 則小乘禪也, 已落第二義矣. ……學大曆以還之詩者, 曹洞下也」.

2) 필자는 근년에 대력십재자 중에서 「戴叔倫과 그 五言律詩 考」(金學主 교수정년퇴임기념논집 1999.2), 「中唐 盧綸詩 考」(외대논문집 32집 2000.6), 「中唐 李嘉祐詩 考」(외대논문집 33집 2001.6), 「錢起詩 考」(외대논문집 34집 2002..6) 등을 발표한 바가 있고 졸저 ≪唐代 大歷才子詩 硏究≫(한국외대 출판부 2002. 2)를 출간한 바 있다.

3) 졸문은 「韓君平詩의 諷刺와 非戰意識」 (≪中國文學≫ 19집 1991.12).

민간고사화전(中國民間古事畵傳)≫의 「한굉장대유(韓翃章臺柳)」를 들겠으며 작가문집으로는 ≪전당시≫ (권243~245, 中華書局), ≪한군평시집(韓君平詩集)≫ 3권(明 九行活字本), ≪당백가시(唐百家詩)≫(明 朱警重編, 明嘉靖間刊本), ≪당시이십육가(唐詩二十六家)≫(明 黃貫曾編, 明 嘉靖甲寅本), ≪중만당명가시집(中晩唐名家詩集)≫(明 姜道生編, 明天啓甲子刊本) 등을 작품의 저본들로 들 수 있다. 그런데 근년에 ≪대력시인연구(大歷詩人硏究)≫(蔣寅 中華書局 1995)이 출간되어서 필자는 그 중에 한굉 부분(p.239~260)에서 참고하면서 보다 확실한 논고가 필요하다고 사료되어 그 교유관계를 부가하여 다시 정리하기로 한 것이다. 본고는 한굉의 시 성격을 살펴보고 시를 통한 교유관계를 거론하고자한다. 한굉의 생평관계는 이미 고찰한 자료[4]가 있으므로 생략하고 여기에는 단지 ≪신당서≫의 관련문을 다음에 제시하고자 한다.

> 한굉의 자는 군평으로 남양인이다. 후희일이 표를 올려 치정막부에 두었으나, 그만두고 십 년을 벼슬에 나가지 않았다. 이면이 선무에 있는데도 그를 피하다가 잠시 가부낭중지제고를 지냈다. 그 때 한굉이 둘 있었는데, 그 하나는 자사였다. 재상이 뉘와 함께 하시겠냐고 임금에 청하니 덕종이 시인 한굉과 함께 하겠다고 하였다. 중서사인으로 마쳤다.[5]

Ⅰ. 한굉의 시 세계

한굉은 대력(大曆) 년간(766~779A.D.)에 성당말기에서 중당초엽에 걸쳐서 시작활동을 주도해 온 시풍의 과도기적인 시인이다. 한굉의 시는 모두 165수인데, 시체별로 분류하면 5언고시가 9수, 7언고시가 17수, 5·7언잡체가 12수, 5언율시가 67수, 7언율시가 24수, 5언배율이 4수, 5언절구는 3수, 7언절구는 18수, 6언시는 3수 등으로 구성되어 있다. 그 외에 순왕(孫望)의 ≪전당시보일(全唐詩補逸)≫ 권6(1992년)에 「가을 집(秋齋)」가

4) 졸문 「韓君平詩의 諷刺와 非戰意識」(중국문학 19집 1991. 12) 참고
5) 翃字君平, 南陽人. 侯希逸表佐淄青幕府, 府罷, 十年不出. 李勉在宣武, 復避之. 俄以駕部郎中知制誥. 時有兩韓翃, 其一爲刺史, 宰相請孰與, 德宗曰 ; 與詩人韓翃. 終中書舍人(권203 文藝傳下).

추가되었다. 시의 묘사법은 부비법(賦比法)을 다용하며 전고(典故)의 사용도 빈번하다. 따라서 그의 시는 비현실성·풍자성·회화성 그리고 변새풍(邊塞風) 등으로 특징지을 수 있다.[6] 아울러 증수시가 많은 것은 한굉의 폭넓은 교유와 사려 깊은 정회를 대언해 주는 것으로 단조롭지만 본고가 택한 시교와도 상관된다. 이와 같은 성격은 송대 이래로 제가의 평으로도 객관화될 수 있으니 명대의 양신(楊愼)은 평하기를,

> 당나라 사람은 한굉의 시를 평하기를, 비흥은 유장경 보다 깊고 시의 절주는 황보염만 못하다고 하였다.[7]

라고 하여 비흥(比興)의 구사가 탁월함을 지적하였으며 청대 심병손(沈炳巽)도 이르기를,

> 내가 말하노니, 군평의 시는 비흥에 있어 유장경에 못지 않다.[8]

라고 하여 양신에 동조하고 있다. 그리고 한굉시의 비현실성은 당시의 제가에 비해 사회고발 의식의 부족을 지적하고 있으며 한편 낭만성의 풍부로도 긍정하는데, 유극장(劉克莊)이 이미 지적한 바,

> 끄집어 낼 수 있는 것은 단지 고요하면서 간결한 면이 되겠다.[9]

라고 하였고 명대 서헌충(徐獻忠)은 이르기를,

> 군평의 의기는 맑고 고우며, 재능과 성정은 모두 빼어나다.[10]

---

6) 陳王和는 ≪韓翃詩集校注≫ 末尾에 詩의 筆法과 性格을 논하면서 比興法과 繪畵性을 指摘하고 있다(同書 p.450 ~460) 전자의 예로는 「寄柳氏詩」와 「寒食詩」를 들고, 후자의 예로는 「送郢州郎使君詩」, 「題張逸人園林詩」, 「題仙遊觀詩」 등을 들고 있다(筆者는 韓君平 詩의 諷刺性에 대해 詳論하였음.1991年 12月 ≪中國文學≫ 19집) ≪間氣集≫의 評이 君平詩에 대한 最早文인데, 여기에는 君平의 「送辰州李中丞」·「題薦福寺衡嶽禪師房」·「奉送王相公赴幽州」·「題蘇許公林亭」·「送孫革及第後歸江南」·「題僧房」·「送太常元博士歸潤州」 등 七首가 실림.

7) 唐人評韓翃詩, 謂比興深於劉長卿, 筋節減於皇甫冉. (≪升菴詩話≫ 권14).

8) 余謂君平之詩比興不減于長卿.. (≪續唐詩話≫ 권33).

9) 可摘出者殊寥寂簡短(≪後村詩話≫ 권13).

10) 君平意氣淸華, 才情俱秀. (≪唐詩品≫).

라고 한 것은 모두 한굉시의 청려(淸麗)함을 높이 평한 것이다. 한편, 그의 풍자시는 변새시와 함께 중요한 풍격의 하나로서 청대의 방동수(方東樹)는 평하기를,

> 한군평의 싯구가 특별히 빼어나지 않지만 족히 풍자를 드러내어 널리 전해져 사라지지 않으니, 작법이 곱고 부드러우며 화해하기 때문이다.[11)]

라고 한정지어서 강조하고 있다. 성당의 은일낭만의 서정에서부터 사실적이며 고담적인 새로운 물결이 일기 시작함에 따라 대력십재자에게서는 이미 성당의 진미가 덜한 상태에 놓여 있었기에 십재자의 시단에서의 위치는 매우 미묘한 입장에 있었다. ≪사고전서총목(四庫全書總目)≫ ≪전중문집(錢仲文集)≫제요에 이르기를,

> 대력 이후로 시의 격조가 비로소 변하게 되었으니, 개원과 천보 년간의 크고 넉넉하던 기품이 점차 멀어져 엷어져 가고 풍조가 높지만 좀 부허하게 되어 갔다. 격조의 오르내림에 있어서 십재자가 실제로 그 역할을 하였던 것이다.[12)]

라고 하여 십재자가 지니는 당시 변화에 대한 비중을 명기하고 있다. 이같이 긍정적인 평가를 통해서라면 십재자의 위치는 상당히 확고해질 수 있으나, 「한아함을 으뜸으로 함(以閑雅爲致)」(王世懋의 ≪藝圃擷餘≫)과 같은 성당기미의 아류로 돌린다면 그 위치의 애매성 때문에 별다른 주목을 받을 수 없다. 이러한 장단점을 포괄하고 있는 십재자의 입점을 나름대로 조명하지 않으면 안 되는 이유는 이미 언급한 바, 중당에의 유입과정에 교량적 역할을 했다는 점과 성당처럼 「점차 담백하고 정미해 진다(漸趨淡靜)」 (≪詩藪≫)·「모두 청아함을 높인다(皆尙淸雅)」(≪藝概≫)·「점차 다듬어진다(漸近收斂)」(≪說詩晬語≫) 등의 일면을 보이면서 한편 많은 인간관계를 유지하여 현실직시의 인본성을 계시해 주는 점을 간과해서는 안 될 것이다.

본문의 주제인 한굉이야 말로 그의 시 165수에서 증답·송별·기숙 등

---

11) 韓君平詩不過秀句, 足供諷詠, 流傳不泯, 篇法宛轉諧適而已(≪昭昧詹言≫ 권18).

12) 大歷以還, 詩格初變. 開寶渾厚之氣, 漸遠漸漓, 風調相高, 稍趨浮響. 昇降之關, 十子實爲之職志.

을 시제로 한 것이 155수인 점을 볼 때, 한굉의 시는 대인관계를 소재로 한 내용에서 시의 개성을 찾아야 한다. 이 점이 상기한 인본성의 의미와 상통하는 것이다.

1. 시의 풍자성

한굉의 시는 특성상 풍자적·비전적·낭만적·초탈적 등의 요소를 짙게 지니고 있는데, 그 모든 것이 인본주의적인 의식, 좀 더 구체적으로는 송별·증수·화맹·기탁 등의 대인관계성에서 표출되고 있기에, 성당의 은둔적·폐쇄적·이세적인 흥취와는 상이하다. 이것이 넓게는 대력십재자의 기미인 동시에 한굉이 지닌 풍격이라 할 수 있으며, 성·중당의 사다리 같은 노선의 일면이라고도 할 수 있을 것이다.

그러면 먼저, 한굉시의 풍자성을 보기로 한다. 시인으로서 시의 풍자가 없을 수 없다. 이 표현법은 동서양을 막론하고 극히 일반적이다. 시경의 비흥이나, 초사의 의인(擬人)이나 환상은 넓게 풍자의 상념을 바탕으로 하였다. 한굉에게는 소극적이며 간설적인 묘법이 짙게 드러나 있다. 이것은 직서의 묘사를 구사하기에 어려운 점으로 볼 수 있다. 그리고 중당의 사실적인 시흥을 찾아보기에는 아직 이른 감이 있다. 한굉시에서는 풍유를 위하여 전고를 통한 비의수법을 능숙하게 활용하였다고 본다. 양신(楊愼)이나 방동수(方東樹)가 위에서 거론한 바와 같은 제가의 평인들이 바로 한굉 시에 보이는 은유성을 들추어 낸 예라 할 수 있다. 그런데 한굉의 풍간대상은 다양하지 못하여서 정치와 사회현실에 대한 비유에 한정되어 있다. 그러나 그 대상이 현실 자체임에도 불구하고 표현된 작품은 비사실적이라는 데에 간과할 수 없는 요소를 보여 준다.

정치에 관한 예시로서 덕종(德宗)(780~804)의 총애를 받는 계기가 되어 관직을 받은 「한식(寒食)」(≪전당시≫ 권245) 시를 보면,

> 봄날의 성내에 곳곳마다 꽃잎 날리는데,
> 한식날 동풍에 궁내의 버들잎이 비스듬히 돋는구나!
> 날이 저무니 한대의 궁궐에 밀랍 촛불이 밝은데,

가벼운 안개가 한대의 다섯 제후 집에 흩어지누나.[13)]

이 시에서 앞 2구는 표현이 매우 미려하여 덕종의 환심을 사고 중서사인(中書舍人)을 제수받는 계기가 되었다. 제1구를 보면, 한식날 봄꽃이 피었는데 바람에 따라 지는 꽃잎들의 모습이 가식 없이 그려져 있다. 청대 왕익운(王翼雲)은 이에 대해서[14)]

아닌 곳이 없다라는 세 자를 써서 온 땅이 모두 봄빛으로 물들게 하였다.[15)]

라고 말하고 있다. 그리고 제2구에서는 버들을 꽃(花) 위에 반영시키어 바람으로 버들에 입혀서 봄경치의 맛을 한결 짙게 풍기고 있다. 그러면서 한대 궁전의 한식시절에 보이는 경물과 함께 안락한 성세의 면모를 엿보여 준다. 그러기에 당대를 말하면서도, 당대에는 쓰이지 않던 밀랍을 시어로 쓰고(제3구) 이 밀랍을 진한대에는 인어의 기름으로 만들었다는 고사를 상기한다면 정치풍토의 사치와 민생의 탈취를 상상케 해 준다.[16)] 일설에는 민월왕(閩越王)이 한고조(漢高帝)에게 밀촉(蜜燭)을 바쳤다는 말도 있으나(≪西京雜記≫), 이 또한 근거가 약하다고 보아서, 한굉이 시어로 만들어 쓴 조어라고도 할 수 있다. 한굉이 조어하지 않으면 안 될 만큼 세태의 심각성을 인식했으리라 본다. 이것이 제4구에 가서 그 촛불의 향기가 권세가에게 퍼져 나간다고 표현해 놓은 이유이다. 사치와 방탕의 기풍이 궁궐은 물론, 신하들에게까지 만연하고 있다. 한말의 환제(桓帝) 때에 선초(單超)·서황(徐璜)·패원(貝瑗)·좌관(左琯)·당형(唐衡) 등 5인의 권세가를 전고로 인용하여 당대의 숙종(肅宗) 이후의 환관의 득세와 폐단을 풍자하고 있다. 왕익운은 기술하기를,[17)]

---

13) 春城無處不飛花, 寒食東風御柳斜. 日暮漢宮傳蠟燭, 輕煙散入五侯家.

14) 王翼雲, ≪古唐詩合解≫

15) 用無處不三字, 徧地皆春光矣.

16) ≪澹園詩話≫에 「唐時宮內用蠟不用燈, 故韓翃有日暮漢宮傳蠟燭句」라 하고 洪亮吉의 ≪北江詩話≫에는 「唐韓翃詩, 日暮漢宮傳蠟燭, 然燭之用蠟究不知起於何時.…≪史記≫: 『始皇家中以人魚膏爲燭』是古燭炬之外, 或亦以膏爲之, 亦稱爲脂膏是矣」라고 하였다.

17) 王翼雲, ≪古唐詩合解≫「寒食詩條」.

당나라는 숙종대 이래로 환관들의 권세가 성하여 정치가 혼란하기가 한대에 비길 만하니, 따라서 이 시는 이를 풍자한 것이다.[18]

라고 인술한 것은 한굉의 시에 보이는 한 개성이라고 할 수 있다. 한편, 혼탁한 사회를 보고 그 현상을 자연경관에서 착상하여 도선적인 묘사를 구사하면서 함축미까지 가미시킨 풍자시 「월암산을 지나며(經月巖山)」(상동 권243)을 보고자 한다.

수레를 몰아 민월 땅을 지나니,
산길이 요양 서쪽에 나 있구나.
선산의 푸른 빛 그림 같아,
대순 솟듯 암수무지개 이는구나.
뭇 봉우리는 시종 같고,
뭇 언덕은 아이들 같구나(일단)[19]

높은 산과 작은 언덕은 서로 머금었다 토해 내고,
산정과 산굴은 서로 따라 어울리네.
그 중에 달무리가 가득한데,
밝고 맑기가 둥근 옥 같구나.
옥황상제께서 느긋이 노닐다가,
여기에 오시면 정신이 아찔하시리라(이단)[20]

상아 신은 노을치마 끌고서,
나와 함께 오르려 하네.
오르고 올라 하늘 위에 높이 뜨니,
옥 거울(달)이 휘날리는 사다리(구름)에 걸렸구나.
서왕모 계신 옥 연못이 얼마나 먼가!
봉황과 학이 안개 속에 둥지 친다.
머리 돌려 세상을 내려다보니,
이슬 아래 춥고도 쓸쓸하구나(삼단)[21]

18) 唐自肅代以來, 宦者權盛, 政之衰亂侔於漢, 故此詩寓諷刺焉.
19) 驅車過閩越, 路山饒陽西. 仙山翠如畫, 簇簇生虹蜺. 群峰若侍從, 衆阜如嬰提(一段).
20) 巖巒互呑吐, 嶺岫相追攜. 中有月輪滿, 皎潔如圓珪. 玉皇恣遊覽, 到此神應迷(二段).
21) 嫦娥曳霞帔, 引我同攀躋. 騰騰上天半, 玉鏡懸飛梯. 瑤池何稍稍, 鸞鶴煙中棲. 回頭望塵世, 露下寒凄凄

이 시에 보듯이, 어느 한 곳에도 풍자적인 기미가 눈에 띄지 않는다. 너무도 함축적이다. 이 시의 서를 보아도,

> 신주 서쪽 30 리 밖에 선인성이 있고 성 위에 월암산이 있다. 그 모양이 빼어나서 산 입구가 보름달 모습과 같거늘 내가 그 아래를 지나다가 잠시 이 시를 짓는다.[22]

라고 만 했을 뿐 이 시가 무엇을 빗대어 서술하려 했는지를 간파할 수 없다. 그러나 리우카이양(劉開揚)은 이 시를 이백의 「고풍(古風)」 제19수에 비교하여 혼탁한 사회상을 비유하였음을 주장하였다.[23] 이것은 한굉의 시에 있어서 매우 중시해야 할 표현법이다. 외관상으로는 이 시가 도가풍의 탈속미로만 의식될 수 있지만, 필자의 소견으로도 리우씨의 입장에 동감하면서 나름대로 분석하고자 한다. 이 시는 한 편의 선시로 묘사되어 있으나 기실은 심각한 사회현실에 대한 은유가 담겨 있다. 일단은 매우 현실적 감각으로 있는 대로, 보는 대로 자기의식을 담지 않았다. 민월과 요양은 남과 북의 지역이니 나라 전체를 포용하는 표현이며, 자연에 주어진 미의 대상을 강서성의 상요현(上饒縣)에 있는 「월암산」을 표적으로 하여 대신케 하였다. 한 폭의 그림이요 비 갠 후의 오색 무지개 지는 찬란한 대자연 미를 지닌 나라이건만, 시인의 눈에 보이는 산천의 자태가 높은 것은 상층지배계급이며, 낮은 것은 가련한 백성피지배층으로 부각된다. 그러므로, 하나는 시종이요, 다른 하나는 아이들이다. 2단에 가서는 그 높고 낮은 산들이 가지런하다기 보다는 서로 물고 먹히고 쫓고 잡히는 관계로 묘사된다. 사회가 무질서하고 혼란되어 그 정경은 너무도 어긋난다. 시인의 눈에 보이는 높고 낮은 산들이 당시사회의 모순처럼 자리잡혀 있다. 한굉이 중서사인의 직에 있을 당시인 덕종 초엽(784년 전후)은 측신들이 발호하여 주비(朱泚)·이회광(李懷光)이 국호를 한원천황(漢元天皇)이라 하여 덕종이 양주(梁州)로 몽진한다든가 (興元 元年·784), 토번·회흘(回紇) 등이 내침하여 (貞元 元年·786)민심이 극도로 배반되고

(三段).

22) 西三十里山, 名仙人城, 城上有月巖山. 其狀秀拔, 有山門如滿月之狀, 余因過其下, 聊賦是詩.

23) 劉開揚은 ≪唐詩通論≫(木鐸出版社, 1983) P.141에서 詩를 인용하고 「這首詩很像李白的古風五十九首的第十九首, 前後用對比的手法, 只是這首的結句不同於李白的指斥安史亂軍, 而是概括地表現社會的混濁, 所以寫得含蓄不露」.

사회의 기강이 문란하니, 시인의 마음에 월암산에 올랐지만, 우국의 시름을 떨칠 수 없었으리라. 따라서 산을 보아도 얽혀 있게만 보였으리라. 그러나 그 위에 떠 있는 둥근 보름달을 바라볼 때, 희망의 대상으로 설정한 것이 달이요, 사회의 정화와 신세계의 도래를 동시에 선계에서 구하려 했음을 알 수 있다. 따라서 3단에 이르러 시인이 처한 세계를 초월하려 했기에 상아(嫦娥)와 요지(瑤池)를 동경하고 선인이 타고 다니는 봉황과 학을 추구하면서 사회의 유토피아가 도래하기를 희구한다. 그러므로 시인이 보는 사회현상은 더욱 춥고 쓸쓸할 뿐이라는 강렬한 비판적 의식이 표현될 수 있었을 것이다.

2. 시의 비전(非戰)의식

한굉은 혼돈을 겪는 세태에서 내외분란에 대해 부정적인 자세를 취할 수밖에 없었다. 나아가서 그의 읊는 시가 애가적이다. 초당의 주전적 장가풍에서 중당에 들어 처고적이며 상난적인 풍조를 띠는 것과 상통한다. 한굉의 시에는 중당의 비전적 문풍이 깃들어 있어서 적극적이며 강개적이라기 보다는 소극적이며 애음적인 흐름이 보인다. 그러므로 의외로 비현실적인 면모를 보여 주며 전쟁묘사에 있어서 직접적이라기 보다는 방관자적이다. 이것은 중당의 원・백에게서 보이는 구체적인 사실성과 또 다르다. 최소한 대력시에는 성당대의 염세적인 전쟁에 대한 혐오감이 아직까지 물들어 있기 때문이다. 그러니까, 전쟁의 서술이 비애적일 수밖에 없다. 두보나 백거이에서 볼 수 있는 객관적인 서사시가 적극적인 비전의 성향을 지니고 있다면 한굉에게는 완곡한 묘사로 표현되어 나와서 시의 함축과 풍자를 맛보게 한다. 그렇다고 전언한 바, 풍자와는 그 의미가 다르다. 이 점을 놓고 후윈이(胡雲翼)은 긍정과 비판의 양면을 동시에 지적하고 있다. 즉 묘사의 완곡성은 전통적인 온유돈후의 영향이지만 소극적인 은회(隱晦)의식은 대력을 중심한 중당대의 한 결점이라는 것이다.[24]

24) 胡雲翼은 ≪唐代的戰爭文學≫(P.30)(商務印書館)에서 「至於描寫的婉曲的另一原因, 則由受詩經溫柔敦厚的影響, 不以直訴爲詩的主旨, 所以中唐詩人的非戰詩, 大都轉灣而又轉灣, 直至原意隱晦爲止. 這種沒有積極的反抗精神, 沒有激昂慷慨的精神, 只消極地哀吟, 實在是中唐非戰文學的一大缺點」라고 하였다.

이것은 하나의 전쟁에 대한 저주와 평화에의 희원으로 진전된다. 단순한 감상이나 염오에서 내면적인 안정의 방법을 강구하게 된 것이다. 한굉에게서도 예외는 아니며 오히려 보다 더 부정적 서정성을 띠고 있기에 은둔적이라 할 수 있다. 그렇다고 한굉을 중심으로 하여 대력·정원 초년의 풍격을 명대 호응린(胡應麟)이 말한 「기골이 쇠퇴하다(氣骨頓衰)」(≪詩藪≫·「內編」·권3)의 평구를 인용하여 루어중치앙(羅宗强) 같은 자는 감정이 냉막(冷漠)하다느니, 「찬 눈으로 방관한다(冷眼旁觀)」이지 풍자라고 할 수 없다는 등으로 기술하고 있음은 일종의 성당에 대한 제일의적 관점에서 대력에 대한 독자적 가치를 무시하는 태도라 할 수 있을 뿐이다.[25] 진정한 긍정적인 평가를 가해 줄 필요가 있기에 본문은 이 점을 지적하는 것이다. 그러면 구체적으로 한굉에 있어 변새시풍의 단면을 보고자 한다. 한굉에게도 전쟁을 승리로 이끌 것을 독려하는 의상만을 담은 작품이 없는 것은 아니어서 「유장군을 보내며(送劉將軍)」(상동 권245)를 보면,

빛나는 고운 갑옷에 목 가리개 마저 갖추고,
어제 성은을 입어 호아장군 되었네.
담이 크시기는 촉한의 강유 장군에 기댈만 하고,
공이 많기론 한대의 이채 장군에 뒤지지 않네.
푸른 두건의 교위로 멀리 나라에 몸을 바쳤고,
검은 긴 창을 찬 장군으로서 결코 뽐내지 않네.
궁궐에 오실 때 충성으로 복종하니,
오랑캐의 먼지 없애지 않고선 돌아오지 않으리라.[26]

여기에서 유장군의 무용을 찬양하면서 그 정신을 촉한의 강유(姜維)에 견주고[27] 그의 공적을 한대의 이채(李蔡)에 비교하여[28] 적절한 전고로써

---

25) 羅宗强은 ≪隋唐五代文學思想史≫ (P.160～164)에서 「而大歷初·貞元中, 濃烈的情思彷佛從詩境上消退了. 詩人們的感情天地彷佛比盛唐的詩人們的感情天地要窄小得多, 平靜得多, 表述也冷漠得多了」라고 하였다. 또 「韓翃詩前人言其有諷刺之意, 未知何據. 從詩意本身看, 并無諷刺痕迹可尋. 前人解詩, 大抵以儒家之美刺觀點衡量得失, 由此而常常失之附會. 卽使從諷刺之說, 也屬冷眼旁觀, 與李·杜諷刺時政之尖銳强烈者大異其趣」라고 하였다.

26) 明光細甲照錏鍜, 昨日承恩拜虎牙. 膽大欲期姜伯約, 功多不讓李輕車. 靑巾校尉遙相許, 黑䂎將軍莫大誇. 闕下來時親伏奏, 胡塵未盡不爲家.

중후하게 존숭하고, 말연에서 그의 충성심과 불퇴전의 용맹성을 부각시키고 있다. 이 시의 어디에도 비전적 소극성이 스며 있지 않다. 그리고 「유시어가 영공행영에 부임함을 송별하며(送劉侍御赴令公行營)」(상동 권244)에서도 강렬한 승전의식이 표출되어 있다.

동쪽 성내에선 검은 준마가 뛰고
서쪽 길가에는 고향 돌아갈 채비하네.
그대의 인품은 위대의 유정선생이요,
그대의 통솔은 한대의 곽급태수러니.
하나의 군인으로 오로지 나라에 몸을 바쳐서,
전쟁마다 북쪽 오랑캐 물리쳤으니,
소관의 길을 묻노라면,
오랑캐 먼지 조만간에 거두리라.[29]

이 시 또한 유시어(中書令·令公)의 고결한 인품은 유정(劉楨)에, 그리고 은덕은 한대의 곽급(郭伋)에[30] 각각 비유시켜서 감숙의 소관(蕭關)에 가는 길에 평정할 수 있기를 기원하고 있다. 그러나 한굉에 있어 변새와 비전, 그리고 소극적인 애수 등은 일종의 초탈성 마저 느끼게 해주는 데에 그 특성으로 삼아야 할 것이다. 먼저 「대적이 봉상막부에 부임함을 송별하며(送戴迪赴鳳翔幕府)」(상동 권244)를 보면,

젊어서 빛나는 옥 띠를 두르고,
높은 님 섬기어 서녘을 원정했다네.
길 떠나 황금 고삐 내 잡고,
높은 님들 옥 힘줄 내세운다.
노래 속에 술이 만 섬이나 되고,
사냥하는 말을 보니 발굽이 천을 헤아리네.

---

27) 詩에서 姜伯約은 蜀漢의 姜維이다. 膽大如斗하다고 했음.

28) ≪史記≫ 권109「李廣傳」:「廣之從弟李蔡與廣俱事孝文帝. 景帝時, 蔡積功勞至二千石. 孝武時至代相. 以元朔五年爲輕車將軍, 從大將軍擊右賢王有功, 中率封爲樂安侯」.

29) 東城躍紫騮, 西路大刀頭. 上客劉公幹, 元戎郭細侯. 一軍偏許國, 百戰又防狄. 請問蕭關道, 胡塵早晩收.

30) 郭細侯는 郭伋이다. 漢茂陵人, 字 細侯, 少有志行, 哀平間辟大司空府, 王莽時爲幷州牧. 伋前在幷州, 素結恩德, 及再至, 縣邑老幼相携逢迎行部到西河, 有兒童數百, 騎竹馬迎道次. ……

스스로 종군의 악을 지녔거늘,
어찌 헤어짐을 한스러워 하리오.[31]

여기에서 제1연부터 청춘에 종군하며 세월을 보낸 것이며 제2연에서 옥근은 이별과 상통하고[32] 제3연의 종군의 낙을 피력하면서 특히 「怨」자를 부각시킨 것은 비록 한스러워 하진 않지만 부정적 의취를 담고자 한 것이다. 평생을 종군에 바친 대씨의 또 다른 종군을 보면서 은근한 반전의식을 내함시키고 있어서 「怨」으로 표출시킨 것이다. 그리고 「운주 마사군에게(贈鄆州馬使君)」(상동 권244)에서는 종군의 열기는 전혀 없고 음영의 염원으로 종군에 대한 소극성을 표출하고 있다. 이것은 한굉의 비전의식의 한 예인 것이다.

동쪽에 수많은 기마가 가니,
그대를 보내려는 때라네.
잔설을 길가며 다 보노라면,
봄날의 성내에는 저녁 늦게 이르겠네.
길가는 이들 검은 두건을 따르는데,
관가의 버들에는 푸른 실가지 헤아리겠네.
훗날 장군의 거실에서,
내 또한 더불어 시를 읊으리![33]

제1연의 성대한 출정광경과는 대조적으로 말연에서 한정한 심태로 대응시킨 것은 한굉의 종군혐오와 부정적 자세의 일면을 보여주는 경우이다. 한편, 단순한 전쟁혐오에서 종군 자체에 대한 짙은 비애를 담고 있는 면은 한굉을 중당대의 변새파에 넣으려는 의견에 동의할 수 없는 특징이 되겠다. 「이시어가 선주사의 막부로 귀임함을 송별하며(送李侍御歸宣州使幕)」(상동 권244)를 보면,

---

31) 青春帶文綬, 去事魏征西. 上路金羈出, 中人玉筋齊. 當歌酒萬斛, 看獵馬千蹄. 自有從軍樂, 何須怨解携.
32) 高適「燕歌行」:「鐵衣遠戍辛勤久, 玉筋應啼別離後」.
33) 東方千萬騎, 出望使君時. 暮雪行看盡, 春城到暮遲. 路人趨墨幘, 官柳度青絲. 他日鈴齋內, 知君亦賦詩.

봄 풀이 강동 밖에 돋았는데,
그대는 훌가분히 북쪽 길로 돌아가누나.
관직은 신릉군에 짝하나,
몸은 남제의 사조를 따르는 그대.
길가는 말에 산 경치 같이 가고,
꾀꼬리 우는 소리 나그네 옷깃 스치네.
주인은 연못가에서 술 들면서
손잡고 아쉬워하니 저녁 꽃잎 흩날리누나.[34]

여기에서 안휘 보성(寶城)의 사막(使幕)으로 귀임하는 사람에게 무운을 빌기보다는 저녁에 날리는 꽃을 보면서 이별주로 객고를 위로해 주는 것은 종군 자체에 대한 무념이며 강박보다는 낭만으로 수용하는 자세로 보인다. 그래서 관직은 신릉군(信陵君)에 짝하지만 마음은 남제(南齊)의 낭만시인 사조(謝朓)를 따른다고 이시어(李侍御)의 내심을 이 시에서 파악하고 있다. 또 「동성수정에서 이시어 부사의 연회에서(東城水亭宴李侍御副使)」(상동 권244)를 보면,

동문에 나그네 거처 있으니,
술을 마시는 데 돈이 뭐 아까우리!
가을 냇물 침상 아래 급히 흐르고,
지는 햇빛 숲 저 밖에 높이 떠있네.
황금 고삐에 준마를 매고서,
옥 칼 통에 호조 칼을 담는구나.
지난 날 군영을 따라 다닌 그대!
동풍에 때까치가 보이는구려.[35]

여기서 말구의 「백로(伯勞)」(때까치)라는 새를 인용한 것은[36] 앞구의 「융막(戎幕)」(군영)과 깊은 상관성을 지니고 있다. 이 새는 오경에 시끄럽게

34) 春草江東外, 翩翩北路歸. 官齊魏公子, 身逐謝玄暉. 山色隨行騎, 鶯聲傍客衣. 主人池上酌, 携手暮花飛.

35) 東門留客處, 沽酒用錢刀. 秋水床下急, 斜暉林外高. 金羈絡騕褭, 玉匣閉豪曹. 去日隨戎幕, 東風見伯勞.

36) 陳王和 ≪韓翃詩集校注≫(P.260)에 「伯勞, 鳴禽. 性猛, 捕昆蟲小鳥爲食, 好以食物貫於棘枝之上而徐食之. 以其五更輒鳴, 聲極聒耳, 人多惡之」라고 하였다.

울어 잠 못 들게 하는 미운 대상으로서 군영에서 잠 못 자게 우는 새를 본다함은 심적인 불안과 염오의 표현이기 때문이다. 종군지역이 주로 서역 일대라는 점을 상기해 볼 때 「東風」은 사향의 염원이며 새는 종군의 불만으로도 유추해 볼 수 있다. 더구나 제3연에서 구야자(歐冶子)가 만든 고검(古劍)인 호조(豪曹)를 인용한 것은 전의가 반감되는 의취마저 직감하게 되는 것이다. 그리고 「조육 사병이 사막으로 귀임함을 송별하며(送趙陸司兵歸使幕)」(상동 권244)를 보면,

> 나그네 길에 푸른 잡초 널려 있고,
> 관성에는 밝은 해가 저무누나.
> 몸은 천자가 내리신 두 깃대로 가까이 하여,
> 명성이 다섯 제후와 나란히 하네.
> 멀리 흐르는 강물은 공전 위에 흐르고,
> 봄 산은 관사의 서쪽에 서 있는데,
> 떠나야 하기에 손잡고 함께 할 수 없으니,
> 동쪽만 쳐다보며 도리어 서러워하네.[37)]

여기에서도 말구에서 「東望」은 망향의 의미이며 사막에 있지만 비애를 금할 수 없으리라는 격려 보다는 위로의 표현으로 전개시켜 놓고 있다. 아무리 쌍절을 지키어 충성하고 오후의 명성에 견줄 수 있다 해도 제1연에서의 「客路」와 「青蕪」며, 지는 해를 가지고 기구로 삼은 것은 시인의 격려보다는 우수의 내심이 강하게 표출된 것이며, 말연에서는 이별의 통한을 직설하고 있다.

3. 시의 회화미와 초탈성

한굉시의 회화적 의미를 논하자면, 청대 옹방강(翁方綱)이 지적한 바,

> 한군평의 시의 풍격은 가벼이 날듯 시원하니 또한 왕유 이래로 그 격조가 멀리 뒤떨어

---

37) 客路青蕪遍. 關城白日低. 身趨雙節近. 名共五侯齊. 遠水公田上, 春山郡舍西. 無因得携手, 東望轉悽悽.

지지 않는다.[38]

라는 평구처럼 한굉시의 회화성은 왕유(王維)의 묘법에 근접하여 비교할 수 있다는 점에서 관심이 간다. 즉 한굉의 시도 유암한 색채감각과 회화구도법과 선재(회화상의 재료선택처럼 시어상의 회화적 활용)가 또한 특이한 점을 간과할 수 없기 때문이다. 특히, 색의 조화와 회화적 구성법은 왕유의 시에 핍근하다고 할 수 있다.[39] 다음에 예구를 들어보면,

ⓐ 路人趨墨幘, 官柳度青絲. (「贈鄆州馬使君」)
ⓑ 紅鮮供客飯, 翠竹引舟行. (「送郢州郎使君」)
ⓒ 客舍不離青雀舫, 人家舊在白鷗洲. (「送客歸江州」)
ⓓ 蟬聲驛路秋水裏, 草色河橋落照中. (「送王光輔淸州兼寄儲侍郎」)
ⓔ 臨風會于門帳, 映水連營百乘車. (「寄令狐尙書」)
ⓕ 落日澄江烏榜外, 秋風疎柳白門前.
橋通小使家林近, 山帶平湖野寺連. (「送冷朝陽還上元」)

여기에서 ⓐ, ⓑ, ⓒ는 각각 자연의 색채를 통해서 시의 시각성과 시의의 분명성을 동시에 도모하고 있으며 ⓓ, ⓔ는 각각 색감과 음성, 음성과 광태(光態)의 조화라는 회화적 기법으로 시흥을 피력한 것이고, ⓕ는 회화상의 구도를 가지고[40] 산수의 원근과 명암을 입체적으로 묘사한 것이니, 이는 경계의 유원(幽遠), 백묘(白描), 그리고 상외견의(象外見意)라는 시중유화적 기법을 담고 있는 예증이라 하겠다.[41]

아울러 한굉의 시에서 탈속성도 본고와 또 다른 풍격으로 지적할 수 있어서, 특히 도잠(陶潛)과 사령운(謝靈運)을 추숭하였으며[42] 도불(道佛)

---

38) 韓君平風致翩翩, 尙覺右丞以來格韻去人不遠(≪石洲詩話≫ 권2).

39) 졸저 ≪王維詩比較硏究≫ 第5章(北京 京華出版社, 1999) 참조.

40) 金聖嘆은 이 詩句를 評하기를 「前解一解, 看他異樣妙筆, 只從自己眼中畵出一船者, 便是從船中畵出一冷朝陽, 從冷朝陽畵出無限快活也. 如言纜是青絲纜, 船是木蘭船, 端坐於中, 順流東下, 每當落日, 便看澄江於烏榜之外, 一見秋風早報疎柳在白門之前. 看江是寫船之日近一日. 報柳是寫船之已到其地也」라고 하였다.

41) ≪唐代文學論叢≫ 1집의 韓小默 「漫話詩中有畵」 참조(陝西人民出版社, 1982).

42) 君平詩에 陶·謝를 引述한 곳이 不少하니, 「好酒近宜城, 能詩謝康樂」(「送李司直赴江西使幕」) 「家貧陶令酒, 月俸沈郎錢」(「送金華王明府」) 「才子舊稱何水部, 使君還繼謝臨川」(「寄徐州鄭使君」) 「閑心近掩陶使君, 詩興遙齊謝康樂」(「贈兗州孟都督」) 등이 있음.

의 경계에도 깊이 심취해 있었음을 알 수 있다. 예시컨대, 「선유관(同題仙遊觀)」(상동 권244)을 보면,

장안 서산의 선대 아래에 오성 십이루가 보이고,
경치가 쓸쓸한데 지루한 빗줄기가 걷히누나.
산의 경치는 멀리 아련한데 진땅의 나무에 날이 저물고,
다듬이 소리 가까이 들리는데 한궁에 가을이 짙었도다.
성근 솔 그림자 지는데 텅 빈 제단은 고요하고,
가는 풀 향기 그윽한데 작은 굴은 깊기도 하네.
어찌 따로 속세를 떠날 필요 있단 말인가?
세상에도 또한 단구 같은 신선터가 있도다.43)

여기서 한굉이 도선에 대해 깊은 식견과 수양을 지녔다는 것을 인식할 수 있으니 청대의 왕익운(王翼雲)은 이 시의 구성을 놓고, 「앞에서는 선유관의 풍정을, 뒤에서는 선유관에서의 상념을 각각 풀어놓았다(前解於觀外生情, 後解於觀中設想.)」(≪唐詩合解≫) 라고 하여 시의 착상을 지적하였으며 ≪시체명변(詩體明辨)≫에서는 심방(沈芳)의 말을 인용하여 「깊이 깨우쳐 터득한 경지가 조금도 뒤지지 않으니 곽박의 유선시를 당할 만하다(玄悟不遜, 郭璞遊仙作.)」라고 하여 이 시의 가치를 인정하고 있다. 그리고 「천복사의 형악선사의 방(題薦福寺衡嶽禪師房)」(상동 권244)을 보면,

춘성에서 걸식하고 돌아와서,
고결한 담론 속에 마음이 한가롭다.
스님의 연세는 앞 나무 가지에 쌓여 오르고,
좌선하는 마음은 강가의 산에 있도다.
성근 주렴 발 거두니 멀리 잔설이 보이고,
깊은 방문을 닫으니 봄꽃이 비추이네.
저녁에 제자를 떠나 보내니,
절간의 종소리가 아련한 노을 속에 들리네.44)

---

43) 仙臺下見五城樓, 風物凄凄宿雨收. 山色遙連秦樹晩, 砧聲近報漢宮秋. 疎松影落空壇靜, 細草香閑小洞幽. 何用別尋方外去, 人間亦自有丹丘.

44) 春城乞食還, 高論此中閑. 僧臘階前樹, 禪心江上山. 疎簾看雪捲, 深戶映花關. 晩送門人出, 鐘聲杳靄間.

이 시는 선경의 심태를 제2·3연의 산천과 조화를 이루어 놓고 있다. 그러므로 ≪기비영규율수(紀批瀛奎律髓)≫에서는 「3·4구는 다소 속운이 있어서 5·6구에 미치지 못한다(三四微有俗韻不及五六)」이라 하였으며 고기륜(顧起綸)은 ≪국아품(國雅品)≫에서 제2연을 평하기를 시구가 유심(幽深)하여서 후인의 표절이 있을 만큼 우수한 구절인 예를 들고 있다.[45] 이런 면까지 감안한다면 본고의 시의 비사실성에 대한 보다 확실한 고아미와 낭만성을 부연할 수 있겠다.

Ⅱ. 한굉의 시에 의한 교유

교우를 파악함으로써 한 인간의 개성과 활동을 간접적으로 평가할 수 있다. 한굉 자신은 중서사인에 머물렀고, 그 이전에는 지방관직에 국한된 관리였지만, 그의 내심에는 관직을 바라는 의지가 잠재되어 있었음을 다음 그의 시구들에서 엿볼 수 있다. 그의 「정명부를 송별하며(送別鄭明府)」(상동 권243)에서,

> 그대에 권하노니 도연명일랑은 본받지 말라.
> 그래서 노새 수래를 채찍질하여 오류선생을 떠나라.[46]

라든가, 「전명부가 종남별업에 돌아감을 송별하며(送田明府歸終南別業)」(상동 권245)에서,

> 권하건대 일찍 붉은 봉황의 궁문으로 옮길지니
> 갈매기 떼는 연모하지 영영 말지라.[47]

---

45) 顧起綸, ≪國雅品≫云:「張司丞來儀體裁精密, 情喩幽深頗似錢郎……有松老知僧臘, 禪空悟佛心, 或譏其剽竊韓翃僧臘禪心語也」.

46) 勸君不得學淵明, 且策驢車辭五柳

47) 相勸早移丹鳳闕, 不須常戀白鷗群

라고 한 구에서 출사를 권하고 은거하지 말 것을 직설하고 있으며, 설사 자연을 그리워하지만 퇴휴의 의취는 찾아 볼 수 없다. 그의 「증산에 머물며(宿甑山)」(상동 권245)를 보면,

산 속의 오늘밤엔 누구인가
당년에는 궁궐에서 근친 신하였다네.
푸른 옥패 일찍 집어 던지고
흰 구름 속에 무엇을 보고 있단 말인가.48)

라든가, 「증산을 떠나며(別甑山)」(상동 권245)에서,

그 한 몸 근친신하로 늦장 부리다가
서쪽 길로 홀연히 떠나갔다네.
쓸쓸히 푸른 산에 묻혀서
언제나 다시 만날 기약할 것인가.49)

라 한 것은 모두 한굉의 평시의 관념을 표출해 주는 것이라 하겠다. 특히 도연명보다는 사령운과 사조(謝朓)를 흠모한 것은 한굉의 인생관을 더욱 이해하는 근거가 되는 것이다. 이제 그 예구를 열거해 본다.

好酒近宣城, 能詩謝康樂(「送李司直赴江西使幕」)
狂歌好愛陶彭澤, 佳句唯稱謝法曹(「和高平朱參軍思歸作詩」)
閑心近掩陶使君, 詩興遙齊謝康樂(「曾兗州孟都督」)
詩歌行輩如君少, 極目苦心懷謝朓(「送崔秀才赴上元兼省叔父」)
酒客逢山簡, 詩人得謝公(「華亭夜宴庾侍御宅」)

이와 같이 군평의 시취가 유로되면서 출사의 희원을 간설적으로 추구하고 있다. 따라서 군평의 이 같은 의향을 통하여 나타난 대인관계는 그의 시풍을 이해하는 하나의 근거가 될 수 있다. 한군평의 생존시는 당의 발전기이면서 내란이 극성하던 양면적 사회상을 지녔기 때문에 당시의

48) 山中今夜何人, 闕下當年近臣. 青瑣應須早去, 白雲何用相親.
49) 一身趨侍丹墀, 西路翩翩去時. 惆悵青山綠山, 何年更時來期.

인물들도 각양하게 열거되어 있음을 알 수 있다. 한군평의 시에서 수다한[50] 교우를 볼 수 있지만 다음 거명된 시인을 중심으로 한굉과의 관계를 살펴보기로 한다.[51]

(1) 영호원(令狐垣)(≪전당시≫ 권253)
(2) 전기(錢起)(722~780) (상동 권236~239)
(3) 하후심(夏侯審)(상동 권295)
(4) 이가우(李嘉祐)(719~781) (상동 권206~207)
(5) 낭사원(郎士元)(727~780?) (상동 권248)
(6) 황보염(皇甫冉)(723~767) (상동 권249~250)
(7) 냉조양(冷朝陽)(상동 권305)

1. 영호원(令狐垣)

영호원에 대해서 ≪전당시≫소전에 보면 (권253),[52] 한굉의 시 「영호원 외댁의 연회에서 중승에게(令狐員外宅宴寄中丞)」에서의 원외가 시랑이 궐석시에 대행하는 직분이므로 건중(建中) 이전에(780년 이전) 영호원이 원외에 있을 때 한굉이 머물러서 교우했음을 알 수 있다.[53] 한굉의 시를 보면,

차가운 빛 비단 장막에 맺혀 있는데
그대와 맑은 밤에 기약했었지.
옥잔은 술 취한 데 남아 있는데,

---

50) 君平詩 166首에서 贈別類가 아닌 것은 단지 13首 뿐이다.
51) 이들 10인 외에 年代不明하지만 姓名이 分明한 交友로는 王光輔, 令孤彰, 李湜, 萬巨, 劉楚, 雍丘竇, 張建, 王逖, 張渚, 張五諲, 王隨, 李翼, 張億, 田倉, 元詵 등을 들 수 있다.
52) 「德棻五世孫, 登進士第, 祿山之亂陰居南山豹林谷, 司徒楊綰未仕時, 亦避地谷中, 嘗止垣舍, 賞其博學, 及綰爲禮部侍郎, 引入史館, 建中初, 爲禮部侍郎, 典貢擧. 執政楊炎有所請托, 垣得其私書奏之, 德宗惡其訐, 貶衡州別駕, 詩二首」
53) 令狐垣의 직책인 員外는 南朝時 員外敬騎侍郎이 있었고 隨代에 尙書省의 二十四司에 각각 員外郞을 두어 籍帳을 관장케하니 侍郎이 궐위시에 代行케 하였으며 唐代에 員外御史를 둠. 영호원의 두 首 詩는 「硤州旅舍奉懷蘇州韋郎中」·「釋奠日國學觀禮聞雅頌」 등이 있다.

은 촛불 아롱지는 때에 그대를 보내노라.
홀로 천리 밖에 앉아서
공허하게 눈을 보며 시를 읊노라.[54)]

벗에 대한 잡념이 없이 맑은 심태를 노정시킨다. 영호원의 두 수의 시에서 「협주 여사에서 소주 위낭중을 생각하며(硤州旅舍奉懷蘇州韋郎中)」는 위응물(韋應物)을 생각하며 썼지만 그 시의 주에 「공은 한 자의 글을 쌓았는데 자못 경을 떠나 보내는 사념이 쌓인 것이다(公積有尺書, 頗積離卿之思)」라고 하였듯이 그 시를 다음에 보기로 한다.

백발이 되어 벗과 짝하니
강산에 가을 기운이 깃드네.
초목에는 늦 꽃이 시들고
연못에는 찬이슬 맺혔도다.
객사에 찬바람 건듯 이니
고운 교분에 이 동오 땅 지키리.
꿈에나마 노랫소리 듣고프니
구름 낀 저 물이 넓기도 하네.
이별의 근심 언제나 가라앉으랴![55)]

위의 시에서 두 사람의 상통하는 심회를 엿볼 수가 있는 것이다.

2. 전기(錢起)(722～780)

전기의 생졸년에 대해서 앞의 전기 시에서 서술한 바, 여기서는 한굉과의 관계만을 다루고자 한다. 전기가 한굉을 처음 만난 것은 대력십재자에 병칭되기 전인 장안에서 였다. 그 시기는 불명하지만 지덕(至德) 2년(757)에 장안을 수복하였을 때 그곳에 있었고 한굉도 그곳에 있었다.[56)] 그러나

54) 寒色凝羅幕, 同人清夜期. 玉杯留醉處, 銀燭送歸時. 獨坐隔千里, 空吟對雪詩.
55) 白首親友并, 江山入秋氣. 草木彫晩榮, 方塘寒露凝. 旅館涼颸生, 懿交守東吳. 夢想聞頌聲, 雲水方浩浩. 離憂何時平.
56) 傳璇琮 《唐代詩人叢考》 p.431.

시교의 흔적은 대력 3년(768) 왕진(王縉)이 유주(幽州)로 부임할 때 두 사람은 합석하여 동제(同題)의 송별시를 바친다. 전기는 「왕상공의 범양 부임을 송별하며(送王相公赴范陽)」(≪錢考功集≫ 권7)를, 한굉은 「왕상공 진의 유주 순방을 봉송하며(奉送王相公縉幽州巡邊)」를 각각 지었으며, 그 외에 황보염(皇甫冉), 황보증(皇甫曾)도 동석했었다.57) 이 사람의 출가함을 당대 이조(李肇)의 ≪국사보(國史補)≫에서는,

> 왕상공이 유주와 명주로의 순시를 송별하는데 한굉이 으뜸이었고 유상공이 강회를 순행하는데 전기가 으뜸이었다.58)

라고 부기하고 있다. 그리고 또 냉조양을 전송하는 자리에 양인은 합석했으니, 전기는 「냉조양급제후 귀향을 송별하며(送冷朝陽擢第後歸)」(상동)를, 한굉은 「냉조양이 상원에 귀환함을 송별하며(送冷朝陽還上元)」를 각각 남기고 있다.59) 그러면 양인이 직교한 예를 들어보면, 전기는 「왕육등과 기거하며 안국사에서(同王銷起居程浩郎中韓翃舍人題安國寺用上人院)」에서 탈속의 심기를 표현하면서 한굉과의 우의 어린 깊고 깨끗한 관계를 토로하고 있다.

> 빛나는 눈동자의 스님 진원공,
> 줄곧 앉으신 품 선비로구나.
> 불심에 맺힌 자태 가다듬어서
> 참선의 마음 그 어이 재능을 다칠 건가.
> 날 새도록 화로향기 그치지 않고
> 밝으면 층계에 드린 빛에 마음을 비우니,
> 미친 양 선방에서 바쁜 일 없건만,
> 오로지 흰눈과 어울려 웃는구나.60)

---

57) 皇甫冉은 「送王相公之幽州」(≪全唐詩≫ 4函7冊), 皇甫曾은 「送王相公赴幽州」(≪全唐詩≫ 3函9冊)이 있음.

58) 送王相公之鎭幽明也, 韓翃擅場. 送劉相公之巡江淮, 錢起擅場(卷上).

59) 그 외에 郞士元이 鄭州刺史로 부임할 때 贈送한 시들이 있으니 전기는 「寄郢郞士元使君」, 군평은 「送郢州郞使君」이 전한다.

60) 慧眼沙門眞遠公, 經行宴坐有儒風. 香緣不絶潛裾會, 禪想寧好藻思通. 曙後爐煙生不滅, 晴來階色并歸空. 狂夫入室無餘事, 唯與天花一笑同.

양인이 선경의 정분을 같이 하고 있음을 볼 수 있다. 이것은 바로 한굉의 시심이기도 하다. 한편, 한굉은 「저주부댁에서 필서자와 전원외랑과 함께(褚主簿宅會畢庶子錢員外郎使君)」에서 전기와 회동한 정회를 쓰고 있다.

> 선달에 빚은 술 무르익으니
> 주인장 마음도 흥건하겠지.
> 석양은 성근 댓가지에 걸쳐 있고
> 희끗하게 날리는 눈발 하늘에 어지럽다.
> 선성의 나으리라 더욱 기쁘니
> 조정에서 사조 시인의 흥취를 함께 하기를.[61]

보건대, 양인의 관계는 물질이나 출사를 통한 교왕이 아니라, 순수한 정신적·문인적 흥취에서 맺어진 우정이었음을 알 수 있다.

3. 하후심(夏侯審)

≪당재자전≫ (권4)에 보면,[62] 건중 원년(780)에 등제하여 출사의 길을 통하여 당대의 문인들을 만나게 되면서 대력십재자의 하나로 남게 된다. 하후심은 유전시가 단 1수뿐이어서 그의 시풍을 따질 수는 없으나 대력의 기상이 깃들어 있음을 알 수 있다.[63] 한편, 한굉이 준 시로는 3수가 있으니, 이들 시로 볼 때 양인의 교우가 깊었으며 특히 한굉이 하후심의 생활과 의식을 깊이 이해한 것으로 본다. 먼저 「하후심을 보내며(送夏侯審)」을 보면,

> 사안 그 님이 이웃에 계시오니

---

61) 開甕臘酒熟 主人心賞同. 斜陽疏竹上, 殘雪亂天中. 更喜宣城印, 朝廷與謝公.

62) 審, 建中元年禮部侍郎令狐垣下試諜越衆科第一, 釋褐校書郞, 又爲參軍, 仕終侍御史, 初於華山下多買田園, 爲別墅, 水木幽閟, 雪煙浩渺, 晩歲退居其下, 吟諷頗多, 今稍零落, 時見一二, 皆錦製也.

63) 夏侯審은 「詠被中繡鞵」 一首를 남겼으니, 보건대 「雲裏蟾鉤落鳳窩, 玉郞沈醉也摩挲. 陳王當日風流減 只向波見襪羅」 이에 대해 ≪升菴詩話≫ (권11)에서는 「夏侯審爲大律十才子之一, 而詩集不傳 惟此一絶 及織綿圖君承皇詔安邊戍一歌而已」.

밤낮으로 좋은 기약 자주 하시게나.
봄의 물소리에 인걸은 떠나가고
동천의 물소리에 꽃이 지는구나.
누대를 내려 한가로이 달을 기다리니
마음껏 노닐며 시흥을 돋구고져.
이제 오 땅의 길에 들지만
모두들 꿈에서도 그대를 그리워하리.[64)]

여기서 사공이란 육조대의 사안(謝安)을 지칭함이니, 그가 회계(會稽)에 은거하여 전원을 벗하였으니 하후심이 오중(吳中 지금 江蘇 吳縣)에서 은거하려 들어가는 이별의 시를 사안의 생활에 비유하여 지었음을 알 수 있다. ≪당재자전≫에 보듯이 하후심은 본래 전원을 추구하였기에 여기에서 군평의 성격도 동일한 방향에서 유추해 볼 수 있을 것이다. 그러면서 하후심은 결백하고 강직한 성격을 지닌 것을 다음 「하후 교서의 상도 귀거를 전송하며(送夏侯校書歸上都)」에서 엿볼 수 있다.

후배는 좋은 시구 많이도 남겨
높은 누대에서 멋진 그대 이름 사랑했다네.
젊은 날에 경하할 직분을 맡으니
서책을 대하며 장생의 술책 다지기를.
저녁 눈에 털옷 걸치고 취한 그대
한산을 두고 필마로 떠나누나.
이번에 떠나서 궐문을 찾으면
어느 날에 바른 글로 간언하리[65)].

이 시에서 하후심의 일생을 밝히 알고 있음을 보여 주고 있어서(제3~6구), 양인의 교분이 남달랐다고 보여진다. 그러면서도 다음 「하후 시랑을 보내며(送夏侯侍郎)」에서는 하후심의 재예와 인품을 칭찬하고, 자신의 진실된 동기간의 정분마저 토로하고 있는 것을 볼 수 있다. 이 시의 자주에

---

64) 謝公隣里在, 日夕問壽期. 春水人歸後, 東水花盡時. 下樓閑待月, 行樂笑題詩. 他日吳中路, 千人入夢思.
65) 後輩傳佳句, 高樓愛美名. 青春事賀監, 萬卷問張生. 暮雪重裘醉, 寒山匹馬行. 此回將詣闕, 幾日諫書成.

보면「애제가 청주사마로 섭행하게 되니 고로 그 사실을 기술한다(愛弟攝青州司馬, 故備述其事)」(≪전당시≫상동)라고 하여 하후심을 '愛弟'라고 기술하였으니 형제간 같은 관계였다는 것을 엿보게 된다.

장군의 무장병사 벌써 달리는 소리에
어사부에는 새로이 어사 났다네.
필묵은 이미 종요를 비길 만하고
풍류는 능히 사조를 이을 만하네.
따르는 군사 새벽에 장군의 막사를 떠나고
기마는 먼저 달려서 성곽에 가깝도다.
앞길에는 백옥대를 두고
길가는 이들 문득 황금재갈 말을 찬미하네.
어사 말에서 내림은 영주가 좋아서이니
귀인을 가려 풍물을 따라 노닐고져.
송사를 듣되 검은 포장의 뇌물은 물리며
귀빈을 맞으면 잠시 보랏빛 털옷 입노라.
관청 뜰엔 조석으로 나산의 정기 어려 있고,
공로 세우고 마음 평안하니 할 일 하나도 없다네.
조서를 쓸 때 간혹 멀리 섬사람의 뜻을 살펴보고
지팡이 세워 다스릴 땐 관리를 호령하네.
하는 일 젊어선 그답게 하였고
중년에는 칼과 수판 들고 서주를 다스렸네.
뜬구름 나는 새야 다 잊자꾸나.
뒷날 성 위의 누대에서 은근히 만나 보세.[66)]

여기서 제2연은 하후심의 서예가 위대의 종대리(鍾大理), 즉 종요(鍾繇)에 비견되고 시는 남제(南齊)의 사조(謝朓)에 비할 만하다고 극찬하고, 제1연과 제3~7연은 그의 관직의 행정력이 우수한 것을 알게 해 준다. 그것은 하후심의 애국심과 문달의 욕망도 귀거래적 의식 못지 않게 강렬하게 내재되어 있음을 간접적으로 말해 주는 것이다.

---

66) 元戎車右早飛聲, 御史府中新正名. 翰墨已齊鍾大理, 風流好繼謝宣城. 從軍曉別龍驤幕, 六騎先驅斯近郭. 前路應留白玉臺, 行人輒美黃金絡. 使君下馬愛瀛洲, 簡貴將求物外遊. 聽訟不聞烏布帳, 迎賓暫著紫綈裘. 公庭日夕羅山翠, 功遂心閑無一事. 移書或問島邊人, 立仗時呼鈴下吏. 事業初傳小夏侯, 中年劍笏在西州. 浮雪飛鳥兩相忘, 他日依依城上樓

4. 이가우(李嘉祐)

≪당재자전≫ (권3)에 보면[67] 천보 7년(748)에 진사가 되었다면 한굉과 연배가 비슷하다는 것을 본다. 그리고 한굉의 「왕시어가 강서로 부임을 전송하고 이원주에게 부침(送王侍御赴江西兼寄李袁州)」시를 보면,

조정에서 예복을 입다가
남국에서 깃발을 날리노라.
상성 구석에서 섣달에 담근 술 들고
초강 가에선 봄옷을 걸치네.
주렴 드려서 뿔 장식한 바구니에
농어를 썰어 놓았네.
굳센 필치는 이름 더하고
텅 빈 쪽배는 짝 지울 사람 찾는구나.
탁한 물결 흐르니 어느 길이 맑은가.
새벽의 산 안개 자욱하고 봄 강의 구름이 끼어 있네.
분성시를 쓴 하손은 어홍에 비길 만하고
여수의 사람 이가우는 왕희지에 짝할 만하네.
푸른 부들과 흰 구리떼뿌리는 멀리 서로 어울리고
외롭고 그윽한 흥취 그 뉘 알리오.
우물가의 함양궁의 동상은 행적이 없고
호숫가의 산박쥐는 날아가 버렸네.
예문 앞에선 신선 같은 낭군이
허리에 푸른 수실 드리우고 함양을 다스리네.
꽃 사이로 다섯 말이 그대를 맞이하고
비가 개이니 옥녀강에 안개 걷히네.[68]

---

67) 嘉祐, 字從一, 趙州人, 天寶七年, 楊譽榜進士, 爲秘書正字, 以罪謫南荒. 未幾何有詔量移爲鄱陽宰, 又爲江陰令, 後遷台袁二州刺史, 善爲詩, 綺麗婉靡, 與錢郎別爲一體. 往往涉於齊梁, 時風人擬爲吳均·何遜之敵. 自振藻天朝, 大收芳譽, 中興風流也.

68) 中朝理章服, 南國隨旌旗. 臘酒湘城隅, 春初楚江外. 垂簾白角簟, 下筋鱸魚鱠. 雄筆佐名公, 虛舟應時輩. 按俗承流幾路淸, 平明山靄春江雲. 湓城詩贈魚司馬, 汝水人逢王右軍. 綠蘋白芷遙相引, 孤興幽尋知不近. 井上銅人行見無, 湖中石燕飛應盡. 禮門前直事仙郎, 腰垂靑綬領咸陽. 花間五馬迎君日, 雨霽煙開玉女岡.

여기서 한굉은 이가우를 깊이 이해하여 특히 이가우의 시를 높이 평가하고 있는데, '綠蘋' 구와 '孤興' 구는 이가우의 섬세하고 우아한 풍격을 비유한 것으로서 ≪당재자전≫의 '기려하고 완미함(綺麗婉靡)'과 상통하고 ≪전당시화≫ (권1)에서의 「왕왕 제량의 기려하고 완미함을 지니다(往往涉于齊梁綺美婉麗)」와 ≪승암시화(升菴詩話)≫ (권5)의 「청려하고 말쑥하여 읽으면 신기롭고 상쾌하다(淸麗瀟灑, 讀之使人神爽)」와도 일맥하고 있는 것을 알 수 있다.[69] 이가우의 생평상 한굉의 상기시는 이가우가 시속의 '溢城'에 나오는 것으로 보아 이가우가 건원(乾元) 원년(758)에 파양령(鄱陽令)으로 폄적갈 때 쓴 것이 아닌가 추측할 수 있다.[70]

5. 낭사원(郎士元)

≪당재자전≫ (권3)에 보면,[71] 등제 시기가 천보 15년(756)이며 본격적인 출사시기는 보응 년간(762~763)이 된다. 대력십재자의 일인으로 전기와 풍격이 상사하며 한아한 성당풍을 지니고 있음을 알 수 있다. 그의 시 73수 가운데 종군에 관한 것, 불심을 토로한 것 등이 있으나 역시 송시가 33수나 차지하는 것으로 보아 비감을 주제로 한 은일적 요소를 다분히 내포하고 있다. 한굉과의 교우는 전기를 통하여 가까웠을 것이며 한굉에게서 받은 「영주낭사군을 전송하며(送郢州郎使君)」는 그의 자사로 출사할 때의 시이어서 양인의 교분이 중년이후에 더하였음을 본다. 그 시를 보면,

> 많은 사람 깃털 꽂고 맞거늘
> 알고 보니 범선성이구나.
> 저녁 눈에 초산은 찬데
> 봄 강의 한수는 맑기도 하다.

---

69) 拙文 「中唐 李嘉祐詩 考」(외대논문집33집 p.41-62 2001.6)참고. 李嘉祐는 132수의 시를 남겼고 한굉과 함께 쓴 「送冷朝陽及第東歸江寧」이 있다.

70) 傅璇琮은 「李嘉祐考」에서 이가우의 시 「登溢城浦望廬山初晴直省齋勒催赴江陰」과 「承思量移宰江邑臨鄱江悵然之作」을 들어서 폄적생활을 四年한 것을 지적한다. 後作에서 「四年謫宦滯江城, 未厭門前播水淸. 誰言宰邑化黎庶, 欲別雲山如弟兄」

71) 士元, 字君胃, 中山人也. 天寶十五載 盧康榜進士, 寶應初, 選京畿縣官, 詔試政事中書, 補渭南尉, 歷左拾遺, 出爲郢州刺史, 與員外郎錢起齊名……二公體調大抵欲同, 就中郎君稍更閒雅, 逼近康樂

붉은 쌀로 나그네 밥해 먹고
푸른 삿대로 쪽배를 끌고 가누나.
이제 헤어지면 언제 만날 건가,
그리는 마음에 향초만 돋는구나.[72)]

이 시에서 마치 낭사원의 한아한 시를 보듯 청담한 정감을 엿볼 수 있으며 이것은 다음 낭사원의 「한사직의 정릉 길을 전송하며(送韓司直路出廷陵)」와 일맥하고 있는 것을 알 수 있다.

오 땅에 놀다가 월 땅으로 떠나거늘
왔다 갔다 풍파에 맡긴 그대!
귀한 그대 떠나 보내니,
봄 풀을 어이하리!
강가엔 눈 자국 남아 있고,
밀물 가득한데 석양이 짙구나.
이 사람아! 저 묘당을 보게나!
배를 멈추고 한번 들러감이 어떤가.[73)]

시경의 장면이 같으며, 느끼는 시흥의 담백한 맛을 볼 때에, 양인의 사상감정이 대력재자 중에서 가장 접근했다고 할 수 있다.

6. 황보염(皇甫冉)

≪당재자전≫ (권3)에서 황보염의 기록을 보면,[74)] 황보염은 범속하기보다는 탈속적이며 직설적이며, 비판적인 성격의 소유자이고 풍격은 웅장하기보다는 섬세하면서 조탁적인 표현을 구사하고 있다는 점을 알 수 있다. 천보 15년(756)에 등제하여 좌보궐(左補闕)에 이르렀지만, 그의 시를 두고

72) 千人插羽迎, 知是范宣城. 暮雪楚山冷, 春江漢水淸. 紅鮮供客飯, 翠竹引舟行. 一別何時見, 相思芳草生.
73) 遊吳還適越, 來往任風波. 復送王孫去, 其如春草何. 岸明殘雪在, 潮萬夕陽多. 季子留遺廟, 停舟試一過.
74) 冉, 字茂政, 安定人, 避地來寓丹陽, 耕山釣湖, 放適閒淡. ……天寶十五年, 盧庚榜進士, 調無錫尉, 營別墅陽羨山中, 大曆初, 王縉爲河南節度, 辟掌書記, 後入爲左金吾衛兵曹參軍, 仕終拾遺左補闕, 公資桂禮闈, 便稱高格, 往以世道艱虞, 遂心江外, 故多飄薄之歎. 每文章一到朝廷, 而作者變色, 當年才子, 悉願綈交, 推爲宗伯, 至其造語玄微, 端可平揖沈謝, 雄視潘張, 措乎長轡未騁, 芳蘭早凋, 良可痛哉.

「황보염의 시는 천기를 홀로 얻었고 멀리 정 밖에 있다(冉詩天機獨得, 遠出情外)」(「全唐詩小傳」)라고 한 것이나, 「진송제양주수 등의 나라 이래로 모은 것이 무수하나 보궐만이 진주를 얻은 바 전현을 길 잃게 하고 후배는 골짜기에 서게 한다(自晋宋齊梁周隋以來, 採掇者無數, 而補闕獨獲驪珠, 使前賢失步, 後輩却谷立)」. (≪全唐詩話≫ 권2)라고 한 평에서 대력의 으뜸이며 성당풍을 유지한 것으로 볼 수 있다. 황보염이 등제후 무석위(無錫尉)를 지낸 바, 이는 절강동도(浙江東道)에 가까운 고로, 한굉이 준 「황보 대부의 절동 부임을 전송하며(送皇甫大夫赴浙東)」시는 늦게 등제한 황보염의 의기를 높여서 진대의 사안(謝安)에 비유한 것이다.

배 탄 군사 강촌을 가르니
한장군 진의 관리를 다스리네.
휘하의 마음을 같이 하는 관리들
(결구)
오문의 가을 이슬 젖어 있고
초역의 저녁하늘 차기만 하네.
귀한 그대 산동으로 떠나가니
그 풍류는 사안에 못지 않누나.[75)]

말연은 바로 황보염이 무석으로 가는데 그 풍류가 사안의 풍모을 닮은 것을 찬양하고 있다.[76)] 한편, 한굉에게 준 황보염의 시가 있으니 이것은 한굉이 가부낭중지제고(駕部郎中知制誥)를 지낼 때의 기증시인 듯하다. 그 시 「장이창과 조양자 그리고 한낭중에 드리며(酬張二倉曹揚子所居見寄兼呈韓郎中)」를 보면,

외론 구름에 외론 학 홀로 떠나는데
이별 후 한 해 가도록 아직 배에 기댄 신세.
어부가 정중히 인사하는 말에
그대는 시를 지어 답례하면서

75) 舟師分水國, 漢將領秦官. 麾下同心吏, 軍中□□端. 吳門秋露濕, 楚驛暮天寒. 豪貴山東去, 風流勝謝安.
76) 謝安, 字安石, 少有重名, 徵辟皆不就. 隱居東山以妓相從. 人爲語曰 ; 安石不出如蒼生何. 年四十餘始出爲相溫司馬(≪中國人名辭典≫).

향기론 봄풀 꺾어
멀리 강물 보누나.
문 닫고 쉬고자함을 탓하지 마오
병든 몸 부추겨 용루에 오르기도 힘드네.[77]

만년에 든 한굉을 보면서 귀은의 염원을 나누고자 함을 엿볼 수 있다. 학과 같이 맑은 마음을 지닌 한굉을 존경하며 노후의 평강을 기원하고 있다.

7. 냉조양(冷朝陽)

냉조양은 십재자의 하나로서 시 11수가 현존한다. ≪당재자전≫ (권4)에 보면,[78] 이가우·한굉·전기 등과의 교우가 깊고 격조가 덜한 면을 강조하였으며, 「전당시소전(全唐詩小傳)」에서는,

> 냉조양은 금릉인으로 대력년간에 진사 급제하고 설숭에 종사하였으며 시 11수가 있다.[79]

라고 하여 설숭의 막하에 종사한 것을 유일한 관직으로 밝히고 있다. ≪창랑시화(滄浪詩話)≫ 「시평」에서 「냉조양은 대력재자 중에 최하이다(冷朝陽在大歷才子中爲最下.)」라고 평하였지만, 십재자의 수준은 유지시켰다고 하겠다. 냉조양이 대력 4년(769)에 진사에 급제하지만 곧 금릉으로 성친가면서 그 때에 장안에서 전기(錢起)·이가우(李嘉祐)·이단(李端) 등과 송별연을 열었는데, 한굉은 다음 「냉조양이 상원 귀환을 전송하며(送冷朝陽還上元)」를 남겼다.

---

77) 孤雲獨鶴自悠悠, 别後經年尙泊舟. 漁父置詞相借問, 郎官能賦許依投. 折芳遠寄三春草, 乘興閑看萬里流. 莫怪杜門頻乞假, 不堪扶病拜龍樓.

78) 朝陽, 金陵人, 大曆四年, 齊映榜進士及第, 不待調官言歸省觀. 自狀元以下, 一時名士大夫, 及詩人李嘉祐·李端·韓翃·錢起等大會, 賦詩攀餞. 以一布衣才名如此, 人皆羨之. 朝陽工時, 在大曆諸才子, 法度稍弱, 字韻淸越不減也.

79) 冷朝陽, 金陵人, 登大曆進士第, 爲薛嵩從事, 詩十一首.

푸른 밧줄로 매어 목란배를 끌어내니
명성을 이룬 몸 돌아가니 경축을 드리노라.
지는 해의 맑은 강은 오방 저 밖에 흐르는데
가을 바람에 성근 버들가지 백문 앞에 흔들대네.
다리는 작은 저자에 닿아 마을 숲에 가까이 있고
산은 잔잔한 호수를 끼고 들판의 절에 이어져 있네.
이별 후에도 잊지 않고 지내다가
한식날에 그대와 손잡고 동전에서 만나세.[80]

여기에서 제2·3연은 묘사가 공교하며 청려하여 한굉의 본령이 보이며 냉조양의 청월(淸越)함(당재자전의 평)과 비유할 수 있다. 이 시는 한굉이 이 시기에 장안에 있었던 증거가 되며[81] 냉조양의 교우폭을 유추케 한다. 김성탄(金聖嘆)은 이 시를 놓고 평하기를,

> 배 중에 한 사람은 곧 냉조양이니 이 냉조양의 마음은 오히려 한없이 쾌활한 것이 있다. 하나는 새로이 붓을 드는 것이며 둘은 틈내어 귀가하는 것이고 셋은 2인이 경사롭게 장수한 것이다. 아아, 인생살이에 누가 이런 일을 바라지 않겠는가?[82]

라고 하여 귀전하는 냉조양을 전송하는 한굉의 마음이 냉조양의 쾌활한 마음과 상통하는 것을 강조하였으니, 양인의 심기가 맑고 밝게 부합되고 있다. 이러한 의취는 냉조양에게 있어서 보다 강하게 보이니, 그의 시 중에서 불사를 노래한 것이 대부분을 차지하는 데서도 알 수 있다.[83] 이제 그의 「백암사에 머물며(宿柏巖寺)」를 보면,

그윽한 절이 바위 속에 서 있어서
가려니 오직 이 한 오솔길로 통할 뿐.
나그네는 외로이 높이 뜬 달을 노래하고
매미가 우는 곳에 나무 가지 몇 개 살랑대네.
가을빛이 이끼 낀 섬돌에 감돌고

---

80) 靑絲結引木蘭船, 名遂身歸拜慶年. 落日澄江烏榜外, 秋風疏柳白門前. 橋通小使家林近, 山帶平湖野寺連, 別後依依寒食裏, 共名携手在東田.

81) 傅璇琮, ≪唐代詩人叢考≫, p.461

82) 船中一人, 則卽冷朝陽而此冷朝陽之心頭却有無限快活者. 一是新及第, 二是准假歸, 三是二人具慶恰當上壽也. 嗚呼, 人生世間, 誰不願有此事乎哉? (≪唐詩一千首≫).

83) 冷朝陽의 詩11首 中에서 6首가 佛寺와 僧侶에 관한 것이다.

샘물소린 절간에 스며드누나.
나의 스승 수도하는 곳[84]에
세속과는 같지 않노라.

여기에서 냉조양의 심상이 얼마나 초탈적인 가를 확인할 수 있다. 한굉은 대력십재자의 한 사람으로서 성당에서 중당으로 접어든 시점에 나름의 독특한 시풍을 추구하고 그 시 150여 수에서 대부분이 대인관계와 유관한 주제로 되어 있다는 것은 만당대의 피일휴(皮日休)와 육구몽(陸龜蒙)의 창화시(唱和詩)에 못지 않은 소재상의 성격을 지니고 있다고 평가할 수 있다. 그의 시가 인화적이며 온유함을 지닌 점과 비교할 때에 시의 주제의 성격과 상관시켜 볼 수 있다. 그리고 한굉의 시교를 주요 내용으로 다루지 않으면 안 되는 이유도 여기에 있다고 할 것이다. 시교에서 열거한 7인은 극히 제한된 선정이기 때문에 완전한 교유관계의 고찰이라 할 수 없다. 한굉에 대한 고찰은 단순한 당시연구의 차원이 아니라, 중문학연구에서 결여된 어느 한 시대의 집중적인 점조직식 분석정리를 통한 전체를 연결시킨다는 차원에서 시도되는 것이다. 국내외를 통해서 당시의 온당한 연구를 위해서 새로운 연구소재의 개발과 탐구가 절실한 시기에 처해 있다고 보아서[85], 아직 미탐의 시가의 지속적인 정리를 가해 나가야 하며 당시의 객관적이고 누락이 없는 균등한 개발만이 작게는 당시의 정확한 구명과 크게는 중문학 전반의 재정리의 바탕이 되게 해야 한다.

---

84) 幽寺在巖中, 行唯一徑通. 客吟孤嶠月, 蟬躁數枝風. 秋色生苔砌, 泉聲入梵宮. 吾師修道處, 不與世間同.

85) 拙著≪初唐詩와 盛唐詩 연구≫ 제1편 참고(국학자료원 2001년).

피일휴(皮日休)의 교유와 시 세계

Ⅰ. 사상과 판본

중당에서 만당으로 넘어가는 과정에 있어서 시풍도 과도기적인 풍격을 지니고 있었으니, 만당시의 특성인 유미풍이 정착되기 전에, 중당의 원진·백거이나 맹교와 가도의 고담(古淡)하면서 사실적인 풍격이 만당시단에 면면히 흐르고 있었다. 만당시가 갖는 특징은 이 두 가지 면을 상정하지 않으면 편파적인 결론이 나올 수 있다. 청대 섭섭(葉燮)이 말한 바,

> 만당의 시는 가을꽃이요 강가의 연꽃이며, 울타리 옆의 국화이니 그윽하고 아름다운 늦향기의 여운이 정말 아름답지 않은가?[1)]

라고 한 말은 만당시의 기교와 공려(工麗)를 높이 평가한 부분인데, 이것을 유미주의적이라 한다면, 삼나(三羅)와 방림십철(芳林十哲)을 중심으로 형성된 솔직하고 사실적이며, 담백한 시풍은 만당시의 다른 하나의 특성이 된다. 피일휴 시는 상기한 만당시의 두가지 측면을 공유하고 있다는 것이다. 피일휴는 만당에 살면서 특히 사회와 정치의 부패상에 대해 남달리 반항의식이 강하여, 「왕의 몸이 부덕하면 천하에 왕이 될 수 있겠는가? 나라를 주관할 수 있겠는가?(帝身且不德, 能帝天下乎? 能主國家乎?)」

---

1) 晩唐之詩, 秋花也, 江上之芙蓉, 籬邊之叢菊, 極幽艶晩香之韻, 可不爲美乎? (≪原詩≫)

(六箴序 ≪文藪≫ 권6)라 하고 또 「원방(原謗)」(≪文藪≫ 권3)에서는,

> 요순은 대성인이다. 백성이 또 그를 비방하여, 후에 왕된 자로 요순의 언행을 행하지 않는 자가 있게 되면 백성이 그 목을 조이고 머리를 쳐서, 욕하여 쫓아낸다.[2)]

라고 하여 강렬한 부도덕에 대한 반감과 개혁의식을 지니고 있었기에, 아마도 그의 말년에는 황소난(黃巢亂)에 참여하는 계기가 되었을 것이다. 그의 이런 의식의 근원이라면 아무래도 그의 유가사상에서 찾아야 할 것이니, 그는 「맹자를 학과로 삼기를 청함(請孟子爲學科書)」(≪文藪≫ 권9)에서

> 무릇 맹자의 글은 찬란히 경전 같으니 하늘이 그 도를 아껴서 진대에 다 태우지 아니하고 한대에는 거두어 박사를 두어 그 학문을 전공하니 그 글이 이어지고 육예가 빛나다.[3)]

라 하고 이어서 같은 글에서, 노장을 배척하고 맹자를 추숭하기 위한 방법까지 구체적으로 제시하고 있다.[4)] 더우기 한유(韓愈)까지 높여야 하는 이유를 밝힌 「한문공을 태학에 배향할 것을 청함(請韓文公配饗太學書)」(≪文藪≫ 권9)에서는

> 오직 한유의 글만이 양자·묵자를 불모지에서 몰아내고 불가와 도가를 무인지경에서 밟고서 공자의 도를 우뚝 세워 바르게 할 수 있다.[5)]

라고 하여 유학을 추숭한 정도가 어떠한지를 알 수 있다. 이러한 전통적인 유가관에 입각한 도덕의식이 현실에 대한 비판을 가하게 되고, 그것이 문학 정신의 근저가 될 수 있었다. 그의 시에 대해 유미적이라기보다는 사실적인 데에 가치를 부여할 수 있다면, 오직 유가를 존중한 피일휴의 사상적 근간에서 연유했다고 해도 가할 것이다. 석노적(釋老的)인 시

---

2) 堯舜, 大聖也, 民且謗之. 後之王天下有不爲堯舜之行者, 則民扼其吭, 捽其首, 辱而逐之.
3) 夫孟子之文粲若經傳, 天惜其道, 不燼於秦, 自漢氏得之, 常置博士以專其學, 故其文繼乎, 六藝光乎.
4) 「請孟子爲學科書」에 또 이르기를 「伏請命有司, 去莊列之書, 以孟子爲主, 有能精通其義者, 其科選視明經, 苟若是也」.
5) 唯昌黎文公之文, 蹴楊墨於不毛之地, 蹂釋老於無人之境, 故得孔道巍然而自正矣.

풍이 적지 않은 것을 보면 시작태도는 삼교(三敎)를 포괄하면서 음악적 재예을 겸유하고 있다. 그의 시를 주제와 풍격이라는 분류에 의해 분석하면서, ≪전당시≫에 재록된 420수 (권606~616)와 ≪전당시보편(全唐詩補編)≫(中華書局·1992)의 ≪전당시속유보(全唐詩續遺補)≫ (권9)에 실린 「題惠山泉二首」. 「泰伯廟」·「望虞亭」, 그리고 ≪전당시보일(全唐詩補逸)≫ (권13)에 실린 「題包山」, ≪전당시속습(全唐詩續拾)≫ (권33)에 실린 「望故沔城」·「天門夕照」·「道院迎仙」·「青城暮雨」 등 최근 수집된 9수를 포함시키고, ≪문수(文藪)≫ 10권 (≪欽定四庫全書≫集部二)본을 본고의 저본으로 삼고자 한다. ≪문수≫서에 보면,

> 함통 병술년간에 일휴가 과거에 낙제하고 귀주의 동쪽 집에 낙향하여 글을 정리하였는데 다시 유사로 봉직하게 되어 상자를 열어 모아보니 번다하기 수택 같거늘 그 이름을 문수라 한다.6)

라고 하여 피일휴는 자신이 ≪문수≫라 한 이유를 설명하고 200편을 10권으로 꾸몄음을 밝히고 있어, 그의 확실한 문집은 ≪문수≫ 10권 뿐이며, 기타 시와 산문(≪全唐文≫ 권799에 7편 있음)이 남겨 있다. 따라서 ≪문수≫의 판본을 개관함이 가당한 줄 안다.7) ≪문수≫는 송원본에서 보이지 않고 명간본에서 몇 종이 보이는데, 손성연(孫星衍)의 「염석거장서기내편(廉石居藏書記內編)」에 이르기를,

> 당인의 글은 스스로 편차를 맞추어 놓은 것이 많이 보이지 않으니 이 간본은 후인이 개편한 것이 아니라 하지만 11행 20자이며 각인이 정밀하고 앞에 유개의 시가 있어 명대의 중간본인가 한다.8)

라고 한 바와 같이 송원을 거치면서 유전되다가 명대에 소장본으로 재정리했으리라 본다. 그 판본을 보건대, ≪사부총간(四部叢刊)≫에는 상담

---

6) 咸通丙戌中, 日休射策不上第, 退歸州東別墅, 編次其文, 復將貢於有司, 發篋叢萃, 繁如藪澤, 因名其書日文藪焉.

7) ≪文藪≫의 판본전래는 萬曼의 ≪唐集敍錄≫(明文書局)과 일본 本田濟의 「請皮子文藪」(≪中國哲學史の展望と摸索≫) 자료를 참견하였음을 부기한다.

8) 唐人之文, 子爲編次者不多見, 此本末爲後人改竄卷次. 十一行, 二十字, 刻印亦精, 前有宋柳開敍, 疑是明人重刊.

원씨장명본영인(湘潭袁氏藏明本影印)을 수록하였는데 그 서록에 정덕(正德) 년간에 나온 것으로 되어 있다.[9] 그런데 매엽(每葉)이 18행, 19행이어서 손성연이 본 판본이 아니고 절강유서목(浙江遺書目)에서 말하는 홍치간각본(弘治間刻本)으로 추정하게 된다.[10] 이 판본은 원표(袁表), 원경(袁褧)의 양식(兩識)이 정덕(正德) 경진(庚辰)(1520)년으로 기술되어 있고 피일휴의 자서(自序)와 유개(柳開)의 서가 수록되어 있다. 그리고 벽송루(皕宋樓)의 정덕간본(正德刊本) ≪문수≫ 10권도 자서와 유개, 그리고 원표의 제후(題後)가 있는데, 이것은 패용(貝鏞)의 소장본으로서 행수와 자수가 손성연이 본 판본과 같다. 패씨가 수기에서

> 가경 정사 년에 소주에서 구득하였는데 책의 지면이 매우 훌륭하여 감히 중장하지 않고는 손상할까 두려웠다.[11]

라고 한데서 패씨가 이 판본을 인종(仁宗) 가경 2년(1795)에 완정한 간본을 구입한 것을 알 수 있으며, 그리고 「철금동검정장목록(鐵琴銅劍靖藏書目錄)」에 가정년간(嘉靖年間)에 나온 송본중간본(宋本重刊本)이 있다. 이외에 이송수방송간본(李松壽仿宋刊本)이 광서(光緒) 21년 (1895)에 나온 바 있다.[12] ≪문수≫ 외에 순수시집으로 명대 허자창(許自昌) 교본(校本)인 ≪피종사창수시(皮從事唱酬詩)≫ 8권은 ≪송릉집(松陵集)≫에서 피일휴의 시반을 뽑아서 단행본으로 한 것이다.[13]

---

9) 서록에는 「皮集以正統中袁氏佳趣本爲舊」이라 하니, 正統年間이란 正德年間이 옳다. 명대 武宗 正德은 1506년에서 1521년간에 해당되니 正統은 오기이다.

10) 萬曼은 「正德本, 天祿琳琅後編著錄云 : 書十卷, 計文九十首, 詩五十一首, 前有日休自序, 又柳開序, 後有正德庚辰袁表, 袁褧兩識, 蓋其兄弟所鐫, 末刻吳趨陸潮刊字」 (≪唐集敍錄≫ p.319)라 함.

11) 嘉慶丁巳購於蘇州, 面籤書甚佳, 不敢重裝, 恐損之也.

12) 萬曼, ≪唐集敍錄≫ p.320 참조.

13) ≪松陵集≫은 초간이 北宋京都舊本인데 蔡景繁藏本으로 陸游에 寄遺되어 육유의 跋三則이 그의 문집인 ≪渭南文集≫ 권27에 보인다. 그리고 弘治本과 汲古閣本, 崇楨丙寅刊本, 淸初因樹樓重修汲古閣本, 湖北先正遺書本 등이 있다(萬曼, ≪唐集敍錄≫ p.320~321참조). 그리고 今佚되었지만, ≪新唐書≫·「藝文志」 別集類에 저명만 수록되어 있는 것으로 「≪胥台集≫ 七卷·≪皮日休集≫ 十卷」 (≪唐音癸籤≫ 권30에는 「集十七卷·詩一卷」이라 부기), 「≪皮氏鹿門家≫ 鈔九十卷」, 그리고 「≪皮子≫ 三卷」 (≪北夢瑣言≫ 권2 ; 皮日休著 ≪文藪≫ 十卷, ≪皮子≫ 三卷」)이 있었다 함.

Ⅱ. 생애와 시를 통한 교유

피일휴는 흔히 만당시 속에서도 현실주의 시인이라 할 수 있어서 백성의 질고를 동정하고 당시의 정치부패를 탄핵하였을 뿐 아니라, 직접 황소(黃巢)의 난에 가담하는 의기를 그의 생평에서 중요시하지 않을 수 없다. 2차의 오지방으로의 귀환(歸吳)에서 피일휴의 현실부조리에 대한 불만과 황소농민분란에의 긍정적 의식이 그의 문학에 있어 근간임을 조명하여야 하며 또 그의 생평에서의 시교 관계의 이해는 피일휴의 시풍의 방향, 그리고 그 당시의 피일휴에 대한 동연배 문인들이 갖는 정치적·인품적, 나아가서 문학적인 비중을 가늠할 수 있는 척도가 될 수 있기에 소홀히 볼 수 없는 것이다. 이의 구명이 주는 의미는 만당의 반유미파에 대한 정립에도 일조가 가능하리라 보아진다. 여하튼 피일휴의 생평에서 생졸과 황소난에의 참여를 고찰함으로써 피일휴시 자체에 대한 평가를 정확히 가할 수 있으리라고 본다.

1. 생 애

피일휴의 생애는 시기적으로 삼분하여 고찰할 수 있으니, 그의 등제시(懿宗 咸通 8년·867년)와 등제 후 황소의 난이 일어나기까지(875년) 유력했던 시기, 그리고 황소난 후 피살될 때까지로 세분하고자 한다.

(1) 등제 이전 시기(文宗 大和 8년·834~懿宗 咸通 8년·867)

피일휴의 전(傳)은 ≪신·구당서≫에 입전되어 있지 않으나, 다음 몇 종의 유관자료에서 그의 사적을 개관할 수 있다.[14] 그 중에서 그의 생평

14) 五代兩宋人의 저작으로 ≪玉泉子≫·≪北夢瑣言≫·≪吳越備史≫·≪南部新書≫·≪江南餘載≫·≪唐詩紀事≫·≪唐語林≫·≪老學菴筆記≫·≪郡齋讀書志≫·≪直齋書錄解題≫ 등 제서에서 피일휴에 관한 부분적인 기재를 볼 수 있다.

을 비교적 상세히 적고 있는 것으로서 ≪군재독서지(郡齋讀書志)≫ 권4「피일휴문수(皮日休文藪)」 10권조를 보면,

> 당의 피일휴는 자가 습미이고 일소라고도 하며 양양인이다. 녹문산에 은거하였고, 자호를 취음선생이라 하였다. 문장에 뛰어나니 잠명에 더욱 뛰어났다. 함통 8년 진사에 급제하여 저작좌랑과 태상박사가 되었다. 건부의 난리에 동으로 출관하여 비능부사가 되었다가 황소도적에 빠져들었다. 참문을 짓도록 한데 황소가 자기를 조롱한다고 하여 해를 당하였다. 문집은 함통 병술년에 향리에 거하며 편한 것이다. 자서에 상자를 열어 편차를 하니 글이 번다하기가 숲과 연못 같거늘 이름지으니, 무릇 200편이다.[15]

라 하고, 후에 신문방(辛文房)의 ≪당재자전≫에서는 피일휴의 자가 일소(逸少)이며 후에 습미(襲美)로 개자(改字)하였으며, 호는 취음선생(醉吟先生)·취민(醉民)·간기포의(間氣布衣)·녹문자(鹿門子) 등이며 양양인(襄陽人)(지금 湖北 襄陽人)이라는 점을 분명히 하고 있다.[16]

피일휴의 출생년대는 불확실하지만, ≪문수≫ (권4)의 「문중자비(文中子碑)」에, 「선생 250 여년 후에 출생하니 일러서 피일휴이다」[17]라 한데에 의거하여 피일휴의 생년을 추정한다면, 문중자 왕통(王通)이 수문제(隋文帝) 개황(開皇) 4년(584)에 출생하였기 때문에,[18] 그 후 250년을 가산하면 834년(唐 文宗 太和 8년)이후에 해당한다고 볼 수 있다. 이 근거는 피일휴 자신의 기술에 따른 추정이기 때문에 본고에서도 조년에 두어도 834년 이전으로는 소급할 수 없는 것으로 단정한다.[19] 그리고 그의 가문은 그 자신이 「피자세록(皮子世錄)」에서 언급한대로,

> 일휴의 가세는 원조가 양양태수를 지냈으므로 자손이 양양의 경릉에 적을 두어 대대로

---

15) 唐皮日休, 字襲美, 一字逸少, 襄陽人. 隱鹿門山, 自號醉吟先生. 以文章自負, 尤善箴銘. 咸通八年登進士第, 僞著作佐郎, 太常博士. 乾符喪亂, 東出關, 爲毗陵副使, 陷巢賊中. 賊遣爲讖文, 疑其譏己, 遂害之. 集乃咸通丙戌年居州里所編, 自序云, 發篋次類, 文藁繁如藪澤, 因以名之, 凡二百篇.

16) ≪唐才子傳≫ 권8 참조

17) 後先生二百五十餘生, 曰皮日休

18) 繆鉞은「按文中子王通生于隋文帝開皇四年, 卽陳后主至德二年, 當公元五八四年(梁廷, 歷代名人生卒年表)」(「皮日休的事迹思想及其作品」)라 함.

19) 生年에 대해서 異說이 紛紛하여 확정되어 있지 않지만, 몇 가지를 參考한다면 蕭滌非는「我以爲皮日休當生于八三四至八三八的幾年間」(「論有關皮日休諸問題」)라 하고, 聞一多는「公元八三三年」(≪唐詩大系≫ 全集第四册)라고 한 점들을 들 수 있다.

양양인이 되었다. 당대 이래로 경릉에서 농사짓거나 녹문에 은거하면서 벼슬에 마음두지 않고 나의 대에까지 이르렀다.[20]

라 한 자서에서 고문세족이 아닌 일반지주의 가정임을 알 수 있다. 즉 그는 소년기에 양양의 녹문산에서 보내고 의종 함통 4년(863)에 나이 30세에 고향을 떠나서 출유를 시작한다. 출유년대는 그의 「영주맹정기(郢州孟亭記)」(≪文藪≫권7) 말미에, 「함통 4년 4월 3일 기록(咸通四年四月三日記)」이라 하고 문중에 「4년 영양 정공성이 이 주의 자사인데 내가 강남에 이르러 배를 타고 그를 찾은 바, 과연 문으로 귀히 된 즉 선생의 모습을 보게 된 것이다」[21]라 한데서 이 해에 피일휴는 출유를 영주(郢州)(지금 湖北 鍾祥)로부터 시작한 것을 알 수 있다. 피일휴가 양양에서 영주로 먼저 나아간 경로를 밟았다는 논점인데, 미우위에(繆鉞)도 확고한 주장을 다음과 같이 펴고 있어서 긍정이 간다.

당대 영주치소가 지금 호북의 종상에 있었는데, 한수의 동안을 따라서 양양남방 약 300리에 위치한다. 양양에서 유력하여 배타고 한수 남방을 따라 영주를 경과하였으니 따라서 내 추측으로는 함통 4년이 피일휴가 양양을 떠난 때로 볼 수 있다.[22]

이로부터 3년간의 유람이 진행되는 생활이 전개되는 양양에서 호북 동부와 호남 북부·강서 북부, 그리고 안휘(安徽)·하남(河南), 남양(南陽)을 거쳐 장안에 도착하는 여정을 밟았다.[23] 처음 1년간에는 자신이 「함통 계미년에 남으로 가서 원상에 이르다(咸通癸未中, 南浮至沅湘)」. (「悼賈幷

---

20) 日休之世, 以遠祖襄陽太守, 子孫因家襄陽之陵, 世世爲襄陽人. 自有唐已來, 或農竟陵, 或隱鹿門, 皆不抱冠冕, 以至皮子. (≪文藪≫ 권10)

21) 四年滎陽鄭公誠刺是州, 余將抵江南, 艤舟而詣之, 果以文見貴, 則先生之貌縱視矣.

22) 按唐代郢州治所在今湖北鍾祥, 沿漢水東岸, 在襄陽南約三百里, 由襄陽出遊, 乘舟循漢水南下, 正經過郢州, 因此, 我推測咸通四年可能卽是皮日休離襄陽出游之年(皮日休的事迹思想及其作品).

23) 유행과정에 대해서는 「太湖詩序」에 다음과 같이 기술하고 있다. 「太湖詩序」 末尾에 「十一年夏六月會大司諫淸河公憂霖雨之爲患, 乃擇日休, 將公命禱於震澤, 祀事旣畢……」라 하여 이 글은 870년에 쓴 것이다. 「余頃在江漢, 當耨鹿門 洞湖, 然而未能放形者, 抑志於道也, 爾後以文事造請, 於是南浮至二別深洞庭, 廻觀敷淺源, 登廬阜, 濟九江, 由天柱抵霍嶽, 又自箕穎轉樊鄧, 陟商顔, 入藍關. 凡自江漢至於京, 干者十數侯, 繞者二萬里, 道之不行者, 有困辱危殆, 志之可適者, 有山水遊玩, 則休戚不孤矣」 여기서 구지명이지만, 피일휴가 양양 녹문에서 시작하여 洞庭→敷淺源→廬阜→九江→天柱→雪嶽→箕穎→樊鄧→商顔→藍關→江漢→京(長安) 등의 여로를 3년간 거치면서 수다한 시심을 토로했다.

序」·≪文藪≫ 권2)라 하여 계미년(863)에 원상에 이르고, 이어서 백문(白門)(지금 南京)에는 「4년 가을 진사 피일휴가 백문도에 가다(四年秋進士皮日休之白門道)」. (「白門表」·≪文藪≫ 권7)라 하여, 그 해 가을에 거쳐서 이듬해인 함통 5년(864) 봄에 비릉(淝陵)(지금 安徽 壽縣)·영육(英六)(지금 安徽 六安)까지 간다.[24] 그리고 동년 5월 팽택(彭澤)의 우인 이중백(李中白)의 서빈정(栖賓亭)에서 (「通玄子栖賓亭記」·≪文藪≫ 권7), 함통 6년(865)엔 안휘(安徽) 곽산현(霍山縣)을 지나서 (「霍山賦序」·≪文藪≫ 권1), 동년 남전관(藍田關)을 거쳐 장안에 입성하는 과정은 의심의 여지가 없다.[25] 이러한 여행의 목적은 무엇이었던가에 대해서 「太湖詩序」의 「以文事造請」과 「藍田關銘」의 「副諸候貢士之薦」 등 두 문구와 같이 문재로써 출사의 길로 삼고자 했음을 자술하고 있어 그 목적을 분명히 알 수 있다. 장안에 도착한 시기가 10월로 본다면[26] 함통 7년(866) 봄에 진사거(進士擧)에 응시한 것이 타당하다. 그러나 이 해에는 등제하지 못한다. 이에 대해서 ≪문수≫원서에 보면 (이미 인용) 병술(丙戌)은 함통 7년이니 그가 이 해에 응시했으나 낙방한 것이 틀림없다.[27] 한 해를 더 대비하여 함통 8년(867)에 마침내 과시에 등제한다.[28]

(2) 등제후 귀오(歸吳) 시기(의종 함통 8년. 867~희종(僖宗) 건부(乾符) 4년. 877)

피일휴는 2차의 응시에서 함통 8년(867)에 진사에 등제한다. 등제한 그 해에 관직에 오르지는 못한다. ≪군재독서지≫ (권4)에 진사에 등제한 후

---

24) 그의 「䢼鄃碑」(≪文藪≫ 권4)에 「五年春, 日休自淝陵之江左, 道出英六城下」라 함.

25) 「藍田關銘」(≪文藪≫ 권4)에 「六年皮子副諸侯貢士之薦, 入京. 程至藍田關, 覩山形關勢, 廻抱于天秀欲染眸, 危將驚魄. 噫, 將造物者心, 是而加力邪. 不然者, 何壯觀若斯之盛也」라 한 데서 藍田關을 지나면서 곧 長安에 들어간 것을 알 수 있다.

26) ≪唐摭言≫ 卷一統序科第條 참조

27) 함통 7년에 不登第한 사실은 「三羞詩序」(≪文藪≫ 권10)에서도 확인할 수 있다. 其一幷序에 「丙戌歲, 日休射策不上, 東退於肥陵」 其三幷序에는 「丙戌歲, 淮右蝗旱, 日休寓小墅于州東, 下第後歸之」라 한데, 여기서 肥陵은 壽州이며 이 곳에서 ≪文藪≫를 편했음을 알 수있다. ≪郡齋讀書志≫에서 「集乃咸通丙戌年, 居州里所編」이라 한 것은 거처가 襄陽이란 뜻인데, 이는 불합리하다. 이 점에 대해서 繆鉞은 「殆未細考」라고 기술하고 있음도 유의할만 하다(출처 기소개).

28) 등제시기는 ≪唐才子傳≫ 권8 에 「咸通八年, 禮部侍郎鄭愚下及第, 爲著作郎, 遷太常博士…」, ≪郡齋讀書志≫ 권4 중에 「咸通八年登進士第, 爲著作佐郎, 太常博士」, 그리고 ≪直齋書錄解題≫ 권16 에는 「日休咸通八年進士」라고 명기하고 있음.

의 사적을 두고서, 「저작좌랑과 태상박사가 된다. 건부 난리에 동으로 동관을 나와서 비릉부사가 되고 황소난 중에 적이 참언을 남겨 그 비방을 의심하여 마침내 해하였다」[29]라고 한 내용으로는 그의 관직의 연대를 파악할 수 없다. 그리고 ≪남부신서계(南部新書癸)≫에는 「피일휴가 태상박사를 지내고 후에 황소를 추종하여 화를 당하였다. 아들 광업이 오월의 승상이 되였다」라[30] 하고, 또 ≪당시기사(唐詩紀事)≫ (권64)에는, 「함통 중에 태상박사가 되고 난을 만나 오땅으로 돌아왔다. 황소가 강절지방을 치니 비겁하게 종군하여 서울에 이르러 한림학사가 되었다」라[31]고 한 기록으로는 피일휴가 등제 후에 저작좌랑·태상박사, 그리고 황소에게서는 한림학사를 역임한 것을 확인할 수 있을 뿐이다. 그런데, ≪북몽쇄언(北夢瑣言)≫에는 「일휴의 관직이 국자박사에 이르고 소주에 거하며 육구몽과 문우가 되었다」[32]라는 기록으로 보아서 국자박사도 역임한 것으로 되어 있으나, 다른 자료는 이 관직에 대해서 언급되어 있지 않아서 확인이 불가하다. 그러면 시기적으로 언제 이런 관직을 거쳤는지가 구명되어야 한다. 먼저 저작좌랑의 직분시기인데, 미우위에(繆鉞)는 등제 후에 작관을 못하고서 소주(吳)에 유행하고 다시 돌아와서 함통 13년 후에 태상박사가 되는 것으로 추정하는데,[33] 이것은 리우이앙중(劉揚忠)이 논한 바, 「함통 말 혹은 희종 건부 초에 피일휴는 다시 장안에 가서 태상박사에 임했다」[34] 라 한 이들 기록만으로는 저작좌랑(著作佐郎)의 시기가 나와 있지 않다. 단지 등제 당년에 잠시 역임하였으리라 유추될 뿐이다.

이어서 각종 자료에 나오는 「태상박사」의 시기 문제인데, 이 관직을 맡기까지 다른 관직과 유력의 시기가 중간에 들어 있음을 상정할 수 있으니, 피일휴가 등제한 다음 해에(868) 출경하여 동유(東遊) 즉 소주에 가는데, 그 길에 화산(華山)·숭산(嵩山)에 오르고, 변량(汴梁)에서 양주(揚州)를 거쳐 장강(長江)·진강(鎭江)을 건너서 고소(姑蘇) 즉 소주에 도달하는

29) 爲著作佐郎, 太常博士. 乾符喪亂, 東出關, 爲毗陵副使. 陷巢賊中, 賊遺爲讖文, 疑其譏己, 遂害之.
30) 皮日休歷太常博士, 後從巢寇遇禍. 子光業, 爲吳越丞相.
31) 咸通中爲太常博士, 遭亂歸吳中. 黃巢寇江浙, 劫以從軍, 至京師, 以爲翰林學士.
32) 官至國子博士, 寓蘇州, 與陸龜蒙爲文友.
33) 繆鉞의 註2) 논문에서 「他在咸通八年中進士後幷未作官, 九年東游至蘇州, 十年爲蘇州從事, 至十三年春仍在蘇州. 其後又到京, 爲太常博士」라 함.
34) 劉揚忠, 「皮日休簡論」; 「咸通末或僖宗乾符初, 皮日休再到長安, 任太常博士」(≪中國古典文學論叢≫·1984·北京)에 기술된 것임.

것으로 되어 있다.[35] 피일휴가 이같이 유력한 이유는 불명하지만, 그의 부득의한 현실에 대한 불만이 크게 작용한 것으로 본다.[36] 함통 10년(869)에 최박(崔璞)이 간의대부(諫議大夫)로서 소주자사로 부임하면서, 피일휴는 소주종사(蘇州從事)가 되니, 그의 ≪송릉집(松陵集)≫서에 보면,

> 10년에 대사간 청하공이 오에 목사로 나가니 일휴는 군종사로서 한 달을 거하면서 진사 육구몽이란 자가 있어 이 일을 꾸미니 수 편이 된다.[37]

여기에서 소위 「대사간청하공(大司諫淸河公)」은 바로 최박을 두고 말함이니, 이로부터 소주생활이 함통 13년까지 4년 간 지속된다. 그의 소주재임기간에 대해서는 피일휴가 「파산우당기(破山優堂記)」(≪全唐文≫ 권797)을 지은 시기가 함통 13년 2월 19일이며, 상숙령(常熟令) 주군(周君)을 위해 지은 것인 만큼(常熟은 蘇州 屬縣), 피일휴가 최소한 이 해(872) 봄까지는 오지(吳地)에 거주했음을 확인할 수 있다. 그러니까, 태상박사는 그 후 장안에 돌아와서 받은 직책이 분명하게 된다. ≪당시기사≫에 「함통 중에 태상박사가 되다(咸通中, 爲太常博士).」 (권64)라고 기재한 바에 의하면, 태상박사가 된 시기는 빨라도 함통 13년(872)에서 함통 14년(873) 사이가 될 것이며, 늦으면 희종 건부초(874년이 건부 원년)가 될 것이다.[38]

건부 2년(875)에 왕선지(王仙芝)가 의거하면서 피일휴는 제2차의 귀오(歸吳)를 하게 된다. 이 해에 황소가 왕선지에 가담하여 난을 일으키니, 피일휴 운명과 불가분의 관계를 갖게 되는 것이다. ≪군재독서지≫ (권4)에, 「건부년간에 난을 당하여 동으로 관변을 나서다(乾符喪亂, 東出關).」

---

35) 「太湖詩序」에 「咸通九年, 自京東游, 復得宿太華, 樂荊山, 賞文几, 度轘轅, 窮嵩高, 入京索, 浮汴渠至揚州, 又航天塹, 從北固至姑蘇」라 한데서 피일휴가 여행한 지역을 파악할 수 있다.

36) 劉揚忠은 「咸通八年皮日休再度入長安進士試, 以榜末及第. 但他幷波有因此獲得一官半職. 他在『春闈內宴于曲江, 醉寢別榻』(王讜 ≪唐語林≫ 권7) 的暫時歡樂之後, 便被當道者遺忘, 施展才幹和實現抱負的夙願無從實現」라고 東遊의 이유를 밝히고 있다.

37) 十年, 大司諫淸河公出牧于吳, 日休爲郡從事, 居一月, 有進士陸龜蒙者以其業見造, 凡數編 (≪全唐文≫ 권796).

38) ≪資治通鑑≫ 권252 唐紀六十八 懿宗咸通十四年 ; 「秋, 七月, 戊寅, 上疾大漸, 左軍中尉劉行深, 右軍中尉韓文約立少子普王儼. 戊辰, 制 ; 『立儼爲皇太子, 權句當軍國政事』 辛巳, 上崩于咸寧殿. 遺詔以韋保衡攝冢宰. 僖宗卽位」.

라고 한 부분은 바로 피일휴의 제2차 낙향을 말함인데, 건부 2년 이후이니까, 건부 5년 황소군이 회수를 건너기까지 3년 간 오지에 머물면서 ≪군재독서지≫ (권4)에 이른 바, 「비릉부사가 되어 황소 적중에 함락되다」[39] 라 한 것처럼 피일휴는 비릉부사(常州)를 지내다가 마침내 황소군에 매인 바 된 것으로 본다. ≪신당서≫ (권9)의 희종기(僖宗紀)에 「건부 5년 회수를 건느고 장강을 건너서 선주를 공격하고 8월에 항주를 공격하고 9월엔 월주를 공격하다」[40]라 한 것과 ≪당시기사≫ (권64)에, 「황소가 강절을 치니 겁내어 종군하다」[41]란 사실이 피일휴의 행적을 설명한 것이다.

(3) 황소란에 참여와 졸년

건부 5년(878)에 피일휴는 황소군에 참여하게 된다. 사대부로서 황소의 농민 기의에 가담한 것은 이상한 것이 되겠지만, 당시의 사회현상과 피일휴의 평소 사상을 본다면 충분히 이해할 수도 있다. 피일휴가 참여케 된 배경을 여기서 살펴 볼 필요가 있다. 당시 만당의 의종과 희종 시에 정치는 부패가 극에 달하고 계급상의 모순이 노정되면서 사회의 혼란이 오기 시작한다. 875년에 황소는 반란을 일으킨다. ≪구당서≫의 황소전에 보면,

> 희종이 어린 임금으로 조정의 일에 임하여 신하에 호령하였지만 남북의 관아가 서로 맞지 않아 혼탁한 지경에 이르니 붕당을 이루어 소인배들이 참소하고 군자는 도가 식으며 현사들은 강개하기 꺼려하여 초야에 물러나 일조에 변란이 있어 천하민심이 떠나매 황소가 일어났다. 인사들이 추종하자 황소는 사방에 격문을 발하니 장주가 올라와 조정의 피폐를 지적하였다.[42]

라고 하여 당시에 농민뿐만 아니라 유식자들도 다수 참여하였음을 알 수 있다. 피일휴의 의식에도 백성의 질고·정치부패에 동정하여 황소군에 가담한 것이 아닌가하고 상정하게 된다. 그 배경을 피일휴의 다음과 같은

---

39) 爲毗陵副使, 陷巢賊中.

40) 乾符五年渡淮, 渡江, 攻宣州, 入浙西, 八月, 攻下杭州, 九月, 攻下越州.

41) 黃巢寇江浙, 劫以從軍.

42) 僖宗以幼主臨朝, 號令出于臣下, 南衙北司, 迭相矛盾, 以至九流濁亂, 時多朋黨, 小人讒胜, 君子道消, 賢豪忌憤, 退之草澤, 旣一朝有變, 天下離心, 巢之起也, 人士從而附之, 或巢馳檄四方, 章奏論列, 皆指目朝政之弊. (권200下)

몇 가지 글에서 확인하게 된다. 즉, 피일휴는 첫째 지주출신이 아니다. 그의 생활은 유족하지 않아서, 「식잠서(食箴序)」(≪文藪≫ 권6)에 「피일휴는 어리고 빈천하여 먹는데 있어서도 스스로 좁쌀과 겨를 달게 먹을 따름이다」[43]라 하고, 「빈곤한 생활의 가을날(貧居秋日)」시에는,

> 정오에 머리에 관도 안 쓰고
> 곱게 앉아 홀로 수심에 잠기네.
> 빈가에 연기 불 드무니
> 부엌 밑에 벌레 소리나네.
> 문이 작아 거마에 부끄럽고
> 창고 비어 참새와 쥐에 부끄럽네.
> 온 방엔 겨울옷 없으니
> 베틀 소리는 산처녀 부러워하네.[44]

라고 한 것만으로도 피일휴의 소시의 생활이 윤택하지 않았음을 알 수 있다. 그리고 둘째로는, 피일휴의 위민(爲民) 의식이다. 그의 글에는 민중의 고통을 발하는 내용을 흔히 볼 수 있다. 그의 「칠애시 원로산(七愛詩 元魯山)」(≪문수≫ 권10)에서는,

> 내 원자지를 사랑하니
> 청렴하기 백이와 같네.
> 어머니를 수레에 태워 멀리 관직에 나가니
> 읍을 다스림에 흠이 없도다.
> 삼 년에 노산의 백성은
> 농사 잘 지어 잠시도 굶주리지 않고
> 삼 년에 노산의 관리는 청렴과 근신을 각자 지켰다네.
> 오직 노산의 샘만 마시고
> 오직 노산의 고사리만 캐네.[45]

이와같이 피일휴는 이상적인 관리란 현종 시의 염리(廉吏) 원덕수(元德

---

43) 皮子少且賤, 至于食, 自甘粢糲而已.
44) 亭午頭未冠, 端坐獨愁予. 貧家烟爨稀, 灶底陰虫語. 門小愧車馬, 廩空慙省鼠, 盡室未寒衣, 機聲羨邠女.
45) 吾愛元紫芝, 淸介如伯夷. 輦母遠之官, 宰邑無玷疵. 三年魯山民, 丰稔不暫飢. 三年魯山吏, 淸愼各自持. 只飮魯山泉, 只采魯山薇.

秀) 같아야 한다며 당시의 농민이 수탈 당하는 참상을 괴로워하였는데, 그의 「삼수시(三羞詩)」의 제3수시의 서(≪文藪≫권10)에 보면,

> 병술년, 회지에 누리의 재해와 한발이 있었으니, 일휴는 귀주동쪽의 작은 거처에 지내고 낙방 후에 거기로 돌아 가다가, 영천의 백성을 보니 집 떠난 사람이 길에 차고 밭이랑을 메우니 아비가 자식을 버리고 지아비가 처를 버리는 일도 있어서 가면서 울고 서서 구걸하니 아침에 떠나서 저녁에 죽는다. 아아! 하늘이 진실로 어질지 않으신가?[46)]

여기서 피일휴는 영천(潁川)의 백성들이 겪는 삶의 역경을 통한하고 있다. 이러한 의식이 사대부이지만 농민의거에 참여할 수 있는 내재적인 이유로 삼을 수 있을 것이다. 그러나 피일휴의 황소군에의 가담을 근본적으로 부인하는 설도 무시할 수 없다. 이의 증거는 피일휴의 증손인 피자양(皮子良)의 묘지명을 쓴 북송의 윤수(尹洙)의 글을 보면,

> 공의 휘는 자량이며 자는 한공이니 그 선조는 양양인이다. 증조부 일휴가 광명년간의 난리를 피하여 회계로 적을 옮겼다가 전씨가 그 땅에 왕이 되자 그에 의거하여 태상박사 직책을 받고 예부상서로 증수되었다 조부 광업은 오월국에서 승상을 지냈다.[47)]

라고 하여 피일휴가 광명(廣明)(僖宗의 연호)의 난에 전씨 밑에서 태상박사를 지냈다고 하였고 그 아들 광업이 오지에서 벼슬한 것까지 밝혀서 피일휴의 불가담을 확증하려 했다. 이 점에 대해서 육유(陸游)는 그것을 믿게 하는 기록을 남기고 있어 피일휴의 황소와의 행적에 의문을 제기해 놓았던 것이다. 육유의 ≪노학엄필기(老學菴筆記)≫ (권10)에서 보면,

> 문록에는 피일휴가 황소에 들어가 한림학사가 되었다가 황소가 패하자 주살되었다고 기술하였다. 지금 당서에는 그 사실을 취하고 있다. 내 생각으로는 윤사로가 지은 대리사승피자량묘지에 이르기를 <증조일휴가 광명의 난을 피하였다.…… 부친 찬이 원수부판관이 되었다. 삼대 모두 강동의 문호였다.> 이것에 의하면 일휴가 황소에 들어가 한림학사를 지내다 죽은 일이 없는 것이다. 그릇되고 헛된 말이 아닐 수 없다. 사로의 글이 전해짐

---

46) 丙戌歲, 淮右蝗旱, 日休寓小墅于州東, 下第後歸之, 見潁民轉徙者盈塗塞陌, 至有父舍其子, 夫損其妻, 行哭立丐, 朝去夕死 嗚乎, 天地誠不仁耶?

47) 公諱子良, 字漢公, 其先襄陽人. 曾祖日休, 避廣明之難, 徙籍會稽, 及錢氏王其地, 遂依之, 官太常博士, 贈禮部尙書. 祖光業, 佐吳越國爲其丞相. (≪河南先生文集≫ 권15).

이 정당하거늘 후세에 기만함이 아니다.[48]

라고 하여 육유는 피일휴의 가담을 근본적으로 부인하였다. 그리고 ≪자치통감(資治通鑑)≫ (권254) (「唐紀」70)에도 피일휴 부분에서 호삼성(胡三省)의 주에 이 글을 참고로 소개한 사실을 볼 수 있다. 이 기록이 틀렸다고 단언할 수는 없으나, 미우위에(繆鉞)와 시아오티페이(蕭滌非)는 육유의 기록을 믿지 않고 피일휴의 가담을 기정화하고 있다.[49] 피일휴가 황소군에 가담하고 나서, 한림학사가 된다(886년). 그의 한림학사 임명을 ≪자치통감≫에 기록하기를,

> 임진년, 황소가 함원전에서 황제에 즉위하매 …… 국호를 대제라 하고 연호를 원금통이라 하였다.……당의 관직 삼품 이상은 모두 정직되고 사품 이하의 직은 전과 같이 하다.…… 비전고가 추밀사 되고 태상박사 피일휴가 한림학사 되다.[50]

---

48) 該聞錄言皮日休陷黃巢爲翰林學士, 巢敗, 被誅. 今唐書取其事. 按尹師魯作大理寺丞皮子良墓誌稱; 『曾祖日休, 避廣明之難…… 父璨, 爲元帥府判官. 三世皆以文雄江東』 據此, 則日休未嘗陷黃巢爲其翰林學士被誅也. 小說謬妄, 無所不有. 師魯文章傳世, 且剛正有守, 非欺後世者.

49) 繆鉞은 「皮日休的事跡思想及其作品」에서 陸游의 설에 대해서 「可見陸游的意見對後世還發生相當的影響. 按五代兩宋人的著作, 無論正史或雜史筆記, 如≪新唐書≫·≪資治通鑑≫·≪北夢瑣言≫·≪南部新書≫·≪唐語林≫·≪唐詩紀事≫·≪郡齋讀書志≫·≪直齋書錄解題≫ 等, 都記載皮日休曾從黃巢, 幷于黃巢稱帝後爲翰林學士, 可見此事是極確實的. 尹洙作皮子良墓誌, 爲甚麽有不同的說法呢? 我們要知道, 皮日休參加農民起義這件事, 在封建社會士大夫, 對于他們祖先這件不體面的事情, 當然要設法隱諱, 而作墓誌銘照例是根據死者孫供給的材料, 雖然明知其中有不實之處, 也只好根據它去寫, 這是封建社會人情之常, 所以自來墓誌銘多溢美隱惡之辭, 最以善作碑文墓誌著稱者, 莫過于東漢蔡邕與唐代韓愈, 而蔡邕自稱有慙德, 韓愈被譏爲諛墓, 就是這個緣故. 我想, 北宋時皮氏子孫因爲要隱諱他們的祖先日休參加黃巢起義, 所以僞造事實, 說日休避廣明之難, 徙籍會稽, 及錢氏王其地, 遂依之, 而將皮日休在唐朝所作的官太常博士轉移于錢氏政權之下」라 하여 극히 냉혹한 평을 하였고, 蕭滌非는 「論有關皮日休諸問題」에서 「≪舊唐書≫外, 歐陽修的≪新唐書≫「黃巢傳」和司馬光的 ≪資治通鑑≫ (권254) 也都有記載. 根據這些最早的和比較早的記載, 皮日休黃巢翰林學士原可肯定, 不成問題. 但是也有人不相信, 大詩人陸游就曾一再爲皮日休辯護.....他攻擊≪新唐書≫喜取小說, 不知已早見于≪舊唐書≫, 而且, ≪新唐書≫成書比≪舊唐書≫要晩出一百一十五年, 要駁, 也得先駁≪舊唐書≫, 才是正理. 所以他這番辯護是不能成立的.....値得注意的是, 歐陽修還是尹洙的好友, 而≪新唐書≫成書又在墓誌之後, 更足證這是千眞萬確的事實」하고 하여 비교적 논리성이 있다.

50) 壬辰, 巢卽皇帝位于含元殿, 國號大齊改元金統. 唐官三品以上悉停任, 四品以下位如故.…… 費傳古爲樞密使, 以太常博士皮日休爲翰林學士. (권254, 「唐紀」七十僖宗廣明元年).

2. 시를 통한 교유

피일휴의 가장 친근한 시우는 말할 나위 없이 육구몽(陸龜蒙 ?~881)이지만, 후장의 「창화시(倡和詩)」 부분에서 양인의 시교를 상술하므로 본 절에서는 기타의 시우만을 개관하고자 한다.

피일휴가 육구몽을 만난 곳이 소주인데 중만당 이후의 문교의 중심이 관중에서 강남으로 옮겨 간 현상과[51] 안사란 이후의 진사급제한 자가 장안 출신보다 소주 출신이 더 많은 것을 보아도[52] 피일휴가 만년에 소주를 중심으로 한 교우는 매우 의미가 있다고 본다.

피일휴의 시에서 증수된 시우는 최로(崔璐)·장분(張賁)·위박(魏朴)·양소업(羊昭業)·이곡(李穀)·최박(崔璞) 등 관우들과 청원도사(淸遠道士)·이련사(李錬師)·적상인(寂上人)·경암주존사(鏡巖周尊師)·지산남봉승(支山南峰僧) 등 종교인, 그리고 신라의 홍혜상인(弘惠上人)·일본의 원재상인(圓載上人) 등을 들 수 있는데, 관우들과의 교류는 오지에서 하나의 문학단체를 형성한 듯 우의가 심대하였음을 엿보게 된다. 다음에 그 관계를 살펴보고자 한다.

(1) 장분(張賁)(867년 전후) ; ≪당시기사≫에 「자는 윤경이며 남양인으로 대중간에 진사급제하다. 당말에 광문박사가 되고 오 땅에 머물며 피육 2인과 교유하다. 그 시는 여정의 감회가 많다」 (권64)[53] 라고 하여 피일휴가 오지에서 만난 육구몽 다음으로 시교를 나눈 자취를 보인다.[54] 피일

---

51) 錢穆 ≪國史大綱≫第七編 「南北經濟文化之轉移」 참고

52) 陳正祥, ≪中國地理≫에 長安人은 41인, 蘇州人은 44인. 韋應物이 蘇州刺史時의 작인 「郡齋雨中與文士宴集」에 「吳中盛文史, 群彥今汪洋」라 한 데서 소주의 文興을 알 수 있음.

53) 張賁에 관해 ≪全唐詩≫ (권631)에는 「嘗隱于茅山, 後寓吳中, 與皮陸游, 詩十六首」라 함. ≪당시기사≫ : 「字潤卿, 南陽人, 登大中進士第. 唐末爲廣文博士, 寓吳中, 與皮陸二生遊, 其詩多覇旅感激」

54) 피일휴의 張賁에 관한 시를 보면, 「江南道中懷茅山廣文南陽博士三首」·「魯望示廣文先生吳門二章」·「懷華陽潤卿博士三首」·「南陽潤卿將歸雷平因而有贈」·「南陽廣文欲於荊襄卜居因而有贈」·「初冬偶作寄南陽潤卿」·「寄潤卿博士還華陽」·「奉和魯望寄南陽廣文次韻」·「寄懷南陽潤卿」·「寄潤卿博士」·「醉中即席贈潤卿博士」·「潤卿遺青 飯兼之一絶聊用答謝」·「奉和魯望招潤卿博士辭以道侶將至作」·「潤卿魯望寒夜見訪各惜其志遂成一絶」·「寒夜文讌潤卿有期不至」 등이 있으며, 張賁의 皮日休에 관한 시로는 「酬襲美先見寄倒來韻」·「奉和襲美醉中即席見贈次韻」·「奉和襲美題褚家林

휴의 「취중에 윤경박사에게(醉中卽席贈潤南博士)」시에서 「사안이 사십여에 일어나니 절로 고아하고 한가로이 몇 년을 득의하다」[55]라고 한 것에서 장분이 피일휴 보다 연장자로 보이며, 모산(茅山)에 은거하며 도교를 받들어 피·육 양인에 영향을 준 것으로 보인다.[56] 피·장 양인은 소주에서의 시교가 각별한 듯 속탈적 의취가 고결한 우정을 보여 준다. 피일휴의 시 「화양 윤경박사 삼수(華陽潤卿博士三首)」중 제1수를 보면,

> 선생은 줄곧 허황만을 일삼아
> 천시단 서쪽에서 속세를 잊고
> 좁은 방에서 거북 기르며 기의 비결을 찾고
> 약 뜨는 숟가락으로 개 먹이며 신선 길 찾네.
> 고이 석뇌 찾아 옷자락 느슨하고
> 고이 송진 다듬으니 뜰 낙엽 향기 나네.
> 현인 찾아 부른단 말 들었거늘
> 어느 날이나 좋은 때 올지.[57]

이 시에서 장분의 도가에 심취한 평소의 생활을 적절히 묘사하며 경의를 표현하고 있음을 알 수 있다. 한편, 장분의 「습미와 학을 애도하며(悼鶴和襲美)」에서는,

> 멋진 머리 붉은 털 품위 어울리고
> 들녘에 한가로이 홀로 섰는데
> 아련히 해 저무는데 동풍이 일어나니
> 표연히 봄 하늘에 흩날리는 한 조각 구름.

라고 하여 피일휴에 대한 담아한 정회를 학을 애도하며 진솔하게 표출

亭」·「奉和襲美傷開元觀顧道士」·「奉和襲美先輩悼鶴」·「和襲美寒夜見訪」·「和襲美醉中先起次韻」·「和皮陸酒病偶作」·「以清　飯分送襲美魯望因成一絶」·「悼鶴和襲美」·「偶約道流終乖文會答皮陸」 등 16수 중에서 11수나 된다.

55) 謝安四十餘方起, 猶自高閑得數年.

56) 陸龜蒙의 「和襲美寄廣文先生」에 「忽辭明主事眞君」이라 하고 또 「送潤卿博士還華陽」에서 「共是虐皇簡上仙, 淸詞如羽欲飄然」라 한 데서 장분의 신세를 알 수 있다.

57) 先生一向事虛皇, 天市壇西與世忘. 環堵養龜看氣訣, 刀圭餌犬試仙方. 靜探石腦衣裾潤, 閑鍊松脂院落香. 聞道徵賢須有詔, 不知何日到良常.

하고 있어, 양인의 선적 교분을 긍정하게 된다.

(2) 최로(崔璐) ; ≪당시기사≫에 「함통 7년 진사에 급제(登咸通七年進士第)」라 하고 시로는 「피선배의 작을 보고 십운시를 지어 올림(覽皮先輩盛製因作十韻以寄用伸欸仰)」 (≪全唐詩≫ (권631)이 있는데, 피일휴에 대한 경외가 넘친다. 그 일단을 보면,

양양의 뛰어난 선비
준일하기 용 같은 말이요
용감하기 노중유이며
문장은 사마상여로다.
웅혼하여 강하같이 넓으며
우아하기 도리 꽃을 더한 듯
소언에 빈틈이 없고
대언은 공허함 막았도다.
(중략)
이미 증삼의 언행 지닌데
군자다운 선비를 겸하였도다.
내 하늘의 뜻 아노니
문하성에 거하시어
천금같은 몸을 잘 보중하여
만백성의 모범이 되어야 하오.58)

이같이 피일휴의 기상과 인품, 그리고 평소의 존경심을 진솔하게 묘사하여 그 우의를 표현하였고, 피일휴도 「최로 진사에게(奉酬崔璐進士見寄次韻)」에서 양인의 격의 없는 우정을 토로하여 후배의 장래를 격려해 주고 있는데, 그 일단을 보면,

그대와 나 어리고 가난하나
품성은 스스로 남달랐지.
어려서 도리 잘못된 줄 알고

58) 襄陽得奇士, 俊邁直龍駒. 勇果魯仲由, 文賦蜀相如. 渾浩江海廣, 葩華桃李敷. 小言入無間, 大言塞空虛. (中略) 既有曾參行, 仍兼君子儒. 吾知上帝意, 將使居黃樞. 好保千金體, 須爲萬姓謨.

임금의 부명 바로 하려 마음 두었지.
뜻은 바다 위의 매를 넘고
행실은 수레 아래 말도 굽히네.
마음대로 옛글 짓고
하는 일 모두 득의하네.
　(중략)
문장은 업하의 수재요
기상은 엄중의 선비라네.
나의 이 뜻을 펴서
그대 중추부 지키기 바라네.
창생의 눈이 주시하나니
반계의 길일랑은 걷지를 마오.[59)]

여기서 말6구는 최로의 재모를 높이고 전도를 기대하는 진실한 면려의 의취가 담겨 있음을 알 수 있다.

(3) 위박(魏朴) ; 자는 불탁(不琢). 피일휴의 「오황시서(五晄詩序)」에 「비릉처사 위군 불탁은 기질이 곧고 의지가 호방하여 비릉에 거한지 무릇 24년 동안 문을 닫고 학문을 정진하다」[60)]라 하여 위박에 대한 친분을 보여 준다. 피일휴의 「비릉 위박 처사에게(寄毘陵魏處士朴)」 시에 보면,

술 좀 취해 기껏 찬 달을 노래하고
많이 여윈 몸 비스듬히 찬 구름에 누은 듯
토끼 가죽 이불 따스하고 조각배 안온한데
뉘와 회수의 칠리탄에서 뱃놀이할까?[61)]

여기에서 은거 중에 한기 서린 절이지만 더불어 놀 수 있는 친구가 있음을 그리워하는 심회를 엿볼 수 있으며 위박도 「피일휴와 학을 애도하며(和皮日休悼鶴)」(제2수)에서,

---

59) 伊余幼且賤, 所稟自以殊. 弱歲謬知道, 有心匡皇符. 意超海上鷹, 運踞轅下駒. 縱性作古文, 所爲皆自如. (中略) 文章鄴下秀, 氣貌淹中儒. 展我此志業, 期君持中樞. 蒼生眼穿望, 勿作磻谿謨.

60) 毘陵魏君不琢, 氣直而志放, 居毘陵凡二紀, 閉門窮學.

61) 醉少最因吟月冷, 瘦多偏爲臥雲寒. 兎皮衾暖蓬舟穩, 欲共淮遊七里灘(末四句)

가을 지나니 송옥이 슬퍼한 듯 쓸쓸한데
더구나 학 새끼가 어젯밤 죽었다고 하네.
서리 낀 새벽에 일어나 물을 곳 없어
옆의 스님 가리키며 연못가만 맴도누나.[62]

라고 하여 죽은 학에 대한 애절한 심경을 그리면서 우정의 순백함을 보여 준다.

(4) 양소업(羊昭業) ; 자는 진문(振文)이며, 함통 9년에 진사에 급제하고 함통 11년에 소주에서 피육 양인과 교유하며, 이 해 말에 소업이 성친하러 계양(桂陽)에 간다. 여기서[63] 소업의 「피습미의 작은 연회에서(皮襲美見留小讌次韻)」(≪全唐詩≫ (권631)는 피일휴가 안질에 걸려 음주할 수 없는 상태에서의 주연이지만[64] 우정의 온화함을 말4구에서 볼 수 있다.

아름다운 경물 짙은 속에 마냥 취하건만
따스한 바람 상쾌한데 꾀꼬리 소리 어울도다.
이 몸 못났으나 관청의 촛불 밝히고
멋진 주연 밤새도록 벌려나 보세.[65]

한편, 피일휴는 계양(桂陽)으로 떠나는 양선배(羊先輩)에 대한 안위의 정을 담은 송시의 일단에서 양인의 교분이 두터움을 알 수 있다.[66]

악사는 물가에서 부절을 맞고
풍모 신은 구름 뚫고 신기를 피하네.
끝없는 상수에서 이소의 한을 달래며
그대 여기 떠나니 궁궁이풀로 인사하네.[67]

---

62) 經秋宋玉已悲傷, 況報胎禽昨夜亡. 霜曉起來無問處, 伴僧彈指遶荷塘.

63) ≪登科記考≫ 권23에 昭業이 「咸通九年進士第」라 하고 甫里文集八 「二遺詩序」에 「咸通十一年在蘇州與皮陸遊宴唱酬」라 함.

64) 羊昭業의 상기시 끝에 (≪全唐詩≫) 「時襲美眼疾未平不飮酒故云」이라 부기되어 있음.

65) 芳景漸濃偏屬酒, 煖風初暢欲調鶯. 知君不肖然官燭, 爭得華筵徹夜明.

66) 피일휴가 羊昭業을 소재로 한 시는 상기시 이외에 「偶留羊振文先輩及一二文友小飮日休以眼病初平不敢飮酒遺侍密還因成四韻」시가 있음.

67) 竹人臨水迎符節, 風母穿雲避信旗. 無限湘中悼騷恨, 憑君此去謝江蘺. (「送羊振文先輩往桂陽歸覲」)

(5) 이곡(李穀) ; 자는 덕사(德師). 절동관찰추관(浙東觀察推官) 및 전중시어사(殿中侍御史)를 지내면서[68] 피·육 양인과 교유하면서 피일휴는 2수의 시를, 이곡은 4수를 서로를 위해 남기고 있다.[69] 피일휴는 「절동 덕사 시어 나부가 서로 귀환함을 전송(奉送浙東德師侍御羅府西歸)」에서 별정(別情)의 상심을 그리며 우정을 토로하고 있다. 그 말 4구를 보면,

바다의 달로 서울소식 삼고
따스한 바람으로 주선을 보내리라.
여기 은혜 입은 곳 기억하리니
시골뜨기 오 땅의 하늘 원망하지 말아주오[70]

그리고 이곡의 「절동 나부가 서로 귀환하매 장광문. 피선배. 육수재를 보내며(浙東羅府西歸酬別張廣文皮先輩陸秀才)」에서는(말4구),

빛나는 문재는 오땅에 떨치고
떠도는 화월 같은 자태 진대의 명현 닮네.
서로 만나서 너무 늦게 안 것 한하노니
이별가 한 곡이 또 어인 말인가.[71]

라고 하여 양인의 상봉이 너무 늦은 아쉬움을 토로하고 있다. 이상의 교우 외에 피일휴에게 준 작품을 남긴 시인으로 오융(吳融)·최박(崔璞)·정벽(鄭壁) 등이 있다.[72]

68) ≪唐詩紀事≫ 권64云 ; 「字德師, 咸通進士也. 唐末爲浙東觀察推官兼殿中侍御史. 日休松陵集序云 ; 『南陽廣文潤卿·隴西侍御德師, 咸旅泊之際, 善其所爲, 皆以詞致師, 詞之不多, 去之速也.」

69) 皮日休가 준 시로는 「奉送浙東德師侍御罷府西歸」·「醉中先起李穀戲贈走筆奉酬」 등이 있고, 이곡이 준 시로는 (≪全唐詩≫ (권631)) 「浙東罷府西歸酬別張廣文皮先輩陸秀才」·「和皮日休悼鶴二首」·「醉中襲美先月中歸」 등이 있음.

70) 空將海月爲京信, 尙使樵風送酒船. 從此受恩知有處, 免爲傖鬼恨吳天.

71) 照曜文星吳分野, 留連花月晋名賢. 相逢只恨相知晩, 一曲驪歌又幾年.

72) 吳融은 「和皮博士赴上京觀中修靈寶齋贈威儀尊師兼見寄」·「高侍御話及皮博士池中白蓮因成一章寄博士兼奉呈」(≪全唐詩≫ 권684)이 있고 崔璞은 「奉酬皮先輩霜菊見贈」가 있으며, 鄭壁은 「和襲美索友人酒」(上同) 등이 있음.

Ⅲ. 시의 양면적인 성격

만당의 시를 놓고 호불호를 논하는 평가를 볼 때마다, 그 기준을 선정한 자체가 모순점을 내포할 수 있다고 본다. 엄우(嚴羽)는 오직 한위성당시(漢魏盛唐詩)만이 제1의이고 대력 이후와 만당시는 제2의라고 주창한 것은 주지의 사실이었고[73] 비근한 예로서 송대 완일열(阮一閱)도 이르기를,

> 만당인의 시는 좀 공교로와서 풍소의 맛이 없다.[74]

라든가, 또 이어서 이르기를,

> 당대 만년의 시인은 이백·두보 같은 호방한 격조가 없으나, 정밀한 의취가 높다.[75]

라고 한 것은 모두 중국 시론의 보편적 의식의 표현이라 하겠다. 치엔중수(錢鍾書)는 육유(陸游)의 시가 송대의 것이지만, 어찌 이 시를 송시라 할 수 있을까 하면서 시대적, 풍격적 제한에 의해서 시를 일괄적으로 품평하는 것을 중국문학비평의 문제점으로 지적한 바 있다.[76] 피일휴가 비록 만당인이지만, 그 시 자체를 놓고 볼 때 만당시의 범주에 국한시켜서 평가해선 안 되는 이유도 여기에서 예외가 될 수 없다. 피일휴가 성·중·만당의 시풍을 광범위하게 포용하고 있다는데 그 평가의 범주로 삼아야 할 것이며, 여기서도 그런 맥락에서 조명하려 한다.

피일휴는 ≪문수(文藪)≫의 서에서 기술한 바 420수(≪全唐詩≫에 의거)와 수집 보충된 9수 등 그의 시가 모두 429수인데, 멍이아오(孟瑤)가 백거이(白居易)를 숭배하고 시풍이 「소박하고 강건하여 범상한 소리와 같

73) ≪滄浪詩話≫·「詩辨」;「漢魏晋與盛唐之詩, 則第一義也. 大曆以還之詩, 則小乘禪也, 已落第二義矣. 晩唐之詩, 則聲聞辟支果也」이에 대한 해석은 졸저 「중국 시화의 시론」 (푸른사상 2003)참고

74) 晩唐人詩多少巧, 無風騷氣味(≪詩話總龜≫ 卷之五).

75) 唐之晩年詩人無復李杜豪放之格, 然亦務以精意相高」(上同 卷之五).

76) 錢鍾書 ≪談藝錄≫ 권1 참고

지 않다(樸素剛健, 不同凡響)」[77]라고 한 것은 피일휴시의 사실성(寫實性)을 인정하는 것이며, 옹방강(翁方綱)이 「한유와 맹교는 너무 검박하고 피일휴와 육구몽도 같은 부류인데 실로 한유와 맹교 이후 뒤지지 않는 바이다」[78](≪石洲詩話≫ 권2)라 함도 멍이아오가 말한 바 「박소(樸素)」와 한 줄기인데, 이는 단지 시의 일단만을 본 것이려니, 피일휴 자신은 그의 문학이 이론상으로도 깊은 경지에 들었음을 간과해서는 안될 것이다. 그는 ≪문수≫ 원서에서,

> 문장은 이치를 다하는 것을 귀히 여기고, 이치는 마음을 바탕에 둠을 귀히 여긴다.[79]

라고 하였고, 「녹문은서(鹿門隱書)」(≪文藪≫ 권9)에는,

> 문학이 사람에 있어, 비유컨대 약을 잘 쓰면 고쳐지나, 잘못 쓰면 오히려 해가 됨과 같다.[80]

라고 한데서 그의 시관이 심오한 시정과 인품의 수양에 주안점을 두었음을 알 수 있다. 그의 성격이 반항적이며 「명분에 지식을 바람이 없다(名無求知)」(「動箴」· ≪文藪≫ 권6)라 하듯 비타협적인 결벽이 그의 시에 주된 조류로 작용된 것을 알 수 있다.

피일휴 시는 함통 8년(869)에 진사급제의 시기를 분계로 하여 그 이전을 전기시, 그 이후를 후기시로 내분할 수 있다. 이는 전기의 시에 현실주의시론이 형성되어 사실주의적인 시를 구사함에 따라 백거이를 이어서 만당의 신악부를 재현하였고[81] 후기의 시는 주로 오중(吳中)에 있던 시기

---

77) 孟瑤, ≪中國文學史≫ p.292 참고

78) 韓孟太儉, 皮陸一種, 固是韓孟後所不可少.

79) 文貴窮理, 理貴原情.

80) 文學之於人也, 譬乎藥善服有濟, 不善服反爲害.

81) 피일휴의 전기시는 후기시에 비해 극소하여 대개 35수를 열거할 수 있다. 그러나 劉揚忠은 「就作品數量言, 前期少而後期多 ; 就作品的思想藝術成就而言, 却是前期遠遠高過後期」(「皮日休簡編」 p.197: ≪中國古典文學論叢≫ 1집) ; 「三羞詩三首」, 「七愛詩(「房杜二相國」·「李太尉」·「徵君」·「元魯山」·「李翰林」·「白太傅」七首)」·「正樂府(「卒妻怨」·「橡媼歎」·「貪官怨」·「農父謠」·「路臣恨」·「賤貢士」·「頌夷臣」·「惜義鳥」·「誚虛器」·「哀隴民」 등 10수)」·「奉獻致政裴秘監」·「秋夜有懷」·「喜鵲」·「蚊子」·「鹿門夏日」·「偶書」·「讀書」·「貧居秋日」·「閑夜酒醒」·「秋江曉望」·「旅舍除夜」·「過雲居院玄福上人舊居」·「陪江西裴公游襄州延慶寺」·「西塞山泊漁家」·「襄州春遊」·「送從

의 작으로서 한유풍의 기험과 예술적인 유염한 기풍, 그리고 민가풍의 시를 남기고 있기 때문이다. 한편, 본론에 앞서 참고로 소재별로 피일휴를 분류하면 다음 표와 같다.

소 재	서 정	여 정	우 의	봉 화	도승불사	기 증	영 물
시 수	35	13	37	32	21	74	84
소 재	서 경	품 인	영 사	송 별	풍 자	애 도	주 락
시 수	37	8	32	13	14	5	24

상기 도표에 부연하여, 육구몽과의 창화시는 이 중에 141수에 달하여 특히 영물과 서경에서 그 특색을 보이고 있다.[82]

1. 주제별 시 내용

상기한 바, 피일휴의 창화시가 절대 다수를 차지하고 있다. 이것은 육구몽과의 관계된 시를 중심으로 한 것인데, 본고에서는 이 창화와 영회, 서경 그리고 송별과 영물을 주제로 한 시를 들 수 있는데, 영회와 영물은 내용상 풍격 부분에서 살피기로 하고 본문에서는 창화(倡和)과 송별 그리고 서경 부분만을 살펴보고자 한다.

(1) 창화－육구몽과의 관계

피일휴와 육구몽간에 행해진 화답시들이 이에 속한다. 피일휴에 관해서는 이미 서술하였고, 육구몽이 피일휴에 준 화시(和詩)도 173제에 달하니, (≪全唐詩≫ 권617~630) ≪사고제요(四庫提要)≫에 「송릉집 10권에서 필일휴와 육구몽의 작이 342수 나머지 사람이 31수이다(松陵集十卷, 皮陸之作三百四十二首, 餘人三十一首)」라고 한 서술과 숫자의 출입이 있으나 상근한다고 하겠다.[83] 양인의 상봉시기는 함통 10년 피일휴가 등제하고도

弟歸復州」(≪文藪≫ 권10의 시를 재록한 것임).

82) 육구몽의 「漁具詩」에 「奉和魯望漁具十五詠」·「樵人十詠」에 「奉和魯望樵人十詠」·「添酒中六詠」에 「奉和添酒中六詠」·「四明山詩」에 「奉和魯望四明山九題」·「夏日閑居作四聲詩寄襲美」에 「奉酬魯望夏日四聲四首」 등을 예로 들 수 있다.

83) ≪唐音癸籤≫권30 同 「一倡和」조에는 「松陵集 皮日休在吳郡幕府與陸龜蒙酬倡詩, 六百五十八首,

작관되지 못한데서 오는 오지(吳地. 蘇州 포함)에로의 낙향 시기에 만난 것으로 추정한다.[84] 피일휴의 창화시는 한정일치(閑情逸致)하다고 평가하여,[85] ≪당음계첨(唐音癸籤)≫ 권8에 이르기를,

> 피일휴가 급제하기 전에는 시가 소박하고 난삽하여 무미한데, 급제 후에 송릉에서 교유하던 「태호 등 여러 편」같은 것은 시제가 트이고 기염한 구가 풍부하다.[86]

라고 기술한 것과 유관하니, 이는 산천을 유람하며 화창한 데에 그 기풍을 드러낸 경우라 할 것이다. 「태호시(太湖詩)」(870년 작)를 보면, 이 시의 서에 황노술(黃老術)을 배워 당시의 소주자사 최박(崔璞)의 명에 의해 태호에서 제사드리고 유람하면서 지은 시라고 자술하고 있는데, 「그 중에 신령하고 기이함이 있으니 황노를 배우는 무리가 그것을 즐겨서 돌아오지 않은 이가 많았다(其中有靈異, 學黃老徒樂之, 多不返).」라고 하였듯이 시 자체가 신비하고 괴탄한 환상세계를 그리듯 묘사되어 있다. 피일휴의 태호시 중에 「도화오(桃花塢)」를 보면

무성한 숲새로 남령을 넘어
종일토록 숲 그늘 꿰뚫었네.
이주 깊은 곳 이 언덕에 오르니
흥이 나서 초탈하여지네.
언덕 이름 있다 하나
도화꽃은 보이지 않네
아마도 무릉계인가!
스스로 문을 닫고 일월의 선계에 드니
산봉우리 작은 정사에 의지코

十卷」이라 기재됨. 그리하여 姚珪의 「皮日休陸龜蒙唱和詩研究」(臺大 碩士論文) p.89-90에는 ≪松陵集≫(明崇禎九年顧氏詩瘦閣刻本)의 수록내용을 도식화하여 열거하고 있다.

84) 繆鉞은 「皮日休于咸通十年在蘇州認識陸龜蒙, 很欣賞他的詩才, 以爲其才之變, 眞天地之氣 (「松陵集序」) 此後數年中,他們二人時常唱和, 共作三百餘首,再附以其他友人相隨酬唱之作, 編爲松陵集十卷」(≪皮日休的事跡思想及其作品≫)이라 하고, 劉揚忠은 「咸通十年(869), 崔璞以諫議大夫出爲蘇州刺史, 聘他爲州軍事判官. 日休就任之後一個月, 適逢吳地大名士陸龜蒙以所幷謁崔璞, 于是皮·陸二人得以結識」(「皮日休簡論」)이라 한데서 그 상봉시기를 인술함.

85) 繆鉞은 「松陵集中皮日休詩內容多寫閑情逸致......」(전게서)라 함.

86) 皮襲美未第前詩尙朴澁無采. 第後遊松陵, 如太湖諸篇, 才筆開横, 富有奇艶句矣.

산 고개 버려진 밭대기 대하고 있네.
굴을 따라 멋대로 돌아들고
구름을 잡아서 느긋이 풀어놓네.
한가론 새 아득히 울어 대고
험상궂은 검은 원숭이 돌 비탈에 잠자네.
산들바람 짙게 깔린 산 안개에 불어대고
푸른 먼지 가벼이 흩날리네.
맑은 그늘 학의 잠 덜고
빼난 경색은 이내 갈증 달랜다.
대 두드려 쟁그렁 소리나고
샘을 희롱하여 다투어 울어댄다.
텅빈 재실엔 솔잎 끓이고
밥으로는 이끼를 조리하네.
공연히 도화오의 그이가 부러우니
종신토록 버선을랑 안 신으시니![87]

이 시의 제4구에서 제8구까지는 탈속의 무릉도원경을 그렸고, 말2구는 유현한 출세은둔의 의식이 깊게 새겨 있으니 그 예를 더 추출하자면,

願風興良便, 吹入神仙宅. (「初入太湖」)
欲問包山神, 來賖小巖壑. (「曉次神景宮」)
對彼神仙窟, 自厭濁俗形. (「入林屋洞」)
我願與之遊, 玆焉託靈質. (「投龍潭」)

이들은 속세를 초탈한 피일휴의 창화시의 특성을 보여 주는 것이다. 그리고 그의 창화시의 다른 하나의 특색으로는 구어를 다용하고 있다는 점이다. 예컨대,

찌든 산짐승 이렇게 말랐구나.

87) 夤緣度南嶺, 盡日穿林樾. 窮深到玆塢, 逸興轉超忽. 名塢雖然在, 不見桃花發. 恐是武陵溪, 自閉仙日月. 倚峰小精舍, 當嶺殘耕垈. 將洞任廻環, 把雲恣披拂. 閑禽啼叫窱, 險狖眠硉矹. 微風吹重嵐, 碧埃輕勃勃. 淸陰減鶴睡, 秀色治人渴. 敲竹鬭錚鏦, 弄泉爭咽溫. 空齋蒸柏葉, 野飮調石髮. 空羨塢中人, 終身無履襪.

貧養山禽能箇瘦 (「夏首病癒因魯望」)

위에서 「能箇瘦」는 「如此瘦」라는 뜻으로 '能'은 「이렇게(如此)」로 풀이되니 당대의 구어이다. 변문 「불설아미타경강경문(佛說阿彌陀經講經文)」의 「붉은 입술 이렇게 매우 길게 드리다(紅嘴能深練尾長)」에서 '能'도 같은 의미이며 「유마힐경강경문(維摩詰經講經文)」의 「붉은 깃발 펄럭이니 이리도 붉구나. 흰 이가 가지런하니 이리도 희고 깨끗하네」[88]에서 '能'자 역시 같은 의미로 쓰임을 보면 명확하다. 그리고 이어서,

전에는 근심으로 떠났으나 뒤에는 취하여 오도다.[89]

여기에서 '將'자는 '帶領'의 뜻으로 또한 당대(唐代)의 구어이며, '敎'의 용례도,

편안히 이로써 인사를 숨기어 자손에 알리지 말지라.[90]

위에서와 같이 사역형의 허자로 쓰이는 것을 알 수 있으니, 더 예를 들면,

不知入夜能來否, 紅蠟先敎刻五分. (「奉和再招」)
應是天敎開汴水, 一千餘里地無山. (「汴河懷古」)

등을 들 수 있다. 그리고 현대어의 「是」와 「好」의 용례가 그 당시에 창화시에 이미 동의어로 사용되고 있었으니,

斸煙栽藥爲身計, 負水澆花是世功. (「魯望以花翁之什見招因次韻酬之」)
石墨一研爲鳳尾, 寒泉半勺是龍睛. (「以紫石硯寄魯望兼酬見贈」)
兩地有期皆好用, 不須空把洗溪聲. (「以紫石硯宿魯望兼酬見贈」)
無事有杯持永日, 共君惟好隱牆東. (「奉和魯望曉起廻文」)

---

88) 朱旂旖旎, 能赤能紅. 雪齒齊平, 能白能淨.
89) 以前雖被愁將去, 向後須敎醉領來. (「奉酬魯望惜春見宿」)
90) 居然自是幽人事, 輒莫敎他孫壽聞. (「臨頓宅將有于歸之日魯望以詩見貺因抒懷酬之」)

등을 들 수 있다. 피일휴의 수다한 구어 사용은 특히 근체시에서, 그리고 창화시에서 상용되고 있는데, 이것은 상호간 친분이 두터운 지기에게 격의 없이 절친감을 느끼며 쓰여진 데에 그 이유를 부여할 수 있다.[91]

(2) 송 별

어느 시인이든 송시는 인간의 순수한 「相者定離」의 심정을 토론하고 있다. 그 대상이 누구이든 애상이 깃든 송시이므로 그 속에는 우수·비애·연모 등이 스며들어 있다. 그런데 피일휴의 송시는 슬프지 않다.[92] 출사하는 우인에 대한 축의가 넘치고 온화한 격려의 우정이 있는가 하면, 한편 선기(仙氣)가 서려 있기도 하다.

慇懃莫笑襄陽住, 爲愛南溪縮項鯿. (「送從弟皮崇歸復州」)
不奈此時貧且病, 乘桴直欲伴師遊. (「重送」)

등은 우정이 넘치는 심회의 표현이며,

文如日月氣如虹, 擧國重生正始風. (「送令狐補闕歸朝」)
朝衣正在天香裏, 諫草應焚禁漏中. (上同)
五羊城在蜃樓邊, 墨綬垂腰正少年. (「送李明府之任海南」)

등은 우인의 임관을 축하함이며,

名卿風度足杓斜, 一舸閑尋二許家. (「送董少卿游茅山」)

구는 선기가 넘치고,

二千餘字終天別, 東望辰韓淚灑襟. (「庚寅歲十一月」)

---

91) 姚珪의 ≪皮日休陸龜蒙唱和詩硏究≫ p.120에 「詩人唱和詩, 心目中已有一熟稔的特定讀者, 因此傾向於使用較不正式的語彙」.

92) 피일휴의 송시로는 「送從弟皮崇歸復州」·「送令狐補闕歸朝」·「送李明府之任海南」·「庚寅歲十一月新羅弘惠上人與本國同書請日休靈鷲山周禪師碑將還以詩送之」·「送潤卿博士還華陽」·「臘後送內大德從勗遊天台」·「送董少卿游茅山」·「奉送浙東德師侍御罷府西歸」·「送羊振文先輩往桂陽歸覲」·「送圓載上人歸日本國」·「重送」 등이 있음. (≪全唐詩≫에 의거)

구는 송시의 본령인 애상이 담긴 표현이다. 피일휴의 송시에는 시어가 정연하고 묘사가 근엄한 것이 독특하며 특히 송시에서 도인에 대한 송시는 별미의 경지를 보인다. 이제 「천태에 유람을 떠나 보내며(臘後送內大德從勗遊天台)」를 보건대,

흩어져 겹친 구름 하늘에 드리운데
대군의 은사 이어져 있네.
서리 속의 탁발 하나면 바랄 말 없고
호수가의 외로운 쪽배 참선을 그치지 않네.
꿈에 경루에 드니 찬 달이 있고
가다가 석수를 지나니 추워서 안개 없구나.
그 때 거울일랑 무엇에 쓰니?
오월의 풍치가 주연자리에 가득하도다.[93)]

이 시의 어느 면에도 송시의 우수가 없지만, 제2연의 「無辭乞」이나 「孤舟」라든가, 제3연의 '寒'자 '凍'자, 그리고 '有'자와 '無'자의 의취와 제4연의 홀로 보는 경치 묘사의 고독을 표출하는 작법은 세련미를 읽을 수 있게 한다.

(3) 서 경(敍景)

시의 경물묘사는 경중유정(景中有情)의 특성을 중시하는데,[94)] 피일휴시에 있어서도 예외가 아니다. 이것은 '景'과 '情'이 따로이 묘사된 듯하면서 사실은 서로 다른 것이 아닌 정경분사(情景分寫)의 경우와, 경중(景中)에 정을 담고, 정중(情中)에 경을 싣고 있는 정경교융(情景交融)의 경우로 세분하여 볼 수 있다.[95)] 먼저 전자의 예로서 「가을 강 새벽에(秋江曉望)」를 보면,

---

93) 講散重雲下九天 大君恩賜許隨緣 霜中一鉢無辭乞 湖上孤舟不廢禪 夢入瓊樓寒有月, 行過石樹凍無煙 他時瓜鏡知何用, 吳越風光滿御筵

94) 李重華云 ; 「詩有情有景, 且以律詩淺言之 四句兩聯 必須情景互換 方不復沓, 更要識景中情, 情中景, 二者循環相生, 卽變化無窮」 (≪貞一齋詩說≫) 施補華云 ; 「景中有情, 如柳塘春水漫 花塢夕陽遲 情中有景如動業頻看鏡 行藏獨倚樓」 (≪峴傭說詩≫).

95) 졸저 ≪王維詩比較硏究≫ 제4장 참조(북경 경화출판사 1999).

만경의 넓은 호수 하늘까지 푸르고
별 하나같이 날아가는 백로 희기도 하네.
이 때 마음놓고 바라보니
뜬 나그네 신세 싫지가 않구나.96)

여기서 제1연은 주위의 경물을 사실대로 묘사하였으며, 제2연은 현실에 처한 신세를 노래하며 나그네된 심정의 초연함을 그려 놓았다. 이것이 경중유정의 경물 속의 서정이다. 그리고 「봄 저녁 술을 깨어서(春夕酒醒)」를 보면,

음악이 끊어진데 술 취한 이 촌놈
영록주 술 내음 화로에 감돌도다.
한 밤에 깨어나니 붉은 촛불 짧은데
한 가닥 찬 눈물이 산호가 되었도다.97)

이 시는 술에서 깨어난 직후 봄날 저녁(春夕)의 정경을 찰나적으로 묘사한 것이다. 음악이 그치고 연회의 사람들도 모두 흩어지고 시인은 취한 중에 향기로운 술은 마음을 끄는 가운데 한밤의 봄 정경을 정중유경적 감회로 묘사하고 있다. 한 가닥의 촛불에서 흘러내리는 촛물은 춘야의 풍광과 조화하여 산호의 자태로 영상되었다. 제1연에서 '醉'자의 묘법은 매우 오묘하다.'醉'자 속에 제2구로 이어지는 감흥이 「여향(餘香)」으로 표현되기 때문에 취중에도 술이 깨어 있고 또 더욱 주흥을 그리는 심회가 표출된다. 이는 작자의 내심의 우수를 암시하는 곡절의 묘법이다. 제2연에서는 '短'자로서 촛물이 다해 가는 아쉬운 정경을 그리면서 촛불을 산호같이 붉고 맑은 한 방울의 영롱한 대상으로 승화시킨 것은 춘석의 정경과 그에 따르는 심경을 조화한 수법으로 볼 수 있다. 이것은 단순한 정경의 심회가 아니라, 자신의 득의치 못한 신세를 물아일체이며, 정경교융의 경지에서 이루어진 시적인 영상이다. 이는 등제 전의 작인 「한가한 밤술이 깨어(閑夜酒醒)」 (襄陽 鹿門山에 은거시의 작)과 비교하면 그 시의 예

96) 萬頃湖天碧, 一星飛鷺白. 此時放懷望, 不厭爲浮客.
97) 四弦才罷醉蠻奴 醽醁餘香在翠爐. 夜半醒來紅蠟短, 一枝寒淚作珊瑚.

술성을 감지할 수 있다. 위의 시를 보건대,

> 술에서 깨어나니 산달은 높이 선데
> 외론 베개머리 책 속에 묻혔어라
> 주갈에 목이 타서 자못 차 마시고 파
> 동자를 불러도 일어나질 않누나.[98]

라고 한 데서 시어가 청신하고 의경이 유활하게 표현하면서 고독감을 토로한 반면,[99] 「봄날 술이 깨어서(春夕酒醒)」는 사현(四弦)의 악성(樂聲), 영록주의 여향, 취로(翠爐)와 홍랍(紅蠟)의 색채, 그리고 산호의 미태 등이 조화를 이루어 문사가 기염한 세계를 창조한다. 피일휴시의 서경은 소재가 단순한 경물에서 끊이지 않고 서정이 근간이 된 엄격한 의미에서의 서정시라 하겠다.

2. 풍격별 시 내용

피일휴의 전기시는 등제전이기도 하거니와 서민적 생활에서 오는 진실되고 순박한 성향을 띠고 있다. 따라서 사실에 충실한 작품을 보였으며, 후기시의 유려하면서 민가적인 예술미를 지닌 정통적인 만당시풍은 대조적인 시풍을 보이고 있는 것이다. 이제 이런 시의 전후기적인 풍격의 특성을 본절에서 일고하고자 한다.

(1) 사실주의적 시풍

피일휴시에서 사회현실을 솔직하게 묘사한 점에 대해서 두보(杜甫)·원진(元稹)·백거이(白居易) 등의 영향을 크게 받아서, 만당시의 역풍을 불어넣은 경향을 보인 것으로 평가하기도 한다.[100] 피일휴 자신도 「정악부

98) 醒來山月高, 孤枕群書裏. 酒渴謾思茶, 山童呼不起

99) ≪唐詩大觀≫云 ; 「閑夜酒醒大概是隱居于襄陽鹿門山時所作, 詩寫道 ; 醒來山月高…… 也是寫酒後醒來孤獨之感. 詩雖朴澁無采, 但語言淸新, 風格俊爽, 意境幽濶, 自不失爲情韻飛揚的好詩, 春夕酒醒却完全是另一種風格」(p.1288)

100) 劉揚忠의 「皮日休簡論」; 「皮日休的詩論, 受杜甫·元結·元稹·白居易的影響很大, 竭力强調詩歌

(正樂府) 10편」서에서,

> 악부는 대개 옛 성왕이 천하에서 채집한 시로서 나라의 손익과 백성의 애락을 알고자 함이라. 들어서 공에 힘쓰기 족하면, 시의 풍자이다. 지금 이른바 악부라는 것은 단지 위진의 미려나 진양의 부염을 가지고 악부시라 하니, 사실은 그렇지 않다.[101]

라고 하여 당시의 만당시의 퇴미한 면을 비판한 것으로 풀이하기도 하며[102] 근년에 와서는 피일휴를 신악부의 계승자로까지 부각시키는 관점을 볼 수 있다.[103] 피일휴 자신도 「칠애시(七愛詩)」서에서, 「이름 있는 신하는 필히 참재능이 있어야 하는데 백거이를 참재능이라 하겠다」[104]라고 백거이를 추숭하고 「백태부(白太傅)」시에서,

> 나는 백낙천을 사랑하니
> 뛰어난 재주 천생이로다.
> 누군 문장의 그릇이라고 말하나
> 경륜의 현인이기도 하네.
> 부염한 시를 따르지 않고
> 전고시를 지어냈도다.
> 입신에 온갖 행실 훌륭하고
> 문물에 육예가 갖추어 졌네.
> 청렴한 명망은 관서에 빼어나고
> 직언의 소리는 간언의 담을 (사간원) 놀라게 했네.
> 풍자에는 필히 사념이 있고
> 임하는 데에는 필히 전할 만한 게 있도다.

反映社會現實和警戒人心的作用」라 하고 목월의 글(前揭書)에는 「所以皮日休那時作時, 很容易接受白居易的影響, 而與他走同一的道路」라 하였으며, 그 외에 鄭振鐸은 백거이 영향으로 「正樂府」 10편을 완료하였다고 하였으며(≪插圖本中國文學史≫ 2, p.401), 孟瑤는 백거이를 숭배하였다고 하였다(≪中國文學史≫ p.292).

101) 樂府蓋古聖王采天下之詩, 欲以知國之利病, 民之休戚者也. 聞之足以勸乎功, 詩之刺也. 今之所謂樂府者, 唯以魏晋之侈麗, 陳梁之浮艶, 謂之樂府詩, 眞不然矣」(≪文藪≫ 권10).

102) 劉揚忠의 前揭書 p.196.

103) 孟瑤의 ≪中國文學史≫(p.292)에는 元白 新樂府精神 계승이라 하고 邱燮友의 ≪中國文學史初稿≫(p.546)에는 聶夷中·司空圖 등과 함께 晩唐新樂府詩人으로 분류하고 있음.

104) 爲名臣者, 必有眞才, 以白太傅爲眞才焉.

몸을 잊고 시와 술에 맡겨서
마음 느긋이 숲과 샘을 두루 다녔네.
바라는 바 학문상의 권리요
원하는 바 교화의 힘이었도다.
어찌 헐뜯음 당할 줄이야.
도중에 좌천도 많으셨다오.
천하가 모두 급급할 때
낙천은 홀로 기뻐 살으셨고,
천하가 모두 근심할 때
낙천은 홀로 근심 풀어 놓으셨네.
고고히 시 읊으며 문하성과 중서성을 떠나셨고
청일하게 휘파람 속에 경수 위수 낙수를 다니셨네.
처세는 외로운 학처럼
영화 버리기는 껍질 벗은 매미 같았네.
벼슬하여 뜻대로 안되면
그 분을 귀감 삼아야 하리라.[105]

라고 하여 백낙천의 「孤鶴」같은 삶의 자세는 귀감 즉 「龜鏡」이 될 수 있다는 절대적인 추종의 변을 아끼지 않고 있으니, 이러한 피일휴의 성향을 가지고 볼 때, 그의 현실묘사의 주요대상은 민생의 질고, 정치의 부패상, 그리고 현사에 대한 찬양 등이 될 것이다.

1) 민생의 질고

인민의 생활상을 솔직하게 묘사하는데 있어서 피일휴를 거명하면서 만당대에 이같은 사실주의자를 찾기란 용이하지 않다. 이 민생의 질고 내용을 먼저 인민의 비참한 의식생활상을 묘사한데서 찾을 수 있으니, 「정악부」에서 「농부요(農父謠)」를 보며는,

농부가 고생을 원망하여
나에게 그 마음 털어놓는다.

105) 吾愛白樂天, 逸才生自然. 誰謂辭翰器, 乃是經綸賢. 欻從浮艶詩, 作得典誥篇. 立身百行足, 爲文六藝全. 淸望逸內署, 直聲驚諫垣. 所刺必有思, 所臨必可傳. 忘形任詩酒, 奇傲徧林泉. 所望標文柄, 所希持化權. 何期遇訛毁, 中道多左遷. 天下皆汲汲, 樂天獨怡然. 天下皆悶悶, 樂天獨舍旃. 高吟辭兩掖, 淸嘯罷三川. 處世似孤鶴, 遺榮同脫蟬. 仕若不得志, 可爲龜鏡焉.

「한 사람이 농사하기 어려워도
열 사람의 원정은 하여야 하네.
어째서 강회의 곡식을
배와 수레로 서울로 실어 나르나?
황하의 물은 번개같아
태반은 물에 잠겨 기우뚱하니
옮기는 일에 능사난
양반 네들 어찌 감히 투덜할 건가.
삼천에선 어찌 농사 안 짓고
서울 땅엔 어찌 밭갈이 안 하는가.
그 곡식 수레에 실어 임금의 병사에게 줄려함이 아니런가!」
멋지도다! 농부의 말씀.
왕도를 어떻게 꾸려 갈려 하는지!106)

여기에서 첫 구부터 농부의 고통을 거침없이 서술하고 있다. 그리고 말구에서 농부를 찬미하면서 왕도의 첩경은 곧 농민을 위한 것이라는 점을 호소한다. 또 「삼수시(三羞詩)」의 제3수는 침통한 필촉으로 함통 7년(866)에 있었던 회우(淮右)지방의 메뚜기 피해(蝗旱)로 수다한 이민자의 참상을 적나라하게 묘사한다. 그 서에 「丙戌歲淮右蝗旱, 日休寓小墅於州東, 下第後, 歸之. 見潁民轉徙者盈途塞陌, 至有父捨其子, 夫損其妻, 行哭立匃, 朝去夕死. 嗚呼. 天地誠不仁耶」(이미 인용)라 하니 그 얼마나 비참한 광경인가. 이제 그 처참한 백성의 기근을 절실하게 그려 놓은 시를 보도록 한다.

천자 병술 년에
회동지방의 백성 기근이 드니
영수의 물 속에서
옮겨 다니느라 참으로 지쳤도다.
부부가 서로 잃으며
버려져도 아이는 껴안고 있네.

106) 農父寃辛苦, 向我述其情. 難將一人農, 可備十人征. 如何江淮粟, 輓漕輸咸京. 黃河水如電, 一半沈與傾. 均輸利其事, 職司安敢評. 三川豈不農, 三輔豈不耕. 奚不車其粟, 用以供天兵. 美哉農父言, 何計達王程.

형제가 각자 흩어져서
문을 나서니 바보 같도다.
금 한 덩이 갈대와 치자 바꾸고
비단 한 필로 물오리 풀 바꾸네.
황폐한 마을의 묘엔 새가 나무에 날고
텅 빈 집엔 들꽃이 울타리 쳤네.
아이는 풀뿌리 씹으며
뽕에 기대어 매우 연약하고녀.
반백의 노인 길가에 죽어 있어
흙을 베개삼아 얽혀져 있네.
이제 알리라 성인의 교화가
백성을 다스림에 바로 이곳에 두어야함을.
사나와서 사랑을 거둬 가고
황폐하여 자애를 뺏아가네.
어찌하여 목자된 자
나라 다스리는 술수가 이 모양인가.
아아! 나는 뭐 하는 사람인가.
땅 몇 이랑을 맑은 냇가에 일구고서
낙제 글을 쓰자마자
집안에선 기뻐 좋아하도다.
아침에는 보리죽 먹고
새벽에는 일어나서 무명옷 입노라.
이 한 몸 배부르고 따스하며
집안에는 원한과 탄식이 없도다
집에 밭이 있어도
손에 호미를 잡지 못하네.
세월 아픔이 있어도
부엌엔 아침 불 끊이지 않네.
어느 길로 여기에 이르렀나
나는 공평을 밝히 알도다.
먹고서도 먹을 것 기다리고
입고서도 입을 것 기다리니
돌아 갈 때 금 비단을 재단하여
나로 대궐문에 바치라 하네.

스스로 어루며 영수의 백성에 부끄러우니
어찌 덕행을 아니하리.
이에 지기를 생각하면서
종일토록 공연히 한없이 울었도다.[107]

이 시는 구구절절이 재민의 유리상(流離相)을 직설적으로 묘사한 것으로 제1·2연은 재민의 이거를, 제3·4·5연은 가족의 이산, 제6·7·8연은 황폐한 마을과 기아의 현상, 제9·10·11연은 통치자의 정신자세, 그리고 제12연부터 말연까지는 자기 자신의 안위에 대한 수치와 인민에 대한 깊은 연민을 절실하게 묘사하고 있다. 「시귀서(詩歸序)」에 이르기를,

> 참된 시는 정신에 있다. 혼잡 속에서 그윽하고 단순한 정서, 고독하면서 정숙한 흥기를 구하는 것이다.[108]

라고 한 것은, 피일휴의 이 시에서 작자의 심정을 직설적으로 담백하게, 깊은 진실을 표출시키고 있음을 대변해 주는 말이 되겠다. 이 시의 진실성은 피일휴의 의식을 의미하기도 하는 것이니, 그의 「동잠(動箴)」의 일단이 더욱 분명히 해 준다. 보건대,

> 말세에 벼슬은 위태하니 처하지 말고, 난국에 작록은 죽음이니 처하되 저자의 원망이 없고 떠나되 웃음거리가 되지 말며 자취는 드러나지 말지라.[109]

피일휴는 「주잠서(酒箴序)」(≪文藪≫ 권6)에서 「피자는 성품이 술을 좋아하다(皮子性嗜酒)」라고 하여 맑은 정신으로는 세상에 처신하기 어려울 만큼 현실에 대한 비판의식이 강렬한 것이 이 시에서 표현되어 나왔다고

---

107) 天子丙戌年, 淮右民多飢. 就中潁之汭, 轉徙何纍纍. 夫婦相顧亡, 棄却抱中兒. 兄弟各自散, 出門如大癡. 一金易蘆蔔, 一縑換鳧茈. 荒村墓鳥樹, 空屋野花籬. 兒童齧草根, 倚桑空羸羸. 班白死路傍, 枕土皆離離. 方知聖人教, 於民良在斯. 厲能去人愛, 荒能奪人玆. 如何司牧者, 有術皆在玆. 粤吾何爲人, 數畝淸溪湄. 一寫落第文, 一家歎復嬉. 朝數有麥饘, 晨起有布衣. 一身旣飽暖, 一家無怨咨. 家雖有畎畝, 手不秉鎡基. 歲雖有札瘥, 庖不廢晨炊. 何道以致是, 我有明公知. 食之以侯食, 衣之以侯衣. 歸時卹金帛, 使我奉庭闈. 撫己媿潁民, 奚不進德爲. 因玆感知己, 盡日空涕洟.

108) 眞詩者, 精神所爲也. 察其幽情單緖, 孤行靜寄於喧雜之中.

109) 季世有爵必危勿居, 亂國有綠必尸, 住無市怨, 去無取嗤, 迹無顯露(≪文藪≫ 권6).

할 수 있다.[110]

한편, 서민의 가난은 읊으면서 피일휴 자신도 빈한을 면키 어려운 조년의 시절에 지은 「가난한 가을(貧居秋日)」 (이미 인용)은 인생의 근본이 무엇인지 생각하게 하는 비정이 깃들어 있다. 이어서 민생의 질고는 단순한 가난에서만이 아니라, 끊이지 않는 전쟁에의 희생물로 이용당했기 때문이기도 하다. 내우외환 속에 인민의 분노는 고금을 통해 통시적으로 나타나지만, 피일휴에게 있어서는 참을 수 없는 모습들이었다. 이제 「삼수시」의 제2수를 보자.

남방에 관리를 뽑지 않아
우리 교지지방이 엎어지게 되니
삼 사 년 지내면서
중국에 누만 되었네.
게으른 자 싸운즉 퇴패하고
무용한 자 싸우면 더럽히네.
군사는 천하에 가득한데
장사는 금옥이 많기도 하다.
갈라서 백성의 혹 다스려 주고
나누어서 용맹한 무사의 녹으로 해야지.
웅건한 허창 군사
충성과 무용은 그 족속의 으뜸이라.
떠나가면 만기의 바람 일고
머물면 한 내의 몸이 되네.
어제 아침 잔졸이 돌아오니
집집마다 온통 우짓는 소리.
슬픈 소리 마을을 진동하고
원한의 기운 산골짝 이루었네.
뉘 대낮의 북소리 들을 수 있으리
쇠 활촉일랑 차마 보지 못하겠네.
내 승리의 술수 있지만

110) 이 시에 대해서 목월은 「三羞詩其三描寫咸通七年淮右旱蝗, 人民流離餓死, 而政府幷不救濟」(前揭書)라 하고 劉揚忠은 「眞是一幅慘不忍睹的災民流離圖. 詩的後半部分, 作者沈痛地指出 ; 厲能去人愛, 荒能奪人慈, 幷對比自己 「一身既飽暖, 一家無怨咨」 的小康日子, 感到深深的慙愧和不安」(前揭書)라 하여 詩史的인 가치를 부여하고 있다.

천하고 쓸모없는 몸 어쩔 수 없네.
가슴에 간직하고서는
허창 군사 보기가 부끄럽다네.
뭐 하는 자냐고 자탄하면서도
앞 자취를 밟고 있으니.
집에서는 군세가 아니 나오고
스스로는 부대를 모른 체 하면서
또 허창 군사의 옷 입고
또 허창 군사의 양식을 먹는다네.
이제 알겠나니 옛사람의 도가
나 자신을 덮기에 족하도다.
이 일 생각하니 뉘에게도 부끄러워라.
유유히 영수는 푸르게 흘러간다.111)

이 시의 서를 보면112) 징병에서 오는 민심의 비애 그리고 피일휴 자신이 직접 동참하지 못하는 죄의식을 가지고 이 시를 썼음을 밝히고 있다. 전 5연은 나약한 관리와 전쟁의 허비를, 중반 5연은 패전하여 애곡하는 민성을, 그리고 후 7연은 자신의 능력에 대한 아쉬움과 수치심을 각각 표출하고 있다. 그리고 「정낙부」의 「졸처원(卒妻怨)」은 하황에 수자리 간 병사의 가정이 애통해하는 내용을 묘사하고 있으니,

하황으로 수졸이 떠나가서
태반이 돌아오지 않누나.
집에는 먹을 콩 좀 있고
몸은 한 주머니 재가 되었네.
관리가 그 명부에 따라서
대오에서 그 처를 빼버리네.

---

111) 南荒不擇吏 致我交阯覆. 縣聯三四年, 流爲中夏辱. 懦者鬪即退 武者兵則黷. 軍庸滿天下, 戰將多金玉. 刮則齊民癰 分爲猛士祿. 雄健許昌師, 忠武冠其族. 去爲萬騎風 住作一川肉. 昨朝殘卒回, 千門萬戶哭. 哀聲動閭里, 怨氣成山谷. 誰能聽晝鼙, 不忍看金鏃 吾有制勝術, 不奈賤碌碌. 貯之胸臆間, 慙見許師屬. 自嗟胡爲者, 得躡前修躅 家不出軍租, 身不識部曲. 亦衣許師衣, 亦食許師粟. 方知古人道 蔭我已爲足, 念此向誰羞, 悠悠潁川綠

112) 序云 「日休旅次於許傳舍, 聞叫咷之聲動於城郭, 問於道民.民曰蠻圍我交阯, 奉詔徵許兵二千征之 其征且再, 有戰皆沒 其哭者許兵之屬. 嗚呼.…… 皮子爲之內過曰, 吾之道不足以濟時, 不可以備位 又手不提桴鼓 身不被兵械 恬然自順 恬然自樂 吾亦爲許師之罪人耳, 作詩以弔之」.

곳곳에 노인이 상투를 매고
집집마다 기부가 슬퍼하네.
젊은 자 돌아올 데 있으나
늙은 자 의지할 데 없도다.
더욱이 젊어서 죽고 병든 자 있어서랴.
쌀알이 귀하기 옥구슬 같아서
연약하여 굶주린 무리.
볼수록 가슴이 찢어지는 듯 하네.
그 지아비 창칼에 죽고
그 집은 먼지 속에 묻혔구나.
그 생명 쓰여졌건만
그 보상은 어디에 있는가?
어찌 그 잘난 이의 은혜로
이 가난하여 주린 몸을 건져 주지 못하는가?
뉘 알리오 가난한 선비가
이 생각에 한숨쉬고 있음을.[113]

이 시에서 전반부는 수졸과 그 가정의 파탄을, 중반부는 그로 인한 기아와 사망, 그리고 비애를, 후반부는 작자의 가련한 탄식을 각각 노래하고 있는 것이다. 한편, 민생의 질고를 소재한 다른 시 「도토리 줍는 노파의 탄식(橡媼歎)」을 보기로 한다.

가을 깊으니 도토리 익어서
초목 우거진 언덕에 떨어지니
꼬부라진 백발의 노파가
주어 담느라고 새벽 서리 밟는다.
서둘러 주어 담아서
종일토록 해서야 광주리 채우네.
몇 번은 말리고 또 몇 번을 삶아서
한 겨울 양식으로 삼을 것이네.
산 앞에 익은 벼 있는데

---

113) 河湟戍卒去, 一半多不廻. 家有半菽食, 身爲一囊灰. 官吏按其籍, 伍中斥其妻. 處處魯人髽, 家家杞婦哀. 少者任所歸, 老者無所攜. 況當札瘥年, 米粒如瓊瑰. 纍纍作餓殍, 見之心若摧. 其夫死鋒刃, 其室委塵埃. 其命卽用矣, 其賞安在哉. 豈無黔敖恩, 救此窮餓. 誰知白屋士, 念此翻欸欸.

푸른 이삭 향내 스며 오네.
한 톨이라도 거두어 정성껏 빻으니
알알이 옥구슬 같구나.
가져다가 관청에 바치고 나니
집에는 담을 상자 필요 없구나.
어찌하여 한 석 남짓이
닷 말 밖에 안 된단 말인가.
교활한 아전은 형벌 두려 않고
탐관도 장물하기를 마다 않누나.
농사 때에 빚 얻어서
농사 마치니 관청창고로 돌아가거늘
겨울부터 봄까지
도토리로 주린 창자 채워야 하네.
나는 아나니, 전성자가
거짓된 인으로 외려 왕을 칭한 것을.
아아! 도토리 줍는 노파 만나니
어느 새에 눈물이 옷을 적신다.114)

이 시는 피일휴의 시세계를 대표하는 작품이다. 시인은 여기서 당말의 농민의 사회현실을 심각하게 묘사하고 있다. 질박하여 자연적인 감동을 일으킨다. 먼저 노부가 도토리(橡子)를 주워 먹는 어려운 생활을 묘사하는 것으로 시작된다. 즉 첫 4구에서 한폭의 노부가 심산에서 도토리 줍는 그림을 보여 준다. 깊은 가을 도토리가 익을 때, 황발의 노인이 숲에 우거진 언덕에서 아침 서리를 밟고 있다. 도토리 줍는 정경을 세심하게 묘사한다. 주워 담아서 광주리에 채우기까지 하루를 보내야 한다. 그 묘사의 사실성은 원·백에 뒤지지 않는다. 도토리가 아니면 기근을 면할 수 없음은 토지가 척박하고 재앙이 따르기 때문이다. 시인은 이것을 직설하지 않고 오히려 미경화하여 「襲人香」 3자로 표현하면서 땀의 결실을 추구하는 농부의 본분을 그리어 희망이 있는 농민의 생활상을 희원하는 것

114) 秋深橡子熟, 散落榛蕪岡. 傴傴黃髮媼, 拾之踐晨霜. 移時始盈掬, 盡日方滿筐. 幾曝復幾蒸, 用作三冬糧. 山前有熟稻, 紫穗襲人香. 細穫又精舂, 粒粒如玉璫. 持之納於官, 私室無倉箱. 如何一石餘, 只作五斗量. 狡吏不畏刑, 貪官不避贓. 農時作私債, 農畢歸官倉. 自冬及於春, 橡實誑飢腸. 吾聞田成子, 詐仁猶自王. 吁嗟逢橡媼, 不覺淚霑裳.

이다. 위의 처절한 기근상과 농촌의 희락상을 대조화시킨 것은 원래는 전원의 낭만이 정상인데도 사실은 그러하지 못한 현실을 강조하기 위한 묘사상의 대법을 강구하기 때문이다. 여기서 도토리 줍는 노파가 받는 삼종의 압박을 그리고 있음을 확인한다. 즉, 조세의 과중이 그 하나다. 그들의 수확은 「納於官」하고 나면은 남는 것이 없다. 제8연은 바로 그것을 노래하고 있다. 다음으로는, 탐관오리의 탐색이다. 제9연의 「如何」는 농민의 기가막힌 수탈의 변이다. 그리고 세 째는 사채의 박삭(剝削)이다. 만당의 탐관들은 관량(官糧)으로 사채를 놓아 착취를 일삼으니 제9연에서 표출되었고 제11연에서 농민의 유일한 생명유지의 길로서 「도토리」의 등장으로 귀착되어진 것이다. 시인은 비통한 현실에 말구로서 대신할 수밖에 없다. 춘추시대의 제간공상(齊簡公相)인 전성자(田成子, 田常)의 가인가의적(假仁假義的)인 수법에 비유하면서 현실의 민생참상을 적나라하게 그릴 수 있는 피일휴의 시 세계는 결코 만당대의 유약성이라고 할 수 없는 별개의 풍격을 보여준다.

2) 정치의 부패

피일휴가 평소에 동경하는 청백리상은 그의 칠애시 중에 「원로산(元魯山)」시의 일단을 보면 알 수 있으니, (이 시의 해석은 이미 인용)

吾愛元紫芝, 清介如伯夷.
輦母遠之官, 宰邑無玷疵
三民魯山民, 豐稔不暫饑.
三年魯山吏, 清愼各自持.

이 시에서 노래한 원덕수(元德秀)는 성당대 청리로서 그 언행의 고결함이 알려진 자인데[115] 시인은 모름지기 백이(伯夷)와 같은 관리를 이상적인 것으로 추숭하였고, 당태종 시의 두 명신인 방현령(房玄齡)과 두여회(杜如晦)를 또한 모범적인 신하로 존숭한 「방두이상국(房杜二相國)」 시는

115) 「元德秀, 唐河南人, 字紫芝. 少孤, 事母孝, 擧進士, 不忍去左右, 自負母入京師. 既擢第, 母亡, 廬墓側, 食不鹽酪, 藉無茵席, 家貧, 求爲魯山令, 歲滿去職. 愛陸渾佳山水, 乃居之. 陶然彈琴以自娛. 房琯每見歎息曰, 見紫芝眉宇, 使人名利之心都盡. 天寶中卒, 天下高其行, 稱曰元魯山」 (≪中國人名大辭典≫ p.31).

피일휴의 관리의식의 표본을 제시한 예라 하겠다.[116)]

나는 방현령과 두여회를 사랑하노니
빈천의 길 같이 걸었네.
떨치어 난세를 버리고
지팡이 짚고 참 주인으로 돌아갔다네.
종횡으로 마음에 헤아려 했고
좌우로 천하 일을 힘써 왔다네.
잘나기는 재주를 대적할 수 없고
빼어나기 일세에 만나기 어렵다네.
아름답다. 이름난 공경이여
우뚝하다 참된 재상이로다.
황각(의정부의 별칭)에서 삼십 년
청렴한 기풍 만고에 하나로다.
큰 업적 청사에 빛나리니
큰 공훈 왕성을 굳게 다졌네.[117)]

두 상공의 빈천을 공유, 난세를 떨친 것, 청풍의 인품을 가지고 충성을 다한 표상을 찬미하였다. 피일휴의 발언은 항상 강렬하다. 의기가 강하고 표현이 직선적인 면이 현실묘사의 기법에 다용되었다. 그의 「정속(正俗)」문에서 관리의 자세를 확고히 하는 일단을 볼 수 있기 때문이니, 곧

나는 명철한 성품으로 군신의 분수를 가리고 문물의 술수를 정하려 한다. 나는 바르게 드러내는 도리로써 충현을 천거하고 간신을 물리치리라.[118)]

라고 신하의 정도를 밝히고 있다. 이러한 피일휴의 눈에 비치는 당시의

---

116) ≪新·舊唐書≫列傳에 모두 재록되어 있으니, 「房玄齡, 臨淄人, 彦謙子, 字喬, 幼警敏, 博綜典籍, 善屬文......宗卽位, 累進左僕射, 徙梁國公, 居相位十五年, 進司空, 累表固辭, 玄齡與杜敏共管朝政, 世稱房謀杜斷. 在職時夙夜勤强, 聞人善, 若己有之, 明達吏治, 而務爲寬平, 不以己長望人, 雖卑賤皆得盡所能」「杜如敏, 杜陵人, 字克明, 少英爽, 以風流自命, 內負大節, 太宗卽位, 爲尙書右僕射, 封萊國公」.

117) 吾愛房與杜, 貧賤共聯步. 脫身抛亂世, 策杖歸眞主. 縱橫握中算, 左右天下務. 骯髒無敵才, 磊落不世遇. 美矣名公卿, 魁然眞宰輔. 黃閣三十年, 淸風一萬古. 巨業照國史, 大勳鎭王府.

118) 吾欲以明喆之性辨君臣之分兮, 定文物之數. 吾欲以正訐之道兮, 進忠賢. 而退姦竪. (≪文藪≫ 권2)

사회상, 특히 정치의 부패상은 시속에 농축되어 고발되지 않을 수 없었다.

먼저 교리(狡吏)와 탐관(貪官)을 기탄없이 매도하는 필치를 발휘한 「탐관원(貪官怨)」을 보기로 한다.

나라의 성 관리는
그걸 누리며 지위도 함께 하네.
본래 글도 모르면서
어찌 관리의 도리를 정성되게 할 수 있으리.
큰 놈은 재읍이요,
작은 놈은 모두 위리인데
어리석은 놈은 뒤범벅 같고
독한 놈은 숫이무기 같네.
아프도다 요순의 백성이여
맨 몸에 채찍을 맞는도다.
내 듣건대, 옛 성왕께서
천하에 버린 선비 없으며
조정에서 하읍까지
다스리는 자 모두 인의롭다고
나라에 현량을 뽑아
제도를 정하고 삼가케 하고서
그래서 이들을 등용하여
그들로 벼슬을 채워야 하리.
어찌 널리 인재를 구하지 않고
어찌 널리 과시를 보지 않는가.
아랫사람은 어진데
윗사람은 어떠한가.
하급관리 재물을 누리며
준재들 모두 관리되려하니
천하가 공평치 않다면
나는 달게 저자를 버리리라.[119]

---

119) 國家省闥吏, 賞之皆與位. 素來不知書, 豈能精吏理. 大者或宰邑, 小者皆尉吏. 愚者若混沌, 毒者如雄虺. 傷哉堯舜民, 肉袒受鞭箠. 吾聞古聖王, 天下無遺士. 朝廷及下邑, 治者皆仁義. 國家選賢良, 定制兼拘忌. 所以用此徒, 令之充祿仕. 何不廣取人, 何不廣歷試. 下位旣賢哉, 上位何如矣. 胥徒賞以財,

이 시는 당시 탐욕하는 지방관리를 탄핵한 작품으로, 제1·2연에서는 관리의 기본자질 부족을 제3·4연에서는 탐관에 대한 비유와 선량한 백성의 고통을, 제5연에서부터는 관리의 인의와 관리등용의 공평성을 강조하고 있다. 특히 제4,5연 부분은 탐관의 형상과 양민의 피폐를 사실적으로 묘사한 것이다. 그리고 「애농민(哀隴民)」은 통치자를 위하여 산에 올라 앵무새를 잡는 고초를 묘사하고 있다.

농산은 천만길인데
앵무새는 그 꼭대기에 깃들었네.
위태롭고 험준하기 그지없으니
그 산은 안전하지 아니하네.
어리석은 농천의 백성은
산길 오름이 하늘에 오름 같으니
공중에서 그 둥지 찾다가
떨어지는 자 어지러이 많구나.
백 마리에 하나도 잡지 못하고
열 명에 아홉은 죽는도다.
농천에 수졸이 있거늘
수졸 또한 한가롭지 않도다.
명령대로 교묘한 글 내걸고
줄곧 금대 앞에 서있네.
저 털은 그리 진귀하지 않고
저 혀는 제발로 말하지 않는데도
어찌하여 인명을 경시하여
이것을 받들어 좋은 놀이로 하는지.
나는 듣건대 옛 성왕께서는
진귀한 새는 모두 놓아준다오.
이제 이 농천의 백성들은
해마다 울고 운다네.[120]

俊造悉爲吏. 天下若不平, 吾當甘棄市.

120) 隴山千萬仞, 鸚鵡巢其巓. 窮危又極嶮, 其山猶不全. 蚩蚩隴之民, 懸度如登天. 空中覘其巢, 墮者爭紛然. 百禽不得一, 十人九死焉. 隴川有戍卒, 戍卒亦不閑. 將命提雕籠, 直到金臺前. 彼毛不自珍, 彼舌不自言. 胡爲輕人命, 奉此玩好端. 吾聞古聖王, 珍禽皆舍旃. 今此隴民屬, 每歲啼漣漣.

이 시에서 전반부에서 등천(登天)하는 것처럼 험준한 농산에서 앵무새를 잡기도 어렵지만 희생자가 십중 팔구러니 그 가혹한 학대를 가히 알 수 있으며, 후반부에서는 인명을 경시하는 통치자의 자세를 비판하는데 역점을 두고 있다. 특히 제3·4연에서는 가련한 인민의 고초와 희생을, 제5·6연에서는 그 같이 어렵게 잡은 새의 상납을 실감 있게 사실대로 묘사하고 있어 시의 묘법을 제고시켰고, 제8, 9연는 황음과 쾌락에 빠져서 인민의 사활을 돌보지 않는 권세가에게 질문하는 백묘법을 강구하고 있어 사실감을 더해 준다.

다음으로 피일휴는 재왕(財王)의 죄행을 고발하는데 주저하지 않았다. 소위 경제적인 비리와 축재를 사실대로 묘사한 것이다. 그 예로서 「우서(偶書)」를 보기로 한다.

여와는 밧줄을 버리고
진흙을 빚어서 하인을 만들었네.
지금의 어리석은 자여
살아도 흙 인형의 신세이니.
자연은 나의 도를 기르고
천작은 나의 가난을 드높이네.
우습도다 의씨의 무리여
부자 되는 것 모두 어질지 못하네.[121)]

현실의 부조리는 피일휴에겐 가소로운 존재일 뿐 「부유하면 다 어질지 못하다(爲富皆不仁)」라는 섬광 같은 날카로운 비판의 결론을 내리고 있는 것이다. 피일휴의 현실고발은 직설적이면서 도전적이기까지 하다. 활용된 시어로 「餓殍」 (卒妻怨)·「狡吏·貪官·飢腸」 (橡媼歎)·「愚者·毒者·混沌·雄虺」 (貪官怨)·「頑愚者·土偶身」(偶書)·「大癡·懦者」(三羞詩) 등은 모두 상용어로서 고발적이며, 매도적인 저주의 표현어로 볼 수 있다. 시어의 자극성은 그 시의 진실을 솔직히 표출할 수 있지만 한편으로는 시정의 속화를 우려하게 된다. 그러나 피일휴에게는 상용어의 사용이 이 현실상의 묘사에 있어 더욱 진박감을 자아내고 강렬한 감동을 유발시키고

121) 女媧掉繩索, 絙泥成下人. 至今頑愚者, 生如土偶身. 雲物養吾道, 天爵高我貧. 大笑猗氏輩, 爲富皆不仁

있는 것이 특기할 만하다.

3) 회고의 우국

회고시는 고사를 필요로 한다. ≪한청시화(寒廳詩話)≫에 「시를 짓는데 고사를 쓰는데 흔적을 드러내지 않는 것을 높이 사니 옛사람이 소위 고사를 구사함은 구사하지 않음만 못하다」[122]라고 하여 용사는 필수적이지만 비유적이어야 하고 ≪기비영규율수(紀批瀛奎律髓)≫에서는 「무릇 용사가 절실하지 않으면 사용하지 않음만 못하니 절실해도 고아하지 않으면 또한 사용하지 않음만 못하다」[123]라 하여 용사(用事)의 절실성을 강조하였는데, 이처럼 회고 및 영사(詠史)의 시는 고사의 진설(眞說)보다는 감추어져서 진미를 은연하게 표출시키는 데에 그 요처가 있다.[124] 피일휴의 시는 이러한 요체를 적절히 강구하고 있는 것이다. 직접 내세우기보다는 살며시 가리워 있는 상태에서 의표를 드러내고 반어적인 묘사법으로 시의를 더욱 극명해 주며, 경책과 입론을 줄기로 하여 현재와 미래를 영위하는 삶의 슬기를 암시하여 주는 적극적인 비판의식이 담긴 부류인 것이다.

피일휴의 영사회고의 단편은 자기 자신의 정치견해를 표현하면서 현실주의 시가정신과 상통한다. 「변하의 회고(汴河懷古)」(其二)를 보건대,

> 수가 망하고도 이 운하 만들어
> 오늘도 천리에 물길이 통하도다.
> 수궁의 용주 같은 일 없었다면
> 우 임금과 논공해도 별차 없었을걸.[125]

변하는 통제거(通濟渠)로서 수양제(隋煬帝) 시에 만든 대운하이다. 이 운하건설에 백성의 고혈이 맺힌 바, 이 시도 그러한 맥락에서 이해할 수 있다. 이 시의 제1구는 수의 멸망이 운하에 있다고 하며, 제2구에서는 운하의 개척이 남북교통을 개선하고 경제개발과 정치통일에 기여한 바 크

122) 作詩用故事, 以不露痕跡爲高, 昔人所謂使事如不使也.
123) 凡用事不切, 不如不用, 切而不雅, 亦不如不用.
124) ≪隨園詩話≫ ; 「用典如水中着鹽, 但知鹽味, 不知鹽質」.
125) 盡道隋亡爲此河, 至今千里賴通波. 若無水殿龍舟事, 共禹論功不較多.

다는 의미로 푼다. 「至今」 2자는 조복(造福)이 후세에 길게 이어졌음을 표현한 것이며, 「千里」는 그로 인한 이익을 보는 지역이 넓다는 의미이다. 「賴」자는 국리민복을 위해 불가결하고 찬양할만하다는 긍정적 의미를 지닌다. 제 2구의 뉴앙스는 운하의 유익을 밝게 표현해 주고 있어서 번안법(飜案法)을 구사하고 있다.[126] 대운하는 후세에 유익했으나 수양제의 폭정은 역시 매도의 대상이 되니, 이 야만적인 각도에서 피일휴는 시적 극화하고 있다. 제3구에서 시인은 부화한 수양제의 사치를 이상은의 시구처럼 묘사하면서 수양제에 대한 증악를 간설적으로 표현하였다.[127] 제4구에 이르러서 대중의 치적과 역설적으로 대조시키면서 반결구식으로 수양제의 폭정을 토로한다. 당시의 정치부패는 수나라 멸망의 길과 같아서 시인은 역사를 조감하여 교훈적인 우국의 정을 그린 시이므로, 의론위주로 형상사유와 정운 등을 묘사한 만당 영사시의 가품이다. 입의의 신선, 의논의 정밀, 그리고 번안법의 묘용은 피일휴 회고시의 장처이며, 등제 이후의 시에서 보이는 시의 미적 구성과 상통하는 것이다. 그리고 「관왜궁의 회고(館娃宮懷古)」(其一)시의 의취를 보기로 한다.

기려한 누각 표연히 태호가 아래 있는데
난병이 새벽을 깨고 고소성에 올랐네.
월왕이 수치를 감내하던 곳
오직 서시를 오왕에게 바치었다네.[128]

관왜궁은 춘추시대 오왕 부차(夫差)가 건조한 서시(西施)의 궁전으로 지금 소주(蘇州) 서남방 노암산(露岩山) 상에 있다. 시인은 소주에 거할 때 이 궁전의 유적을 찾은 것이다. 전2구는 오월의 다른 입장을 제시해 주어 한 쪽은 밤새 향락에 빠진 상황이라면, 다른 한쪽은 한밤에 행군을 강행하고, 한 쪽이 낙무에 심취해 있다면, 다른 한쪽은 단병과 장극에 묻혀 있음을 대비시키면서 오왕 부차의 황음에 대한 불만을 풍유하고 있다. 그러나 시인은 오왕을 책하지 않고 월왕에게 화살을 돌린다. 3·4 구에서

126) 周嘯天은 「這就是唐人詠史懷古詩常用的飜案法. 飜案法可以使議論新奇, 發人所未發. 但要作到不悖情理, 却是不容易的」(≪唐詩大觀≫ p.1288).
127) 李商隱의 「隋宮」詩句 ; 「春風擧國裁宮錦, 半作障泥半作帆」(≪玉谿生詩集箋注≫).
128) 綺閣飄香下太湖, 亂兵侵曉上姑蘇. 越王大有堪羞處, 只把西施賺得吳.

구천이 오왕을 멸망시킨 고사를 묘사하면서 「堪羞處」구 함의와 서시의 관왜궁을 연관시켜 부차의 패망과 간접적으로 연결하고 있다. 이 표현은 매우 의미가 깊은 묘문이며 시인의 장처이다.[129] 오월의 흥망이 어찌 서시 하나에 의한 것이랴마는 이 시는 「직설을 꺼리고 완곡을 귀히 여기다(忌直貴曲)」의 묘법을 발휘하여 시의 구사(構思)와 어기의 의조(意造)를 갖추어 놓았다.

피일휴는 역사적인 사실에서 회고와 반성, 경계를 제시하면서, 자신에 대해서도 인생의 영욕을 시화하니, 「가을밤의 마음(秋夜有懷)」을 보면,

> 꿈에도 근심 어린 몸 눈물지니
> 깨어서도 저고리 아직 젖었어라.
> 혈육의 정이 내 마음 태우니
> 살기 급해서 아니로세.
> 어찌하면 주인을 보좌할거나.
> 공명을 세울 길 없구나.
> 처세에 외롭고
> 가문에도 이을만한 것 없도다.
> 내일 아침 나루에 나아가려도
> 걸음마다 나갈 문이 막혔어라.
> 어찌하여 한 치의 작은 가슴에
> 온갖 수심 스며드는지?[130]

여기서 자신의 불우와 충성, 그리고 공명을 이루지 못한 수심 등이 토로되어 있다.

(2) 유미초탈적 시풍

만당시가 유미적이라는 평어는 다 이상 췌언을 요치 않는다. 그리고 속설적이라는 데는 도선의 의취를 상기하지 않을 수 없다. 피일휴에 있어서의 유미는 유염한 풍유와 편벽한 묘법에 초점을 맞추고, 탈속의 의미에는

---

129) ≪唐詩大觀≫에 「三·四句就勾踐亡吳一事, 批評勾踐只送去一個美女, 便賺來一個吳國, 大有堪羞之處, 這是很有意思的妙文」.

130) 夢裏憂身泣, 覺來衣尙濕. 骨肉煎我心, 不得謀生急. 如何欲佐主, 功名未成立. 處世旣孤特, 傳家無承襲. 明朝走梁楚, 步步出門澁. 如何一寸心, 千愁萬愁入.

도불적 시취에서 찾고자 한다. 이들 성격은 대부분이 피일휴의 후기작에 해당한다.

1) 유염의 풍유 -태호시와 영물시-

호진형(胡震亨)은「태호 제편은 매 편마다 확 트이고 기염한 구가 풍부하다(太湖諸篇, 才篇開橫, 富有奇艶句)」. (≪唐音癸籤≫ 권8)이라 하여 피일휴의「태호시」20수를 기염한 묘사의 장처를 지닌 것으로 평가하였듯이 피일휴의 후기작 300여 수가 일반적으로 평용하다는 평을 듣지만,[131] 만당의 풍류에 맞춰, 영물시에서는 상당한 경지의 유미한 작품을 찾아 볼 수 있다. 그의 영물시는 전래의 특성을 지닌 자연물을 빌려서 자신의 심회를 기탁하는 하나의 은유적인 시의를 내포한다. 이것은 왕부지(王夫之)가 평한「전고와 사실을 징험(徵故實)」에 맞으며, 이중화(李重華)의「곁에 서있음(站立在旁邊)」과 같이 단순한 정물의 묘사에서 끝나지 않고 자신의 정신과 감정을 대변시키고 있다.[132] 이제 본고에서는「태호시」의 묘법특성과 영물수상의 풍유를 추출하고자 한다.

시경은 유현을 소중히 해야 하며 시의는 한냉을 소중히 해야 하는데, 이것은 시의 고아를 강조할 수 있는 의미가 된다.[133] 더우기 농속(濃俗)하지 않고 고담(枯淡)하지 않는 시취를 견지하여야 시의 유염함을 표출하게 된다.[134] 그리고 그 속에 기백, 곧 미중유정(美中有情)의 개성이 담겨져야 한다.[135] 피일휴의「태호시」20수는 그 대표적인 작품으로서 자구가 정세하면서 세련되어 태호의 풍광을 칭려하고 심미하게 묘사하고 있다.[136] 이 시를 지으면서 피일휴 자신도 경물에 찬탄한 것을 보면 작자의

131) 劉揚忠云 ;「但是總的說來, 在皮日休多達三百多首的後期詩中, 佳作較少, 大多數是平庸, 可有可無的應酬之作, 甚而有不少專門掉書袋和玩弄文字游戲的敗作, 不但無眞情實感, 風格也很卑下」(≪皮日休簡論≫).

132) 王夫之의 ≪薑齋詩話≫ 卷下云 ;「詠物詩, 齊梁始多有之. 其標格高下猶畵之有匠作, 有士氣. 徵故實, 寫色澤, 廣比譬, 雖極鏤繪之工, 皆匠氣也. 又其卑者. 飷湊成篇, 謎也, 非詩也」 李重華의 ≪貞一齋詩說≫云 ;「詠物詩有兩法, 一是將自身放頓在裏面, 一是將自身站立在旁邊」.

133) ≪說詩菅蒯≫云 ;「詩境貴幽, 意貴閒冷, 辭貴刻削」.

134) ≪拜經樓詩話≫云 ;「宏麗詩不落濃俗, 幽靜詩不落枯淡」.

135) ≪一瓢詩話≫云 ;「詩重蘊藉, 然要有氣魄. 無氣魄, 決非眞蘊藉」.

136) 「太湖詩二十題」;「初入太湖」·「曉次神景宮」·「入林屋洞」·「雨中遊包山精舍」·「遊毛公壇」·「三宿神景宮」·「以毛公泉一缾獻上諫議因寄」·「縹緲峰」·「桃花塢」·「明月灣」·「練瀆」·「投龍潭」·「孤園寺」·「上眞觀」·「銷下灣」·「包山祠」·「聖姑廟」·「太湖石」·「崦裏」·「石板」등.

시심을 읽을 수 있다. 즉 시서에서,

> 아! 강산이 깊고 빼어나 지리지에 귀히 여기는 곳인데 내가 이르러 반도 오르지 않은데 안개 속에 물고기와 새가 놀고 숲 속에 구름 달이 떴네.[137)]

라 하여 태호에 대한 감흥이 절정에 달했음을 알 수 있다. 「명월만(明月灣)」을 보건대,

> 새벽경치 맑기 그지없고
> 외론 쪽배 느긋이 돌아드누나.
> 가장 그윽한 곳 물어 보니
> 이름하여 명월만이라 하네.
> 산 바위 중턱에 비취새 둥지 쳐서
> 쳐다만 볼 뿐 오를 수 없네.
> 버들은 하늘거려 실그물 드리우고
> 등나무는 무성하게 꽃 수염 드리웠네.
> 솔옹이 검은 원숭이 같고
> 돌 무늬 몽근 털 같은데
> 낚시터 두세 곳에
> 이끼는 시들고 비린내 물씬 난다.
> 물가의 비 곳에 따라 날 개이니
> 물새는 더욱 한가롭도다.
> 야인은 파도 위 떠 있고
> 초가는 깊고 그윽하도다.
> 새벽에 귤 가꾸러 가고
> 저녁에 통발하고 돌아오네.
> 맑은 샘 섬돌에서 나오고
> 좋은 나무 울타리에 서있네.
> 이 속에서 늙어 죽으리니
> 근심과 걱정일랑 모르겠노라.
> 좋은 경계에는 머물 곳이 없고
> 좋은 곳에는 버릴 경계 없으니

---

137) 噫, 江山幽絶, 見貴於地誌者, 余之所倒, 不翅於半, 則煙霞魚鳥, 林壑雲月.

부끄러이 자적하지 못하지만
의연히 호수와 산에 살리라.[138)]

이 고시의 제1·2구는 원근을 살린 점묘법(點描法)을 써서 5언의 자대(字對)를 강구하여 명월만의 정경을 함축미로 승화시킨다. 이것은 「隱」의 의미와 통한다. 「드러난 글 밖의 깊은 뜻(文外之重旨)」과 「뜻이 글 밖에 나온다(義生文外)」(≪文心雕龍≫·「隱秀」)의 뜻과 이어진다. 피일휴의 제1연은 영롱하면서 잡히지 않는 「거울 속의 얼굴(鏡中之相)」(司空圖 ≪二十四詩品≫)로 나타난다. 이어서 제3~6구에서는 정경에 대한 사실 그대로의 묘사를 핍진하게 한다. 제7·8구는 비유법을 통하여 한 자연물에 대한 정밀한 관찰력을 보여준다. 제11·12구는 명암법을, 제13·14구는 파도와 유심의 동정대비를, 제19~22구는 '老·死'와 '憂·患'을 대비하고 '好境·好處'와 '無處·無境'을 대비시켜 묘사상의 묘오를 강구하고 있다. 이 시의 함축미는 용필법과 유관하다. 용필은 「曲」을 귀히 여기는데, 시인의 정감을 충분히 표현하는데 있어 기언(寄言)의 효용성을 강조하는 데에, 이 「曲」의 묘법을 강구하니 이 시에서는 제5~10구의 작풍이 기언의 의취를 고양시키고 있는 것이다. 다음으로 「성고묘(聖姑廟)」를 보기로 한다.

낙신은 영준하신데
옛 묘당은 조용한 물가에 서있네.
폭우는 단청을 치고
거친 담장이 기둥을 감싸도네.
들바람 지붕을 돌아들고
주린 까마귀 제맵쌀을 물고 있네.
고요히 풍화 떨어지고
때때로 날다람쥐 다투네.
늘 상 말하기를 보름밤에
어여쁜 신령님을 다 모은다네.

---

138) 曉景澹無際, 孤舟恣廻環. 試問最幽處, 號爲明月灣. 半巖翡翠巢, 望見不可攀. 柳弱下絲網, 藤深垂花鬘. 松瘿忽似狖, 石文或如虥. 釣壇兩三處, 苔老腥班. 沙雨幾處霽, 水禽相向閑. 野人波濤上, 白屋幽深間. 曉培橘栽去, 暮作魚梁還. 淸泉出石砌, 好樹臨柴關. 對比老且死, 不知憂與患. 好鏡無處住, 好處無鏡刪. 赧然不自適, 脈脈當湖山.

달 아래 축신이 머무르시고
서리 속에 청녀 서리신을 모신다네.
문득 옥패 울리고
갑자기 베틀 울리네.
음악이 울려오는 때에 향내는 정처 없이 오가는데
눈을 뜨고 기다리는 듯
혼은 끊어져서 말이 없도다.
운우가 끝내 일지 않으니
정을 두고서 어디에 계신가.[139]

이 시는 태고산(太姑山)에서 진(晋)의 왕표(王彪)의 두 아들이 죽자 세운 묘당을 노래한 것인데, 묘사가 사실적이면서도 섬세하여 기려의 극치를 이루고 있다. 제2연과 제5연은 색채대비로 조화를 이뤘고, 제6연은 시의 회화적 기법의 하나인 「聲」적 시취를 조성하고 있다. 그 예로 제7연이 바로 그것이다. 그리고 초목에 대한 표현이며(제3연), 첩어의 활용은(제4연) 모두 시인의 작시능력을 돋보이게 하며 「유무대비(有無對比)」도 제7·8연에서 강구하여 인생의 무상과 허무를 강렬히 표출시키고 있다. 피일휴가 「태호시」에 쓴 기법은 한유(韓愈)의 편벽난삽한 작법을 후기에 영향받은 데도 있지만, 시인 자신의 경학과 노장, 그리고 불교사상에 대한 지식이 해박하여 엄창랑이 말한 바 「많이 읽고 많이 궁리하지 않으면 그 지극한 경지에 이를 수 없다(非多讀書, 多窮理, 則不能極其至.)」 (「詩辨」)에 적합한 능력을 배양한 결실이라 할 수 있다.

한편, 피일휴의 영물시는 그 소재가 '漁·茶·酒·樵' 등에 집중되어 있다.[140] 이들 영물시는 4운5고이며 함연·경연에 대구를 다용하고 있다. 그리고 「어구를 보태며 시서(添魚具詩序)」를 보면,

천수자 육구몽이 어구시 15수를 지어 나에게 주었다. 고기잡이 이래로 기술과 기구 등 여기에 다루지 않은 게 없다.[141]

---

139) 洛神有靈逸 古廟臨空渚 暴雨駁丹青, 荒蘿繞梁梠. 野風旋芝蓋, 飢烏銜椒糈. 寂寂落楓花, 時時鬪鼯鼠. 常云三五夕, 盡會妍神侶. 月下留紫姑, 霜中召青女. 俄然響環珮, 倏爾鳴機杼. 樂至有聞時, 香來無定處. 目瞪如有待, 魂斷空無語. 雲雨竟不生, 留情在何處.

140) 피일휴의 시중에서 「奉和魯望漁具十五詠」·「添魚具詩」·「奉和魯望樵人十詠」·「酒中十詠」·「奉和添酒中六詠」·「茶中雜詠」 등이 그 영물의 소재이다.

라 하고 「주중십영서(酒中十詠序)」에서 보면,

나 같은 사람은 사물에 꺼린 바 없고 성품에 어울린 바가 있어서 진실로 술에 전심하는 지라, 이에 그 기구를 모아서 다 읊은 것이다.[142]

라 하였고 , 「다중잡영서(茶中雜詠序)」를 보면,

차에 관한 일은 주대에서 지금까지 빼놓은 적이 없다.[143]

라고 한데서, 피일휴의 영물시가 사물의 묘사가 진지할 뿐 아니라, 제재선택에 있어서도 섬세하고 다양하면서 우아한 묘를 지니고 있음을 알 수 있다. 먼저 「새끼 고기(種魚)」를 보건대,

호수가로 옮겨서
늘상 물고기 새끼와 어울려 논다.
연못에 봄비 내리니
점점이 활기차기 개미같구나.
한 달 뒤에 푸른 비늘 돋고
한 해 가면 붉은 꼬리 나리라.
두 벼슬하는 이께 묻노니
뉘 새끼지기의 맛을 알리오.[144]

여기에서 물고기새끼의 생태를 섬세하게 묘사하면서 인간의 삶에 대한 가치와 우직을 강조하였으며, 「나무하는 집(樵家)」을 보면,

빈산의 가장 깊은 곳에
예부터 두세 집 있다.
구름과 담장이 전과 같은데

141) 天隨子爲魚具詩十五首以遺予. 凡有漁已來, 術之與器, 莫不盡於是也.
142) 若余者, 於物無所斥, 於性有所適, 眞全於酒者也. 於是徵基具, 悉僞之詠.
143) 茶之事, 由周至於今, 竟無纖遺矣.
144) 移土湖岸邊, 一半和魚子. 池中得春雨, 點點活如蟻. 一月便翠鱗, 終年必赬尾. 借問兩綬人, 誰知種魚利.

원숭이와 새는 삶을 같이 하네.
옷일랑 봄 샘에 빨고
접시의 반찬은 들꽃을 삶은 것이라.
여기에 살며 늙고 또 늙으리니
젊은 날일랑 아쉬워하지 않으리.145)

여기에서는 심산의 생활을 통하여 세월의 흐름을 한탄하는 속인들의 의식을 풍자하고 있다. 제3연은 자연과 하나로 어울린 심태를 표현하고, 제4연에서 자연에 묻힌 마음에는 속세의 연륜을 의식할 필요가 없으며 오히려 속인의 속정을 나무라고 있다. 이것은 왕어양이 말한 바, 「영물은 모양을 취하지 않고 마음을 취하며 용사하지 않고 용의를 한다(詠物不取形而取神, 不用事而用意.)」(≪花草蒙拾≫)와 상합하는 묘법이라 하겠다. 한편 「주막 깃발(酒旗)」을 보면,

푸른 깃발 넓기가 몇 자
오가는 길에 걸려 있네.
바람에 나부낄 때면, 때때로
주막이름 보이기도 하네.
살랑살랑 들판의 다리 아늑하고
펄럭펄럭 강가의 저자 좋기도 하네.
두 눈뜨고 또 뭘 보려는지?
끝내 그대 늙음 보려는지.146)

이 시는 한 작은 소재 「酒旗」를 통하여 말구에 가서 인생의 무상으로 종결하니 제3연의 첩자에서 섬세한 주막의 주위를 묘사하여 활발하고 생동하는 분위기를 조성하고서 말연에서의 인간 수심을 대조적으로 농축하고 있다. 이것은 마치 「모두 가느런 비단으로 달을 쌓은 듯한 것이 있어 고요한 속에 수심이 스며드는 묘오를 더하고 있으니 마음이 세심한 사람은 절로 찾아 풀어내기에 어렵지 않다(皆有似輕紗籠月, 助靜侵愁之妙, 細

145) 空山最深處. 太古兩三家. 雲蘿共夙世, 猿鳥同生涯. 衣服濯春泉, 盤餐烹野花. 居玆老復老, 不解歎年華.

146) 靑幟闊數尺, 懸於往來道. 多爲風所颺. 時見酒名號. 拂拂野橋幽, 飜飜江市好. 雙眸復何事, 終竟望君老.

心人自不難索解也.)」라 한 의미에 일치하는 서정이 되겠다.[147] 그리고 차(茶)에 관한 영물시로서 「차 광주리(茶籯)」를 보면,

대바구니 새벽에 들고 나가
어느새 뽕나무언덕에 이르렀네.
수시로 푸른 차 새싹 따는데
곳곳마다 맑은 이슬 맺혔네.
구름 낀 샘에서 쉬며
안개 낀 나무를 스치며 돌아가리.
오로지 이러한 생활을
황금으로 어이 족히 헤아리겠오?[148]

여기에서 차 바구니에 담은 이슬 맺힌 차 잎의 자태를 그리면서 속세의 물욕을 초연히 여기는 시인의 심상을 표출시키고 있다. 말구는 바로 이 뜻의 대변인 것이다. 피일휴의 시에서 표현법과 그에 따른 의취가 섬세하면서 풍유가 깃들어 있는 점은 반언보(潘彦輔)가 말한 바, 세리를 탈피한 경지인 「雅」의 세계에 다달은 것으로 볼 수 있으며,[149] 시의 정신이 살아있는 특색을 덧붙일 수 있다.[150]

2) 탈속의 의취

시의 속탈미는 선(禪)과 선(仙)의 세계에 연계시켜 해석하는 경향인데, 엄우(嚴羽)가 「시를 논함은 선을 논함과 같다(論詩如論禪)」(≪滄浪詩話≫·「詩辨」)라고 시와 선의 관계를 정립하고서 후세시론의 정통처럼 인술해 왔지만,[151] 이 선사상이 시의 풍격에 있어 탈속미를 주고, 아울러 도가의 선취가 산수전원의 풍격을 더욱 조성해 주는 것으로 평가하는데 아무런 이론이 없다.[152] 따라서 본고의 내용도 피일휴에서 성정상 만당시에

147) 傅庚生의 ≪中國文學欣賞擧隅≫ p.93.
148) 筤篣曉攜去, 驀箇山桑塢. 開時送紫茗, 負處沾清露. 歇把傍雲泉, 歸將挂煙樹. 滿此是生涯, 黃金何足數.
149) 潘彦輔의 ≪養一齋詩話≫에 「夫所謂雅者, 非第詞之雅馴而已. 其作此詩之由, 必脫棄勢利, 而後謂之雅也」.
150) 王國維, ≪人間詞話≫에 「詞之雅鄭, 在神不在貌」.
151) 明代 李東陽, 淸代 王士禎 등의 시론 등 일일히 매거할 수 없다.
152) 졸저 ≪王維詩比較研究≫ 第4章 참조(북경 경화출판사 1999).

서 보기 어려운 성당풍의 기풍을 맛볼 수 있기에 간과할 수 없는 것이다. 사실상 피일휴시에는 순수한 참선적 그리고 신선적인 시가 한정되어 있기에 그 몇 편을 통하여 그의 개성을 파악하고자 한다.[153] 먼저 선적(仙的)인 면에서 「화산 이연사의 거처(華山李鍊師所居)」를 보면,

마고의 옛 모습 선재가 서려 있어
연봉으로 들어가 옥대를 지킨다.
서기가 옷에 젖어 금액이 나고
향연이 얼굴에 비쳐 자색 무늬 연다.
외론 구름 종일토록 굴에 감돌고
쌍학 나는 때에 이끼만 돋았구나.
깊은 밤 고요한데 묵상에 잠겨
하늘에 달뜰 때에야 초당에 내려온다.[154]

이 얼마나 단아한 표현인가. 선어를 적절히 배열하여 이연사의 생활을 흠모하면서 자신의 초탈적 의식을 불어넣고 있다. 「麻故」·「玉臺」·「金液」·「紫文」 등 이 모두 유선시에서 볼 수 있는 선어의 연결이다.[155] 제3연의 자연경관에 대한 별천지 묘사와 제4연의 속진을 떨친 적막 어린 망념의 경지를 묘사함은 시인의 말년을 오지에서 불우하게 보내면서 삶의 허무를 동반한 것과 무관하지 않는다. 그리고 입선의 기품을 보이는 「호구사 서쪽 작은 냇가에 한가로이 배 띄우고(虎丘寺西小溪閑泛)」의 제3수는 시인의 심취를 알 수 있다.

오르내리며 붉은 비취새 한가로이 놀고
깊고 옅은 데마다 백장미 둘러쳐 있네.

---

153) 禪的인 것으로, 「遊棲霞寺」·「過雲居院玄福上人舊居」·「陪江西裵公遊襄州延慶寺」·「題潼關蘭若」·「奉和魯望寒夜訪寂上人次韻」·「奉和魯望同遊北禪院」·「聞開元寺開笋園寄章上人」·「開元寺佛鉢詩」·「重玄寺元達年二章」·「夏景無事因懷章來二上人二首」·「宿報恩寺水閣」·「訪寂上人不遇」·「冬曉章上人院」·「題支山南峰僧」 등을 들 수 있고, 仙的인 것으로는, 「華山李鍊師所居」·「顧道士亡弟子以束帛乞銘于余魯望因賦戲贈日休奉和」·「寄題鏡巖周尊師所居」·「臘後送內大德從勗遊天台」·「寄題玉霄峰葉涵象尊師所居」·「傷開元觀顧道士」·「奉送浙東德師侍御罷府西歸」·「虎丘寺西小溪閑泛三絶」 등을 들 수 있다.

154) 麻姑古貌上仙才, 謫向蓮峰管玉臺. 瑞氣染衣金液啓, 香煙映面紫文開. 孤雲盡日方離洞, 雙鶴移時只有苔. 深夜寂寥存想歇, 月天時下草堂來.

155) 졸저≪中國 詩歌論의 展開≫ 제1편 참고(한국외대 출판부 2003).

뱃머리 솔뿌리에 매고서
신선을 만나려고 돌아갈 생각 않누나.[156]

이 시의 말구는 신선을 만날 수 있다면 차라리 돌아가지 못해도 좋다는 의미마저 깃들어 있다. 자연과 합일하는 심회를 느낀 상태에 이르는 표현이다. 꾸밈없이 자연적인 맛은 최고의 묘인 것이며 진솔한 선계에서 시인의 탈속심리를 읽게 하는 것이다.[157].

피일휴시에 있어 선적 탈속미는 성당대의 왕유 등 보다 내세울만한 면이 적다.[158] 그러나 시에 있어 탈속의 특성을 논하는데 禪의 의미를 배제할 수도 없다. 따라서 「以禪入詩」의 경지에서 시의 탈속성을 피일휴 시에서도 살펴볼 필요가 있다. 「서하사에 놀며(遊棲霞詩)」를 보면,

거사를 만날 수 없으니
텅 빈 산에 정적만 깃들 뿐.
흰 연꽃을 노래하며 부족함 달래고
푸른 안개 속에 앉아 수심 식힌다.
샘이 차서 삼복더위 없으며
솔 마른 곳에 육조의 세월 스며있다.
언제나 돌 위 달을 대하며
소요를 논할 수 있으랴?[159]

이것은 속세와는 무관하다. 어느 한 곳도 속세를 연상할 수 없다. 유한에서 무한을 보고 「사물을 묘사하고 이치를 밝히고 사물에 기탁하여 흥취를 일으킨다(狀物明理, 託物起興).」의 선취(禪趣)를 보인다.[160] 제4연은 달과 하나된 심경을 그리고 있는데 그 의취를 확인할 수 있다. 그리고 「지

156) 高下不驚紅翡翠, 淺深還礙白薔薇. 船頭繫箇松根上, 欲待逢仙不擬歸.
157) 陸輔之 《詞旨》云 ; 「詞不用雕刻, 刻則傷氣, 務在自然」 그리고 謝榛, 《四溟詩話》 권4 云 ; 「自然妙者爲上, 精工者次之. 此着力不着力之分, 學之者不必專一而逼眞也」.
158) 졸저《王維詩比較硏究》 第4章 참조.
159) 不見明居士, 空山但寂寥. 白蓮吟次缺, 青靄坐來銷. 泉冷無三伏, 松枯有六朝. 何時石上月, 相對論逍遙.
160) 졸저 《王維詩比較硏究》 제4장: 「所謂禪趣者, 狀物明理, 託物起興, 以有限見無限, 使恍惚之禪機著迹如見也」 淸 李重華, 《貞一齋詩說》云 ; 「阮亭三昧集, 謂五言有入禪絶境, 七言則句法要健, 不得以禪求之」.

산 남봉의 스님(題支山南峰僧)」은 생물의 처지를 비유하여 승려의 초탈생활을 부러워하면서 자신의 신세를 직시하고 있다.

> 구름이 헤진 장삼에 스며들어 어깨를 덮은 데
> 남봉을 내리지 않은지 몇 해인지 모르겠네.
> 연못의 뭇 물고기 불계를 받은 듯
> 숲새의 외론 학은 참선을 하려는 듯.
> 닭 머리 대위로 외길을 열고
> 오리다리 꽃 속에서 버린 샘을 긁는다.
> 끝없이 먼 오도에서 할 일 감당할 바엔
> 차라리 이곳에서 선사의 숙면을 봄이 어떠리.[161)]

제2연은 물고기와 학과 같은 생물이라도 도득의 경지에 든 것같이 시인이 느낀 점을 묘사한 것이며, 제4연은 시인 자신이 속세에서 벗어나지 못하면서 속정으로 탈속의 세계를 희구하는 심회의 일단을 그려놓고 있다. 한 자의 선어를 쓰지 않고도 선경을 연상할 수 있다. 정신이 물외로 초탈하여 물아가 분별 없는 세계를 피일휴는 그리워하면서 썼을 것이다. 이것은 왕사정이 말한 바, 「시와 선은 하나로서 차별이 없다(詩禪一致, 等無差別.)」의[162)] 의식으로 풀이한다면 피일휴시에 대한 다른 일면이 될 것이다. 피일휴시의 탈속의식은 후기 작품에서 산견되지만 경지에 이른 수준으로는 평가하기에 아쉬움이 있음을 인정한다.

피일휴는 그의 생졸년대가 불명하나 ≪피자세록(皮子世錄)≫에서 밝힌 자신의 연대에 의해서 개략적이나마 유추할 수 있었다. 황소난(黃巢亂)에의 참여에 대한 논란도 육유(陸游)의 기술보다는 ≪구당서≫와 ≪자치통감≫(기설했음)상의 기록과 피일휴 자신의 유가사상에 근거한 도덕의식과 정의감에서 발로된 의거정신을 낳을 수 있다는 긍정적인 관점으로 서술해 나갈 수 있었다. 당시의 노장적 풍토하에서 오히려 배척의 기치를 들었던 이유도 정치사회의 부패상과 민생의 질고에 대한 근본적인 불만인 것이며, 그의 이러한 감정이 오지에로 낙향을 결심케 하였고 나아가서 황

---

161) 雲侵壞衲重隈肩, 不下南峰不記年. 池裏群漁會受戒 林間孤鶴欲參禪 鷄頭竹上開危徑, 鴨脚花中擿廢泉. 無限吳都堪賞事, 何如來此看師眠

162) 王士禎「王漁洋蠶尾續文」;「捨筏登岸, 禪家以爲悟境 詩家以爲化境 詩禪一致 等無差別」.

소에 가담하는 결단을 내릴 수 있었다. 따라서 그의 교유의 대상도 육구몽을 위시하여 소주를 중심한 무관계급의 부류가 주를 이루었고 초기의 시작이 백거이를 계승했다고 평가하고 말년의 풍격에서 오히려 석로적(釋老的) 기풍과 영물에 의한 풍유를 보인 것도 우연이 아니라고 볼 수 있다. 시에 있어 전기의 작을 양적으로 소수인데도 보다 가치 있게 보는 이유도 사회현실에 대한 직시과 독설을 서슴치 않은데 있다고 할 것이다. 따라서 리우이앙중(劉揚忠)은 그 특징을 주제 명확, 서사와 논리의 조화, 그리고 입의(立意)위주 등으로 단정하는 면도[163] 수긍할 수 있다. 원·백의 신악부를 계승한 만당의 시계혁명론자라 할 수 있을 것이다. 그러나 그의 시에는 후기에 가면 본래의 의기를 보이지 않고 유미적인 조류에 젖어 들어 있으니 송별시에서는 별리의 정을 직설하지 않고 탈속의 고독에도 담백한 묘사를 아끼고 있음을 지적하지 않을 수 없다. 특히 그가 음악적인 재예와 시율에 정통하여 만당에는 흔치 않는 잡체시를 남기고 있으니 그의 「잡체시서(雜體詩序)」에서 고시를 잡체시로 보고 풍인시(風人詩)[164]와 사성시(四聲詩), 그리고 첩운쌍성시(疊韻雙聲詩) 등으로 별칭한 것은[165] 시율상 파격이라고 할 것이다.

163) 劉揚忠云: 「(一) 主題專一而明確, 一詩只集中寫一事, 不旁涉他事和另出新意…… (二) 敍事和議論相結合,…… (三) 由于以立意爲主, 因此風格比較朴素·質朴·直切, 不事雕繪」(「皮日休簡論」).

164) 雜體詩序: 「古詩或爲之, 蓋風俗之言也. 古有采詩官, 命之曰風人」.

165) 「四聲詩」로는 「奉酬魯望夏日四聲四首」와 「苦雨中又作四聲詩寄魯望」이 있고, 「疊韻雙聲詩」로는 「奉和魯望疊韻雙聲二首」가 있다. 그리고 첩운에 대해 피일휴는 雜體詩序에 「梁武帝云, 後牖有朽柳, 沈約云, 偏眠船舷邊. 由是疊韻興焉」라 함.

두목(杜牧) 시의 우국애민(憂國愛民) 의식

Ⅰ. 두목 사상과 시풍의 개관

두목(杜牧 803~853)은 자가 목지(牧之)이며, 경조 만년인(京兆萬年人. 현재 陝西 長安)이다. 두목의 원조는 진육제시(晉六帝時)에 ≪춘추좌전집해(春秋左傳集解)≫로 저명한 두예(杜預)(≪晉書≫ 권34)를 조상으로 하고 근조로는 조부인 두우(杜佑)(≪新·舊唐書≫ 「本傳」·≪樊川集≫ 권10 「墓誌銘」 참고)가 있어 전통적인 사환계급의 세가에서 분란한 시대를 타고 생애를 보냈던 것이다. 특히 두우의 「博聞强學」·「該涉古今」·「蘊通經之識」(≪杜佑通典≫ 「自序」) 등과 같은 가학이 두목에 계승된 일면과 정치 사회적으론 부병제(府兵制)와 문관제도의 폐이(廢弛),[1] 그리고 번진(藩鎭)의 화란(禍亂)이 극성하고[2] 내부로는 관정이 혼란하며 환관이 감군(監軍)하는 작위로 인해[3] 당운(唐運)이 경각에 달하는 지경이었다. 경제 풍속상으로는 부단한 재해와, 병자(兵資) 및 관봉(官俸)의 과대로 인한 재정곤난과 빈민현상[4], 그리고 사습(士習)의 부허,[5] 문벌과 진사를 중시하고 충의

1) 岑仲勉 ≪隋唐史二十節≫ (香港 昌文書局).
2) ≪新唐書≫ 권50 「兵志」.
3) ≪舊唐書≫ 권184 「宦官傳序」 趙翼 ≪卄二史箚記≫ 권20.
4) 鄧雲特, ≪中國救荒史≫ 第一章에 受災四百九十三次(300年間)라 기록.
5) ≪新唐書≫ 권201 「文苑傳序」.

를 결한 풍조가 또한 일면이 되어 이 양면이 결국 두목의 사상과 당시의 일반성격과는 다른 시풍을 창출케 하였다.

두목의 의식구조, 즉 사상은 그의 시문을 논급하는데 중요한 근거가 되는 만큼 일고하는 것이 필요하겠다. 두목은 세업유학의 가정출신인 고로 ≪번천집(樊川集)≫에 제시된 많은 독서를 파악하게 된다.[6] 그는 「경서(經書)」는 물론, 「제자서(諸子書)」, 「병서(兵書)」, 「불전(佛典)」까지 박통하고 역법(曆法)에도 능통하였다.[7] 이런 엄격한 가학이 두목에게는 당시의 유불도 삼교의 혼융이 오히려 부적절한 의식형성을 가져 와서 그의 편집(偏執)한 정서와 협착한 사상의 한 요인이 되었다고 하겠다. 그는 공자를 만세지사로 추숭하여[8] 「以仁爲本」으로 정치와 사회의 규범을 삼으니 민간의 질고에 대한 번민과 국가혼란에 대한 우국정신은 오히려 현실에의 면에서 적극적인 열성으로 표출되었다.[9]

그의 사상의 다른 중요한 면은 병학에 대한 조예인 것이다. 그는 군정일체를 주창해서 「병이란 형이며 형이란 정사이다. 스승의 제자들이 되는 것은 실로 중유와 염유의 일인 것이다(兵者, 刑也, 刑者, 政事也. 爲夫子之徒實仲由. 冉有之事也.)」(「注孫子序」)라 하니 군사에 의한 무관의 존재가치를 높이 평가하였다. 군사는 국가안보상 「악한 사람을 제거하고 선한 사람을 편히 살게 한다(餘去惡民. 安活善人).」 (「注孫子序」)에 있어 필수적 요건임을 확고히 하여 그 자신이 황주(黃州)·지주(池州)·목주(睦州)·호주(湖州) 등의 자사를 역임하면서 체험한 우국우민에의 실의와 구국의 양자에서 방황하고 종내 범여(范蠡)의 비극과 같은 의식을 지녔다.[10]

두목의 시를 평해서 일반적으로 야염(冶艶)한 유미주의 풍격이라고 단정하기 쉬우나 기실은 그의 가학과 사상을 근저로 한 인생관은 결코 당시의 만당풍만을 추종할 수 없었다. 그는 만당시풍의 기교인 신기(新奇),

---

6) 張鷟 ≪朝野僉載≫ 권1.

7) 두목의 독서를 다음 몇 구의 예어에서 확인할 수 있다. 「注孫子序」(≪樊川文集≫ 권10) : 「某幼讀禮, 至於四郊多壘, 卿大夫辱也」(禮) 上同序 : 「及年二十, 始讀尙書」(書) 「讀韓杜集」(同 권2) : 「杜詩韓集愁來讀書」.

8) 「書處州韓吏部孔子墓碑陰」 (≪樊川文集≫ 권6) : 「天不生夫子於中國 : 中國當如何曰不夷狄如也…」.

9) 「黃州刺史謝上表」 (권15), 「祭城隍神祈雨其二」 (권14), 「與汴州從事書」(권14)에 민간질고에 대한 대책을 강구함.

10) 두목은 范蠡를 希慕하는 「西江懷古」(≪樊川詩集≫ 권3)을 남기고 있다.

사화(詞華)의 미염(美艶), 그리고 감정의 세미(細微) 등을 터득한 그 위에 고초(高峭)한 입족점(立足點)을 세워 호건(豪健)한 성정과 함께 독특한 면목을 보였다. 그의 문학사상은 다음의 인용문에서 분명히 표출되고 있다.

어떤 이는 고심 끝에 시를 짓는데, 본래 고절함을 구하는 것이다. 기려함을 힘쓰지 않고, 습속에 빠지지 않으며 고금의 것에 함부로 들지 않고 그 중간에 처하고 있다.[11]

대개 이소체의 작품은 논리가 미치지 못하면서도 표현된 어사가 때로는 지나친 면이 있다. 이소체의 작품에는 원망과 비분함을 담아서 군신간의 비리를 언급하여 때로는 사람의 마음을 격발시키기도 한다.[12]

여기서 「不務奇麗」는 사조상의 염려를 강구하지 않으며 이하(李賀) 시의 유미성에 불만을 토로한 것이니, 그의 시가 이하의 기려와 원백의 천속이란 미감과 실용의 두 극단을 보완하여 내함정치(內涵情致)인 「豪」까지 겸비한 것으로 평가해야 할 것이다. 그 예증으로 고병(高棅)은 「두목의 호건과 온정균의 기려(杜牧之之豪健, 溫飛卿之綺麗……)」(≪唐詩品彙≫ 序)라 하고 양신(楊愼)은 ≪승암시화(升菴詩話)≫ (권5)에서,

두목은 율시에 있어 만당에 와서 이상은 다음으로 오직 그만이 최고다. 송대 사람들이 평하기를 그의 시를 호방하고 화려하며, 호탕하고 미려하다고 하였는데, 율시에 있어서만은 특별히 고매하고 빼어나서 그 당시의 단점을 바로 잡고 있다. 진실된 말이다.[13]

라고 한 평구는 두목시의 호건풍을 더욱 깊이 새기게 하는 것으로서 본고가 지향하는 노선이 된다. ≪번천시집주(樊川詩集注)≫(中華書局)에는 「本傳」4권 240제(265수), 「別集」1권 57제(60수), 「外集」1권 119제(125수), 「補遺」1권 14제(15수), 총430제(465수)가 재록되어 있는데 가국지사(家國之事), 송별증우(送別贈友), 영물, 사경 등을 주제로 한 작품이 대종을 이루고 있다. 이들 시수 외에 ≪전당시보일(全唐詩補逸)≫(孫望編 · 1992)

11) 某苦心爲詩, 本求高絶, 不務綺麗, 不涉習俗, 不今不古, 處於中間. (≪樊川文集≫ 권16 「獻詩啓」).

12) 蓋騷之苗裔, 理雖不及, 辭或過之. 騷有感怨刺懟, 言及君臣理亂, 時有以激發人意. (≪樊川文集≫ 권10. 「李賀集序」).

13) 杜牧之, 律詩至晩唐, 李義山而下, 惟杜牧之爲最. 宋人評其詩豪而艶, 宕而麗, 於律詩中特寓拗峭以矯時弊. 信然.

(권12)에 칠절 1수, ≪전당시속보유(全唐詩續補遺)≫ (권7)(童養年. 1992)에 「九華山」 칠율 1수, 천상권(陳尙君)의 ≪전당시속습(全唐詩續拾)≫권29(1992)에는 「缺題」·「貴池亭」·「暮春因遊明月峽故留題」·「安賢寺」·「玉泉」·「遊盤谷」 등 6수가 각각 추가 수록되어 있다. 이런 입장에서 두목시를 우국적 호건풍에 초점을 맞추어서 그 특성을 추출하려는 것이다.

Ⅱ. 시의 연원

두목시문의 연원은 가학으로는 경서자사백가어에서 습득한 데 있으나[14] 그의 작품과 시화상에서 보면 비교적 밝히 구명하게 된다. 「동지날 조카 아의에게(冬至日寄小姪阿宜詩)」(≪樊川詩集≫ 권1)에서 시의 내력을 자술하고 있는데, 그 제22~25연 부분을 보면,

> 경서는 근본을 담고 있고
> 사서는 국가 흥망을 보여 주네.
> 높게 굴원과 송옥의 아름다움 따고
> 짙게는 반고와 사마상여의 향내 풍기네.
> 이백과 두보는 넓게 떠다니고
> 한유와 유종원은 하늘 높이 솟아 있네.
> 가까이 있는 사군자는
> 고인과 굳게 교량 이루네.[15]

이 시구에서 멀리는 굴원(屈原), 송옥(宋玉)을, 가까이는 이백(李白)·두보(杜甫)·한유(韓愈)·유종원(柳宗元)을 본받았음을 명시한다. 두목의 시계보는 일반적으로 두보와 한유·이하의 방향을 따라 계승발전하고 있는

14) 杜牧의 소작인「罪言」,「原十六衛」,「守論」,「戰論」,「注孫子序」,「杭州新造南亭記」,「上李司徒論兵書」,「論江賊書」,「黃州刺史謝上表」,「塞廢井文」 등은 經訓에 근본함.

15) 經書括根本, 史書閱興亡. 高摘屈宋艶. 濃薰班馬香. 李杜泛浩浩, 韓柳摩蒼蒼. 近者四君子, 與古爭强梁

것을 본다.[16] 그 중에 두보와 비교하여 두목시가 정치호매(情致豪邁)하여 소두(小杜)라고 호칭되었으니, ≪당재자전≫ (권6)에 보면,

> 시정이 호매하고 시어가 놀라게 하니 아는 자는 두보인가 하여 대두니 소두니 하며 구별한다. 후인들이 평하기를 두보시는 마치 탄환이 들판을 달리고 준마가 언덕을 오르듯 하다 하니, 이는 시가 원만하며 경쾌하되 긴박한 것을 말함이다.[17]

라고 하여 두보와 비견하는 찬평을 하고 있다. 그리고 특히 한유와의 관계는 그 영향이 직접적이라 할 만큼 흡사한 것이다. 한유가 평범치 않은 구법을 다용하여 오언시의 경우에, 그 구법이 上二下三을 정격으로 하였는데 두목도 구법이 무상하여 上一下四 구의 경우로는,

> 「誓肉虜杯羹」(「感懷詩」, ≪樊川詩集≫ 권1) 「如日月絙升, 如鸞鳳穢䴏」(「雪中書懷」, 권1) 「取螢孤登壘, 以駢隣翼軍」(「史將軍」, 권1)

등을 들 수 있고, 上三下二 구의 경우는,

> 「一千年際會, 三萬里農桑」. (「華清宮三十韻」, 권2)
> 「四百年炎漢, 三十代宗周」. (「洛中送翼處士東遊」, 권1)
> 「二三里遺堵, 八九所高丘」. (同上)

등을 들 수 있다. 칠언시의 구법은 上四下三 구가 정격인데, 두목은 上五下二 구 또는 上二下五 구가 적지 않으니, 예컨대,

> 「邯戰四十萬秦坑」. (「東兵長句十韻」, 권2)
> 「故鄕七十五長亭」. (「題齊安城樓」, 권3)
> 「留警朝天者惕然」. (「商山富水驛」, 권4)

등을 들 수 있다. 이러한 점에 대해서 청대 조익(趙翼)은 ≪구북시화

---

16) 鈴木修次≪唐代詩人論≫下 p.372 참조.

17) 詩情豪邁, 語率驚人, 識者以擬杜甫, 故呼大杜小杜以別之, 後人評, 牧詩如銅丸走坂, 駿馬注坡, 謂圓快奮急也.

(甌北詩話)≫에서[18] 한유시의 격율과 구법을 이미 강조하였고 두목시의 그런 면에 관해서도 청대 설설(薛雪)은 ≪일표시화(一瓢詩話)≫에서 다음과 같이 논술하여 그 미묘함을 강조하고 있다.

> 고인의 용자상의 법은 매우 오묘하여 일찍이 선본 번천집을 보면 '두시와 한유의 글을 수심으로 읽고'에서 筆자는 얼마나 영묘한가. 속본각의 '두시와 한유의 책을 수심으로 읽고'에서는 신운이 덜어진다.[19]

한편 한유와 두목의 풍격상의 상관성은 한유의 횡공경어(橫空硬語)하고 고초(孤峭)한 점이[20] 두목 시에서 많이 보이고 있는데, 이를 예로 들어보면,

「大江呑天去, 一練橫坤抹」. (「池州送孟遲先輩」, 권1)
「東鶩黑風駕海水, 海底捲上天中央」. (「大而行」, 권1)
「濤驚推萬岫, 舸急轉千谿」. (「朱坡」, 권2)
「誰驚一行雁, 衡斷過江雲」. (「江樓」, 樊川外集)

등이 되겠다. 그리고 한유의 '以文爲詩'와 같이 두목은 오언고시를 잘 지어 표현했는데, 풍격이 건미(健美)하고 부섬(富贍)하여 마치 압운한 문과 같아 「留誨曹師等詩」(≪樊川外集≫)는 한유의 「符讀書城南府」(≪韓昌黎全集≫ 권6)를 방제(仿製)한 것이다.[21] 「두추랑시(杜秋娘詩)」(권1)의 「손가락은 어째서 잡고 발은 어째서 달리며 귀는 어째서 엿듣나(指何爲而捉, 足何爲而馳, 耳何爲而窺.)」 구도 모두 한유체에 핍근(逼近)한 것이다.

---

18) 昌黎不但創格, 又創格, 又創句法. 路傍堠云 : 『千以高山遮, 萬以遠水融』, 此創句之佳者. 凡七言之多上四字相連而下三字足之. (권3)

19) 古人用字之法極妙. 曾見善本樊川集 『杜詩韓筆愁來讀』, 筆字何等靈妙, 俗本刻作『杜詩韓籍愁來讀』, 神韻頓損.

20) ≪甌北詩話≫ 권3 : 「盤空硬語, 須有精思結撰, 若徒撏撦奇字, 詰曲其詞, 務爲不可讀以駭人耳目, 此非眞警策也」 또 淸代 黃子雲, ≪野鴻詩的≫ : 「昌黎極有古音, 惜其不由正道, 反爲盤空硬語, 以文入詩, 欲自成一家言, 難矣」.

21) 「留誨曹師等詩」의 「萬物有好醜, 各一姿狀分....... 根本旣深實, 柯葉自滋繁」는 특히 退之詩에서 전습함.

Ⅲ. 시의 우국적인 호건성

여기서는 당시의 풍격인 유미문학적인 면을 지양하고 두목의 독특한 우국우민적이며 강개적인 호건풍에 한정하여 고찰하려는 것이다. 따라서 본고는 주로 서정성보다는 국사에 대한 감회와 우개(寓慨), 강렬한 국가관념이 표출되고 있는 우국애민의 열성, 그리고 정치에 대한 풍간과 비판 등의 측면에서 두목시를 개관하는 것이 바람직하리라 본다.

1. 국사에의 감회와 강개

두목은 성격이 본래 감정적이어서 비록 광달한 논리를 폈다 해도 내심에 있는 고민을 자탈(自脫)하지 못하고서 비극적 의식을 지니고 있었다.[22] 특히 국가의 흥망치란에의 관심과 국계민생에의 고심은 그의 비극적인 실의적 사념을 더욱 농후하게 하였으니, 배연한(裴延翰)은 「번천시주자서(樊川詩注自序)」에서 각 작품의 창작의식과 내적 의미를 밝혀서 설명하고 있는 것이다. [23] 이 서에서 두목이 창작하는 성향이 다분히 국가의 대소사에 대한 열정에서 나오고 있음을 강조하고 있다. 이러한 풍격을 보이는 작품이 두목의 초년에 다출하는데 「感懷詩」(≪樊川詩集≫권1), 「郡齋獨酌」(동권1), 「李甘詩」(동권1), 「雪中書懷」(동권1), 「洛中送冀處士東遊」(동권1), 「九日齊山登高」(동권3), 「西江懷古」(동권3), 「江南懷古」(동권3), 「題武關」(동권4) 등은 기세가 종횡하고 구법이 교건하여 시의 호매한 맛을 표출하고 있다. 이제 「감회시(感懷詩)」를 보면, 그 중반부에서,

22) 謝錦桂毓 ≪杜牧硏究≫ p.73 참조(商務).

23) 序云:「其文有罪言者, 原十六衛者, 戰守二論者, 與時宰論用兵, 論江賊二書者, 上獵秦漢魏晋南北二朝, 逮貞觀長慶, 數千百年兵農刑政, 措置當否, 皆能采取前事, 凡人未嘗經度者. 若繩裁刀解, 粉畵線織, 布在眼見耳聞者. 其譎往事, 則阿房宮賦; 判當代, 則感懷詩; 有國慾亡則得一賢人, 決遂不亡者, 則張保皐傳, 尙古兵柄, 本出儒術, 不專任武力者, 則注孫子而爲之序」.

급히 출정하여 군대의 수요가 있으니
많은 세금은 흉한 무기에 들어가네.
정해진 법도를 무너뜨리고
시세의 이익을 쫓아 따르네.
시류의 기품은 극도로 흐리어져서
기강이 점점 해이해진다.
오랑캐는 날로 떨치고
백성은 갈수록 초췌해지네.
아득하도다. 태평세월이 멀도다.
쓸쓸이 번민만 더 하도다.[24)]

라고 한 표현은 두목이 25세시(太和 元年, 827)에 번진(藩鎭)이 반란하매 그에 대한 자기의 의견을 표출한 것으로 전체의 시의 중에서도 안사난(安史亂) 후에 번진의 발호를 통해서 변방이 공허하고 위급한 상황에서의 정벌(急征)로 인한 가혹한 세금(厚斂)이 가해져서 민생이 초췌한 현실을 묘사한 것이며 후반에서는,

관서의 천한 사나이는
오랑캐의 고깃국 먹을 것을 맹세하네.
오랑캐를 잡을 일 자주 청하였으나
누가 나의 말을 듣겠는가?
(중략)
늘상 걱정이 이에 미치면
술 취했다가 근심에 깨어나누나.
혀를 놀리면 웅장한 뜻 욕되게 할까하나
궁궐문에 외치면 돕는 소리 없도다.
잠시 감회시를 써서
태워서 가의에게 보내노라.[25)]

라고 하여 두목 자신의 강개를 발설하였다. 여기서 서한의 가의(賈誼)

---

24) 急征赴軍須, 厚賦資凶器. 因隳畫一法, 且逐隨時利. 流品極蒙尨, 綱羅漸離弛. 夷狄日開張, 黎元愈憔悴. 邈矣遠太平, 蕭然盡煩費.

25) 關西賤男子, 誓肉虜杯羹. 請數係虜事, 誰其爲我聽 (中略) 往往念所至, 得醉愁蘇醒. 韜舌辱壯心, 叫閽無助聲. 聊書感懷韻, 焚之遺賈生.

인 가생(賈生)을 자기와 비견하면서 강개하여 번진을 평정할 방책을 논하여도 용납되지 않은 상황을 서술하였는데 그 정치상의 포부를 표현함이 강렬한 것으로 본다. 청대 옹방강(翁方綱)은 「郡齋獨酌」과 함께 왕형공(王荊公)의 말을 빌려서 의미 깊은 평을 한 것으로 그 심절함을 알 수 있다.[26]

그리고 두목이 37세(開城 四年, 839)에 좌보궐(左補闕)로 있을 시에 지은 「李甘詩」는 이감(李甘)[27]의 사정을 추서하여 그가 충직한데도 득죄하여 죽게된 것을 애도하면서, 이감이 정주(鄭注)의 재상됨을 반대하다가 피폄된 사실을 다음과 같이 묘사하였다. (중반 인용) 이것은 두목이 보인 비분강개인 것이다.

> 시기는 가을 달밤
> 날은 경오일(7월 27일)이라.
> 시끄러이 모두 말하기를
> 내일 아침 정주가 재상에 오른다 하네.
> 나는 때때로 화정과 함께
> 관리로서 각각 도끼를 잡았네.
> 화정은 나를 돌아보고 말하기를
> 나는 죽어 머물 곳이 있다네.
> 궁정에는 조서가 찢어지고
> 물러나면 곧 죽게된다네.
> 그대 문이 새벽에 열리면
> 붉은 공문이 노을 진 천에 가로 쓰여질 것이다.
> 위엄 있고 우아한 관리들의 모습에
> 나는 발끈하게 화를 내리라.
> 마침 부장군에게 명령을 내리니
> 어제의 전달한 사람이 그릇되었네.
> 다음날 조서가 내려져서
> 남쪽 황무지로 유배 떠나[28]네.

---

26) ≪石洲詩話≫ 권2 : 「小杜感懷詩爲滄州用兵作, 宜與罪言同讀. 郡齋獨酌, 詩意亦在此. 王荊公云 : 末世篇章有逸才. 其所見者深矣」.

27) ≪舊唐書≫ 「李甘傳」 : 「甘字和鼎, 長慶末第進士, 累擢侍御使. 鄭注侍講禁中求宰相, 朝廷譁言將用之, 甘顯揭曰, 宰相代天治物者, 當先德望後文藝, 注何人欲得宰相. 白麻出, 我必壞之, 旣而麻出, 乃以趙儋爲鄜坊節度使. 甘坐輕躁, 貶封州司馬」.

이감이 태화 9년 7월(835)에 정주(鄭注)를 반대하다가, 봉주사마(封州司馬)로 폄적되어 죽은 사실은 우인인 두목에게는 큰 실망이며 정의에 입각한 의분이 있어 후에 「옛 문황제 32운(昔事文皇帝三十二韻)」(권2)에서,

매양 걱정하며 아뢸 수 없으니
오래 근심 속에 마음잡지 못하네.
모시고 다녀도 오직 우물쭈물할 뿐
말하려도 단지 마음에 쓸쓸할 뿐이네.[29)]

라고 하여 심경의 침통함을 당시의 정황에 기탁하고 있다. 송대 갈립방(葛立方)은 두목의 작시시의 심태를 「이화정시 칠절(李和鼎詩七絶)」을 인용하면서 이감의 원우를 밝히고자 한 점을 강조하였으니[30)] 이것은 구체적 두목시의 강개라 할 것이다.

두목은 회창(會昌) 2년(842)인 40세시에 어사중승(御史中丞) 이회(李回)에게 준 「上李中丞書」(≪樊川文集≫ 권12)에[31)] 사환 15년에 득의하지 못한 국사에의 회포를 토로하면서 자기의 의지를 밝혔는데 그 해 가을 지난 일을 회억하고 감개를 이기지 못해서 지은 시가 「군재에서 홀로 지으며(郡齋獨作)」(권1)로서, 이는 그의 40세 이후에 없는 최후의 포부를 실은 작품이라 하겠다.

늘상 스스로를 달래매
눈물 흘리면 정신이 아득하도다.
어사로서 분사도를 맡을 시에
행동거지가 얼마나 양양했는가.
궁궐에서 좌보궐 시절에는

28) 時當秋夜月, 日直日庚午. 喧喧皆傳言, 明晨相登注. 予時與和鼎, 官班各持斧. 和鼎顧予云, 我死有處所. 當廷裂詔書, 退立須鼎俎. 君門曉日開, 赭案橫霞布. 儼雅千官容, 勃鬱吾纍怒. 適屬命鄜將, 昨之傳者誤. 明日詔書下, 謫斥南荒去.

29) 每慮號無告, 長憂駭不存. 隨行唯跼蹐, 出語但寒暄.

30) 杜牧之作李和鼎詩云 :「鵩鳥飛來庚子直, 謫去日蝕辛卯年. 由來枉死賢才士, 消長相持勢自然」蓋言鄭注事也. 方是時, 和鼎論注不可爲相, 旋致貶責, 故牧之作詩痛之如此..... 詩人有辛卯之詠, 借是事以明李甘之寃.

31) 上書 :「某入仕十五年間, 凡四年在京, 其間臥疾乞假, 復居其半..... 性固不能通經, 于治亂興亡之迹財賦兵甲之事, 地形之陰陽遠近, 古人之長短得失, ...」.

상소에 좋은 문장 못 지었네.
스님을 찾아가 근심을 풀었고
술을 찾아 수심 찬 간장을 녹였도다.
어찌 처자를 위한 것이리오만
산림으로 들어가 숨지도 못하였네.
평생 오색 실 드리워
순임금의 의상을 깁게 되길 바라네.
음악으로 연나라 조나라 교화하고
난초로 하황을 깨끗케 하리라.
비린내를 한 번에 씻어내고
흉한 늑대 모두 쫓아내리라.
백성들 오직 편히 자고 먹게 하고
영원한 나라 농사짓고 누에치기 넉넉케 하리라.
외로운 내 마음 여기에다 읊어대나니
황당함에 절로 웃음이 나네.
강과 고을에 비 개이니
칼을 들어 가을빛을 가르리라.
연못가에 홀로 술 마시니
국화 향기 코에 스며드네.
마시고 또 태평곡을 노래하며
어질고 성스런 천자의 만수무강 빌도다.[32)]

이 시를 이회에 준 서신과 같이 보면 두목의 당시의 심경이 분만한 점을 알게 되니, 그는 재능과 포부로써 두우(杜佑)의 경세치용을 이어 치란(治亂)의 도리를 닦으려 했지만, 환도가 곤궁하여 감찰어사와 좌보궐의 직분을 다 못하고 단지 제4연과 같이 표현하였다. 그리고 번진을 평정하여 하황(河湟)을 수복하고 변방을 견고히 함을 제7연과 같이 표현하였으며 최종의 목적을 백성이 안거하여 생산할 수 있게 할 의지를 보이기를 제9연과 같이 표현하였는데 현실과 비교할 때, 소극적 의식의 환상이 유출되어 두목사상의 모순성이 보이기도 한다.[33)] 갈립방은 이 시가 도석에

32) 往往自撫己, 淚下神蒼茫. 御史詔分洛, 擧趾何猖狂. 闕下諫官業, 拜疏無文章. 尋僧解憂夢, 乞酒緩愁腸. 豈爲妻子計, 未去山林藏. 平生五色線, 願補舜衣裳. 弦歌教燕趙, 蘭芷浴河湟. 腥膻一掃灑, 凶狼皆披攘. 生人但眠食, 壽域富農桑. 孤吟志在此, 自亦笑荒唐. 江郡雨初霽, 刀好截秋光. 池邊成獨酌, 擁鼻菊枝香. 醺酣更唱太平曲, 仁聖天子壽無疆.

통하고 공언이 아니라 하여 내면의 심지를 인정하려 하였다.[34]

2. 우국에의 열정

여기서는 극히 순수한 (개인을 초월한) 우국애민의 일념을 고백한 부분만을 거론하려 한다. 먼저 「아침 기러기(早雁)」(권2)를 보면 상징법을 써서 무종(武宗) 회창(會昌) 중에 회골(回鶻)이 남침해 옴에 북방의 변새인민을 염려하여 읊은 것이다.

금하의 가을 오랑캐의 노래 소리에
구름 밖의 새들이 놀라 슬피 울며 사방으로 흩어지네.
건장궁의 달 밝은데 외로운 기러기 지나가고
장문의 등불 어두운데 기러기 소리 들리네.
오랑캐 말 어지러이 날뛰는데
봄바람은 어찌도 돌고만 있는가?
소상에 인적 드물다고 싫어말지니
물에는 고기가 많고 언덕에는 딸기가 무성하도다.[35]

이와 같이 두목은 변방에 관심을 가져서 토번(吐蕃)이 통치하는 곳의 백성이 노역하는 것을 회념하여 「하황(河湟)」(권2)을 지었는데 대종(代宗) 시에 원재(元載)가 하황을 수복하지 못한 아쉬움을 표시하고 있다.

원재 상공 일찍 계략을 세워
헌종 황제께서도 마음을 두었도다.
어느 듯 의관은 동쪽 저자에 널려 있고
홀연히 활과 칼 남기고 서방 순시 못하네.
양치고 말모는 이 오랑캐 복장이지만

---

33) 繆鉞 ≪杜牧傳≫ p.75 : 「事實上, 晩唐君主的昏庸, 政治的混濁, 使人民的苦難一天一天的加深, 而杜牧自己的抱負也沒有施展的機會. 事實的敎訓, 幻想的破壞, 使他產生消極的情緒, 這就是杜牧思想中的矛盾」.

34) ≪韻語陽秋≫ 권12.

35) 金河秋半虜弦開, 雲外驚飛四散哀. 仙掌月明孤影過, 長門燈暗數聲來. 須知胡騎紛紛在, 豈逐春風一一廻, 莫厭瀟湘少人處, 水多菰米岸莓苔.

백발의 붉은 마음은 한나라의 신하로다.
오직 양주의 가무곡만이
천하의 한가로운 이에게 전해질뿐이다.[36)]

무종(武宗) 회창 4년(844)에 이르러 조정에서 회골이 쇠미하고 토번이 내란하매 하황 사진(四鎭)과 십팔주(十八州)를 수복하려해서 급사중인 유몽(劉蒙)으로 원정케 하니,[37)] 두목이 이 소식을 듣고 흥분하여 무종을 가송하는 「황풍(皇風)」 칠율 (권1)을 지어 무종에 거는 희망을 기탁하고 자신의 애국열정을 그렸다.

인자하고 성스런 천자는 신명하고 용감하여
안으로는 예교를 일으키고 밖으로는 적을 물리쳤네.
덕으로 백성을 교화한 한문제
몸을 던져 정도를 닦으신 주선왕.
좁고 어두운 길, 구멍을 막아서
예악형정법들을 모두 베풀었네.
어찌하면 붓을 잡고 천자의 순행을 기다리다가
백기를 앞세우고 하황의 백성 위로할건가.[38)]

그러나 끝내 무종은 두목의 희망과는 달리 수복을 못하고 선종(宣宗)시에 당지의 의거에 의해 하서지방이 다소 회복됐을 뿐이다.

3. 정치현실의 풍자

두목시의 풍유는 비방이나 비굴의 의미가 아니라, 우국과 보국을 위한 풍간인 것이다. 따라서 내용이 재도언리(載道言理)를 지니고 있으며 정치를 주대상으로 해서 표출한 만큼 명언하기 보다는 함축성있는 어법을 강

36) 元載相公曾借箸, 憲宗皇帝亦留神. 旋見衣冠就東市, 忽遺弓劍不西巡. 牧羊驅馬雖戎服, 白髮丹心盡漢臣. 唯有凉州歌舞曲, 流傳天下樂閒人.
37) ≪資治通鑑≫「唐紀」六十四 참조
38) 仁聖天子神且武, 內興文敎外披攘. 以德化人漢文帝, 側身脩道周宣王. 迒蹊巢穴盡空塞, 禮樂刑政皆弛張. 何當提筆待巡狩, 前驅白旆弔河湟.

구하였다. 이에 논술한 부분보다 예술적인 시적 미각을 강하게 발휘한다. 의론과 반어가 다용되고 준일함이 표출된다. 여기서는 두목의 「華淸宮三十韻」(≪樊川詩集≫ 권2)과 「過華淸宮絶句三首」(권2), 그리고 「赤壁詩」(권4) 등을 예거하겠다. 「화창궁 30운(華淸宮三十韻)」은 두목이 중서사인(中書舍人) 때(大中 六年, 853)에[39] 지은 것으로 당현종의 황음과 소란을 풍자하였는데, 구법과 시어가 비흥적이니 그 일부를 보기로 한다.

이슬비 같은 은혜 황금 굴에 내리니
천지는 온통 술에 취하네.
병사는 한무제 받들어서
손을 돌려 우장을 넘어뜨리네.
고래 지느러미는 동해를 들고
오랑캐 이빨은 상양에 걸렸네.
시끄럽게 마외의 피가
우림군의 창에 떨어지누나.
기우는 나라에 길이 없고
떠도는 넋은 원한이 맺혀 있네.
촉의 산에는 참담한 색이 걸려 있고
진의 나무는 멀리 희미하도다.[40]

이 시에 대해 송대 주자지(周紫芝)는 평하기를,

> 두목의 화청궁삼십운은 어느 한자도 의취에 들지 않은 것이 없다. 그 개원 년간의 일을 묘사한 것은 그 시의가 곧고 시어가 은유적이어서 진정 ≪시경≫, ≪초사≫의 풍격이 담겨 있다.[41]

라 하여 시의 묘회가 풍유함을 밝혔다. 이외에 두목이 현종을 풍자한 「화청궁을 지나며(過華淸宮)」도 역시 강렬한 정치풍토를 은유한 작품이다.

---

39) 溫庭筠은 「上杜舍人啓」(≪全唐文≫ 권786)와 「華淸宮和杜舍人詩」(顧嗣立, ≪溫飛卿詩集箋注≫ 권9)를 지었음.

40) 雨露偏金穴, 乾坤入醉多. 玩兵師漢武, 廻手倒于將. 鯨鬣掀東海, 胡牙揭上陽. 喧呼馬嵬血, 零落羽林槍. 傾國留無路, 還魂怨有香. 蜀峰橫慘澹, 秦樹遠微茫.

41) 杜牧之華淸宮三十韻, 無一字不可入意. 其敍開元一事, 意直而詞隱, 聯然有騷雅之風(≪竹坡詩話≫).

장안에서 돌아보니 비단을 쌓은 듯
산정에는 천 개의 문이 차례로 열리네.
말 한 필 먼지 날리며 양귀비가 웃으니
아무도 여지가 실려 옴을 모르도다.[42]

신풍의 푸른 나무에 먼지 일어나니
몇 명의 어양 탐사가 돌아오도다.
뭇 봉우리엔 예상곡을 연주하고
춤은 중원에 이르러 멈추도다.[43]

만국은 술과 음악으로 태평하고
하늘에 솟은 누각 달도 밝구나.
구름 속에 녹산 춤 어지러운데,
바람이 첩첩한 산을 지나니 웃음소리 들리네.[44]

그리고 「적벽(赤壁)」 시는 송대 허의(許顗)가 ≪언주시화(彦周詩話)≫에서 말한 바대로[45] 적벽지전의 목적이 대국을 위한 것이 아니라, 이교(二喬)라는 국색을 노래하는 데에 있었다면 이것은 호오(好惡)을 모르는 창작성향이라는 혹평을 한 영사시인데 사직흥망의 이치를 은유하고 있어 함축이 심절하다. 이제 그 시를 보겠다.

부러진 창 모래에 묻혀 있어 쇠가 삭지 않으니
다듬고 씻어내니 옛 조대 것이 분명하다.
동풍이 주랑편에 들지 않았으면
동작대의 봄에 교공의 두 자매 갇혔으리라.[46]

허언주가 평한 점을 황백산(黃白山)이 「하황공재주원시화평(賀黃公載酒園詩話評)」에서 당시의 장점을 송시와 구별하는 근거로 삼아 오히려 허

---

42) 長安廻望繡成堆, 山項千門次第開. 一騎紅塵妃子笑, 無人知是荔枝來. (其一)
43) 新豊綠樹起黃埃, 數騎漁陽探使回. 霓裳一曲千峰上, 舞破中原始下來. (其二)
44) 萬國笙歌醉太平, 倚天樓殿月分明. 雲中亂拍祿山舞, 風過重巒下笑聲. (其三)
45) 許顗云 : 「杜牧之作赤壁詩云 : 『..(略)..』 意謂赤壁不能縱火, 爲曹公奪二喬, 置之銅雀臺上也. 孫氏霸業繫此一戰, 社稷存亡, 生靈塗炭, 都不問, 只恐促了二喬, 可見措大不識好惡」.
46) 折戟沈沙鐵未銷, 自將磨洗認前朝. 東風不與周郎便, 銅雀春深銷二喬.

의가 논한 것을 반론하였는데[47], 여기서 언주가 작시상의 함온을 보지 않고 피상적인 면만을 말한 것으로 보이며 더구나 당인의 시가 정성을 본으로 함이 송시가 의론을 좋아함과 같지 않다는 점을 밝힐 필요가 있다.[48]

두목시에 대해 논자가 수다하고 후대에 끼친 풍모 또한 광대하다.[49] 그 중에 소극적이긴 하지만 시세에의 감개와 우국, 현실비판은 만당의 사회풍조와 정치역량으로 보아 특이한 시적 풍격을 보였다. 이것은 이하, 이상은, 온정균에게서 쉽게 찾을 수 없는 차원이니 전조망(全祖望)은 이 점을 다음과 같이 높이 평가하였다.

> 두목의 재능은 당대 장경 년간 이래로 제일인자이다. 그의 시와 문장을 읽으면 시세에 감화되고, 세파에 의분하게 되니 아마도 한대의 장사태부 가의와 견줄만 할 것이다.[50]

그리고 거리엔상(葛連祥)은 장호(張祜), 허혼(許渾), 사공도(司空圖) 등과 함께 감시상세(感時傷世)의 작가라고 하였고(≪中國詩論≫), 미우위에(繆鉞)는 두시를 우국우민, 강개격앙과 함축성을 지닌 유일한 호건적 풍골의 시인으로 추숭하였는데(≪杜牧詩簡論≫), 만당의 유미시풍도 겸비하였다는 점을 인식할 때,[51] 근인 천이엔지에(陳延傑)가 「호매하면서 염려하다(豪邁而艶)」(「論唐人絶句」, ≪東方雜誌≫ 22권 13호)라 평한 두목시의 특색을 본문의 결어로 대신함이 타당하리라 본다.

47) 黃白山云: 「唐人妙處, 正在隨拈一事, 而諸事俱包其中. 若如許意, 必要將社稷存亡等字面眞眞寫出, 然後贊其議論之純正, 具此詩解, 無怪宋詩遠隔唐人一塵耳」.

48) 方嶽≪深雪偶談≫ : 「本朝諸公喜爲議論, 往往不深諭唐人主於性情, 使俊永有味, 然後爲勝」 淸代 薛雪, ≪一瓢詩話≫ : 「樊川『東風不與周郎便, 銅雀春深鎖二喬』妙絶千古...... 許彦周謂孫氏霸業, 繫此一戰, 社稷存亡, 生靈塗炭, 都不問, 只恐捉了二喬, 可見措大不識好惡. 此考專一說夢, 不禁齒冷」.

49) 謝錦桂毓은 ≪杜牧硏究≫ (商務印書館) p.145~164에 상석했음.

50) 杜牧之才氣, 其唐長慶以後第一人耶. 讀其詩古文詞, 感時憤世, 殆與漢長沙太傅相上下(≪結埼亭集≫ 외편권37 「杜牧之論」).

51) 楊愼, ≪升菴詩話≫에서 「宋人評其詩豪而艶, 宕而麗....」라 하고 沈德潛은 ≪圍爐詩話≫ 권3에서 「遠韻遠神」이라 함.

이상은(李商隱) 시의 유미적 표현

만당의 유미주의적 문풍과 고문운동에 의한 복고주의적 사조가 양립하는 문학조류 가운데에는 이상은의 출현이 당연한 결과이겠으나 소위 사체(詞體)의 흥성을 환기시킨 중추적 역할을 한 서곤체(西崑體)의 종으로서의 이상은은 흥미 있으면서도 난해한 문학적 개성을 지녔다고 본다.

이상은의 인간성을 논하자면 다정하고 감성이 예민하며 우수, 그리고 예의 없는 인순(因循)과 자기 과신(自誇)을 지닌 기이한 인간상을 보여주고 있다. 그의 개성이 주는 인상이 그의 시작에서 묘출되지 않을 수 없는 것이다. ≪당재자전≫하권 전에서 「궤변하고 경박하여 품행이 없다(詭薄無行)」[1]라고 성격을 표현하고 ≪구당서≫ 「文苑傳」에 「이상은은 어려서 능히 글을 지었다(商隱幼能爲文)」라고 서술하여 이상은이 자기능력에 대한 자과심(自誇心)이 있었음을 알 수 있다.

이상은은 당 헌종(憲宗) 원화(元和) 7년(812)[2]에 회주(懷州) 하내(河內)(河南 沁陽 부근)에서 출생하여 선종(宣宗) 대중(大中) 2년(858)에 정주(鄭州)에서 47세를 일기로 졸하였다. 굉농(宏農), 주질(盩厔) 등의 위(尉)를 지냈고 만년은 비서성비서랑(秘書省秘書郎)·공부낭중(工部郎中) 등을 역임하였다. 자는 의산(義山)이요, 호는 옥계생(玉溪生)이다. 이상은

---

1) 辛文房≪唐才子傳≫ 李商隱傳 p.6.

2) 陸侃如, 馮沅君의 ≪中國詩史≫엔 생년을 813 A.D(p.519)으로 기록하였고 馮浩는 元和六年(811 A.D.)으로 기록하였다(≪玉谿生箋註≫).

의 사적에 관한 문헌으로는 ≪구당서≫ 「문원전」·≪신당서≫ 「문예전」·신문방의 ≪당재자전≫과 계유공(計有功)의 ≪당시기사(唐詩紀事)≫에 소략하게 기재되어 있는데 여기서 상기한 도서를 중심으로 그의 생평을 약술하려 한다.

이상은의 가세로는 고조 섭(涉)이 미원령(美原令)을 지냈고 증조 숙항(叔恒)이 안양위현(安陽尉縣)을 조부 보(俌)는 형주녹사참군(荊州錄事參軍)을, 부친 사(嗣)는 전중시어사(殿中侍御史)를 각각 지냈다.3) 의산의 유년은 6세(元和 12년)에 부친을 따라서 윤(潤)(江蘇 丹徒)으로 이가하였는데 그곳은 산수가 수려한 관계로 문학적 소양을 배양할 수 있는 환경이 주어졌고 10세에 부친상을 당해서 낙양(洛陽)으로 돌아와 영호초(令狐楚)4)를 만나 등제의 기회를 얻었다. 27세(文宗 開成 3년)에 왕무원(王茂元)5)이 경원절도사(涇原節度使)로 있을 때 이상은의 재주를 아껴서 그 딸을 취처케 하니 우이당쟁(牛李黨爭)6)에 끼어 들어 불우한 생애를 보내는 계기가 되었다. 즉 은사인 영호초가 우파에 속해 있고 처가인 왕무원이 이파에 속해 있어 양당간의 와중에 결부되어 이상은의 생활은 표박의 길로 향하게 되었다. 따라서 28세(開成 4년)에 비서성교서랑(秘書省校書郞)을 그만두고 담주(潭洲)로, 37세(大中 2년)엔 형파(荊巴), 40세(대중 5년)에 동촉서천(東蜀西川) 등으로 유력하고 46세에 무이산(武夷山)에 들었다가 이듬해 정주에서 병졸하였다. 즉 중년 이후의 생애는 표랑의 노정이 아닐 수 없었다.7)

---

3) ≪舊唐書≫ 「本傳」云 : 「李商隱 字義山, 懷州河內人. 曾祖叔恒, 年十九, 登進士第, 位終安陽令. 祖俌位邢州錄事參軍, 父嗣」.

4) 「令狐楚 字殼士, 憲宗時爲中書舍人, 敬宗時內爲尙書僕射, 外爲諸鎭節度, 爲人外嚴重而中寬厚」 (≪中國人名大辭典≫, ≪新舊唐書≫ 參閱).

5) 「王茂元, 栖曜子,少好學, 德宗時上書自薦, 擢試校書, 累遷嶺南節度使 蠻落安之, 家積財, 交煽權貴, 遷涇原節度使, 封濮陽郡侯」 (≪中國人名大辭典≫ p.110).

6) 李德裕를 중심한 李回, 鄭亞, 王茂元의 일파와 李宗閔, 牛僧孺를 위시한 令狐楚, 崔戎, 楊嗣復, 白敏中, 杜悰의 일파간의 정권투쟁(≪資治通鑑≫ 권224 唐紀 참열).

7) 중년 이후 중요 遠遊는 다음과 같다.

29세 (文宗 開成 五年) 楊嗣復의 초청으로 潭州 (今湖南長沙).

37세 (宣宗 大中 元年) 桂州刺史 鄭亞를 따라 桂林幕(今廣西桂林)에 부임, 이해 冬節에 南郡(今湖北江陵)에 奉使

37세(宣宗 大中 二年) 南郡에서 돌아와 昭平郡(今廣西平桀地) 奉使 二月에 荊巴(今湖北四川間)에 滯留함.

38세 (宣宗 大中 三年)盧宏正을 따라 徐州를 진압함(今江蘇銅山).

이상은의 저술은[8] 시집으로는 ≪신당서≫ 「예문지」에 ≪옥계생시(玉溪生詩)≫ 3권으로 기록되었는데 송대 이후에는 ≪이의산시(李義山詩)≫(≪崇文總目≫), ≪이의산집(李義山集)≫(≪遂初堂書目≫), ≪직재서록해제(直齋書錄解題)≫, ≪문헌통고(文獻通考)≫ 등), ≪이상은 시집(李商隱詩集)≫(≪宋史≫ 藝文志) 등으로 호칭되었다. 그러나 명칭이 다르다 하나 권수는 일치한다. 그리고 청대 목록으로는 ≪강운술고저록(絳雲述古著錄)≫의 ≪이상은시집(李商隱詩集)≫[9] 3권과 ≪애일정여록(愛日精廬錄)≫에 2본이 있어, 하나는 호정거사(護淨居士)의 발(跋)이 있는 ≪이의산집구초교(李義山輯舊鈔校)≫와 다른 하나는 진홍(陳鴻)의 발이 실린 ≪이상은시집(李商隱詩集)≫ 3권(毛板校北宋本)이 있다. 본고에서 저본으로 한 판본은 ≪흠정사고전서(欽定四庫全書)≫ 속에 풍호(馮浩)[10]가 주본한 ≪옥계생시전주(玉谿生詩箋註)≫ 2책(臺灣中華書局 四部備要)으로서 현존본으로는 믿을만한 판본으로 인정되고 있다.

Ⅰ. 이상은의 개성과 시의 배경

이상은의 시풍을 논하기에 앞서 그의 개성을 규찰함이 시의 특성을 구명하는데 중요하리라 본다. 이상은의 개성을 생애와 문집을 통해 정리할 때 대략 다음 세 가지로 특징지을 수 있겠다.

첫째, 다정다감하다는 것이다. 그의 일생은 애원의 음과 열렬의 정을 함유하고 있었다. 남녀의 정에만 한한 것이 아니라 혈육의 정과 붕우[11]의 정도 충일하였다. 그의 45세(宣宗 10년, 856)의 작인 「늦가을 홀로 곡강에서 놀며(暮秋獨游曲江)」(≪옥계생시전주≫ 권6)[12] 을 보면,

46세 (宣宗 大中 十一年) 武夷山 (今福建)에 遠遊.

8) ≪唐才子傳≫云 : 「商隱自號玉谿子, 其文自成一格, 學者謂爲西崑體也. 有樊南甲集二十卷, 乙集二十卷, ≪玉谿生詩≫三卷, 又賦一卷, 文一卷幷傳於世」.

9) 述古에 影鈔 北宋本이라고만 기재되어 있어 何本인지 불명.

10) 「馮浩, 相鄕人, 字養吾, 號孟亭, 乾隆進士, 官至御史, 有孟亭居士詩文稿」.

11) 「祭仲姊文」, 「哭劃蕢詩」(≪玉谿生詩箋註≫ 권2) 등 작품 속에 표현.

연꽃 잎이 생겨날 때 봄의 한도 생겨나고
연꽃 잎이 시들 때 가을의 한도 이루어지네.
몸이 있으므로 정이 오래 있음을 깊이 알아
쓸쓸히 강가에 서있으니 물소리 들려오네.13)

여기에서 제1구와 제2구의 춘한(春恨)과 추한(秋恨) 그리고 제3구의 구의가 토로하는 정적 묘사는 박진감을 주고 있다.

둘째, 다수(多愁)하다는 것이다. 즉 비관과 우울이 유로되고 있다. 이것은 이상은의 표박 생활이 그 바탕을 이루는 것이라 하겠는데 본의 아닌 당파에 의한 유리, 권귀에의 실의 등도 그 중요한 성격형성의 요인이 된다. 예시컨대, 「유감(有感)」(동 권1)을 보면,

중도에서 막혀온 이내 신세
예부터 재능과 운명 두 가지는 서로 상치됨을 보여주네.
그대에게 권하노니 억지로 사족을 그리려 하다가는
한 잔의 향기로운 술도 맛보지 못하리라.14)

위에서 제4구는 그러한 실의적인 의태를 보여 주고 있다.

셋째, 자부심이 강하였다고 할 것이다. 이상은이 광주도독(廣州都督)으로 출사하는데 출자하는 사람이 있으매 그는 「나는 스스로 성품을 바꿀 수 없거늘, 남이 알가 두렵다(吾自性分不可易, 非畏人知也)」(≪당재자전≫ 권7)라고 사절한 것이라든지, 최각(崔珏)이 애도해서 지은 「이상은 에도하며(哭李商隱)」 제2수(동 증시편)를 보면,

하늘을 짊어지고 구름을 능가하는 빼어난 재주를 지니고서도
일생의 포부 아직껏 펼쳐보지 못했다네.15)

위의 두 구에서 보이는 의취로써 자부심 있는 개성을 알 수 있다. 일반적으로 근래 발표된 이상은에 관한 논고 중에 상당한 경향이 그를 유미

---

12) 이후의 인용시는 전부 ≪玉谿生詩箋註≫)본에서 뽑은 고로 「同卷0」 형식의 권수만을 기재한다.
13) 荷葉生時春恨生, 荷葉枯時秋恨成. 深知身在情長在, 悵望江頭江水聲.
14) 中路因循我所長, 古來才命兩相妨. 勸君莫强安蛇足, 一盞芳醪不得嘗.
15) 虛負凌雲萬丈才, 一生襟抱未曾開.

주의 시인(劉大杰, ≪中國文學發達史≫ p.488), 또는 상징주의시인(蘇雪林, ≪唐詩概論≫, p156)으로 평가하는데, 이것은 서구 문예사조적 부회에 의한 것일 뿐, 이상은 자체의 시학에 대한 정당한 비평으로 인식해서는 안 될 줄 안다. 이상은 시가 정려한 수사를 강구하고 있고, 동시에 난해한 고서의 전고를[16] 활용하여 독자의 이해가 용이하지 않지만, 이것은 어디까지나 섭소온(葉少蘊)이 ≪석림시화(石林詩話)≫상에서 「당인 중에 두보를 배운 자는 오직 이상은 한 사람 뿐이다. 그 오묘함을 다 그려내지 못했지만 정밀하고 화려한 격조는 역시 절로 그 유사함을 터득하였다」[17]라고 한 바 같이 두보의 시학에 근접하는 각고와 번민으로 부터 창조된 시였던 것이다. 따라서 다양한 수사법에 의해서만, 그리고 작품의 난해성만을 초점으로 해서 이상은 시를 분석하는데 호도되어서는 안 될 것이다. 이상은 시는 그 자체의 해석의 내적 충실을 갖춘 다음에 비교평가의 단계가 있어야 한다. 현금 비교문학의 와중에서 그 문학 자체의 본질을 왜곡하는 오류를 범하는 경향을 자성할 필요를 느끼며, 무엇보다도 우선 그 자체의 정확한 이해가 가장 요긴한 점을 강조해야 할 것 같다. 이제 본고에서는 외부적인 여하한 여건과 이론을 완전 배제하고 나름대로의 생각으로 이상은의 시 풍격을 고찰하려는 것이다.

Ⅱ. 시에 넘치는 연정

이상은 시는 남녀 연애를 주제로 한 정시가 많다. 육감적인 정시는 이상은 만한 시인이 또 없다. 예교의 속박이 남녀의 애정에 대한 존엄성을 표현할 용기를 갖지 못했다. 맹교(孟郊)의 「고별리(古別離)」의[18],

16) 전고의 예를 들면, 女道士方面의 인물에 있어서는 東方朔, 王子晉, 洪崖, 蕭史, 靑女, 素娥, 地境에 있어서는 碧城, 玉樓, 瑤臺, 紫府, 玉山, 그리고 宮嬪方面의 인물에 있어서는 赤鳳, 秦宮, 襄王, 宋玉, 魏東阿, 燕太子, 盧莫愁, 宓妃, 漢后楚妃, 왕궁에 있어서는 楚宮, 漢苑, 景陽宮, 蓬萊, 芙蓉塘, 天泉龍宮 등 사용.

17) 唐人學老杜, 惟商隱一人而已. 雖未盡造其妙然, 精密華麗亦自得其彷彿.

18) 「孟郊, 字東野, 湖州武康人. ≪孟東野集≫有(751 ~814 A.D.)」「古別離」는 ≪全唐詩≫ 第六函 第五

이별 무렵 낭군의 옷깃 끌어당기나니
낭군은 이제 어디로 향하나.
늦게 돌아오심을 한스러워 않으리니
제발 오랑캐 보이는 임공 지방으로 가지 마소서.[19]

이라든가, 이익(李益)의 「강남사(江南詞)」의[20],

구당의 상인에게 시집갔더니
아침마다 첩과의 기약 어기는구나.
일찍이 조수가 신의 있음을 알았다면
조수에게 시집 갔으리라.[21]

등은 모두 상상적인 사구에 의한 애정묘사이다. 그러나 이상은은 이 표현이 사실적이고 열렬하다. 그의 정시는 대상에 있어 궁녀와 처자, 그리고 여관(女冠)을 중심으로 하고 있는데 궁녀를 대상으로 한 것은 이상은 31세(武宗 會昌 2년)에 비서성(秘書省)에서 정자관(正字官)을 지내던 때부터이다. 당시의 시대적 배경을 보면, 궁궐에 윤리가 무너져서 음란의 풍기가 물들어 있었고 환관의 탐리가 극심하여 만당의 폐색을 보여 주고 있는데 이상은이 이러한 소재를 내용으로 한 묘사로는 우선 시제부터가 16수의 「無題」시로 대칭하는 방법 외에 기탁[22] 하는 방법, 그리고 선녀고사를 사용하여 은하, 칠석, 복비(宓妃), 섬녀(纖女) 등을 내세우는 방법 등을 채택하였는데 이는 정이 깊어짐에 따라 사구의 회암(晦暗)한 의취를 짙게 하려는 것이었다. 그의 궁녀와의 정시에는 몇 가지 특징을 부여하여 시작 상에서 규지할 수 있다. 내용상 세분한다면, 먼저 상봉의 정을 들겠다. 그의 「무제(無題)」 시 2수(동 권1)을 보면,

별빛 쏟아지고 바람도 일었던 어제 밤

冊 p2212 (臺灣復興書局) 인용.

19) 欲別牽郎衣, 郎今向何處. 不恨歸來遲, 莫向臨邛去.

20) 李益, 字君虞, 隴西姑臧人,. 禮部尙書까지 지냄. 邊塞詩 다작. 有集(≪唐才子傳≫ 上卷四 p.8.) 「江南詞」는 ≪全唐詩≫ 第五函 第三册 p.1712 인용.

21) 嫁得瞿塘賈, 朝朝誤妾期. 早知潮有信, 嫁與弄潮兒.

22) 기탁시로는 「流鶯」, 「曲池」, 「聞歌」, 「銀河」, 「吹笙」 등 시편이 있음.

화려하게 장식한 누대 서편 계당의 동쪽에서.
몸에는 채색 봉황의 쌍 날개 없어도
마음은 영서뿔의 흰 줄 마냥 하나로 통했었지.
떨어져 앉아 송구 놀이할 때 봄 술은 알맞게 익었고
편을 갈라 사복 놀이할 때 촛불은 붉게 타올랐네.
아아, 나는 북소리 들리면 응당 관직으로 돌아가야 하니
난대로 말달리는 이 내 신세는 딩구는 쑥 같구나.[23)]

듣건대 천상에 악록화라는 미녀 있다하여
예전엔 하늘 닿을 저 먼 곳에서 서로 바라보았지.
어찌 알았으리. 어느 날 밤 진루객 되어
오왕 정원 안에 핀 꽃을 훔쳐 볼 줄을.[24)]

여기에서 제1·3구는 그 시기와 지역을 묘사하고 다음의 「身無」 2구는 분격한 상태에서의 정을 나눔을 그리고 「隔座」 2구는 내성(內省)의 제공에 대한 환락을 묘사하고 있다. 결구는 질투의 의취를 나타내면서 현실에의 반감을 노정했다. 그것이 제2수의 묘사에서 더욱 구체적으로 표현되어 악록화는 위공(衛公)을, 진루객은 이상은 자신을 비유하여 궁내에서 기우하게 됨을 서술했다. 총괄해서, 제1수는 궁녀를 해후하는 정경을 묘사하여 특히 제3·4구는 그 표현의 구체화인 것이며, 제2수는 그 환희의 정을 그리어 제3·4구에서 묘사되고 있다. 「한궁사(漢宮詞)」 (권2)를 보면,

푸른 공작새 서쪽으로 날아가 마침내 돌아오지 않고 있는데
군왕은 오랜 기간 궁녀의 집령대에 만 머무시네.
모시고픈 이 신하는 무척 사마상여 같이 목말라하나
금경의 이슬 한 잔 하사하지 않네.[25)]

위의 4구를 보면, 이 시는 군왕이 집령대에 상주하며 후궁 삼천을 거느리고 임행하지 않음을 묘사한 이른바 현달을 희원하는 미묘한 어사(제

23) 昨夜星辰昨夜風, 畵樓聲畔桂堂東. 身無彩風雙飛翼, 心有靈犀一點通. 隔座送鉤春酒暖, 分曹射覆蠟燈紅. 嗟余聽鼓應官去, 走馬蘭臺類轉蓬(제1수).
24) 聞道閶門萼綠華, 昔年相望抵天涯. 豈知一夜秦樓客, 偸看吳王苑內花(제2수).
25) 青雀西飛竟未迴, 君王長在集靈臺. 侍臣最有相如渴, 不賜金莖露一盃.

3 · 4구)를 사용한 정시이다. 여기서 '西飛'는 이상은이 비서성관직을 맡음(이 시는 34세의 작)을 말한 것이며, '未廻'는 승진의 기회가 도래하지 못함을 말한 것이다. 그리고 '金莖'은 내직을, '相如渴'은 목말라 물 바라듯 농부가 성세를 바라는 뜻을 비유한 표현인 것이다. 그리고 「노래를 들으며(聞歌)」 (권6)를 보면,

> 살며시 미소짓고 눈짓하며 노래하려 할 제
> 드높은 구름 미동도 않고 푸른 산은 우뚝 솟아있네.
> 동대에서 바라다보기를 마친 후 어디로 돌아가려나
> 천자가 환궁하는 것 잊으신 지 얼마나 되었을까.[26)]

위에서 특히 후2구의 「銅臺罷望」과 「玉輦忘還」은 궁중의 정사를 지적하고 있다. 둘째는, 이별의 정을 들 수 있다. 이것은 이상은의 표박생활의 시작에 해당하는 40세 전후의 시에서 다출된다. 이별의 정을 시에 담은 것은 당연히 거론할만한 것이다. 그의 「무제(無題)」시 (권3)를 보면,

> 서로 만난 후 이별하기란 어렵고 어렵건만
> 봄바람이 누그러지고 온갖 꽃이 떨어지는 시절이어라.
> 봄누에는 죽을 무렵 모든 실을 풀어놓고
> 촛불은 재가 된 다음에야 비로소 눈물이 마르네.[27)]

여기서 이상은이 장안에서 동촉(東蜀)으로 떠나면서 이별의 수심을 서술한 것으로 처음부터 자득한 경지를 알 수 있다. 제1구는 특히 그 묘사가 직핍하다. 그리고 「신미년 칠석(辛未七夕)」 (권4)을 보면,

> 아마 선남 선녀는 이별을 좋아했으리라.
> 그러기에 아득히 멀리 가약을 해놓았으리라.
> 본디부터 저 드높은 은하수 가에서
> 반드시 가을바람 불고 옥 이슬 맺힐 때가 되어야만 했네.
> 물시계 방울이 차츰 바뀌면 서로 오랜 동안 바라보나니

---

26) 斂笑凝眸意欲歌 高雲不動碧嵯峨 銅臺罷望歸何處 玉輦忘還事幾多.
27) 相見時難別亦難 東風無力百花殘 春蠶到死絲方盡 蠟炬成灰淚始乾

조각구름 아직 닿지 않아 건너옴이 늦어지네.
어찌 오작에게 은혜 갚는 마음 없을 수 있으리.
오직 거미에게 정교한 실줄 간구하네.[28)]

제1·2구에서 봉산(蓬山)의 길이 막혀 회합의 기약이 없지만 가회의 희망을 갖는다는 자해의[29)] 의도를 표시하고는 말2구에서는 「烏鵲」의 힘(力)과 「蜘蛛」의 기교(巧)를 믿어 보면서 선의의 아득한 의식을 실현화한다는 것은 꿈 이외의 사실일 수 없다는 절망의 염을 표현했다. 이것은 첫2구와 상응되는 표현법으로 용의가 고결하고 격조가 밀절하다. 셋째로는, 추억의 정이다. 「깊은 궁(深宮)」 (권3)을 보면,

화려한 궁전 잠겨 아리따운 궁녀 갇혀 있고
궁중의 물시계 시간을 알리느라 동룡을 울리네.
사나운 바람 가차없이 쑥 그림자 엷게 하고
맑은 이슬은 계수나무 잎 향기 짙은 것만을 아네.
반죽령 가에서 한없이 눈물짓나니
경양궁 안에서는 때되자 종 울리네.
어찌 비되고 구름 되는 곳을 알겠는가
단지 고당 열 두 봉만 있도다.[30)]

이 시는 37세(宣宗 大中 2년)의 작으로서, 제3구는 미천한 관리를 아끼지 않음을 원망함이며, 제4구는 은혜의 베푸심을 바라는 내용이며, 제5구의 반죽은 호상의 실의를 가리킴이요, 제6구의 경양은 우당(牛黨)의 의기를 비유한 것이다. 제7구에 이르러 「爲雨爲雲」한 곳을 헤매며 정처 없는 현실과 제1·2구에서 「金殿銷香」, 「玉壺傳點」과 같은 심궁의 경황을 회상하는 표박의 상념(제5구)에 몰입해 있다. 결국 제7·8구는 매우 감개적이다. 궁녀와의 관련시 다음으로 처자와의 기내시를 살펴보겠다. 이상은이

---

28) 恐是仙家好別離. 故教迢遞作佳期. 由來碧落銀河畔, 可要金風玉露時. 淸漏漸移相望久. 微雲未接過來遲. 豈能無意酬烏鵲. 唯與蜘蛛乞巧絲.

29) 黃侃 《李義山詩偶評》 卷上 p.16. :「此詩純以氣勢取勝. 首二句作疑詞. 三四申言致疑之理. 五六句與首句好字次句故字相應. 七八句言佳會果難. 則當酬鵲橋之力, 今但與蜘蛛以巧, 是知佳期之稀本緣仙意. 仍與首二句相應. 用意之高, 制格之密, 卽玉谿集中亦罕見其此也」.

30) 金殿銷香閉綺籠. 玉壺傳點咽銅龍. 狂飄不惜蘿蔭薄, 淸露偏知桂葉濃. 斑竹嶺邊無限淚. 景陽宮裏及時鍾. 豈知爲雨爲雲處. 只有高唐十二峯.

왕무원의 애재(愛才)[31] 로 그 여식과 혼인하고 비록 그로 인해 개인신상은 불우를 당했으나, 부부간의 정은 심후하였다. 「밤비에 북녘에 부치며(夜雨寄北)」 (권3)를 보면,

그대에게 돌아오실 때를 묻지만 기약조차 없구려
파산의 밤비에 가을 연못 넘실거리네.
언제나 그대와 함께 서창 아래서 촛불심지 돋우며
파산의 밤비 오던 때를 이야기하려나.[32]

이 시는 이상은이 사천에 있을 때 (37세 · 宣宗 大中 2년), 밤비를 만나 간절한 망향을 작시해서, 하내(河內 河南北部)의 처자에게 부친 것이다. 「巴山夜雨」 4자가 제2구 · 4구에 두 번 출현하는데 앞 구의 것은 점제(點題)이며 뒷 구의 것은 이 시 주지를 강조하기 위한 것이다. 그래서 이영(李鍈)의 ≪시이간록(詩易簡錄)≫에서 「돌아갈 기약과 밤비 등을 보면, 전인들이 이것으로 아내에 부치는 시로 삼은 것이 응당 거짓이 아니다(就歸期夜雨等字觀之, 前人有以此爲寄內之詩者, 當不誣也).」라고 한 것은 타당한 말이다. 그리고 「왕십이형과 외지 원외가 방문하여 소찬 시에 애도하며 근간에 가지 못해서 부침(王十二兄與畏之員外相訪見招小飯時子以悼亡日近不去因寄)」(권4)[33]을 보면,

더구나 사람 없는 곳에 주렴만 드리워져 있는데
먼지 털려고 보니 대나무 침상까지 닿아 있네.[34]

이것은 아내에 부치는 기내(寄內)의 심정을 뚜렷이 보여주고 있다. 처자와 자녀에 대한 현실적 결속이 탈속할 수 없는 원인인 것을 표현했다. 기타 기내시로 기록할 수 있는 것은 「애도 후에 동촉으로 가는 중에 산관에 이르러 눈을 맞으며(悼傷後赴東蜀辟至散關遇雪)」(동권4). 「방중곡(房中曲)」 (권4)[35] 등이다. 상기의 앞 시는 종군하여 기내한 시이며, 「房中曲」

---

31) ≪舊唐書≫ 「文苑傳」 참열.
32) 君問歸期未有期, 巴山夜雨漲秋池. 何當共剪西窓燭, 却話巴山夜雨時.
33) 王十二兄은 王茂元子를 지칭 (≪玉谿生詩箋註≫ 권4 p.14 참조).
34) 更無人處簾垂地, 欲拂塵時簟竟牀.

은 도망시(悼亡詩)이다.

「연(戀)」적 풍격을 지닌 특성으로 여관(女冠)과의 관계를 논함에 있어 여기서는 특별히 유지(柳枝)와의 정시를 구체적으로 분석하고자 한다. 「버들가지 5수(柳枝五首)」의 서문에[36] 유지를 다음과 같이 서술하고 있다.

> 유지는 낙양 마을의 처녀였다. 아버지는 부유하고 뛰어난 상인이었는데 풍랑으로 강호에서 죽었다. 그녀의 어머니는 다른 자식들은 아랑곳하지 않고 오직 유지만을 사랑하였다. 유지는 17세가 되었으나 화장하거나 머리를 매만지는 일에는 관심이 없고 또 화장도 제대로 않고 나가곤 하였다. 그녀는 나무 잎 파리를 불어보고 꽃술을 깨물기도 했으며, 거문고를 잘 타고 퉁소를 잘 불었는데 마치 바다의 풍랑과 파도를 연상케 하는 장엄한 곡조와 사모하고 원망이 가득한 듯한 음악을 연주했다. 사람들은 그녀의 집 부근에 살며 근 10년 동안 서로 알고 지내오면서 그녀가 몽환병을 앓고 있다고 의심하여 그녀와 결혼하려 하지 않았다. 내 종형인 양산은 유지의 집과는 비교적 가까운 거리에 살았다. 봄 그늘이 짙은 어느 날 양산은 유지의 남쪽 편에 있는 버드나무 아래에서 말을 내려 나의 「연대」시를 읊고 있었다. 유지가 듣고 놀라서 묻기를 : 『누가 이런 시흥을 지녔는지요? 누가 이런 시를 지었답니까?』 양산이 대답하길 : 『이는 우리 마을의 소년 당제가 쓴 것이오』 유지는 손으로 자신의 긴 의대를 끊어 양산에게 매어주며 당제가 자신을 위해 시를 적어 주기를 청했다. 다음 날 나와 당제는 말을 나란히 타고 그녀의 집이 있는 거리로 갔다. 유지는 두 갈래로 머리를 따 빗고 단정히 단장한 채 문 앞에 서 있었는데, 봄바람에 옷깃이 날리고 있었다. 그녀가 나를 가리키며 : 『당신이 당제신지요? 사일 후 저는 치마를 빨래하러 가는데 박산 향로를 가지고 기다리겠으니 당신도 함께 가시지요』 하자 나는 허락했다. 마침 경성에 함께 가야 하는 친구가 장난으로 내 봇짐을 훔쳐가 더 이상 머물 수가 없게 되어 버렸다. 그 해 눈이 오던 겨울날 양산이 와 『동방의 제후댁으로 시집을 가버렸네』라는 말을 해주었다. 이듬해 양산은 다시 동쪽으로 가야 했기에 서로 희상에서 작별했다. 이에 시를 지어 그 옛 일을 기록해 둔다.[37]

---

35) 「悼傷後赴東蜀辟至散關遇雪」 詩 : 「劍外從軍遠, 無家與寄衣. 散關三尺雪, 回夢舊鴛機」 「房中曲」 詩 「薔薇泣幽素, 翠帶花錢小. 嬌郞癡若雲, 抱日西簾曉. 枕是龍宮石, 割得秋波色. 玉簟失柔膚, 但見蒙羅碧. 憶得前年春, 未語含悲辛. 歸來已不見, 錦瑟長於人. 今日澗底松, 明日山頭蘗. 愁到天地翻, 相看不相識」.

36) ≪玉谿生詩箋註≫ 권5 p.36 인문.

37) 柳枝, 洛中里娘也. 父饒好賈, 風波死湖上. 其母不念他兒子, 獨念柳枝. 生十七年, 塗粧綰髻未嘗竟, 已復起去, 吹葉嚼蕊, 調絲吹管, 作天海風濤之曲幽憶怨斷之音. 居其傍與共家挕故往來者, 聞十年尙相與疑其醉眼夢物斷不娉. 余從昆讓山比柳枝居爲近. 他日春曾陰, 讓山下馬柳枝南柳下, 詠余燕臺詩. 柳枝

이 「버들가지(柳枝)」시는 35세인 무종(武宗) 회창(會昌) 6년의 작이다. 제1수를 보면,

> 꽃술과 벌집은
> 숫 벌과 암나비가 산다네.
> 같은 시대에 살면서도 처지는 다르다네.
> 어찌 또 다시 그리워 할 수 있으리.38)

여기서 배필이 없음을 스스로 밝힌 것이며, 제2수를 보면,

> 본래 정향 나무는
> 봄 가지와 결합해야만 비로소 성장한다네.
> 바둑알이 바둑판 위에서 튀기는 것은
> 마음이 역시 안정되지 않은 때문이네.39)

여기서는 어울릴 만한 사람이 없음을 한탄하는 스스로를 밝힌 것이고, 제3수를 보면,

> 맛있는 오이 긴 덩굴에 매달려 있으니
> 푸른 옥이 차디찬 물 속에 있는 듯하네.
> 동릉의 오이 비록 오색찬란하지만
> 차마 그 향내를 맛볼 수는 없네.40)

여기는 '嘉瓜'를 귀인에 비유한 것인데 차마 따먹지 못하는 마음, 즉 유지에 대한 연정의 억제를 묘사했다. 제4수를 보면,

---

驚問『誰人有此, 誰人爲是』讓山謂曰『此吾里中少年叔耳』柳枝手斷長帶, 結讓山爲贈叔乞詩. 明日, 余比馬出其巷. 柳枝丫鬟畢粧, 抱立扇下, 風障一袖, 指曰『若叔是. 自後四日, 隣當去濺裙水上. 以博山香待與郎俱過』余諾之. 會所友有偕當詣京師者, 戲盜余臥裝以先, 不果留. 雪中讓山至, 且曰『東諸侯取去矣』明年讓山復東, 相背於戲上, 因寓詩以墨其故處云云.

38) 花房與蜜脾, 蜂雄蛺蝶雌. 同時不同類, 那復更相思.

39) 本是丁香樹, 春條結始生. 玉作彈棋局, 中心亦不平.

40) 嘉瓜引蔓長, 碧玉氷寒漿. 東陵雖五色, 不忍値牙香.

버들가지는 우물가에 휘어져 있고
연꽃잎은 물 위에 말라있네.
비단같이 찬란한 모양을 지닌 물고기와 새가
물과 땅에서 상심에 젖어 있네.41)

여기는 규방에서 은총 입지 못하는 신세에다, 멀리 원행하는 운명임을 그리고 있고, 제5수를 보면,

그림병풍에도 자수 놓인 휘장에도
모두 다 쌍쌍이네.
어찌하여 호수 위를 바라보면
오직 짝 이룬 원앙만 보이는지.42)

여기는 호상에서 떨어져 그리워하며 단지 원앙만 바라보는 신세를 자탄(自歎)하고 있다. 그리고 「버들(柳)」 (권5)은 유지의 아름다운 자태를 묘사하고 시기하는 감정을 유로하고 있다. 즉 제3·4연 보면,

버들 솜 휘날리어 흰나비를 숨기어 주고
버들가지 가늘어 꾀꼬리를 드러내네.
경국지색은 의당 온몸이 빼어나니
뉘 와서 홀로 그 아리따움을 맛보려나.43)

여기서 위2구는 자태의 요염을, 아래 2구는 이미 타인에 속한 몸, 그로 인한 투기심을 묘사하였다. 이 시는 묘사가 노골적이라고 보아 이상은 특유의 시어 구사라고 본다.

---

41) 柳枝井上蟠, 蓮葉浦中乾. 錦鱗與繡羽, 水陸有傷殘.
42) 畵屛繡步障, 物物自成雙. 如何湖上望, 只是見鴛鴦.
43) 絮飛藏皓蝶, 帶弱露黃鸝. 傾國宜通體, 誰來獨賞眉.

Ⅲ. 시의 상심(傷心) 의식

감상적 시풍은 이상은 시의 소극적 특성이 된다. 상감(傷感)과 처정(悽情)을 함유한 자기 탄식의 일종의 자기 훼멸(毁滅) 의식이다. 우선 상감의 시풍을 보면, 「무제(無題)」 4수 (동 권3三) 중 제2수를 보면,

> 봄을 그리는 마음 꽃이 핀다고 다투어 갖지 말지니
> 님 그리워 번민하는 마음 한 줌의 재가 될 뿐이라.[44]

여기서는 인간의 이상적 애정에서 오는 행복으로부터 비참한 인간세로 하락할 때 오는 정조이며, 「질병에서(屬疾)」 (권4)를 보면,

> 가을 나비는 단아한 아름다움이 없고
> 겨울의 꽃은 향기 나지 않는다네.[45]

윗 구는 이러한 현상에 대한 오득(悟得)의 표현이다. 「비단 가야금(錦瑟)」 (권4)은 상감(傷感)의 좋은 예시이다. 즉,

> 금슬은 부질없이 쉰 줄이나 되어
> 한 줄 한 괘마다 꽃답던 시절 생각나게 하는가.
> 장주는 새벽 꿈에 나비 되어 넋을 잃었고
> 망제는 봄 그리는 마음을 두견새에 맡겼었지.
> 창해 달빛 밝은 밤 인어의 눈물로 이루어진 진주 생각
> 남전에 햇살이 따스하고 옥은 안개 속에 나오네.
> 이 마음 이제 추억이 될 수도 있지만
> 오직 당시에는 너무도 망연자실했었네.[46]

---

44) 春心莫共花爭發. 一寸相思一寸灰.

45) 秋蝶無端麗. 寒花更不香.

46) 錦瑟無端五十絃. 一絃一柱思華年. 莊生曉夢迷蝴蝶. 望帝春心託杜鵑. 滄海月明珠有淚. 藍田日暖玉生煙. 此情可待成追憶. 只是當時已惘然.

이 「錦瑟」의 해석에 있어 적지 않은 의견[47] 이 있으나, 아직 정확한 해석이 내려지지 못하고 있다. 비록 상징파의 시가 난해하다는 통념을 감안하여 이미 리우이엔링(劉延陵)이 이상은 시의 묘사법을 논하기를,

> 외면적으로 볼 때 비록 암시와 모호함이 많으나 오히려 이를 통해 우리들의 정감을 표현할 수 있다. 시인들은 이러한 상징을 포착함으로써 내면의 정조를 표현한다.[48]

라고 하였지만, 이러한 방법만으로 이상은의 시를 완전히 이해할 수는 없을 것이다. 시 자체에 대한 체회(體會)가 필요한 것이다. 「錦瑟」은 상징이란 표현 이전에 그 자체에서 음절이 울려나오고 있다. 분석 이전의 자연음률을 느끼는 것이다. 제1·2구는 음악이며 제3·4·5·6구는 이 시 전체 윤곽을 형성하고 있다. 그리고 나서 제7·8구에서 심층에 진동되는 애상의 인생 풍정을 「惘然」하다는 표현으로 결론짓는다. 이것은 이중화(李重華)가 말한 바,

> 시는 본시 공중에서 발하는 음과 같기에 장자는 『자연의 소리』라고 했다. 소리에는 크고 세밀함이 있고 모두 각기 자연의 절주를 지닌다. 때문에 시를 짓는 것을 일러 「吟」이라 하기도 하고 「哦」라고도 했던 것이다. 시는 적막한 분위기에서 머리 조아려 생각해도 찾아지지 않는 가운데 슬픔과 기쁨 그리고 격정과 평정의 정감이 하나하나 저절로 자연스럽게 소리를 내는 것이 귀중하다.[49]

라고 하여 시와 음절의 관계를 잘 설명한 것도 이상은 시를 이해하는데 참고된다. 「錦瑟」은 시의 음절이 생동하는 음악시이기 때문에 양계초(梁啓超)의 다음 글은 이 시의 바른 감상을 위해서 좋은 예증이 될 것이다. 보건대,

> 그러나 나는 그의 시가 아름답다고 느낀다. 그의 시를 읽게 되면 나의 정신은 일종의 신선한 유쾌감을 얻게 된다. 모름지기 미란 다양성을 띠고 신비성을 함축하고 있음을 알

---

47) 劉盼遂의 ≪李義山錦瑟詩定詁≫에는 8개 제설을 수록하고 있음(臺灣 學生書局 1971).

48) 外界有許多雖暗晦模糊, 而却能表示我們的情調的東西的, 詩人應當去捉住這些象徵, 用以表現內心座情調.

49) 詩本空中出音, 卽莊子所云 : 『天籟』是已. 籟有大有細, 總各有其自然之節, 故作詩曰吟, 曰哦, 貴在叩寂寞而求之也. 求之不得, 則此中或悲或喜或激或平, 一一隨其音以出焉.

아야 한다. 우리가 만약 미의 가치를 인정한다면 이러한 문장을 쉽사리 말살해서는 아니 된다.[50]

이상은의 시정의 이러한 특성은 작시에 대한 음절과 예술적 수양의 관계에서 비롯된다고 할 것이다. 이상은의 상감은 전장의 실의자로 뿐 아니라 정치무대상의 낙백자로도 나타난다. 「동으로 온지 한달만에 말을 타고(東下三旬苦于風土馬上戲作)」(권4)의,

함곡관 동쪽을 빙 두르고 있는 길을
말타고 달려 놀란 갈대들 쫓아낸다.
천지는 광활하니 뉘 기다릴 것인가
날마다 구만리 바람을 타고 가노라.[51]

여기에서 제3·4구와 「석양루(夕陽樓)」(권1)의,

꽃은 화사하고 버들가지 그늘 짓는데 온갖 시름을 띠고서
겹겹의 성을 올라 다시 누각으로 오르네.
외로운 기러기에게 어디로 가느냐고 묻고자 하니
웬지 모르게 이 내 신세 적적해지네.[52]

여기에서 제3·4구, 그리고 「일찍 일어나서(早起)」(권6)의,

바람과 이슬 맑은 새벽 한층 적막하게 하는데
주렴 사이에서 홀로 잠자리에서 일어나는 사람 있네.
앵무새 울고 꽃도 미소를 지으니
아리따운 이 봄 과연 누구의 것인가.[53]

여기에서 제3·4구는 각각 강호에 묻힌 비애의 실의감을 서사하고 있다. 그러나 실의 속에 위로로써 고통을 달래고 체념하는 의식이 또한 상

50) 但我覺得他美. 讀起來令我精神上得一種新鮮的愉快. 須知美是多方面的, 美是含有神秘性的, 我們若還承認美的價值, 對於這種文字, 便不容輕輕抹煞啊.
51) 路繞函關東復東, 身騎征馬逐驚蓬. 天池遼闊誰相待, 日日虛乘九萬風.
52) 花明柳暗繞千愁, 上盡重城更上樓. 欲問孤鴻向何處, 不知身世自悠悠.
53) 風霧澹淸晨, 簾間獨起人. 鶯花啼又笑, 畢竟是誰春.

감의 시정에서 지감된다. 「전별석에서 자주로 가는 종숙을 보내며(餞席重送從叔余之梓州)」 (권4)를 보면,

만겹의 산이 가로놓여 있음을 한탄하지 마소.
그대는 귀환했고 나는 아직 귀환치 못 했나니.
무관도 오히려 서글피 바라보니
하물며 백우관이랴.[54]

여기에서 전2구는 행인의 위자어(慰藉語)라면, 후2구는 곧 상감어(傷感語)라 하겠다. 따라서 하의문(何義門)은 「의산은 시가 돈좌하고 곡절하여 소리가 있고 색이 있고 정미가 있다(義山頓挫曲折, 有聲有色有情味.)」[55] 라고 특징지었다. 다음 처정적(悽情的) 시풍을 보면, 표면상으로는 상감(傷感)이 처정(悽情)보다 고심이 더할 듯 하나 사실은 그 심각하기는 처정이 더 할 것이다. 처정은 상감의 결정체라 볼 수 있어서 「斬不斷, 理還亂」(끊을래야 끊어지지 않고, 생각할수록 어지러워진다.) 한 특징을 지닌 것이기 때문이다. 따라서 이상은에 있어서 상감적 시보다는 처정적 시가 비교적 많다고 본다. 「그 날(卽日)」 (권4)을 보면,

한 해 동안 무성했던 꽃 오늘 모두 지려 하자
강 사이 정자 밑에서 서글피 머물러 있네.
거듭 읊기도 하고 조심스레 잡아도 보고 정말 어쩔 줄 모르네
이미 떨어졌고 몇몇만이 피어있나니 수심에 젖지 않을 수 없네.
산색은 바야흐로 소원을 머금었고
봄 그늘이 높은 누각에 비끼려 하네.
황금안장의 귀인들 급히 돌아가 은 술잔 기울이며
또 뉘 집 백옥 주렴 아래서 취하려나.[56]

윗 시의 제3·4구에서 표현되는 의취가 떨칠 수 없는 쓴 맛 보듯 하는 괴로움을 느끼게 하는데 이것이 이상은 시가 갖는 별다른 풍격으로 처정

54) 莫歎萬重山, 君還我未還. 武關猶悵望, 何況百牢關.
55) 何義門 ≪李義山詩集≫ 卷上「義門讀書記」.
56) 一歲林花卽日休, 江間亭下悵淹留. 重吟細把眞無奈, 已落猶開未放愁. 山色正來銜小苑, 春陰只欲傍高樓. 金鞍忽散銀壺漏, 更醉誰家白玉鉤.

적 정조인 것이다. 다음 「한밤중(夜半)」(권6)을 가지고 상세히 구명하기로 한다.

> 삼경의 야밤 모든 집 잠들고
> 안개 서리될 즈음 달은 기울어 가네.
> 쥐는 마루에서 시끄럽고 박쥐 날아다닐 때
> 거문고 바야흐로 들어 창에 기대고 켠다네.[57]

여기서 제1·2구는 만뢰(萬籟)가 잠든 속에 한기가 엄습하는 적막한 심야를 묘사하고 있는데 제3·4구에서 이 같은 심야에 옥슬(玉瑟)에 의지하여 우울한 심회를 호소하는 답답한 심정, 숨었던 박쥐 날고 쥐는 상당에서 떠드는 정경을 제시하여 무한한 처량을 표현하였다. 이상은은 위의 4구에 상반된 동(動)과 정(靜)의 개념을 부각시켰다. 동 속에서 정을 추출하고 정 속에서 동을 묘사하였다. 제2·3구는 동에서 정을, 제4구는 정에서 동을 묘사한 경우이다. 특히 「鼠」자의 사용은 ≪시경≫ 이래[58] 시어에 인용을 적게 한 경향인데 비록 인용한다고 해도 ≪시경≫의 경우는 풍자와 혐오의 대상으로 이용했고, 그 외엔 웅장한 부류에 「鼠」를 인용하면 보잘 것 없는 사물로 비유하고 우미한 부류에서는 매우 더러운 (汚穢)사물로 대용되었다. 그러나 이상은은 이런 우미한 경지에 인용하면서 화해감을 조성한 것은 시어구사의 높은 수준을 의미한다. 다음 2수의 시에서 먼저 「낙씨정에 머물며 최옹과 최곤에게 부치며(宿駱氏亭寄懷崔雍崔袞)」(권1)를 보면,

> 대나무 산 먼지 하나 없고 누각은 맑은 물가에 임해 있고
> 멀리 계신 님 그리워하나 겹겹한 산이 가로막혀 있네.
> 가을의 먹구름 흩어지지 않으니 서리 날리는 겨울 늦는구나.
> 남아있는 시든 연꽃잎이 빗소리를 들려주네.[59]

라 하고 그리고 「이가남의 정원을 자나다가(過招國李家南園)」 제2수

57) 三更三點萬家眠, 霧欲爲霜月墮煙. 鬪鼠上堂蝙蝠出, 玉瑟時動倚窓紘.

58) ≪詩經≫의 「碩鼠」 편을 지칭.

59) 竹塢無塵水檻淸, 相思迢遞隔重城. 秋陰不散霜飛晩, 留得枯荷聽雨聲.

(권5)를 보면,

세밀 기다란 정자에 파도같이 휘날리는 눈발
이곳은 진관에서 얼마나 될까.
오직 꿈속에서만 서로 가까워질 뿐인데
누우면 잠이 오지 않으니 어찌할거나.[60]

위의 두 시에서 각 제4구는 사람이 상사로 인해 무료히 지내는 밤의 경황을 형용해서 「人」을 처정의 경계로 유인하는 수법을 강구했다. 이상은은 처정을 묘사함에 자의상으로나 음절상으로 그 의취를 십분 표현한 시적 개성을 보여주었다.

Ⅳ. 시 표현의 정려미(精麗美)

하상(賀裳)이 이상은을 「綺才艷骨」[61]이라고 평한 말은 그의 시가 정려한 풍격이 있다는 뜻이다. 그의 정려풍은 두보에서 배웠다는 것은 첫머리에서 이미 밝힌 바이다. 두보에게서 배웠지만 정려의 경계가 같을 수는 없다. 두시는 노인의 장탄과 같다면, 이상은 시는 소년의 가벼운 탄식(輕嗟)같고, 두시가 인간적이라면, 이상은 시는 자아적이며 또 두시가 실제적이라면 이상은 시는 환상적이니, 인생관과 문학관 형성의 배경이 다른 것을 반영해 주는 것이다.

정려는 도끼 자국(斧鑿痕跡)이 있기 마련이니, 정미한 문학세계는 탁마를 요하기 때문이다. 갈립방(葛立方)은 「작시는 조탁을 귀히 여기나 한편 도끼자국이 있어 흠이 날까 두려워한다. 그래서 그것이 뼈에 붙을까 두려우니, 이 때문에 어려운 것이다(作詩貴雕琢, 又畏有斧鑿痕, 委破的, 又畏粘皮骨, 此所以爲難)」[62]라고 하여 조탁이 귀중하지만 그 후유증이 두렵다고

60) 長亭歲盡雪如波, 此去秦關路幾多. 惟有夢中相近分, 臥來無睡欲如何.
61) 賀裳의 《載酒園詩話》 권4.
62) 何文煥 《歷代詩話》의 宋代 葛立方 《韻語陽秋》 권3 p.307.

했는데, 이상은 시의 정려도 이러한 결점을 배제할 수는 없다. 단지 보구(補救)하는 방법이 있다면 음절의 화해를 강구하는 것이다. 음절의 화해는 율절구의 평측법(平仄法)을 지칭하는 것이 아니라 음영의 묘리를 조성해야 하는 것을 의미한다. 이중화(李重華)는 ≪정일재시설(貞一齋詩說)≫에서 「율시에 있어 평측만 논하면, 평생 입문할 수 없다(律詩止論平仄, 終身不得入門)」라고 하였는데, 한 자의 성조가 단독이 아닌 합용될 경우, 4성이 일정한 원칙을 따를 수 없기 때문인 것이다. 왕리(王力)는 그 예를 다음과 같이 설명하였다.

> 성조는 홑소리의 경우와 겹소리의 경우가 다르다. 예컨대, 북경어에서 『河北』의 北은 전부 발음하고 『北平』의 北은 반절만 발음하는데 모두 상성이다. 『北海』의 北은 또한 평양성으로 읽는다.[63]

왕세정(王世貞)도 ≪오대시화(五代詩話)≫에서 ≪패사휘편(稗史彙編)≫을[64] 인용하여 관휴(貫休)의 예를 제시하여 설명하였는데 오월왕(吳越王)이 관휴의 시 중에서 「十四州」를 「四十州」로 고치자고 한 이유는 영토의 대소를 비유한 것이 아니라 음절의 화해미(和諧美)를 고조하자는데 있었던 것이다. 관휴의 불굴의 정신도 좋으나, 시 자체의 가치로는 「四十州」가 더욱 의미 있는 표현이라는 것이다. 이상은이 두보로부터 자신의 정려풍의 결점을 이 음절화해를 배워서 보완한 것이다. 두보의 「근심을 풀고(解悶)」(劉濬, ≪杜甫集評≫ 권15)의 「신시를 고쳐서 길게 읊는다(新詩改罷自長吟)」구와 「길게 읊음(長吟)」(상동 권9)의 「새로 지은 시구가 좋아서 저절로 길게 읊노라(賦詩新句穩, 不覺自長吟)」구는 음절이 평측 보다는 음영에 그 중심을 삼고 있는 경우다. 시중의 음절은 자기창조여야 하지 전인의 것을 모방해선 안 된다. 따라서 원매(袁枚)는 ≪수원시화(隨園詩話)≫에서 「시는 음절이 있어, 맑고 가늘기가 마치 눈 덮힌 대나무의 얼음 실 같으니, 세상의 범상한 소리가 아닌 것이다. 이 모두가 천성으로

---

63) 聲調單唸與合唸不一樣. 例如在北平話裏, 『河北』的 『北』是全唸的, 『北平』的 『北』 只唸一半, 都是上聲. 至於『北海』的 『北』 又唸作平陽了.

64) 인문하면 「唐詩僧貫休初投詩於吳越王曰 : 『貴逼身來不自由, 龍驤鳳翥勢難收, 滿堂花醉三千客, 一劍霜寒十四州. 萊子綵裳宮錦窄, 謝公篇詠綺霞羞. 他時名上凌煙閣, 豈羨當年萬戶侯. 王語之曰, 「詩則美矣, 若能改作四十州, 當得相見』 貫喟然曰 : 『州不可增, 詩亦不可改, 孤雲野鶴, 何天不可飛耶. 遂杖錫法』.

그렇게 되는 것이어늘 배우고 물어서 되는 것이 아니다(詩有音節, 淸脆如雪竹冰絲, 非人間凡響, 皆由天性使然 非關學問.)」[65] 라고 설명하였다. 이상은의 「초궁(楚宮)」 제2수 (권5)의,

이미 패옥 소리 듣고 가는 허리임을 알았고
또한 가야금 소리에 가냘픈 손가락임을 느낄 수 있었네.[66]

또 「햇살(日射)」 (권5)의,

햇살은 비단 창을 내리쬐고 바람은 사립문을 흔드네.
비단 손수건 만지작거릴 새 어느덧 봄날은 가고
회랑의 사방에서 적막이 엄습해오고
푸른 앵무새 붉은 장미와 짝하네.[67]

위의 2수 시구는 음절의 화해(和諧)를 강구하여 정려미를 고취하고 있다. 이상은 시의 정려(精麗)라는 특색은 자연적 감각을 준다는 것이다. 즉 인위적인 조작의 느낌이 없다는 것이다. 이것은 이하(李賀)와 온정균(溫庭筠)의 시와 다른 점이다. 이하 시[68]는 냉각(冷覺)과 색각(色覺)을 다용해서 「寒·冷·濕·白·素·碧·老紅·冷紅·幽紅·空綠·靜綠」 등이 음절의 급촉감(急促感)을 주는 한편 온정균 시는 정려화색(精麗華色)이 짙어 부허하다. 이상은 시는 「미려한 중에 진미가 있음(麗中有眞)」(필자의 의견)를 지니고 있어 묘사가 ①청결하고, ②고원한 격조가 있다. ①의 예를 들어서 「상아(嫦娥)」 (권6)를 보면,

구름 두둥실 병풍 촛불에 그림자 깊게 드리우고
은하수 점점 멀어지고 새벽 별도 사라져 가네.
항아는 응당 불사약을 훔친 것 후회하리
푸른 바다 파란 하늘에서 밤마다 애처로운 심정으로[69]

65) 袁枚의 ≪隨園詩話≫ 권9 p.36.
66) 已聞佩響知腰細, 更辨絃聲覺指纖.
67) 日射紗窓風撼扉, 香羅掩手春事違. 廻廊四合掩寂寞, 碧鸚鵡對紅薔薇.
68) ≪檀大學報≫ (1974) 李東鄉「李賀詩의 特色」.
69) 雲母屛風燭影深, 長河漸落曉星沈. 娥應悔偸神靈藥, 碧海靑天夜夜心.

여기에서 제2구와 제4구의 「淡」, 그리고 「서리 낀 달(霜月)」(권5)을 보면,

애당초 기러기 소리 들리면 매미소리 사라지는 법
백 척되는 높은 누대에 서니 강물과 하늘이 맞닿아 있네.
청녀와 항아 다들 추위를 견디면서
달 속 서리 안에서 아리따움을 다투네.[70]

여기에서 제2·4구의 「雅」, 그리고 「성녀사(聖女祠)」(권6)를 보면,

빼어난 미모는 쉽사리 황홀경에 빠지게 하나니
춥지도 않은지 오수의를 길게 걸쳤구나.[71]

위의 두 구와 「다시 성녀사를 지나며(重過聖女祠)」(권3)에서,

한바탕 봄날의 꿈같은 비는 항시 기와에 날리고[72]
종일 부는 신성한 바람은 깃발조차 휘날리지 못하네.

위의 두 구 등 상기의 모든 인용시구가 「眞」을 표현하고 있다. 이것은 이상은 시의 탈속미이기도 하다.

②의 경우는 이상은 시에 있어 정려를 위해 번잡한 수식과 진부한 표현이 없다는 것이다. 물론 전고를 다용했지만 성령스럽다. 따라서 원매(袁枚)는 또 다음에 평하기를[73],

무릇 시 가운데 후대에 전해지는 것은 모두 성령이지 [典故 따위를] 쌓아 놓는 것과는 관계가 없다. 이상은의 시는 다소 전고가 많으며 화려하나 모두가 재주와 정감을 가지고 구사한 것이지 전적으로 깎아서 채워 넣은 것은 아니다.[74]

---

70) 初聞征雁已無蟬, 百尺樓高水接天. 青女素娥俱耐冷, 月中霜裏鬪嬋娟.
71) 無質易迷三里霧, 不寒長着五銖衣.
72) 一春夢雨常飄瓦, 盡日靈風不滿旗.
73) 袁枚≪隨園詩話≫ 권5 p.13
74) 凡詩之傳者, 都是性靈, 不關堆垛. 惟李義山詩稍多典故, 然皆用才情驅使, 不專砌塡也.

라고 추숭하였다. 그 전고를 다용한 예로서 「정대유의 은거(題鄭大有隱居)」(권3)를 보면,

어느 산봉우리에서 끝맺어지는가.
시끄러운 문 여기에서 나눠진다.[75]

그리고 「봄놀이(春遊)」(권3)를 보면,

교각은 치솟아 있고 화려한 천리마 질풍같이 달리고
내는 길고 백조는 높이 나네.
안개 연기 경쾌하게 피어오르고 윤기 흐르는 버들
바람 드세어 도리 꽃에 불려 하네.[76]

그리고 「무제(無題)」(권5)를 보면,

흰 꽃 가득한 길 구비 돌아 저녁 노을에 드니
얼룩무늬 오추마 칠향거를 울리네.[77]

위의 여러 시구는 전고 시어의 예가 되며, 특히 「노래 들으며(聞歌)」(권6)를 보면,

살며시 미소짓고 눈짓하며 노래하려 할 제
드높은 구름 미동도 않고 푸른 산은 우뚝 솟아있네.
동대에서 바라본 후 어디로 돌아가려나
천자가 환궁하는 것 잊으신 지 얼마나 되었을까.
푸르게 덮인 길가엔 남쪽으로 가는 기러기 사라지고
가는 허리 궁전 안에선 북인들이 지나가네.
이 소리 애끊게 함은 오늘만이 아니니
향사 등불 그대 어이하려나.[78]

---

75) 結構何峰是, 喧門此地分.

76) 橋峻斑騅疾, 川長白鳥高. 烟輕惟潤柳, 風濫欲吹桃

77) 白道縈廻入暮霞, 斑騅嘶斷七香車.

78) 斂笑凝眸意欲歌, 高雲不動碧嵯峨. 銅臺罷望歸何處, 玉輦忘還事幾多. 青蒙路邊南雁盡, 細腰宮裏北人過. 此聲腸斷非今日, 香灺燈光奈爾何.

여기에서 제1구는 가자(歌者)의 상황을 묘사하여 가자의 처절한 감동적 심사를 토로할 기식을 열고, 제2구에서는 청중이 가자의 엄숙함에 감화되어 경청하는 정경을 묘사했다. 그리고 중간 4구는 청중이 가사와 곡조의 처절에 동화되어 환상세계로 몰입하는 감흥을 서술하고 있어서 이러한 정려하면서도 고상한 시적 경지는 이상은 외엔 찾기 힘든 풍격을 이루고 있는 것이다.

이상은의 시는 「화려하나 속되지 않음(華而不靡)」(≪王右丞集≫ 卷之末 「司空圖與李生論詩書」)인 것이다. 이상은은 「이소(離騷)」를 바탕으로 비흥(比興)이 많고 두보를 배워 침울하면서 격정적(沈雄激壯)이며 농염한 맛을 준다. 그리고 이상은은 용전(用典)을 즐겨서, 시의에 오묘한 주지를 담으려한 시어 구사의 심오함은 곧 서곤체(西崑體)로 이어진 것이다. 이상은의 시풍은 다각적으로 분석할 수 있으나 본고가 접근한 방법은 이상은의 생평상의 시대성, 시상의 표현성, 시 이면의 은유성을 종합하여 시의 풍격을 축약하였다. 그리하여 정시의 특성을 애정의 희비와 상통시켜 「戀」적 풍격을 규정하여 궁녀와 여관과의 교통에 따라 표현되는 시의 미를 고찰하였다. 그리고 시에 제시되는 처상과 침울을 「傷」적 풍격에 열입하여 진지한 서정의 감각을 포착하는데 주력하였다. 아울러 「麗」적 풍격은 정려치밀한 시미를 대변하는 것이다. 이상은 시를 유미시니 상징시니 평가하지만 수사학적으로 우수하여 두보 이후의 최대 작가로서, 청아하고 고원함이 화려한 시어 속에 유로되고 있다는 점을 유의해야 할 것이다. 이상은 시의 난해성은 바로 이중 이상의 함유된 심오한 시경이 조성된데 그 원인을 찾아야 할 것이다. 이상은 시를 유가적이나 도가적인 종교 내지 윤리적 관념보다는 인간심성 자체에 의거해 이해하는 태도가 타당하리라 본다.

찾아보기

저 자 : **류성준** (柳晟俊)

1943년 출생
서울대학교 중문과 졸업
서울대학교 대학원 중문과 (문학석사)
국립 타이완(臺灣)사범대학 국문연구소 (문학박사)
공군사관학교 교수부 조교수
계명대학교 중국학연구소 소장
한국외국어대학교 언어연구소 소장
미국 Harvard 대학교 방문교수
한국중어중문학회 회장
한국외국어대학교 동양학대학 학장
한국외국어대학교 중국연구소 소장
베이징(北京)대학 객좌교수

현재 : 한국외국어대학교 대학원장, 중국어과 교수, 동방시화학회 회장

논문 : 「王維詩 考」, 「李商隱詩風 考」, 「全唐詩所載新羅人詩」, 「寒山과 그 詩 考」, 「滄浪詩話詩辨考」, 「鄭燮詩 考」, 「李達과 王維의 詩比較 考」, 「王梵志詩 考」, 「戴叔倫의 五律考」, 「皮日休詩 考」 등 200여 편

저서 : ≪申緯作品集≫, ≪唐詩選註解≫, ≪淸詩話硏究≫, ≪王維詩比較硏究≫, ≪楚辭≫, ≪中國唐詩硏究≫, ≪唐詩論考≫, ≪中國詩歌硏究≫, ≪중국 現代詩의 이해≫, ≪初唐詩와 盛唐詩 硏究≫, ≪韓國漢詩와 唐詩의 比較≫, ≪中國 詩話의 詩論≫, ≪中國詩歌論 의 展開≫, ≪王維詩選≫, ≪錢謙益詩選≫, ≪中唐詩와 晩唐詩 硏究≫ 등 100여 권

당시(唐詩)의 작가론적 이해

1판 1쇄 찍음 • 2006년 2월 1일
1판 1쇄 펴냄 • 2006년 2월 10일

저 자 • 류 성 준
발행인 • 정 현 걸
발 행 • 신 아 사
인 쇄 • 소망인쇄

출판등록 • 1956년 1월 5일 (제9-52호)
서울특별시 은평구 녹번동 28-36 2F
전화 (02)382-6411 • 팩스 (02)382-6401
홈페이지 • www.shinasa.co.kr
E-mail • shinasa@chol.net

ISBN 89-8396-501-0

정가 **20,000** 원